"Or ce n'est pas assez d'avoir trouvé un platin
ou campagne plus basse que la mer :
mais il est aussi requis que les terres
où l'on veut eriger marez, soyent tenantes,
glueuses, ou visqueuses, comme celles
dequoy on fait les pots, briques et tuilles."
Bernard Palissy, *Du sel commun*, 1580

"On le foule [le raisin], on l'entonne dans
les foudres. Là, il convient de l'écouter, l'oreille
aux douves, tandis qu'il mène le tumulte de sa
fermentation... C'est un bruit de vent, un bruit
de fleuve, un bruit de feu... Et quand il se tait,
il a achevé l'ère de ses transformations :
de fruit devenu flot chargé d'écume et de lie ;
de flot, breuvage : il est le vin !**"**
Léon Daudet, *Le Livre de raison*

La France
des saveurs

Guides Gallimard

CE GUIDE A ÉTÉ RÉALISÉ EN COLLABORATION AVEC
LE CONCOURS GÉNÉRAL AGRICOLE,
LE SALON INTERNATIONAL DE L'AGRICULTURE,
LE MINISTÈRE DE L'AGRICULTURE ET DE LA PÊCHE

LES AUTEURS DE CE GUIDE

JEAN FROC
Ingénieur à l'INRA-SAD (système agraire et développement), docteur en biologie animale. Responsable éditorial (pour les produits) de l'Inventaire du patrimoine culinaire de la France et de l'Inventaire du patrimoine culinaire de l'Union Européenne. Conseiller scientifique de cet ouvrage et auteur de «Saveurs de la France».

PHILIP ET MARY HYMAN (1)
Historiens spécialisés dans l'histoire de l'art culinaire et des produits du terroir, et auteurs de nombreux articles sur ces sujets. Dirigent actuellement les recherches historiques pour l'*Inventaire du patrimoine culinaire de la France*. Auteurs de «Petite histoire de l'alimentation en France».

JEAN-MARIE BOËLLE (2)
Journaliste (*Le Figaro, L'Auto-Journal*), chroniqueur gastronomique et touristique. Auteur de «Normandie», «Auvergne».

YANNICK PENAGOS (3)
Reporter auteur multimédia. Auteur des itinéraires en «Champagne-Ardenne».

SABINE CARANTINO (4)
Journaliste

spécialisée dans la filière agricole et alimentaire. Auteur des itinéraires en «Midi-Pyrénées», en «Rhône-Alpes» et de «L'armagnac».

ANNE-LAURE THIEBLEMONT (5)
Journaliste spécialisée dans l'art et le tourisme, auteur de plusieurs guides, dont *Les Îles d'Île de France*. Auteur de «Île-de-France».

JEAN-PIERRE TENOUX (6)
Grand reporter à *L'Est républicain*. Auteur de «Franche-Comté».

ALAIN AVIOTTE
Écrivain, chroniqueur gastronomique à *Sud-Ouest Dimanche* ainsi qu'à Radio-France Bordeaux Gironde. Collabore au guide Hubert des Restaurants et des Vins. Directeur et coauteur de la collection «Les Grands Vignobles pas à pas». Auteur de «Aquitaine» et de «Vins du Sud-Ouest».

JEAN-CLAUDE RIBAUT (7)
Chroniqueur gastronomique au *Monde*. Auteur de «Toutes les richesses de l'agriculture», «Les saveurs des vins», «Le goût du fromage», «Pays de la Loire», «Provence-Alpes-Côte d'Azur».

ANNE-MARIE MINVIELLE (8)
Reporter-photographe spécialisée dans le

tourisme de terroir. Auteur de «Nord-Pas-de-Calais» et «Picardie».

JEAN MAISONNAVE (9)
Journaliste à *Gault-Millau*. Critique gastronomique à France 3, directeur de la compagnie théâtrale «Le Grenier de Bourgogne». Auteur de «Bourgogne».

JANINE TROTEREAU (10)
Docteur en géographie. Journaliste spécialisée en tourisme et gastronomie. Auteur de «Languedoc-Roussillon», «Poitou-Charentes» et des itinéraires dans la région Centre.

JEAN-LOUIS POITEVIN
Docteur en philosophie. Auteur de «Régions de France vus par les peintres» et de «Morceaux choisis d'une littérature gourmande».

MONA BRIVI
Écrivain et journaliste. Auteur de «Alsace», «Bretagne» et «Limousin».

YANNE BOLOH (11)
Journaliste. Auteur de «Chèvres et de fromages», «Corse» et de «Départements d'outre-mer».

PASCAL BAUDOIN
Journaliste, anime la rubrique gastronomique de *L'Est républicain*. Auteur de «Lorraine».

AVEC LA PARTICIPATION DE LA FÉDÉRATIONS NATIONALE
DES COMITÉS RÉGIONAUX DE PROMOTION DES PRODUITS AGRO-ALIMENTAIRES

ILS SONT AUSSI AUTEURS DE CE GUIDE :

JOSEPH HOSSENLOPP
«Des goûts et des métiers
du goût»

MICHEL ARRAMBOURG
«Critères de sélection
du Concours Général Agricole»

STÉPHANE THÉPOT
«Le vignoble bordelais»

BERNARD WEBER
«Le champagne»

**PARC NATUREL RÉGIONAL
DES GRANDS CAUSSES**
«Le roquefort»

MICHEL ALBARÈDE
«L'olive»

JEAN-CLAUDE RICHERT-SHAUB
«Cépages et grands crus»

COMITÉ DE PILOTAGE
Michel Arrambourg (Concours Général
Agricole des Produits), Anne Bennato et
Frédérique Lagaillarde (Fédération nationale
des Comités régionaux de promotion
des produits agro-alimentaires), Christian
Ferté et Marillys Macé (ministère de
l'Agriculture et de la Pêche),
Sophie Quiniou (Salon International
de l'Agriculture), les chambres d'agriculture,
les Comités régionaux de promotion
des produits agro-alimentaires

CONSEILLER SCIENTIFIQUE
Jean Froc (Institut national de recherche
agronomique)

Nous remercions tout particulièrement
pour leur aide précieuse : Max Barbier
(Direction générale de l'Alimentation
au ministère de l'Agriculture et de la Pêche),
la maison du Fromage et de la Fourme
d'Ambert, Jacques Deluret (Le Gourmet
limousin, Limoges), la Maison du Limousin
à Paris, Chantal Bernard (Centre d'étude
et de documentation du sucre).

GUIDES GALLIMARD
DIRECTION
Pierre Marchand
Assisté de :
Hedwige Pasquet

RÉDACTION EN CHEF
Nicole Jusserand

COORDINATION
GRAPHISME : Élisabeth Cohat
ARCHITECTURE : Bruno Lenormand
CARTOGRAPHIE : Vincent Bruno
NATURE : Philippe J. Dubois, Frédéric Bony
PHOTOGRAPHIE : Éric Guillemot, Patrick Léger
RÉACTUALISATION : Anne-Josyane Magniant
FABRICATION
Catherine Bourrabier
PARTENARIATS
Philippe Rossat
COMMERCIAL
Jean-Paul Lacombe
PRESSE ET PROMOTION
Manuèle Destors

LA FRANCE DES SAVEURS
ÉDITION : Clarisse Deniau et Patrick Jézéquel
Avec la participation de Pierre-Yves Mercier,
Frédérique Jubien, Catherine Delvaux, Lucie
Milledrogues, Anne Bauer (Fêtes et musées)
MAQUETTE : François Chentrier
et Laurent Séminel
ICONOGRAPHIE : Anaïck Bourhis
INFOGRAPHIE : Édigraphie
LECTURE-CORRECTION : Isabelle Dessommes
et Lorène Bücher

*Les erreurs ou omissions involontaires qui auraient pu subsister dans ce guide
malgré les soins et les contrôles de l'équipe de rédaction
ne sauraient engager la responsabilité de l'Éditeur.
Tous droits de traduction, de reproduction et d'adaptation réservés pour tous pays.
© Éditions Nouveaux-Loisirs, 1997.
Dépôt légal : juin 1997. Numéro d'édition : 81017. ISBN 2-7424-0366-3
Photogravure : France Nova Gravure (Paris). Impression : Hérissey (Évreux)
Juin 1997*

SOMMAIRE
DES CLEFS POUR COMPRENDRE

ITINÉRAIRES RÉGIONAUX

Les milliers de terroirs qui dessinent les vingt-deux régions de France et ses quatre départements d'outre-mer offrent chacun leurs richesses alimentaires propres, nées de sols, de climats, de savoir-faire particuliers… *La France des saveurs* met en vitrine parmi les meilleurs de ces produits gourmands, produits bruts cultivés, élevés ou pêchés, produits transformés, et même certains produits cuisinés.

RÉGION, TERRITOIRE ET TERROIR

Chacun des territoires d'une même région administrative regroupe plusieurs petites entités homogènes appelées terroirs ou «pays». Différents facteurs, tant physiques (climatiques, géologiques…) qu'humains (historiques, religieux, techniques, économiques…), ont modelé ces terroirs, déterminé leur spécificité et, par là, contribué à l'apparition des «spécialités» qui font leur renommée culinaire. Ainsi, le terroir du Médoc (qui appartient au Bordelais, en Aquitaine) donne des crus de renom ; le bocage du pays d'Auge (à cheval sur le Calvados et l'Orne, en Normandie) donne du cidre et des fromages ; le pays solognot (en bordure du Loiret, dans la région Centre), du gibier et des poissons d'eau douce…

DU TERROIR AUX TERROIRS

Le terme «terroir», qui évoque à l'origine la terre, peut s'appliquer par extension à des sites susceptibles de produire une denrée typée : en plaine ou montagne, mais aussi en milieux aquatiques, comme les marais et les estuaires, sans oublier les milieux urbains. De nombreuses villes, en effet, ont elles aussi donné le jour à des produits originaux : bêtises de Cambrai, nougats de Montélimar, biscuits de Nantes, pour ne citer qu'eux !

TERROIRS ET SAVOIR-FAIRE

La présence d'un produit en un lieu précis suppose une adéquation entre les conditions de ce milieu et des techniques et procédés maîtrisés par ses habitants. Ainsi le fumage et la salaison, qui permettent de conserver la viande, correspondent-ils, traditionnellement, aux zones de montagne – de même que la fabrication de fromages de garde – ; ailleurs le confisage des fruits constitue une activité de régions très ensoleillées… La qualité des procédés utilisés ainsi que celle des bassins d'origine détermineront la saveur du produit, saveur qui participe à la renommée de la spécialité en question au même titre que le terroir et le savoir-faire.

TERRITOIRES ET PAYSAGES

Il n'existe plus de paysages réellement «naturels».
De plaine en montagne, et de marais en littoral, tout site porte la trace de l'activité humaine. L'aménagement de l'espace, outre une édification architecturale plus ou moins dense, voit la mise en place de modes de cultures et d'élevages diversifiés (hortillonnages, vergers, bouchots, marais salants…). Certains de ces aménagements «agricoles» remontent à une époque fort lointaine. Les Gallo-Romains, par exemple, aménagèrent des zones viticoles encore exploitées de nos jours. Plus tard les moines, eux aussi, procédèrent à de grands défrichages destinés aux cultures, asséchèrent des marais, et créèrent des produits de renom (liqueurs, champagne, fromages…).

DES PRODUITS ET DES HOMMES

Des milliers d'acteurs venus d'horizons différents
– agronomes, biologistes (INRA), historiens, géographes ou ethnologues (CNRS), acteurs de terrain ou agents de développement (organismes consulaires, et instituts techniques) – participent à leur niveau à la création, l'analyse, la gestion, la surveillance, la promotion et à l'évolution des produits, assurant, en un mot, un *continuum* évolutif au sein des régions.

MINISTÈRE DE L'AGRICULTURE ET DE LA PÊCHE

Le ministère de l'Agriculture et de la Pêche mène une politique active en faveur de l'alimentation, créant ainsi les conditions de mise sur le marché d'un large choix de produits, de façon que se développe une alimentation saine et agréable. Cette action nationale et européenne conforte la culture alimentaire française et participe à la vitalité des entreprises.

LES MEILLEURS DE NOS PRODUITS

Vins millésimés, fromages affinés, légumes primeurs, recettes locales… Nos régions regorgent de produits qui incitent à la gourmandise. Comment sélectionner le meilleur dans cette profusion ? Devant un tel choix, comment profiter du plus savoureux ? Quelques habitudes simples, un coup d'œil aux étiquettes, et l'on retrouve tout son goût pour le goût !

Sait-on encore qu'il existe une saison pour savourer les fruits ? La fraise qui annonce le printemps, la framboise et la groseille estivales, la figue de septembre, les raisins des vendanges… Sait-on encore qu'il y a une période pour déguster un fromage ? Sa finesse

À CHACUN SA SAISON

dépendra de l'alimentation des animaux (après la mise à l'herbe, les fromages sont délicieux), de la durée d'affinage… Sait-on encore qu'il y a des viandes d'exception liées au cycle animalier ; à des coutumes religieuses ou profanes ? Ainsi, on trouvera le veau et l'agneau au printemps – l'agneau tout particulièrement aux alentours de Pâques – et le gibier à l'automne, la chasse s'ouvrant une fois les jeunes sevrés. Quant au porc, tué traditionnellement avant les temps froids, «pour passer l'hiver», il constitue une nourriture roborative des mois rudes.

BOUFFÉES DE FRAICHEUR

Poissons, crustacés et coquillages, encore chargés d'iode et de sel marin, pain croustillant à peine sorti du four, fruits et légumes crus dans les vergers et les maraîchages alentour… Les produits de nos régions révéleront toute leur saveur à celui qui sait les choisir frais !

DES SIGNES DE RECONNAISSANCE

AGRICULTURE
BIOLOGIQUE

CARACTÉRISTIQUES
CERTIFIÉES

Plusieurs signes de reconnaissance officielle attribués à certains produits garantissent des caractéristiques précises.

Le plus ancien d'entre eux, l'appellation d'origine contrôlée (AOC), née en 1935 dans le domaine du vin, identifie un produit typique lié à l'origine. Trois éléments déterminent cette appellation : l'aire de production, le savoir-faire (procédé de fabrication) et la spécificité. Outre un grand nombre de vins, l'AOC couronne aujourd'hui plus de trente fromages et quelques autres produits agro-alimentaires (viandes, fruits, légumes, miel…).

Autres signes de reconnaissance, le label rouge, marque d'une qualité supérieure pour des produits nationaux ou régionaux ; l'agriculture biologique certifie la non-utilisation de produits chimiques de synthèse ; et la certification de conformité est la garantie d'une qualité régulière et distincte de celle du produit courant.

Quant au Concours Général Agricole ● 22, 28, et 🐟, qui se tient durant le Salon International de l'Agriculture, il vient compléter les signes officiels de qualité en récompensant les meilleurs d'entre eux, mais s'ouvre aussi à des produits non labellisés.

LA CHAÎNE DE QUALITÉ : DE L'ÉTABLE À L'ÉTAL

À la naissance, chaque bovin est marqué et reçoit un carnet d'identification doté d'une attestation sanitaire, qui l'accompagnera sa vie durant.

À l'étal du boucher, le quartier de viande porte un numéro établissant l'origine de l'animal. La «traçabilité» – ce suivi scrupuleux de chaque bovin – permet de tout connaître de l'animal, garantissant ainsi un contrôle rigoureux et efficace, nécessaire à la protection de la santé et à l'information du consommateur.

COMMENT UTILISER CE GUIDE

En haut de page,
les symboles annoncent
les différentes parties
du guide.

● DES CLEFS POUR COMPRENDRE

▲ ITINÉRAIRES

◆ INFORMATIONS PRATIQUES ET
PALMARÈS DU CONCOURS GÉNÉRAL
AGRICOLE

La mini-carte situe
la région en France.

Une carte régionale
replace les principaux
produits gourmands
dans leur terroir
d'origine, ainsi que
certains musées liés
aux produits.

Les trames mauves
signalent les grandes
zones vinicoles.

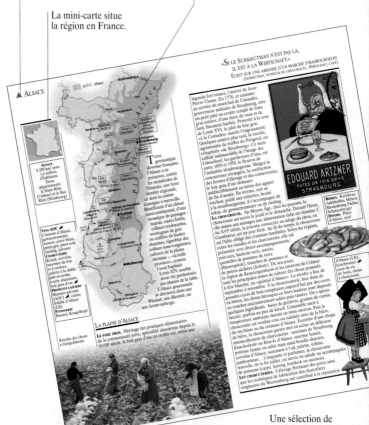

Un calendrier
présentant fêtes et
foires gourmandes
clôt chaque itinéraire
régional.

● ▲
Les symboles,
en titre ou
à l'intérieur du texte,
renvoient à un lieu
ou à un thème traité
ailleurs dans le guide.

Le pictogramme
🌾 accompagne un
produit présent au
palmarès du
Concours Général
Agricole des
Produits, en fin
d'ouvrage.

Une sélection de
produits locaux est
donnée en marge des
cartes régionales.
On y trouvera, entre
bien d'autres : des
produits d'appellation
d'origine contrôlée
(AOC), des labels
rouges (LR), des
labels régionaux
(L. Rég.), des produits
sous certificat de
conformité (CC),
des produits
répondant
aux critères de
l'agriculture
biologique (AB).

NB. La France possède une telle palette
de produits gourmands que nous ne pouvons prétendre,
dans ce guide, à l'exhaustivité.

Histoire

– 4000	– 3000	– 2000	– 1000	– 100	+ 100

– 4000/– 3000
Domestication
du blé en France

– 2000
Domestication
du millet en France

– 1000
Début de la viticulture
et introduction de l'olivier
en Provence

– 100/+ 100
Domestication de l'avoine
en France

CÉRÉALES ET FÉCULENTS : LES BASES DE L'ALIMENTATION

SE NOURRIR : LA PRIORITÉ

Si aujourd'hui toutes les régions de France se présentent comme autant de pays de cocagne riches de multiples et savoureuses spécialités, améliorées au fil des années, il n'y a pas si longtemps, nombre de ces produits n'existaient pas ou se consommaient strictement lors de grandes occasions. Pendant des siècles, d'autres aliments, d'une valeur gastronomique moindre, eurent une telle importance sur le plan nutritif que l'on prêtait leur nom à ceux qui les consommaient : les Franc-Comtois étaient des «gaudes», les Limousins, des «mangeurs de raves», et ainsi de suite. On mangeait ces aliments pour se nourrir, ils faisaient vivre la France et, d'un point de vue historique, nous pouvons les considérer comme les premiers «produits de terroir».

L'EXEMPLE DE LA BRETAGNE

Personne ne doute de l'importance qu'avait autrefois le pain dans l'alimentation des Français, mais on ne souligne jamais assez que d'autres produits, différents selon les régions, coexistaient avec le froment ou remplaçaient le pain dans l'assiette paysanne.
Prenons le cas de la Bretagne. Comme dans d'autres pays d'Europe atlantique, c'est l'avoine qui joua pendant longtemps le rôle de céréale nourricière essentielle, à la fois pour les animaux et pour les hommes. Selon le médecin lyonnais Bruyerin-Champier, qui écrivait au XVIe siècle, cela distinguait nettement les Bretons d'autres populations françaises qui s'alimentaient rarement d'avoine.
Dans son *De re cibaria* (1560), il constate qu'en basse Normandie et au Pays armoricain, «riches et pauvres font fréquemment usage pendant le jeûne du Carême» du gruau d'avoine, sorte de farine grossière de cette céréale. Au début du XVIIe siècle, le *Thresor de santé* complète ces commentaires en précisant que l'on peut cuire le gruau dans du bouillon, ou bien dans du lait de vache, de chèvre ou d'amandes. Puis il poursuit : «Les Bretons en usent fort en tous leurs potages, & les treuvent bien bons.»
Véritable «produit du terroir» avant la lettre, l'avoine nourrissait la Bretagne bien avant le XVe siècle, époque où le sarrasin, ou «blé noir», commença à se diffuser dans la péninsule. Et il est fort probable qu'à cette époque, déjà, les Bretons connaissaient la galette, devenue depuis si célèbre, puisque, d'après Maurizio, une galette n'est rien d'autre que de la bouillie «desséchée». Un peu partout en Europe, selon cet auteur, «dans l'Antiquité, c'étaient les flans (ou galettes) qui étaient d'usage et non pas le pain, et, le plus souvent, en ce qui concerne cette époque, quand il est question de pain, c'est de galettes qu'il s'agit.»
Cette constatation ne veut pas dire que les Bretons ignoraient le pain. Il est bien établi que l'on consommait du pain de seigle au Moyen Âge en Bretagne, et un voyageur, Jacques Cambry, observe en 1794 que dans les environs de Morlaix «les cultivateurs [...] se nourrissent de pain d'orge mêlé de seigle», celui-ci formant, avec «du lait, du beurre et de la soupe au lard, la nourriture habituelle» des paysans. Et il poursuit : «On se nourrit de pain d'orge dans la Cornouaille ; de seigle dans le Léonnais.» En cette fin du XVIIIe siècle, d'ailleurs, certains pains de seigle bretons jouissaient d'une telle réputation qu'ils étaient «exportés» d'une ville à l'autre.

| 400 | 800 | 1300 | 1400 | 1450 |

Vᵉ siècle
Introduction du seigle
en Bretagne

XIVᵉ siècle
Introduction du
sarrasin en Bretagne

XVᵉ siècle
Introduction de la banane
aux Antilles françaises

DU MILLET AU MAÏS

«millade» dans la Grande Lande et en Gironde, «broye» en Béarn, «escautons» en Chalosse, «millas» dans le Tarn et «gaudes» en Franche-Comté. Cette bouillie de millet pouvait se cuisiner de multiples manières. «Lorsque le mil est cuit & refroidy, on le fait frire avec beurre en la paesle. Les Périgordins le mangent frit à l'huile», note l'auteur du *Thresor de santé* en 1607. Ces pratiques se rapprochent de celles que décrit Cavoleau, au début du XIXᵉ siècle, dans son *Annuaire statistique du département de la*

Si nous avons longuement insisté sur l'exemple breton, c'est parce qu'il ne s'agit pas d'un cas isolé. Dans d'autres provinces, notamment en Vendée, en Gascogne et en Franche-Comté, la bouillie de millet jouait primitivement le même rôle que le gruau d'avoine en Bretagne. On lui avait donné divers noms : «meuille» en Vendée, «cruchade» ou

Vendée, où il rapporte que le «meuille» refroidi et coupé en morceaux pouvait être «frit au beurre roux, ou simplement rissolé sur le gril». Mais, alors que l'avoine, le sarrasin et le seigle ont gardé leur identité en Bretagne, le millet se fit vite remplacer par un «intrus» venu du Nouveau Monde : le maïs, considéré au départ comme une forme de millet à gros grains (on l'appelait d'ailleurs «gros mil»). De nos jours, sauf en Vendée, département qui assurait pendant l'entre-deux-guerres la moitié de la production de millet de toute la France, la quasi-totalité des spécialités à base de bouillie de millet sont élaborées avec du maïs, à tel point que les populations qui les consomment sont persuadées qu'il n'en a jamais été autrement !

LA CHÂTAIGNE, LA RAVE ET LE HARICOT

Les céréales ne sont pas les seuls produits nourriciers. Sans la châtaigne, par exemple, les paysans du Limousin, de l'Ardèche ou de la Corse auraient eu beaucoup de mal à se nourrir et, selon beaucoup d'auteurs des XVIᵉ et XVIIᵉ siècles, ceux de l'Auvergne, de la Savoie et du Limousin étaient grands consommateurs de raves. A ce propos, Bruyerin-Champier, en 1560, nous raconte que «dans les montagnes du Lyonnois, et surtout dans le Limousin, la nourriture ordinaire des habitants étoit une sorte de grosse

rave ; ces raves se conservoient, l'hyver, enfouies en terre ; et quand, par quelque accident extraordinaire, elles venoient à manquer, on disoit communément en France que les Limousins alloient

mourir de faim.» Dans l'Ouest et le Sud-Ouest, les légumineuses aussi étaient très importantes, qu'il s'agisse de la fève, de la gesse, du pois chiche ou d'une sorte de haricot, nommé

«monjette» ou «mogette», terme qui signifiait à l'origine «petite religieuse». Le «haricot» en question était en fait une dolique, plante africaine (*Vigna melanophtalma* DC) dont le grain, pourvu d'un œil noir en son centre, rappelle une tête de religieuse. Puis, après la découverte de l'Amérique, de la même façon que le maïs remplaça le millet, le haricot américain (*Phaseolus*) supplanta dans ces mêmes régions la dolique.

17

XVIIe siècle
Introduction du café et du chocolat en France

1450   1500   1600   1700   1800

XVe siècle
Introduction de la canne à
sucre aux Antilles françaises

XVIe siècle
Introduction
de la dinde en France

XVI-XVIIe siècles
Introduction du maïs et du
haricot américain en France

XVII-XVIIIe siècles
Introduction de la pomme
de terre en France

PAIN ET CONDIMENTS

de l'identité culturelle des populations qui les avaient adoptés. Pourtant, jamais l'homme ne se nourrit uniquement de pain, de bouillie, de haricots ou de galettes. Même le plus pauvre a besoin de relever ses repas, en y introduisant la saveur d'herbes ramassées au bord du chemin ou d'autres produits qu'il a cultivés,

ou encore, de temps à autre… de produits achetés dans le commerce. Autrement dit, si l'homme a toujours besoin de se nourrir, il a tout autant besoin

de se faire plaisir, et les mets issus de son imagination ont donné naissance à bon nombre de spécialités qui, tout en nourrissant moins que les aliments dont il vient d'être question, ne sont pas moins nécessaires à sa vie.

Au XXe siècle, le pain a progressivement supplanté les bouillies, les galettes, les raves et les châtaignes. Il ne s'agissait plus, cette fois, de n'importe quel pain, mais uniquement du pain blanc, très blanc, imitation de la baguette parisienne, qui remplaça les pains noirs ou de seigle et leurs substituts déjà cités. Ces derniers ont complètement disparu ou, au contraire, se sont élevés au rang de spécialités régionales, garantes

L'ART D'ACCOMPAGNER

HISTOIRES D'AULX

Très tôt, la préférence qui se manifestait pour certains assaisonnements, pour certains goûts, a caractérisé les «pays» qui les

affectionnaient. Dès le XVIe siècle, par exemple, Bruyerin

Champier vante les aulx du Sud-Ouest (narbonnaise, toulousain et bordelais), en précisant que les Gascons mangent «l'ail et les oignons comme un accompagnement du pain». Et il poursuit : «Cet assaisonnement infect, qu'on fuit partout ailleurs, est pour eux un ragoût délicieux qu'ils emploient dans tous leurs aliments.» Cette image du Gascon

mangeur d'ail n'est nullement contredite par Joseph Duchesne, l'auteur du *Portraict de santé*, qui écrit en 1606 : «Je me ferois grand tort, si je mettois (estant gascon) en oubli, et en arrière les bulbes et racines, les porreaux, les oignons et les aulx estans viandes si communes et usitées, comme elles sont en Gascogne.»

1782	1806	1809	1812	1830	1830

Développement des conserves
modernes par Nicolas Appert

Premières boîtes
de sardines à l'huile
commercialisées à Nantes

Industrialisation
de l'extraction de sucre
de betterave

L'OIE, UN PRODUIT DE CHOIX

Duchesne signale un autre produit aussi gascon que l'ail : «l'oye salée». «Un seul petit lopin de ladite oye vieille cuit avec des choux, écrit-il, faict

un blanc espais & bon potage, dont les villageois & povres gens se repaissent communement.» Plus de deux siècles plus tard, l'agronome anglais Arthur Young, en voyage dans le Béarn en 1787, remarque cette même soupe et signale la disproportion qui

existe entre le pain «nourricier» et les autres ingrédients : «Il y avait une montagne de pain tranché, dont la couleur n'était guère accueillante ; une bonne provision de choux, graisse, et eau, et pas plus de viande pour des dizaines de gens que n'auraient mangé une demi-douzaine de fermiers anglais en se plaignant à leur hôte d'être à

court de nourriture.» Certes, les fermiers riches pouvaient consommer de l'oie salée plus fréquemment et en plus grande quantité que leurs voisins pauvres, cependant nous remarquons avec intérêt que cet ancêtre du confit n'est pas servi ici en guise de «plat» mais comme assaisonnement d'un «bon potage» ; d'autre part, jusqu'au début du XVIIIe siècle,

il s'agissait sans doute d'un mets très local, si l'on en croit l'intendant Lebret. En service dans le Béarn, il rapportait en 1700 : «On fait aussi, en plusieurs endroits mais principalement dans la plaine de Pardies et aux environs d'Orthez, de grandes nourritures d'oies dont on sale les cuisses, qui servent aux habitants du Béarn pendant toute l'année, et on les envoie présentement à Paris, où la nouveauté du mets, l'a peut-être fait estimer plus qu'il ne vaut.»

LES MÉRITES DU SEL

Le sel, grâce à sa propriété de conserver les aliments périssables, a donné naissance à beaucoup de spécialités. Elles sont à base de viande, comme les jambons et les saucissons, ou de fruits (olives) ou de légumes (choucroute) ou encore de poisson. Parmi ces dernières

figurent des produits fort anciens, tel le «pissalat» niçois, qui a presque disparu de nos jours. Indispensable à la réalisation de la pissaladière (tarte à l'oignon niçoise), cette purée d'alevins de sardines salées, fermentées et condimentées, est très proche du *hallex*

– sorte de «garum des pauvres» – fabriqué sur la côte

provençale à l'époque romaine.

1830	1855	1860	1863
Début de l'âge du chemin de fer	Première classification des vins de Bordeaux	Mise au point par Pasteur de la pasteurisation	Début du phylloxéra

LE TOUR DE FRANCE DES DESSERTS

SOUVENT SIMPLES, PARFOIS SOPHISTIQUÉS, TOUJOURS BONS

Tout comme les aliments «confits» dans le sel, les aliments «confits» au miel et, à partir du XVIᵉ siècle,

au sucre, forment une autre catégorie de mets très appréciés : les confitures. À la maison, la préparation de ces mets délicats est depuis des siècles le domaine privilégié des dames. Les «confitures» anciennes exigeaient des soins considérables : la confiture de groseilles épépinées de Bar-le-Duc, le cotignac d'Orléans et les fruits confits du pays d'Apt figurent parmi les survivants les plus connus. Dans leur expression la plus primitive, elles consistaient en une transformation de la bouillie, car, pendant longtemps, il n'y eut pas de four à la maison : on faisait la cuisine à l'âtre. Néanmoins, bien des friandises tels les beignets, les crêpes et les gaufres, étaient confectionnés sans four. Et si l'on pouvait faire cuire les tartes sous une «cloche» couverte de braises, dite «four de campagne», d'autres pâtisseries demandaient un vrai four. On apportait au boulanger son gâteau (ou les ingrédients destinés à sa fabrication) pour qu'il les enfourne une fois la cuisson du pain terminée. Souvent, ces gâteaux n'étaient rien d'autre que de la pâte à pain additionnée de sucre, d'œuf, d'une graisse et d'un parfum (l'eau de fleur d'oranger était fréquente, car l'usage de la vanille ne s'est généralisé dans la pâtisserie qu'à partir du XIXᵉ siècle).

Partout en France, on faisait aussi des échaudés, ainsi nommés parce que leur pâte est ébouillantée avant d'être cuite au four ; cette technique remonte au moins au Moyen Âge. Ils avaient notamment la forme de torsades ou d'anneaux, tels les bretzels d'Alsace, les brassados du Dauphiné et de Provence, les gimblettes d'Albi, les riouttes de Savoie, les tortillons du Sud-Ouest. On les suspendait aux branches bénites à l'église le dimanche des Rameaux.

UN CALENDRIER FRIAND

Chaque fête avait son gâteau : Pâques inspira les gâteaux en forme d'agneau (celui d'Alsace est le plus connu), ainsi que le *campanile* et le *caccavelu* corses décorés aux œufs durs. Les pâtisseries et friandises en forme de saint Nicolas ont toujours cours à la date où l'on fête ce saint, en Lorraine.

Le jour des Rois était déjà l'occasion de manger des gâteaux, et d'innombrables beignets, gaufres et crêpes faisaient la joie du carnaval. Parfois, des créations monumentales voyaient le jour : lors des mariages, dans les pays du grand Sud-Ouest et, ailleurs, on confectionnait un gâteau à la broche, dont les bords dentelés imitaient la robe de la belle mariée. De nos jours, la plupart de ces pâtisseries se savourent à longueur d'année, même si leur production augmente à la saison à laquelle elles étaient autrefois si étroitement associées.

1878	1935	1940	1957	1973	1996
Ferdinand Carré réalise le premier transport intercontinental de viande congelée	Création des AOC pour les vins	Découverte du DDT	La volaille de Bresse devient AOC		Arrivée sur le marché français des légumes transgéniques

TERROIR ET SAVOIR-FAIRE : LA MAIN DE L'HOMME

Contrairement aux idées reçues, il n'y a pas toujours de lien «naturel» entre les produits et les terroirs auxquels ils sont associés. Le sucre, si indispensable à la réalisation des pâtisseries arriva pendant des siècles des colonies lointaines, mais sa présence dans les douceurs n'enlève rien à leur caractère régional. C'est le savoir-faire de l'homme (ou plutôt de la femme) que nous admirons et dont dépend la spécificité de ces produits. En outre, l'histoire montre que, le temps passant, un produit «exotique» peut s'accommoder si bien à un terroir qu'il en devient l'emblème : le blé noir en Bretagne ou le maïs dans le grand Sud-Ouest n'en sont que deux exemples. Aussi, bien que les produits traditionnels soient souvent perçus comme immuables,

offrant au consommateur des points de repère «fixes» dans un paysage alimentaire en constante évolution, à la longue ils se transforment,

se créent et disparaissent comme tout autre produit. Le miel du Gâtinais, miel de sainfoin très recherché autrefois, est devenu, lors de la disparition du sainfoin, un miel de toutes fleurs ; le mont-d'or du Lyonnais et le saint-marcellin, fromages de chèvre renommés, sont désormais des fromages de vache tout aussi renommés ; enfin, le très célèbre melon de Cavaillon, melon à chair blanche au XVIIIᵉ siècle, puis melon à chair blanche ou à chair rouge au XIXᵉ siècle, a fini par être remplacé par le cantaloup «charentais» au XXᵉ siècle sans jamais avoir perdu de son prestige !

DE LA SUBSISTANCE AU LABEL DE QUALITÉ

Aujourd'hui, la plupart des produits de terroir qui marquaient jadis le temps des rituels et des fêtes sont devenus des produits tout court, avec leurs marques, leurs labels et leurs multiples appellations. Les catégories anciennes ont perdu presque tout leur sens : les aliments qui servaient autrefois à nourrir des provinces entières, tels que châtaignes, polenta, gaudes ou millet, se sont transformés en mets hautement emblématiques que l'on ne consomme plus pour vivre au présent mais pour revivre le passé. En revanche, les mets conçus pour «se faire plaisir» et consommés de façon exceptionnelle (tartes, tourtes, confits, jambons, saucisses…) sont à présent intégrés dans l'alimentation quotidienne. C'est grâce à cette assimilation qu'est née au cours du XXᵉ siècle la notion de «gastronomie locale», fondée sur la pérennité des mets servis au cours des fêtes et sur la valorisation de l'alimentation populaire dans toutes les régions de France.

DES PREMIERS CONCOURS AU CONCOURS GÉNÉRAL AGRICOLE DE PARIS

Dans un XIXᵉ siècle européen épris de progrès technologique, la France ne peut laisser de côté le monde agricole où une paysannerie encore majoritaire constitue l'un des éléments moteurs de son économie. Elle multiplie alors les concours consacrés aux animaux d'élevage, concours qui s'élargissent peu à peu aux machines et aux produits agro-alimentaires. C'est dans ce contexte d'émulation agronomique qu'un concours national, appelé Concours Général Agricole de Paris, ouvre pour la première fois ses portes en 1870. Il surmontera temps, guerres, et épidémies, et tient toujours ses quartiers chaque année, dans le cadre du Salon International de l'Agriculture.

UNE GENÈSE CHAOTIQUE

L'idée de remettre des prix agricoles revient au marquis de Turbilly qui, en 1755, institua des gratifications pour les plus compétents de ses paysans. Cinquante ans plus tard, Napoléon Iᵉʳ créait un concours avec «attributions de prix aux cultures les mieux aménagées, aux meilleurs soins donnés au bétail et aux améliorations des animaux domestiques».

Ces récompenses sans lendemain annonçaient toutefois des concours de plus grande ampleur, tel celui de Poissy. Organisé à partir de 1844, ce concours d'État consacré aux animaux de boucherie disparaîtra par la suite au profit du Concours Général

Agricole qui intéressera, lui, toute la profession.

À L'ÈRE INDUSTRIELLE, LA PREMIÈRE EXPOSITION UNIVERSELLE D'AGRICULTURE

À l'heure où l'Angleterre accueille au Crystal Palace la première Exposition universelle des produits de l'Industrie (1851), la France ne demeure pas en reste. En 1855, elle met en place la première Exposition universelle d'Agriculture, et un Concours agricole universel et international, synthèse des richesses et des innovations nationales et étrangères.

RUPTURES MAIS MAINTIEN...

Infortunes et imprévus ne manquèrent pas de contrecarrer, certaines années, l'organisation du Concours Général Agricole : révolutions, guerres, typhus et difficultés pratiques ou financières l'ébranlèrent souvent, mais, répondant à une véritable nécessité économique il sut se maintenir contre vents et marées.

LE CONCOURS GÉNÉRAL AGRICOLE DE PARIS

L'administration de l'Agriculture, mère de notre actuel ministère, établit, en 1870, un concours à vocation annuelle, destiné à récompenser des produits d'origine nationale ou coloniale : le Concours Général Agricole de Paris était né.

Le premier d'entre eux présenta sur trois étages, au Palais de l'Industrie, animaux de boucherie, volailles et produits laitiers, autres produits agricoles, machines et outils. En 1875, de nouvelles sections furent instaurées, dont celle des miels, puis en 1887 celle des cidres et poirés, et, en 1893 celle des vins...

LA SEMAINE DE L'AGRICULTURE

Interrompu pendant et juste après la Seconde Guerre mondiale, le Concours Général Agricole reprit en 1951. Sous les auspices du ministère de l'Agriculture fut alors créée la Semaine de l'Agriculture, qui mariait le Concours avec le Salon international de la machine agricole. Organisé chaque année au mois de mars, cet événement annonçait la création, quelques années plus tard, du Salon International de l'Agriculture ● 24.

Salon International
de l'Agriculture

COMITÉ DES
EXPOSITIONS
DE PARIS

CENECA

Au moment où s'accélérait la mutation du monde agricole, au début des années 1960, il apparut nécessaire de développer un important secteur commercial autour du Concours Général Agricole. C'est Edgard Pisani, alors ministre de l'agriculture, qui créa, en 1963, le Centre National des Expositions et Concours Agricoles (CENECA) – une société d'économie mixte chargée de l'organisation du premier Salon International de l'Agriculture qui eut lieu en mars 1964. Le Salon, au fil des ans, devait bientôt accueillir l'ensemble des activités commerciales liées à l'élevage et une grande section agro-alimentaire consacrée aux produits d'origine certifiée, en parallèle avec le Concours Général Agricole des produits.

UNE AUDIENCE ACCRUE

À partir de 1992, le CENECA décida de confier l'organisation du Salon au Comité des Expositions de Paris pour en développer les centres d'intérêt et en accroître l'audience. Autour du Concours Général Agricole, qui reste l'un des temps forts de cette manifestation annuelle, et de la présentation des activités agro-alimentaires des régions françaises, le salon s'est attaché à répondre aux nouvelles attentes d'un public assidu. En 1996, l'accent a été mis sur la nature et les loisirs verts, avec la chasse, la pêche et le jardin, et sur l'agriculture biologique. En 1997, ce fut le tour des produits de la mer et des rivières, de l'aviculture et des chiens, du pôle végétal, de la formation et de l'emploi en milieu agricole.

LE PLUS GRAND RESTAURANT DE FRANCE

Les quelque 600 000 visiteurs du Salon en 1997, ont eu

l'occasion de «prendre l'air du pays» dans un espace de plus de 20 000 m² consacré aux produits régionaux et à la restauration. L'atmosphère bon enfant du salon s'impose à tous, visiteurs des animaux de la ferme et gourmands attablés, dès 11 h, à la *Table Franc-Comtoise*, au *Bistrot Charolais* ou au *Bœuf Limousin*. Le Sud-Ouest aligne ses producteurs de foie gras, l'Alsace

sa choucroute formidable. Pendant quelques jours, le Salon International de l'Agriculture devient le plus grand restaurant de France.

LES PRODUITS DES TERROIRS

À côté des grandes spécialités culinaires et des vins, les curieux et les amateurs font aussi la chasse aux produits des terroirs que l'on découvre au hasard des pavillons régionaux : les caillettes ardéchoises,

l'andouillette de Troyes, les châtaignes d'Auvergne ou le tamié, un fromage de Savoie au lait de vache entier et cru. Pour Claude Lahaye, directeur du Salon International de l'Agriculture, le «rapprochement entre le monde agricole et les défenseurs du patrimoine culinaire est un succès et devrait être étendu, dans les prochaines éditions du Salon, aux différents aspects du tourisme des régions».

UNE MANIFESTATION FÉDÉRATRICE

Le Salon attire en outre, chaque année, toute une série de manifestations liées au monde agricole et agro-alimentaire. C'est ainsi que la Mairie de Paris attribue à un boulanger parisien en 1995 et 1996, le «grand prix de la baguette de la ville de Paris » dans le cadre du Salon, et qu'ont été décernées, en 1997, les Mariannes des Saveurs de France aux restaurateurs les plus attentifs à une judicieuse utilisation des produits des terroirs.

DES GOÛTS
ET DES SAVEURS

L'homme se fonde sur ses perceptions pour reconnaître les aliments. Ses sens sont extrêmement perfectionnés et le rendent sensible à des différences minimes. L'omnivore a besoin de cette puissance de discrimination pour choisir ce qu'il va avaler. En fait, nous créons notre répertoire alimentaire personnel au travers de nos expériences d'ingestion depuis et même avant la naissance. Après ingestion et selon l'effet physiologique qu'il a produit, l'aliment sera classé ou non dans la catégorie des produits comestibles. C'est ainsi qu'un aliment qui n'a pas été identifié par les sens ne pourra pas, d'emblée, procurer du plaisir. Il a fallu toute la patience et l'affection des parents pour que l'enfant accepte des «stimulations» nouvelles. Par la suite l'adulte doit apprendre à aimer un fromage fort, le vin, la bière, à apprécier la brûlure du piment…

LA MÉMOIRE DU GOÛT

Dans notre cerveau, chaque aliment est mémorisé avec ses caractéristiques sensorielles spécifiques : aspect, couleur, forme, odeur, flaveur (combinaison de saveurs et d'arômes en bouche), texture, effets sonores éventuels (de craquant, de croquant…) et classé selon le plaisir dont il a été la source. Ainsi, la création du répertoire alimentaire est-elle une construction individuelle fondée sur les expériences heureuses et malheureuses accumulées tout au long de la vie. L'enfance et le bain culturel initial gardent une influence prégnante, mais on peut toujours apprendre à aimer d'autres saveurs par leur découverte progressive. Si l'effet obtenu est bon, nous aurons tendance à rechercher les saveurs et les arômes qui nous ont procuré du plaisir.

Depuis quelques années ont été mises en place, dans les écoles primaires, des «semaines du goût». Les instituteurs secondés par des professionnels des métiers de bouche, ou des animateurs spécialisés sensibilisent à l'importance du goût des aliments les enfants, par des exercices et des dégustations.

AU BON GOÛT LA BONNE NORME

Un sous-comité spécialisé de l'AFNOR (Agence française de normalisation) et de l'I.S.O. au niveau international (Organisation internationale de standardisation) normalise les procédures de tests pour comparer et classer les caractéristiques sensorielles des produits.

L'EMPREINTE DES ALIMENTS

Le producteur agricole, le transformateur industriel, l'affineur de fromage, le cuisinier, le traiteur, la ménagère ont une mission essentielle qu'ils doivent remplir s'ils veulent faire

aimer leurs produits. En effet, il faut qu'ils donnent impérativement à leur production une identité sensorielle. Sans elle, sans la constance et la référence à des modèles, les consommateurs qui les ont goûtés et aimés ne pourront pas retrouver le plaisir qu'ils ont éprouvé. Quelle déception pour nous de ne plus retrouver l'arôme de noisette et d'abricot dans le fromage que nous avons aimé, de sentir que le vin, pieusement conservé à la cave, a perdu sa robe ou son bouquet !

L'ENSEIGNEMENT THÉORIQUE

Dans les formations théoriques, l'enseignement porte sur le fonctionnement des sens (la neurophysiologie sensorielle permet de saisir les performances de nos capteurs et le câblage de notre système nerveux), sur le comportement alimentaire, sur les techniques de tests sensoriels, que les statistiques permettent d'interpréter. Plusieurs ouvrages professionnels d'évaluation sensorielle existent pour le vin, pour les produits alimentaires solides. Des enseignements universitaires sont donnés dans toutes les formations supérieures ayant trait à l'alimentation ou à l'œnologie. Il existe, à Tours, une maîtrise des Sciences et Techniques spécialisée dans le goût.

LA FORMATION PRATIQUE AUX MÉTIERS DU GOÛT

Tous les métiers de bouche – le cuisinier, le traiteur, le charcutier, le vigneron, le producteur et l'affineur de fromage, l'opérateur qui en contrôle la production, l'ingénieur qui formule un nouveau produit dans un laboratoire industriel – sont donc concernés par l'apprentissage du goût. Pour chacun d'entre eux une instruction est nécessaire. La formation pratique consiste à s'initier aux bons gestes et à en évaluer les effets sur l'aliment. Ainsi, le futur cuisinier va-t-il apprendre à reconnaître à l'œil, à l'oreille et au toucher la cuisson d'une viande, à goûter une sauce avant de la «rectifier» pour lui donner un goût conforme à son appellation. De même, l'affineur se sert de son regard, de son nez, de ses doigts pour

appréhender l'état de ses fromages ; c'est exceptionnellement que, à l'aide d'une sonde, il prélève des échantillons dans les meules pour les goûter. Dans tous les métiers liés à l'alimentation, on apprend donc à se servir de ses sens pour évaluer les produits bruts comme les produits transformés.

Pourquoi un concours ? Pour permettre la confrontation, à un moment et dans un lieu donnés, d'échantillons de produits qui appartiennent à une catégorie homogène (les vins d'AOC «Lussac-Saint-Émilion», les miels de sapin, par exemple), en regard de leur origine et de leur mode de production. Et pour choisir les meilleurs de ces produits, selon des critères de jugement objectifs et préalablement définis. Le concours n'est pas une fin en soi car il offre aux concurrents le moyen de situer leurs produits sur l'échelle de qualité, et aux consommateurs des références pour leurs achats. Participer au Concours Général Agricole relève d'une démarche volontaire qui vient compléter et enrichir les garanties apportées par les signes officiels de qualité tels l'AOC et le label rouge.

UNE RÉGLEMENTATION STRICTE
Le règlement du Concours Général Agricole est défini par un arrêté du ministère de l'Agriculture et de la Pêche. Les prélèvements des échantillons sont effectués par des agents de l'État ou sous leur contrôle, ce qui garantit la représentativité des échantillons ainsi que l'impartialité des opérations.

LES PHASES PRÉLIMINAIRES
Les présélections aboutissent à n'admettre que des produits d'une qualité certaine. À ce stade, les échantillons font l'objet d'analyses et de tests sensoriels. La sévérité de cette présélection est telle que la moitié seulement des échantillons de vins en franchissent le cap.

Le Concours Général Agricole s'enrichit régulièrement en fonction de l'évolution des techniques et des exigences sanitaires dans le domaine agro-alimentaire, pour mieux répondre aux attentes des consommateurs en matière de sécurité et de goût.

De même, le champ d'intérêt du Concours Général Agricole s'élargit en permanence pour mieux représenter la production française. C'est ainsi que, en 1991, il s'est ouvert aux foies gras, et, en 1997, aux produits de la mer (huîtres).

LA PHASE FINALE

Les échantillons soumis au jugement, dont l'anonymat est garanti, doivent être représentatifs des lots dont ils sont issus. Ces jugements sont rendus par des jurés experts indépendants et bénévoles qui sont constitués en jurys pour représenter l'ensemble de la filière : producteurs et transformateurs, négociants et distributeurs, courtiers, techniciens, œnologues ● 26, sommeliers, restaurateurs, crémiers, cavistes… C'est la synthèse de leurs avis qui détermine le classement des échantillons en compétition.

LE PARCOURS D'UN ÉCHANTILLON

Monsieur X, viticulteur, décide de participer au Concours Général Agricole. Il adresse à la Direction départementale de l'agriculture et de la forêt du lieu son formulaire d'inscription accompagné du règlement des droits d'inscription. Rien n'oblige M. X à participer à cette compétition. Mais il souhaite se mesurer à ses collègues de la même appellation et obtenir une distinction commercialement utile. Sur l'inscription, sont précisés le type de vin, le volume produit, la cuve. M. X l'accompagne du certificat d'agrément dans l'appellation revendiquée et du bulletin d'analyses certifiant sa conformité aux normes adoptées par la commission régionale du Concours Général Agricole.

Dans le mois qui précède la Salon International de l'Agriculture ● 24, un agent de l'État prélève un échantillon dans la cuve désignée. Les épreuves se poursuivent par les présélections organisées au niveau régional : de ces tests sensoriels, un échantillon sur deux sortira «présélectionné» et sera admis en phase finale, à Paris.

CONCOURS GENERAL AGRICOLE 1997 : PRODUITS DIVERS

FICHE DE JUGEMENT

FOIES GRAS	Jage	M :
		N° :
Conserves de foie gras de canard	Qualité du organisme représente	Date : 22 Février 1997
		JURY N° :

Numéro lot	ASPECT A LA COUPE (avant dégustation)			DEGUSTATION					Appréciations
	COULEUR	CONSISTANCE	HOMOGENEITE	GOUT	ODEUR	EPICES (sel, poivre)	TOTAL		
		ferme granuleuse moile		finesse fondant onctuosité					
Echantillons N°/élèves	Note / 15	Note / 15	Note / 15	Note / 20	Note / 15	Note / 15	Note / 100		

COMMENTAIRES :

LA VALORISATION DES MÉDAILLES

L'ensemble ces opérations est contrôlé par les services de la Direction générale de la concurrence, de la consommation et de la répression des fraudes, qui procèdent également au contrôle de l'utilisation des médailles. La valorisation des résultats est, bien entendu, essentielle. Dès leur proclamation, ils sont communiqués à la presse, affichés sur plusieurs sites du Salon international de l'agriculture, et accessibles sur Minitel, au 36 15 ŒNOTEL, ainsi que sur Internet. Les lauréats reçoivent un diplôme qu'ils afficheront sur leurs lieux de vente. Ils peuvent également apposer le logo représentant leur distinction (modèle déposé à l'INPI) sur leurs emballages.

UN CHOIX DÉLICAT

Choisir le ou les vins d'un repas est un exercice délicat, et l'on sera bien inspiré de suivre le conseil de Brillat-Savarin, et de les consommer «des plus tempérés aux plus généreux et aux plus parfumés.» C'est par le meilleur qu'il faut finir, mais «le meilleur n'est pas toujours le plus âgé», précise Maurice des Ombiaux. Un bon sommelier ou un caviste consciencieux saura adapter leurs suggestions à la nature du repas, à la saison et au budget disponible.

DE LA BOUTEILLE À LA CARAFE

«Passer un vin en carafe» est parfois nécessaire, soit pour décanter un vin vieux, c'est-à-dire séparer les parties solides (dépôt) et liquides à l'aide d'une bougie, soit pour aérer (ou «oxygéner») un vin. Cet usage s'applique alors aussi aux vins blancs, voire à certains champagnes.

À CHAQUE VIN SA TEMPÉRATURE

La composition de chaque vin exige qu'on le boive à une température constante, condition nécessaire si le dégustateur veut l'apprécier pleinement. À 20° C un vin rouge est trop «chambré», seul l'alcool est perceptible. Un champagne ou un blanc sec trop frais, à l'inverse, ne développera aucun des arômes qui en marquent l'originalité. La température de la pièce où l'on boit le vin a aussi une incidence sur la dégustation. Un repas en plein air, au soleil, n'est jamais indiqué pour apprécier un vin de caractère. La bonne température des vins, toutefois, n'est pas une science et dépend aussi des saisons, des usages régionaux ou des habitudes de chacun.

CHAMPAGNES ET VINS MOUSSEUX	7 °C / 10 °C
VINS BLANCS SECS	8 °C / 10 °C
VINS LIQUOREUX	8 °C / 10 °C
VINS ROSÉS ET ROUGES LÉGERS	9 °C / 12 °C
VINS ROUGES JEUNES	13 °C / 15 °C
VINS ROUGES CORSÉ ET VINS DE GARDE	15 °C / 18 °C

QUELS VINS POUR QUELS METS ?

C'est affaire de goût personnel. Mais il existe, au-delà des modes, certaines tendances qui méritent d'être appréciées. Par exemple, nombre d'amateurs et de sommeliers estiment aujourd'hui que, globalement, les fromages s'accordent mieux avec les vins blancs qu'avec les rouges.

MISE EN BOUCHE
Avant un repas de fête, l'apéritif est le domaine réservé du champagne. Un vouvray pétillant de caractère peut aussi donner satisfaction. Pourquoi ne pas essayer aussi un vin blanc typé, aromatique, un riesling d'Alsace, un condrieu, un crépy de Savoie ou un vin blanc issu de cépages chenin des bords de Loire ?

FOIE GRAS
Sauternes, alsace (sélection de grains nobles), vouvray de garde, bonnezeaux.

FRUITS ET LÉGUMES
Pour les asperges, touraine blanc ou muscat d'Alsace ; avec les artichauts, rosé sec d'Anjou, avec les poivrons grillés, mâcon blanc, irouléguy blanc ; les fruits préfèrent le champagne rosé, les rouges légers, les rosés…

CHARCUTERIE
Beaujolais, saumur-champigny, côtes-du-rhône-villages.

CRUSTACÉS
Graves blancs, pessac-léognan, alsace sylvaner, muscadet, hermitage blanc.

POISSONS DE MER
Bourgognes blancs (meursault, puligny-montrachet), graves blancs, sancerre châteauneuf-du-pape blanc.

POISSONS D'EAU DOUCE
Alsace sylvaner, vins de Savoie (chignin-bergeron), vins de cépages roussane et marsanne des côtes du Rhône et de Provence.

VIANDES ROUGES
Bordeaux rouges (saint-julien, pauillac, saint-estèphe), bourgognes rouges (rully, mercurey).

VIANDES BLANCHES
Bordeaux souples, beaujolais.

VOLAILLES
Avec le poulet rôti, vins souples et jeunes mais avec un poulet à la crème, bourgogne blanc, vins demi-secs de Loire et arbois (vin jaune). Avec le canard, cahors ou hermitage, et avec l'oie, anjou blanc moelleux.

ABATS
Avec les rognons, vin rouges corsés de la vallée du Rhône, mais avec le ris de veau, chablis, bourgogne blanc.

GIBIER
Bourgognes rouges (côtes-de-nuits et côte-de-beaune), gigondas, châteauneuf-du-pape hermitage rouge, pomerol, saint-émilion.

FROMAGES ● 32
DESSERTS
Banyuls, maury (avec le chocolat), champagne, quarts-de-chaume, sauternes, barsac, monbazillac, pacherenc.

Nom de marque (F)

Embouteilleur (O)

Nombre de bouteilles produites (F)

Millésime (F)

Degré alcoolique (O)

Nom de l'appellation (O)

Dénomination catégorielle (O)

Signatures (F)

Volume de la bouteille (O)

Lieu de mise en bouteille (F)

SOCIÉTÉ CIVILE DU DOMAINE DE LA ROMANÉE-CONTI
PROPRIÉTAIRE A VOSNE-ROMANÉE (COTE-D'OR) FRANCE

ROMANÉE-CONTI

APPELLATION ROMANÉE-CONTI CONTRÔLÉE

5.790 *Bouteilles Récoltées*

Nᵒ

LES ASSOCIÉS-GÉRANTS

ANNÉE 1986

13 % vol.

Mise en bouteille au domaine

PRODUCT OF FRANCE

75 cl

Quelle que soit sa provenance, toute bouteille porte une étiquette qui mentionne des informations légalement obligatoires et aussi, selon les origines régionales, des éléments spécifiques et facultatifs.
SONT OBLIGATOIRES :
● la dénomination catégorielle :

(AOC), (AOVDQS), vin de pays, ou vin de table
● le nom de

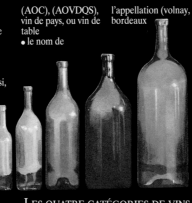

l'appellation (volnay, bordeaux

supérieur, saint-émilion, alsace...)
● la contenance de la bouteille
● le degré alcoolique
● les nom et adresse de l'embouteilleur
SONT FACULTATIFS
● le nom de marque (château-durand, Domaine Dupont),
● le millésime
● le classement (1ᵉʳ grand cru, cru classé...)
● le lieu de mise en bouteilles
● les prix obtenus lors de concours…

LES QUATRE CATÉGORIES DE VINS

AOC
(appellation d'origine contrôlée) Cette mention s'applique aux vins d'une région (bordeaux), d'une commune ou d'un groupement de communes (bourgueil), ou même d'un cru (romanée-conti). Chaque appellation fait l'objet d'un règlement, librement débattu entre les producteurs et l'Institut national des appellations d'origine. Une fois adopté, ce règlement fait l'objet d'un décret et devient la règle intangible. Chaque appellation est ainsi définie par son aire géographique ou sa délimitation

parcellaire, son encépagement autorisé, ses méthodes de culture et de vinification (rendement à l'hectare) et par diverses caractéristiques analytiques du vin. C'est la réglementation la plus stricte, celle qui s'applique aux plus grands vins.
On notera sur certaines étiquettes quelques particularismes régionaux. En Alsace, l'usage prévaut de faire suivre l'appellation régionale de l'indication du cépage et en Bourgogne, le nom de la commune d'origine ne figure

pas sur les étiquettes des grands crus qui bénéficient d'une appellation propre.
AOVDQS
(appellation d'origine vins délimités de qualité supérieure) Ces vins, labellisés après dégustation, sont soumis à peu près aux mêmes règles que les AOC. L'étiquette comporte une vignette et un numéro de contrôle. La mention du millésime n'est pas obligatoire. L'indication du cépage n'est autorisée que s'il s'agit d'un cépage unique.
VINS DE TABLE
Vins de consommation courante, ils répondent toutefois à

quelques normes relatives au degré alcoolique, à l'acidité et à l'encépagement. L'étiquette comporte donc la mention d'origine, le degré alcoolique, le volume, le nom et l'adresse de l'embouteilleur. L'indication du millésime est interdite.
VINS DE PAYS
Une réglementation particulière, relative à l'encépagement, à la teneur en alcool, à l'acidité volatile ainsi qu'aux rendements, leur est appliquée sous le contrôle de l'Office national interprofessionnel des vins. Aux mentions exigées ci-dessus est ajoutée la provenance géographique (Vin de pays de ....).

● LE GOÛT DU FROMAGE

À CHAQUE MOIS SON FROMAGE

«Comment voulez-vous gouverner un pays où il existe 258 variétés de fromages ?», s'exclama un jour le général De Gaulle. Rappelons qu'il en existe probablement beaucoup plus, 330 selon le fromager Barthélémy, et même, selon certains, «autant que de jours dans l'année». C'est le fromager, le bon fromager s'entend, qui vous guidera au mieux, en fonction des saisons et de vos goûts. L'automne est la meilleure saison

pour déguster la plupart des fromages : ils en sont au moment idéal de leur évolution, à l'exception des chèvres, délicieux au printemps.

JANVIER-FÉVRIER
Époisses, munster, comté, cantal,

livarot, roquefort maroilles, beaufort, tommes de Savoie et vacherin
MARS-AVRIL
Coulommiers, bries de Meaux et de Melun, camembert, bleus.
MAI-JUIN
Chèvres et fromages frais.
JUILLET-AOÛT
Brousse (bruccio), reblochon, saint-nectaire, chèvres.
SEPTEMBRE-DÉCEMBRE
Bries, saint-nectaire, chèvres, camembert, époisses, maroilles, munster, cantal, roquefort, vacherin, munster.

HARMONIES DES VINS ET DES FROMAGES

L'usage veut que l'on serve des vins rouges légers avec les pâtes molles à croûte fleurie, les chèvres et les pâtes pressées, et des vins plus corsés avec les pâtes molles à croûte lavée et les pâtes persillées. Curnonsky vantait les mérites de l'association du pauillac et du camembert.

La tendance est aujourd'hui différente. Nombre de gourmets et de sommeliers des plus compétents associent volontiers les vins blancs aux fromages. On trouvera dans la liste suivante quelques accords entre vins et fromages qui répondent à cette évolution.

FROMAGES DE CHÈVRE
Selon leur état, un sancerre ou un anjou demi-sec.
PÂTES SÈCHES
Blancs secs de Savoie, du Jura ou vins légèrement moelleux de Loire.
PÂTES MOLLES
Rouges légers (beaujolais) et blancs aromatiques (Savoie), pour les fromages doux; les fromages plus forts exigent des blancs secs (saint-joseph, châteauneuf-du-pape)

ou demi-secs (anjou, gewurztraminer, tokay).
PÂTES PERSILLÉES
Maury et banyuls triomphent avec le roquefort ; mais aussi les grands blancs moelleux d'Alsace, de la Loire (bonnezeaux, quarts-de-chaume) et de sauternes.
FONDUE
Exclusivement les blancs de Savoie : ayse sec, apremont, roussette, abymes, chignin-bergeron.

L'ART DE LA DÉCOUPE

Dans tous les cas, on préférera le fromage à la coupe au fromage prédécoupé et emballé.
La forme du fromage détermine, en général, la façon dont il doit être présenté. Les fromages qui ont la forme d'un disque plat seront découpés en portions triangulaires, à partir du centre, de même que les fromages de forme carrée ou pyramidale. On prendra soin de découper une «pointe» de brie dans le sens de la plus grande longueur, en lames parallèles; les fromages ronds se découpent en rondelles, le gruyère ou l'emmenthal, par menus blocs réguliers. À défaut d'une potence munie d'un fil adéquat, on coupera le roquefort, le bleu ou la fourme en quartiers couchés sur le flan, en formant un éventail depuis le milieu de la tranche afin de répartir équitablement les parties persillées.

DE LA CAMPAGNE À LA TABLE… LES PRODUITS DES RÉGIONS DE FRANCE VUS PAR LES PEINTRES

Au cours du XVIIIᵉ siècle, les peintres délaissent le monde fastueux et raffiné de l'aristocratie, si prisé jusque-là, pour s'intéresser au quotidien des petites gens. La cuisine, lieu trivial haut en couleur, en odeur, en saveur… retient dès lors leur regard. Et ce domaine hétéroclite où se rencontrent parfois d'insolites assemblages d'objets et de nourriture devient alors prétexte à des mises en scènes riches en significations.

La Raie (**3**), de JEAN-BAPTISTE CHARDIN (1699-1779), ouvre la porte d'un monde empreint, il est vrai, de réalisme, mais où ce dernier se révèle porteur d'une poésie et d'un symbolisme singuliers. Ce grand poisson ainsi exposé prend en effet une dimension humaine incontestable, soulignée par la douceur des couleurs et la précision des détails.

Et n'est-ce pas, là encore, à une vie simple, sans ornement que fait référence GUSTAVE COURBET (1819-1877) dans sa *Nature morte aux fruits : pommes et grenades* (**2**) ? Mais en juxtaposant cette grenade dévoilant aux regards l'intimité de sa pulpe, criante évocation de la fécondité, à la banalité de la pomme qui laisse seulement paraître les reflets rouges et dorés de sa peau, il met aussi à nu les facettes de la chair du monde. Ne dit-il pas en effet qu'il veut «être non seulement un peintre mais un homme ; en un mot faire de l'art vivant» ?

Sous le pinceau de CHAÏM SOUTINE (1894-1943), de modestes quartiers de viande, *Le Bœuf et la tête de veau* (**1**), prennent des reflets insoupçonnés : matière vouée à la putréfaction, cette viande incarne ici notre condition humaine. Mais, par l'agressivité de ses couleurs et le traitement expressionniste de sa matière picturale, il rend aussi compte de la puissance et de la permanence de la vie, et, suspendant par l'acte créateur la temporalité de la chair, lui concède l'éternité.

	2
1	3

M oment privilégié de la vie de l'homme, le repas – à la charnière de la nécessité et du rite – constitue un «morceau de choix» pour l'œil de l'artiste. La peinture a ainsi su se faire le témoin à la fois de ses aspects les plus quotidiens, banals voire frustes, et de ses aspects les plus festifs, où il peut se prêter à d'extraordinaires raffinements.

Avec *La Famille heureuse* (**2**), dit encore *Le Retour du baptême*, LOUIS LE NAIN (1593-1648) offre, dans le cadre d'une vie rude et simple, l'image d'un repas qui rassemble la famille autour d'un événement social au caractère exceptionnel : un baptême.

Car, dans le contexte profondément religieux de l'époque, l'art figuratif ne peut s'en tenir à un simple réalisme, mais se doit d'inscrire la quotidienneté dans le cadre glorieux et rassurant de la religion, de son calendrier et de ses fêtes. L'homme en effet est encore essentiellement cet être dont l'humanité se marque non seulement par sa sortie de l'animalité exprimée par le rituel du repas, mais aussi par son obéissance aux règles dictées par le Créateur.

Un siècle plus tard, la liberté de pensée des Lumières affranchit l'homme du joug de la foi religieuse, si bien que la société aristocratique, monde où l'on cultive alors souvent l'intelligence

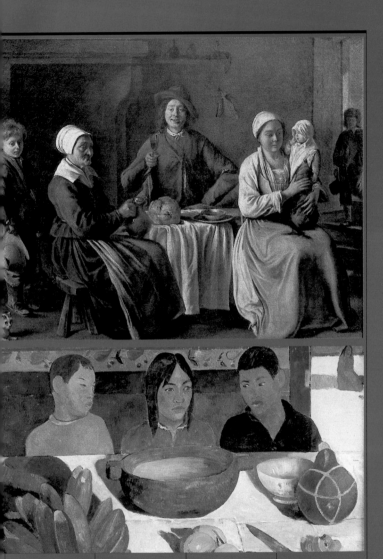

et l'incroyance, ne
craint plus le regard
de Dieu lorsqu'elle
s'abandonne au
plaisir. Fréquentes
sont donc, à l'époque,
les représentations
de repas où domine
la liberté des mœurs.
Ainsi, dans *Le
Déjeuner d'huîtres* (**1**),
JEAN-FRANÇOIS
DE TROY (1679-1752)
exprime la
délectation des
convives qui se
régalent sans réserve
d'un mets savoureux,

l'huître, au cours
d'un repas fort
arrosé. Le caractère
mouvementé de
la composition et
le décor baroque,
ainsi que les
contrastes entre
la lumière réfléchie
par la nappe blanche
et la couleur des
vêtements, accentuent
l'impression
d'euphorie
et d'ivresse que
semblent éprouver
les participants
de cette fête.

Avec *Le Repas* (**3**)
de PAUL GAUGUIN
(1848-1903), nous
assistons à un retour
à la simplicité.
Les enfants, en
effet, semblent
regarder ce qui les
attend sur la table
moins avec envie
qu'avec un étrange
et profond respect,
comme si les fruits
et les plats étaient
pour eux objet
de méditation.
Le contraste entre la
générosité de la nature

de ces îles lointaines,
suggérée par la
présence des fruits,
et le sourire grave
des enfants, nous
invite à penser
que, pour Gauguin,
le repas est l'enjeu
d'un plaisir presque
spirituel.
C'est en effet
le moment où
l'homme célèbre
dans la simplicité
ses noces éternelles
avec la nature
nourricière
et prodigue.

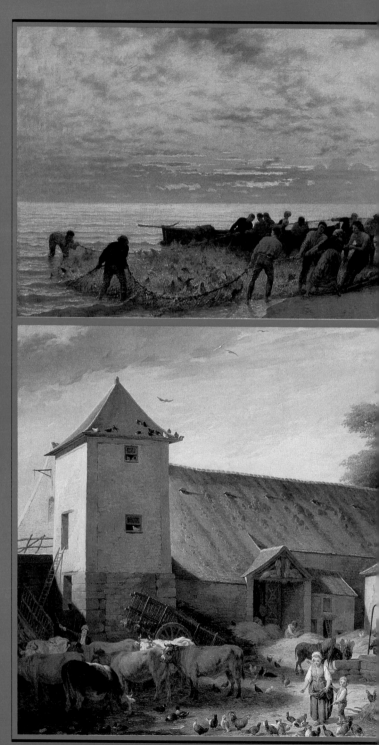

S i le monde paysan constitue dès le XVIIIᵉ siècle un sujet de prédilection pour les peintres, le XIXᵉ siècle donne au réalisme toute sa puissance d'expression. Pour évoquer l'âpre vie rurale, les peintres se doivent d'être à la fois précis, s'attachant souvent au moindre détail, mais aussi inventifs dans la composition.

Ainsi, dans *Cour de ferme* (**2**), NICOLAS LÉPICIÉ (1735-1784) trahit quelque peu l'architecture originelle du bâtiment pour mieux souligner la diversité des activités qui s'y tiennent. Les tons bruns suggèrent la présence obsédante de la terre, renforcent le réalisme de l'œuvre. Le XIXᵉ siècle cherche à rendre compte, par une recherche plus naturaliste, à la fois du hiératisme de certaines postures dans les travaux de la ferme ou des champs (*Manda Lamétrie* (**3**), d'ALFRED ROLL (1846-1919) ; *La Baratteuse* (**4**), de JEAN-FRANÇOIS MILLET (1814-1875), et du poids que fait peser sur les épaules des hommes la dureté de leur tâche : *La Récolte des pommes de terre* (**5**), de LUCIEN SIMON (1861-1945) ; *La Pêche au filet* (**1**), de LÉON BELLY (1827-1877). L'harmonie sévère de ces tons bruns ou pâles atteint à la vérité du naturalisme lorsque quelques touches de couleur viennent les rehausser de leur violence contenue.

	3
1	
	4
2	5

39

1

2

Forts des progrès technologiques de la révolution industrielle, les hommes rompent progressivement, au XXᵉ siècle, le lien essentiel, organique, qui les unissait à la nature : ils ne la conçoivent plus, dès lors, que comme objet d'exploitation. Seul un grand artiste comme JEAN FAUTRIER (1898-1964) peut encore rendre sensible, avec une telle justesse, par un jeu de reflets colorés, le poids de la matière vivante (*Les Poissons*) (**2**). Ou JEAN DUBUFFET (1901-1985), qui, dans *La Campagne heureuse* (**1**), recompose avec toute la puissance de l'imagination un type de vie qui est en train de disparaître.

Morceaux choisis d'une littérature gourmande

LE VIN, LA VIGNE ET LE TERROIR

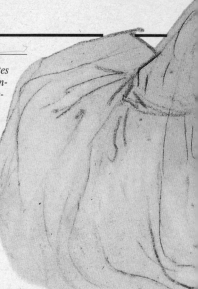

Célébré dans toutes les cultures et toutes les civilisations, le vin est l'indispensable compagnon de l'homme sur le chemin de la vie : il est présent dans toutes les fêtes et tous les événements heureux ou malheureux. Colette (Saint-Sauveur-en-Puisaye, 1873 – Paris, 1954), qui a su garder un contact privilégié avec la vie simple de son enfance, une vie proche de la terre, sait que la vigne et le vin sont l'expression d'un mystère éternellement vivant, celui qui unit la terre, le ciel et les hommes entre eux. Mais c'est aussi à l'imagination que le vin s'adresse et que, vivant mystère, il révèle à ceux qui le boivent l'union des sens, des plaisirs et l'âme.

"La vigne, le vin sont de grands mystères. Seule, dans le règne végétal, la vigne nous rend intelligible ce qu'est la véritable saveur de la terre. Quelle fidélité dans la traduction ! Elle ressent, exprime par la grappe les secrets du sol. Le silex, par elle, nous fait connaître qu'il est vivant, fusible, nourricier. La craie ingrate pleure, en vin, des larmes d'or. Un plant de vigne, transporté par-delà les monts et les mers, lutte pour garder sa personnalité et parfois triomphe des puissantes chimies minérales. Récolté près d'Alger, un vin blanc se souvient ponctuellement, depuis des années, du noble greffon bordelais qui le sucra juste assez, l'allégea et le rendit gai. Et c'est Xérès lointaine qui colore, échauffe le vin liquoreux et sec qui mûrit à Château-Chalon, au faîte d'un étroit plateau rocheux.

De la grappe brandie par le cep tourmenté, lourde d'agate transparente et trouble, ou bleue et poudrée d'argent, l'œil remonte jusqu'au bois dénudé, serpent ligneux coincé entre deux rocs : de quoi donc s'alimente, par exemple, ce plant méridional qui ignore la pluie, qu'un chanvre de racines retient seul suspendu ? La rosée des nuits, le soleil des jours y suffisent – le feu d'un astre, la sueur essentielle d'un autre astre – merveilles… Quelle journée sans nuage, quelle douce pluie tardive décident qu'une année de vin sera grande entre les années ? La sollicitude humaine n'y peut presque rien, là tout est sorcellerie céleste, passage de planète, taches solaires."

COLETTE, *PRISONS ET PARADIS*,
GALLIMARD, «BIBLIOTHÈQUE DE LA PLÉIADE», PARIS, 1991.

Henri Pourrat (Ambert, 1887 – Ambert, 1959) est un romancier de la terre ; c'est pourquoi, plus que d'autres, il est sensible aux mutations qui affectent les produits et, au-delà d'eux, le goût. Ainsi, évoquant la fabrication du roquefort, il ne peut que constater combien l'industrialisation est à la fois nécessaire et dommageable au plaisir simple, absolu et unique de la dégustation d'un tel fromage, telle que celle-ci pouvait se faire, directement à la ferme.

" Toute l'année on pourra manger du roquefort. Et en toute saison il sera servi à la clientèle tel qu'elle le préfère. Car de région à région les goûts changent comme la coupe des mâchoires. La faveur de Perpignan n'est pas celle de Marseille. Certains veulent à Béziers un roquefort si fort qu'ils le gardent des mois pour qu'il forcisse encore. Et Paris n'aime qu'un roquefort doux.

Les dégustateurs vont donc, la sonde à la main, et dirigent les pains sur Toulouse ou Lyon, l'Afrique du Nord ou l'Amérique du Sud. Quelle sûreté de goût, quelle science des crus ! L'un aime les corses. L'autre se prononce pour les larzacs, l'autre pour les ségalas : les meilleurs, dit-il, sont de Durenque — c'est qu'il est de Durenque.

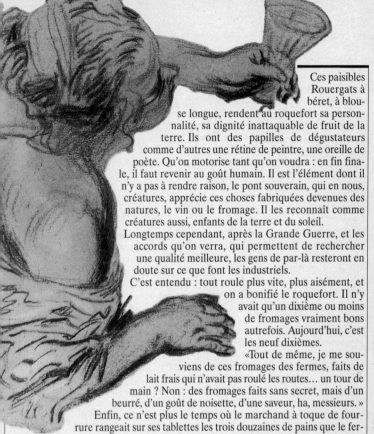

Ces paisibles Rouergats à béret, à blouse longue, rendent au roquefort sa personnalité, sa dignité inattaquable de fruit de la terre. Ils ont des papilles de dégustateurs comme d'autres une rétine de peintre, une oreille de poète. Qu'on motorise tant qu'on voudra : en fin finale, il faut revenir au goût humain. Il est l'élément dont il n'y a pas à rendre raison, le pont souverain, qui en nous, créatures, apprécie ces choses fabriquées devenues des natures, le vin ou le fromage. Il les reconnaît comme créatures aussi, enfants de la terre et du soleil.

Longtemps cependant, après la Grande Guerre, et les accords qu'on verra, qui permettent de rechercher une qualité meilleure, les gens de par-là resteront en doute sur ce que font les industriels.

C'est entendu : tout roule plus vite, plus aisément, et on a bonifié le roquefort. Il n'y avait qu'un dixième ou moins de fromages vraiment bons autrefois. Aujourd'hui, c'est les neuf dixièmes.

«Tout de même, je me souviens de ces fromages des fermes, faits de lait frais qui n'avait pas roulé les routes… un tour de main ? Non : des fromages faits sans secret, mais d'un beurré, d'un goût de noisette, d'une saveur, ha, messieurs. »

Enfin, ce n'est plus le temps où le marchand à toque de fourrure rangeait sur ses tablettes les trois douzaines de pains que le fermier descendu du Larzac apportait sur son âne. De couloirs raboteux et suintants menés dans la roche brute, les caves sont devenues salles de pesée, saloir et magasin à sel, salle des machines, forge, menuiserie, salle d'emballages, d'expéditions, entrepôts et frigos, bureaux, dortoirs et réfectoires des cabanières. Les directeurs ont voulu les brosseuses-piqueuses, les monte-charge, les frigos, les épaisses feuilles d'étain où le fromage sommeille mieux, et la lumière électrique, et tout. Ils voudront les laboratoires.**"**

HENRI POURRAT, *L'AVENTURE DU ROQUEFORT*,
ALBIN MICHEL, PARIS, 1958

*É*voquant le grand poète allemand Hölderlin (Lauffen, 1770 – Tübingen, 1843), qui séjourna à Bordeaux, Pierre Bertaux en profite pour nous conter une sorte de recette magique qui avait cours à l'époque dans la fabrication des grands vins de Bordeaux. Elle consistait à faire aller et revenir dans la cale des grands voiliers des tonneaux de vin, opération qui accélérait son vieillissement et le bonifiait.

"À Bordeaux, les négociants du quai des Chartrons avaient au siècle dernier mis à la mode une pratique originale : à bord de bateaux qui faisaient le commerce avec les Antilles d'où ils rapportaient le sucre, le café, le rhum, on embarquait des tonneaux de vin. Le «tonneau» bordelais fait quatre barriques, soit neuf cents litres. C'étaient d'excellents vins, des meilleurs crus et des bonnes années, qu'on envoyait ainsi. Un représentant du maître de chai accompagnait la marchandise, veillant à ce que le vin évaporé soit remplacé au fur et à mesure. Arrivé à Fort-de-France ou à Pointe-à-Pitre, on ne déchargeait pas la futaille; elle revenait à Bordeaux par le même bateau, ayant fait le voyage des Indes occidentales aller et retour. Ce procédé améliorait considérablement les vins ainsi traités. Le bordeaux «retour des îles»– les initiés disaient tout simplement «retour» – faisait prime sur le marché et figurait à ce titre sur la carte des vins de grands restaurants parisiens comme

Brébant. Saint-John Perse, Antillais et Bordelais à la fois, m'avait confirmé le fait, mais avec la précision suivante, car il était navigateur : la pratique n'avait été poursuivie que jusqu'à la substitution de vapeurs aux voiliers. En effet, le voilier bercé par la houle imprime au contenu des tonneaux un mouvement de roulis favorable à la maturation du vin. Avec la marine à vapeur, les choses ont changé : le cargo se dirigeant droit vers le port coupe la lame et tangue brutalement, ce qui n'a pas sur le vin le même effet favorable. On y a donc renoncé. **"**

PIERRE BERTAUX, *HÖLDERLIN OU LE TEMPS D'UN POÈTE*,
GALLIMARD, 1983

À TABLE

S i Madame Bovary, *le grand roman de Gustave Flaubert (Rouen, 1821 – Croisset, 1880), est le portrait d'une âme solitaire à jamais insatisfaite, on y trouve aussi, en un subtil jeu de contrastes, de nombreuses descriptions et scènes de genre d'un monde rempli de plaisirs simples et de moments heureux. Si Emma ne trouve aucun plaisir dans son mariage avec Charles Bovary, pour les convives, le repas de noces est le moment d'une débauche de mets et une source de joie comme seules les fêtes campagnardes en font naître.*

"C'était sous le hangar de la charretterie que la table était dressée. Il y avait dessus quatre aloyaux, six fricassées de poulets, du veau à la casserole, trois gigots et, au milieu, un joli cochon de lait rôti, flanqué de quatre andouilles à l'oseille. Aux angles, se dressait l'eau-de-vie, dans des carafes. Le cidre doux en bouteilles poussait sa mousse épaisse autour des bouchons, et tous les verres, d'avance, avaient été remplis de vin jusqu'au bord. De grands plats de crème jaune, qui flottaient d'euxmêmes au moindre choc de la table, présentaient, dessinés sur leur surface unie, les chiffres des nouveaux époux en arabesques de nonpareille. On avait été chercher un pâtissier à Yvetot pour les tourtes et les nougats. Comme il débutait dans le pays, il avait soigné les choses ; et il apporta, lui-même, au dessert, une pièce montée qui fit pousser des cris. **"**

GUSTAVE FLAUBERT, *MADAME BOVARY*,
GALLIMARD, «BIBLIOTHÈQUE DE LA PLÉIADE», PARIS, 1997

A lexandre Grimod de La Reynière (Paris, 1758 – Villiers-sur-Orge, 1838) fut le «journaliste» de la table et celui à qui l'on oppose, à tort, Brillat-Savarin. Ce dernier, en effet, fut plutôt le «philosophe» du goût. Car c'est le goût qui est au centre des préoccupations de tous ceux qui écrivent sur les produits destinés à la table et sur les diverses manières de les préparer. Ainsi, les querelles infinies qui naissent autour de la question du goût ont-elles une importance majeure dans la mesure où, autour de la cuisine, de ses règles et de ses recettes, c'est à la fois le plaisir et l'art, le rayonnement des sens et l'éthique qui sont finalement en jeu.*

"On doit voir dans les poulardes l'un des plus beaux, des plus fins, et des plus succulents rôtis, qui aient jamais honoré la broche, et si – remplaçant leurs entrailles par d'excellentes truffes – nous les laissons tourner devant un feu clair, toute la maison sera embaumée d'un parfum délicieux.

L'humble cresson pourra au besoin remplacer la truffe opulente ; mais il faut l'aiguiser avec de fort vinaigre, et n'en bourrer la poularde que lorsqu'elle est arrivée à sa dernière et glorieuse destination ; ce serait offenser une poularde que de la piquer lorsqu'elle est destinée à la broche. Une bonne barde d'un lard gras et onctueux est l'habillement qu'elle préfère, et il faut avouer que c'est pour elle le plus convenable et le plus décent…

Consultez les artistes fameux, ouvrez les meilleurs dispensaires de cuisine, qui valent bien ceux de la pharmacie, et vous y verrez les poulardes rôties se servir à la Jamaïque, à la Villeroy, aux cerneaux, aux écrevisses, aux olives, aux petits œufs et même aux huîtres.

Si c'est en ragoût que vous les préférez, vous aurez à les choisir à la provençale, à l'étouffade, en ballons, en cannetons, en croustade, à la crème et même à la cendre – le lendemain du mardi gras.

Si cependant, dans une matière aussi grave, il nous est permis d'avoir un avis, nous oserons dire que c'est déshonorer une poularde fine que de la manger autrement qu'à la broche. Elle vaut tant par elle-même, que c'est l'enlaidir que de chercher à la parer ; et c'est le cas de dire avec l'amoureux Orosmane : «L'art n'est pas fait pour toi, tu n'en as pas besoin.»"

GRIMOD DE LA REYNIÈRE, *ALMANACH DES GOURMETS*
IN *VARIÉTÉS GOURMANDES*, ÉDITIONS H. KAESER, 1951

C *e grand ciseleur de vers que fut Francis Ponge (Montpellier, 1899 – Bar-sur-Loup, 1988) est le poète français qui a consacré la plus grande part de son énergie créatrice aux choses simples, celles qui nous sont familières, celles que nous voyons mais que nous ne regardons pas.*

L'huître

"L'huître, de la grosseur d'un galet moyen, est d'une apparence plus rugueuse, d'une couleur moins unie, brillamment blanchâtre. C'est un monde opiniâtrement clos. Pourtant on peut l'ouvrir : il faut alors la tenir au creux d'un torchon, se servir d'un couteau ébréché et peu franc, s'y reprendre à plusieurs fois. Les doigts curieux s'y coupent, s'y cassent les ongles : c'est un travail grossier. Les coups qu'on lui porte marquent son enveloppe de ronds blancs, d'une sorte de halos.

À l'intérieur l'on trouve tout un monde, à boire et à manger : sous un *firmament* (à proprement parler) de nacre, les cieux d'en-dessus s'affaissent sur les cieux d'en-dessous, pour ne plus former qu'une mare, un sachet visqueux et verdâtre, qui flue et reflue à l'odeur et à la vue, frangé d'une dentelle noirâtre sur les bords.

Parfois très rare une formule perle à leur gosier de nacre, d'où l'on trouve aussitôt à s'orner."

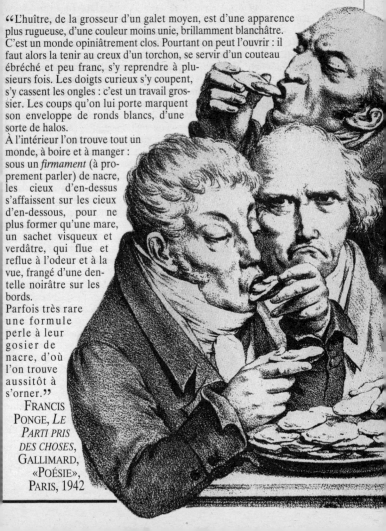

FRANCIS PONGE, *LE PARTI PRIS DES CHOSES*, GALLIMARD, «POÉSIE», PARIS, 1942

● Morceaux choisis…

Les ouvrages de Léon Daudet (Paris, 1867 – Saint-Rémy-de-Provence, 1942), fils d'Alphonse, sont pleins de souvenirs politiques et littéraires, mais jamais il n'oublie de célébrer et sa Provence natale et les plaisirs de la table. C'est avec une sensibilité de gourmet et de gourmand qu'il évoque l'ail, ses vertus, ses démons et ses charmes. Et, au-delà de cet indispensable ingrédient de la cuisine provençale qu'est l'aïoli, c'est toute la culture populaire de cette région, ainsi que l'esprit d'autres grands auteurs comme Frédéric Mistral ou Alphonse Daudet, qui sont présents.

Le goût et les plaisirs

"Le plat national de la Provence et du Languedoc, c'est l'« aïoli », sorte de mayonnaise à l'ail, rituellement broyée et tournée dans un mortier bien propre, à l'aide d'huile de première qualité, bien entendu. La composition de ce régal exige une habileté et un effort qui rebutent quelquefois les débutants. Mais le résultat vaut la peine. La crème d'ail accompagne délicieusement le poisson, les pommes de terre chaudes, les haricots verts, carottes, escargots, etc., et aussi, quand on est un véritable amateur, la côtelette et le perdreau. Étalée sur les «lèches» de pain de la bouillabaisse et incorporée au bouillon de poisson, elle constitue la bourride, plat merveilleux et qui peut atteindre au chef-d'œuvre. On cite aussi le catigot d'anguilles à l'ail, plat de mariniers dont Mistral et Alphonse Daudet, dans leurs félibrées le long du Rhône, étaient friands. Un peu plus haut, et vers Condrieu-du-Rhône, le catigot se fait avec de l'oignon et, en conséquence, est moins fin. Mais entre la bouillabaisse, la bourride, l'aïoli et le catigot, un honnête gourmand peut passer une existence agréable. En effet, l'ail pris à cette dose, et arrosé d'un vin de son pays (je recommande l'Hermitage, les Côtes-du-Rhône, le Châteauneuf-du-Pape, le Tavel, et aussi de grands petits vins tels que le Gigondas et le Plant-de-Dieu), procure une sensation de bien-être et de plénitude, une euphorie, comme disent les docteurs, assez analogue à celle de l'opium, et sans effet nocif. Cette sensation augmente avec la position couchée, ce qui signifie qu'après l'aïoli et la bourride une petite sieste est recommandée. Au bout d'une heure et demie environ, on se réveille dispos et vigoureux, apte à tous ses devoirs de citoyen. Après l'ail-remède, et non plus seulement aliment de joie, cette petite sieste est obligatoire. Il faut laisser agir le démon de l'ail."

Léon Daudet, *Le Livre de raison*, Librairie Plon, Paris

Conçu comme un complément actuel des Caractères *du philosophe grec Théophraste (Eresos, v. 372 – Athènes, 287 av. J.-C.),* Les Caractères, *de Jean de La Bruyère (Paris, 1645 – Versailles, 1696), s'est imposé, au fil des neuf éditions qu'en fit l'auteur, comme un ensemble de portraits au vitriol des gens de la cour du Roi Soleil. Chaque portrait est à la fois la description d'un caractère et le portrait de «tout l'homme», comme le fait remarquer Roland Barthes. Ici, au-delà du gourmand, c'est l'outrance dans l'usage d'un plaisir, celui de la table, que l'on voit se transformer en manie et tourner en ridicule.*

Le Gourmand

"Cliton n'a jamais eu toute sa vie que deux affaires, qui est le dîner le matin et le souper le soir. Il ne semble né que pour la digestion. Il n'a de même qu'un entretien : il dit les entrées qui ont été servies au dernier repas où il s'est trouvé, il dit combien il y a eu de potages, et quels potages. Il place ensuite le rôt et les entremets, il se souvient exactement de quels plats on a relevé le premier service, il n'oublie pas les hors-d'œuvre, le fruit et les assiettes, il nomme tous les vins et toutes les liqueurs dont il a bu. Il possède le langage des cuisines autant qu'il peut s'étendre, et il me fait envie de manger à une bonne table où il ne soit point. Il a

surtout un palais sûr, qui ne prend point le change, et il ne s'est jamais vu exposé à l'horrible inconvénient de manger un mauvais ragoût, ou de boire un vin médiocre. C'est un personnage illustre en son genre, et qui a porté le talent de se bien nourrir jusqu'où il pouvait aller. On ne reverra plus un homme qui mange tant et si bien. Aussi est-il l'arbitre des bons morceaux, et il n'est guère permis d'avoir du goût pour ce qu'il désapprouve.

Mais il n'est plus. Il s'est fait porter du moins à table jusqu'au dernier soupir. Il donnait à manger le jour qu'il est mort. Quelque part où il soit, il mange. Et s'il revient au monde, c'est pour manger."

La Bruyère, *Les Caractères : «De l'homme»*,
Gallimard, «bibliothèque de la Pléiade», Paris

Le grand chef Raymond Oliver (Langon, 1909 – Paris, 1990), qui présida aux destinées du Grand Véfour, célèbre restaurant du Palais Royal, a dû méditer longtemps sur son art. Car, outre ses recettes et ses apparitions télévisées, qui le rendirent célèbre auprès du grand public, il apparaît également dans ce texte comme un poète. Celui qui a pu tirer leçon de ses rencontres avec sa voisine, Colette, qui habitait quelques étages au-dessus du restaurant et à qui il apportait lui-même les repas, quand le grand écrivain était devenu invalide.

"*L'odorat :* Vos aspects divers, nez, de Cléopâtre à Cyrano, ne sont que semblances vaines : votre fonction est dans vos trous.
Et toi, le mien, dilate-les, ouvre-les béants, ignorant si j'ai à préférer les senteurs de ces truffes ou le parfum d'Alice.
La vue : Sur l'écran transparent d'une jupe légère en contrejour sur le soleil, des ombres qui ne sont pas l'apanage des chinoises…
— Très cher, me dit Alice en me montrant les fruits, admirez le moelleux de ces formes.
C'est ce que je faisais, ô Alice dodue…
Le toucher : Raffinement subtil, Alice, que le plaisir de ce potage réside tant dans l'agrément de sa fraîcheur au contact des lèvres.
Mais comment se fait-il que toi, si fine cuisinière, je ne te trouve jamais que tiède ?
L'ouïe : Combien est gourmande la chanson grésillante et frétillante que font ces goujons dans la poêle !
Puisse-t-elle mettre Alice aussi en appétit, la chanson de mon cœur qu'elle fait cuire à petit feu !
Le goût : Fastueusement logé sous la voûte d'un palais, Goût, mets ton talent à me dire les mérites de ces vins.
Mais tu dois laisser à mes yeux et à mes lèvres le soin de déguster la main d'Alice qui me les verse."

Raymond Oliver

● Morceaux choisis…

Grand maître de l'argot contemporain, Albert Simonin (Paris, 1905 – Paris, 1980) est l'immense romancier qui met en scène mieux que personne le monde interlope des mauvais garçons. Le titi parisien prouve ici qu'il est également un fin gourmet, ou plutôt une fine gueule. D'ailleurs, le roulement de la langue verte se marie bien avec le frichti et les bonnes roteuses. Ce ton désinvolte laisse pourtant deviner que l'auteur de Touchez pas au grisbi ! *était obsédé par l'idée de la mort : si tout fout l'camp, c'est pas lui qui se laissera berner par les couillonnades du monde moderne.*

"Dès lors, en un temps où le problème des minorités est si fort à la mode, se posait celui des réactions de toute une communauté aux papilles gustatives exercées, devant l'altération des saveurs, de règle pour soixante-dix pour cent des produits alimentaires de base. Devait-on imaginer le truand semblable à un animal précieux et rare, dépérissant faute d'une nourriture appropriée ?

La rencontre de Tomate m'a, sur ce point, rasséréné.

Tomate, qui doit son blaze à la pigmentation coruscante de ses joues et de son tarin, et celle-ci à une dévotion de vieille date aux beaujolpifs, est un personnage exemplaire. Ayant débuté en espadrilles, la bâche torpédo sur la tronche et la rapière dans la poche de son bénard à la mal-au-bide, Tomate, aujourd'hui grossium respecté, a connu bien des heurts. La chronique des rades nous apprend qu'il a morflé cinq, puis sept piges de durs, effacé plusieurs chargeurs de 7,65 entre le faux-filet et la bavette, tout ceci sans que son humeur s'en trouve altérée. Or, je le dégauchis, la mine sombre, à l'angle de la rue des Abbesses, alors qu'il attaque la descente de la rue Lepic. Économe de ses paroles, Tomate consent néanmoins à m'expliquer sa présence.

— Si tu me trouves dans le coin, c'est un pèlerinage !… Y a quarante piges, je venais y faire le marca !… Y avait du plaisir à acheter, à choisir, à chercher le superchoix !… Le filet plein, on descendait prendre l'apéro au Cyrano, la terrasse des hommes : tous tauliers, placeurs ou harengs !… Maintenant, j'pourrais plus !… avec ce qu'ils osent fourguer comme denrées, je donnerais des coups !…

Les boutiques maintenant se succèdent. Tomate, matant sauvagement les étals, groumme.

— Maquereaux pêchés à la farine !… Veau broutard !… Bouquets passés à la teinture !… Pêches gonflées à la lancequine ! Cervelles de mouton frigo !… Dis-moi que c'est pas vrai !

Je n'ose. Dans une armoire chromée, des volailles embrochées tournent sous un implacable bombardement d'infra-rouges. Engageant, le préposé à la mécanique clame à pleine voix :

— Mangez du poulet !… il est bon !… il est délicieux mon poulet !…

Pointé sur place, Tomate est passé de l'incarnat au rouge cerise. Il explose :

— T'entends ce qu'il bonnit ce hotu ?… Faudra un jour les flinguer pour que ça cesse ?

Craignant le pire, je l'entraîne, protestant, fulminant toujours.

— Ils ont pas le droit d'appeler ça du poulet !… Nous, quand on filait une frangine sur le ruban, c'était pas de l'ersatz de femme qu'on fournissait, du bidon, de la Vénus sous Cellophane !… Elle était pas frelatée, la nana !…"

Albert Simonin, *La Bonne Vie*, in Le Crapouillot, 1968

ITINÉRAIRES
RÉGIONAUX

▲ Grand cru mis à vieillir au château

Terroir en Auxois ▼

▲ Retour de pêche

Champ de blé dans le Laugarais ▼

▲ Porc large white

▲ Taureau maine-anjou

Taureau charolais ▼

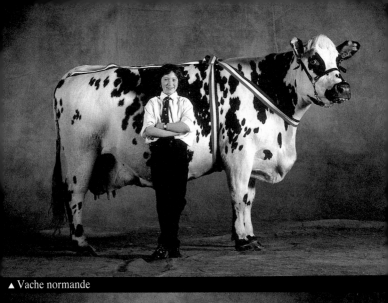

▲ Vache normande

▲ Taureau blonde d'Aquitaine   Taureau limousin ▼

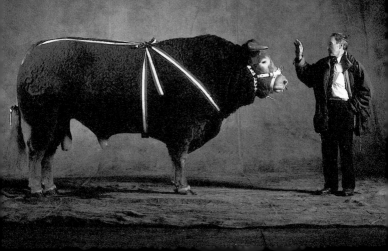

LA FNCRA : FÉDÉRATION NATIONALE DES COMITÉS RÉGIONAUX DE PROMOTION DES PRODUITS AGRO-ALIMENTAIRES

L'idée d'un système de représentation officielle du monde agricole, inspiré de celui des chambres de commerce, voit le jour au début du XIXe siècle. Mais les chambres d'agriculture ne seront établies au sein de chaque département qu'en 1927. Une quarantaine d'années plus tard, les régions se verront, elles aussi, dotées de telles institutions. C'est sous l'égide de l'Assemblée permanente de ces chambres d'agriculture, l'APCA, que la FNCRA (Fédération nationale des Comités régionaux de promotion des produits agro-alimentaires) déploie aujourd'hui son action.

DES COMITÉS ISSUS DES CHAMBRES

Outre leur rôle de conseil auprès des pouvoirs publics, les chambres d'agriculture ont pour mission d'accompagner l'évolution de l'agriculture face aux nouvelles exigences des consommateurs et aux attentes de la société : qualité, environnement, tourisme vert, développement local… Elles proposent d'autre part des services pour les entreprises agro-alimentaires (accueil, logistique, promotion, communication…). C'est dans ce cadre d'aide aux professionnels qu'elles ont mis en place, dans les années soixante, vingt-deux Comités régionaux de promotion des produits agro-alimentaires, chapeautés par la FNCRA.

LA VOCATION DES COMITÉS

Dès leur création, les comités avaient pour but de promouvoir les produits transformés issus de l'agriculture, ainsi que les produits alimentaires «du terroir», afin de développer la production agricole dans leur région. Aujourd'hui, ils mènent parallèlement des actions dans le domaine de la gastronomie.

UN RÉSEAU DYNAMIQUE

Les comités régionaux et la FNCRA représentent une équipe de 70 personnes menant plus de 350 actions par an, en faveur des produits et de 8 000 entreprises agro-alimentaires.

PROMOUVOIR LES PRODUITS DES RÉGIONS FRANÇAISES

UNE REPRÉSENTATION PARTENARIALE

UNE REPRÉSENTATION PARTENARIALE

Chaque comité représente l'ensemble des partenaires de la région : conseils régionaux, chambres d'agriculture, chambres de commerce et d'industrie, chambres des métiers, groupements professionnels et interprofessionnels (syndicats, coopératives, organismes de tourisme…), mais aussi, et surtout, entreprises locales.

DES OBJECTIFS

Le rôle des comités consiste actuellement à élargir les débouchés des entreprises agro-alimentaires, notamment dans la distribution, à les accompagner à l'export, à développer les politiques de qualité ● *13*, à rapprocher les producteurs des restaurateurs et du tourisme, et à enfin améliorer la notoriété de leurs produits régionaux.

DES MOYENS

Organisation de semaines promotionnelles en grandes surfaces et d'opérations diversifiées (telles que celles associant les restaurateurs), promotion des identités régionales, notamment lors d'expositions à l'étranger, animation des espaces régionaux au Salon de l'Agriculture ● *24*, sensibilisation par filières au problème de la qualité et mise aux normes européennes, offre de service de communication pour de nombreuses filières… voilà la mission quotidienne des comités de promotion et de leur fédération !

55

▲ ALSACE

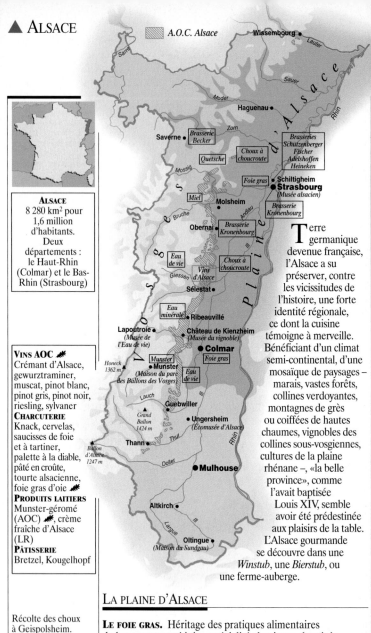

A.O.C. Alsace

Wissembourg

Sarre

Lauter

Sauer

Moder

Haguenau

Zorn

Saverne

Brasserie Becker

Quetsche

Choux à choucroute

Brasseries Schutzenberger Fischer Adelshoffen Heineken

Mossig

Foie gras

Schiltigheim

Strasbourg

(Musée alsacien)

Miel

Molsheim

Andlau

Bruche

Brasserie Kronenbourg

Obernai

Brasserie Kronenbourg

Eau de vie

Choux à choucroute

Giessen

Vins d'Alsace

Sélestat

Eau minérale

Ribeauvillé

Lapoutroie
(Musée de l'Eau de vie)

Château de Kienzheim
(Musée du vignoble)

● **Colmar**

Foie gras

Honeck 1362 m

Munster
Munster
(Maison du parc des Ballons des Vosges)

Eau de vie

Lauch

Guebwiller

Grand Ballon 1424 m

● **Ungersheim**
(Écomusée d'Alsace)

Thann

Thur

Ballon d'Alsace 1247 m

Dollet

● **Mulhouse**

Altkirch

Ill

Largue

● **Oltingue**
(Maison du Sundgau)

Rhin

LA PLAINE D'ALSACE

LE FOIE GRAS. Héritage des pratiques alimentaires de la communauté juive, spécialité alsacienne depuis le XVIIIe siècle, le foie gras d'oie en croûte est, selon une

---

ALSACE
8 280 km² pour
1,6 million
d'habitants.
Deux
départements :
le Haut-Rhin
(Colmar) et le Bas-Rhin (Strasbourg)

VINS AOC 🍇
Crémant d'Alsace,
gewurztraminer,
muscat, pinot blanc,
pinot gris, pinot noir,
riesling, sylvaner
CHARCUTERIE
Knack, cervelas,
saucisses de foie
et à tartiner,
palette à la diable,
pâté en croûte,
tourte alsacienne,
foie gras d'oie 🍇
PRODUITS LAITIERS
Munster-géromé
(AOC) 🍇, crème
fraîche d'Alsace
(LR)
PÂTISSERIE
Bretzel, Kougelhopf

Récolte des choux
à Geispolsheim.

Terre germanique devenue française, l'Alsace a su préserver, contre les vicissitudes de l'histoire, une forte identité régionale, ce dont la cuisine témoigne à merveille. Bénéficiant d'un climat semi-continental, d'une mosaïque de paysages – marais, vastes forêts, collines verdoyantes, montagnes de grès ou coiffées de hautes chaumes, vignobles des collines sous-vosgiennes, cultures de la plaine rhénane –, «la belle province», comme l'avait baptisée Louis XIV, semble avoir été prédestinée aux plaisirs de la table. L'Alsace gourmande se découvre dans une *Winstub*, une *Bierstub*, ou une ferme-auberge.

légende fort tenace, l'œuvre de Jean-Pierre Clause. En 1778, ce cuisinier au service du maréchal de Contades, gouverneur militaire de Strasbourg, crée un petit pâté en croûte rempli de foies gras entiers, d'une farce de veau et de lard, finement hachée. Présenté à la cour de Louis XVI, le pâté de foie gras «à la Contades» suscite l'engouement. Quelques années plus tard, la recette, agrémentée de truffes du Périgord, est rebaptisée «de Strasbourg». Ce mets raffiné indissociable de l'image des *Gänseliesel*, les gardiennes d'oies, est entre 1850 et 1950, le fleuron de l'industrie strasbourgeoise. Malgré la concurrence étrangère, la raréfaction des fermes d'élevage et des conserveries, le foie gras d'oie demeure indéfectiblement au menu des agapes de fin d'année. En terrine, cuit au torchon, poêlé aux reinettes, braisé à la strasbourgeoise, il s'accompagne de tokay, de gewurztraminer ou de riesling.

EDOUARD ARTZNER
PÂTES DE FOIE GRAS
STRASBOURG

LA CHOUCROUTE. Au Moyen Âge, chez les paysans, la choucroute est servie le jeudi et le dimanche. Durant l'hiver, elle assure aux ménages une alimentation riche en vitamine C. Au XVIe siècle, la journée consacrée au salage du chou, ou *Gumbskrut*, est un jour férié. Au fil du temps, la choucroute est l'hôte obligé des réunions familiales. Selon les régions, outre les principales viandes et les charcuteries, elle est présentée avec divers accompagnements : pois secs, haricots verts, navets, quenelles de pommes de terre (*Büewespitzle*), tranches de pommes et de poires séchées (*Schnitz*). De nos jours, la région de Krautergersheim et les environs de Colmar sont les principales zones de culture des choux pommés à tête blanche ou, «quintal d'Alsace». La récolte a lieu de septembre à novembre. À la choucrouterie, hier dans de grandes cuves de bois remplacées aujourd'hui par des cuves en béton, les choux découpés en fines lanières sont disposés en couches successivement salées puis tassées. On y ajoute quelques ingrédients : baies de genièvre, graines de cumin, laurier, parfois un peu de kirsch. L'ensemble surit à température ambiante durant un mois environ. Puis la choucroute est vendue crue ou cuisinée avec de la bière, du vin blanc ou du crémant d'Alsace. Escortée d'une chope de bière, la choucroute garnie met en scène un délicieux amoncellement de charcuteries : saucisses de Strasbourg, *Knackwürstle* ou *Knacks* d'Alsace, saucisse fumée, poitrine fumée ou salée mais aussi boudin alsacien, cervelas d'Alsace, saucisson à l'ail, palette, échine, jambonneau… Craquante et parfumée, la choucroute nouvelle, de la fin juillet, est servie en salade ou accompagnée de poissons (carpe, hareng, haddock ou saumon).
LES CHARCUTERIES. L'élevage florissant des porcs ainsi que les techniques de fabrication des charcutiers originaires du Wurtemberg ont contribué à la réputation

BIÈRES. Karlsbrau, Adelshoffen, Météor, Kronenbourg, Fischer, Schutzenberger
DIVERS. Pâtes d'Alsace, miel

d'Alsace (LR), kirschwasser, eaux-de-vie de fruits, choux à choucroute

RUE
DES VEAUX

Kalbsgass

LA MÉMOIRE DES LIEUX
Quelques noms témoignent à Strasbourg des nombreux marchés qui furent ouverts à l'époque romaine, telles les places du Marché-aux-Poissons, du Marché-aux-Cochons-de-lait, les rues du Vieux-Marché-aux-Poissons, du Vieux-Marché-aux-Grains.

LA BIÈRE
Sept brasseries sont encore en activité en Alsace et couvrent plus de 50 % du marché national.

Quatre brasseries sont installées à Schiltigheim : Fischer, Schutzenberger, Adelshoffen et Heineken. Les autres marques alsaciennes s'appellent : Météor (Hochfelden), Kronenbourg (Cronenbourg, Obernai), Karlsberg (Saverne). L'orge est cultivée dans le Ried, l'eau est puisée aux sources cristallines des Vosges.

de l'Alsace charcutière. Et les spécialités aux innombrables variantes se comptent par dizaines : les saucisses à frire (*Brotwurscht*) sont les plus anciennes ; les saucisses de foie de porc paysanne (*Leberwurst*) se consomment sur des tartines ; les saucissons «de bière» (par déformation de l'allemand *Birn*, «poire») ; le *Presskopf*, ou fromage de tête, les délicieuses quenelles de moelles ou encore l'estomac de porc farci s'inscrivent à la carte de toutes les *Winstub*…

LES PÂTES D'ALSACE. Elles sont de plusieurs sortes, et les plus connues sont appelées *Spaetzle*. Jusqu'au siècle dernier, dans les cuisines domestiques, les *Spaetzle*, pâtes en forme de petites gouttes et riches en œufs, étaient préparées salées ou sucrées. De nos jours, de fabrication artisanale ou industrielle, les *Spaetzle*, sortes de longs filaments de 5/10 cm, sont les garnitures traditionnelles du civet de lièvre.

PÂTISSERIES. Aujourd'hui desserts, les tartes aux fruits (rhubarbe, mirabelles, myrtilles, pommes, quetsches) pouvaient constituer naguère encore à la fois le plat de résistance et le dessert, après une soupe de légumes. Exclusivement alsacienne est la tarte au fromage blanc agrémenté de raisins secs, parfumé au citron et enneigé de sucre glace après cuisson. Invariablement, les repas de fête s'achevaient par des biscuits fourrés à la crème au beurre ou par des vacherins glacés strasbourgeois surmontés de crème chantilly. Toute l'année, les pâtisseries scandaient saisons et fêtes : bretzels géants au Nouvel An, beignets pour le Carnaval, agneaux en biscuit à Pâques, crêpes aux fleurs, mendiants aux cerises noires, beignets aux pommes, quatre-quarts (*Gsundheitskueche*), pains d'épices et *Bredle* de Noël. À Strasbourg et généralement en Alsace, les *Kougelhopf*, les nattes aux amandes et autres gâteaux en pâte levée ne sont jamais servis comme desserts, mais uniquement au petit déjeuner ou au goûter en préparation sucrée. Seul le *Kougelhopf* salé accompagne l'apéritif. Enfin, la tarte flambée (*Flammekueche*, ou *Brieli*), a débordé le cadre paysan de son origine pour venir concurrencer sa lointaine cousine, la pizza.

LES VOSGES

LE MUNSTER-GÉROMÉ. Ce fromage monastique est sans doute antérieur à 1371, date de sa première mention. Sa notoriété est indissociable des fondateurs de la ville de Munster, moines venus d'Irlande ou d'Écosse au VIIe siècle qui encouragèrent l'élevage du bétail sur les montagnes pauvres, ou chaumes, du versant alsacien des Vosges. La région produisait alors un beurre délicieux ainsi que le munster, fromage gras au lait entier, à pâte souple, crémeuse et à l'odeur persistante, qui était réputé pour bien se conserver. Au fil des siècles, sous l'impulsion des clercs, les bergers, ou marcaires (littéralement «celui qui trait les vaches»), investirent le versant lorrain des Vosges et créèrent

CALENDRIER GOURMAND	au vin de Colmar	de produits du terroir	Septembre : fête
Mai : fête des asperges à Hoerdt	Juin : fête du Kougelhopf à Ribeauvillé	à Haguenau	de la choucroute à Meistratzheim
Ascension : foire	Juillet : marché	Août : fête du crémant à Cleebourg	Octobre : fête des vendanges à Barr

de nouveaux hameaux. Les fermiers de Gérardmer fabriqueront le fromage sous le nom de géromé. En 1969, l'Institut national des appellations d'origine accordait aux deux fromages le nom de munster-géromé. C'est au printemps et à l'automne, lorsqu'il est imprégné des parfums de la flore des pâturages, qu'il est le meilleur. La fabrication du munster-géromé fermier est aussi le prétexte au traditionnel repas-marcaire servi dans les nombreuses fermes-auberges du Haut-Rhin, regroupées en une association depuis une vingtaine d'années. Au menu : la tourte de la vallée de Munster, la viande de porc fumée garnie de pommes de terre aux oignons et aux petits lardons (*Roïgabrageldi*) et le munster de préférence mi-affiné et la tarte aux myrtilles.

LE KIRSCH. La distillation d'alcools blancs a fait la renommée du val de Villé, berceau de la production alsacienne. Réservée dans un premier temps aux seigneurs et aux couvents, cette activité s'est répandue dans les campagnes au début du XVIIIe siècle, comme en témoignent les nombreux millésimes gravés dans le grès des bacs de refroidissement. Élaboré à partir des variétés de griotte et de merise, le kirsch, ou *Kirschwasser*, est réputé comme le meilleur d'Alsace. Dans la val de Villé, la cueillette se déroule à la mi-juillet. Les bonnes cerises de distillation (*Schnapskerscha*) sont récoltées à surmaturité, lorsqu'elles sont gorgées de sucre et d'arôme. Dix-huit kilos de cerises sont nécessaires pour obtenir un litre d'eau-de-vie. Le kirsch atteint son point de perfection après une longue période de vieillissement, parfois de plus de dix ans. Le dernier week-end de juin, les fêtes de Breitenbach sont l'occasion de déguster la traditionnelle et délicieuse mousse au kirsch.

LE VIGNOBLE

Il couvre les collines sous-vosgiennes à une altitude allant de 200 à 400 m, sur 12 500 ha environ. Quelque cent localités composent la Route des vins, qui, de Marlenheim à Thann, soit une centaine de kilomètres du nord au sud, offre l'ample gamme de coloris du vignoble alsacien. Justifiée, la renommée qui précède Riquewihr, Eguisheim, Kaysersberg, Obernai ne doit pas faire oublier au visiteur des sites que l'histoire rehausse et que le présent vivifie.

LE MIEL
Parmi les six crus de miel alsaciens (miels de sapin, de fleurs, de tilleul, de châtaignier, d'acacia, de montagne), le miel de sapin figure, depuis la fin du siècle dernier, au premier rang de la production régionale. Ses arômes balsamiques, son goût onctueux et velouté en bouche ont été récompensés, en 1995, par un label rouge.

MUSÉE DU VIGNOBLE ET DES VINS D'ALSACE
La confrérie Saint-Étienne-d'Alsace, dont l'origine remonte au XIVe siècle, l'accueille dans les dépendances du château de Kientzheim. Situé au cœur de la région viticole, ce musée, qui se veut régional, sert de trait d'union entre un passé millénaire et la génération actuelle des viticulteurs.

L'Alsace est la seule de toutes les régions viticoles à perpétuer la tradition des cépages. Au nombre de sept, ils donnent leurs noms au vin obligatoirement embouteillé dans la région d'origine : sylvaner, riesling, pinot blanc, muscat d'Alsace, tokay pinot gris, pinot noir et gewurztraminer. En 1983 et 1992, à l'instar des autres grandes régions vinicoles, l'Alsace s'est donné cinquante grands crus répartis sur quarante-sept localités.

GRANDS CRUS
Ce sont des vins d'exception qui, à travers quatre cépages (riesling, gewurztraminer, tokay pinot gris et muscat), expriment la richesse du terroir et sa diversité, qui n'a rien à envier aux «climats» bourguignons. Outre le cépage, l'étiquette mentionne obligatoirement le lieu-dit et l'année. Le rendement de base est fixé à 70 hl par ha et la production représente à peine 4 % de l'ensemble.

VENDANGES TARDIVES
Les vendanges tardives exigent une arrière-saison longue, ensoleillée et de faible pluviosité. Le passage des brumes automnales auxquelles succède le soleil favorise le développement de la pourriture noble. Bien après la récolte normale, on cueille avec précaution des raisins présentant un niveau élevé de concentration (vendanges tardives) voire des raisins entièrement botrytisés (sélection de grains nobles). Ces fleurs tardives du vignoble alsacien, provenant exclusivement du riesling, muscat, gewurztraminer ou pinot gris, ne libèrent leurs couleurs que certaines années exceptionnelles.

TOKAY PINOT GRIS

Ce cépage fut introduit en Alsace à la fin du XVIIe siècle. Ses grains d'un rosé fumé couverts d'un fin duvet livrent un vin légèrement moelleux qui, adossé à une acidité naturelle, fera la joie des palais et des papilles.

PINOT BLANC

Deux variétés se partagent ce cépage : le premier qui porte le nom générique est d'origine bourguignonne et a été introduit au XVIe siècle. L'auxerrois semble d'origine lorraine.

Par tradition les deux variétés sont confondues et donnent naissance à un vin souple et fruité.

PINOT NOIR

Ce cépage rouge, originaire de Bourgogne, ne va pas à l'encontre de la tradition ; bien au contraire il la poursuit avec talent et naturel. Il est vinifié soit en rosé, soit en rouge. Sa robe claire, chatoyante, livre en bouche des arômes de cerise et de kirsch.

Clos Maréchal
Riesling

RIESLING

Le riesling est le cépage rhénan par excellence. Présent dès la fin du XVe siècle, il lui faudra attendre le XIXe siècle pour se développer pleinement. Ses petits grains serrés et piquetés de noir l'identifient au premier regard. Il est, avec le chardonnay, la variété blanche la plus prestigieuse.

Ste Richarde
Sylvaner

SYLVANER

Le sylvaner est un cépage d'origine danubienne introduit en Alsace à la fin du XVIIIe siècle par l'Autriche. De maturité tardive, c'est un vin du quotidien, frais et disposé à toutes les rencontres de la table.

GEWURZTRAMINER

Voici le digne successeur du traminer introduit au XVIe siècle. Ses grains d'un rouge laiteux légèrement voilé de velours le rendent reconnaissable entre tous. À l'odorat et au goût, il développe un florilège de saveurs rares.

MUSCAT D'ALSACE

Deux variétés se partagent ce cépage : le muscat d'Alsace que l'on connaît depuis le XVIe siècle et le muscat ottonel d'implantation plus récente. Le plus souvent réunis, ils donnent un vin très aromatique.

▲ AQUITAINE

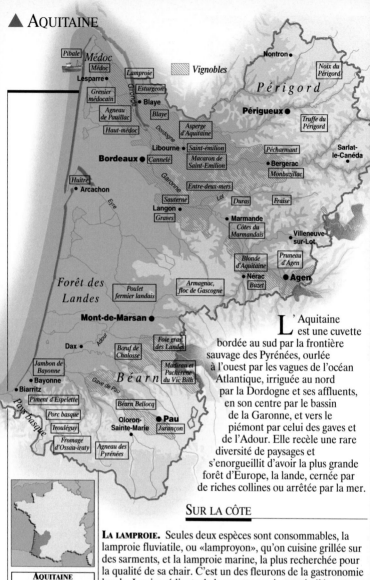

Vignobles

- Pibale
- Médoc
- Lesparre
- Lamproie
- Grenier médocain
- Esturgeon
- Blaye
- Agneau de Pauillac
- Blaye
- Haut-médoc
- Asperge d'Aquitaine
- Libourne — Saint-émilion
- **Bordeaux** — Cannelé
- Macaron de Saint-Emilion
- Entre-deux-mers
- Huître
- Arcachon
- Sauterne
- Langon
- Graves
- Duras
- Fraise
- Marmande
- Côtes du Marmandais
- Villeneuve-sur-Lot
- Blonde d'Aquitaine
- Pruneau d'Agen
- **Nérac**
- Buzet
- **Agen**
- *Forêt des Landes*
- Poulet fermier landais
- Armagnac, floc de Gascogne
- **Mont-de-Marsan**
- Dax
- Bœuf de Chalosse
- Foie gras des Landes
- Jambon de Bayonne
- *Béarn*
- Madiran et Pacherenc du Vic Bilh
- **Bayonne**
- Biarritz
- Piment d'Espelette
- Béarn Bellocq
- *Pays basque*
- Porc basque
- Irouléguy
- Oloron-Sainte-Marie
- **Pau**
- Jurançon
- Fromage d'Ossau-iraty
- Agneau des Pyrénées

- Nontron
- Noix du Périgord
- *Périgord*
- **Périgueux**
- Truffe du Périgord
- Sarlat-le-Canéda
- Pécharmant
- Bergerac
- Monbazillac

Rivers: Gironde, Dordogne, Garonne, Eyre, Lot, Adour, Gave de Pau

L'Aquitaine est une cuvette bordée au sud par la frontière sauvage des Pyrénées, ourlée à l'ouest par les vagues de l'océan Atlantique, irriguée au nord par la Dordogne et ses affluents, en son centre par le bassin de la Garonne, et vers le piémont par celui des gaves et de l'Adour. Elle recèle une rare diversité de paysages et s'enorgueillit d'avoir la plus grande forêt d'Europe, la lande, cernée par de riches collines ou arrêtée par la mer.

SUR LA CÔTE

LA LAMPROIE. Seules deux espèces sont consommables, la lamproie fluviatile, ou «lamproyon», qu'on cuisine grillée sur des sarments, et la lamproie marine, la plus recherchée pour la qualité de sa chair. C'est un des fleurons de la gastronomie locale. Les ingrédients de la recette marient trois éléments propres à la cuisine d'estuaire : un poisson, la lamproie, un légume, les poireaux du potager et le vin rouge des vignobles qui bordent les rivières alentour. Elle se consomme fraîche à la saison, de mars à mai, ou en conserves traditionnelles. La sauce qui l'accompagne est faite de vin et liée au sang du poisson.

L'ESTURGEON D'AQUITAINE. Quoique réputé depuis le Moyen Âge, l'esturgeon d'Aquitaine, ou «créat», a pratiquement disparu des eaux de l'estuaire de la Gironde où il était abondant. En 1769, Valmont de Bomare écrivait : «À Bordeaux, l'esturgeon est si commun que tout le monde en mange.» À l'origine, seule la chair de ce poisson qui vit depuis quelque 300 millions d'années sur notre planète intéressait les

---

AQUITAINE
41 308 km² pour 2,79 millions d'hab. Cinq départements : la Dordogne (Périgueux), la Gironde (Bordeaux, capitale régionale), les Landes (Mont-de-Marsan), le Lot-et-Garonne (Agen), Pyrénées-Atlantiques (Pau).

FROMAGES 🍇
Ossau-iraty-brebis Pyrénées AOC, caillé de brebis
FOIES GRAS du Sud-Ouest 🍇

Parcs à huîtres du cap Ferret

LAMPROIE. Elle fait partie du groupe le plus primitif des vertébrés connu sur notre planète et sa présence dans nos océans daterait de quelque 400 millions d'années. Il existe trois espèces de lamproies qui remontent l'estuaire de la Gironde pour venir pondre en amont sur le gravier des frayères.

pêcheurs. C'est l'arrivée en France des émigrés russes au début du siècle qui accéléra le développement de la pêche en vue de la production du caviar. Des prélèvements incontrôlés, l'aménagement des rivières et la pollution eurent raison des esturgeons autochtones (*Acipenser sturio*). L'espèce élevée dans les esturgeonières (*Acipenser baeri*) en est proche, mais provient d'échanges scientifiques avec les Soviétiques. Outre les poissons entiers et l'esturgeon fumé, le GIE Esturgeon d'Aquitaine propose à nouveau du caviar d'Aquitaine qui soutient la comparaison avec son illustre cousin.

LES HUÎTRES DU BASSIN D'ARCACHON.

Au siècle dernier, l'ostréiculture du bassin d'Arcachon eut à subir plusieurs aléas, et bien rares sont actuellement les huîtres plates autochtones, ou «gravettes», encore élevées dans les parcs. En 1920, l'huître plate fut relayée par la «portugaise», présente sur le bassin dès la création des parcs, pour être remplacée dans les années soixante-dix par la japonaise, ou «gigas» (*Crassostrea gigas*). Actuellement, le bassin d'Arcachon est un important centre reproducteur qui fournit en naissains la plupart des bassins ostréicoles français et produit de belles huîtres, très typées, dont la saveur dépend de l'endroit où se situent les parcs où elles sont élevées.

LA PIBALE. Plus communément associée au fruit défendu du braconnage, la consommation des alevins d'anguilles, civelle, ou pibale en Aquitaine, est aujourd'hui devenue un des plats-vedettes de la gastronomie du Sud-Ouest. Portées depuis la mer des Sargasses par les courants les ramenant vers l'embouchure des estuaires, les larves se transforment à l'approche des côtes en alevins translucides que l'on consomme la plupart du temps cuits à l'ébouillanté et assaisonnés avec de l'huile d'olive brûlante, un peu de piment et quelques pétales d'ail.

VINS ET LIQUEURS AOC 🌿
Armagnac, floc de Gascogne, vins (bordeaux, buzet, bergerac, côtes de duras, pécharmant, saussignac, monbazillac, côtes-du-marmandais, madiran, jurançon, irouléguy, pacherenc du Vic-Bilh, béarn bellocq)

VOLAILLES 🌿
Volailles fermières des Landes (LR)

CHARCUTERIES
Jambon de Bayonne (LR), jambon basque, boudins…

VIANDES LR
Baskari (LR), agneau de Pauillac, porc du Sud-Ouest, bœuf blond d'Aquitaine et de Chalosse (LR)

PRODUITS AQUATIQUES
Esturgeon d'Aquitaine, lamproie, civelle huître du bassin d'Arcachon

FRUITS ET LÉGUMES
Fraise d'Aquitaine, tomate de Marmande, noix du Périgord 🌿, carotte et asperge des Landes, melon de Nérac

PÂTISSERIES
Cannelé bordelais, tourtières, gâteau basque, pastis landais

AUTRES
Pruneau d'Agen, truffe du Périgord, cèpe, piment d'Espelette

FORÊT DU VIEUX-RICHET
Le poulet fermier landais est le fruit d'une longue tradition d'élevage pratiquée dans les «airials» au cœur de la plus grande forêt d'Europe.

LE POULET FERMIER LANDAIS. Il est issu de l'incontestable qualité d'une souche ancienne dont la présence est attestée dans les Landes depuis plus d'un siècle et demi, le poulet jaune «cou nu». Conscient des atouts de son environnement, le groupement interprofessionnel fondé en 1952 a contribué très tôt à améliorer ce patrimoine. Premier label rouge de France en 1965, les fermiers landais, pionniers du genre, sont à l'origine du concept du label rouge Liberté créé en 1982, qui défend un mode d'élevage artisanal où les clôtures sont interdites. Les poulets répondant au cahier des charges défini par ce label sont élevés dans de petites cabanes en bois, les «marensines», qu'on peut déplacer dans la forêt au gré des besoins et qui orientent les animaux vers un parcours naturel dans les sous-bois. Leur nourriture sauvage est complétée par un apport de céréales où le maïs est obligatoirement présent pour moitié.

LE BŒUF DE CHALOSSE. Choisi parmi les races à viande reconnues pour leur qualité, limousine ou blonde d'Aquitaine, le bœuf label rouge de Chalosse est élevé durant quatre ans. Il passe la majeure partie de son temps au pacage en prairie, mange du foin et finit sa vie engraissé au maïs pendant les six derniers mois, voire plus, ce qui donne à sa chair un beau persillé.

LES CHAMPIGNONS
(Landes)
Le genre «bolets» compte une quarantaine de variétés, 4 vénéneuses, 6 immangeables. Le *Boletus eludis*, plus connu sous le nom de cep de Bordeaux, et le *Boletus aereus*, ou cèpe à tête noire, restent les deux champignons les plus convoités de cette famille. Girolles (ci-dessus), trompettes-des-morts, mousserons, lactaires forment le cortège des variétés les plus recherchées.

LE FOIE GRAS DES LANDES. Les paysans du Nil furent les premiers à remarquer que les oies sauvages se gavaient naturellement pour faire des réserves avant leur grand voyage de migration. De là à en déduire que les qualités gustatives de leur foie à cette époque de l'année s'en trouvaient améliorées, le pas fut franchit, et le gavage méthodique devint une pratique courante. Une fresque datée de 2 500 ans avant J.-C. et décorant la sépulture de Ti en témoigne. Oies et canards subirent le même sort, et l'on a tout lieu de croire que ce sont les Romains, héritiers de la culture égyptienne, qui introduisirent cette méthode d'élevage en Aquitaine. Au XIIe siècle, la représentation du canard sur les cathédrales de Morlaas et Sainte-Marie d'Oloron traduit l'importance de cet animal dans la vie quotidienne des campagnes. S'agissant du foie gras, le terme de Sud-Ouest renvoie donc à une famille de produits qui peuvent se référer à une véritable histoire et à un terroir. Depuis janvier 1997, les entreprises de la région peuvent faire apparaître cette mention sur les produits répondant au cahier des charges qui permet de valider leur qualité et leur provenance.

BŒUF DE CHALOSSE
Longtemps,
dans les collines de la
Chalosse, le bœuf est
resté l'instrument
de travail privilégié
du paysan.

LA RÉGION BORDELAISE

LE GRENIER MÉDOCAIN. Cette spécialité gourmande originaire du Médoc s'est longtemps cantonnée dans cette presqu'île avant de conquérir la région. On suppose qu'on la doit à l'habileté gourmande de charcutiers itinérants qui tuaient et aidaient autrefois à la préparation du cochon de ferme en ferme. C'est une panse de porc, cuite dans un court-bouillon très parfumé, roulée sur elle-même et recousue, simplement salée et très poivrée, qu'on mange froide au casse-croûte ou en entrée, mélangée à d'autres charcuteries.

L'AGNEAU DE PAUILLAC. L'agneau dit de Pauillac est par excellence l'agneau du vin. Si l'on remonte l'histoire, on le trouve associé à la vigne depuis toujours. Transhumant d'une lande hostile et marécageuse, les bergers venaient alors passer l'hiver au sec dans les vignes où les brebis enrichissaient les sols de fumure naturelle tout en broutant entre les rangs. Chaque château avait son troupeau. Cet équilibre se gâtait au printemps, quand les agneaux, beaucoup trop turbulents et gourmands pour baguenauder en liberté parmi les premiers bourgeons, devaient être consignés dans les bergeries. Uniquement nourris au lait de leur mère, les nouveau-nés ne repartaient pas tous vers la lande. L'agneau de lait tombait à point pour Pâques. La tradition faillit disparaître, et l'on doit son maintien à un groupement d'éleveurs pugnaces qui produisent encore cette viande magnifique. La simplicité lui sied en cuisine.

BORDEAUX ET SON CANNELÉ. On attribue aux religieuses du couvent des Annonciades l'origine du cannelé. Les sacs de farine éventrés sur les quais servaient à fournir la matière première nécessaire à la fabrication de ce petit gâteau qui tire

Déchaussant la vigne au printemps, tirant la charrue, indispensable aux travaux de la ferme, le bœuf de Chalosse était fêté à Carnaval, au temps des bœufs gras.

son nom du moule dans lequel on lui donne sa forme. Le lait était fourni par le couvent. Disparue sous la Révolution, la recette resurgit quelques années plus tard.

LE BLAYAIS ET LE LIBOURNAIS

L'ASPERGE D'AQUITAINE. Elle ne fut intégrée au potager que vers le XIe siècle à Byzance, et bien plus tard dans le Sud-Ouest. L'Aquitaine concentre dans les Landes, le Blayais et la vallée de la Garonne la plus grande partie des 2 800 t de sa production, essentiellement de l'asperge blanche, bien que la verte effectue actuellement une percée non négligeable.

LE MACARON DE SAINT-ÉMILION. En 1630, en vue de la bonne éducation des jeunes filles, Mlle de Lacroix fonda à Saint-Émilion le couvent des Ursulines. Les sœurs, entre autres talents, se firent une spécialité du «macaron». Un siècle et demi plus tard, la Révolution faisait rage, le cloître était rasé et le couvent vendu comme bien national. La recette parvint entre les mains d'une certaine veuve Goudichaud, qui autorisa son aîné à exploiter le filon.

LE PÉRIGORD

LA NOIX DU PÉRIGORD. Mayette, Saint Martial, Ronde, Moussine, Fermette : le «gland de Jupiter», ainsi nommé par les Romains, se cache en Périgord sous bien des appellations.

L'ASPERGE D'AQUITAINE
L'asperge blanche exige une vigilance attentive et sa récolte est délicate. Ce primeur est présent sur les marchés à l'arrivée du printemps et pratiquement jusqu'au début de l'été. L'asperge bénéficie de techniques de conditionnement et de distribution qui permettent de commercialiser en moins de dix-huit heures des produits fraîchement cueillis, gardant toute leur saveur. Le logo «Asperges de France» garantit cette qualité.

Château
de Montbazillac

Aujourd'hui, les vins du Sud-Ouest représentent entre 7 et 8 % de la récolte nationale. On peut distinguer trois grandes zones de production : au nord, celle de la Dordogne avec les vins du Bergeracois ; au centre, celle du Lot-et-Garonne, des Landes et du Gers ; et, au sud, celle du piémont pyrénéen.

LES VINS DU BERGERACOIS

Établie sur les deux rives de la Dordogne, l'aire d'AOC s'étend sur 13 000 ha et regroupe 5 grandes familles : les bergeracs rouges, les côtes de bergerac rouges, les bergeracs rosés, les côtes de bergerac moelleux et les bergeracs secs. On distingue par l'appellation de pécharmant des vins rouges issus du terroir de sables et graviers au nord-ouest de Bergerac. Les vins blancs les plus réputés sont : les secs du terroir de Montravel, les moelleux des côtes de Montravel et Haut-Montravel, le saussignac, et, parmi les liquoreux, le montbazillac.

ARMAGNAC ET FLOC

On a coutume de distinguer trois terroirs dans la zone de production de l'armagnac : le bas armagnac à la lisière de la forêt landaise, la ténarèze entre Eauze et Condom, le haut armagnac entre Agen et le piémont pyrénéen. L'armagnac est essentiellement obtenu à partir de la distillation des vins de cépage : l'ugni blanc, le colombard, la folle blanche pour l'essentiel, mais également le bacco, hybride vinifère. Le floc est un vin de liqueur blanc ou rosé qui résulte de l'assemblage de jus de raisin et d'armagnac produits sur la même exploitation viticole. Sa zone de production recouvre celle des trois terroirs de l'armagnac. Après avoir été soumis à une commission d'agrément, il est vendu sous l'AOC floc de Gascogne.

CÔTES DU BRULHOIS

Cette zone de production (AOVDQS) s'étend sur 10 000 ha sur les coteaux d'Agen, jusqu'aux abords de Toulouse et produit des vins appelés «vins noirs» depuis le XIIIᵉ siècle.

TURSAN, MADIRAN ET PACHERENC DU VIC BILH

Mi-landais, mi-gascon, les vins de l'AOVDQS de Tursan couvrent 435 ha à l'orée de la forêt landaise. Ce sont des rouges auxquels le «tannat» donne du caractère, des blancs bouquetés dans lesquels prédomine le «barroque», et des rosés fruités. AOC depuis 1948, les madirans (à droite) sont devenus, ces dernières années, la référence de qualité des vins du Sud-Ouest. Les assemblages se font à partir de cabernet franc, de cabernet sauvignon et de «tannat». Le vignoble de pacherenc du Vic-Bilh ne concerne qu'une petite partie des Pyrénées-Atlantiques. Produits à partir de l'arrufiat, ces vins blancs très parfumés se répartissent en vins secs et en liquoreux.

CÔTES DU MARMANDAIS

Le terroir (1 400 ha) s'étale sur les rives de la Garonne à la hauteur de Marmande. Les 3/4 du vignoble (AOC en 1990) sont plantés de merlot, de cabernet franc et de cabernet sauvignon. Dans la production de blanc, la sauvignon prédomine sur les autres cépages.

CÔTES DE DURAS

Leurs vignes couvrent 2 000 ha au nord-ouest du Lot-et-Garonne, à la frontière des départements de la Dordogne et de la Gironde. Cette AOC qui date de 1937 donne des blancs secs de caractère, des moelleux, des rouges et des rosés. Hormis le rare mauzac, l'encépagement de l'appellation est classique du bordelais.

LE BUZET

Ce vignoble de 1 250 ha qui s'étend sur les coteaux de la Garonne, entre Damazan et Sainte-Colombe est principalement consacré aux vins rouges. À la fin du siècle dernier, le phylloxéra le démantela, mais un renouveau tout à fait exemplaire en relança la production dans les années d'après guerre.

LE PIÉMONT PYRÉNÉEN

BÉARN BELLOCQ

Ce vignoble couvre 160 ha autour du village de Bellocq et donne des rouges puissants à partir de tannat et de bouchy (nom local du cabernet franc), des rosés gouleyants ainsi que des blancs typés dans lesquels se mêlent avec bonheur le raffiat de Moncade et les petits et gros manseng.

IROULÉGUY

L'aire de production de l'AOC irouléguy (ci-dessous), en Basse Navare, est centrée sur le couloir de la Cize, dépression de 3/6 km de large située entre les villages de Saint-Étienne de Baigorry, à l'ouest, et Mendive, à l'est. Ce vignoble, qui dépasse les 150 ha, produit essentiellement des vins rouges et rosés à partir de tannat et d'achéria (nom local du cabernet blanc), mais aussi des blancs secs à partir de courbu, de gros et de petit manseng.

JURANÇON

Le vignoble du jurançon s'étale autour de Pau en regard des sommets de la chaîne sauvage des Pyrénées. On y cultive surtout le gros et le petit manseng qui donnent des AOC : des jurançons secs, blancs, puissants et corsés ; et, à partir de raisins passerillés, des jurançons blancs moelleux.

▲ LE VIGNOBLE BORDELAIS

Les 100 000 ha du vignoble de Bordeaux en font le plus grand des vignobles AOC de France.

La production des quatre mille «châteaux» de la région se répartit à parts égales entre vins rouges et vins blancs ; les premiers sont issus des cépages cabernet, sauvignon et merlot ; les seconds proviennent de sauvignon et de sémillon. La première tentative de classement des vignobles remonte au XIXᵉ siècle. Elle sera reprise par les lois de 1919 et de 1927 qui distingueront une soixantaine de «crus». En 1935, un décret fixe définitivement les appellations et confie à l'Institut national des appellations d'origine (INAO) de faire respecter le cahier des charges établi en fonction des «usages locaux, loyaux et constants».

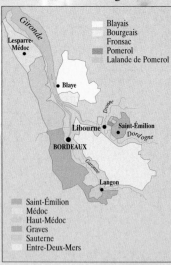

Blayais
Bourgeais
Fronsac
Pomerol
Lalande de Pomerol

Saint-Émilion
Médoc
Haut-Médoc
Graves
Sauterne
Entre-Deux-Mers

LES RÉGIONS VITICOLES

Le Bordelais se divise en cinq régions viticoles. Le Médoc, pays de vins rouges, occupe la rive gauche de l'estuaire ; le Blayais et le Bourgeais, la rive droite. Le Libournais, qui comprend notamment les vignobles de Saint-Émilion, Pomerol et Fronsac, domine la rive droite de la Dordogne. Sur la rive gauche de la Garonne mûrissent les graves et les sauternes. Enfin, délimité par ces deux fleuves, s'étend l'Entre-Deux-Mers.

CONSERVATION ET VIEILLISSEMENT

Longtemps, on ne sut conserver le vin autrement qu'en y ajoutant des épices : cannelle, gingembre… Au XVIIIᵉ siècle, les vignerons découvrent l'art de le faire vieillir dans des fûts en chêne stérilisés à l'aide de mèches soufrées. Le «collage» aux blancs d'œufs permet, en outre, de le faire décanter plus rapidement.

Son conditionnement dans des bouteilles de verre, provenant des premières verreries industrielles installées à Bordeaux, remonte à la même époque.

LA POURRITURE NOBLE DU SAUTERNES

C'est à un champignon, le *Botrytis cinerea*, que l'on doit les vins blancs liquoreux de Sauternes, qui, tout en retenant le sucre du raisin, en élimine le jus. Ce parasite apparaît avec les premiers brouillards hivernaux dans le vallon du Ciron. À Sauternes, on prétend qu'il faut un pied de vigne pour produire un verre de ce nectar naturel. Par ailleurs, on protège les vignes de champignons parasites avec la «bouillie bordelaise», mélange de sulfate de cuivre et de chaux.

de la Saint-Martin, afin d'écouler en priorité leur production. L'essor du port de Libourne, épargné par cette loi, favorise le développement des vignobles de la Dordogne qui sera ainsi plus rapide que dans le Médoc. Lors de la construction du canal des Deux-Mers, Colbert tentera de mettre fin à ce privilège, qui sera finalement supprimé par Turgot en 1776.

LE PRIVILÈGE DES VINS DE BORDEAUX

Le 1er juillet 1189, les Bordelais obtiennent du roi d'Angleterre, alors roi d'Aquitaine, le droit de bloquer à l'entrée de la ville les vins de l'arrière-pays jusqu'au jour

LE PARFAIT NEGOCIANT

▲ AQUITAINE

La Roque
Gageac

En fait, rien n'est plus hétéroclite que les noix. Il est convenu de les classer en deux catégories, les noix fraîches dont les ventes s'étalent de septembre à octobre, et les noix sèches, qui prennent le relais jusqu'au mois d'avril.

LA TRUFFE. Actuellement on sait tout de ce diamant noir, sauf peut-être l'essentiel : déclencher son cycle et l'assurer jusqu'à la récolte. La truffe noire (*tuber melanosporum*) est mondialement connue sous le nom de truffe du Périgord, alors que la production de cette région trufficole n'a cessé de décroître ; le rendement annuel avoisine les 4 t.

L'AGENAIS

LE PRUNEAU D'AGEN. En 1148, Damas résiste aux croisés, les preux chevaliers se heurtent aux défenses de la ville et font demi-tour, avec, dans leurs bagages, une prune violette, dite de Damas. Les humoristes se moquèrent… il en est resté l'expression «pour des prunes». Jusqu'au XIXe siècle, la prune n'était pourtant pas l'apanage de l'Agenais. Ce sont les moines, ceux d'Eysses, ou d'un couvent proche de Clairac, qui introduisirent cette culture en Lot-et-Garonne. Le flux des pèlerins accomplissant le voyage à Saint-Jacques-de-Compostelle battait son plein, et les pruneaux soutenaient l'effort des marcheurs. Dans les campagnes ou les monastères, le four à pain suffisait pour déshydrater les fruits. Les étuves ont modernisé la méthode en l'industrialisant et le pruneau d'Agen, nature ou fourré, s'est lancé à la conquête du marché.

LA BLONDE D'AQUITAINE. Sa viande, peu grasse, présente une finesse de goût et une texture de grain qui en font un produit de qualité toujours reconnu. Parmi l'ensemble des carcasses de bêtes âgées de plus de vingt-huit mois et de moins de sept ans, celles qui font l'objet d'attentions particulières de la filière production-abattage sont identifiées par le label rouge bœuf blond d'Aquitaine, saveur tradition, obtenu en juillet 1992 et garantissant cette viande comme un produit haut de gamme.

LA FRAISE. On doit la présence de la fraise dans nos jardins à M. Frezier qui rapporta à Plougastel quelques plants du Chili en 1713 ▲ *88* et eut l'idée d'en faire part à La Quintinie, le jardinier du Roi Soleil. La suite est une question de rencontre entre ces plants et les variétés sauvages cultivées dans les serres royales. En 1997, cinq nouvelles variétés de fraises, issues du Centre de recherche de la fraise en Dordogne (CIREF), seront proposées au consommateur : ciflorette, cigaline, cireine, ciloé et cigaëlle, à côté des désormais classiques guariguette, pajaro et autre elsanta. A partir de l'été, la selva, la seascape et la mara des bois prennent le relais, jusqu'aux derniers rayons de soleil d'automne. L'Aquitaine fournit plus de la moitié de la production nationale et se situe au premier rang des provinces françaises. Le Lot-et-Garonne et la Dordogne se partagent cette culture.

LE PIMENT D'ESPELETTE
Fin octobre, les façades
des maisons d'Espelette s'ornent
du rouge du piment mis à sécher
en longues tresses sur les murs
blancs réchauffés par le soleil.

LE PAYS BASQUE

LE FROMAGE D'OSSAU-IRATY. Dans le «cayolar», l'odeur des fromages se répand dans toute la cabane. Ceux de la veille sont encore dans la saumure, les autres sèchent sur les étagères. Artisanal et ancestral, le fromage de brebis ossau-iraty est la seule AOC à pâte pressée à être exclusivement faite avec du lait de brebis de race locale, manech tête noire et tête rouge, béarnaise. Ce fromage traditionnel dont la taille dépendait autrefois de la grosseur du troupeau est produit à partir de lait emprésuré à chaud. Affiné ensuite pendant au moins trois mois en cave, il mûrit lentement et développe son arôme. Il est d'usage de manger les brebis très secs, accompagnés de confiture de cerises noires d'Itxassou.

L'AGNEAU DES PYRÉNÉES. Manech tête rouge et manech tête noire ou béarnaises forment un cheptel d'environ 450 000 brebis dont la quasi-totalité part à la fin du printemps transhumer sur les hauteurs des montagnes du Pays basque et du Béarn, pour y passer la période estivale. Les premiers agneaux naissent environ un mois après le retour dans la vallée et les naissances s'échelonneront jusqu'au mois de mai. C'est pendant cette période de retour à la bergerie que les brebis mettent bas. Pendant trente-cinq jours, sous la surveillance du berger, l'agneau (*axuria*), sera nourri exclusivement avec le lait de la mère, ce qui lui donnera une chair particulièrement fine.

LE JAMBON DE BAYONNE. On raconte volontiers que la coutume du jambon dans ce piémont pyrénéen tient du hasard. Un porc fut un jour retrouvé par des bergers, conservé dans une source d'eau salée de la bien nommée Salies-de-Béarn. La chair s'en révéla exquise, surtout la cuisse. De là à penser reproduire ce hasard, il n'y avait qu'un pas à franchir. Ainsi naquit le jambon, qui devint plus tard de Bayonne. Sombre querelle de préséance : le port de Bayonne en assurait l'exportation, les Béarnais en revendiquaient la paternité, le compromis fut difficile à trouver. Galvaudé pour n'avoir pas été protégé à temps, le jambon de Bayonne faillit perdre la confiance des consommateurs. Aujourd'hui, sous l'impulsion d'un groupe de puristes et de l'Interprofession porcine, le véritable jambon de Bayonne, frotté manuellement au sel de Salies, produit uniquement dans le bassin de l'Adour, est en train de renaître de ses cendres, sauvé *in extremis* et réconcilié avec sa légende.

LE PORC BASQUE. Les jambons sont séchés à l'air, jusqu'à quinze mois pour les plus gros, et les salaisons produites dans la vallée à partir de ces porcs sont remarquables.

LE PIMENT D'ESPELETTE. C'est d'une culture de jardin, utilisant le fumier des bêtes de la ferme pour l'enrichissement des sols, qu'est né ce fleuron de la gastronomie basque, dont aucune omelette, aucune piperade, aucun jambon ou charcutaille ne saurait se passer.

CALENDRIER GOURMAND
Avril : fête de l'Agneau de Pauillac
Fin mai-début juin : fête de la Cerise à Itxassou
Juillet : fête du Thon à Saint-Jean-de-Luz, fête du Chipiron à Hendaye
14 juillet : Foire à la tourtière à Penne d'Agenais
Août : fête de l'Huître à Gujan-Mestras, foire aux Fruits à Prayssas
Septembre : fête du Sel à Salies-de-Béarn, foire aux pruneaux à Saint-Aubin
Octobre : fête du Piment à Espelette

LE PORC BASQUE
Déclarée en voie de disparition par le ministère de l'Agriculture en 1981, cette race citée par Rabelais fait depuis 1988 l'objet d'un programme de sauvetage. On en différencie trois types, dont le plus connu est le pie noir du Pays basque. Le groupement des producteurs de la vallée des Aldudes élève les cochons basques en liberté pendant dix-huit mois, ce qui leur permet de se faire les muscles sur les pentes escarpées. Ils sont nourris de maïs, glands et châtaignes et pèsent environ 200 kg avant l'abattage.

▲ Auvergne

AUVERGNE
26 013 km² pour
1,32 million
d'habitants.
Quatre
départements :
Allier (Moulins),
Cantal (Aurillac),
Haute-Loire
(Le Puy-en-Velay),
Puy-de-Dôme
(Clermont-
Ferrand).

UN PLAT DE ROI
Serait-ce parce que
leur «pays» fut le
berceau de l'une des
plus illustres familles
royales, celle des
Bourbons ? En tout
cas, les Bourbonnais
dégustaient déjà du
bœuf en des temps
où, dans les provinces
voisines, on se
contentait de cheval
et de chèvre. De
nos jours, dans les
bocages, de Bourbon-
l'Archambault à
Vichy en passant
par Montluçon,
c'est d'abord le bœuf
charolais à la robe
blanche qui est
à l'herbe.

Au cœur de la France se dresse la vieille terre historique des Arvernes, fief de Vercingétorix, qui s'ouvre au nord sur le vert et souriant Bourbonnais, et à l'est sur le volcanique Velay. «[…] toute l'Auvergne n'est pas que volcans : il n'est de région plus composite : plaines fertiles, coteaux où s'accroche la vigne, plateaux couronnés de basalte, bocages verts, lieux pauvres ou riches» (Robert Sabatier). Adieu l'image du vieux massif replié sur lui-même ! Ce château d'eau naturel, raffiné collectionneur de trésors féodaux, apparaît comme un lieu d'accueil privilégié de tous les tourismes. Et si ses horizons montagneux cultivent les formes douces, arrondies, il a pourtant du caractère, ce pays de «bougnats» courageux et de bourgs de pierre grise finement ciselée. De l'appétit aussi. On aurait tort aujourd'hui de cantonner l'Auvergne à la soupe aux choux et aux marrons grillés car, derrière l'image d'une tradition culinaire robuste et fruste, l'éventail des produits de ses terroirs joue de bien des registres gourmands.

LE BOURBONNAIS

LE POULET DU BOURBONNAIS. Une illustre famille de la région, celle des Montpensier, a donné son nom à une garniture de volailles, suprême hommage à ce prestigieux poulet blanc né il y a un siècle. Entre la fin du XIXᵉ siècle et la Seconde Guerre mondiale, le système de métayage qui régissait la vie agricole en Bourbonnais consentait une tolérance au métayer, qui avait droit à la conservation de la quasi-totalité des poulets et des œufs de sa basse-cour :

> « L'AUVERGNE PRODUIT DES MINISTRES, DES FROMAGES
> ET DES VOLCANS [...]. LA CHÈVRE BROUTE SUR LEUR PROFIL
> UNE ESPÈCE DE PIERRE PONCE POREUSE [...] QUI DONNE À SON
> LAIT UN PEU RÊCHE UNE PETIT GOÛT DE SECOUSSE TELLURIQUE. »
>
> A. VIALATTE (*DERNIÈRES NOUVELLES DE L'HOMME*)

l'intérêt devenait donc grand de multiplier et d'améliorer la production. Les métayers eurent alors fort à cœur d'acclimater au terroir la nouvelle race de poulets, née vers 1850 d'une race blanche autochtone et du brahma asiatique. La poule herminée qui naquit de cette rencontre retint, dès le début du siècle, l'attention d'un directeur général au ministère de l'Agriculture, qui, pour cette belle, créa un Bourbonnais-club. Aujourd'hui, la race, tombée pendant quelque temps en désuétude, connaît une nouvelle jeunesse, revigorée par des aviculteurs locaux : elle est l'objet de marchés réputés, comme celui de Lapalisse.

LA ROUTE DES VINS. Dès 1569, Nicolas de Nicolay, géographe du roi Charles IX, trouvait « le Bourbonnais très délectable et fertile ». Il ne manqua pas, dans sa description de la région qui fit longtemps autorité, d'insister sur «des vignobles produisant quantité merveilleuse de très bons vins clairets et blancs». De Moulin à Chantelle, un itinéraire touristique, soigneusement fléché, dont les caveaux sont, bien sûr, ouverts à la dégustation, permet de se familiariser avec les VINS DE SAINT-POURÇAIN-SUR-SIOULE : les blancs secs et fruités, les rouges légers et parfumés (très estimés dès le XIVᵉ siècle), les rosés secs, les mousseux bruts et secs. Il s'agit là d'un des plus anciens vignobles de France, créé par les Phéniciens en 500 av. J.-C. Très dynamique, il surplombe les poissonneuses rivières de l'Allier, de la Sioule, de la Boule.

PAYS ARVERNE ET VELAY

LE VIGNOBLE. Les doux vallonnements du Bourbonnais s'estompent et les dômes vert mauve des volcans se profilent. Tel est le paysage dans lequel voient le jour les vins frais et gouleyants des côtes d'Auvergne (VDQS depuis 1977) : CHÂTEAUGAY, BOUDES, MADARGUES ou CORENT, sans oublier le CHANTURGUE, qui, dit-on, serait à l'origine de la recette du coq au vin. Leurs crus ont des noms qui chantent. Ils annoncent les fameuses salaisons d'Auvergne, avec lesquelles ils vivent, depuis des siècles, un véritable mariage d'amour.

LA VIGNE AU MUSÉE
Le bourg médiéval de Saint-Pourçain-sur-Sioule, blotti autour de son ancienne abbatiale romane, possède un musée de la Vigne dont la visite complète utilement la découverte du vignoble, et qui permet de reconstituer l'histoire du terroir.

À l'heure de
la dégustation,
on associe tout
naturellement
la viande, dans
le Bourbonnais,
à la moutarde de
Charroux, glorieux
condiment à
l'ancienne, remis
récemment au goût
du jour.

L'EAU À LA «UNE»
L'eau de pluie filtrant
à travers de multiples
roches volcaniques
perméables s'enrichit
à leur contact de
minéraux variés qui,
avec le temps, se
tranforment en sels
nutritifs. Le
département du Puy-
de-Dôme et le bassin
de Vichy rassemblent,
à eux seuls, le tiers
des sources françaises
d'eaux gazeuses
et d'eaux plates.

LA GENTIANE
On rencontre l'été,
dans les grandes
prairies
d'altitude,
cette plante
aux fleurs
jaunes et aux
grandes feuilles
arrondies, dont
les racines servent
à la fabrication de la
liqueur. Le travail des
« gentianiers », les
ouvriers saisonniers
qui procèdent à
l'arrachage des
racines, est une tâche
ingrate. En effet, ces
racines, qui doivent
avoir environ 35 ans,
peuvent atteindre
plusieurs kilos
chacune.

LES CHARCUTERIES. Si l'Auvergne est un «grand plateau
de fromages», elle est aussi la «bible du cochon».
Du sang recueilli pour le boudin noir aux pieds mis en
terrine, rien ne se perd du PORC. À l'horizon des puys,
tuer le «Monsieur» ne tient pas de l'abattage, mais du rite.
Dominée par l'élevage, la région produit une remarquable
viande porcine. Fabriquées, à l'origine, pour la consommation
familiale, les SALAISONS auvergnates sont pleines de ces
accents artisanaux qui répondent aux souhaits du gourmet
d'aujourd'hui. Fidèlement respectées
d'une génération à l'autre, elles sont «droites en goût»,
pour reprendre la formule de Curnonsky.
JAMBONS SECS aux saveurs franches et puissantes,
SAUCISSONS SECS hachés gros, moelleuses SAUCISSES SÈCHES
à la caractéristique forme en U (elle est due aux bâtons sur
lesquels elles sèchent) : le porc auvergnat a permis
l'émergence d'un savoir-faire de renom dans l'élaboration
des produits de charcuterie. Ceux-ci brillent de toutes
leurs saveurs dans l'Auvergne historique, des monts Dore
aux monts du Cantal, avec des «pointes de popularité»
dans le Velay, en Haute-Loire. Mais c'est toute la
région qui sacrifie, avec bonheur, au culte du cochon-roi.
Le porc auvergnat est encore là dans l'élaboration des
fameux TRIPOUX, ces petits coussins de pansette d'agneau,
farcis notamment avec de la fraise de veau et de la pansette
d'agneau ou de veau, parfois aussi avec un mélange des
deux. C'est d'abord le Cantal qui excelle dans leur
préparation, de Saint-Flour à Aurillac, de Murat à Chaudes-
Aigues, même si le Puy-de-Dôme a aussi ses références
en la matière. Charcutiers, cuisiniers, traiteurs ont souvent
une recette bien à eux, qu'ils ne divulguent pas volontiers.
Quant à la POTÉE, il se trouve des poètes régionaux, tel
Arsène Vermenouze, pour la chanter avec des inflexions
dignes de celles de Ronsard évoquant la rose.
Les solides produits régionaux et les recettes plantureuses
ont toujours donné de l'Auvergne l'image du lieu par

excellence des nourritures qui tiennent au ventre. Mais aujourd'hui les restaurateurs révisent cette tradition en rajeunissant la cuisine locale. En outre, de longue date, l'Auvergne sait aussi prendre ses visiteurs par la douceur…

DOUCEURS AUX FRUITS. Est-ce pour faire face aux rigueurs de l'hiver que l'on prit l'habitude de confire les fruits, les abricots en particulier, qui poussaient en abondance l'été sur les coteaux de Limagne ? Toujours est-il que cette tradition d'origine domestique fit le bonheur des confiseurs de Clermont-Ferrand et de Riom, qui lancèrent la vogue des «confitures sèches» aux abricots et aux pommes. Ces douceurs furent pendant des siècles offertes aux personnalités de marque : Louis XI, Richelieu, Voltaire… reçurent en présent ces renommées pâtes d'Auvergne. Aujourd'hui, la tradition de culture fruitière est soigneusement entretenue et on continue de cueillir dans les forêts, les montagnes et les vergers d'Auvergne, châtaignes, framboises, fraises, myrtilles, pommes, poires et prunes, dont naîtront bonbons et confitures, mais aussi et toujours, pâtes de fruits et fruits confits.

LA LENTILLE VERTE DU PUY. Quoique d'origine méditerranéenne, la lentille verte a trouvé sur les hauts plateaux volcaniques du Velay un terrain de prédilection, tant par la nature du sol que par les enchaînements climatiques auxquels elle y est soumise. Des écrits et découvertes archéologiques attestent sa présence sur les terres rouges de la région du Puy-en-Velay, depuis 2 000 ans au moins. Ainsi, sur le site gallo-romain de Ruessium (actuel Saint-Paulin), un vase de terre cuite renfermant des graines de lentilles fut mis au jour. Aujourd'hui, celle que ses qualités tant gustatives que roboratives ont fait surnommer «le caviar du pauvre» bénéficie d'une appellation d'origine contrôlée.

LES LIQUEURS ET LES APÉRITIFS. Les vieux grimoires recommandaient déjà de prendre en décoction de la LIQUEUR DE GENTIANE. Aujourd'hui, dégustée à l'apéritif, elle est l'une des grandes spécialités de la région, et sa tradition perdure. La VERVEINE DU VELAY, verte ou jaune, est plus récente. Liqueur (et non tisane !) d'un siècle et demi d'existence, elle contribue, au même titre que la fameuse dentelle, à donner à la région du Puy ses lettres de noblesse… et à toute l'Auvergne des parfums d'antan qui redeviennent furieusement à la mode.

LE MARCHÉ AUX BESTIAUX DE MAURIAC L'Auvergne multiplie les foires, marchés et concours agricoles. À Mauriac se tient, chaque jeudi du mois, une foire aux bestiaux qui compte parmi les plus spectaculaires de toute la région. Sous la bénédiction de sa basilique Notre-Dame-des-Miracles, le bourg réunit, à cette occasion, un cheptel exceptionnel, notamment de salers.

CALENDRIER GOURMAND
Février : saint cochon à Besse et Saint-Anastaise
Fin mai : fête de l'Estive à Allanche
Début juillet : fête de la Gentiane à Riom-es-Montagnes
Août : fête de la Lentille à Rosières, fête de l'Ail d'Auvergne à Billom, fête des Vins à saint-Pourçain-sur-Sioule, fête des Burons et des Gabares à Chalvignac
Fin septembre : *Forma del salers* à Saint-Martin-Valmeroux
Octobre : fête de la Châtaigne à Morjou

Au XVIIIe siècle, les édiles auvergnats, prenant bouche avec des fromagers suisses, voulurent, pour des raisons économiques, introduire dans les monts Dore le concurrent direct de leur cantal : le gruyère. L'expérience, bien sûr, se solda par un échec : terre d'élevage par excellence, l'Auvergne tirait de cette activité fort ancienne, à laquelle Pline l'Ancien fait déjà référence, des produits dont la noblesse se passait sans mal de tout apport extérieur. Aujourd'hui, les fromages d'Auvergne ne dérogent nullement à leur renommée historique puisque cinq d'entre eux ont obtenu l'appellation d'origine contrôlée.

BLEU D'AUVERGNE
Pâte molle à moisissure bleue interne et au goût plus soutenu que la fourme d'Ambert, le bleu d'Auvergne (AOC) vit le jour à la fin du XIXe siècle sur les premières pentes de la chaîne des Puys. C'est à un paysan de Laqueuille que l'on attribue cette création.

LA SALERS
Vache rouge aux étonnantes cornes en forme de lyre, la salers règne sur la montagne auvergnate. En mai, elle monte dans les estives, ces pâturages des hauteurs, et redescend à l'automne dans la vallée. La fabrication du fromage salers est exclusivement faite à la ferme, notamment avec le lait de ces vaches, qui sert aussi à la production du cantal et du saint-nectaire.

SAINT-NECTAIRE
Fromage à pâte semi-dure, le saint-nectaire (AOC) «sent légèrement le mur de cave et […] est le meilleur fromage du monde» (Alexandre Vialatte). Il n'a pas attendu notre époque pour atteindre la célébrité. Dès le XVIIe siècle, le maréchal de France Henri de La Ferté-Senneterre, qui prévoyait pour lui un grand destin, s'employa à le faire connaître et apprécier à la table de Louis XIV.

CANTAL
Fromage de garde réputé, tout comme le saler, le cantal (AOC) peut, lui aussi, se prévaloir de plusieurs siècles d'existence. Il présente une saveur agréablement fruitée sous une croûte boutonnée d'or.

FOURME D'AMBERT
À l'est du Puy-de-Dôme se dessine l'univers préservé du Livradois-Forez, avec ses étés très chauds et ses hivers très froids. La fourme d'Ambert (AOC), pâte molle à moisissure interne, et d'une forme cylindrique très particulière (19 cm de hauteur sur 13 cm de diamètre), y fait figure de grande ancienne : un fromage à la pâte légèrement persillée est attesté, dès le IXᵉ siècle.

UN FROMAGE FERMIER : LE SALERS
Du puy de Dôme au Cantal, on ne quitte ni les volcans ni les fromages. Avec le salers, né dans un village médiéval, s'ouvrent les chemins des monts verdoyants piqués de plantes odoriférantes. Ce fromage AOC, ancêtre du cantal, n'est fabriqué qu'à la ferme, de mai à octobre, durant la mise à l'herbe des vaches.

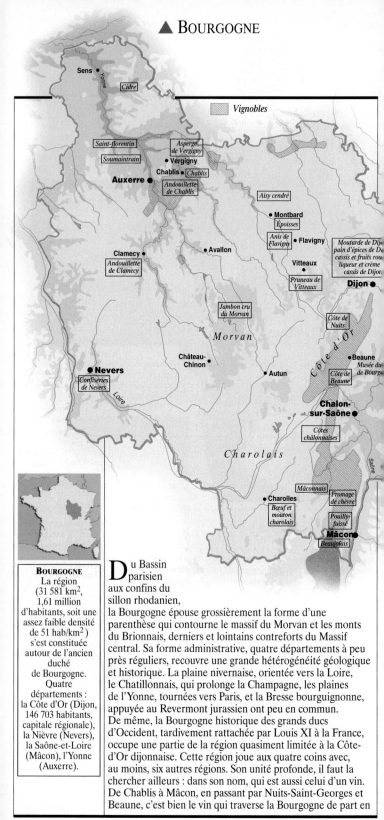

▲ BOURGOGNE

Sens

Cidre

Vignobles

Saint-florentin

Soumaintrain

Asperge de Vergigny

Vergigny

Chablis ● *Chablis*

Auxerre

Andouillette de Chablis

Aisy cendré

● **Montbard**

Époisses

Anis de Flavigny ● **Flavigny**

Clamecy

Andouillette de Clamecy

● **Avallon**

Vitteaux

Pruneau de Vitteaux

Moutarde de Dijon, pain d'épices de Dijon, cassis et fruits rouges, liqueur et crème cassis de Dijon

Dijon ●

Côte de Nuits

Jambon cru du Morvan

Morvan

Château-Chinon ●

● **Nevers**

Confiseries de Nevers

Loire

● **Autun**

● **Beaune**

Musée du ... de Bourg...

Côte de Beaune

Chalon-sur-Saône ●

Côtes châlonnaises

Charolais

Saône

Côte d'Or

Côte de Beaune

Mâconnais

● **Charolles**

Bœuf et mouton charolais

Fromage de chèvre

Pouilly-fuissé

Mâcon ●

Beaujolais

BOURGOGNE
La région
(31 581 km^2,
1,61 million
d'habitants, soit une
assez faible densité
de 51 hab/km^2)
s'est constituée
autour de l'ancien
duché
de Bourgogne.
Quatre
départements :
la Côte d'Or (Dijon,
146 703 habitants,
capitale régionale),
la Nièvre (Nevers),
la Saône-et-Loire
(Mâcon), l'Yonne
(Auxerre).

Du Bassin
parisien
aux confins du
sillon rhodanien,
la Bourgogne épouse grossièrement la forme d'une
parenthèse qui contourne le massif du Morvan et les monts
du Brionnais, derniers et lointains contreforts du Massif
central. Sa forme administrative, quatre départements à peu
près réguliers, recouvre une grande hétérogénéité géologique
et historique. La plaine nivernaise, orientée vers la Loire,
le Chatillonnais, qui prolonge la Champagne, les plaines
de l'Yonne, tournées vers Paris, et la Bresse bourguignonne,
appuyée au Revermont jurassien ont peu en commun.
De même, la Bourgogne historique des grands ducs
d'Occident, tardivement rattachée par Louis XI à la France,
occupe une partie de la région quasiment limitée à la Côte-
d'Or dijonnaise. Cette région joue aux quatre coins avec,
au moins, six autres régions. Son unité profonde, il faut la
chercher ailleurs : dans son nom, qui est aussi celui d'un vin.
De Chablis à Mâcon, en passant par Nuits-Saint-Georges et
Beaune, c'est bien le vin qui traverse la Bourgogne de part en

Tuiles vernissées
des toits des Hospices
de Beaune

Santenay

part et la rassemble. Selon une chanson populaire, «La Bourgogne, c'est comme le cochon. Il y a du meilleur et du moins bon», ce qui est assez dire la très ancienne et très réelle vocation gastronomique de cette région.

LA RÉGION DE DIJON

LA MOUTARDE. Lorsque la Bourgogne était presque un royaume, Dijon était presque une capitale. Elle a donné son nom à un grand nombre de spécialités dont certaines se sont perdues et d'autres ont perduré. Elles rendent assez bien compte de ce qu'est l'âme profonde de la cuisine bourguignonne : l'alliance d'un terroir fortement rural et d'un savoir-faire de cour, qui utilise et transforme sans rien jeter. La moutarde de Dijon était préparée à l'origine à partir du moût de raisin (d'où son nom), puis du verjus – c'est en tout cas la définition qu'en donne Bossuet. Aujourd'hui, l'appellation «moutarde de Dijon» est générique : elle désigne une moutarde du genre Brassica noire ou jaune, écrasée puis brassée dans le vinaigre. Les innombrables fabricants du siècle dernier ont été aujourd'hui absorbés par le même groupe ou ont disparu. Il en reste pourtant quelques-uns, qui diversifient leur production en réalisant des moutardes fantaisies. Un seul écrase encore la graine à la meule. Il est situé à… Beaune. Il existe également une moutarde au vin blanc, elle aussi traditionnelle, mais que l'on trouve de plus en plus difficilement.

LE PAIN D'ÉPICE. Il fut inventé par les Chinois. Importé en France sous la forme du pain d'épice de Reims, à la farine de seigle, il est devenu dijonnais sous la forme du «boichet», ou «pavé de santé» : froment pur, miel, aromates. Jadis utilisé comme médicament, pour sa forte valeur énergétique, le pain d'épice de Dijon connaît depuis plusieurs années, grâce à la passion d'une famille de fabricants, un net renouveau.

LE CASSIS. Dernière spécialité spécifiquement locale, le cassis de Dijon. Les fruits rouges font l'objet d'une culture

FRUITS ET LÉGUMES
Pruneau de Vitteaux, oignon d'Auxonne, asperge de Ruffey et de Vergigny, cassis et fruits rouges

FROMAGES
Époisses (AOC), aisy cendré, saint-florentin, soumaintrain, fromages de chèvre (bouton…)

VIANDES ET VOLAILLES
Bœuf et mouton charolais, volailles de Bresse (AOC)

CHARCUTERIES
Jambon persillé, jambon cru du Morvan, andouillettes de Clamecy et de Chablis.

CONDIMENTS
Moutarde de Dijon, cornichons d'Appoigny

PÂTISSERIES ET CONFISERIES
Pain d'épice de Dijon, anis de Flavigny

VINS ET LIQUEURS
Vins (AOC), marc et fine de Bourgogne, liqueurs et crème de cassis de Dijon

Auxonne

79

FÉLIX KIR

Le truculent chanoine Kir, qui fut longtemps maire de Dijon, a donné son nom au vin blanc cassis, servi dans tous les vins officiels avec la traditionnelle gougère. Mais, d'après Lucien Hérard, le «blanc cassis» aurait été en fait «inventé» par un cafetier de l'avenue du Drapeau, à la suite d'une erreur de manipulation : il se serait trompé de bouteille en composant un vermouth cassis. En réalité, et depuis longtemps, les vignerons des Hautes Côtes avaient coutume d'apaiser l'acidité de leurs vins à l'aide d'un léger trait de sirop de cassis.

CASSIS DE DIJON

Au XVIIIe siècle, la liqueur de cassis connut un énorme succès ; elle passait alors pour être un élixir de longue vie. Aujourd'hui, elle est surtout consommée mélangée au vin blanc, mais elle conserve toujours ses amateurs.

traditionnelle de l'arrière-côte et le sirop de cassis était pratique pour apaiser l'acidité des vins aligotés de ces collines… La liqueur de cassis résulte de la macération des fruits du cassis dans l'alcool. Elle est passée à la postérité grâce au chanoine Kir ; elle sert aussi à la fabrication des CASSISSINES (pâte de cassis et liqueur), bonbons absolument délicieux mais qui, parce qu'alcoolisés, ont du mal à se trouver un marché.

LE JAMBON PERSILLÉ. Il n'est pas exclusivement dijonnais, mais c'est à Dijon que, à la Saint-Antoine, il fait l'objet d'un concours très serré. Extrapolation du jambon de Pâques, il mélange cuisse et épaule de porc (cette dernière est moins sèche), cuites dans un bouillon au vin blanc, puis pressées en saladier après avoir été grossièrement écrasées et agrémentées d'une coulée de gelée à l'ail et au persil.

Enfin, les environs de Dijon possèdent d'autres ressources, moins connues, mais en expansion.

LÉGUMES, TRUFFE, FROMAGES ET PRUNE. L'ASPERGE DE RUFFEY, variété rustique et savoureuse de l'Argenteuil, offre un heureux compromis entre l'asperge violette et la verte (attention : elle peut rester ferme). D'Auxonne à Chalon, le val de Saône, jadis exclusivement spécialisé dans l'oignon, est en passe de devenir une des régions majeures du maraîchage et des légumes primeurs (le marché de Chalon est un des plus performants de l'Hexagone), et la TRUFFE GRISE de l'espèce *Uncinatum*, des régions de Selongey et d'Is-sur-Tille, sans pouvoir prétendre aux arômes de la *Melanosporum*, peut revendiquer, malgré la loi, son rang de truffe. Notons enfin la percée du FROMAGE DE CÎTEAUX, variante du reblochon savoyard très travaillé par les moines cisterciens, et la soudaine, quoique limitée, résurgence du PRUNEAU DE VITTEAUX, prune jaune défendue par une dynamique association.

LE NORD DE LA BOURGOGNE, LE MORVAN

VINS ET FROMAGES. Le département de l'Yonne est surtout connu par le vignoble de Chablis, qui, situé sur un sol riche en coquilles d'huîtres (le kiméridgien), donne des vins blancs convenant particulièrement aux poissons et crustacés. Les grands crus peuvent très bien résister à certaines viandes. Le vignoble de l'Yonne ▲ 82 est en extension et des terroirs où la vigne avait pratiquement disparu au début du siècle (à cause du phylloxéra) sont en plein renouveau : Tonnerre et Épineuil, Coulanges-la-Vineuse, Chitry, Vézelay, Saint-Bris, Irancy, où la cerise avait peu à peu supplanté la vigne.

L'ANDOUILLETTE. Chablis est
également célèbre pour son
andouillette tirée à la ficelle, cousine
de la troyenne, mais différente de celle
de Clamecy en ce qu'elle n'utilise que
des intestins de porc, à l'exclusion de la
panse de veau. L'andouillette morvandelle
de Clamecy est sœur de l'andouillette beaujolaise :
sa production régulière ne bénéficie pas de l'impulsion
donnée à celle de Chablis par les vins.

DES FROMAGES DE CARACTÈRE. Au nord du département,
le pays d'Othe donne un CIDRE sec et marqué par le terroir,
dont la production augmente depuis quelques années. Il se
fabrique aussi un peu de FROMAGE DE CHAOURCE dans ce
secteur, mais les fromages les plus typés de l'Yonne sont le
SAINT-FLORENTIN et le SOUMAINTRAIN. Il s'agit de fromages de
vache à croûte lavée, de couleur brun rouge, le second un peu
plus petit que le premier. Enfin, la région d'Appoigny
continue à produire des CORNICHONS, jadis très renommés,
dont les usines de condiments dijonnaises font encore un
certain usage. Au nord de la Côte-d'Or, l'Auxois produit
l'ÉPOISSES, le plus célèbre des fromages bourguignons.
D'origine fermière, il a vu son rendement se développer
depuis son passage en AOC (sur une zone, on doit le dire,
plutôt vaste…)

L'ANIS. Tout près d'Époisses, dans le joli village de Flavigny,
la fabrication de l'anis reste vivace et très traditionnelle,
même s'il n'en demeure qu'un fabricant. On enrobe la graine
d'anis vert de couches successives et fines de sucre aromatisé.

Le promoteur du
fromage d'Époisses,
M. Berthaut, a failli
se perdre en voulant
passer au stade
industriel : les
bactéries ont refusé.
La fabrication
est donc redevenue
artisanale. Son
caractère vient
de son lavage à l'eau
et au marc. Sa qualité
est très dépendante
de son affinage ;
sa puissance, très
recherchée par
Napoléon, appelle
les vins rouges corsés.
Son frère de lait,
l'Aisy cendré, est
désormais fabriqué
au même endroit.
Non lavé, il est croûté
de cendres.

Le mont Beuvray

▲ LE VIGNOBLE BOURGUIGNON

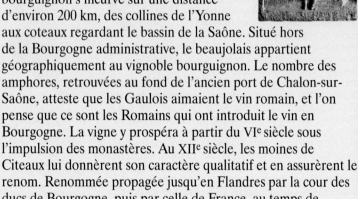

Du nord-ouest au sud-est et de Joigny à
Saint-Vérand, «l'étroit rideau» du vignoble
bourguignon s'incurve sur une distance
d'environ 200 km, des collines de l'Yonne
aux coteaux regardant le bassin de la Saône. Situé hors
de la Bourgogne administrative, le beaujolais appartient
géographiquement au vignoble bourguignon. Le nombre des
amphores, retrouvées au fond de l'ancien port de Chalon-sur-
Saône, atteste que les Gaulois aimaient le vin romain, et l'on
pense que ce sont les Romains qui ont introduit le vin en
Bourgogne. La vigne y prospéra à partir du VIᵉ siècle sous
l'impulsion des monastères. Au XIIᵉ siècle, les moines de
Citeaux lui donnèrent son caractère qualitatif et en assurèrent le
renom. Renommée propagée jusqu'en Flandres par la cour des
ducs de Bourgogne, puis par celle de France, au temps de
Louis XIV, auquel son médecin prescrivait du bourgogne.

DES CÉPAGES TRÈS TYPÉS. La Révolution
française et les héritages ont favorisé, autant
que la géologie, le morcellement des grands
domaines. Ainsi peut-on trouver, tous les
200 m, des vins très différents. La plupart
proviennent des mêmes cépages :
le pinot pour les grands vins
rouges ; le chardonnay
pour les grands vins
blancs ; le gamay
noir pour le
passetoutgrain
de Côte-d'Or
(mélangé au
pinot),
le mâconnais
et le beaujolais ;
l'aligoté, enfin,
vinifié sous son propre
nom (bourgogne aligoté)
et, à Bouzeron seulement,
en appellation «village».

SUR LES ROUTES DES VINS
Pour les découvrir on pourra emprunter
la «Route des vins» de Dijon à Vougeot,
la «Route de Beaune à Cluny par le vignoble»,
la «Route des vins du Mâconnais». Sans
manquer de découvrir le trop méconnu
vignoble des Hautes Côtes,
justement renommé aussi
pour ses liqueurs
de fruits rouges.
Enfin, la fine
de Bourgogne
se distingue
du marc en
ce qu'elle est
distillée à partir
du vin et des lies
et non à partir des
reliefs de la vendange.
Sa production est limitée,
naturellement. Ci-dessous,
le château de Pierreclos (Mâconnais).

CÔTE OU CÔTES ?
Du vignoble
bourguignon,
on connaît surtout
la côte. On devrait
dire les côtes.

Côte de Nuits à partir
des faubourgs de
Dijon, où subsistent
encore quelques
vignes,
dont la célèbre
«montrecul» (ainsi
nommé, parce que sa
forte pente y révélait
d'intéressants points
de vue), jusqu'aux
abords de Nuits-
Saint-Georges. Côte
de Beaune, de Nuits-
Saint-Georges aux
Maranges, qui
disposent de leur
autonomie. Côtes
châlonnaises ensuite
(mercurey, givry, rully,
montagny), et vignoble
du Couchois. Le
Mâconnais, au sud,
s'achève par les pouilly-
fuissé, que l'on ne doit
pas confondre avec les
pouilly-fumé, issus d'un
autre cépage et, quoique
nivernais,
communément associés
aux vins de Loire.

Ci-dessous, caves
de romanée-conti.

Ci-contre, vendanges
aux Grands-
Échezeaux.

VARIANTES
L'aligoté entre,
en outre, dans
la composition
du crémant, vin blanc
à bulles de méthode
champenoise, et
dans… le kir. À ces
cépages on doit ajouter
le sauvignon, qui
donne de beaux
résultats dans la
région de Saint-Bris,
et le pinot gris, qui
prend ici le nom
de «beurot», jusqu'à
maintenant toléré,
mais qui commence
à dire son nom.

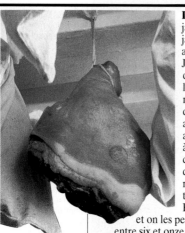

LE JAMBON DU MORVAN. Jadis, les jambons du Morvan, également appelés jambons de neuf mois, pendaient aux poutres des fermes morvandelles. Jusqu'au début des années quatre-vingt-dix, ces jambons crus salés et séchés à l'air libre étaient faits à partir de truies réformées, ou «coches», dont le prix de la viande était moins élevé. La zone actuelle de production correspond au haut Morvan, de Château-Chinon à Arleuf. Les jambons frais sont frottés d'un mélange de gros sel, d'épices et de poivre ; ensuite ils sont empilés et recouverts de gros sel. Ils restent entre trois et quatre semaines dans le saloir. Puis on les lave, on ôte la croûte de sel et on les pend à l'air libre pour une durée qui varie entre six et onze mois. Enfin, on frotte les jambons secs d'une pâte épicée qui colore la couenne. Par ailleurs, il ne saurait être question de quitter la Bourgogne du Nord sans mentionner la relance du vignoble châtillonnais, qui produit des crémants de première finesse, parfois égaux aux champagnes, qu'ils voisinent.

CHAROLAISE
Sur le plan gustatif, le charolais est désormais l'objet de labels. Mais, comme le dit le chef Jean-Pierre Billoux, originaire de la région : «C'est le mot charolais qui devrait être un label, comme le bourgogne.»

LE SUD DE LA BOURGOGNE ET LE NIVERNAIS

LE BŒUF CHAROLAIS. Au sud-ouest de la Côte des vins, la Bourgogne se dissémine en collines potelées. C'est la terre des églises romanes, du Brionnais, du Charolais, et du charolais. Le bœuf charolais est en pleine expansion dans toutes les

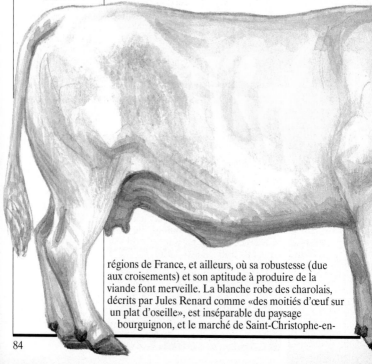

régions de France, et ailleurs, où sa robustesse (due aux croisements) et son aptitude à produire de la viande font merveille. La blanche robe des charolais, décrits par Jules Renard comme «des moitiés d'œuf sur un plat d'oseille», est inséparable du paysage bourguignon, et le marché de Saint-Christophe-en-

Le Charolais produit aussi
du mouton, lointain petit fils,
plusieurs fois croisé,
de la race «morvandelle».

Brionnais (le jeudi) rassemble en saison presque autant de badauds que de professionnels. Le marché commence la veille au soir avec une entrecôte (le meilleur morceau du charolais) ; il s'achève à mi-matin autour d'un pot-au-feu.

JAMBONS DU PAYS DES AMOGNES. À l'est du Brionnais, on glisse vers la plaine de Loire et le Nivernais, terres à vrai dire quelque peu rapportées à la Bourgogne historique. Au nord de Nevers, du côté du Morvan, le pays des Amognes produit encore, en petite quantité, des jambons, lesquels, cuits et cuisinés, donnèrent naissance au «saupiquet» (jambon à la crème).

NEVERS ET SES CONFISERIES. Mais c'est aux confiseries que Nevers doit son renom, même si la tourte, de porc et de pommes de terre, comme dans le Morvan, a pu s'y faire remarquer. Créée par un Poitevin, la NOUGATINE DE NEVERS doit une part de sa renommée à la gourmandise de l'impératrice Eugénie. De fabrication traditionnelle (sucre, amandes hachées), la nougatine de Nevers se caractérise, par sa couverture rose orangé. Quant au NÉGUS et à l'ABYSSIN, qui ne se vendent en principe qu'ensemble, ils doivent moins à l'opportunisme malin de leur créateur, le confiseur Grellier, qu'à l'excellent mélange du caramel, du chocolat et du café.

FROMAGES DE CHÈVRE. À l'est du Charolais, les collines qui dominent le vignoble mâconnais sont propices à l'élevage de la chèvre. On y voit par conséquent fleurir les fromages de chèvre, tous de tailles différentes, mais tous coniques ; le CHAROLAIS est le plus haut et le plus largement produit, le BOUTON DE CULOTTE est le plus petit et le plus sec, au point qu'on le râpe parfois pour le faire entrer dans le «fromage fort», autre spécialité régionale malaxée au vin, à l'ail et aux herbes.

LES CÉLÈBRES VOLAILLES BRESSANES. De l'autre côté de la Saône commence la plaine de Bresse, dont une partie est bourguignonne. On y élève le poulet «patte bleue», dont l'appellation est l'une des mieux défendues et l'une des plus puristes de France. La réputation des volailles bressanes est assez tardive. Elle doit beaucoup à Grimod de La Reynière ● *44*, qui mettait la Bresse au premier plan pour ses poulardes ; mais c'est le poulet qui est aujourd'hui le plus consommé tout au long de l'année. De la sélection au conditionnement final, chaque phase de la production obéit à des préceptes et à des contrôles rigoureux, qui font des poulets, poulardes et chapons de Bresse des volailles de tout premier ordre, dont la chair, très juteuse et goûteuse, n'est jamais meilleure que rôtie. Chaque année, avant Noël, les Trois Glorieuses de la volaille de Bresse attirent les grands amateurs de toute l'Europe. Si la production du poulet reste stationnaire, celle de la poularde et du chapon est en régulière expansion.

CHÈVRE DE RACE ALPINE
Curieusement, c'est désormais en Saône-et-Loire que se fabrique le plus souvent le claquebitou, qui est en fait originaire de l'arrière-côte de Beaune. C'est un fromage de chèvre frais aux herbes, qui doit son nom au fait qu'il avait la réputation d'améliorer la vue, le mot «bitou» signifiant en patois local «qui voit mal».

CALENDRIER GOURMAND
Mars : vente des vins des Hospices de Nuits-Saint-Georges
Mai : Foire des vins de France à Mâcon
Ascension : journées gourmandes du Grand Morvan à Saulieu
Juillet : Festival des grands crus de Bourgogne à Chablis et fin juillet à Meursault
Août : fête du Charolais à Saulieu
Novembre : vente des vins des Hospices de Beaune

85

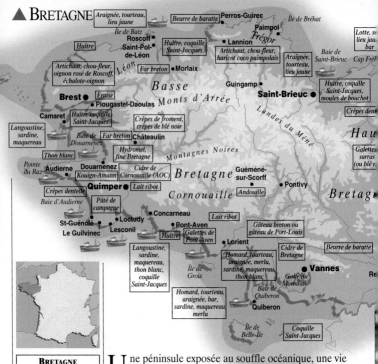

Araignée, tourteau, lieu jaune — Perros-Guirec — Île de Bréhat
Beurre de baratte — Paimpol — Trégor
Île de Batz — Roscoff — Lotte, se, lieu jau, bar
Huître — Saint-Pol-de-Léon — Lannion
Huître, coquille Saint-Jacques — Artichaut, chou-fleur, haricot coco paimpolais — Baie de Saint-Brieuc — Cap Fréd
Araignée, tourteau, lieu jaune
Artichaut, chou-fleur, oignon rosé de Roscoff, échalote-oignon — Far breton — Morlaix — Guingamp
Brest — Fraise — Basse — Monts d'Arrée — Saint-Brieuc — Huître, coquille Saint-Jacques, moules de bouchot
PloUgastel-Daoulas — Landes du Méné — Crêpes dent
Camaret — Huître coquille Saint-Jacques — Crêpes de froment, crêpes de blé noir
Langoustine, sardine, maquereau — Baie de Douarnenez — Far breton — Châteaulin — Montagnes Noires — Hau
Thon blanc — Hydromel, fine Bretagne — Galettes sarras (ou blé n
Pointe du Raz — Audierne — Douarnenez — Cidre de Cornouaille (AOC) — Bretagne — Guéméné-sur-Scorff
Kouign-Amann — Quimper — Lait ribot — Cornouaille — Andouille — Pontivy — Bretag
Crêpes dentelle — Baie d'Audierne — Pâté de campagne
St-Guénolé — Loctudy — Concarneau — Lait ribot — Gâteau breton ou gâteau de Port-Louis
Le Guilvinec — Lesconil — Pont-Aven — Huître — Galettes de Pont-Aven
Langoustine, sardine, maquereau, thon blanc, coquille Saint-Jacques — Lorient — Cidre de Bretagne — Beurre de baratte
Île de Groix — Homard, tourteau, araignée, merlu, sardine, maquereau, thon blanc — Golfe du Morbihan — Vannes — Re
Homard, tourteau, araignée, bar, sardine, maquereau merlu — Baie de Quiberon — Quiberon
Île de Belle-Île — Coquille Saint-Jacques

BRETAGNE
27 506 km²,
1 100 km de côtes,
2,79 millions d'hab.
Quatre
départements : les
Côtes d'Armor (Saint-Brieuc), le Finistère
(Quimper), l'Île-et-Vilaine (Rennes,
capitale régionale),
le Morbihan
(Vannes).

VIANDES, SALAISONS
Andouille
de Guéméné, pâté
de campagne breton

HUÎTRE CREUSE
Les lieux d'élevage
confèrent aux huîtres
des saveurs
particulières. Parmi
les crus les plus
réputés, la cancale
a un parfum iodé et
un arrière goût de
noisette ; la paimpol,
une pointe iodée
et salée ; la morlaix-
penzé est appréciée
pour sa finesse et
son moelleux ;
l'aber Wrac'h et l'aber
Benoît, profondes
rivières marines,
donnent à la nacre
des Abers une chair
goûteuse et iodée ;
la belon, au goût
nuancé et évolutif,
est la plus convoitée.

U ne péninsule exposée au souffle océanique, une vie
côtière rythmée par les marées, des falaises découpées à
vif, des golfes grandioses, des îles, paradis des oiseaux et des
pêcheurs : le premier visage de la Bretagne est celui de l'Armor,
le pays de la mer. L'Argoat, le «pays des bois», commence aux
portes du littoral, avec la zone légumière du Nord-Finistère,
la fameuse «ceinture dorée» protégée par le Gulf Stream.
C'est la Bretagne secrète des druides du temps jadis, celle
de la lande, du granit et de l'ardoise ; son paysage se compose
de gros bourgs, de villages et de fermes disséminées à travers
le bocage ; ce vaste domaine est favorable à l'agriculture et
à l'élevage, aux pommiers… «Cent pays, cent guises, cent
paroisses, cent églises», dit un dicton populaire breton qui
peut s'appliquer tout autant à la cuisine armoricaine. Devant
sa diversité, on n'a que l'embarras du choix. La mer et la terre
(où autrefois on ne consommait guère de poisson) fournissent
généreusement leurs produits. Cette cuisine est faite de mets
simples, accompagnés d'une bolée de cidre ou de la conviviale
tasse de café, tels que soupes, huîtres, charcuteries, volailles,
laitages, galettes, crêpes, gâteaux bretons.

ARMOR, LE «PAYS DE LA MER»

L'HUÎTRE DE BRETAGNE. En 1759, un édit royal interdit la pêche,
le colportage et la vente des huîtres du 1er avril au 31 octobre.
C'est la naissance de la fameuse légende des mois en r.
Jusqu'au milieu du XIXe siècle, les bancs naturels d'huîtres
sauvages formaient un cordon presque ininterrompu le long
du littoral breton. À l'instar des autres coquillages, les huîtres
des gisements naturels des baies
de Cancale, de Morlaix,
de Saint-Brieuc et du golfe
du Morbihan faisaient
l'objet d'une pêche
intensive. Face à ce
dépeuplement accentué par
les maladies parasitaires,

VOLAILLES fermières (LR)	PRODUITS LAITIERS.	Saint-Jacques, huître de	Artichaut et chou-fleur,
BOISSONS Cidre de Cornouaille AOC 🐟, hydromel	Beurre de baratte (LR) et demi-sel, lait ribot **PRODUITS DE LA MER.** Coquille	Bretagne 🐟, moule, homard, langoustine, bar **FRUITS ET LÉGUMES**	échalote, fraise de Plougastel, oignon de Roscoff, coco paimpolais

Cancale
• Baie du
hou-fleur
Mont-Saint-Michel

Agneau de
pré-salé

Pâté de
campagne

Fine
Bretagne

Fougères •

Oie de
Sougéal

Beurre de baratte

nnes •
• Janzé

Volailles fermières
chapon de Janzé,
poule coucou de Rennes

idre de
retagne

Napoléon III décréta de nouvelles règles de pêche et autorisa l'importation d'huîtres étrangères. À la même époque, les expériences de reproduction des huîtres (par développement artificiel du naissain sur des baguettes) constituèrent les premiers pas de l'ostréiculture. Dans les années soixante, décimée à son tour par les maladies, l'huître portugaise (*Gryphea angulata*) est remplacée par la *Crassostrea gigas*, huître japonaise de croissance rapide. De nos jours, le golfe du Morbihan, devenu le premier bassin ostréicole breton et le terroir privilégié de l'huître plate (*Ostrea edulis*), approvisionne les bassins du nord de la péninsule armoricaine grâce à ses entreprises de captage en pleine mer.

LA COQUILLE SAINT-JACQUES. Autrefois, sur toute la côte, les femmes s'en allaient, immergées à demi dans l'eau, pêcher les coquillages, ayant fixé des planches sous leurs sabots pour éviter de s'enfoncer dans la vase. La coquille Saint-Jacques, baptisée «ricardeau» par les Briochins, n'avait pas encore acquis son statut de produit gastronomique. Ce mollusque est pêché à la drague d'octobre à avril dans la rade de Brest, la baie de Saint-Brieuc, le golfe du Morbihan, les parages de Paimpol et de Concarneau, à Belle-Île et dans les fonds de la Côte d'Émeraude. En été, il est interdit de le pêcher.

LA MOULE DE BOUCHOT. Avant les années cinquante, qui voient le début de la mytiliculture bretonne dans les baies de Saint-Brieuc et du Mont-Saint-Michel, la «moucle», ramassée à marée basse comme les

PÂTISSERIES. Crêpe de froment, galette bretonne, crêpe dentelle, *kouign-amann*, gâteau breton

COQUILLE SAINT-JACQUES
Elle est vendue entière et se consomme avec son corail. Poêlée au beurre ou flambée, pour ce produit exceptionnel, les recettes les plus simples sont les meilleures.

MOULE
La légende prétend que le marin irlandais Patrick Watson, naufragé en 1235 au large des côtes des Sables-d'Olonne, confectionna à son insu les premiers supports pour les moules, appelés bouchots.

Au large de la pointe du Raz, le phare de la Vieille

▲ BRETAGNE

CHOU-FLEUR DE BRETAGNE

Dans le Léon, à partir du milieu du siècle dernier, la production du chanvre est progressivement abandonnée au profit des cultures maraîchères.
Le chou-fleur est une espèce d'origine européenne

qui dérive du brocoli. Le chou-fleur à pomme blanche de Bretagne, fleuron de la région saint-politaine, est vendu sur les marchés toute l'année.

LE «PRINCE DE BRETAGNE»

L'artichaut breton, ou gros-camus, cher aux jardiniers du XVIIIe siècle, appartient à la famille des cardons. Il a pour fief Roscoff et Saint-Pol-de-Léon.

autres coquillages, n'est guère estimée. De nos jours, dans la zone conchylicole du Vivier-sur-Mer, les bouchots en bois de chêne de plus de cinq mètres, installés de janvier à mars, forment, dans le sens du courant, de longues rangées perpendiculaires à la côte. Les moules sont captées sur les pieux situés le plus au large, puis transportées pour l'élevage plus près des côtes. Les moules de bouchot sont largement appréciées pour leur chair jaune et bien parfumée.

L'ARTICHAUT DE BRETAGNE. Ancien produit gastronomique, aux bractées renflées et imbriquées les unes aux autres, il devient un légume courant à partir de 1900. Sa culture est parfois associée avec celle du chou-fleur d'hiver. Le gros-camus se trouve sur les marchés de mai à fin décembre.

L'ÉCHALOTE DE JERSEY. Déjà recensée au Moyen Âge autour de Paris et dans les îles anglo-normandes, l'échalote de Jersey, ou échalote-oignon, est très répandue dans les potagers de toute la pointe de Bretagne. Ce bulbe condimentaire demi-long, fortement ventru, présente une chair rosée aux couleurs cuivrées très parfumée. Depuis les années cinquante, elle fait l'objet d'une production plus intensive.

LE COCO PAIMPOLAIS. La légende prétend que les premières graines du haricot coco paimpolais furent rapportées d'Amérique du Sud vers 1920 par un marin, afin de pallier les mauvais rendements des pommes de terre. Ce haricot demi-sec est l'un des plus beaux produits de la zone légumière du Trégor. Il est récolté manuellement de la fin mars à la mi-octobre. On le sert en accompagnement de volailles ou de l'agneau pré-salé du Mont-Saint-Michel.

L'OIGNON ROSÉ DE ROSCOFF. Originaire du Portugal, l'oignon rosé fut introduit en France en 1647 par Frère Siryl, moine capucin. Sa production devint rapidement une activité lucrative pour les familles de marins. En 1828, à bord d'une gabare en partance pour Plymouth, Henry Ollivier, jeune agriculteur roscovite, est le premier des nombreux «Johnnies», ou «briseurs de sonnette», qui durant un siècle et demi

«JE ME SOUVIENS AVEC GRANDE ÉMOTION DES GALIMAFRÉES DE FEST-EN-OC'H CHEZ MON GRAND-PÈRE, DE L'ADMIRABLE BOUDIN, DES MERVEILLEUSES SAUCISSES, CONFECTIONNÉES PAR MES TANTES, AIDÉES PAR LES FEMMES DU VILLAGE QUI "CONNAISSAIENT LES HERBES".»

YVON MAUFFRET

colporteront des bottes d'oignons sur les routes d'outre-Manche. On le vend sur les marchés de septembre à mai.

LA FRAISE DE PLOUGASTEL.

En 1746, l'ingénieur breton Amédée-François de Frezier fait revenir à Brest quelques pieds de la «fraise blanche du Chili» qu'il avait lui-même introduit au Jardin Royal de Paris. Bénéficiant d'un climat agréable et d'un sol fertile, la presqu'île de Plougastel devient, à partir du début du XIXe siècle, un des hauts lieux de la fraise française.

L'ARGOAT, LE «PAYS DES BOIS»

L'ANDOUILLE DE GUÉMÉNÉ. Depuis fort longtemps et jusqu'aux années cinquante, en pays Pourlet comme dans l'ensemble du territoire, on tuait le cochon entre octobre et mai. C'était l'occasion de festins dominicaux, de manifestations gastronomiques appelées «boudines», «boudineries», «boudinailles», «gratonneries», «fricassées» ou encore, en breton, *fest-en-och*, ou *gwadaskennou*. C'est aux paysans du pays Pourlet et de la Cornouaille morbihannaise que nous devons la recette de l'andouille préparée avec des chaudins, ou boyaux de porc. À Guéméné-sur-Scorff, à l'occasion du pardon de Notre-Dame-de-la-Fosse, patronne de la cité, et, sous l'égide de la confrérie des Goustiers de l'andouille de Guéméné, la fête de l'Andouille a lieu le quatrième dimanche d'août.

LE PÂTÉ DE CAMPAGNE BRETON. De nos jours, les charcutiers présentent le pâté de campagne breton, au grain assez gros et de couleur marbrée, dans des terrines. On peut le consommer froid avec des cornichons ou chaud, escorté de pommes de terre ou de galettes.

LE POULET DE JANZÉ. Le poulet de Janzé appartient à la grande famille des volailles noires à crête simple que l'on rencontre dans toutes les régions de France. Pour d'autres, il s'agirait d'une poule locale, d'origine ancienne. Réputée pour la qualité de sa chair, la poularde de Janzé figure au début du siècle sur les menus des prestigieuses croisières transatlantiques. En 1900, le marché des volailles de Janzé est le plus couru du département. Après une éclipse de quelques années et la reconstruction de la race – aujourd'hui, le poulet de Janzé arbore un brillant plumage roux –, la relance de la production a été couronnée par l'attribution d'un label rouge en 1981.

L'OIE DE SOUGÉAL. Au début du siècle, son élevage était principalement destiné au commerce du duvet ; les volatiles étaient plumés quatre fois par an. La relance de la production fut encouragée par l'abbé Perrault, qui organisa en 1987 la première grande dégustation de l'oie de Sougéal.

OIGNON DE ROSCOFF

Son goût léger et parfumé en fait la garniture idéale des sandwichs et des charcuteries.

LA PRÉPARATION TRADITIONNELLE DU COCHON.

Jadis, au moment de la tuerie et pour la confection du pâté, on ajoutait à la viande le reste du foie, les rognons, le cœur et parfois de la couenne de lard cuite ou les poumons du cochon. L'ensemble, passé à la machine à viande et assaisonné, était recouvert de crépine. On le faisait cuire dans le four du village ou dans le four du boulanger.

CALENDRIER GOURMAND

Juin : fête des Fraises à Plougastel
Juillet : fête de la Crêpe à Gourin, fête des Pêcheurs à Loguivy-de-la-Mer
Août : fête de la Coquille Saint-Jacques à Lopheret, fête du Thon à Étel, fête du Crabe à Plouarzel, fête de la Crêpe à Plonéour-Lanvern, fête du Cidre à Baguer-Morvan
Octobre : fête de la Pomme à Dinan, fête des Fruits de l'automne à Peillac
Novembre : fête du Cidre à Plouigneau

▲ TROIS AMBASSADEURS BRETONS :
LA GALETTE, LE CIDRE ET L'HYDROMEL

Confectionnées par centaines à l'occasion des grands rassemblements, pardons, travaux des champs, mariages, les crêpes et galettes appartiennent depuis fort longtemps à la réalité quotidienne des Bretons. Traditionnellement, elles associent les mêmes ingrédients – farine de blé noir, eau, sel et saindoux – requièrent les mêmes ustensiles et un mode de préparation identique. La crêpe du pays bretonnant, fine et de préférence sèche, se déguste telle quelle, avec un peu de beurre ou un simple bol de lait ribot. La galette de haute Bretagne, souvent épaisse et garnie, escortée de cidre, s'accompagne presque toujours de saucisses chaudes ou d'une sardine grillée. Au fil du temps, les crêpes et les galettes se sont agrémentées de maintes garnitures, et l'utilisation de la farine de froment a renforcé leur distinction.

LA GALETTE ● 16

À partir du XVIᵉ siècle, les bouillies, ou «grou», de blé noir servies le vendredi, jour maigre, et base de l'alimentation paysanne, disparaissent peu à peu au profit des galettes. Jusqu'à la fin des années cinquante, en ville ou dans les bourgades rurales, les galettières comme les crêpières officient dans leur boutique, un long couloir sombre attenant à leur maison. Chacun apporte son beurre et ses œufs et consomme un repas peu coûteux au café voisin. Selon la tradition, les galettes sont cuites sur une grande plaque circulaire en tôle ou en fonte installée sur le feu appelée selon les endroits «galetier», «galetoire», «tuile», «pierre» ou «gauferoué». La pâte est étendue à l'aide d'une raclette, ou rouable. On la retourne à l'aide d'une latte, puis, quand elle est cuite à point, on dépose la galette sur la «huèche», sorte de claie en bois.

LES GÂTEAUX BRETONS. Qu'ils soient issus de recettes domestiques ou de fabrication industrielle, les gâteaux bretons doivent leur réputation à l'utilisation du beurre de baratte, onctueux et frais. Le gâteau breton, ou gâteau de Port-Louis, et les galettes de Pont-Aven sont préparés avec du beurre demi-sel. Originaire de Douarnenez, le *kouign-amann* (à gauche) est confectionné à partir d'une pâte à pain enrichie de beurre et de sucre.

LA CRÊPE
En basse Bretagne, on distingue la crêpe de blé noir et la crêpe de froment.
Les instruments traditionnels destinés à leur préparation sont : la tuile à cuire, ou *pillig*, la spatule pour étendre la pâte, ou *rozell*, et l'*askelleden paneli*, ou palette, pour retourner la crêpe. Au XIXᵉ siècle, les crêpes perdent leur rôle de pain pour conquérir leur statut de dessert.

CRÊPE DENTELLE ET FARD
On doit à Marie-Anne-Catherine Cornic, crêpière quimpéroise, la recette originale des crêpes dentelle, petites crêpes desséchées et enroulées sur elles-mêmes. Les premières, présentées dans de jolies boîtes en fer à l'effigie d'une Quimpéroise, furent commercialisées au début du siècle sous la marque Les Délicieuses. Très populaire en basse Bretagne, le *farz*, ou *farz fourn*, nature ou aux pruneaux et aux raisins secs, est aussi le gâteau traditionnel des fêtes familiales.

LE CIDRE DE CORNOUAILLE
Produit dans les régions de Dol, vallées de l'Arguenon et de la Rance, Pleudihen, Saint-Pierre-de-Plesguen, Messac, Domagné…, le cidre de Cornouaille est très coté. Boisson de l'été par excellence, il affiche une rondeur savoureuse, une douce amertume et des saveurs fruitées.

L'HYDROMEL. Cette boisson fermentée prend en Bretagne le nom de *chouchen*, ou de chemillard (pays gallo). On le sert frais à l'apéritif ou bien au dessert. Il est limpide ou trouble, d'une couleur ambrée plus au moins foncée et d'un titrage compris entre 11,5 et 15 % d'alcool en volume selon la nature du miel.

▲ Centre-Val-de-Loire

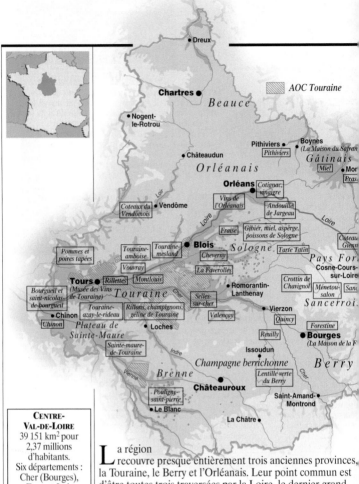

AOC Touraine

Dreux

Chartres

Beauce

Nogent-le-Rotrou

Pithiviers • Boynes
(*La Maison du Safran*)

Châteaudun

Pithiviers

Gâtinais

Orléanais

Miel

Mor
Pras.

Orléans

Cotignac, vinaigre

Coteaux du Vendômois

Vendôme

Vins de l'Orléanais

Andouille de Jargeau

Loire

Loire

Fraise

Gibier, miel, asperge, poissons de Sologne

Coteau Gienr

Pommes et poires tapées

Touraine-amboise

Touraine-mesland

Blois

Sologne

Tarte Tatin

Cheverny

Pays For
Cosne-Cours-sur-Loire

Vouvray

La Faverolles

Tours

Rillettes

Montlouis

Touraine

Crottin de Chavignol

Ménétou-salon

Sanc

Musée des Vins de Touraine)

Cher

Romorantin-Lanthenay

Sancerroi.

Bourgueil et saint-nicolas-de-bourgueil

Touraine-azay-le-rideau

Rillons, champignons, géline de Touraine

Selles-sur-cher

Vierzon

Chinon

Quincy

Chinon

Valençay

Forestine

Plateau de Sainte-Maure

Loches

Reuilly

Bourges
(*La Maison de la F*)

Indre

Issoudun

Berry

Sainte-maure-de-Touraine

Brenne

Champagne berrichonne

Lentille verte du Berry

Cher

Vienne

Châteauroux

Pouligny-saint-pierre

Saint-Amand-Montrond

Le Blanc

La Châtre

CENTRE-VAL-DE-LOIRE
39 151 km² pour
2,37 millions
d'habitants.
Six départements :
Cher (Bourges),
Eure-et-Loir
(Chartres), Indre
(Châteauroux),
Indre-et-Loire
(Tours), Loir-et-Cher
(Blois), Loiret
(Orléans).

La région recouvre presque entièrement trois anciennes provinces, la Touraine, le Berry et l'Orléanais. Leur point commun est d'être toutes trois traversées par la Loire, le dernier grand fleuve sauvage d'Europe. Mais ces trois entités historiques présentent des terroirs très divers, déterminés par leur géologie : grandes plaines céréalières, telle la Champagne berrichonne ; marais poissonneux, en Sologne ou en Brenne ; terres propices à l'élevage, caprin notamment, en Pays Fort e sur le plateau de Sainte-Maure ; terrasses et coteaux calcaire propices à la vigne, le long des vallées bien exposées de l'Indre, du Cher, de la Vienne, du Loir et de la Loire.

TOURAINE

POMMES ET POIRES. «En fin de table,
Homenaz nous donna grand nombre de grosses
et belles poyres [...] – Vrayment, dist Pantagruel,
quand je seray en mon mesnaige [...], j'en affieray
et hanteray en mon jardin de Touraine sus la rive
de Loyre.» (Rabelais, *Quart Livre*).
Les vergers tourangeaux produisirent très tôt
des pommes et des poires qu'il fallait bien conserve
On prit alors l'habitude de les faire dessécher à
four doux et de les aplatir. D'où leur nom
de pommes ou poires tapées.

> «JE SAIS, RESPONDIT PANTAGRUEL, OÙ EST CHINON,
> [...] J'Y AY BEU MAINTS VERRES DE VIN FRAIS.»
>
> FRANÇOIS RABELAIS (*CINQUIÈME LIVRE*)

LA GÉLINE DE TOURAINE. C'est à la fin du XIXe siècle que débute l'histoire de la géline de Touraine. Elle est le résultat d'un croisement entre la poule noire rustique connue depuis fort longtemps dans cette province, avec une poule d'origine asiatique, la langshan. Cette nouvelle race, fixée dès 1909, eut une vogue extraordinaire et se développa très rapidement, autour de Loches notamment, avant que son élevage ne tombe en désuétude. Il fallut attendre les années quatre-vingt pour que des passionnés, nostalgiques des saveurs d'antan, relancent la belle noire. Ils s'imposèrent de strictes règles d'élevage et se réunirent en syndicat afin de commercialiser leurs produits sous la marque La Dame Noire. En dépit de son nom, elle présente une chair très blanche et une saveur qui doit tout à la race et à sa nourriture, constituée presque exclusivement de céréales, dont une forte proportion de maïs blanc.

LES RILLETTES DE TOURS. Au siècle dernier, on ne trouvait de rillettes que dans le Maine et en Touraine. C'est dire que les rillettes de Tours sont une vieille spécialité locale, très artisanale puisqu'elles n'étaient jadis qu'une charcuterie de ménage. Il semble bien qu'elles soient nées à Vouvray où on les confectionne toujours avec du porc, du sel et un trait de vouvray ajouté en cours de cuisson. On les aime ici très vivement cuites et roussies, ce qui leur confère leur couleur brune et les différencie de celles du Mans, très claires.

L'ANDOUILLE DE JARGEAU. C'est une des plus vieilles spécialités de la province puisque l'on fait remonter au Moyen Âge sa présence à Jargeau. Comme elle n'intègre pas d'abats mais un mélange de poitrine de porc et d'épaule, elle est en fait plus une saucisse qu'une andouille. On la met quelquefois à fumer. La confrérie des Chevaliers-du-Goûte-Andouille organise chaque année un concours qui récompense les meilleures andouilles de la région.

VINS DE TOURAINE. La typicité des VOUVRAYS (AOC) doit énormément aux sols qui portent le vignoble, argilo-calcaires ou argilo-siliceux, à leur exposition plein sud et au pineau de la Loire, un cépage très tardif que l'on nomme ailleurs chenin blanc. Ce sont des blancs tranquilles, très fruités, qui peuvent aller jusqu'au moelleux et même au liquoreux pour certains millésimes. Mais il existe également une forte production de vins effervescents, et depuis très longtemps, puisqu'ils prennent mousse naturellement. De nos jours, les vignerons

UN ÂNE À LA VIGNE
L'âne du fondateur de l'abbaye de Marmoutier au IVe siècle, Saint Martin, brouta, un jour, une belle rangée de ceps du vignoble local. Quelques mois plus tard, lorsque vint le temps des vendanges, les grappes apparues sur le rang croqué par l'âne étaient bien plus grosses que les autres. La taille était née, que les moines de Marmoutier se hâtèrent de diffuser.

FRUITS ET LÉGUMES
Lentille verte du Berry (LR), asperge et fraise de Sologne, pomme et poire du Val-de-Loire
FROMAGES
Valencay, FROMAGES AOC : selles-sur-cher crottin de Chavignol, sainte-maure-de-touraine, pouligny-saint-pierre
VINS AOC
Touraine, bourgueil et saint-nicolas-de-bourgueil, chinon, vouvray, ménetou-salon, quincy, reuilly, sancerre, montlouis, cheverny, cour-cheverny, crémant de Loire
CHARCUTERIES
Andouille de Jargeau, andouillette au vouvray, rillons de Touraine
PÂTISSERIES ET CONFISERIES
Tarte Tatin, prasline de Montargis, forestine de Bourges, pithiviers
DIVERS
Gibiers et poissons de Sologne, géline de Touraine, vinaigre d'Orléans, huile de noix, miels de Sologne du Gâtinais, champignons de Touraine

▲ CENTRE-VAL-DE-LOIRE

La Loire et ses
affluents abritent une forte
population de brochets.

LA FAVEROLLES
Cette poule qui eut
son heure de gloire
au siècle dernier doit
son nom au village
qui la produisait.
Sa chair délicate, sa
croissance rapide et
le fait qu'elle ponde
en hiver la remet en
faveur aujourd'hui.

**L'ASPERGE
DE SOLOGNE**
L'asperge est arrivée
ici vers 1870 grâce
à un gendarme
solognot. Mobilisé
en 1870 pour la
défense de Paris,
il s'intéressa aux
asperges d'Argenteuil
et en rapporta
quelques griffes.

**DANS LES BOIS
SOLOGNOTS**
«Sarcelotte disait :
"les lapins".
Et aussitôt par les
bois de la Sauvagère,
par les friches
du Beuvron,
par les fourrés de
Bouchebrand, des
centaines de lapins
pullulaient. [...]
"les lieuvres". Et
aussitôt des capucins
hottus se gîtaient
au creux des sillons,
se collaient, le poil
invisible, le long d'un
tas de fanes. [...] ;
et tout à coup, dans
une enclave cernée
de bois, un grand
chevreuil dressait
sa tête inquiète,
démarrait d'un bond
fou, le feu à ses
quatre sabots.»
Maurice Genevoix,
Raboliot

ont, bien sûr, adopté la méthode champenoise. Tous ces vins sont des vins de garde. Provenant de vignobles situés pour la plupart dans les vallées de la Loire et de l'Indre, les touraines (AOC) rouges sont élaborés essentiellement à base de gamay auquel viennent s'adjoindre côt et cabernet. Les vins rouges TOURAINE-MESLAND, TOURAINE-AMBOISE et le blanc TOURAINE-AZAY-LE-RIDEAU en sont les principales appellations.

ORLÉANAIS

LA PRASLINE DE MONTARGIS. C'est à Blaye que le cuisinier du duc de Choiseul, comte de Plessis-Praslin, inventa, au XVIIIe siècle, une confiserie à base d'amandes et de sucre caramélisé qui acquit sur-le-champ une grande notoriété. S'étant retiré à Montargis où il ouvrit boutique, ce confiseur de génie dont l'histoire n'a pas fixé le nom (Clément Lassagne ou Clément Jaluzot ?) y implanta définitivement cette douceur.
LE SAFRAN DU GÂTINAIS. On recueille le stigmate de la fleur du *crocus sativus*, une plante vivace fleurissant à l'automne qui, séchée, est employée comme épice et condiment. Riche en vitamine B2, le safran possède, semble-t-il, des propriétés antispasmodiques et sédatives. Il est cultivé dans le Gâtinais depuis le XIIIe siècle. Progressivement abandonnée, cette culture reprend depuis les années quatre-vingt. La maison du Safran, à Boynes, retrace histoire, méthodes culturales et usages culinaires de ce colorant naturel.
LE VINAIGRE D'ORLÉANS. Depuis deux cents ans, à Orléans, on fabrique du vinaigre dans la grande tradition des vinaigriers établis sur les bords de la Loire. Ceux-ci récupéraient jadis des vins piqués, destinés à la capitale mais qui n'avaient pas supporté l'acheminement par bateau.
LE COTIGNAC D'ORLÉANS. On connaît son apparence de mini-boîte de camembert en épicéa emplie d'une douceur orangée : c'est le cotignac, une friandise très ancienne autrefois fabriquée par les apothicaires. Elle avait la réputation de développer l'intelligence des enfants et, surtout, de les calmer, à l'exemple du jeune Zeus que les nymphes apaisaient avec du confit de coing. Car le cotignac est toujours élaboré à base de coing. Les textes mentionnent le cotignac dès le règne de Louis XI comme une spécialité d'Orléans, ce qu'elle est toujours. Le gastronome Grimod de La Reynière raconta comment son oncle, monseigneur de Jarente de La Bruyère,

94

évêque d'Orléans, fut chargé par Louis XV d'en aller quérir pour ses filles. On y imprime depuis longtemps la marque de la ville, une effigie de Jeanne d'Arc qui la délivra des Anglais.

LE PITHIVIERS. On savoure à Pithiviers une galette feuilletée à la crème d'amandes depuis le XVIIe siècle au moins. C'est toutefois au siècle dernier que son renom s'établit définitivement. Il est aujourd'hui la spécialité de la ville, mais celle, aussi, de nombreux pâtissiers établis à travers la France.

LA TARTE TATIN. C'est grâce aux sœurs Tatin, qui tenaient au début du siècle un restaurant à Lamotte-Beuvron, que la tarte qui porte désormais leur nom put conquérir les plus fins gourmets. C'était en fait une vieille recette solognote. Les puristes exigent qu'elle soit exclusivement réalisée avec des reines des reinettes.

BERRY

LA FORESTINE DE BOURGES. En 1884, un confiseur avisé, M. Forest, inventa un nouveau bonbon, bien dans l'esprit de la Belle Époque. Il parvint à emprisonner un savoureux praliné dans une coque de sucre croquant, délicatement teintée de tons pastels irrisés. Le succès de cette friandise, devenue la grande spécialité sucrée de Bourges, fut immédiat, et le nom de son créateur lui fut attribué.

LE SANCERRE (AOC). La plupart des sancerres sont des vins blancs fruités élaborés à partir de sauvignon, qui développent des arômes caractéristiques du terrain qui les porte, à dominante calcaire mais où affleurent les silex. Le sancerre blanc accompagne parfaitement le crottin de chavignol local. Mais il existe aussi, on l'oublie trop souvent, d'élégants sancerres rouges, de cépage pinot noir, et des rosés légers et fruités.

LE QUINCY ET LE REUILLY (AOC). Le sauvignon blanc est le cépage exclusif de ces vins. Il donne des blancs secs et fruités. Le reuilly rouge prend une importance de plus en plus grande au fur et à mesure que progresse l'encépagement en pinot noir. Mais c'est pour le rosé que le reuilly fait montre d'une extrême originalité, grâce au pinot gris.

LE MENETOU-SALON (AOC). Les vins blancs, frais et fruités, aux arômes d'agrumes et de fleurs, se marient fort bien avec le fromage de chèvre en apéritif et du poisson en sauce. Ils sont élaborés à partir de sauvignon blanc. Les vins rouges, aux saveurs de fruits mûrs, accompagneront le gibier. Rouges et rosés sont issus du pinot noir et se boivent jeunes.

CALENDRIER GOURMAND

Fin avril : Foire aux vins à Chinon

Premier week-end de mai : Foire aux andouillettes à Mennetou-sur-Cher

Début mai : Foire aux crottins de Chavignol à Chavignol

Mi-mai : Foire aux vins de Sancerre à Sancerre

Premier week-end après Pâques : Foire aux vins et fromages à Selles-sur-Cher

Début juin : Foire aux andouilles à Jargeau

Fin juillet : Foire aux vin, fromage et boudin à Richelieu

Mi-octobre : Foire aux potirons et légumes rares à Tranzault, Foire aux pommes à Cléry-Saint-André

Début novembre : Journées gastronomiques de Sologne à Romorantin

---

LA MAISON DE LA FORESTINE
Sise à Bourges, la Maison de la Forestine a tout de la bonbonnière. Plafond en faïence de Giens et cartouches aux angles rappelant les créations du sieur Forest, sans compter les suaves fragrances qui s'en échappent, en font une étape obligée.

LA LENTILLE VERTE DU BERRY
Longtemps légumineuse des foyers modestes, la lentille a aujourd'hui de beaux jours devant elle. Elle est aux trois quarts produite dans le Berry. La variété anicia, une petite verte très goûteuse, est, aux dires de certains gourmets, la meilleure de toutes.

La chèvre appartient à l'histoire comme à la géographie de la région Centre. «Vache du pauvre», résistante et peu difficile à nourrir, elle a su s'adapter, depuis le haut Moyen Âge, à ses terrains parfois ingrats à «bouquets d'épines» et bosquets, puis, après les grands défrichements médiévaux qui virent l'essor de la viticulture, aux sols laissés en jachère. Cet élevage caprin a donné naissance à une tradition de fromages, dont quatre, issus de différentes provinces de la région, bénéficient d'une appellation d'origine contrôlée.

DU LAIT AU MOULAGE
Tous les fromages de chèvre de la région sont issus d'une même technique de fabrication fondée sur un caillage lactique (acide) faiblement emprésuré. Seul le crottin de Chavignol est égoutté avant le moulage. Les autres sont versés directement dans leur moule de forme cylindrique, pyramidale, etc. à l'aide d'une louche.

L'AFFINAGE
On trouve deux modes d'affinage : le premier correspond au développement d'une «fleur» de surface, de couleur blanche à gris-vert selon le type de moisissure (pouligny et sainte-maure). L'autre méthode, le cendrage, apparaît comme une réminiscence de la pratique ancienne du fumage (valençay, selles, sainte-maure) : le fromage frais est recouvert de poudre de charbon de bois, ce qui favorise le croûtage.

CROTTIN DE CHAVIGNOL
Il est issu d'un joli village du Sancerrois, à l'est du Berry. Le mot «crottin», ou «crot», aurait désigné, à l'origine, une petite lampe à huile en terre, dont la forme aurait inspiré celle du moule utilisé pour façonner ce fromage, aujourd'hui AOC.

Sa forme serait due, selon la légende, à Talleyrand. Celui-ci aurait tranché la pyramide afin d'éloigner de la mémoire de Napoléon le souvenir de la campagne d'Égypte. C'est le seul fromage de cette forme à posséder une croûte cendrée.

SAINTE-MAURE-DE-TOURAINE

L'élevage caprin serait en Touraine un héritage des invasions sarrasines, sous les Carolingiens. Le chèvre AOC auquel la ville de Sainte-Maure a donné son nom est consommé soit jeune, soit affiné, sa croûte pouvant être fleurie ou cendrée. Tout en longueur, il est pourvu, dans environ 30 % des cas, d'une paille interne qui aide à l'affinage et lui donne sa résistance.

À CHACUN SA FORME

Afin de différencier leurs produits, les éleveurs-fromagers ont donné des formes variées à leurs fromages : cylindre long légèrement tronconique pour le sainte-maure, disque plat pour le selles-sur-cher, petit cylindre bas pour le crottin de Chavignol, pyramide haute et tronquée pour le pouligny-saint-pierre et pyramide plus basse, tronquée elle aussi, pour le valençay.

POULIGNY-SAINT-PIERRE

La tradition est stricte : seul un bon vin blanc sec et fruité peut mettre pleinement en valeur la saveur prononcée de ce fromage AOC. Le pouligny-saint-pierre est né dans la vallée de la Brenne, où les brunes chèvres alpines font partie intégrante du paysage.

SELLES-SUR-CHER

De pâte très délicate et fine, le selles-sur-cher, issu des vallées de Loire et du Cher, est surtout apprécié frais ou peu affiné. Il faut le déguster avec sa croûte cendrée, car elle lui donne son caractère particulier.

▲ CHAMPAGNE-ARDENNE

Map labels:
Miel des Ardennes
Lentillon rosé
Rocroi • Rocroi
Meuse
Thiérache
• Renwez
AOC Champagne
Charleville-Mézières ● (Musée des Ardennes)
Jambon des Ardennes
• Sedan
Massif d'Ardenne
Viandes de bœuf et de porc
Dinde
Galette au sucre
Rethel •
Attigny •
Attignus
• Vouziers
Boudin blanc
Champagne crayeuse
Ratafia, fine et marc de champagne, jambon de Reims, moutarde et vinaigre de Reims, biscuit rose et pain d'épice de Reims, croquignole
Cendré d'Argonne
• **Reims** (Caves Ruinart)
Argonne
Sainte-Menehould
Cumières •
• Bouzy
Pied de porc de Sainte-Menehould
Épernay •
Châlons-en-Champagne
Champagne crayeuse
Marne
Vitry-le-François •
Saint-Dizier
Lac du Der
Nogent-sur-Seine •
Brienne-le-Château •
Champagne humide
Seine
Andouillette de Troyes
Troyes ●
Bar-sur-Aube •
Pays d'Othe
Cidre
Côte des Bars
Aube
Chaur
Truffe
Bar-sur-Seine •
Chaource •
Chaource
Cendré des Riceys
Rosé des Riceys
Plate de Lan

CHAMPAGNE-ARDENNE

25 605 km² pour 1,35 million d'habitants.
Quatre départements :
Ardennes (Charleville-Mézières), Aube (Troyes), Marne (Châlons-en-Champagne), Haute-Marne (Chaumont).

BOISSONS
Champagne (AOC) ⚜, cidre du pays d'Othe ⚜, coteaux-champenois (AOC), rosé des Riceys (AOC), vin de Muid Montsaugeonnais, cidre des Ardennes, bière de Saint-Rémi
FROMAGES (AOC) ⚜
Chaource, langres
CHARCUTERIES
Boudin blanc de Rethel, jambon sec, andouillette de Troyes, pied de porc de Sainte-Menehould
PÂTISSERIES
Biscuit rose de Reims, croquignole, galette au sucre, pain d'épices et nonnette de Reims
VIANDES
Viande de porc, dinde rouge des Ardennes
FRUITS ET LÉGUMES
Lentillon rosé de Champagne, truffe de Haute-Marne
DIVERS
Moutarde de Reims

Le massif d'Ardenne, souligné par la vallée de la Meuse, qui file vers la Belgique, la Champagne crayeuse, grande plaine cultivée penchée sur l'Île-de-France, la Champagne humide des lacs et des étangs, les collines boisées de l'Argonne, les vastes plateaux de Haute-Marne parcourus d'eaux vives, les pâturages de Thiérache, des crêtes pré-ardennaises et du Bassigny, enfin les suds aubois et haut-marnais, déjà bourguignons… Voilà la Champagne-Ardenne ! Son identité s'est forgée d'époques prospères en débâcles. Au XIIe siècle, le rayonnement des grandes foires de Champagne s'étend à toute l'Europe, et les premières spécialités régionales, surtout charcutières, voient le jour : leur diffusion est facilitée par le public nombreux qu'attirent ces manifestations.
Il faut pourtant attendre le XVIIIe siècle pour que s'exprime la grande tradition gastronomique de la région, alliance subtile du champagne et des mets.

LE MASSIF ARDENNAIS

L'Ardenne a emprunté son nom à la déesse celte Arduina, Diane chasseresse chevauchant en amazone un sanglier fougueux. Longtemps, le SANGLIER resta le symbole des Ardennes. Aujourd'hui encore, sa viande et ses abats sont

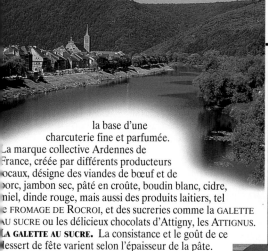

Vin de
Coiffy • Coiffy

la base d'une
charcuterie fine et parfumée.
La marque collective Ardennes de
France, créée par différents producteurs
locaux, désigne des viandes de bœuf et de
porc, jambon sec, pâté en croûte, boudin blanc, cidre,
miel, dinde rouge, mais aussi des produits laitiers, tel
le FROMAGE DE ROCROI, et des sucreries comme la GALETTE
AU SUCRE ou les délicieux chocolats d'Attigny, les ATTIGNUS.
LA GALETTE AU SUCRE. La consistance et le goût de ce
dessert de fête varient selon l'épaisseur de la pâte.
Fine, la galette sera sèche et croquante ; plus épaisse,
elle sera onctueuse et briochée.
LE JAMBON SEC ET LA NOIX DE JAMBON SEC. En
Ardenne autrefois, chaque famille élevait un porc,
dont la mort constituait un événement. De nos jours,
le jambon sec, une tradition bien ancrée dans la
région, règne sur la cuisine ardennaise.

LA CHAMPAGNE CRAYEUSE

LE BOUDIN BLANC DE RETHEL. C'est Richelieu
qui, à son insu, est à l'origine de cette spécialité
de Rethel. En 1626, messire Augustin Henry
Chamarande, mousquetaire du roi, enfreignit
l'édit du cardinal qui interdisait les duels dans
le royaume. Pour éviter les foudres de la
justice, il s'exila dans cette ville où il installa
une charcuterie dont le boudin blanc fut
rapidement fort renommé. De père en fils, la recette
s'est perpétuée et le produit s'est affiné. Les
Rethélois vous diront que l'on mange du
boudin blanc toute l'année, cuisiné à la
Richelieu, en croûte, doré au four, truffé…
L'ANDOUILLETTE DE TROYES. Il est difficile de situer
l'origine de l'andouillette. On sait qu'en 1475 apparut
dans la capitale historique de la Champagne
la corporation des *chaircuitiers*, qui détenait le privilège
du commerce du porc cuit. Certaines anecdotes attestent
l'existence de l'andouillette, présente à la table des soldats
de troupes comme à celle de François Iᵉʳ. Quant à son nom,
est-il rattaché à celui de l'abbé de Saint-Loup, nommé
Guillaume Andouillette, qui vécut au XVᵉ siècle ? Nul ne peut
l'affirmer. La recette de l'andouillette de Troyes constitue
un autre mystère, bien que l'on en connaisse les composants :
chaudins et estomacs de porc coupés en lamelles et *embaussés*
sous boyau. Une association gastronomique en défend la
tradition, l'AAAAA, Association amicale des amateurs
d'authentiques andouillettes. Elle recommande de veiller
à ce qu'elle soit bien moelleuse et le moins grasse possible.
LES SPÉCIALITÉS RÉMOISES AU CHAMPAGNE. À Reims,
plusieurs traditions empruntent leur saveur au champagne :
le JAMBON DE REIMS, à base d'épaule de porc assaisonnée au

BOUILLIE ET BOUDIN
La tradition du
boudin blanc de Noël
remonte au Moyen
Âge, époque à
laquelle, au sortir
de la messe de minuit,
les fidèles avaient
coutume de manger
une bouillie de lait.
Les charcutiers
eurent l'idée d'y
ajouter de la viande
moulinée, de lier
l'ensemble avec des
œufs et de mettre le
tout dans un boyau.

Les pâtissiers locaux
dévoilent volontiers le
secret de fabrication
de la galette au sucre
aux amateurs
de passage.

MUSÉE DE L'ARDENNE
Ce musée, sis à
Charleville-Mézières,
à côté du musée
Rimbaud, abrite un
intérieur d'autrefois.
Ustensiles, mobilier,
costumes rappellent
fidèlement la vie
quotidienne du début
du siècle.

champagne, et la MOUTARDE et le VINAIGRE DE REIMS, élaborés à partir de vin de champagne.

DOUCEURS DE LA MARNE. Reims, la cité des sacres, est aussi réputée pour son PAIN D'ÉPICES, de tradition plus ancienne que celui de Dijon ▲ 79, que l'on trouve toujours sous forme de conques aux fruits et de nonnettes au miel. Son image est également associée aux BISCUITS ROSES aromatisés à la vanille et recouverts de sucre glace. Ceux-ci rivalisent avec les CROQUIGNOLES, d'autres longs biscuits croquants.

VINS ET ALCOOLS. La Champagne est aussi le terroir où s'élaborent des VINS TRANQUILLES qui bénéficient de l'AOC coteaux-champenois. Les rouges vieillissent très bien (bouzy, cumières), les rosés peuvent être acidulés et gouleyants. Quant aux blancs, ils sont secs, frais, légers et vigoureux. Il convient également de citer le RATAFIA, mélange fin et équilibré de jus de raisin et d'alcool, qui offre une idée d'apéritif originale, la FINE DE CHAMPAGNE, obtenue par la distillation du vin, et le MARC DE CHAMPAGNE, issu de la distillation du marc provenant du pressurage des raisins.

LA CHAMPAGNE HUMIDE

LE PIED DE PORC DE SAINTE-MENEHOULD. La confrérie des Compagnons-du-Pied-d'or de Sainte-Menehould (les initiés prononcent «Menou») signale que les «pieds de cochon à la mode de la ville» furent servis au roi Charles VII en 1435. Cette spécialité a pour origine l'étourderie d'un marmiton de la ville qui oublia au coin du feu durant toute une nuit une marmite remplie de pieds de porc. Ceux-ci en sortirent attendris et furent fort appréciés. Revenus dans du beurre avec un hachis d'ail et de ciboulette, les pieds de porc seront ensuite panés et servis grillés. Notez que les pieds antérieurs sont plus fins que ceux de derrière. Il est possible de préparer de la sorte queues de veau et de bœuf et cous de mouton.

LES FROMAGES. La Champagne humide est le fief du CHAOURCE (AOC). Cette pâte molle à croûte fleurie, riche en matières grasses, est issue d'une coagulation acide, ce qui lui donne un grain fin et homogène. Dans ce bassin, notons également les CENDRÉS D'ARGONNE et DES RICEYS, tous deux affinés sous la cendre de bois : la potasse contenue dans la cendre participe à la formation de la croûte.

LE CIDRE DU PAYS D'OTHE. Le pays d'Othe, situé au sud du département de l'Aube, ainsi que dans une partie de l'Yonne (Bourgogne), a souvent été comparé à la Normandie en raison de la grande quantité de pommiers qui fleurissent la campagne et du cidre qu'on y produit. Même si la surface des vergers a diminué, les producteurs de cidre, réunis en syndicat, perpétuent la fabrication du cidre bouché et veillent à son goût caractéristique et à sa couleur, qui varie de l'or à l'ocre de la terre.

LA ROUTE DU CHAMPAGNE ▲ 102
S'étirant sur 600 km, la route touristique du champagne traverse deux cent seize villages.
Les sept circuits organisés permettent de découvrir, dans la Marne, le vaste et noble plateau de la montagne de Reims, la romantique vallée de la Marne, l'élégante côte des blancs, et les coteaux du Sézannais. Les vastes carrières de craie creusées à l'époque gallo-romaine pour bâtir Durocortorum, (la future Reims) servent aujourd'hui de caves à de nombreuses maisons de champagne. À Épernay, il y aurait 110 km de galeries.

> « LE CHAMPAGNE EST LE SEUL VIN
> QUI LAISSÂT LA FEMME BELLE APRÈS BOIRE. »
>
> MADAME DE POMPADOUR

LA CÔTE DES BAR

Si la vigne envahit les coteaux de Montgueux, qui dominent Troyes, la majeure partie des cinquante-neuf communes d'appellation champagne du département de l'Aube s'étale sur la partie sud-est, sur les flancs de la côte des Bar, entre Bar-sur-Seine et Bar-sur-Aube. À la porte de la Bourgogne, la charmante commune des Riceys, formée de trois bourgs, est la seule de France à bénéficier de trois AOC : champagne, coteaux-champenois, et rosé des Riceys. Les 750 ha du vignoble occupent les côtes en pentes raides de la vallée de la Laignes. Bien exposés à l'est et au sud, les plans de pinot noir s'accrochent au sol caillouteux argilo-calcaire.

LE ROSÉ DES RICEYS. La vinification de ce vin tranquille est un exercice très difficile. C'est au moment précis où le moût est rosé, lorsque le goût rappelle la noisette et la violette, spécificité du rosé des Riceys, que le vigneron interrompt la macération. Élevé en pièces, le vin est voué à une garde de plusieurs années. L'élaboration de ce nectar remarquable et original, classé régulièrement dans le trio de tête des rosés français, est tout un art. Ce vin de race au bouquet ample et au goût exquis n'a qu'un défaut, sa rareté, car les récoltants ne vinifient que les bonnes années et préfèrent souvent réserver le raisin à la production du champagne.

LE PLATEAU DE LANGRES ET LE BASSIGNY

LE LANGRES (AOC). Typique de la Haute-Marne, où les vaches à robe beige, de race simmental, sont très généreuses en lait, ce fromage à pâte molle, à croûte lavée de couleur rouge-brun et à forte odeur, peut s'accompagner d'un vin local des coteaux de Montsaugeon.

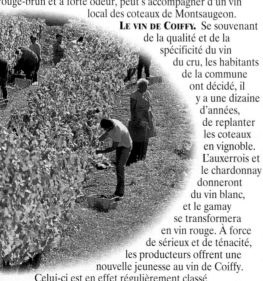

LE VIN DE COIFFY. Se souvenant de la qualité et de la spécificité du vin du cru, les habitants de la commune ont décidé, il y a une dizaine d'années, de replanter les coteaux en vignoble. L'auxerrois et le chardonnay donneront du vin blanc, et le gamay se transformera en vin rouge. À force de sérieux et de ténacité, les producteurs offrent une nouvelle jeunesse au vin de Coiffy. Celui-ci est en effet régulièrement classé dans les différents concours de dégustation.

LES « CADOLES »
Des Riceys, deux circuits invitent à découvrir les cadoles, ces constructions de pierres sèches, en forme d'igloos, bâties en haut des vignes. Elles servaient d'abri aux ouvriers, qui y prenaient leurs repas.

DU CHOU EN CHAMPAGNE
Le chou à choucroute est cultivé dans la région de Brienne-le-Château, où l'on maintient une tradition de conserverie et de cuisine de la choucroute au vin de Champagne.

CALENDRIER GOURMAND
Fin avril : fête du Boudin blanc de Rethel
Juillet : Route touristique du champagne en fête à Baslieux-sur-Châtillon
Début août : fête des Produits du terroir à Estissac
Septembre : Foire au jambon sec d'Ardenne à Renwez, Foire du champagne à Bar-sur-Aube, Foire à la choucroute à Brienne-le-Château

▲ Le champagne

Dom Pérignon

Plantées à l'époque gallo-romaine, les vignes champenoises produisent jusqu'au XVIIIᵉ siècle un vin rouge – non pétillant –, réputé pour sa subtilité. Par ses observations sur la fermentation et son art d'assembler les crus, Dom Pérignon (1638-1715) devient le père spirituel du champagne, blanc et mousseux. Aujourd'hui plus de 250 millions de bouteilles sont vendues de par le monde où le même mot suffit pour que passe un air de fête : «Champagne !»

IRRÉSISTIBLES ASCENSIONS, TERRIBLES REVERS

Le champagne est livré en tonneaux jusqu'à l'arrêté royal de 1728 qui autorise les bouteilles. Apparaissent alors les négociants et les premières grandes maisons de champagne. Au XIXᵉ siècle, l'engouement va croissant, la fabrication s'améliore et de nouvelles marques sont créées.

À la fin du siècle, les ravages du mildiou et surtout du phylloxéra sont catastrophiques et obligent au renouvellement du vignoble par l'introduction de plants nord-américains. La fraude et l'arbitraire des prix du raisin durciront le marché jusqu'à la loi de 1927 qui garantit l'authenticité du champagne en fixant les zones d'appellation et les cépages.

ZONES DE PRODUCTION

Les 31 000 ha de vignoble sont cultivés dans la Marne (pour les trois quarts), l'Aube, l'Aisne, et, en moindre proportion, en Haute-Marne et Seine-et-Marne.

LES RITES DE FABRICATION DU CHAMPAGNE

1. PRESSURAGE

Sitôt les grappes coupées, le pressurage s'effectue en plusieurs fois avec célérité pour éviter la coloration du jus par la peau des raisins noirs. 150 kg de raisin donnent, selon la règle champenoise, 100 l de jus (moût).

2. PREMIÈRE FERMENTATION

Les moûts après décantation sont mis en cuve par origine durant 3 semaines pour donner un jeune vin blanc, non pétillant.

3. ASSEMBLAGE

Au printemps, les crus sont mariés selon des proportions gardées secrètes par chaque chef de cave. L'ajout de vin de réserve assure le maintien de la qualité. Lorsqu'elle est exceptionnelle, la cuvée n'est faite qu'avec des vins de l'année et le champagne est alors dit millésimé.

4. CHAMPAGNISATION

La cuvée est mise en bouteille avec du sucre de canne et des ferments qui se transformeront, lors de la seconde fermentation, en alcool et gaz carbonique. Ce dernier donne naissance aux bulles : c'est la «prise de mousse».

5. REMUAGE ET DÉGORGEMENT

Un, deux ou trois ans après, on procède au «remuage». Placées sur un pupitre, le col en bas, les bouteilles sont remuées afin que se détachent les dépôts. Au bout de deux à trois mois, la bouteille est décapsulée et débarrassée de son dépôt : c'est le dégorgement. Une liqueur de champagne est alors versée dans des proportions correspondant à l'état désiré (brut, extra-dry, sec…). Ce dosage achevé, il ne reste plus qu'à boucher, museler et habiller la bouteille !

▲ Corse

CORSE
8 680 km² pour
240 178 habitants.
Deux
départements :
Corse-du-Sud
(Ajaccio) et Haute-
Corse (Bastia).

LA «PIEVE»
Ses nombreuses
vallées font de
la montagne corse
un monde cloisonné
au point que,
jadis, chaque vallée
était une entité
administrative,
économique
et religieuse :
la *pieve*.

À droite, vue de Calvi
prise à l'est de la Baye.

**FRAGRANCES
MÉDITERRANÉENNES**
Parmi les plantes
qui embaument
la Kallisté des Grecs
de l'Antiquité, les
plus connues sont :
le myrte, l'arbousier
(à droite), la bruyère,
le romarin,
l'olivier,
le genévrier,
le ciste (ci-
dessus) et le
lentisque.

▨ *Vignobles*

Cap Corse
Muscat du cap Corse et rappu
Côteaux du Cap Corse
Figue Cap Corse
Patrimonio
L'Île-Rousse **Bastia**
Cédrat confit
Agriates
Miel
Balagne
Belgodère
Balaninu
Calvi
Amande, figue de Barbarie
Calenzana
Calvi
Calenzàna
Châtaigne
Vin de Corse
Niolo
Oressincu
Cabri
Coppa, lonzu, figatellu, prisuttu, salamu
Noi
Restonica
Pâtisseries à base de brocciu
Corte
Miel
Porto
Venaco
Porc
Venaco
Bozio
Vin de Corse
Vico
Veau "élevé sous la mère"
Clémentine
Huile d'olive
Cargèse
Plaine D'Aléria
Étang de l'Urbino
Étang d'Urbino
Huître
Ajaccio
Graviona
Brocciu
Prunelli
Pâtisseries à base de brocciu
Cuscionu
Ajaccio
Ajaccio
Huile d'olive
Bastelicaccia
Veau "élevé sous la mère"
Miel
Châtaigne
Solenzara
Taravo
Salciccia, coppa, lonzu, figatellu, prisuttu, salamu
Vin de Corse
Ajaccio
Miel
Propriano
Sartène
Porto-Vecchio
Sartène
Porto-Vecchio
Pâtisseries à base de brocciu
Sartenais
Figari
Figari
Huile d'olive
Bonifacio

U n seul
regard
jeté sur la
carte permet
de comprendre
que la Corse
est une
montagne
posée sur la mer.
Sa cuisine est
à l'image de son
relief : contrastée
et de caractère.
Issus des *pieve*,
certains particularismes
locaux sont encore
entretenus ; pourtant,
il faut reconnaître que
l'invention d'une cuisine régionale
n'a pu se faire que par la circulation
des livres de recettes dans les régions corses, et même par
quelques emprunts à la cuisine continentale ainsi qu'à celle
de colonies qu'ont gagnées de nombreux Corses. Cuisiniers
et restaurateurs ont emboîté le pas aux ménagères, soit en
recherchant des recettes plus authentiques, soit en innovant
par l'introduction de produits nouveaux. Le fait est que,
aujourd'hui, foires et fêtes créent une culture gastronomique
qui s'éloigne de plus en
plus de l'alimentation
traditionnelle, tandis que
seuls les rassemblements
familiaux entretiennent
la coutume culinaire.

PRODUITS MARINS.
Les Corses savent mieux
que quiconque déguster
les OURSINS, dont ils
recueillent la chair à l'aide
d'un morceau de pain.
Les POUTINES,
petits alevins,
sont préparés
en beignets.
Quant aux HUÎTRES
de l'étang de Diane,
elles étaient

> «C'EST AUSSI LE PAYS DE LA VENDETTA, DE LA SIESTE, DES JEUX POLITIQUES COMPLIQUÉS, DES FROMAGES VIGOUREUX, DES COCHONS SAUVAGES, DES CHÂTAIGNES, DES SUCCULENTS MERLES MOQUEURS ET DES VIEILLARDS SANS ÂGE QUI REGARDENT PASSER LA VIE.»
>
> UDERZO ET GOSCINNY

connues des Romains. Traditionnellement, les poissons du cap Corse étaient conservés en escabèche (*scabecchju*) dès qu'ils étaient rapportés au port. Frits dans du vinaigre parfumé de feuilles de myrte, puis conditionnés dans leur huile de cuisson entre deux feuilles de l'arbrisseau, ils étaient ensuite expédiés sur le continent. Faite à base de rascasse, de denti et de murène, la bouillabaisse corse, *azziminu cortenese*, est assaisonnée d'anis, de fenouil et de piment.

LE BROCCIU. Le 18 juin (1983) reste célèbre pour le fromage corse brocciu, car c'est la date d'obtention de son AOC. Il doit avoir été fabriqué exclusivement avec du lactosérum frais (le petit-lait), celui-ci provenant de brebis, de chèvres ou de ces deux bêtes. Il est chauffé par méthode directe à environ 40 °C puis additionné, lors de ce chauffage, de sel, de lait entier de brebis ou de chèvre ou d'un mélange des deux. Le mélange est alors brassé et porté à une température comprise entre 80 et 90 °C. Le produit est, après écumage, mis dans des moules tronconiques pour égouttage. Lorsqu'on le déguste frais, le brocciu se consomme dans les cinq jours suivant sa fabrication. Il peut aussi subir un salage de surface et un affinage d'au moins quinze jours. Bien protégé par son appellation d'origine, il ravit les gourmets. Les pâtissiers en font des sciacci, chaussons au brocciu parfumé à l'eau-de-vie.

LES AUTRES FROMAGES. À chaque région de Corse son fromage. Riche de ses cheptels caprins et ovins, la Corse offre un vrai plateau de fromages. Des pâtes molles avec ou sans croûte, comme le nebaccu, le calinzana, le bastelicacciu, l'oressincu, le cuscio ou le balaninu, et des pâtes dures comme le sartenais.

LA CHÂTAIGNE. Après la cueillette et le décorticage, les châtaignes sont stockées dans des séchoirs, puis, dans certaines régions, passées au four. Elles sont consommées sous forme de marrons glacés. Réduites en farine, elles servent à la confection de confitures et de plats (comme la pulenta, cousine de la polenta italienne).

LES AGRUMES. Depuis l'Antiquité romaine, la Corse cultive des agrumes. Mise en place par des pionniers de la côte orientale dès 1925, la CLÉMENTINE, qui est produite sans traitement de conservation,

---

BOISSONS
Huit AOC (dont deux appellations «en cru» : ajaccio et patrimonio, muscat du cap Corse), cap-corse et rappu

FROMAGES
Brocciu, fromages de brebis et de chèvre

CHARCUTERIES
Coppa, lonzu, prisuttu (jambon), figatellu (saucisse de foie de porc), salciccia (saucisse), terrrines de sanglier ou de grive

FRUITS. Châtaigne (farine, confiture, marrons glacés, mets et desserts), clémentine, myrte, cédrat (liqueurs, gelées, ratafia)

VIANDES
Cabri, veau, agneau «sous la mère»

ÉPICERIE
Miel de Corse, huile d'olive vierge

POISSONS, CRUSTACÉS. Moule, dorade, huître, loup, rouget, oursin

AUTRES. Pâtisseries à base de bruccio

À L'OMBRE DES CHÂTAIGNIERS
La châtaigne a toujours joué un rôle primordial dans l'économie et l'histoire de l'île. Si les Génois en avaient favorisé la plantation dès le XVIIe siècle pour éviter les disettes, les Français tentèrent, en vain, d'en interdire la culture en accusant les châtaigniers de favoriser la paresse des indigènes et l'abandon des terres arables.

FARINE DE CHÂTAIGNE CORSE
Colombani Paul-François
VALLE D'OREZZA

Récolte de figues de Barbarie à la fin du XIXe siècle.

LES AUTRES FRUITS
L'amande et la noisette sont des productions traditionnelles. Île gorgée de soleil, la Corse acclimate naturellement toutes sortes de cultures : pêches, nectarines et figues, bien sûr, mais aussi fruits tropicaux. Le kiwi s'affirme, l'avocatier aussi. D'autres fruits moins connus entrent sur les marchés : nashi (sorte de poire cultivée en Chine depuis deux mille ans), prune d'Ente (qui, séchée, devient pruneau), feijoa (arbre d'ornement aux fruits délicieux), kaki.

Ci-dessus, clémentine et kumquat nagami ; ci-contre, cédrat et olives ; ci-dessous, figatellu.

en reste le leader incontesté. Dans les années soixante, la vocation agrumicole de l'île s'est fortement accrue. La culture du POMÉLO, notamment, se développe. Quant au CÉDRAT, c'est l'un des premiers agrumes à avoir conquis le sol corse. Quelques hectares de cédratiers produisent des fruits très recherchés pour la fabrication de fruits confits, de bonbons et, bien sûr, de la fameuse liqueur appelée CÉDRATINE. Le KUMQUAT (nom qui vient du chinois cantonnais) est une toute petite orange qui se mange souvent confite. On le cultive de plus en plus.

LES DOUCEURS. Source de plaisir pour les gourmands, les bonbons se fabriquent à partir de myrte, de cédrat, de châtaigne ou d'arbouse. La biscuiterie compte des spécialités sèches comme les CANISTRELLI et les FRAPPES.

LES SAVEURS DU MAQUIS. L'apiculture corse livre ses produits depuis l'Antiquité. Les tributs imposés à l'île par Rome puis Gênes se payaient déjà en cire d'abeilles, et l'histoire raconte que Napoléon Bonaparte a semé des abeilles d'or sur son manteau impérial en pensant aux abeilles corses. Le miel (*u mele Corsu*) est reconnu par une marque collective régionale. L'huile d'olive (de type Sabine, Germaine et Picholine) est un produit traditionnel : chaque village possédait son moulin qui tirait son énergie des rivières.

SALAISONS ET VIANDES. Sangliers et porcs y étant élevés en liberté et nourris de glands et de châtaignes, la charcuterie ne pouvait qu'être reine en Corse. La fabrication artisanale et le fumage, pratiqué au-dessus de ceps de vigne et de bois de châtaignier, lui donnent son goût rustique. La FICATELLU est une saucisse de foie mi-sèche, fumée, que l'on cuit à la braise. Pour obtenir le LONZU, on fume le filet de porc au bois de châtaignier. Le jambon (PRISUTTU), la COPPA (échine de porc), la saucisse (SALAMU), les pâtés de sanglier, de grive ou de merle… tout est bon pour confectionner un pique-nique à déguster dans la garrigue.

En Corse, on prise plus particulièrement l'épaule du cabri élevé sous sa mère, en daube avec les cèpes du maquis, ou encore le veau, rôti et piqué d'ail, qui a mijoté ensuite dans une sauce au vin blanc.

La vigne aurait été introduite en Corse par les Phocéens (originaires de Phocée, cité ionienne d'Asie Mineure), quelque six cents ans av. J.-C. Rome en favorisa la culture en créant des propriétés constituées d'oliviers et de vignes. Les invasions barbares mirent un terme provisoire à cette expansion, qui ne reprit qu'au XIe siècle, sous la houlette des moines installés en Corse et de son gouverneur, l'évêque de Pise. Exporté en Toscane notamment, le vin constitua un atout commercial. Les habitants du cap Corse firent de la vigne une monoculture jusqu'au XVIIIe siècle et exportèrent jusqu'en Amérique. Au début du siècle, le phylloxéra détruisit le vignoble corse, mais, dans les années soixante, les rapatriés d'Afrique du Nord introduisirent de nouveaux plants. Les trois grands cépages s'appellent le vermentino, ou malvoisie corse (dont sont issus tous les blancs de l'île), le nielluccio et le sciaccarello.

«A SALUTA !»

Le 2 avril 1976 paraissait le décret consacrant l'AOC du vin de Corse. Il en compte en fait six, selon les communes de production et le rendement de base autorisé (60 ou 45 hl/ha) : vin de Corse, vin de Corse-calvi, vin de Corse-coteaux du cap Corse, vin de Corse-figari, vin de Corse-sartène et vin de Corse-porto-vecchio. Les vins rouges et rosés sont issus des cépages principaux nielluccio, sciaccarello et grenache noir (au moins 50 %). Pour les vins blancs, les cépages sont principalement du vermentino (au moins 75 %) et en appoint de l'ugni blanc (rossola) ainsi que du codivarta pour l'appellation vin de Corse-Coteaux du Cap Corse.

AJACCIO
Les cépages autorisés pour les vins rouges et rosés sont plus nombreux que pour le Patrimonio (principalement barbarossa, nielluccio (à droite), sciaccarello et vermentino), sachant que pour les blancs, le vermentino doit représenter au moins 80 % de l'encépagement. Trente-six communes situées autour du golfe d'Ajaccio appartiennent à la zone d'appellation, définie par le décret du 3 avril 1984.

VENDANGES DANS LA RÉGION DE BARCHETTA
Réputé pour être racé, au bouquet et à l'onctuosité authentiquement corses, le patrimonio est produit pour ses vins rouges (minimum 12 % d'alcool en volume) et ses rosés à partir de cépages nielluccio (au moins 60 %) et pour ses vins blancs en cépage exclusif vermentino (à droite). Selon le décret d'AOC du 23 octobre 1984, 7 communes, dont Patrimonio, peuvent porter ses fruits. C'est aussi ici qu'est fabriqué le RAPPU, vin enrichi en alcool servi à l'apéritif.

MUSCAT DU CAP CORSE
Seuls ont droit à cette appellation des vins blancs produits sur l'une des 17 communes (autour de Patrimonio) mentionnées par le décret du 26 mars 1993. Autre contrainte, seul entre dans la composition de ces vins le cépage muscat blanc à petits grains ayant plus de 3 ans. Après fermentation et mutage, les vins présentent un titre alcoométrique volumique total d'au moins 21°5 et une teneur minimale en sucres résiduels de 95 g/l.

Fougerolles
(*Écomusée du Petit Fahys*)

Kirsch de Fougerolles, griottines

Vosges

Luxeuil-les-Bains
Jambon de Luxeuil-les-Bains

• Lure

Belfort ●

• Champlitte

Vesoul ●

Montbéliard ●

Saucisse de Montbéliard

Saône

• **Gray**

Cancoillotte

Doubs

Ognon

● **Besançon**

Jambon fumé du haut Doubs

Dole ●

Arc-en-Senans
(*Salines royales*)

Emmental grand-cru

Saucisse de Morteau

● Morteau

Miel de Franche-Comté

Brési

Loue

Côtes-du-jura

Arbois

● Arbois
(*Musée de la Vigne et du Vin*)

Pontarlier ●

Route du comté

Anis de Pontarlier

Mont-d'or ou vacherin du haut Doubs

Liqueur de sapin, gentiane

Château-chalon

Macvin du Jura, vin jaune, vin de paille

Étoile

Lons-le-Saunier

Morbier

Ain

A O C
Côtes du jura

Bleu de Gex

Saint-Claude ●

J u r a

FRANCHE-COMTÉ
16 202 km² pour
1,09 million
d'habitants.
Quatre
départements :
Doubs
(Besançon),
Jura (Lons-le-
Saunier), Haute-
Saône (Vesoul),
et Territoire de
Belfort (Belfort).

FROMAGES 🥐
Emmental français
est-central grand-
cru (LR),
cancoillotte (L. Rég.),
morbier au lait cru
(L. Rég.),
crème de gruyère
FROMAGES AOC :
bleu de Gex, comté,
mont-d'or
SPIRITUEUX
Anis de Pontarlier,
apéritif à la
gentiane,
liqueur de sapin,
kirsch de
Fougerolles
(AOC) 🥐,
macvin du Jura
(AOC) 🥐,
crémant du Jura
(AOC)
VINS AOC 🥐
Arbois,
château-chalon,
côtes-du-jura,
l'étoile, vin jaune,
vin de paille
CHARCUTERIES
Brési, jambon
fumé du haut
Doubs ou de
Luxeuil (L. Rég.),
saucisse de
Montbéliard
(L. Rég.),
saucisse de
Morteau (L. Rég.)
DIVERS
Miel de sapin de
Franche-Comté 🥐,
griottines

Entre Rhin
et Rhône,
entre Vosges et
Jura, pays d'eau,
de verdure, de forêts
et de
moyenne montagne au
climat continental rugueux
et contrasté, la Franche-
Comté s'étire au fil de ses
vallées, de ses rivières et de ses
bois. Industrieuse et urbanisée au
nord, elle renoue avec la ruralité, la
pêche et l'élevage lorsque l'on descend vers le sud et la
frontière franco-suisse. Lieu privilégié de transformation du
lait et de la viande bovine et porcine, cette Franche-Comté
campagnarde a longtemps dû sa prospérité à sa belle
palette de fromages et de salaisons. Et comme le bien-manger
implique aussi la dégustation de vins de pays et de crus de
qualité, elle a développé des vignobles de caractère qui, de
Champlitte, en Haute-Saône, aux vins de la vallée de la Loue
et du Jura, l'ont gratifiée d'excellents cépages blancs, rosés et
rouges. Le promeneur gourmand ne perdra rien, chemin
faisant, des autres richesses de cette ancienne province
rattachée à la France sous Louis XIV et dont les vestiges
d'une histoire tumultueuse demeurent inscrits au cœur
de son patrimoine.

LES VOSGES SAÔNOISES

LE JAMBON DE LUXEUIL-LES-BAINS. Ce jambon faisait-il
partie des salaisons du pays des Séquanes (anciens habitants
de l'actuelle Franche-Comté) fort appréciées par la Rome
antique, ou serait-il le fait, au XIXᵉ siècle, d'un certain
«M. Richard qui tint longtemps l'hôtel du Lion Vert»?
Toujours est-il qu'il appartient à une longue tradition de
salaisons fumées comtoises. Subissant dans un premier temps
une macération lente dans du vin rouge ou de l'alcool, puis un
frottage au sel sec fait à la main, il est mis à reposer pendant
quatre semaines à plat sur des claies avant d'être légèrement
fumé à la sciure de résineux. Puis vient le temps du séchage
où il reste sept ou huit mois suspendu. Enfin, une fois lavé et
brossé pour éliminer la «fleur» qui le recouvre, le véritable
jambon de Luxeuil-les-Bains est marqué et daté de manière
indélébile avant d'être commercialisé.

LE KIRSCH DE FOUGEROLLES (AOC). Considérée comme
«le berceau des eaux-de-vie de fruits», Fougerolles se veut
aussi la capitale du kirsch, invention d'un moine quelque peu
alchimiste qui, au XVIIIᵉ siècle, brûla des pulpes de cerises
fermentées. Le kirsch se fabrique avec la cerise «guigne»
noire ou rouge, issue de greffes pratiquées sur des merisiers
sauvages de la montagne dont on planta les champs à
l'époque. À la fermentation, le noyau mince de cette guigne
dégage une saveur fort goûtée des
connaisseurs. Si la récolte des cerises, fin
juin, tend à se mécaniser, la cueillette
manuelle, au cours de laquelle on utilise
l'échelle appelée «pied de chèvre» et la
charmotte, panier porté en bandoulière
par les ouvriers, n'en perdure pas moins.
C'est pour que disparaisse son goût
d'alambic que le kirsch vieillit en
bonbonnes ouvertes. De cette tradition
locale du kirsch est née la spécialité des

GRIOTTINES, griottes sauvages, équeutées et dénoyautées,
qui macèrent dans un sirop léger au kirsch. La variante dite
«des griottaigres», aromatisée avec des plantes naturelles,
marine, elle, dans un vinaigre de vin léger.

LES AUTRES EAUX-DE-VIE DE FOUGEROLLES. Elles sont
produites à partir de framboises, myrtilles, airelles, sureau,
fraises des bois, sorbier, prunelles et baies de houx. Les fruits
à noyau, ainsi que les poires, font l'objet
d'une fermentation tandis que les baies
macèrent. Leur distillation, comme celle
des cerises du kirsch, s'effectue dans des
alambics de cuivre, en deux chauffes
successives durant lesquelles on opère la
séparation des «produits» : les âpres
produits «de tête», correspondant à la
première fraction d'alcool obtenue, sont
mis de côté ainsi que ceux de fin de
distillation, ou produits «de queue». Seul
le «cœur» de la préparation est mis à
vieillir dans des bonbonnes en verre
cerclées d'osier. «Les eaux-de-vie de fruits,
on les met sous le grenier», souligne un
dicton, en souvenir de l'époque où ces
bonbonnes, fermées par un linge, étaient
placées sous les tuiles de la maison.

LES CINQ CÉPAGES

Les rouges sont le PINOT NOIR (rarement employé seul), le TROUSSEAU (qui n'excède guère 5 % de la production mais qui génère un vin à la robe intense pouvant, après quelques décennies en cave, rivaliser avec les plus grands) et le POULSARD (fruité, qui se boit assez jeune et dont la clarté fait penser à un rosé). Quant aux blancs, il s'agit

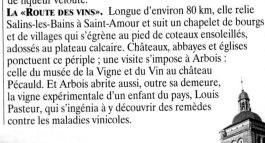

du CHARDONNAY (d'une culture facile et qui occupe à lui seul 45 % du vignoble) et du SAVAGNIN (acclimaté par les dames chanoinesses de Château-Chalon et vendangé le dernier).

LE MASSIF DU JURA

LE VIGNOBLE JURASSIEN. Les archéologues ont établi que la culture du raisin dans le Jura remontait à cinq millénaires au moins. Au VIe siècle av. J.-C., les marins phocéens qui, de Marseille, remontaient la Saône, faisaient provision de ces vins «de Séquanie» dont le consul romain Pline le Jeune (62-144 apr. J.-C.) fut le premier à parler. Le roi Philippe le Bel les introduisit plus tard à la cour de France, et ils firent les délices de Charles Quint, de François Ier, d'Henri IV et de Napoléon Bonaparte. Aujourd'hui, les membres de la Paierie des Vins d'Arbois et de la Commanderie des nobles vins du Jura et du Comté perpétuent leur célébration. Le vignoble comprend quatre AOC, cultivées sur une bande de terre baptisée Revermont ou Bon Pays : les CÔTES-DU-JURA (cette appellation générique du vignoble englobe une soixantaine de villages), CHÂTEAU-CHALON, L'ÉTOILE et ARBOIS. Parmi les fleurons vinicoles du Jura, on distingue le vin jaune et le vin de paille. Le VIN JAUNE, obtenu à partir du seul savagnin, est unique en France par ses caractéristiques et son mode de vinification : après maturation, il repose six ans en fût ouvert non rempli afin de laisser se développer à la surface un voile de levures. Un autre vin tournerait au vinaigre dans de telles conditions, mais cette «fleur» donne au contraire au vin son étonnant «goût de jaune». La fabrication du fameux VIN DE PAILLE liquoreux, obtenu à partir de poulsard, de chardonnay et de savagnin, demeure, malgré sa réputation, quasi confidentielle : en effet, il faut près de 100 kg de raisins séchés sur un lit de paille ou sur des claies pour en produire dix-huit litres. Enfin, du mariage de vieux marc de Franche-Comté et de moût issu des cépages autorisés naît le MACVIN DU JURA (AOC), vin de liqueur velouté.

LA «ROUTE DES VINS». Longue d'environ 80 km, elle relie Salins-les-Bains à Saint-Amour et suit un chapelet de bourgs et de villages qui s'égrène au pied de coteaux ensoleillés, adossés au plateau calcaire. Châteaux, abbayes et églises ponctuent ce périple ; une visite s'impose à Arbois : celle du musée de la Vigne et du Vin au château Pécauld. Et Arbois abrite aussi, outre sa demeure, la vigne expérimentale d'un enfant du pays, Louis Pasteur, qui s'ingénia à y découvrir des remèdes contre les maladies vinicoles.

LES SALAISONS FUMÉES.

La fumaison, caractéristique de la charcuterie franc-comtoise, proviendrait du souci ancestral de conserver la viande et remonterait au Haut-Empire romain. C'est dans les fermes à *tuyé* que la charcuterie, conservée dans le garde-manger-fumoir et suspendue sur des perches, gagne en bouquet. Le BRÉSI, chair de bœuf séchée et fumée à déguster en très fines tranches, constitue un mets de choix, à l'instar de la véritable SAUCISSE DE MONTBÉLIARD, fabriquée avec de la viande de première qualité issue de porcs engraissés en Franche-Comté. Fumée aux sarments de vigne et à la sciure de résineux, elle se savoure après vingt minutes de cuisson à l'eau ou en papillote. Selon la méthode, toujours respectée, des paysans du XIVe siècle, elle est assaisonnée avec de l'ail et du cumin. LA SAUCISSE DE MORTEAU, qui répond aux mêmes exigences, est produite en zone de montagne, à plus de 600 m d'altitude. Elle est identifiable à la cheville en bois placée à l'une de ses extrémités. Il est recommandé de ne pas la piquer avant cuisson. Quant au JAMBON FUMÉ DU HAUT DOUBS, il doit peser au minimum dix kilos à la mise en fabrication. Il se prépare dans sa forme d'origine avec os, après suppression des excès de graisse et d'une partie de la couenne. Le jambon est salé par frottage au sel sec, en partie éliminé au bout de quelques semaines, et est ensuite fumé dans un *tuyé*. Comme pour le véritable jambon de Luxeuil, le déroulement des opérations ne doit pas être inférieur à neuf mois.

LES APÉRITIFS, LIQUEURS ET MIELS.

La Franche-Comté, terre d'arbres fruitiers et de végétaux odorants, propose une gamme riche et diversifiée d'alcools et de miels. L'ANIS DE PONTARLIER, cher à Toulouse-Lautrec, est dérivé de l'absinthe, cette «fée verte» interdite en 1915, dont l'histoire, liée à celle de la capitale du haut Doubs, est retracée dans un musée de la ville. L'apéritif anisé est fabriqué à partir de plantes (anis vert, hysope, mélisse…) mélangées à l'alcool neutre surfin puis distillées au bain-marie dans des alambics avant de vieillir en fûts de chêne. La LIQUEUR DE SAPIN est obtenue à partir de vingt-quatre plantes médicinales et aromatiques séchées sur des claies, mélangées à l'alcool de betterave. Le tout est ensuite filtré et vieilli en fûts de chêne. Quant à la GENTIANE, eau-de-vie à la saveur «terrienne», elle est issue des racines de cette plante à fleurs jaunes qui recouvre les pâturages du haut Doubs et du haut Jura. Enfin, LES MIELS DE FRANCHE-COMTÉ s'ajoutent à ces produits originaux nés des spécificités de la flore. Ils peuvent être, entre autres, de sapin, d'acacia, de trèfle ou de pissenlit.

CALENDRIER GOURMAND

Début février : célébration de la Percée du vin jaune à Poligny

Fin février : fête du Morbier à Morbier

Début juillet : fête des Cerises à Fougerolles

Mi-juillet : fête des Myrtilles à Belfahy et à Frasnes

Fin juillet : fête des Vins à Arbois

Mi-août : fête de la Saucisse de Morteau à Morteau, Semaine du miel à Nancray

Début septembre : fête du Biou à Arbois

Mi-octobre : fête de la Pomme à Sellières

LE «TUÉ» OU «TUYÉ»
Ce terme, propre au massif du Haut-Doubs et du Jura, désigne, depuis le début du XVIIIe siècle, ces hautes cheminées-fumoirs pyramidales surmontant une pièce carrée située au cœur de la maison, où l'on conserve la charcuterie qui est ainsi fumée.

▲ UNE CONTRÉE DE FROMAGERIES

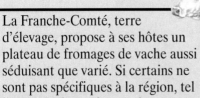

La Franche-Comté, terre d'élevage, propose à ses hôtes un plateau de fromages de vache aussi séduisant que varié. Si certains ne sont pas spécifiques à la région, tel l'emmental grand cru qu'on trouve également dans des provinces limitrophes, la plupart relèvent de traditions et de savoir-faire locaux, et leur histoire remonte à des siècles, voire, pour quelques-uns, à des millénaires. Malgré l'industrialisation et l'organisation des filières, nombre d'entre eux sont encore produits de manière semi-artisanale dans les fruitières, ces fromageries coopératives qui réunissent plusieurs éleveurs au sein d'un unique atelier.

LE MORBIER AU LAIT CRU

Fromage de vache, en meule d'une quarantaine de centimètres de diamètre et d'un poids compris entre 5 et 9 kg, le morbier présente une pâte onctueuse, mi-sèche, mi-collante de couleur ivoire ou jaune pâle. En son milieu, une raie horizontale de charbon végétal rappelle l'époque où ce fromage était fabriqué en deux fois. Selon la tradition, cette couche de «noir» permettait de protéger le premier caillé, issu de la traite du matin, jusqu'à l'assemblage avec le produit de la traite du soir.

LA CANCOILLOTTE FRANC-COMTOISE

Cette préparation utilise le méton, fromage de lait cru de vache écrémé, caillé et chauffé à 60° C. Celui-ci est pressé, émietté et brassé avant l'étape de l'affinage. Il est ensuite fondu dans de l'eau additionnée de beurre et de sel. On peut y ajouter du lait, des aromates et même du vin blanc. Si elle se consomme comme un fromage, elle peut aussi accompagner des pommes de terre rôties, des œufs brouillés ou des croque-monsieur.

> « C'ÉTAIT ELLE QUI, MATIN ET SOIR,
> PORTAIT LE LAIT À LA "FRUITIÈRE". L'APRÈS-MIDI,
> ELLE MENAIT SON TROUPEAU DE VACHES AUX COMMUNAUX. »
>
> MARCEL AYMÉ (*LA VOUIVRE*)

LA ROUTE DU COMTÉ

Entre pâturages, lacs et sapinières, la «Route du comté» sillonne le massif du Jura. Au gré des haltes, fruitières et caves d'affinage offrent à leurs visiteurs la possibilité de goûter cette pâte fine et compacte à l'arôme de noisette et de s'initier à sa fabrication. Ces dégustations seront chaque fois singulières car le bouquet du comté (AOC) varie en fonction de la saison, de son micro-terroir de production ou du tour de main de l'artisan.

DES VACHES AU PRÉ POUR LE COMTÉ

L'alimentation des vaches, de race montbéliarde pour la plupart, dont le lait cru servira au comté, devra être constituée des flores des prairies jurassiennes. En outre, chacune de ces laitières devra disposer d'un hectare de surface herbagère au minimum ; l'utilisation de fourrages fermentés (ensilage) est interdite.

LE MONT-D'OR OU VACHERIN DU HAUT DOUBS

Sa fabrication n'est autorisée que de septembre à mars, quand les troupeaux de vaches montbéliardes et de pies rouges de l'Est ont regagné leurs étables, après avoir passé l'été dans les hauts pâturages. Après démoulage, ce fromage AOC est cerclé dans une sangle d'écorce d'épicéa (d'où son ancien nom de «fromage de boîte») qui permet le maintien de sa pâte molle tout en l'enrichissant d'une saveur boisée.

BLEU DE GEX OU DE SEPTMONCEL

C'est en altitude, avec le lait cru produit sur les pâturages de pré-bois du haut Jura, qu'est fabriqué ce fromage connu depuis le XIIIᵉ siècle.

Sa confection reste très artisanale : coagulation à la température de la traite, découpage lent du caillé, égouttage en présence de sel dans des cuveaux. Ce fromage AOC à pâte persillée diffère des autres bleus de lait de vache par son goût nettement moins corsé et sa saveur plus parfumée et légèrement amère.

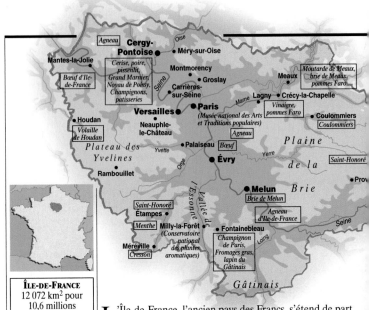

Agneau
Cergy-Pontoise ●
● **Méry-sur-Oise**
Oise

Mantes-la-Jolie ●
Cerise, poire, pissenlit, Grand Marnier, Noyau de Poissy, Champignons, pâtisseries
Montmorency
● **Groslay**
Seine

Bœuf d'Île-de-France

Carrières-sur-Seine

Moutarde de Meaux, brie de Meaux, pommes Faro
Meaux

Versailles ●
● **Paris**
(Musée national des Arts et Traditions populaires)
Marne
Lagny ● **Crécy-la-Chapelle**
Vinaigre, pommes Faro

● **Houdan**
Volaille de Houdan
Neauphle-le-Château

Agneau
Coulommiers ●
Coulommiers

Plateau des Yvelines
Yvette
● **Palaiseau**
Bœuf
Orge
● **Évry**
Yerre

Plaine de la Brie

Saint-Honoré

● **Rambouillet**
● Pro

● **Melun**
Brie de Melun

Saint-Honoré
Étampes ●
Menthe **Milly-la-Forêt**
(Conservatoire national des plantes aromatiques)
Vallée de l'Essonne
Agneau d'Île-de-France
Seine

Méréville ●
Cresson
● **Fontainebleau**
Champignon de Paris, Fromages gras, lapin du Gâtinais
Loing

Gâtinais

ÎLE-DE-FRANCE
12 072 km² pour 10,6 millions d'habitants.
Huit départements : Paris, Essonne (Évry), Hauts-de-Seine (Nanterre), Seine-et-Marne (Melun), Seine-Saint-Denis (Bobigny), Val-de-Marne (Créteil), Val-d'Oise (Pontoise) et Yvelines (Versailles).

LE CHAMPIGNON DE PARIS
Il faut attendre 1807 pour que ce champignon de couche soit cultivé de manière intensive, dans les carrières désaffectées de Paris. L'extraction de la pierre du sous-sol parisien ayant été interdite peu après, son exploitation se développera dans le Val-d'Oise, de Méry-sur-Oise à Carrières-sur-Seine, zone de production, désormais très concurrencée par celle de la Loire ▲ 163.

L'Île-de-France, l'ancien pays des Francs, s'étend de part et d'autre de la Seine, à l'ouest jusqu'en Normandie, au nord jusqu'aux confins de l'Oise, à l'est aux limites de la Champagne… La diversité de ses micro-climats et de ses sols, sable de Fontainebleau, vallée en corniches des Yvelines, calcaire des plaines fertiles de Brie et de Beauce, a donné naissance à une tradition toujours vivace de cultures fruitières et maraîchères qui assurent l'approvisionnement des marchés de la «Grande Ville» depuis le XIIᵉ siècle, mais aussi le développement d'une agriculture céréalière à grande échelle. Quant à l'élevage, il a diminué au fil du temps devant l'extension urbaine mais n'en demeure pas moins, lui aussi, un moteur de l'histoire alimentaire de la région. De ces ressources multiples est né le large panel de produits et spécialités, dont la présence de Paris, à la fois bouche à nourrir, ville royale et haut lieu de la gastronomie, a largement contribué à promouvoir l'essor.

VERGERS DE MONTMORENCY

LA ROUTE DES FRUITS. La CERISE DE
MONTMORENCY, griotte acide recherchée
pour la préparation des conserves et des
confitures, était déjà cultivée au XVIIe
siècle, dans les vergers situés en bordure
de forêt. Mais l'urbanisation et la
concurrence des bigarreaux ont contraint à réduire sa surface
d'exploitation autour des communes de Saint-Prix et de Soisy.
Non loin de là, la POIRE DE GROSLAY a conquis les palais
jusqu'en Angleterre. Il ne s'agit pas d'une variété mais d'une
appellation qui consacre le savoir-faire, plus de deux fois
centenaire, des arboriculteurs de la région. Une fête de
la poire se tient en octobre à Montmagny, ville également
réputée pour sa production de pissenlits, appelés VERTS DE
MONTMAGNY et cueillis au printemps.

PLATEAUX DES YVELINES

LA VOLAILLE DE HOUDAN. Les Yvelines vivent
des heures de gloire au XIXe siècle, lorsque les
éleveurs, volant la vedette à la Normandie,
se spécialisent dans un type
de volaille fort goûté à l'époque :
la poule «huppée». En 1863,
leur POULE DE HOUDAN, au
caractéristique plumage noir
moucheté de blanc, est consacrée
«poule française par excellence»,
détrônant presque ainsi sa rivale de
Bresse. Elle disparaît pourtant après la
Première Guerre mondiale, provisoirement
puisque son exploitation a été relancée récemment. Très
appréciée pour sa chair fine et goûteuse, cette race est à
rapprocher, par sa saveur, de celle du FAVRAY, autre volaille
fermière d'Île-de-France.

LES LIQUEURS. Le GRAND-MARNIER est exclusivement
fabriqué à Neauphle-le-Château depuis les années qui ont
suivi la guerre de 1870, à raison de seize millions de bouteilles
par an. Cette liqueur dite
«de dame», faite de zestes
d'oranges amères importés
d'Haïti et macérés dans
du cognac ▲ 176, a été
mise au point par Louis-
Alexandre Marnier.
La distillerie, installée dans
la commune en 1827 par
la famille Lapostolle, est
ouverte à la visite, tout
comme l'usine de fabrication
de NOYAU-DE-POISSY, située
dans la ville du même nom.
Cet alcool à base de cognac
et d'infusion de noyaux
d'abricot aurait été conçu en
1698, par Mme Suzanne,
aubergiste à Poissy.

PÂTISSERIES
Chouquette,
macaron,
paris-brest,
saint-honoré,
tarte bourdaloue
BOULANGERIE
Pain parisien,
brioche, croissant
LIQUEURS
Grand-marnier,
noyau de Poissy.
FROMAGES 🐄,
Brie de Meaux
(AOC), brie de
Melun (AOC),
coulommiers
**VOLAILLES
ET LAPINS**
Volaille fermière
de Houdan (LR),
volailles fermières
d'Île-de-France (LR),
lapin du Gâtinais
VIANDES
Agneau et bœuf
d'Île-de-France
FRUITS
Champignon
de Paris, cresson,
salade, pomme,
poire, cerise de
Montmorency
DIVERS
Moutarde de
Meaux, vinaigre
de Lagny, menthe
de Milly-la-Forêt

**D'HIER À
AUJOURD'HUI**
Dans la proche
banlieue de la
capitale, appelée
jadis «ceinture
maraîchère»,
des retraités et des
maraîchers plantent
des légumes et des
fleurs de saison,
dans des enclaves
oubliées du monde.
Ailleurs, on vient
encore chercher son
lait frais à la ferme.
À Joinville-le-Pont,
on déguste en juin,
à la fête des
guinguettes, un
petit blanc local
baptisé guinguet,
en souvenir du vin
qui était produit
au XVIIe siècle
dans les faubourgs
de la capitale.

**L'AGNEAU
D'ÎLE-DE-FRANCE**
C'est dans les
bergeries du château
de Rambouillet que
l'élevage d'agneaux
gagne ses lettres
de noblesse. En
1786, Louis XVI fait
importer d'Espagne
un élevage
de moutons mérinos,
réputés pour leur
laine. Le mérinos,
croisé en 1832 avec
une race anglaise,
le dishley, contente
encore les éleveurs
en quête de «toison
d'or» et les Parisiens
friands d'agneau
pascal.
De nos jours,
les cheptels
regroupent trente
mille bêtes de la race
ovine Île-de-France.

**LE BŒUF
D'ÎLE-DE-FRANCE**
Ce nom désigne
non pas une race
mais le résultat
d'une technique
d'engraissement
traditionnelle.
Les bêtes peuvent
être nées dans
une autre région
mais doivent, avant
d'être abattues (elles
ont alors entre trente
et trente-cinq mois),
passer au moins
six mois (en général
un an) en Île-de-
France. L'hiver, on
les nourrit d'aliments
produits localement
(fourrage, betterave,
farine de luzerne et
céréales) ; l'été, elles
vont au pâturage.

VALLÉE DE L'ESSONNE

LE CRESSON DE MÉRÉVILLE. Des hommes agenouillés
au-dessus de bassins peu profonds alimentés par les eaux
de la Juine, telle est l'image qu'offrent les cressonnières
de Méréville, au moment de la cueillette, en automne
et au printemps. La culture du cresson de fontaine,
introduite en France en 1811 et à Méréville en 1893, est
contraignante. Cette plante a besoin d'une eau très pure,
dont la température idéale varie entre 10 et 12 °C. Une
de ses principales caractéristiques est de grandir vite

(le mot «cresson» est dérivé de
«croître»), puisqu'un mois et
demi après sa plantation elle est
prête à être récoltée (à la main).
L'Essonne est devenue le premier
producteur français de cresson,
qu'une foire à Méréville met à
l'honneur chaque année en avril.

LA MENTHE DE MILLY-LA-FORÊT. L'exploitation de la menthe
poivrée de Milly-la-Forêt est une tradition dans le
département de l'Essonne. La culture de cette plante
médicinale et aromatique y est attestée depuis
la Révolution. En 1959, Jean Cocteau, qui résida
à Milly, se fit le chantre de cette tradition
d'herboristerie dans le «pays», en consacrant
aux plantes médicinales le décor mural qu'il
réalisa pour la chapelle Saint-Blaise. Cette
ancienne maladrerie du XIIe siècle, sise un peu
à l'écart du bourg, fut restaurée par ses soins
peu avant qu'il n'y trouve le dernier repos.

PLAINE DE LA BRIE

LA ROUTE DES FROMAGES. Le BRIE, qui tenait déjà bonne place
dans les foires médiévales de Meaux et de Coulommiers, fut
le fromage du peuple avant d'être celui des rois. Un
sans-culotte aurait ainsi proclamé au cours de la Révolution :
«Le fromage de Brie, aimé par le riche et par le pauvre,
a prêché l'égalité avant qu'on ne la soupçonne possible.»
En 1815, souverains et diplomates rassemblés au congrès
de Vienne le couronnent «Roi des fromages». L'appellation
d'origine contrôlée est accordée en 1980 au BRIE DE MEAUX,
puis en 1987, au BRIE DE MELUN. Ces deux fromages à pâte
molle, au lait cru de vache, contiennent 45 % de matières

grasses et sont affinés pendant une période allant de quatre à sept semaines. Les procédés de fabrication différents leur donnent à chacun un caractère particulier.

Les gastronomes assisteront au concours annuel du meilleur brie, à Meaux, ou à la Foire internationale aux vins et aux fromages de Coulommiers, en avril. Cette commune a donné son nom à une variété de brie dont le jury de l'Exposition universelle de Paris avait déjà fait l'éloge en 1878. Sur la route des fromages, n'oublions pas de faire escale, toujours en Seine-et-Marne, à Tournan-en-Brie et à Fontainebleau.

BOURSAULT, DÉLICE DE SAINT-CYR et FONTAINEBLEAU sont les héritiers d'une tradition de production de fromages riches en matières grasses, très recherchés au XIXᵉ siècle par les classes aisées de Paris.

CONDIMENTS. À l'origine, la MOUTARDE DE MEAUX est préparée par les seuls religieux de la cité. Son secret de fabrication est transmis à la maison Pommery au XVIIᵉ siècle, puis à la famille Chamois en 1949, sans jamais être divulgué. Cette famille détient aussi l'usine de VINAIGRE DE LAGNY, qui doit en partie son existence au phylloxéra : elle produit en effet du vinaigre d'alcool ; or celui-ci remplaça le vinaigre de vin quand l'épidémie atteignit la région, entre 1875 et 1900.

LE GÂTINAIS

LE LAPIN DU GÂTINAIS. La poule gâtinaise a longtemps prédominé dans les élevages avicoles de la région, situés près de Nemours et d'Egreville. Elle a pratiquement disparu, cédant la place au lapin du même nom. Cet animal était élevé depuis le XVIIᵉ siècle avant d'être désigné par une appellation spécifique : la première mention de son nom actuel, «lapin du Gâtinais», figurant dans un catalogue d'épicier, date de 1909. Jusqu'alors, le lapin domestique n'avait trouvé grâce auprès d'aucun gourmet et d'aucun agronome. Olivier de Serres, dans son ouvrage *Théâtre d'agriculture et mesnage des champs* (1600), affirme lui préférer le lapin de garenne, car celui-ci évolue en toute liberté dans les bois et dans les campagnes. Aujourd'hui, les mentalités ont évolué au point que le lapin de basse-cour est considéré comme un plat festif. Par les habitants du Gâtinais, cela va de soi !

LA POMME FARO
Faro en vieux français signifie «fort», vigoureux. La pomme faro prospère, depuis le Moyen Âge, dans les vergers briards, sur les coteaux bien exposés de Lagny, de Meaux et de Crécy-la-Chapelle. Objet de fierté local, elle s'expose au «Conservatoire de pommes anciennes»

CALENDRIER GOURMAND
Fin mars : Foire aux fromages et aux vins de France à Coulommiers, Foire au Cresson à Méréville
Avril : Foire gastronomique à Héricy ; marché campagnard à Mormant
Fin mai : marchés des produits du terroir à Corbeil-Essonnes
Premier week-end de juin : Foire de la fraise à Milly-la-Forêt
Fin juin : concours du Brie de Meaux et chapitre de la confrérie à Meaux
Fin août : fête de la Moisson à Provins
Fin septembre : fête des Vendanges à Bagneux, Foire aux abricots à Arpajon
Novembre : les Pommades à Savigny-le-Temple

Les plateaux calcaires recouverts de limon, propices à la culture des blés, ont fait de la Beauce le grenier de la capitale, et consacré l'Île-de-France, reine de la boulange. Et si, depuis le Moyen Âge, la renommée des pains de France a franchi ses frontières, ce sont bien ceux de l'Île-de-France qui restent les plus recherchés. Ce fut Paris, ville royale et haut lieu de la gastronomie, qui lança, outre une tradition boulangère concurrençant celle de ses faubourgs, une mode de petites pâtisseries, souvent richement fourrées. Celles-ci abandonnèrent la pâte à pain des pâtisseries traditionnelles de province pour des préparations plus légères, comme la pâte feuilletée ou la pâte à choux.

PAIN BLANC, PAIN NOIR

La baguette ne se répandit en province que vers 1965, au moment où Paris découvrait les pains de campagne, voire le pain noir. Après avoir été le pain des pauvres, ce dernier est aujourd'hui considéré comme un produit de luxe.

DU GROS PAIN À LA BAGUETTE FRAÎCHE

Sur les marchés des faubourgs se vendaient de gros pains familiaux. Au XVIIIᵉ siècle, les boulangers de Paris – souhaitant promouvoir leur propre productions – créèrent un pain plus petit, de forme allongée, qui cuisait plus rapidement.

Au début du XXᵉ siècle, ce pain, pesant moins de un kilo, était destiné aux couples n'ayant qu'un ou deux enfants. Puis vint la baguette, qui suffisait au Jules et à sa midinette.

LES «VIENNOISERIES»

Une petite corne dorée en pâte à pain, appelée «croissant», aurait été introduite en France par Marie-Antoinette. Elle sera travaillée en pâte levée et feuilletée pur beurre, par les pâtissiers parisiens, au début du XVIIᵉ siècle.

Son nom lui aurait été donné par les boulangers viennois, voulant commémorer ainsi une victoire de la ville, en 1685, sur les Turcs, dont le drapeau affiche… un croissant ! La brioche apparaît elle aussi au XVIIᵉ siècle à Paris, «poussée» à la levure et non pas au levain de pain comme partout ailleurs dans l'Hexagone.

«LA BOULANGERIE, TRÈS CLAIRE, […] OÙ DES PAINS LONGS ET
VERNIS S'INCLINAIENT, […] AVAIT UNE BONNE TIÉDEUR DE PÂTE
CUITE, QUI L'ÉPANOUISSAIT, LORSQUE, CÉDANT À LA TENTATION,
ELLE ENTRAIT ACHETER UNE BRIOCHE DE DEUX SOUS.»

ÉMILE ZOLA (*LE VENTRE DE PARIS*)

DES MOULINS EN ÎLE-DE-FRANCE
«Les moulins assis sur les rivières de Provins
allaient déjà. […] Leur bruit accusait la
profondeur du silence» (Balzac, *Pierrette*).
Quelques rares moulins médiévaux ont
échappé à la destruction, tel celui de la
Chaussée, à Saint-Maurice, dans le Val-
de-Marne. Il y a un siècle, quatre ou cinq
variétés de blé prédominaient, moulues
à l'ancienne entre deux meules de pierre.
On en compte aujourd'hui une
trentaine, broyées entre les
cylindres métalliques des
Grands moulins industriels
de Paris
et de Pantin.

PARIS-BREST
1891 ou 1909, la date de création du paris-
brest reste encore un mystère. Inspiré par la
course cycliste du même nom, Louis Durand,
pâtissier à Maisons-Laffitte, serait l'auteur de
ce gâteau à la forme de roue, fait de pâte à
choux fourrée de crème au beurre pralinée.

CHOUQUETTES
Ces petits choux étaient déjà
vendus au XVIe siècle, dans les
rues de Paris, par des marchands
ambulants. Ils étaient, alors,
le plus souvent garnis de fromage.

Jean Béraud 1889

**LANGUEDOC-
ROUSSILLON**
27 447 km²
pour 2,11 millions
d'habitants.
Cinq départements :
Aude
(Carcassonne),
Gard (Nîmes),
Hérault
(Montpellier),
Lozère (Mende),
Pyrénées-
Orientales
(Perpignan).

FROMAGES 🌿
Bleu des Causses
(AOC), pélardon,
pérail
PRODUITS DE LA MER
Huîtres de
Bouzigues 🌿,
anchois de
Collioure, anguille
fumée, tielle sétoise,
brandade de morue
de Nîmes
CHARCUTERIE
Petit pâté
de Pézenas
VIANDES
Taureau de
Camargue (AOC),
agneau du
Languedoc
FRUITS, LÉGUMES, RIZ
Olive 🌿 (verte
de table), pomme
granny sud (CC),
melon, abricot,
huile d'olive 🌿,
riz de Camargue
VINS 🌿
Banyuls, maury,
muscat, rivesaltes,
côtes-du-roussillon,
costières-de-nîmes
(AOC), vins du
Languedoc (AOC :
minervois,
corbières, fitou…),
tavel, vins de pays
CONFISERIES
Rousquille, grisette
de Montpellier,
miels de Lozère 🌿

Comme son nom l'indique, cette région administrative est double. Non qu'elle recouvre les limites historiques des anciennes provinces dont elle porte le nom, tant s'en faut, mais elle comprend deux entités ; on pourrait dire que l'une, le Languedoc, se rattache au Massif central, tandis que l'autre, le Roussillon, se rattache au monde pyrénéen. Elles sont toutes deux indissolublement liées au monde méditerranéen et reliées l'une à l'autre par une longue plaine littorale, parfois très étroite, qui s'étend quasiment sans entraves du sillon rhodanien à la frontière espagnole. Le tout forme un vaste amphithéâtre tourné vers la mer qui s'élève progressivement de gradin en gradin. Les terroirs qui les composent, d'une extraordinaire diversité, peuvent

Aligot

Causse

Tam

Lodève •

Faugères

Pézenas
Saint-chinian *Pâté de Pézenas*

Minervois *Plaine* • Béziers

• Castelnaudary *Aude*
Cassoulet Lézignan- • Narbonne
Corbières *La Clape*
Carcassonne

• Limoux *Corbières*

Blanquette de Limoux *Fitou*

Rivesaltes *AOC région*

Côtes-du-Roussillon *Abricot*

Prades • ● **Perpignan**

Anchois de Collioure

Roussillon • Collioure
Céret • *Banyuls*

aussi bien être à l'origine d'une économie montagnarde fondée sur l'élevage, que prospérer grâce à la culture de la vigne, omniprésente en plaine et sur les collines, ou vivre des activités maritimes, comme la pêche à l'anchois. L'espace lagunaire, quant à lui, a généré une civilisation originale, où s'activent gardians de Camargue, conchyliculteurs et mytiliculteurs des étangs littoraux. Ces contrastes géographiques font toute la richesse du Languedoc-Roussillon, renforcés par des différences climatiques tout aussi capitales, liées à l'altitude et à la proximité plus ou moins grande de la mer.

LE LITTORAL

LE TAUREAU DE CAMARGUE (AOC). La Petite Camargue est le royaume du taureau. L'élevage de cet animal autochtone du

delta du Rhône ▲ *184* demeura longtemps l'unique moyen de tirer parti de ces terres salées recouvertes de salicorne et inadaptées à la culture. L'élevage extensif se pratique en plein air dans de vastes espaces parfois clôturés où les animaux se déplacent librement en troupeaux semi-sauvages, ou manades. Des marquages au fer à l'oreille, les «escoussures», réalisés au cours de fêtes annuelles, les ferrades, permettront aux propriétaires et aux gardians d'identifier leurs bêtes. Certaines d'entre elles, sélectionnées pour leur bravoure, participent aux courses libres traditionnelles, [q]ui ne comportent pas [d]e mises à mort. La viande [d]e taureau, [de] grande qualité, [es]t essentiellement [d]estinée à la [co]nsommation [ré]gionale. Elle est [so]uvent servie grillée [su]r un feu de sarments de [vi]gne, mais est également [in]dispensable à la confection de la GARDIANE, la daube [ty]pique, qui peut être accompagnée de riz de Camargue.

[L]E RIZ DE CAMARGUE ▲ *184*. Le musée Camarguais, [si]tué près d'Arles, met en évidence la présence séculaire [du] riz dans l'environnement du delta du Rhône. [So]n apparition sur le littoral méditerranéen est antérieure [à la] Renaissance ; il était utilisé essentiellement dans [l'a]limentation des marins. Par la suite, la culture du riz,

LES VINS DE SABLE
C'est peu de dire que la vigne est omniprésente dans le Languedoc, où elle occupe même des terroirs situés en bord de mer ou d'étang. Les vins de pays des côtes de Thau en sont issus, comme leur nom l'indique. Leur vinification se fait en rouge, en rosé et en blanc. Ils étaient autrefois destinés à l'élaboration des vermouths mais se font connaître depuis quelques années en tant que vins de pays. C'est sur des terrains sablonneux qui s'étendent en bordure de littoral que se sont développés les vins des sables du golfe du Lion. Ce sont essentiellement des vins rosés, gris et même gris de gris. Ils représentent la plus forte production du département du Gard en vins de pays, mais on les rencontre également dans l'Hérault.

à laquelle s'intéressèrent Henri IV, Louis XIV et surtout
Napoléon III, servit à dessaler les sols camarguais destinés
à la vigne et aux céréales. Après une période de culture
rationnelle, comprise entre les années 1880 et la dernière
guerre, le riz en Camargue connaît un véritable
essor avec la disparition de l'empire colonial
français. Aujourd'hui, la plupart des variétés
de riz (grains longs et grains ronds) ont été
acclimatées en Camargue, région qui produit
annuellement le tiers de la consommation
française.

LES HUÎTRES DE BOUZIGUES. Activité primordiale de
l'étang de Thau, la conchyliculture peut se prévaloir d'une
importance économique bien supérieure à celle du tourisme
pour l'ensemble du département de l'Hérault. On y récolte
en effet entre 7 000 et 8 000 t d'huîtres par an, appelées
«huîtres de Bouzigues». Plusieurs centaines de familles
vivent aujourd'hui de cet élevage, perpétuant ainsi une
tradition qui remonte à l'époque gallo-
romaine, alors que ces coquillages
étaient simplement ramassés à
l'état sauvage. Pour tous ceux
qui souhaitent parfaire leurs
connaissances en ce domaine
et découvrir le quotidien des
«paysans de la mer», le musée
de l'étang de Thau, à Bouzigues,
constitue une mine d'informations.

**LES ANCHOIS
DE COLLIOURE.**
Collioure, bâtie sur la Côte vermeille,
est, depuis des siècles, la capitale de
l'anchois. Au Moyen Âge, ce port s'était
spécialisé dans la pêche, la salaison et
le commerce de poissons de diverses
espèces. La petite cité avait donc été
exemptée de la gabelle, l'impôt sur le sel
par le roi Louis XI, afin de pouvoir être
à même de faire face à cette énorme
production. En effet, des barils d'anchois
salés, mais également de thons et de
sardines, étaient vendus dans tout le
bassin méditerranéen. Avec la raréfaction
des autres poissons, l'anchois est devenu
la spécialité. De nos jours, le port ne
se consacre plus à cette pêche, mais
Collioure se charge toujours de la
conservation, les anchois venant
essentiellement de Port-Vendres,
mais aussi de Saint-Jean-de-Luz, de
La Turballe ou de Lorient. Le travail
est manuel, comme autrefois, l'anchois
étant trop fragile pour supporter
toute mécanisation. Trois entreprises
artisanales préparent chaque année
environ 500 t de ces anchois. Dans la
région, on déguste volontiers ces poissons
en anchoïade, une pommade d'anchois
et d'olives, ou encore en beignets.

Plat emblématique du Languedoc, le cassoulet ne peut être, d'après les gourmets, que de Castelnaudary, la petite capitale du Lauragais. On y emploie un haricot charnu à peau fine. Découvert par Christophe Colomb alors qu'il venait de débarquer sur le continent américain, le haricot, ou *ayacotl*, fit son apparition dans le sud de la France à la fin du XVIe siècle, ce qui, selon certains, situerait à cette époque l'invention du cassoulet. En réalité, le ragoût chaurien était un plat bien antérieur à la Renaissance, le haricot n'ayant fait qu'y remplacer la fève et le dolique.

LA GUERRE DU CASSOULET

Plusieurs villes ayant revendiqué avec véhémence la paternité du cassoulet, le cuisinier Prosper Montagné, originaire de Carcassonne, tenta de calmer les esprits au début de ce siècle en affirmant : «Le cassoulet est le dieu de la cuisine occitane, un dieu en trois personnes. Le père qui est le cassoulet de Castelnaudary, le fils qui est celui de Carcassonne, et bien sûr le Saint Esprit qui est celui de Toulouse». On évita ainsi la guerre du cassoulet, tout en confortant les Chauriens dans leur prééminence.

LA CASSOLE

C'est la *cassoulo*, ou cassole, dans laquelle il mijote au moins deux heures durant, qui a donné son nom à ce plat. Il s'agit d'un récipient en terre cuite évasé, vernissé intérieurement. La cassole est fabriquée à Issel, un petit village situé au nord-est de Castelnaudary.

TOUR DE MAIN MAGIQUE

Au cours de la cuisson au four se forme une peau épaisse. Il est de rigueur ici de l'enfoncer dans la préparation afin qu'une autre peau se forme. Cette opération, à renouveler sept fois – le chiffre 7 est gage de perfection –, contribue à conférer à l'ensemble une saveur exceptionnelle.

L'OLIVE LUCQUES
Dans l'Aude et l'Hérault, on consomme la lucques, une grosse olive verte et pointue, à peau lisse et très charnue, qui se récolte en octobre, avant maturité, aux alentours de Bize-Minervois.

LA «CLÉDA» À CHÂTAIGNE
Au fur et à mesure de la récolte, les châtaignes sont entreposées dans ce séchoir constitué d'un plancher à claire-voie sous lequel est entretenu un feu. Elles ne seront décortiquées qu'à la fin de la dessication.

PLAINE LANGUEDOCIENNE

LA GRISETTE DE MONTPELLIER. La grisette, minuscule bonbon de couleur presque anthracite, est une spécialité de Montpellier et peut s'enorgueillir d'une très ancienne origine qui en ferait l'une des plus vieilles douceurs de France. Elle remonterait en effet au Moyen Âge, alors que, par milliers, les pèlerins se mettaient en marche pour gagner Saint-Jacques-de-Compostelle. Cette grisette à base de miel, de réglisse et d'herbes de la garrigue aurait alors été tout spécialement confectionnée pour eux, leur apportant un petit réconfort lors de leur passage dans la prestigieuse cité languedocienne.
Les confiseurs montpelliérains en auraient conservé (ou retrouvé) le secret de fabrication.

LE PETIT PÂTÉ DE PÉZENAS. L'origine du fleuron gastronomique de Pézenas, tout aussi historique, est beaucoup plus récente. Il s'agit d'un petit pâté, dont d'autres villes, d'ailleurs, telle Béziers, revendiquent la paternité. Il daterait du XVIIIe siècle et sa création reviendrait à un Indien dont l'histoire n'a pas retenu le nom, au profit de celui de Lord Robert Clive, alors gouverneur des Indes. Lord Clive, alors qu'il séjournait dans les environs, avait un cuisinier indien, qui confectionnait pou[r] les hôtes de son maître de petits pâtés en croûte dont la farc[e] était un mélange de salé et de sucré, de viande de mouton et de fruits confits. La recette en fut divulguée et reprise par u[n] pâtissier piscénois, un certain Roucayrol, qui les vendit sous le nom de «petits pâtés écossais de Lord Clive». Ceux de Pézenas en sont les dignes héritiers.

CÉVENNES

LA CHÂTAIGNE. Le châtaignier, culture prépondérante des Cévennes pendant des siècles, y fut surnommé «l'arbre à pain». Le Cévenol fit en effet de la châtaigne la base de sa nourriture, en fruits frais consommés grillés ou bouillis, e[n] fruits secs qu'il mettait à sécher dans des *clédas*. Il en utilisa [le] bois dans la construction et en menuiserie pour la fabricatio[n] de meubles et d'ustensiles, tandis que les feuilles devinrent souvent l'unique nourriture et la seule litière du bétail. Aujourd'hui, l'ensemble de la région Languedoc-Roussillon met sur le marché 640 000 t de châtaignes, soit près de 6%

de la production française, réparties en trois variétés : l'AGUYANE, le MARRON DAUPHIN[E] et le MARRON DU VAR. Les départements du Gard et de la Lozère se partage[nt] l'essentiel de cette activité agricole.

LE PÉLARDON. Il n'y a pas de produit plus typique des
Cévennes que le pélardon, un petit fromage de chèvre qui
doit sa fine saveur de noisette à la nourriture des troupeaux
qui paissent les landes et les sous-bois de châtaigniers. C'est
un palet de 6 ou 7 cm de diamètre qui pèse environ 60 g après
six jours d'affinage. Il se déguste frais, mi-sec ou affiné. Dans
le premier cas, on le mange dans les cinq jours suivant son
démoulage, généralement au dessert. Le mi-sec, qui est
meilleur entre huit et dix jours après démoulage, est crémeux
et fait merveille avec une salade. Quant au pélardon affiné
pendant trois semaines et plus, au goût de chèvre bien
prononcé, c'est le roi du plateau
de fromages. Le PÉLARDON
D'ALTIER est également
élaboré dans les
Cévennes. Il existe
aussi un PÉLARDON
D'ANDUZE.

LES CAUSSES

LE BLEU DES CAUSSES.
La grande activité des Causses est
l'élevage, à vocation essentiellement laitière ; la réputation
du bleu des Causses n'est d'ailleurs plus à faire depuis qu'il
bénéficie d'une AOC dont l'aire d'appellation s'étend à tout
le massif caussenard. On le retrouve donc en Aveyron ▲ *141*,
mais également sur les causses et la Margeride lozériennes,
et, dans une moindre mesure, dans le Lot, sur les causses du
Quercy. C'est exclusivement un fromage de vache, au lait cru
entier, même si, jadis, il était élaboré à partir d'un mélange de
laits de vache et de brebis. Il se présente toujours sous forme
d'une pâte persillée à la belle couleur ivoire marbrée de

veinures bleutées,
ensemencée au
*Penicillium
roquefortii*, comme
le roquefort ▲ *144*.
À l'instar de ce
dernier, il est
affiné dans des
caves naturelles
ménagées par
l'érosion karstique.
Il a subi au moins
70 jours, mais plus
souvent entre 3 et
6 mois d'affinage,
avant de paraître
sur les étals, sous
forme de cylindres
de 2,5 à 3 kg.

▲ LE PLUS VASTE VIGNOBLE DE FRANCE

Quatre des départements du Languedoc-Roussillon, le Gard, l'Hérault, l'Aude et les Pyrénées-Orientales se partagent le plus vaste vignoble français. Ses quelque 300 000 ha assurent 40% de la production française, et notamment 18% des AOC et 70% des vins de pays. Véritable monoculture, la vigne s'impose partout, des rives du Rhône à la frontière espagnole, des rebords des Cévennes, des Causses, de la Montagne Noire et des Pyrénées jusqu'en bordure des étangs saumâtres qui parsèment le littoral, empiétant largement sur la garrigue et remontant le cours des rivières jusqu'à des altitudes impensables ailleurs et que seules justifient d'exceptionnelles conditions climatiques.

UNE DATE CLÉ POUR LES VINS DOUX NATURELS

On doit à Arnau de Vilanova qui fut docteur en médecine et recteur de l'université de Montpellier, la découverte, en 1285, du mutage, stabilisation des vins doux par apport d'alcool – à l'époque de l'eau-de-vie de vin. La région est la plus importante productrice de VDN de France, qu'il s'agisse des lunel, mireval, saint-jean-minervois et frontignan du Languedoc, ou des maury, rivesaltes, muscat de Rivesaltes, banyuls et banyuls grand cru du Roussillon.

UN OCÉAN DE ROUGES

Bien que la production des blancs et des rosés soit loin d'être négligeable, le vin rouge est roi. Des cépages traditionnels comme le grenache noir, le cinsault, la syrah et le mourvèdre, mais aussi le bourboulenc et le picpoul donnent les grandes AOC de la région : minervois, fitou, corbières, picpoul-de-pinet, saint-chinian, faugères, coteaux-du-languedoc, côtes-du-roussillon et côtes-du-roussillon-villages. VDQS et vins de pays n'en sont pas pour autant absents. On compte notamment près de soixante-dix vins de pays différents réunis sous une dénomination commune, celle des vins du Pays d'Oc.

Au Moyen Âge, les bovins du Limousin, de petite taille et à la robe de couleur rousse, sont élevés comme animaux de trait et fournissent, mais en quantité insuffisante, la fumure pour la terre. Puis, inaptes aux travaux agricoles, ils deviennent des animaux de boucherie. À partir de la Révolution, l'élevage du bétail, qui demeure la première activité agricole de la région, subit de profondes mutations. En 1886, la création du *herd-book* limousin, ou livre généalogique, définit la race bovine locale comme une race de travail et de boucherie et permet d'établir un premier standard.

UNE RACE PLÉBISCITÉE

Les qualités de la race bovine limousine sont unanimement reconnues : robustesse, facultés d'adaptation, fécondité, facilité de vêlage et... finesse de la chair.

LES SPÉCIALISATIONS LOCALES

Selon leur âge, leur alimentation et leur destination, les bovins limousins répondent à différentes appellations : le broutard (bovin de moins d'un an, vendu à l'automne aux ateliers d'engraissement), le veau sous la mère (spécialité des petites exploitations corréziennes), le bœuf limousin (qui produit l'essentiel de la viande rouge)...

L'ÉLEVAGE

Jusqu'au début du siècle, l'étable ne connaît guère de changements. Les animaux sont disposés face à face, de part et d'autre d'un couloir d'alimentation. Les rations sont composées de foin, de céréales et de topinambours. Les veaux se trouvent à l'attache derrière leur mère. Avec l'accroissement de la taille des exploitations, les étables entravées se sont agrandies et équipées d'évacuateurs à fumier, ainsi que d'un couloir central permettant le passage d'un tracteur. En fin d'engraissement, les animaux sont laissés dehors toute l'année, l'affouragement se faisant en râtelier ou à même le sol.

Stenay
(Musée européen de la Bière)

Vallée de la Meuse

Vin de Moselle
• Thionville

Lard

Potée lorraine, quiche
Briey •

• Hagondange

Verdun •
Dragée

Vin de Moselle
• Boulay-Moselle

• Forbach

• Sarreg

• **Metz**

Potée lorraine, quiche

Mirabelle

Moselle

Saint-Mihiel •

• Hattonville
(Verger conservatoire de la Mirabelle)

Vin de Moselle

Plateau lorrain

Côtes de Moselle

Lard

• Château-Salins

Lard

Bar-Le-Duc

• Commercy
Madeleine

Eau-de-vie de mirabelle

Vin de Moselle

• Sarrebou

Confitures de groseilles

Toul •
Côte-de-toul

Nancy

Macaron et bergamote, la Pils, la Blanche

Miel de sapin

• Lunéville

Potée lorraine, quiche

Vigneulles-lès-Bains •

Munster

Meurthe

Lard

Meuse

Miel de sapin

Neufchâteau •

Tantonville •

Lard

Mirabelle

Moselle

Potée lorraine, quiche

Saint-Dié •

Massif des Vosges

Munster

Épinal •

Eaux minérales • Vittel

• Contrexeville

Géromé
Gérardmer •

Pâté de truite

Eaux minérales

Remiremont •

Bains-les-Bains •

• Plombières-les-Bains

$\mathcal{D}$e la côte de Meuse
aux terroirs voués à
l'agriculture, à celle de Moselle,
belle voie de passage au cœur des plateaux lorrains,
il n'y a qu'un pas à franchir pour atteindre les vastes forêts
vosgiennes qui bordent la région à l'est. Entachée longtemps
d'une image industrielle liée à la mine, au textile et à la
sidérurgie, la Lorraine connaît depuis une vingtaine d'années
un souffle nouveau. Et l'on découvre sous un autre jour
ce pays toujours vert, si riche en friandises…

CÔTE DE MEUSE

LA CONFITURE DE GROSEILLES DE BAR. Une confiture
de groseilles sans pépins, ça n'existe pas… C'est pourtant
l'étonnante spécialité de Bar-le-Duc, où les épépineuses,
armées d'une patience exemplaire, enlèvent un à un, depuis
des siècles, les pépins des grains de groseille sans en déchirer

la peau, au moyen d'une plume
d'oie taillée. Un geste très
technique frisant la virtuosité :
une main experte parviendrait
en effet à épépiner 4 kg de
groseilles par jour. Ces délicat
confitures, tantôt blanches et
très parfumées, tantôt rouges e
plus sucrées, sont aujourd'hui
une denrée rare ; Bar-le-Duc n
compte plus qu'un unique
maître confiturier.

DES FROMAGES EN LORRAINE
La région consacre 8 l de lait sur 10 à la
fabrication de fromages, notamment à celle de
munster-géromé ▲ 58 et de brie de Meaux ▲ 116,
dont l'AOC couvre une partie de la Lorraine.

LA DRAGÉE DE VERDUN. La dragée a été créée
par un apothicaire meusien en 1220.
Il est alors fait mention dans les archives
de la ville d'un médicament de confort
purifiant l'haleine et facilitant la
digestion. Les dragées portent à l'époque
un nom délicieux : les «épices de
chambres». Bénéficiant d'un immense
succès populaire, elles sont distribuées,
sur ordre de Louis XIV, aux enfants des
écoles chaque jour de l'an. En 1660, Colbert
note que Verdun en fait un grand commerce
et, en 1680, une ordonnance royale assure que
la meilleure dragée de France est fabriquée
dans la cité meusienne. Aujourd'hui encore, les dragées
des baptêmes et des communions, qu'elles soient aux
amandes siciliennes, argentées, au chocolat ou au nougat,
font la réputation gourmande de Verdun.

LA MADELEINE DE COMMERCY. Quand Madeleine dut
remplacer au pied levé le pâtissier de Stanislas,
elle confectionna le seul gâteau dont elle connaissait la
recette… pour le plus grand bonheur des invités du duc
de Lorraine. Le dessert n'avait pas de nom, Stanislas
lui donna celui de la servante. L'épouse de Louis XV
appréciait fort ces gâteaux en forme de coquille, délicatement
parfumés à la fleur d'oranger. Si elle contribua à en asseoir
la notoriété, Marcel Proust ne fut, par la suite, pas étranger
à leur succès.

CÔTE DE MOSELLE ET PLATEAU LORRAIN

LE VIGNOBLE LORRAIN. Le vignoble lorrain,
dont la renommée est attestée au XIIIe siècle, fut décimé par
le phylloxéra vers 1890. De nos jours, il ne donne plus lieu
qu'à une production modeste, dont près de 90 % est
consommé localement. Depuis le 9 août 1951, LE VIN DE
MOSELLE et le COTEAUX-DU-TOULOIS font l'objet d'une
appellation VDQS.

LA BERGAMOTE. L'origine de la bergamote, fruit du
bergamotier, cultivé essentiellement en Calabre, en Corse
et en Chine, est assez mystérieuse ; non moins contestée
est celle du bonbon, qui en prit le nom et l'arôme. Cette
spécialité de Nancy serait-elle due à un dénommé Jean-
Frédéric Godefroy Lillich vers 1850 ; ou dériverait-il des
tablettes à la bergamote vendues aux familles israélites
de la rue des Carmes et de l'Équitation par une maison

LA QUICHE
Sans conteste
d'origine lorraine,
cette tarte garnie
d'un mélange d'œufs
battus, de crème
fraîche et de lardons
porte le nom de
quiche depuis le
XVIIe siècle. Le terme
a alors regroupé
toutes sortes de tartes
salées dénommées
auparavant tarte,
fouace, cholande
dans les Vosges,
galette lorraine dans
la Meuse, et même
parfois tarte à la
flamme, ce qui
rapprocherait la
spécialité lorraine
de la tarte flambée
alsacienne, la
flammeküche.

**LA CHARCUTERIE
LORRAINE**
Potée, tourte, quiche :
pas de cuisine
lorraine sans viande
de porc ! Le cochon,
viande des
campagnes, a été et
est encore un plat de
base dans la tradition
gastronomique
lorraine. Le lard
intervient dans la
composition des
soupes et potages,
et bien sûr dans la
potée lorraine, où il
convient d'intégrer :
lard maigre, filet
ou palette de porc,
queue de cochon,
saucisse à cuire, sans
oublier navets, chou
vert, carottes,
poireaux, pommes de
terre, céleri-branche
et parfois lentilles.

installée place du Marché vers 1840 ? Quoi qu'il en soit, la friandise contribue à la renommée de Nancy. Elle est, en tout cas, la première confiserie française à avoir reçu un label régional.

LES MACARONS DE NANCY. Bien que d'origine lointaine et vraisemblablement italienne, les macarons, à base d'amandes pilées, croquants en surface et moelleux à cœur, sont, dès le XVIᵉ siècle, produits à Nancy. La légende raconte pourtant que les premiers macarons de la ville auraient été confectionnés plus tard par deux bénédictines, en remerciement de l'hospitalité qui leur avait été offerte par une famille de Nancy, lors de la fermeture du couvent en 1793. Marguerite-Suzanne Gaillot et Élisabeth Morlot sont désormais connues sous le nom des «Sœurs Macarons».

LA BIÈRE. La PILS, ou lager, est évidemment la grande bière d'une région qui a également été le berceau de la BLANCHE, bière de tradition qui faisait déjà, au XVIᵉ siècle, la réputation de la brasserie de l'abbaye Saint-Laurent de Dieulouard en Meurthe-et-Moselle. Bière de fermentation haute à base de malt d'orge, de blé ou de malt de blé et de houblon, la blanche intégrait dans sa composition épices exotiques ou plantes aromatiques régionales, comme la cannelle, les écorces d'orange amère ou la sauge. La mise au point en 1851 à la brasserie Tourtel d'une levure de fermentation basse sera malheureusement à l'origine de sa disparition en Lorraine, avant que la Belgique ne la remette au goût du jour. Récemment, à Nancy, l'Institut français des boissons de la brasserie-malterie, héritier de l'École de brasserie fondée en 1893, où Pasteur fit ses recherches sur la levure, a mis au point une bière à la châtaigne… pour la Corse !

LES VOSGES

LES EAUX MINÉRALES. Les sources thermales, pour la plupart déjà exploitées par les Romains, sont nombreuses dans les Vosges. Stanislas Leszczynski, Montaigne, Beaumarchais, Joséphine de Beauharnais, Lamartine ou Maupassant ont loué les EAUX DE PLOMBIÈRES-LES-BAINS pour leurs vertus curatives des affections intestinales, rhumatismales, entre autres. Celles des sources chaudes de BAINS-LES-BAINS soignent les maladies cardio-vasculaires, les rhumatismes, les séquelles ostéo-articulaires. Quant aux propriétés des eaux de CONTREXÉVILLE, elles furent découvertes par le docteur Baguard, premier médecin de Stanislas Leszczynski, en 1760, à Nancy. Si le premier établissement thermal a été créé en 1774, trois sources ont été déclarées d'intérêt public en 1860. À VITTEL, les deux sources principales, Grande Source et Hépar (salée), ont acquis une notoriété internationale.

Petite prune jaune à la chair souple, sucrée et très parfumée, la mirabelle apparaît en Lorraine au XVᵉ siècle. Mais c'est à la fin du XIXᵉ siècle que le mirabellier se répand, en lieu et place du vignoble, ravagé par le phylloxéra. La mirabelle de Lorraine représente aujourd'hui 80 % de la production européenne ; l'eau-de-vie blanche et subtile qui en est issue bénéficie d'une appellation d'origine.

UN VASTE DOMAINE

Le mirabellier, originaire d'Orient, s'est acclimaté sur 2 500 ha, sur les sols argileux et calcaires de l'Est, notamment autour de Nancy, dont il domine le marché.

AUX ORIGINES

Dès le XVᵉ siècle, les premiers mirabelliers font leur apparition sous le règne du roi René (1409-1480), duc d'Anjou et de Lorraine, et roi de Naples. Cet amateur d'arts, de lettres et de gastronomie favorisera son implantation.

LA «MIRABELLE DE LORRAINE»

C'est durant la première moitié du XXᵉ siècle que l'engouement pour l'eau-de-vie de mirabelle prend une ampleur inattendue. Officiellement, elle voit le jour le 30 décembre 1953, quand est définie l'appellation d'origine réglementée. Mais en 1972, seuls 6 hl d'alcool pur en sont reconnus dignes. L'INAO envisage même sa suppression... Aujourd'hui, 300 à 500 hl distillés par une vingtaine d'entreprises familiales bénéficient de l'appellation «mirabelle de Lorraine».

UNE PRODUCTION DIVERSIFIÉE

Avec une production de 3 000 à 20 000 t, les mirabelles de Lorraine, récoltées durant la seconde quinzaine d'août, représentent 90 % de la production nationale. Ce fruit rare est consommé frais, ou sous forme de conserves au sirop, de confitures ou de tartes. Il permet aussi de distiller une eau-de-vie délicate dont Sherlock Holmes aurait raffolé.

MÉMOIRE VIVANTE

Les producteurs entretiennent avec soin les variétés annexes de la mirabelle de Lorraine : la double, la drap-d'or, la précoce de Bergthold, la Corny, les mirabelles rouges ou vertes. Pour en maintenir la mémoire, un verger-conservatoire a été créé à Hattonville, dans la Meuse.

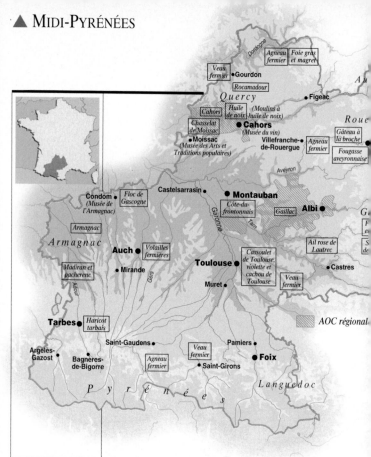

Dordogne

Agneau fermier | Foie gras et magret

Veau fermier | •Gourdon

Rocamadour

Quercy

•**Figeac**

Roue

Cahors de noix | Huile (Moulins à huile de noix)

Chasselat de Moissac | •**Cahors** (Musée du vin)

•**Moissac** (Musée des Arts et Traditions populaires) | Villefranche-• de-Rouergue | Agneau fermier | Gâteau à la broche•

Fougasse aveyronnaise

Aveyron

Condom• (Musée de l'Armagnac) | Floc de Gascogne | Castelsarrasin• | •**Montauban**

Côte-du-frontonnais

Gaillac | **Albi** •

Armagnac | *G*

F *e* *S*

Auch •| Volailles fermières | **Toulouse** •| Cassoulet de Toulouse, violette et cachou de Toulouse | Ail rose de Lautrec

• Mirande | Muret• | Veau fermier | •Castres

Madiran et pacherenc | *Adour* | *Gers* | *Garonne* | *Tarn*

Tarbes •| Haricot tarbais | ▨ *AOC régional*

Argelès-Gazost • | Saint-Gaudens • | Veau fermier | Pamiers •| Foix •

Bagnères-de-Bigorre • | Agneau fermier | • Saint-Girons

P y r é n é e s | *Languedoc*

De la Gascogne,
ce fameux pays de cocagne,
aux hautes montagnes des Pyrénées, en passant par
l'Albigeois, le pays de Bigorre, le Quercy ou le Rouergue, la
région Midi-Pyrénées est un midi de transition. De la douceur
de vivre à la rudesse des cimes enneigées flottent encore les
ombres des grandes luttes religieuses et sociales. Hérétiques
cathares et d'Artagnan gascon sont autant de hautes figures
qui ne cesseront de planer sur sa mémoire. Gouleyante, forte
en saveur, la tradition culinaire midi-pyrénéenne compte des
spécialités locales encore bien vivantes. À Toulouse, haut lieu
régional de l'art du bien-manger, perdure la plus ancienne
confrérie gastronomique de l'Hexagone, celle de la Jubilation.

TOULOUSAIN

LE CACHOU DE TOULOUSE. Issu de l'arec (*Acacia catecha*),
une plante importée des Indes au milieu du XVIᵉ siècle,
le cachou, réputé alors pour ses vertus médicinales – on dit
qu'il est bon pour les dents et l'estomac – connaît dès le

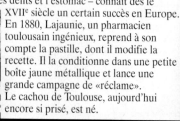

XVIIᵉ siècle un certain succès en Europe.
En 1880, Lajaunie, un pharmacien
toulousain ingénieux, reprend à son
compte la pastille, dont il modifie la
recette. Il la conditionne dans une petite
boîte jaune métallique et lance une
grande campagne de «réclame».
Le cachou de Toulouse, aujourd'hui
encore si prisé, est né.

C'est le suc résineux
de la plante, mélangé
à de l'ambre et
à du musc, qui sert
à l'origine à la
fabrication du cachou.

C'est au XIXᵉ siècle que la confection d'une confiserie, la violette, prospère à Toulouse. Utilisée pour la décoration de desserts, la violette se compose de véritable fleur de violette, de gomme arabique, de sucre et de colorant.

LE CASSOULET DE TOULOUSE. Plat emblématique du Sud-Ouest, le cassoulet fait l'objet de nombreuses recettes, à tel point qu'il est bien difficile de dire si l'authentique a vu le jour à Toulouse, à Carcassonne, ou à Castelnaudary ▲ *123*. Mais une règle reste de rigueur : il doit contenir 30 % de viande pour 70 % de haricots.

LE VIGNOBLE DE FRONTON. Propriété des chevaliers de l'ordre de Saint-Jean-de-Jérusalem, ce vignoble de Toulouse et de Montauban connaît son apogée aux XVIIIᵉ et XIXᵉ siècles. Le fronton est fabriqué à partir d'un très ancien cépage, la négrette ; il en contient de 50 à 70 %. Ce vin rosé bénéficie d'une AOC depuis 1975 ; rouge ou rosé, souple et fruité, il se boit jeune.

Le cassoulet de Toulouse contient du porc, du mouton, du confit, un saucisson de couennes, un hachis de lard rance et d'ail et, bien sûr, de la saucisse.

QUERCY

L'AGNEAU FERMIER ÉLEVÉ SOUS LA MÈRE. À la fin du XVIIIᵉ siècle, l'agneau gras du Quercy connaît une diffusion locale d'importance. Au début du XXᵉ siècle, sa réputation s'étend à Toulouse, à Bordeaux et même à Paris. Né d'une race rustique locale, la caussenarde du Lot, dont le lait servait aussi à la fabrication du roquefort ▲ *144*, l'AGNEAU FERMIER DU QUERCY est le premier de ces agneaux fermiers élevés en bergerie et nourris uniquement au lait maternel à obtenir, en 1991, un label rouge. Les AGNEAUX FERMIERS D'AVEYRON, DES PAYS D'OC et DES PYRÉNÉES-GARONNE se verront à leur tour attribuer ce label de qualité.

LE VIGNOBLE DE CAHORS (4 000 ha). Vers 650, le futur saint Didier, évêque de Cahors, entretient des vignes donnant un vin de bon aloi, déjà réputé. Dès le milieu du XIIᵉ siècle, le cahors franchit les frontières du pays sous l'égide d'Aliénor d'Aquitaine qui lui ouvre les portes de l'Angleterre. Vin prestigieux, il honore au XVIIᵉ siècle les tables de la Cour et devient bientôt le vin préféré de Pierre le Grand, tsar de Russie. L'Église orthodoxe l'adopte, elle aussi... comme vin de messe ! AOC depuis 1971, le cahors provient aux trois quarts d'un cépage très ancien, l'auxerrois, qui le rend très noir, très dense et d'une rustique corpulence. Selon les années et les crus, il se garde entre dix et quinze ans. Le cahors de coteaux est recommandé, servi jeune, sur du foie gras, des fritons de canard ou d'oie ou de la charcuterie lotoise.

SPIRITUEUX ET VINS (AOC) ✦
Armagnac, floc de Gascogne
VINS : cahors, gaillac, madiran, marcillac, côtes du frontonnais
FROMAGES ✦
Pérail, fromages des Pyrénées.
FROMAGES AOC : roquefort, bleu des Causses, laguiole, rocamadour
FOIES GRAS ET MAGRETS ✦
Canard et oie (LR)
FRUITS ET LÉGUMES
Ail rose de Lautrec (LR), chasselas de Moissac (AOC), haricot tarbais
VIANDES ET VOLAILLES (LR)
Agneau et veau fermiers élevés sous la mère, agneau fermier du Quercy, poulet et pintade du Gers ✦
CHARCUTERIES
Tripous du Rouergue, salaisons des monts de Lacaune (LR)
CONFISERIES
Cachou et violette de Toulouse

Surnommé «eau-de-vie de Gascogne», l'armagnac est fabriqué depuis le XVe siècle à partir d'un vin issu d'un vignoble d'origine gallo-romaine et qui s'étend aujourd'hui sur 15 000 ha. Réduit à un sixième de son volume, le vin devient un distillat qui doit vieillir dans des tonneaux de chêne. La mise en bouteilles arrête l'évolution de l'armagnac ; or, plus il est vieux, meilleur il est. On classe donc le distillat en diverses catégories selon le temps qu'il a passé «sous bois».

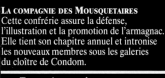

LA COMPAGNIE DES MOUSQUETAIRES

Cette confrérie assure la défense,
l'illustration et la promotion de l'armagnac.
Elle tient son chapitre annuel et intronise
les nouveaux membres sous les galeries
du cloître de Condom.

TROIS RÉGIONS D'APPELLATION

À cheval sur le Gers, les Landes et le Lot-et-Garonne, l'aire de production de l'armagnac se divise en trois zones d'appellation. Le bas Armagnac donne des eaux-de-vie fines, légères et racées. Au XVIIIᵉ siècle déjà, on signalait qu'elles étaient les plus appréciées. Les eaux-de-vie de l'armagnac ténarèze sont réputées pour leur parfum prononcé de violette. De qualité inférieure sont les eaux-de-vie que produit le haut Armagnac. Mais toutes sont longues à vieillir afin d'acquérir rondeur et épaisseur.

LES CÉPAGES

Longtemps l'armagnac et le cognac ▲ *176* eurent en commun leur cépage, la folle blanche, ou picpoul. Son extension s'accrut notablement au XVIIᵉ siècle, en raison de sa grande productivité, mais il fut dévasté par le phylloxéra. Le picpoul demeure cependant l'un des cépages utilisés, parallèlement au colombard, à l'ugni blanc et au baco.

DISTILLATION ET VIEILLISSEMENT

Jusqu'au XIXᵉ siècle, elle se faisait à double chauffe. L'alambic armagnacais, à distillation continue (un seul passage) et d'emploi plus simple, permit de réaliser des économies de combustible. À sa sortie, l'eau-de-vie est incolore et titre entre 52 et 72 % de volume alcoolique. Elle est mise à vieillir en fûts de chêne, dont le bois, fourni par la Gascogne ou le Limousin, offre ses propriétés (tannin, sucres complexes…). L'étiquette d'un armagnac d'au moins deux ans reçoit la mention «trois étoiles». Les mentions VO, VSOP ou Réserve signalent un armagnac d'au moins cinq ans. Celles d'Extra, Vieille Réserve, XO ou Napoléon, désignent celui d'au moins six ans d'âge.

LES MARCHÉS AU FOIE GRAS
Quand on veut cuisiner soi-même le foie gras, il
est recommandé d'aller l'acheter aux marchés
de Gimont et de Samatan, dans le Gers. Mais
il existe bien d'autres marchés traditionnels
dans la région, où l'on peut en trouver

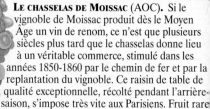

NOYERS DU QUERCY
L'huile de noix du Quercy, qui aurait été commercialisée hors des frontières de la province, à la fin du XVᵉ siècle, est aussi citée à l'époque révolutionnaire comme produit de première nécessité dans la région. Sa production décline au XXᵉ siècle, car le bois des noyers sert aux fusils de la Première Guerre mondiale.

LE CHASSELAS DE MOISSAC (AOC). Si le vignoble de Moissac produit dès le Moyen Âge un vin de renom, ce n'est que plusieurs siècles plus tard que le chasselas donne lieu à un véritable commerce, stimulé dans les années 1850-1860 par le chemin de fer et par la replantation du vignoble. Ce raisin de table de qualité exceptionnelle, récolté pendant l'arrière-saison, s'impose très vite aux Parisiens. Fruit rare et de haut de gamme, dont la tradition culturale se perpétue, il répond à des critères très strictement réglementés (petites dimensions du grain et de la grappe).

L'HUILE DE NOIX. Aujourd'hui, commercialisée dans les épiceries fines et présente au menu de grands restaurants, l'huile de noix retrouve sa renommée d'antan, éclipsée au début du XXᵉ siècle.

LE ROCAMADOUR (AOC). Cités dès le XVIIIᵉ siècle, les «petits fromages de Rocamadour» sont longtemps fabriqués au lait de brebis, le lait de chèvre prenant la relève au siècle dernier lorsque le cheptel caprin s'agrandit. Le rocamadour fait partie de cette grande famille des cabécous, à pâte molle, en forme de galette et à croûte naturelle, que l'on produit dans le Rouergue, le Quercy et le Périgord. Ce fromage contient 45 % de matières grasses ; il est consommé sec ou crémeux. Originaire des environs de Rocamadour, dans le Lot, il a une aire de production qui s'étend actuellement sur tout le département du Lot et les parties limitrophes de l'Aveyron, du Tarn-et-Garonne, de la Dordogne et de la Corrèze.

GASCOGNE

LE FLOC DE GASCOGNE (AOC). Bien que classé dans les vins de liqueur, le floc de Gascogne est une mistelle qui relève d'une tradition fort ancienne dans les campagnes viticoles où l'on a coutume d'élaborer ce type de boisson après les vendanges, en ajoutant de l'eau-de-vie au moût de raisin frais. Élaboré à partir de deux tiers de moût de raisin frais et un tiers d'armagnac jeune et vieilli un an en fût de chêne, le floc de Gascogne titre de 16 à 18 % d'alcool en volume.

LES FOIES GRAS ET MAGRETS DE CANARD ET D'OIE. Héritage de l'Antiquité, durant laquelle on engraissait les oies avec des figues, le foie gras ▲ 57 semble s'être maintenu en France, dans le milieu juif, durant tout le Moyen Âge. C'est au XVIIIᵉ siècle, lorsque Louis XVI élève la «pâte à la Contades», un pâté de foie gras en croûte, au rang de «plat du roi», que les techniques de production commencent à se perfectionner dans le Sud-Ouest. En 1866, la région compte cinq des six départements français qui envoient des foies gras chaque année aux halles de Paris. De tradition plus récente, le magret (ou filet) se prête à de multiples recettes. Mais c'est grillé au feu de bois qu'il est reconnu le plus savoureux.

Apéritif rosé ou blanc, le floc – dont le nom signifie fleur en gascon – se consomme jeune. Rosé, il accompagne bien melon et foie gras.

LES VOLAILLES FERMIÈRES DU GERS. À l'instar d'autres régions françaises à la fin du XVIIIᵉ siècle, le sud-ouest produisait en abondance dindes, poules, poulets et poulardes. De nos jours, les volailles des coteaux du Gers, en particulier le réputé POULET ou GRIS DU GERS, sont en pleine ascension, grâce à leur chair ferme néanmoins moelleuse et goûteuse.

ROUERGUE, AUBRAC ET CAUSSES

LE GÂTEAU À LA BROCHE. Trois régions revendiquent l'origine du gâteau à la broche : Midi-Pyrénées, Aquitaine et Languedoc-Roussillon. Ce gâteau, qui ressemble à un quatre-quarts, évoque le temps de la cuisine à l'âtre, puisqu'il est cuit à la broche devant un feu de bois. Petit à petit, on ajoute la pâte, qui s'enroule en couches superposées tout autour d'un moule de bois conique, fixé à la broche. Celle-ci étant tournée régulièrement, on laisse le temps à chaque couche de dorer avant que ne soit versée la suivante. Encore préparé à l'occasion des grandes cérémonies, le gâteau à la broche est souvent apprécié avec de la crème à la vanille.

LE LAGUIOLE. AOC depuis 1961, ce fromage, dont la présence sur le plateau d'Aubrac est attestée depuis le Moyen Âge, est fabriqué à partir du lait cru de la race bovine aubrac. Très proche de celle du cantal et du salers ▲ 76, sa technique de fabrication fut empruntée, au XVIe siècle, à la région du Cantal. Anciennement produit dans les burons, il est de nos jours fabriqué en coopérative.

L'ALIGOT est une préparation à base de fromage typique de l'Aubrac. Composé de «tome fraîche», coupée en lamelles et fondue, de pommes de terre cuites à l'eau, de beurre, d'ail et de crème, il est servi chaud.

LE PÉRAIL. Le pérail, dont le nom provient de l'occitan *peralha* ou *peralh* et signifie qu'il s'agit de lait de brebis, est le seul fromage traditionnel à pâte molle de ce type. Fabriqué dans le sud de l'Aveyron, à partir de lait de brebis de la race lacaune, il existe aussi dans le Tarn, où on le produit au lait de vache.

LA FOUGASSE AVEYRONNAISE. Dans la région, on trouve trace de la fouace ou fougasse (l'ancien *panis focacius* ou «pain de foyer» des Romains), depuis le Moyen Âge. Naguère, on confectionnait cette brioche pour les fêtes religieuses ou familiales, et comme dessert. Elle est toujours présente sur les tables de fête, mais on la déguste aussi au petit déjeuner, au goûter ou avec l'apéritif.

LES TRIPOUS DU ROUERGUE. Spécialité de Naucelle, dans l'Aveyron, les tripous du Rouergue témoignent du goût appuyé des montagnards pour le ventre de veau. Panse et tripes sont pliées en petits rectangles avec du jambon et de l'ail et cuits à feu doux dans du vin blanc, oignons et échalotes.

LE BLEU DES CAUSSES ▲ 125. Fromage AOC depuis 1953, ce bleu est fait selon les mêmes principes et dans la même zone que le roquefort, mais avec du lait de vache. Son affinage est assuré dans les «fleurines» (galeries naturelles calcaires), dites bâtardes par opposition aux caves du Combalou, réservées au roquefort ▲ 144.

LES BURONS ▲ 77
Ces bâtisses étaient habitées, pendant l'estive, par trois buronniers, à la fois vachers et fromagers. Seuls deux burons subsistent encore : l'un à Canuc et l'autre à Caméjane, près d'Aubrac. On y fabrique toujours la fourme.

FÊTE DE LA TRANSHUMANCE
Bien que les burons, en altitude, ne produisent plus de laguiole, le départ des «vacheries» pour l'estive est toujours fêté à Aubrac, à la fin mai.
«Au matin du 25 mai, bien avant que le coq n'eût chanté l'appel au soleil, les hommes s'affairaient. Ils faisaient la toilette du troupeau. Une à une, les bêtes furent pansées, brossées, polies. Chacune reçut, des cornes aux flancs et à la queue, son palefroi de fleurs, de branches, de papier, de ruban.»
Jean Gazave
Romain Alpuech

ALBIGEOIS ET PAYS DU TARN

L'AIL ROSE DE LAUTREC. «*Rasim e pan alhat
al païsan fan plan grat*» (Raisin et pain aillé sont
agréables au paysan) dit le dicton. L'ail a toujours
tenu une place de choix dans les systèmes
alimentaires traditionnels, à Lautrec comme dans
d'autres provinces de la région. Il est consommé
sous forme de soupe d'aïl *aïgo bolido*, ou de croûton
de pain frotté d'ail et oint d'huile. Les Gascons en
étaient tellement friands qu'un commerce important finit
par s'installer. L'ail rose de Lautrec se caractérise
par une conservation exceptionnelle des bulbes à
l'état sec et une saveur très marquée, fort appréciée
des gastronomes.

LE VIGNOBLE DE GAILLAC. Le vignoble de Gaillac
(3 000 ha) acquiert un grand prestige dès le Moyen Âge.
Ainsi, au XIIIe siècle, le comte de Toulouse, Raymond VII,
prend une série de mesures, comme celle du marquage des
tonneaux, pour «sauvegarder réputation et authenticité des
vins de Gaillac». Cette réputation lui vaut d'être remarqué
par les souverains d'Angleterre – les
Plantagenêts et Henri VII. AOC depuis
1938 pour le blanc, depuis 1970 pour
le rouge et le rosé, le gaillac est un vin
généreux, étoffé, de très belle robe,
très agréable en primeur.

LE JAMBON SEC DE LACAUNE. Ce jambon
un peu salé est fabriqué dans les monts de
Lacaune et dans le Ségala aveyronnais,
probablement depuis plusieurs siècles ; il
n'en existe cependant aucune preuve
écrite. Il occupe actuellement vingt petites entreprises et
artisans charcutiers. Une partie de sa production, à laquelle
une fabrication particulière confère une saveur plus douce,
bénéficie d'un label rouge.

PAYS DE BIGORRE

LES HARICOTS TARBAIS. Les atouts pédologiques et
climatiques du terrain de Bigorre semblent avoir mis en valeur
les qualités culinaires et gustatives de ce haricot dont l'ancêtre
fut importé d'Amérique au XVIe siècle. Nourriture de base
des gens simples, il entrait dans la composition des plats qui
ponctuaient les activités saisonnières : il agrémentait un ragoût
de mouton lors du battage du grain, accompagnait des pieds
de porc salés au moment des vendanges… On l'intégrait aussi
dans les divers cassoulets locaux ▲ *123, 137.* Très présente
jusqu'aux années 1950, sa culture a fortement diminué avec
l'utilisation des désherbants sur le maïs, céréale qui lui servait
de tuteur. Depuis dix ans, une action de relance est en cours.

LE VIGNOBLE DE MADIRAN. Le vignoble, couvrant sur
1 300 ha les terrasses du piémont pyrénéen, existait déjà dans
l'Antiquité. Développé par les moines vignerons du prieuré
de Madiran, il donne un vin apprécié des prêtres, qui le
choisissent comme vin de messe. Le madiran acquiert sa
renommée grâce aux pèlerins de Compostelle. AOC depuis
1948, il est quasiment abandonné dans les année 1950 puis
relancé vingt ans plus tard. Cette appellation repose sur la

présence d'un cépage, le tannat, dont le vin doit contenir 40 % au minimum. Afin qu'il s'arrondisse, le madiran ne peut être vendu qu'après le 1ᵉʳ novembre qui suit l'année de la récolte. Vin de forte «mâche» dans sa jeunesse, plus vieux il devient complet, puissant, robuste, très corsé, et développe un bouquet prononcé. Vignoble plus restreint mais dont la zone d'appellation coïncide en partie avec celle du madiran, le PACHERENC DU VIC-BILH produit des blancs secs ou plus doux.

MONTAGNES PYRÉNÉENNES

LES FROMAGES DES PYRÉNÉES. Ce n'est qu'à partir du XIXᵉ siècle – à l'époque où ils passent du stade fermier au stade artisanal – que les fromages des Pyrénées commencent à être mentionnés comme une vraie famille et qu'il est fait référence à un commerce en Ariège et dans les Hautes-Pyrénées. Avant le XXᵉ siècle, ils auraient été fabriqués au lait de brebis, le lait de vache n'apparaissant qu'entre les deux guerres. Pour tous ces fromages, le lait non acide est chauffé en présence de présure et le caillé est pressé. Dans les Hautes-Pyrénées et en Ariège, les tomes dont il existe de nombreuses variétés, sont à base de lait pur (vache ou brebis) ou mixte, c'est-à-dire de lait de mélange : cette diversité est caractéristique du massif des Pyrénées dans le domaine des fromages à pâte pressée non cuite. Selon les vallées, il s'agit soit de fromages portant un nom local, soit de fromages portant un nom de marque.

Cachés dans la montagne, subsistent de véritables petits villages de cabanes rondes, entièrement construites de pierres plates empilées. En Ariège, où elles sont très nombreuses, on les appelle les «orrys», dans le Lot, les «gariotes». Installées sur les replats, où se rassemblaient autrefois les troupeaux, elles témoignent de l'ancienne civilisation pastorale. Constitués d'une pièce

principale, d'un atelier pour le fromage, d'une réserve et même d'un abri pour les chiens, ces modestes habitats de pierre peuvent être de toutes tailles.

▲ LE ROQUEFORT

Qualifié de roi des fromages par Diderot et d'Alembert, le roquefort est la plus ancienne appellation fromagère d'origine. En 1666, sa production était déjà attestée par un édit du parlement de Toulouse. Tout concourt à la réussite de ce fromage prestigieux : les espaces ouverts des causses, propices au pastoralisme ; une sélection séculaire du cheptel, à travers la brebis de Lacaune ; les nombreux accidents géologiques qui émaillent le paysage et servent à la fois de caves naturelles d'affinage et de garde-manger.

LES CONDITIONS NATURELLES

Au quaternaire, une partie du Larzac se creuse d'un vaste réseau de grottes sous éboulis, alimentées en air par des failles. Ces dernières, les «fleurines», assurent une température constante de 6 à 9 °C toute l'année et une hygrométrie importante. Les bergers surent tirer profit de ces conditions exceptionnelles en aménageant les grottes de façon à y conserver leurs produits laitiers.

VERS UNE COMMERCIALISATION À GRANDE ÉCHELLE

Le roquefort a peu à peu assis sa production et son marché. Le XIXe siècle a vu se créer, dans ces dernières années, la Société des caves, organisme regroupant les propriétaires, tandis que le XXe siècle est l'ère de l'industrialisation et de la concentration de la production.

UN «MOISI» INCOMPARABLE

L'humidité et la température favorisent le développement d'un champignon microscopique, le *Penicillium roqueforti*. C'est lui qui donne son goût et son onctuosité au fromage.

LES CAVES

Vastes cavités naturelles ou artificielles s'étendant sous l'éboulis rocheux, les caves (jadis appelées cabanes) ont été aménagées au cours des siècles. Trente-trois caves occupent le sous-sol de Roquefort. Deux industriels affineurs accueillent de nombreux visiteurs.

LA LÉGENDE DU ROQUEFORT

n pâtre oublia un
ur son sac dans une
otte. Quand il revint,
elque temps plus
rd, c'est une femme
vissante qui le lui
ndit. Son pain avait
oisi, son fromage
ait devenu bleu, mais
avait un goût fort et
e pâte onctueuse !
ertain d'avoir vu une

fée, le pâtre continua
d'apporter ses
fromages dans la
grotte afin qu'ils
profitent de
sa magie.

LE FIN MOT DE L'HISTOIRE

Nous savons qu'au
début du XIXe siècle,
le roquefort n'était
pas fait de lait de
brebis seul,
tel que

le laisse supposer
la légende du pâtre,
mais d'un mélange
avec du lait de chèvre,
ce dernier apportant
sa blancheur.
Les veinures
apparaissaient de
manière aléatoire,
lorsque le fromage,
pressé à l'époque,
conservait des cavités.

E CYCLE DE RODUCTION

e lait est contrôlé,
auffé, puis
semencé avec le
nicillium roqueforti.

Il est
ensuite
caillé, égoutté
et mis sept jours en
saloir avant de gagner
les caves. Dès son
arrivée, les ouvriers
pèsent les fromages,
les piquent afin
d'aérer la pâte pour

permettre
au Penicillium
de se développer.
Après trois semaines,
le bleu donne une
nouvelle texture
au fromage.
Il est
ensuite
emballé

dans une feuille
d'étain et placé sur
la tranche sur les
travées de chêne. La
véritable maturation
commence. Au bout
de trois mois, les
maîtres affineurs
vérifient son degré de
maturation avant son
emballage définitif.

145

▲ NORD-PAS-DE-CALAIS

Conque, genièvre • Dunkerque

Côte d'Opale • Calais

Fromage de Bergues • Bergues
Potjevlesch

Mont-des-Cats

Boulonnais • Licques • Houlle • Saint-Sylvestre-Cappel • Ne en
Anguille • Hazebrouck

Moule • Wimereux
Tarte au sucre
Dinde et dindon • Genièvre • Saint-Omer
Trois-Monts • Armentières • Tourcoing • Wambrechies • Ro
Craquelin
Cultures maraîchères, endive, • Flandre • Genièvre • Lille
Boulogne-sur-Mer
Hareng, filet de hareng fumé doux, rollmops • Merville • Loos

Aire-sur-la-Lys
Pomme de terre de Merville, pomme de terre (bintje) • Potjevlesch, waterzoi • Mimolette vieille, gris de Lille, boule de Lille, lapin, conque

Samer
Fraise

Béthune • Ch'ti • Frais

Le Touquet
Ratte • Montreuil • Canche • Endive vergeoise

Pomme de terre (bintje), belval • Lens • Doua

Belval • Ail fumé • Arleu

Authie • Arras • Artois • Cambrés

Pomme de terre (bintje)

Caml

Bêtise de C boulette de C andouille et am menth

NORD-PAS-DE-CALAIS
Région industrielle (12 258 km², 3,96 M d'hab.) et agricole dotée d'une grande façade maritime. Deux départements : le Nord (Lille, capitale régionale), le Pas-de-Calais (Arras).

FROMAGES LILLOIS
Le GRIS DE LILLE, ou maroilles gris, ou vieux (de) Lille, est fabriqué comme le maroilles ; il en diffère par l'affinage. Autre fromage vedette, reconnaissable à sa pâte ocre tirant vers le rougeâtre, la MIMOLETTE VIEILLE, boule de Lille, ou mimolette du Nord, n'est plus produite dans le Nord, mais son affinage reste une spécialité de Lille.

L es deux départements du Nord et du Pas-de-Calais sont souvent confondus dans le terme un peu vague de «Nord» appliqué aux «pays du Nord» ou aux «gens du Nord» que chante Jacques Brel. Les traditions et les saveurs de cette région mitoyenne de la Belgique varient, selon que l'on se trouve au nord ou au sud en Picardie, la Côte d'Opale, à l'ouest, ou sur les collines de la Thiérache, vers l'est. Une succession de paysages, sur l'une des terres les plus fertiles d'Europe, où le cordon dunaire et les falaises de la mer du Nord s'adosse aux collines de l'Artois, entrecoupées des belles vallées et des fermes de l'Authie et de la Canche. Plus au nord, les mont de Flandres voient tourner leurs moulins près des polders à anguilles. Le bassin houiller se resserre autour de Béthune e de Valenciennes, pays où l'on parle «ch'ti». À l'est, les bocag de l'Avesnois embaument le maroilles et le plateau du Cambrésis sent la menthe et la cochonnaille. Les noms flamands chantent aux oreilles, tels le hochepot, la carbonade, le waterzooi ou le potjevlesch. Car même si elles sont méconnues, les traditions culinaires de cette région sont très riches : les gens du Nord ont toujours aimé faire la fête.

L'AVESNOIS ET LA THIÉRACHE

Le MAROILLES, dont l'origine remonte au Xe siècle et qui s'appela tantôt le craquegnon, tantôt le manicamps, tantôt le monceau, serait l'invention d'un moine de l'abbaye de Maroilles. Ce fromage de section carrée à pâte crémeuse et à croûte rouge est présenté selon quatre formats : pavé, ou gros format, sorbais, mignon ou quart, qui demandent de six semaines à trois mois d'affinage.

Aux inconditionnels du maroilles la Route des fromages de l'Avesnois permet de découvrir on terroir. Vous en rapporterez la tarte au maroilles, qui garantira le succès de vos dîners. La BOULETTE D'AVESNES, jadis appelée e «dauphin du pauvre», était signalée dans e livre de comptes de l'abbaye de Maroilles u XVIIIe siècle. Sous sa forme actuelle, qui date des années vingt, la boulette – il existe également une boulette de Cambrai – met en valeur le maroilles. Ce cône rougeâtre, ou blanc s'il est frais, se compose, pour l'essentiel, de pâte à maroilles, de fromage blanc, d'estragon, de paprika et de chapelure.

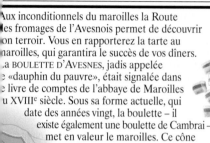

Reconnaissable à sa forme de croissant, de baguette, ou de poisson, le DAUPHIN porte aussi, selon son format, les noms de losange de Thiérache ou de baguette de Thiérache. Son nom le plus courant rappellerait la visite que firent Louis XIV et son fils dans les Flandres après les traités de Nimègue (1678-1679), qui mettaient un terme à la guerre de Hollande. Fabriqué à partir de maroilles blanc, il est aromatisé à l'estragon, au poivre, voire aux clous de girofle.

CAMBRÉSIS-HAINAUT

CAMBRAI. L'andouille et l'andouillette sont des produits typiques de la région du Cambrésis. En 1767, le *Gazetin du Comestible* vantait la qualité de l'andouille e Cambrai en rappelant qu'elle était pur orc et cuite, ce qui est toujours vrai. Quant à ndouillette de Cambrai, elle est faite à partir e fraise de veau et assaisonnée de persil, oignons ou aux échalotes… On retrouve sa ace au XVIIIe siècle, dans le *Dictionnaire des iments*. L'andouille est un vrai délice quand a la déguste en entrée, ant d'attaquer ndouillette de ambrai, assortie d'une uce à la moutarde et l'échalote. Ces deux oduits sont marqués label régional. e bon plat ccompagne de bière nsi que d'un verre a genièvre destiné à ciliter la digestion.

L'AIL FUMÉ D'ARLEUX
Grâce aux techniques de tressage et de fumage, cet ail tardif se conserve toute une année. Ci-contre, moulins de Villeneuve d'Ascq.

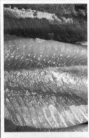

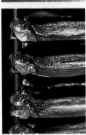

**LE BOULONNAIS,
PAYS DU HARENG**
Facile à pêcher, facile à conserver, très nutritif et pas trop cher, le hareng a donné son surnom à l'Atlantique Nord : la Mare aux harengs. Ce «poisson du pauvre» se prépare sous toutes les formes : hareng saur, gendarme et bouffi, kipper, craquelot, filets de hareng salé, rollmops mariné au vinaigre, petit hareng pilchard à la sauce tomate.

BOULOGNE-SUR-MER
Premier port de pêche français, Boulogne est réputé pour sa pêche artisanale et ses poissons côtiers tels le merlan, le cabillaud, la sole, le carrelet…

LES BÊTISES DE CAMBRAI. Les confiseries Afchain et Despinoy de Cambrai, se visitent. Il fallut un procès pour que le confiseu Afchain en fût reconnu l'inventeur officiel. C'est lui, en effet, qui avait imaginé de confectionner un bonbon au sucre battu et donc plus aéré, parfumé à la menthe Mitcham et orné d'un trait de sucre caramélisé. De nos jours, il existe des variantes de ces bêtises de Cambrai, parfumées aux fruits et au chocolat.

L'ARTOIS

DINDES DE LICQUES. Dindes et dindons furent introduits du Nouveau Monde en France à la fin du XVIe siècle (après l'avoir été en Espagne et en Angleterre). Débarqués des galions espagnols, ils frappèrent l'imagination des Français qui les regardaient comme des oiseaux géants au plumage ébouriffé. Les moines de l'abbaye des Prémontrés, à Licques, montèren un premier élevage vers 1560. De nos jours, on peut les voir pâturer en toute liberté, le long de la vallée de la Hem. Poulets (label rouge), pintades, chapons et poulardes accompagnent cet élevage très particulier.

LÉGUMES. Les pommes de terre se transforment en frites et accompagnent à merveille la viande labellisée «Belle bleue» du Nord. BINTJE et RATTE DU TOUQUET se caractérisent par leur goût accentué. Nord-Pas-de-Calais et Picardie assurent 80 % du marché français de l'ENDIVE, et le Nord-Pas-de-Calais en est le premier producteur au monde. Également appelée chicon, chicorée Witloof, ou chicorée de Bruxelles, l'endive, rafraîchissante et croquante en salade, est prisée ainsi dans l'ensemble de l'Hexagone. Sa tendreté à la cuisson en a fait un plat d'hiver très apprécié dans le Nord : elle est dégustée braisée, gratinée ou au naturel, en même temps qu'une volaille ou une viande rôtie.

L'AIL D'ARLEUX. Même s'il était assez connu et apprécié, l'ail n'était cultivé, au début de ce siècle encore, que dans les jardins privés. D'ailleurs, il ne figurait pas dans l'inventaire des «Plantes propres à la nourriture des hommes» (1804), de Christophe Dieudonné, préfet du Nord. Arleux était autrefo un gros village bâti au centre d'un paysage marécageux. On y fumait l'ail mélangé à la tourbe du marais.
Dans les années soixante, se mit en place dans sa région une véritable industrialisation de l'ail, dont l'essor fut tel que, de nos jours, Arleux et ail s'associent dans l'esprit des amateurs. Copieusement utilisé dans la cuisine locale, l'ail e délicieux dans une simple soupe à l'ail garnie de pain beurré et de fromage râpé.

LA FLANDRE

FROMAGES. Plus discrets que leurs voisins d'Avesnes et de Lille, le fromage de BERGUES, le BELVAL et le MONT-DES-CA sont des fromages à pâte pressée non cuite. Les deux dernie sont des produits trappistes créés sur le modèle initial du fromage du Port-du-Salut. Le fromage de Bergues est un exemple étonnant produit par quelques fermes de la région de Flandre. Il est odorant sans être gras, et peut être affiné

> «SON NOM EST DEVENU SYNONYME DE GRAND ET GÉNÉREUX
> AMPHITRYON. [...] ON DONNE QUELQUEFOIS LE NOM DE LUCULLUS
> À DES GARNITURES, DES POTAGES OU DES METS FANTAISISTES,
> POUR EXPRIMER L'IDÉE DE LA RICHESSE SUPRÊME DU METS.»
>
> JOSEPH FAVRE

par un lavage de la croûte à la bière.

POTJEVLESCH.

Ce «pot à viande» – dont le nom peut aussi s'écrire potjevleisch, potjevleesch, pot'che vlesch ou pot je vlesse, et se prononcer avec autant d'accents différents – remonte au siècle dernier. Il s'agit d'une véritable «potée» à base de viandes et de volailles, qui proviennent de Dunkerque et de Bergues. Poule, lapin, veau et couenne de porc se parfument d'épices, d'oignons, de clous de girofle, de baies de genièvre, de thym... et mitonnent au four durant plusieurs heures. Son goût vinaigré est dû à une couverture de vin blanc, de vinaigre et de gelée. On retrouve dans toute la France ce genre de plat consistant, agrémenté des produits locaux. Mais le tour de main et les épices dosées par la maîtresse de maison sont impératifs. Le potjevlesch en terrine

peut se finir froid, sans démériter de son label régional.

GENIÈVRE FLANDRES-ARTOIS.

Au XVIe siècle, la production française des eaux-de-vie passa d'un strict usage médical à l'échelle commerciale. Les premières distilleries de genièvre firent leur apparition dans la région de Dunkerque à la fin du XVIIIe siècle. Les baies de genièvre, faciles à récolter en moyenne montagne méditerranéenne, sont introduites dans l'alcool, à la fin de la distillation. Le genièvre de qualité vieillit dans des fûts en chêne. Loos, Wambrechies et Houlle, près de Saint-Omer, présentent encore une production artisanale de genièvre importante.

Un conseil : un verre de bon genièvre flambé en cuisine développe tout l'arôme d'une sauce, prévue pour accompagner les rognons, par exemple. Le genièvre glacé ou servi dans un verre rafraîchi dégage tout son arôme. Du café, du sucre et un verre de genièvre : il s'agit là d'un remontant célèbre apprécié dans le Nord sous le nom de «bistouille».

149

▲ Les bières «spéciales» du Nord

Alors que les bières de l'Est (Alsace, Lorraine), sous l'influence de l'Allemagne, sont, par tradition, des bières blondes issues d'une fermentation basse, celles de l'Artois, des Flandres et du Hainaut, régions soumises en ce domaine à l'ascendant des Belges et des Anglais, sont des bières «spéciales» de fermentation haute. Sont dites «spéciales» les bières assez fortes et variables de robe et de goût, par opposition aux «petites bières», ou «bières de ménage», moins fortes, que produisaient les petits ateliers du début du siècle. Remises à l'honneur depuis une vingtaine d'années, les bières spéciales sont fabriquées dans le Nord-Pas-de-Calais par vingt brasseurs passionnés.

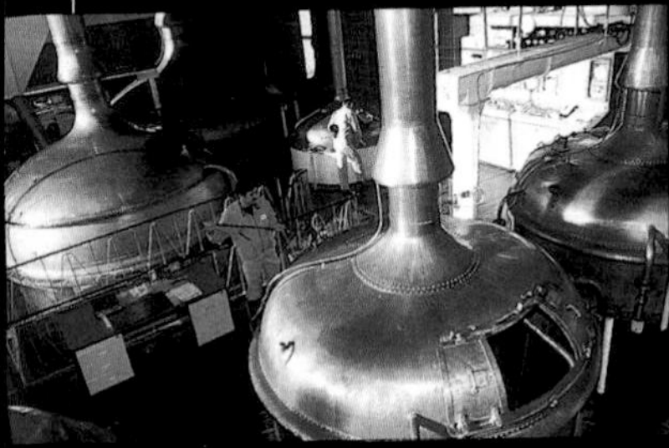

L'ART DU BRASSEUR
Au XVIe siècle, un *Traité de brasserie* resté célèbre relatait les différentes étapes de la fabrication de la bière. Elle dure des mois, du moulin au grenier et aux chaudières. Chacun brassait sa propre bière, en ajoutant quelques petits secrets pour la parfumer : réglisse, girofle ou même pied de veau… Actuellement la fabrication de la bière se résume à trois étapes.

2. LE BRASSAGE
Ensuite vient le brassage, c'est-à-dire le concassage, le brassage, la filtration du malt, la cuisson du moût du houblon, son traitement et son refroidissement.

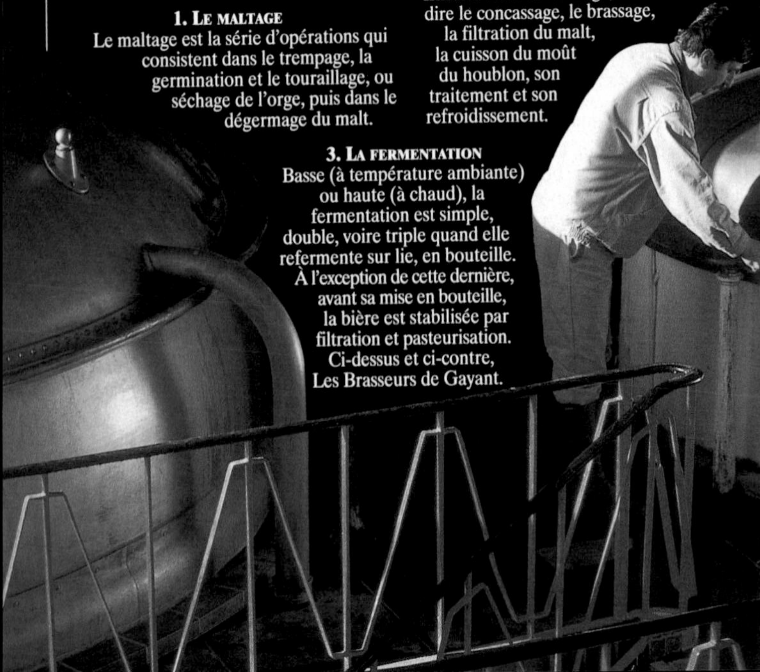

1. LE MALTAGE
Le maltage est la série d'opérations qui consistent dans le trempage, la germination et le touraillage, ou séchage de l'orge, puis dans le dégermage du malt.

3. LA FERMENTATION
Basse (à température ambiante) ou haute (à chaud), la fermentation est simple, double, voire triple quand elle referme sur lie, en bouteille. À l'exception de cette dernière, avant sa mise en bouteille, la bière est stabilisée par filtration et pasteurisation. Ci-dessus et ci-contre, Les Brasseurs de Gayant.

«DÉFIEZ-VOUS TOUJOURS DE CES BIÈRES QUI SONT FORTES
EN COULEUR D'UN ROUGE BRUN, IL FAUT LEUR PRÉFÉRER
CELLES QUI SONT CITRONNÉES TIRANT SUR L'ORANGÈRE.»

GÉRARD-FRANÇOIS CRENDAL, 1734

QUELQUES NOMS EMBLÉMATIQUES

La plus célèbre des bières du Nord est sans doute la Jenlain, dont la première référence de brassage remonte au XIVe siècle, à Valenciennes. Sa renommée provient d'une part de sa belle couleur ambrée et, d'autre part, de la forme de sa bouteille, qui reproduit le modèle champenois et rappelle la gueuze belge. Connue également, la Ch'ti reprend le surnom qu'on donnait, pendant la Grande Guerre, aux soldats originaires du Nord.

Cette bière de garde peut être blonde, ambrée ou brune.

L'**Angélus** est illustrée sur l'étiquette par le célèbre tableau de Jean-François Millet du même nom. Elle est brassée depuis 1989, à quelques kilomètres de Lille. Cette bière fromentacée est de forte densité et de fermentation haute, de couleur pâle et de saveur épicée.

La **Cuvée des Jonquilles** fit son apparition en 1989 comme bière de Mars. Brassée dorénavant toute l'année, cette bière sur lie (refermentée en bouteille) est blonde et affiche fièrement ses 7 % d'alcool en volume, à l'égal de plusieurs de ses consœurs.

TROIS MONTS : CASSEL, DES CATS, DES RÉCOLLETS
Créée en 1985 à Saint-Sylvestre-Cappel (à 5 km au nord de Hazebrouck), la bière Trois Monts, bière dorée de forte densité, est présentée dans une bouteille de 75 cl.

L'ACCUEIL DU NORD. Il n'y a rien de plus convivial que de manger une andouille grillée dans le décor chaleureux des brasseries locales, colorées du cuivre des fermenteurs. Ci-dessus, la brasserie André, à Lille.

▲ Normandie

Par ses reliefs, la Normandie est partagée en deux domaines bien différents : à l'est, celui des plateaux du bassin parisien, de la vallée de la Seine et des rivières côtières ; à l'ouest, celui des collines, des bassins et des vallées du massif breton-normand.

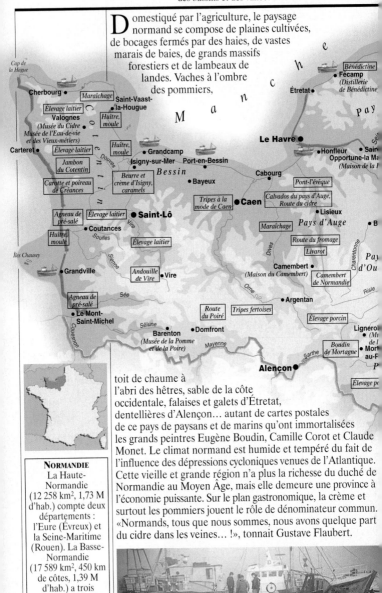

Domestiqué par l'agriculture, le paysage normand se compose de plaines cultivées, de bocages fermés par des haies, de vastes marais de baies, de grands massifs forestiers et de lambeaux de landes. Vaches à l'ombre des pommiers,

Cap de la Hogue

Cherbourg
Maraîchage
Saint-Vaast-la-Hougue
Élevage laitier
Valognes
(Musée du Cidre
Musée de l'Eau-de-vie
et des Vieux-métiers)
Huître, moule

Carteret •
Élevage laitier
Grandcamp
Isigny-sur-Mer Port-en-Bessin
Huître, moule
Jambon du Cotentin
Beurre et crème d'Isigny, caramels
• Bayeux
Bessin
Carotte et poireau de Créances

Agneau de pré-salé
Élevage laitier
• Saint-Lô
Tripes à la mode de Caen
● Caen
Calvados du pays d'Auge, Route du cidre

• Coutances
Huître, moule
Soulles
Élevage laitier
Maraîchage
Pays d'Auge
• Lisieux

Îles Chausey
Sienne
Route du fromage
Livarot
Pays d'Ou

• Grandville
Sée
Camembert •
(Maison du Camembert)
Camembert de Normandie

Andouille de Vire • Vire
Orne
• Argentan
Risle

Agneau de pré-salé
• Le Mont-Saint-Michel
Couesnon
Sélune
Route du Poiré
Tripes fertoises
Élevage porcin
Lignero
• (M
de l
• Mort
au-F

Barenton
(Musée de la Pomme et de la Poire)
• Domfront
Mayenne
Sarthe
Boudin de Mortagne

Alençon ●
Élevage p

M   a   n   c   h   e

Bénédictine
• Fécamp
(Distillerie de Bénédictine)
Étretat •

Le Havre ●

Honfleur • Sain
Opportune-la-M
(Maison de la

Cabourg
Pont-l'évêque

Pay

Chaventonne

toit de chaume à l'abri des hêtres, sable de la côte occidentale, falaises et galets d'Étretat, dentellières d'Alençon… autant de cartes postales de ce pays de paysans et de marins qu'ont immortalisées les grands peintres Eugène Boudin, Camille Corot et Claude Monet. Le climat normand est humide et tempéré du fait de l'influence des dépressions cycloniques venues de l'Atlantique. Cette vieille et grande région n'a plus la richesse du duché de Normandie au Moyen Âge, mais elle demeure une province à l'économie puissante. Sur le plan gastronomique, la crème et surtout les pommiers jouent le rôle de dénominateur commun. «Normands, tous que nous sommes, nous avons quelque part du cidre dans les veines… !», tonnait Gustave Flaubert.

Normandie
La Haute-Normandie (12 258 km², 1,73 M d'hab.) compte deux départements : l'Eure (Évreux) et la Seine-Maritime (Rouen). La Basse-Normandie (17 589 km², 450 km de côtes, 1,39 M d'hab.) a trois départements : le Calvados (Caen), la Manche (Saint-Lô) et l'Orne (Alençon).

Ci-contre, retour de pêche au port de Dieppe ; page de droite, vente de la pêche sous un abribus du pont tournant, à Cherbourg.

> «À Grouin, j'ai découvert le contraire de la mer, l'envers de l'océan : la marée basse avec son mode d'emploi, la pêche à pied. Pêche d'indigènes, ignorée des vacanciers, [...] qui demande une profonde complicité avec la "laisse"...»
>
> MICHEL TOURNIER

LA CÔTE

La mer est très présente puisque la côte normande s'étire sur plus de 500 km. Elle donne de belles spécialités de poisson à la cuisine normande et un solide succès aux restaurants côtiers.

LES CREVETTES. Crustacés et coquillages sont abondants tout au long des côtes. Fécamp, Dives-sur-Mer, Courseulles-sur-Mer, Arromanches-les-Bains, Houlgate, Saint-Vaast-la-Hougue, Cherbourg, sans oublier la célèbre baie du Mont-Saint-Michel, sont particulièrement réputés pour leurs crevettes grises, au goût plus fin que le «bouquet», ou «salicoque». Avec leur «crevettier», ou «pousseux», filet à long manche que l'on pousse devant soi, les pêcheurs amateurs traquent la crevette à basse mer ; dès la belle saison, ils sont si nombreux qu'ils font partie intégrante du paysage côtier normand, de Sotteville-sur-Mer (Seine-Maritime) à Coutainville (Manche). Délicieuse fraîche et juste ébouillantée, la crevette entre dans la composition de la fameuse sauce «à la dieppoise».

LES HUÎTRES. Trois décennies ont suffi aux grands bassins ostréicoles de la côte normande, Saint-Vaast-la-Hougue, Isigny-sur-Mer, Portail-Granville, pour annoncer une production de 30 000 t d'huîtres par an, plates (notamment les fameux «pieds-de-cheval») et portugaises confondues. Ces coquillages à la fois doux et croquants, à la chair très charnue, sont affinés en pleine mer, souvent loin de la côte en raison des fortes marées qui découvrent trop souvent les rivages.

LE MAQUEREAU. Le maquereau se déguste frais. Il est abondamment pêché par les professionnels, mais aussi par les amateurs, qui, l'été, opèrent à la «mitraillette», ligne dotée de plusieurs hameçons garnis de plumes colorées. Cuit au vin blanc et accompagné de rondelles d'oignon, ce poisson contribue à la réputation gourmande de Dieppe, où on l'apprécie particulièrement quand il est de petite taille ; il est alors appelé «lisette».

LES AGNEAUX DE PRÉ-SALÉ. C'est un peu à la mer que la Normandie doit la brillante réputation de sa viande ovine. Les moutons de l'Avranchin et du Coutançais se nourrissent, en effet, d'une herbe salée par la Manche, qui inonde périodiquement les terres côtières. Le samedi, on trouve, sur le marché d'Avranches, une viande d'agneau enrichie par les marées qui fait courir tout ce que la région compte de gourmets.

VIANDE, CHARCUTERIE
Agneau de pré-salé, andouille de Vire, tripes à la mode de Caen, viande bovine normande, boudin de Mortagne, volailles fermières de Norm. (LR), foie gras (LR)
PRODUITS LAITIERS
Crème et beurre d'Isigny, camembert de Normandie, livarot, pont l'évêque, neufchâtel (AOC), mimolette (LR), petit suisse
PRODUITS DE LA MER
Crevettes, huîtres , maquereau
FRUITS ET LÉGUMES
Carottes et poireaux de Créances, pommes à couteau
BOISSONS (AOC)
Poiré , cidre du pays d'Auge , pommeau de Normandie, calvados
AUTRES. Sucre de pomme de Rouen, teurgoule, fallue, bourdeleau, mirliton de Pont-Audemer, sablés normands

▲ LA NORMANDIE
DES HERBAGES

Du pays de Bray au Cotentin, du pays de Caux au pays d'Auge, les herbages de Normandie nourrissent des bovins dont la viande a acquis, à partir des XVIIIᵉ et XIXᵉ siècles, une réputation flatteuse. C'est la relative proximité de Paris qui, sous l'Ancien Régime, favorisa le développement de l'élevage normand et en détermina la qualité (les veaux du Caux étaient très prisés à la table du château de Versailles). Avec une production moyenne de 5 t de lait par an, la vache normande fait figure de championne toutes catégories.

Du beurre au fromage, il n'y a qu'un petit pas, depuis longtemps franchi par les Normands. En pays d'Auge, berceau fromager de la province, une «route du Fromage» permet d'aller d'un producteur à l'autre, d'une laiterie à une coopérative, et de se familiariser avec la célèbre trilogie gourmande : camembert-livarot-pont-l'évêque.

LE CAMEMBERT DE NORMANDIE

Il fut créé sous le Second Empire, à un moment qui coïncidait avec le développement du chemin de fer. Incités à produire davantage de fromage, les fermiers se mirent à collecter du lait hors de chez eux. Mais, sous l'effet de la chaleur et du temps passé sur les routes, le lait collecté tourna. Ce lait acide traité comme le livarot produisit une pâte acide, serrée et à croûte fleurie : le camembert était né involontairement.

La légende qui veut que Marie Harel, née à Roiville et vivant à Camembert (qui donna son nom au fromage), ait rencontré un curé briard qui lui aurait donné la recette du brie, est erronée. Pour preuve, la citation de Thomas Corneille sur les «fromages du pays de Camembert», écrite au début du XVIIIᵉ siècle.

LE LIVAROT.

Il est surnommé colonel en raison des cinq galons qui l'entourent. De nos jours en papier et strictement décoratifs, ils avaient jadis pour fonction de maintenir la pâte très affinée. Ces galons sont une bande de feuille de masette. Depuis le XVIᵉ siècle, on l'appelle l'évêque, ce fromage est circulaire, plat à pâte molle et à croûte lavée, parfois teintée de roucou. Fromage AOC, il est bon après trois mois d'affinage.

LE PONT-L'ÉVÊQUE

À pâte onctueuse, de forme carrée et d'un beau jaune doré, il est mûri et affiné pendant deux ou trois semaines. Le pays d'Auge constitue la figure de proue fromagère de la Normandie. A la frontière nord de la région, le pays de Bray ne demeure pas en reste, avec une production originale en la matière.

"LES GROS BŒUFS BLONDS, LES VACHES AUX FLANCS TACHETÉS DE VAGUES DESSINS BIZARRES, LES TAUREAUX ROUX AU FRONT LARGE, AU JABOT DE CHAIR POILUE, À L'AIR PROVOCATEUR ET FIER […] SE SUCCÉDAIENT INDÉFINIMENT.»

GUY DE MAUPASSANT

LE PETIT-SUISSE. Le fromage frais du pays de Bray a vu le jour en 1850 chez dame Hérould, à Villers-sur-Auchy. Son vacher, qui avait eu l'idée d'enrichir le fromage de crème, était d'origine suisse, et la dame appela le fromage frais «petit suisse». Le sieur Poméel imagina son enrobage dans un papier Joseph. Puis Charles Gervais s'associa avec dame Hérould avant de créer sous son nom à Gournay-en-Bray la laiterie Gervais, qui allait devenir la première usine du groupe Danone.

ils arrivent ... les voilà
LES PETITS GERVAIS

FERMIERS NORMANDS

LE NEUFCHÂTEL
Depuis des siècles, les Brayons fabriquent le neufchâtel à partir de lait entier de vache dont ils tirent un caillé acide qu'ils malaxent et salent dans la pâte. Les formes de ce fromage AOC à croûte fleurie varient : en cœur, bonde, ou briquette.

CRÈME ET BEURRE D'ISIGNY
Carême, illustre cuisinier du XIXe siècle, ne jurait que par le beurre d'Isigny. Autrefois, on le vendait uniquement en pots et on ne le consommait qu'en hiver. Aujourd'hui, beurre et crème d'Isigny, pasteurisés, ont droit à une appellation contrôlée et dispensent leurs bienfaits tout au long de l'année !

CRÈME FER
PAYNEL FILS

Caramels de Normandie Appellation d'Origine
de la Perrelle

APPELLATION D'ORIGINE CONTRÔLÉE
CRÈME D'ISIGNY
BEURRE D'ISIGNY

155

CHEMINS DE FER DE L'ÉTAT

LA NORMANDIE PITTORESQU[E]

"J'aime ce pays et j'aime y vivre parce que j'y ai mes racines, ces profondes et délicates racines qui attachent un homme à la terre où sont nés et morts ses aïeux, qui l'attachent à ce qu'on pense et à ce qu'on mange, aux usages comme aux nourritures, aux locutions locales, aux intonations des paysans, aux odeurs du sol, des villages et de l'air lui-même."

Guy de Maupassant, *Le Horla*

LA SUISSE NORMANDE

L'ANDOUILLE DE VIRE.
Au sud de Caen et de Bayeux, pâturages et forêts se partagent le terrain, avec quelques ruisseaux à truites pour témoins. Dans cette région secrète, la charcuterie tient une place prépondérante. Cette Normandie-là – la Suisse normande – possède, aujourd'hui, un circuit touristique baptisé «Route des traditions», qui signale ici et là les agriculteurs et les artisans qui demeurent fidèles au savoir-faire du passé. La fabrication de l'andouille de Vire en est peut-être le meilleur exemple. Sous son noir manteau, elle cache une chair rosée et goûteuse dont la réputation dépasse, de loin, les frontières de la région. Sa fabrication artisanale, entièrement manuelle, n'a guère changé depuis le début du XVIIIe siècle, époque à laquelle elle apparaît dans les traités de gastronomie. L'andouille de Vire est fabriquée à partir de l'estomac, de l'intestin grêle et du gros intestin du porc. Ceux-ci sont nettoyés, découpés en lanières, salés, puis mis à mariner pendant plusieurs jours. Suivent de nombreuses opérations d'assemblage, d'enrobage, de fumage (au feu de bois de hêtre), puis de trempage, de ficelage et de cuisson. L'ensemble de la préparation, si elle est réalisée dans les règles de l'art, dure plusieurs semaines. Une telle rigueur fait honneur aux charcutiers locaux e[t] force l'admiration. C'est que, dans la région de Vire, on ne plaisante pas avec les plaisirs de la table : la foire gastronomique d'Étouvy, qui se déroule à l'automne, à quelques kilomètres de la ville, est une des plus importantes de toute la Normandie. Et, sans doute, la plus ancienne : elle date de Charlemagne.

LES TRIPES. Telle l'andouille de Vire, les tripes à la mode de Caen (à gauche) naissent de savantes recettes et bénéficient d'un prestige enviable. Guillaume le Conquérant s'en délectait déjà, même s'il les accommodait… avec un jus de pomme ! Au XIVe siècle, le grand cuisinier Benoît ajouta à la matière première – cinq abats de bœuf : panse, bonnet, feuillet, caillette et pied – une condimentation et un assaisonnement calculés avec soin. Comme toutes les préparations célèbres, les tripes à la mode de Caen sont à l'origine de moult discussions.

Prosper Montagné parle de «six à douze heures» de cuisson ; Curnonsky, plus précis, de «huit heures à petits glouglous», tandis que de nombreux chroniqueurs anciens penchent pou[r] vingt-quatre heures. Une confrérie gastronomique normand[e] la «Tripière d'or», veille, depuis plus de quarante ans, à la bonn[e] fabrication des tripes et s'attache aussi à les promouvoir.

CALENDRIER GOURMAND
Mars : Foire au boudin à Mortagne
Mai : Festival des AOC à Cambremer
Juin : marché au foie gras à Bernay
Juillet-août : fête de la Mer au Tréport et à Cabourg
Juillet : fête du Camembert à Camembert
Premier week-end d'août : Foire aux fromages à Livarot
Octobre : fête du Cidre à Beuvron-en-Auge, fête de la Crevette à Honfleur
Novembre : Foire aux harengs à Lieurey

> «ET NOUS EN VINSMES GREFFER AULX CHAUSSÉES DU MOULIN LES GREFFES QUE NOUS AVIONS PRINSES EN UNG POMMIER D'AMER-DOULX AU JARDIN DU DROUET, ET DE LÀ À LA PÉPINIÈRE DE L'HOSTEL BARRIER DES GREFFES DE RENETTE.»
> GILLES DE GOUBERVILLE, *JOURNAL*, AVRIL 1554

LES ROUTES DE LA POMME

LE CIDRE. Déjà du temps de la Gaule romaine, les pommiers couvraient le territoire, mais les indigènes aimaient par-dessus tout la cervoise, breuvage que supplanta le cidre, au XIIIe siècle, avec l'invention du pressoir. En 1553, Gilles de Gouberville distille le premier cidre en Cotentin. Son contemporain Julien Le Paulmier, pionnier de la pomologie cidricole, dénombre dans la presqu'île quatre-vingt-deux variétés de pommes à cidre. Au XIXe siècle, à l'apogée de sa production, la Normandie compte en tout deux mille variétés de pommes. Autour de Longueville-sur-Scie, en pays de Caux, de Cambremer, en pays d'Auge (AOC), existent des routes touristiques bien fléchées qui, de pommiers en chaumières, conduisent chez les petits producteurs de cidre. Sainte-Opportune-la-Mare (Calvados) possède sa Maison de la pomme, Valognes (Manche) son musée du Cidre, Auffay et Caudebec-en-Caux (Seine-Maritime) célèbrent, lors de leurs fêtes automnales, le «vin de pomme». De Falaise à Yvetot, de Pont-Audemer à Valognes, de Vire à Saint-Lô, les Normands mêlent plusieurs variétés de pommes acides pour obtenir un bon cidre. Il peut être «sec», «pur jus», «bouché». La fermentation naturelle du moût donne des cidres déclarés «mousseux».

LE POIRÉ. Il est né de cette dernière technique, appliquée aux poires, notamment dans la région de Domfront, célèbre pour ses nombreux poiriers. Mais la Normandie possède également des spécialités légumières, notamment les poireaux et carottes de Créances.

LE CALVADOS. Il est tiré du cidre depuis plusieurs siècles. C'est du calvados que le «roi d'Yvetot» servait aux rois de France de passage dans sa ville. Son «calva» réussit même à mettre de bonne humeur le terrible Charles V : «Messieurs, il n'y a plus ici roi de France !», lança ce dernier à l'intention de sa suite, après en avoir bu plus que de raison. Neuf terroirs normands distillent le calvados. Voilà pourquoi il y a deux AOC : l'AOC Calvados et l'AOC Calvados pays d'Auge.

LE POMMEAU DE NORMANDIE
Il bénéficie d'une AOC et a le mérite de réunir, dans une même bouteille, jus de pomme, cidre et calvados. Servi bien frais à l'heure de l'apéritif, il met en bouche ces trois parfums de Normandie.

LE SUCRE ET LA POMME
Vedette incontestée de la Normandie, la pomme demeure très présente à l'heure du dessert. Certes, la région de Vire lui préfère le gâteau de riz (la teurgoule). Mais Rouen reste fidèle au fruit normand : la cité est réputée pour ses bourdelots, pommes cuites dans de la pâte à pain. Dès le début du XVIIe siècle, elle raffinait le sucre venu de l'étranger, d'où sa passion, toujours vive, pour les douceurs : boudins et boulots illuminent les vitrines de ses confiseurs, chez lesquels le sucre de pomme tient le rôle-titre.

AOC Anjou

Mame•
•Mayenne
Haut Main
Bas Maine
Chapon

Mayenne
Laval •
Chapon
Le Mans •
Port-salut • **Entrammes**
Bœuf gras, reinette du Mans
Château-Gontier
Sarthe
Poulet • **Loué**
Chapon
Châteaubriant •
Segré •
• **La Flèche**

Menthe-pastille, guignolet, cointreau
Anjou

Crémet d'Anjou
Coteaux d'Ancenis
Ancenis
Angers •
Vallée de l'Authion
Échalotte
Grande Brière
Galettes Saint-michel, sablé de Retz
Sandre, brochet, saumon
Pays nantais
Loire
Val d'Anjou
Layon
Crémet d'Anjou
Guérande
Le Croisic
Civelle
St-Michel-Chef-Chef
Civelle
• **Nantes**
Muscadet
Coteaux-du-Layon
Saumur
Champignon • Saumur
Gros Plant
Les Mauges
Choletais
Saumurois
Pomme de terre
Baie de Bourgneuf
Bourgneuf-en-Retz
Sandre, brochet
Curé nantais, mâche, poireau, carotte, berlingot, biscuit
• **Cholet**
Pornic
Huître
Île de Noirmoutier
Machecoul
Beauvoir-sur-Mer
• **Chalans**
Soullans
Marais breton
Beurre
Mogette
Île d'Yeu
Bocage vendéen
La Roche-Sur-Yon •
Beurre
Chapons de Challans
Cotriade, mouclade, chaudrée éclade
Brem-sur-Mer
Vendée
Mareuil-sur-Lay-Dissais
Pissotte
Les Sables-d'Olonne
Vin des fiefs vendéens
Beurre
Fontenay-le-Comte
Marais poitevin
La Tranche-sur-Mer
• **Vix**
Moule, Civelle
L'Aiguillon-sur-Mer
Baie de l'Aiguillon

De l'océan Atlantique à la Normandie, les Pays de la Loire présentent de multiples visages : terres maraîchères sillonnées de canaux ; Bocage vendéen culminant à près de 300 m d'altitude ; pays nantais encadré, à l'est, par la Grande Brière, à l'ouest, par le Choletais et les Mauges… À l'est s'étendent le val d'Anjou et le Saumurois, devenu le «jardin de la France» au prix d'un labeur paysan séculaire, destiné entre autres à dompter la Loire. Enfin, la plate-forme rocheuse du Bas-Maine, en Mayenne, constitue une avancée de la Bretagne, alors que le Haut-Maine et le Perche, dans la Sarthe, se réclament déjà du Bassin parisien.

LE LITTORAL VENDÉEN

Deux grands marais, le Marais breton et le Marais poitevin, territoires gagnés sur la mer, quadrillés par de complexes réseaux de digues et de canaux, enserrent le littoral vendéen. Depuis la baie de Bourgneuf avec ses marais salants, jusqu'à la baie de l'Aiguillon, grèves sableuses et dunes boisées se succèdent. Ici et là subsistent quelques «bourrines», habitat maraîchin traditionnel fait de paille, de terre et de roseaux. La gastronomie du littoral est liée à la mer avec la COTRIADE, bouillabaisse atlantique, la CHAUDRÉE, pot-au-feu de poissons, la MOUCLADE et l'ÉCLADE ▲ *170*, à base de moules.

LES VOLAILLES DU BOCAGE VENDÉEN. La souche du CANARD DE CHALLANS, de couleur noire ou blanche, est le barbarie noir. À partir de six semaines, les canards sont

élevés en liberté dans les prés ou les étiers
des marais des pays de Beauvoir, de Soullans
et de Challans. Leur chair est délicate
et abondante. La production des volailles
s'est fortement diversifiée dans toute la région :
POULET BLANC, POULET JAUNE, PINTADE, DINDE NOIRE,
et surtout le délicieux CHAPON, particulièrement apprécié
des gourmets.

LES HUÎTRES ET MOULES DE BOUCHOT. La marque collective
Vendée-Atlantique, créée en 1992, concerne les huîtres creuses,
élevées dans des bassins de faible profondeur appelés «claires»
▲ *177*, où une eau peu salée et riche en plancton en favorise
l'affinage. Les deux principales variétés sont les FINES DE CLAIRE
et les SPÉCIALES DE CLAIRE. Elles sont produites dans la baie
de Bourgneuf (réputée dès le XVIIIe siècle) et la presqu'île
de Noirmoutier, zones particulièrement actives de septembre
à janvier. Quant aux bouchots de myticulture ▲ *171*,
ils s'étendent aujourd'hui sur près de 600 km au large
d'Esnandes et font l'objet de nombreuses filières dans le
pertuis breton, au large de La Tranche-sur-Mer.

LA MOGETTE DE VENDÉE. Dans le nord de la
Vendée, la mogette, légume emblématique
de la table vendéenne, est une variété de
lingot, tandis que dans la zone des marais,
au sud, elle est issue du coco de Paimpol.
Ce haricot-grain à peau fine, brillant, au
goût délicat, est souvent accommodé
avec de la viande de porc,
notamment dans la recette
des «mogettes à la maraîchine
au jambon».

LA POMME DE TERRE DE NOIRMOUTIER. Parmi les diverses
variétés de pommes de terre cultivées sur l'île, deux d'entre
elles, la SIRTEMA au goût sucré et l'AMINCA, arrivent sur
le marché, en bons primeurs, dès le 15 avril. ROSEVAL et
CHARLOTTE les suivront en juin. Cette précocité est favorisée
par les conditions climatiques et géologiques, qui allient sables
drainants et microclimat doux et humide, et par l'emploi
du goémon en tant qu'engrais.

LE JAMBON DE VENDÉE. Cette production spécifiquement
vendéenne est un jambon cru, désossé, peu séché, que l'on
consomme généralement poêlé ou grillé, souvent accompagné
des traditionnelles mogettes. La préparation de ce jambon,
salé à sec au sel marin, requiert également l'emploi d'eau-
de-vie et d'aromates.

LES VINS DES FIEFS VENDÉENS. Sur les 4 800 ha de vignes
que comporte la Vendée, 350 ha produisent des VDQS
dans quatre vignobles situés dans la partie méridionale
du département. Ce sont les rouges et rosés du vignoble
de Mareuil, les blancs secs et frais du vignoble de Brem,
et ceux des vignobles de Vix et de Pissotte.

LE PAYS NANTAIS

En langage culinaire, un apprêt «à la nantaise»
désigne soit une garniture de petits légumes,
soit un fond de cuisson mouillé au muscadet, reflet
fidèle des spécialités locales. À ces produits de la
terre, il faut ajouter les poissons du lac de Grand-

**VOLAILLES
FERMIÈRES (LR)**
Loué, Challans,
Cholet, Vendée,
Ancenis
**PÂTISSERIES
ET CONFISERIES**
Berlingot nantais,
galette bretonne,
biscuit nantais et
petit-beurre, sablés
de Retz et de Sablé
VINS 🍃. Anjou
et Saumur (AOC),
muscadet (AOC),
vins de la région
nantaise, gros plant,
Fiefs vendéens,
vins de la Sarthe
SPIRITUEUX
Cointreau, guignolet,
menthe-pastille
**PRODUITS
LAITIERS 🍃**
Port-salut, crémet
d'Anjou, curé nantais
PRODUITS DE LA MER
Moules de bouchot,
coques, huîtres 🍃,
civelle, sandre,
brochet de Loire
FRUITS ET LÉGUMES
Mâche nantaise,
mogette de Vendée,
pomme de terre
de Noirmoutier,
pommes et poires
dont reinette
du Mans, poireau
et carotte nantais,
champignon de
couche, échalote
longue d'Anjou
VIANDES (LR)
Bœuf fermier du
Maine, porc fermier
de la Sarthe, porc
fermier de Vendée,
agneau Agnocéan
CHARCUTERIES (LR)
Rillettes, jambon
cuit de Vendée,
saucisse fraîche…
DIVERS. Sel de
Guérande (LR)

bienvenue
dans
LES
FIEFS
VENDÉENS
d'appellation d'origine - V.D.Q.S. - Blanc - Rosé - Rouge

159

Au temps des légions romaines, *salarium* désigne la ration de se
du soldat, puis l'indemnité pour l'acheter, le salaire. Les futurs
salariés ne seront pas pour autant exemptés de la gabelle
– impôt sur le sel créé en 1340 par Philippe VI et aboli en 1790,
qui pourtant subsistera jusqu'en 1945 sous des formes diverses !
Sur les côtes de Vendée et du littoral atlantique, les marais
salants se sont établis au XIVe siècle et, gage de qualité, leur
exploitation traditionnelle par de petites structures familiales
et artisanales perdure, inchangée depuis lors.

LA RÉCOLTE

À marée haute, l'eau de mer envahit les bassins de récolte du sel (les œillets). Le sel, concentré en grande partie au fond de l'œillet, est récolté chaque jour à mains nues. Les paludiers (ou sauniers) le brouettent aux alentours du lieu de récolte où il est entassé pour une première phase de séchage. Il sera ensuite transporté aux salorges, les greniers à sel.

FLEUR DE SEL

Cette fine cristallisation délicatement salée se récolte à la surface des œillets. Son emploi est très prisé et sa présence sur les grandes tables, de plus en plus fréquente.

DES GOÛTS ET DES COULEURS

La teinte grise du sel est due à la présence de particules minérales provenant du sol où il se cristallise. Il peut être purifié, mais les amateurs, souvent, le préfèrent brut, enrichi de particules secondaires hautes en goût.

LA CUISINE AU SEL

La cuisine en croûte de sel qui s'est développée sur les lieux de production, en particulier dans la presqu'île de Guérande, est fort appréciée des grands cuisiniers. Michel Guérard en a expliqué les avantages dans sa *Cuisine gourmande* : «En cuisant, le sel forme carapace et devient un second four hermétique.» Il se produit un échange thermique homogène sans réduction des sucs ni dispersion des arômes, car la carapace épouse très exactement la forme de la volaille, de la pièce de viande ou du poisson à cuire. Cette méthode ne convient que pour la cuisson de produits d'une extrême fraîcheur, ce qui explique sans doute qu'elle soit assez rarement employée.

«DANS MA GÉOGRAPHIE, J'AI VU QU'ON APPELAIT CE PAYS
LE JARDIN DE LA FRANCE. [...] CES PARFUMS, CE CALME,
CES RIVES SEMÉES DE MAISONS FRAÎCHES, ET QUI OURLENT
DE VERT ET ROSE LE RUBAN BLEU DE LA LOIRE !»

JULES VALLÈS (*L'ENFANT*)

Lieu ou de la Brière, ceux de la Loire et du littoral atlantique. Les épices, acheminées par le port de Nantes, qui fut le premier port de France au temps de la traite du «bois d'ébène», ont apporté une note d'exotisme dans certaines recettes locales.

LE BERLINGOT NANTAIS. À Nantes, où transitait déjà sous l'Ancien Régime le sucre des Antilles, prélude à une activité de raffinage qui prendra son essor au XIXe siècle, existent encore plusieurs confiseries. Le berlingot nantais offre une gamme de couleurs variées et uniformes, à la différence de celui de Carpentras ▲ *181*, strié.

LES BISCUITS LU. Jean-Romain Lefèvre et sa femme Isabelle Utile s'installent en 1846 dans une pâtisserie nantaise, où ils commercialisent biscuits de Reims et biscuits anglais Huntleys and Palmers. En 1885, leur usine ouvre ses portes quai Baco, le long de la Loire, tandis qu'ils se lancent dans l'élaboration de nouveaux produits. Y verront le jour le petit-beurre en 1886, les pailles d'or et le beurré nantais en 1905. En 1913, l'usine emploie douze cents personnes. Laissez-vous tenter par la description que fait Louis Lefèvre-Utile de sa création : «Qu'on se figure un biscuit de forme carrée longue, aux bords découpés en festons arrondis, qui croque sous la dent sans s'émietter, qui fond dans la bouche en y laissant un goût exquis sans être trop prononcé.»

LES BISCUITS BN. Le succès de LU semble lancer l'industrie biscuitière nantaise. C'est en 1896 que Pierre Cosse fonde la Biscuiterie nantaise, qui connaît son premier grand succès en 1922 avec le casse-croûte BN, biscuit remarquablement équilibré qui s'accommode de garnitures gourmandes. Dix ans plus tard, le goûter BN voit le jour sous le nom de Choco Casse-Croûte, et devient le goûter privilégié des enfants. Les secrets de fabrication sont toujours soigneusement tus…

LE SABLÉ DE RETZ ET LA GALETTE SAINT-MICHEL. Sablé de Retz et galette Saint-Michel sont fabriqués depuis leur création, respectivement en 1920 et 1905, dans la commune de Saint-Michel-Chef-Chef. Les premiers sont des biscuits croustillants, ronds, au goût caractéristique de noix de coco. Les secondes sont de petites galettes bretonnes au beurre, toujours fabriquées par la même famille. Également croustillantes, elles n'en demeurent pas moins délicatement fondantes.

LE CURÉ NANTAIS. Il n'est guère difficile d'être «le plus célèbre des fromages bretons» dans une région où les traditions fromagères sont rares. De forme carrée ou ronde, il s'agit d'une pâte affinée au cœur souple obtenue

«Chantenay et sa dernière maison ayant filé le long des rives, on entrait dans Nantes. Le patron amena la voile et prit les rames pour se guider plus sûrement dans l'encombrement tumultueux du port. De vieilles maisons sculptées, à balcons de pierre, se mêlaient à des mâts de navires, les poursuivaient, les engloutissaient, disparaissaient elles-mêmes, remplacées par des voiles grandes tendues, des tuyaux noirs et fumants, des coques luisantes, rouges ou brunes. À l'avant des vaisseaux, sous les beauprés, des figures pâles, élancées et drapées, montaient et descendaient au mouvement des vagues, et, parfois, ruisselantes d'eau, avaient l'air de pleurer de fatigue et d'ennui.»

Alphonse Daudet, *Jack*

artisanalement à partir de lait de vache cru et entier. Un seul producteur en pays de Retz assure la production d'une cinquantaine de tonnes par an.

LES POISSONS D'EAU DOUCE. LES CIVELLES ou pibales sont des alevins d'anguilles, pêchés lorsque, depuis la mer des Sargasses où ils sont nés, ils remontent fleuves et rivières pour retrouver l'eau douce. Le Sud-Ouest et l'Espagne en sont de grands consommateurs. En régression depuis une dizaine d'années, cette pêche est très réglementée. Le SANDRE et le BROCHET, chasseurs carnassiers, fréquentent la Loire et le lac de Grand-

Lieu. Le premier est originaire d'Europe de l'Est et du Nord, le second était déjà signalé au Moyen Âge à Nantes. Leur chair blanche et ferme peut s'accommoder de différentes façons, dont le fameux «brochet au beurre blanc». Le SAUMON remonte la Loire depuis l'océan pour revenir frayer dans sa rivière natale. Seuls une centaine de pêcheurs sont autorisés chaque année par arrêté préfectoral à se livrer à cette pêche de février à juin… Ils rapportent une tonne de poissons, que se partagent les restaurateurs de la région.

LES VINS DU PAYS NANTAIS. Le vignoble nantais (15 300 ha) couvre le sud et l'est du département de Loire-Atlantique et s'étend légèrement en Vendée et dans le Maine-et-Loire. Il produit des vins blancs secs de cépage melon sous trois appellations AOC différentes : MUSCADET, muscadet de Sèvre et Maine et muscadet des coteaux de la Loire, ainsi qu'un VDQS, le GROS-PLANT, issu du cépage folle blanche. Le cépage gamay produit quelques rouges légers et rosés sous l'appellation VDQS coteaux d'Ancenis.

Les poissons pêchés dans la Loire peuvent être dégustés avec du vin blanc local.

DU VAL D'ANJOU AU SAUMUROIS

La vigne n'est pas l'unique richesse de cette région : forêts, rivières, bocages, rythmés par les bâtisses d'ardoise et de tuffeau, forment un environnement très diversifié. Un projet de Parc naturel régional « Loire-Anjou-Touraine » entend gérer ces territoires de confluences, en les rattachant à ceux, voisins, du Richelais et du Véron.

LE GUIGNOLET ET LE COINTREAU. Adolphe Cointreau, confiseur à Angers au début du XIXe siècle, prépare et commercialise des liqueurs, parmi lesquelles le célèbre guignolet. Cette liqueur apéritive à base de cerises, inspirée du ratafia, fut mis au point à Angers par des bénédictines au début du XVIIe siècle, avant de rencontrer le succès au siècle suivant. Ayant hérité de la société, Louis Cointreau met au point en 1875 une liqueur promise à un grand avenir, obtenue par macération d'écorces d'oranges douces et amères dans de l'alcool distillé par la suite. Aujourd'hui, les maisons Giffard et Cointreau produisent respectivement 100 000 l et 40 000 l de guignolet, la dernière

« TEINT ENCORE DES ARDENTS REFLETS
DU SOLEIL ET DU FLOT DE MOIRE,
LE PÊCHEUR, VIDANT SES FILETS,
VOIT LES POISSONS D'OR DE LA LOIRE. »

THÉODORE DE BANVILLE

abriquant 9 millions de litres de Cointreau à 40° et 60°,
qui sont exportés à 80 %.

LA MENTHE-PASTILLE. Cette liqueur translucide à base
de menthe poivrée fut créée en 1885 par le pharmacien
angevin Émile Giffard. Digestive et rafraîchissante,
elle est particulièrement appréciée en été.

LES CHAMPIGNONS DE COUCHE. Au début du XIXᵉ siècle,
les carrières souterraines commencent à être utilisées dans
la capitale ▲ 114 pour la culture des champignons de Paris.
La demande allant croissant, à la fin du siècle, la vallée de
la Loire est mise à contribution. Les carrières de tuffeau
du Saumurois s'avèrent leur offrir des conditions idéales…
1 000 km de galeries souterraines sont aujourd'hui exploitées.

L'ÉCHALOTE D'ANJOU. Avec le melon, l'échalote est la vedette
de la vallée de l'Authion. Cette variété, dite de Jersey, présente
un bulbe long, une couleur rose cuivré, et des feuilles
transparentes.

LES VINS D'ANJOU ET DE SAUMUR. On oppose parfois les vins
de l'Anjou proprement dit, ces vins d'ardoise élevés sur les
schistes du Massif armoricain, aux vins de tuf du Saumurois,
dont le faciès géologique appartient au Bassin parisien.
Cette immense zone viticole comprend plusieurs vignobles
d'excellente réputation. À l'ouest, ceux du Layon,
de l'Aubance et des coteaux de la Loire. À l'est, le vignoble
saumurois. Le cépage chenin blanc fournit une dizaine d'AOC
de vins moelleux ou liquoreux du Layon, parmi
lesquels les prestigieux quarts-de-chaume et
bonnezeaux, ainsi que les vins blancs secs et
demi-secs d'Anjou et de Saumur. Les rosés,
issus de cépages divers, donnent des vins secs,
demi-secs et doux, tel le cabernet d'Anjou. Les
rouges, longtemps dans l'ombre des blancs, sont
aujourd'hui en grande faveur, à en juger par
le succès du saumur-champigny. On notera
aussi les saumur mousseux et saumur pétillant,
deux AOC voisines de vins effervescents,
auxquelles sont appliquées des techniques
de prise de mousse semblables à celles
de la méthode champenoise, de même que
le crémant de Loire, AOC créée en 1975.

LES VINS DE LA VALLÉE DU LOIR. Le petit vignoble
de la vallée du Loir, à l'est de la région Pays de la Loire, compte
deux intéressantes AOC, les coteaux-du-loir, en rouge
principalement, et le jasnières, d'une couleur jaune d'or,
au bouquet floral, l'un des plus beaux
fleurons du cépage chenin.

LE CRÉMET D'ANJOU
Ce dessert à base
de crème fraîche
et de blanc d'œuf
– ce qui le distingue
du crémet nantais –
est présenté en parts
individuelles. Il est
souvent accompagné
d'un coulis de fruits
rouges.

**LES LÉGUMES DU
JARDIN NANTAIS**
La mâche, plantée
entre septembre et
décembre, se récolte
en hiver, ce qui lui
vaut le surnom de
«salade de Carême».
Les vertus drainantes
du sable de Loire,
sur lequel elle est
cultivée, assurent
pour une grande part
la qualité de la mâche
nantaise, qui
représente 90 % de
la production
nationale. Le poireau,
semé à la même
époque sur les mêmes
sols, n'est cueilli
qu'au printemps de
l'année suivante.
Enfin, la carotte
nantaise bénéficie de
terrains similaires ; on
la récolte avant
maturité du début
mai jusqu'au mois
de juillet.

LE MAINE

Le Bas-Maine, ancien pays des Chouans, aux landes entrecoupées de champs de seigle et de sarrasin, est aujourd'hui planté de pommiers et offre ses prairies aux porcelets et aux vaches pie-noir. Le Haut-Maine est terre de passage entre les vignes et les vergers de la vallée du Loir et les herbages de Normandie. Cultures céréalières, bocages et forêts de pins façonnent le paysage de part et d'autre de l'Huisne, affluent de la Sarthe.

LES VOLAILLES DE LOUÉ. Le poulet de Loué est une volaille élevée en liberté dans la Sarthe et les cantons limitrophes de la Mayenne. C'est un poulet blanc fermier «cou nu», jaune fermier ou noir fermier «cou nu» dont les conditions d'élevage et d'abattage sont strictement contrôlées.

LE PORT-SALUT. Ce fromage à pâte pressée non cuite est produit en Mayenne par la fromagerie de la Trappe du Port-du-Salut. Il fut mis au point au siècle dernier par les moines trappistes, perpétuant ainsi une longue tradition fromagère, qui continuèrent à produire le port-salut jusqu'en 1989, malgré les contrefaçons et une demande s'accroissant plus vite que les capacités de production. Aujourd'hui la marque est déposée, mais la fabrication est assurée par une société anonyme et l'aire de production n'est plus spécifiquement limitée au département de la Mayenne.

LA REINETTE DU MANS. Récoltée fin octobre, cette pomme à couteau de table peut être consommée tout l'hiver si elle est conservée avec soin. L'unique verger important de la Sarthe est affilié à un groupement de producteurs. Les autres exploitations recensées sont de type familial et atteignent, au total, une vingtaine d'hectares. Ce fruit souvent charnu au goût acidulé revêt à maturité une couleur jaune.

LES RILLETTES DE LA SARTHE. Les «rillées» ou «rihelles» médiévales, plat blond d'aspect rosé dont la couleur est éclaircie par une graisse légère, étaient et restent, dans la Sarthe, un signe d'abondance, un friand régal. Vingt-deux usines fabriquent encore des rillettes dans le département.

Les Sarthois consomment 12,5 kg de rillettes par personne et par an, soit vingt-cinq fois plus que la moyenne nationale !

Si la région constitue de longue date un véritable «vivier» en matière d'aviculture, l'élevage, tout aussi traditionnel, de races bovines à viande représente lui aussi une filière clef du secteur agro-alimentaire local. Cette activité privilégiée des terroirs de l'Ouest a su conserver et développer ses acquis anciens, si bien qu'elle se trouve actuellement au premier rang de la production française en ce qui concerne les animaux adultes.

LES BŒUFS GRAS

Les animaux ainsi dénommés dans les Pays de la Loire peuvent appartenir à différentes races : maine-anjou, normande, limousine, charolaise, blonde d'Aquitaine ou à des croisements appelés «jaunes». Et on ne trouve pas parmi eux que des mâles castrés, mais aussi des génisses ou de jeunes femelles déjà mères.

RÊVE DE BŒUF

«Non loin, quelques bœufs blancs,
   couchés parmi les herbes,
Bavent avec lenteur sur leurs fanons épais,
Et suivent de leurs yeux languissants
   et superbes
Le songe intérieur qu'ils n'achèvent jamais.»
(Leconte de Lisle, *Poèmes antiques*).

DE L'ART D'ENGRAISSER

Dans les Mauges et le Choletais, on pratique l'embouche, c'est-à-dire l'engraissement des bovins, d'abord nourris à l'auge avec des plantes sarclées, puis mis en prés dans des prairies très fertiles, quelque temps avant la vente. La première règle à respecter pour obtenir une viande de très bonne qualité consiste à engraisser lentement le bovin.

▲ Picardie

Baie de Somme
Canard, agneau de pré-salé

Ponthieu

Endive, bœuf, tarte à la rhubarbe

Vimeu
Abbeville
Anguille

Bœuf, pomme, cidre, fruits

Canard

Somme

Pâté d'anguille

Éclusier-Vaux

La Capelle

Produits maraîchers

Maroilles, tarte au Maroilles flamiche aux poir pomme, cidre

Péronne

Anguille

Gâteau battu

● Amiens

Anguille

Canard

St-Quentin

Verv

Andouillette, foie gras, pâté de canard, magret de canard aux morilles, flamiche aux poireaux, macaron, produits maraîchers

Gâteau battu

Betterave à sucre, gâteau battu

Roye (sucrerie)

Anguille

Pomme de terre

Montdidier

Betterave à sucre

Oise

Cempuis ●

Fruits, pomme de terre

● Rollot

Fruits rouges

Laon ●

Artichaut, fruits rouge

Pomme

Rollot

Noyon

Coucy-le-Château

Thérain

Beauvais ●

Pomme de terre

Clermont ●

Compiègne ●

Soissons ●

Bucy-le-Long (sucrerie)

Dragée, haricot

Creil ●

● Senlis

Fère-en-Tardenois ● *Pain à l'anis*

Château-Thierry ●

Marne

● Dormans

Coquelet

Champagne

Charly-sur-Marne ●

Lₐ région
Picardie ne correspond
qu'en partie à la Picardie historique et
empiète sur l'Île-de-France ▲ *114* au sud
ainsi que sur la Champagne au sud-est ▲ *98*.
Autour de la plaine picarde s'élèvent, au nord-est, le plateau
ardennais et les collines marneuses de Thiérache, au sud, les
plateaux calcaires du Vexin français, du Valois, du Soissonnais
et de la Brie. Cette région au relief modéré bénéficie d'un
climat océanique humide et frais qui tend vers la continentalité
au sud-est. De fait, aux herbages succèdent les cultures
céréalières et vinicoles. Le Ponthieu et le Vimeu sont
traditionnellement orientés vers la production de viande.
L'agneau de pré-salé élevé dans la baie de Somme donne une
viande particulièrement tendre et savoureuse, commercialisée
sous la marque «Estran». Abondant dans la Somme, le canard
donne à la gastronomie picarde son célèbre pâté de canard
d'Amiens, ses foies gras, son magret aux morilles, ses rillettes.
Les nombreux cours d'eau forment, de l'étroite façade maritime
au «creux» parisien, des étangs et des marais, les fameux
hortillonnages, qui ont transmis leur nom à la culture –
essentiellement légumière – qu'on y pratique. Et la Picardie
est peut-être avant tout une région maraîchère, qui produit
en premier lieu l'endive et la pomme de terre (une vedette :
la picardine). Enfin, avec 163 000 ha plantés de betterave, la

> «LES QUEUES DE RENARD, LES ROSEAUX DE LA PASSION, SAISIS AU CRISTAL DE LA NUIT, BALANÇAIENT LEURS MANCHONS CLAIRS PARMI LES PLUMES EN EAU DES ROSEAUX À BALAI. AU SOLEIL DE DIX HEURES, TOUTE LA MARE TINTAIT DE LUMIÈRE…»
>
> PAUL VIMEREU (*CHUTT LE HUTTEUX*)

Picardie est le premier producteur français de betterave à sucre (et de pomme de terre). La Générale sucrière de Roye (Somme) et la Compagnie française de sucrerie (Bucy-le-Long, Aisne) sont ouvertes à la visite.

LA BAIE DE SOMME

LES ANGUILLES DE LA SOMME. Autour de Saint-Quentin, la Somme se multiplie en des centaines de marais et d'étangs poissonneux, parmi lesquels figure la réserve naturelle des marais d'Isle. Vers Péronne, le circuit touristique des Anguillères est indiqué sur les petites routes. Il longe la Somme, jusqu'au très beau site d'Eclusier-Vaux, paysage de marais d'où surgissent une multitude d'îles. Sur certains îlots privés, les huttes en roseaux, ou «hutteaux», sont camouflées pour la chasse aux canards ou pour l'observation des tadornes et des oies sauvages. Le poisson abonde jusqu'à la baie de Somme, et des sites sont organisés pour la pêche au blanc le long du fleuve. Les anguilles se vendent souvent près des barrages pour anguillères. Préparées en morceaux, dans du beurre et des petits oignons, les anguilles à la picarde se servent avec une sauce à l'œuf et au vinaigre.

L'AMIÉNOIS ET LE SANTERRE

LE CANARD D'AMIENS. Il maintient sa réputation depuis le Moyen Âge. À la Renaissance, on appelle le canard picard, l'«anas». Le patois picard surnomme encore la canette «énette». La Somme, de pente faible et de cours régulier, a formé des bras nombreux auxquels s'ajoutent les étangs que l'homme a creusés pour la tourbe ou le poisson. Il s'agit là d'un lieu de passage privilégié pour la sauvagine et les canards colverts. Les chasseurs non plus ne manquent pas. Désossé, le canard est mitonné au four durant des heures, avec croûte et farce. La gelée se fait avec un pied de veau et se verse au cœur de la terrine. Quant au canard de la baie de Somme, il se prépare en cocotte aux pruneaux.

LES HORTILLONNAGES DE LA SOMME. Ces jardins potagers irrigués de la région d'Amiens prennent le nom de «hardines» autour de Péronne. Ils sont comparables à ceux de Saint-Omer, dans le Pas-de-Calais. La tourbe fertile des marais humides est sillonnée par de petits canaux d'accès où passent, depuis des siècles, des barques à fond plat. Dans ces marais, on pratique le maraîchage. Le déplacement se fait dans les traditionnelles barques étroites : un moyen commode pour se rendre au marché aux herbes voisin, avec quelques persils, poireaux, choux verts et rouges, fèves, potirons, citrouilles et salsifis. Cultivés en abondance, les oignons entrent dans la préparation de nombreux plats picards. Marcher silencieusement entre ces centaines de «jardins de M. le Curé», travaillés par les gens du cru ou ceux des résidences secondaires, est d'un charme fou. L'esprit des lieux rappelle l'atmosphère des «jardins ouvriers sociaux» créés par l'abbé Lemire, sénateur social-démocrate du

DESSERTS PICARDS
Délicieuse, la tarte à la rhubarbe est une pâte brisée garnie de rhubarbe. Le gâteau brioché battu de la Somme, servi avec des œufs à la neige, concurrence la simple crêpe épaisse, tartinée de beurre et de sucre de cassonade. Le pain à l'anis se fait encore à Fère-en-Tardenois. Les macarons d'Amiens sont fourrés à la marmelade d'abricot. Les tuiles au chocolat réconfortent à Péronne.

LA FÊTE SUR L'EAU
L'hortillonnage est la culture d'une parcelle quadrillée par des canaux. Jadis, les hortillons se rendaient en barque à Amiens pour y vendre leur production. Une fois l'an, ils font revivre la tradition médiévale de ce véritable marché sur l'eau (1er week-end de septembre). Par ailleurs, le samedi matin se tient un marché dans le port restauré d'Amiens.

▲ PICARDIE

ANTOINE PARMENTIER (1737-1813)
Lauréat de l'académie de Besançon pour son mémoire *Les végétaux qui pourroient suppléer en temps de disette à ceux que l'on emploie communément à la nourriture des hommes* (1772), Parmentier doit sa gloire posthume à ses expériences de culture de la pomme de terre.

LA POMME À CROQUER ET À BOIRE

L'association «I' z'on croque eu' pomm» a ouvert à Cempuis un verger conservatoire et vend des greffons. On y trouve les meilleures variétés de pommes à croquer, à confiture, à tarte, à presser. Des amateurs de cidre se sont regroupés au Comité de défense des variétés cidrières (Codeci), qui travaille en collaboration avec l'INRA pour la promotion de nouvelles variétés et qui donne des conseils d'entretien des pommiers et de fabrication du cidre. Une foire aux pommes se tient tous les ans à Neuilly-Saint-Front.

«LES PILEURS DE CIDRE»

(1914)
Le pressoir, inventé au XIIᵉ siècle, permit un rapide développement du cidre à travers l'Europe.

Nord au siècle dernier : si la nécessité est moindre, la convivialité demeure.

ROLLOT, FROMAGE ET VILLAGE D'ORIGINE.
De forme cylindrique, le ROLLOT, ou rigolot, se fabrique encore à Montdidier (Somme). Sa forme traditionnelle est un cœur.

LE BEAUVAISIS

LE CIDRE PICARD. Hippocrate, le plus grand médecin de l'Antiquité, recommandait déjà le «vin de pommes» pour ses bienfaits. Les Romains l'appelaient *sicera*. Sous Charlemagne et Guillaume le Conquérant, il est promu boisson des princes et devient le «cidre». Dans le sud et l'ouest du département de la Somme, et également dans la Thiérache (Aisne), la pomme, introduite au XVIᵉ siècle par le chevalier Leclerc de Bussy, joue encore un rôle important dans l'agriculture locale.

On distingue les pommes de première saison, récoltées entre le 15 septembre et le 15 octobre, celles de deuxième saison, du 15 octobre au 15 novembre, et les tardives. Les cidriers mélangent des variétés de pommes de même maturité, aux saveurs différentes, pour équilibrer la teneur du cidre en sucre. Les pommes sont broyées et macérées. La pulpe des fruits est envoyée au pressoir, le jus du pressurage, ou moût, est clarifié, puis mis en fermentation pour que le sucre se transforme en alcool. La fabrication du cidre se parfait par une fermentation secondaire lente, puis le jus est filtré. Le cidre ne se bonifie pas une fois mis en bouteilles et doit être consommé de préférence dans l'année qui suit son embouteillage. La recette appelée «Flipper» consiste à

La Route du champagne suit les méandres de la Marne, de Charly-sur-Marne à Dormans, et passe par Château-Thierry.

mélanger du cidre chaud avec un tiers d'eau-de-vie de pomme, du sucre et du miel.

LE NOYONNAIS

LE NOYON ROUGE. La région du Noyonnais se colore d'écarlate lors de la fête des Fruits Rouges qui a lieu chaque année, début juillet. Dès l'aube, fraises, cerises, cassis, framboises et groseilles égayent les étals du marché de Noyon. Aujourd'hui, une cinquantaine de producteurs présentent les fruits de leur production. Des décorations fruitières et florales ornent les coins des rues occupées par le marché. Les menus «fruits rouges», de l'apéritif au plat principal et au dessert, du canard aux groseilles au sorbet de cassis, sont servis dans les restaurants de la région. Chaque premier mardi du mois, un marché «franc», libre des droits d'exposition, perpétue la tradition des foires médiévales dans les rues de Noyon.

LE SOISSONNAIS

LE HARICOT DE SOISSONS. On en retrouve la forme dans celle des bonbons locaux, sortes de dragées recouvertes de chocolat. Autrefois, le haricot de Soissons accompagnait les «rissoles», ou beignets farcis de la région. Cette graine grosse et blanche se servait avec tous les plats mijotés du Bassin parisien. Très nutritive mais d'une culture fastidieuse, elle fut supplantée à la Révolution par la pomme de terre, dont la culture fut introduite par le pharmacien militaire Antoine Parmentier, natif de Montdidier. Et pourtant le haricot de Soissons eut son heure de gloire : au XVIᵉ siècle, il sauva les habitants de la région d'une disette désespérée. Le haricot de Soissons se cultive en hauteur sur des «rames». Tuteuré parfois jusqu'à 2,5 m, mais rustique, il résiste au vent et au sol humide de la Picardie.

LA THIÉRACHE

LE MAROILLES PICARD. L'origine du fromage de Maroilles se dispute entre la Thiérache et l'Avesnois, entre la Picardie et le Nord ▲ *146*. Il se marie bien avec le CIDRE PICARD, qui développe toute la personnalité de ce fromage à pâte molle. Il faut trois mois pour affiner le MAROILLES. Charles Quint savait déjà l'apprécier à sa table. La TARTE AU MAROILLES demande une demi-heure de cuisson au four ; accompagnée d'un peu de crème fraîche, elle est délicieuse. Si on la trouve congelée dans les grandes surfaces, il vaut mieux essayer de déguster une FLAMICHE AU MAROILLES, ou crêpe picarde, fraîche et sur place.

SUR LA ROUTE DU CHAMPAGNE
Grimper dans les coteaux, admirer les bords de Marne constellés de châteaux et d'églises romanes, descendre vers les chaix, visiter une cave de dégustation, commander un coquelet au champagne dans une auberge de village, voilà un joli programme qui peut conduire à la voisine Champagne ▲ *98*.

CALENDRIER GOURMAND
Mi-mai : fête des Hortillonnages à Camon
Fin mai : Foire aux vins et aux fromages à Compiègne
Fin septembre : fête de la Gastronomie à Poix-de-Picardie
1er week-end de septembre : Foire internationale aux fromages à La Capelle
Début octobre : Foire aux pommes et Salon gastronomique des produits picards et régionaux à Neuilly-Saint-Front
Fin octobre : fête du Pain, du Cidre et du Beurre à la Ferme d'Antan dans la Creuse

▲ POITOU-CHARENTES

- Bressuire
- Châtellerault
- *Fine fleur parthenaise*
- Parthenay
- *Clain*
- *Vins du haut Poitou*
- **Poitiers**
- *Tourteau fromagé*
- Neuville-de-Poitou
- *Beurre* · Échiré
- *Jonché niortaise, angélique de Niort*
- **Niort**
- *Chabichou*
- Montmorillon
- *Agneau*
- Charron
- *Moule*
- *Anguille*
- *Île de Ré*
- La Mothe-Saint-Héray
- *Poitou*
- *Pomme de terre, sel, moule*
- Loix *(musée)*
- Esnandes
- *Marais Poitevin*
- Mauzé-sur-le-Mignon
- *Chèvre et chevreau*
- **La Rochelle**
- *Cognac, pineau des Charentes, moule*
- *Broyé du Poitou*
- *Mogette*
- Civray
- *Farci poitevin*
- *Île d'Oléron*
- · Fouras
- *Aunis*
- · Rochefort
- Saint-Jean-d'Angély
- *Grillons charentais*
- Confolens
- *Moule et huître Marennes-Oléron*
- Marennes
- · Rouillac
- *Angoumois*
- *Broyé du Poitou*
- Saintes
- *Charente*
- Cognac
- *Cognac et pineau des Charentes*
- *Saintonge*
- **Angoulême**
- *Cognac et pineau des Charentes*
- *Vins de Pays charentais*
- Jonzac
- *Veau de Chalais*
- Chalais
- *Cognac et pineau des Charentes*

POITOU-CHARENTES
25 809 km² et 463 km de côte pour 1,59 million d'habitants. Quatre départements : Charente (Angoulême), Charente-Maritime (La Rochelle), Deux-Sèvres (Niort), Vienne (Poitiers).

De l'océan Atlantique aux contreforts du Massif central, l'actuelle région administrative Poitou-Charentes recouvre les anciennes provinces que sont l'Aunis, la Saintonge, l'Angoumois et le Poitou. Ce dernier s'est toutefois trouvé amputé du bas Poitou, rattaché à la région Pays-de-la-Loire. Bon nombre des produits de terroir, répartis sur le haut et le bas Poitou, se retrouvent ainsi dans le département vendéen voisin. Mais plus que l'histoire, ce sont les conditions géographiques et climatiques qui ont forgé la diversité des terroirs de cette région. En bordure d'océan et sur les îles, la conchyliculture prospère, faisant du Poitou-Charentes le plus important centre producteur de coquillages d'Europe, tandis que le climat océanique y autorise la culture des primeurs. À l'intérieur, s'étendent de grandes champagnes, propices aux cultures céréalières et oléagineuses, et des gâtines depuis toujours dévolues aux troupeaux. Sur les collines du haut Poitou, de l'Angoumois et de la Saintonge, la vigne a trouvé son terrain de prédilection et, à l'est, l'herbe règne en maître à l'orée du Limousin.

AU MENU
Pour l'églade, ou éclade, les moules sont disposées sur une couche d'aiguilles de pin, que l'on brûle. Le céteau ou «langue d'avocat» ressemble à une petite sole. Les mojettes sont des haricots blancs qui poussent dans les terres de marais. Les meilleures, dit-on ici, doivent être *piates* (plates).

«Bertille [...] était d'un âge où les femmes connaissaient encore la cuisine d'Aunis et de Saintonge. Elle proposa pour le déjeuner une éclade, des céteaux, des côtelettes d'agneau avec des mojettes fraîches.»

Klebert Haendens (*L'Été finit sous les tilleuls*)

Littoral d'Aunis et de Saintonge

Les moules de bouchot. C'est à un capitaine irlandais que l'on doit la découverte des bouchots. Du moins la tradition l'affirme-t-elle. Patrick Walton ayant fait naufrage dans la baie de l'Aiguillon et planté des planches autour de son épave, s'aperçoit bien vite que des moules s'y fixent. L'élevage des moules sur bouchots (les piquets sur lesquels elles se développent) était inventé. Il s'est répandu dans toute la baie de l'Aiguillon, mais aussi à Fouras, à Brouage et dans l'île d'Oléron, soit près de 600 km de bouchots. De nos jours, Charron est devenu la capitale mondiale de la moule. Ce coquillage constitue la base de la mouclade (moules à la crème et au curry), la grande spécialité culinaire du cru.

Les pommes de terre de l'île de Ré. C'est une pomme de terre allongée, à peau claire, dont l'appellation recouvre plusieurs variétés. L'alcmaria, la plus cultivée, et la starlette, qui sont les véritables primeurs, apparaissent sur le marché à partir de la fin mars, et jusqu'au 15 juillet. Roseval, BF 15, charlotte et amandine, variétés à chair ferme, sont commercialisées entre le 1er juin et le 31 juillet. Ce sont toutes des primeurs à fine saveur de noisette et de beurre née d'un sol léger et sableux qui, marié à l'air marin, leur confère cette spécificité. L'amendement au varech est loin d'être systématique, quoi qu'on en dise. La pomme de terre primeur de l'île de Ré est parfaite sautée ou cuite à la vapeur.

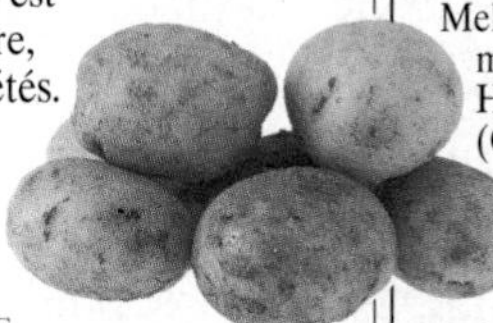

Le sel marin de l'île de Ré. La production de sel dans l'île concerne soixante-neuf producteurs réunis au sein d'une coopérative qui commercialise gros sel et fleur de sel. La production était de 3 170 t en 1996, année chaude et ensoleillée, mais, selon les aléas du climat, elle varie énormément d'une année à l'autre. La saliculture couvre à Ré quelque 220 ha. La Maison des marais salants, à Loix, permettra de découvrir l'histoire du commerce du sel et la vie des sauniers : «Le sel est la mémoire de leur histoire. De père en fils, ils se sont penchés et ont recueilli ce feu de la mer, amer dans leur bouche et leur gorge, rutilant sous le soleil...» (Hortense Dufour, *La Fille du saulnier*).

La bouilliture. Jadis, l'anguille était un mets de pauvre. Celles du Marais poitevin sont à la base de la bouilliture, pour laquelle elles marinent une nuit dans du vin rouge et du cognac.

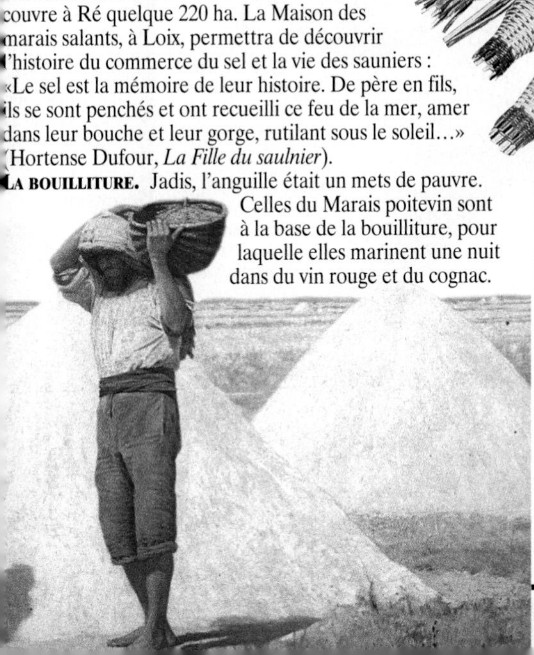

Produits de la mer. Moules, huîtres de Marennes-Oléron (vertes fines de claire [LR]), sel de l'île de Ré

Viandes
Bœuf parthenais Fine Fleur Parthenaise (LR), veau élevé sous la mère (LR), agneau Diamandin (LR), agneau et chevreau de Poitou-Charentes

Fruits et légumes
Melons (LR), melons du Haut-Poitou (CC), reinette clochard, mojette, pomme de terre de l'île de Ré

Vins et spiritueux
Cognac et pineau des Charentes (AOC), vins du haut Poitou (VDQS)

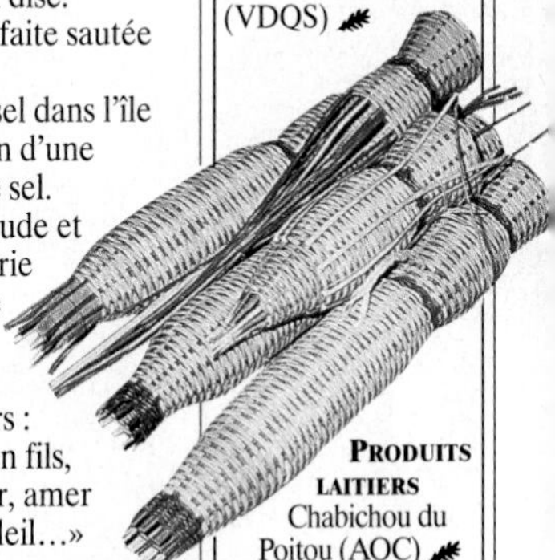

Produits laitiers
Chabichou du Poitou (AOC) et autres fromages de chèvre, beurre Charentes-Poitou (AOC)

Pâtisseries et confiseries
Angélique de Niort, broyé du Poitou, tourteau fromagé

Divers
Grillon charentais, farci poitevin

Ci-dessus, nasses à anguilles en ronce et en osier.

▲ Les huîtres de Marennes-Oléron

N°5
N°4
N°3
N°2
N°1

Si le bassin de Marennes-Oléron devait se résumer à quelques chiffres, disons qu'il représente 50% de la production française d'huîtres et demeure le plus grand parc ostréicole d'Europe. Deux mille exploitations sont concernées par l'élevage de l'huître et son expédition, sur 3000 ha de parcs et la même surface en claires. Sa commercialisation s'élève à environ 60 000 t chaque année. Elle bénéficie du Label rouge Marennes-Oléron depuis 1989.

PORTUGAISES PUIS JAPONAISES

On développe une variété portugaise à la fin du XIXᵉ siècle, remplacée dans les années 70 par une variété appelée, à tort, «japonaise», puisqu'elle provient en fait du Canada.

Les numéros attribués aux huîtres correspondent à leur taille.

À LA TABLE IMPÉRIALE

Les Romains font premières tentativ Campanie. Puis, o que le poète latin envoie à son empe huîtres récoltées s littoral atlantique parcours jusqu'à est jalonné de ba elles reposent ava reprendre la rout arriver fraîches.

UN METS TRÈS ANCIEN

Les nombreux tombeaux préhistoriques qui regorgent de coquilles d'huîtres montrent que l'homme se régale depuis longtemps avec ces mollusques. Mais l'ostréiculture n'est alors pas encore au point.

REDOUTABLES PRÉDATEURS

Les huîtres ne sont pas à l'abri de multiples ennemis marins, poissons qui se repaissent de naissains, étoiles de mer friandes de la chair de l'huître adulte et bigorneaux perceurs.

L'ÉLEVAGE D'UNE HUÎTRE

Captage des naissains sur collecteurs, élevage dans un parc, détroquage (décrochage et calibrage des huîtres), culture en poches durant un an ou deux sur des tables placées dans les parcs, immersion en claires où elles engraissent et s'affinent. Il faut trois ans de soins pour élever une huître, sans compter le mois d'affinage que réclament les fines de claires et les deux mois nécessaires aux spéciales.

Il faut ensuite procéder au dégorgeage et au trempage, au tri et au calibrage, au conditionnement et à l'expédition, avant qu'elles ne paraissent sur les tables.

VERTES DE MARENNES

En claires, les huîtres verdissent grâce à la présence d'une diatomée en forme de navette, d'où son nom de navicule bleue (*Navicula ostrearia*), que le mollusque absorbe. L'huître généralement jaunâtre se met alors à verdir. Le phénomène n'est pas maîtrisé par l'homme, la présence de la navicule dans une claire étant totalement aléatoire.

LES CLAIRES

Les claires sont des bassins d'eau de petites dimensions (rarement plus de 500 m²) et de faible profondeur, creusées dans des argiles perméables. Il peut aussi s'agir d'anciens marais salants réutilisés. Leur alimentation en eau se fait par des «ruisons» qui répartissent l'eau dans les bassins grâce à la «dérase», une entaille pratiquée dans l'«abotteau», petit talus fermant la claire. Les ruisons reçoivent l'eau des «chenaux» qui communiquent avec la mer. C'est dire si les claires sont soumises au régime des marées.

DRÔLES DE COLLECTEURS

Servant à recueillir les minuscules larves portées par les flots et qui doivent se fixer pour ne pas mourir, les collecteurs peuvent revêtir des formes les plus diverses : barres de fer, moellons de pierre, chapelets de coquilles vides ou d'ardoises, tuiles chaulées, pieux et tubes de plastique, tout est bon pourvu que le «naissain» s'installe.

Haut-Poitou

L'angélique. Venue en droite ligne de Scandinavie, l'angélique, une ombellifère bisannuelle aux vertus toniques, expectorantes et dépuratives, serait arrivée jusqu'à nous par le chemin des couvents. En tout cas, les religieuses de Niort en cultivaient au XVIIᵉ siècle et l'employaient volontiers pour lutter contre la peste. Son nom est une allusion à l'archange Gabriel : on raconte qu'il enseigna son utilisation à un ermite. De nos jours, on apprécie moins ses qualités thérapeutiques que son intérêt gastronomique. Cinquante tonnes sont produites chaque année dans les Marais poitevin et saintongeais. Elle est utilisée en confiserie et en pâtisserie et donne aussi une excellente liqueur.
C'est la grande spécialité de Niort.

La jonchée niortaise. Ce fromage battu, aujourd'hui au lait de vache ou de brebis, hier au lait de chèvre, est roulé dans une claie de jonc et égoutté dans de l'eau pure. Pour dégustation, il peut être accommodé avec des fines herbes, du sel et du poivre, ou accompagné de sucré.

Le tourteau fromagé. Le tourteau fromagé, dont La Mothe-Saint-Héray revendique la paternité, est la spécialité poitevine par excellence. On la nommait jadis indifféremment tourteau fromageou, fromaget, ou même galette du laboureur. C'était alors un gâteau à base de fromage de chèvre frais garnissant un mince fond de pâte, indispensable à la réussite d'un repas de noce. Actuellement, il est essentiellement produit par des industriels, et le fromage de vache a depuis longtemps remplacé le chèvre. Mais il a conservé sa forme ronde et sa très caractéristique croûte noire.

Le chabichou du Poitou. Élaboré tout à la fois par des industriels et par des producteurs fermiers, le chabichou du Poitou bénéficie d'une AOC depuis 1990. Il s'en produit une centaine de tonnes par an.
Ce fromage de lait de chèvre, en forme de cône tronqué de 6 ou 7 cm de haut, pesant 150 g avant affinage, se déguste au choix, frais, mûr ou sec. Sa croûte fleurie, légèrement bleutée, se couvre en maturant de pigments rouges, tandis qu'il développe une délicate saveur de noisette.

Les agneaux du Poitou-Charentes sont élevés en semi-plein air sur prairies naturelles, avec abri en bergerie pendant l'hiver. Ici, à Saint-Pierre-de-Maillé, dans la région de Montmorillon.

L'AGNEAU DE POITOU-CHARENTES. Si l'on sait que le mouton sauvage apparut en Asie il y a quelque deux millions d'années, on ne peut dire quand son élevage se répandit sur le terroir de l'actuel Poitou-Charentes. Mais, à coup sûr, il se développa particulièrement dans la Gâtine poitevine, où on l'appréciait pour sa laine, plus encore que pour sa viande. À notre époque, la région de Montmorillon est la première productrice d'agneaux de boucherie : on y élève un quart du cheptel ovin français et ses troupeaux dépassent parfois les deux cents brebis. Un label rouge a été attribué au diamandin, un agneau produit dans le Centre Ouest et doté, comme tout label rouge, d'un cahier des charges contraignant portant sur la race, l'alimentation, l'âge limite d'abattage… et, naturellement, sur les qualités gustatives.

LE BEURRE DE CHARENTES-POITOU. Premier beurre d'AOC français (le décret d'appellation date d'août 1979), il est fabriqué par des laiteries installées dans les quatre départements de la région. Il peut être doux ou demi-sel et conditionné sous forme de plaquettes, de rouleaux ou de mottes. On peut aussi le rencontrer sous les appellations beurre des Charentes ou beurre des Deux-Sèvres. À noter que l'appellation AOC beurre d'Échiré ne concerne, comme son nom l'indique, que la production de la laiterie coopérative d'Échiré, dans les Deux-Sèvres.

LA GALETTE
Dans les Charentes comme dans le Poitou, la galette au beurre, aromatisée à l'angélique, était autrefois servie lors des mariages, des baptêmes, des foires… Aujourd'hui, elle agrémente encore les desserts dominicaux ou les buffets de vins d'honneur. Selon les «pays», elle présente diverses particularités : ainsi distingue-t-on la galette charentaise ou saintongeaise, plus moelleuse, du broyé du Poitou, à texture plus dense.

CHÈVRES ET CHEVREAUX DE LAIT
Le siècle dernier a vu l'accroissement du nombre des chèvres de race locale, suivi par la mise en place des premières coopératives laitières et de l'essor de la fromagerie caprine. Le nombre des chevreaux de lait, les bequas, augmenta en parallèle, donnant naissance à une production régionale, encore méconnue en France malgré sa qualité.

LA PARTHENAISE

L'origine de la race parthenaise se situe en Gâtine poitevine, propice à l'élevage. Elle représente un cheptel d'environ 13 000 vaches allaitantes et s'est vu attribuer en 1994 le label rouge Fine Fleur Parthenaise.

DES GRILLONS CHARENTAIS

On cuit doucement pendant plusieurs heures de petits cubes de poitrine fraîche de porc avec des cubes de gras. On égoutte, on écrase les cubes et l'on met en pots. Cela donne des grillons charentais. Ceux de Rouillac ont grande réputation.
La confrérie des Chevaliers-de-Saint-Antoine sert d'ambassadeur à cette goûteuse spécialité.

LES VINS DU HAUT POITOU. Il semble que la période faste des vins du haut Poitou ait été le Moyen Âge, quand ils étaient bus dans toute la Flandre et tous les pays riverains de la mer du Nord. Ils s'y étaient répandus par l'intermédiaire des bateaux hollandais et scandinaves. Mais on les retrouvait aussi jusqu'en Orient, grâce aux Templiers. Actuellement, ce vignoble d'appellation VDQS se concentre autour de Neuville-de-Poitou. Il produit des vins de cépage. On distingue pour les rouges, les haut-poitou gamay et les haut-poitou cabernet, ce dernier étant également une appellation rosé. Quant aux blancs, ce sont des haut-poitou chardonnay et des haut-poitou sauvignon. Tous se boivent jeunes.

ANGOUMOIS

LE COGNAC. Le *cougna*, comme disent les Charentais, est une eau-de-vie renommée dans le monde entier. Il doit ses exceptionnelles qualités au climat et au terrain, qui déterminent sept crus : la grande-champagne, qui donne les eaux-de-vie les plus fines, la petite-champagne, les borderies, les fins-bois, les bons-bois, les bois-ordinaires et les bois-à-terroir, définis et détaillés par deux décrets, l'un de 1909, l'autre de 1938. L'origine du cognac remonte à quatre siècles.

Parce que leurs vins supportaient mal le voyage en mer vers les pays du nord et étaient distillés à l'arrivée pour ne pas être perdus, les Charentais pratiquèrent à leur tour la distillation dès le XVIᵉ siècle. Les bateaux anglais, hollandais et scandinaves purent ainsi emporter l'eau-de-vie déjà élaborée. La distillation se fait, aujourd'hui encore, dans des alambics de cuivre, dits charentais, et, particularité unique, le cognac est distillé deux fois. Une première chauffe donne le brouillis. Une fois refroidi, on le repasse une seconde fois. C'est la «bonne chauffe», dont on élimine les premières et les dernières fractions (la tête et la queue). Seul le cœur est conservé. Il est mis à vieillir dans des fûts de chêne neufs, très chargés en tannins, qui confèrent à l'alcool sa belle couleur ambrée et une grande partie de ses arômes. Mis à séjourner ensuite dans de vieilles barriques, c'est la durée de son vieillissement qui déterminera sa qualité finale. Car, une fois embouteillé, le cognac n'évolue plus.

LE PINEAU DES CHARENTES. La légende veut que l'origine du pineau provienne d'une étourderie perpétrée au XVIᵉ siècle, par un moine ou un simple vigneron, selon les versions. Toujours est-il que ce maladroit aurait par inadvertance versé du moût de raisin dans une barrique d'eau-de-vie. Oublié dans un coin, le fût n'aurait été ouvert que quelques années plus tard, réservant la surprise d'un vin doré et sucré : le mutage était inventé. Le procédé est toujours en usage et strictement réglementé. Notamment, le cognac doit provenir de la même exploitation que le raisin et titrer 60° au minimum. Le mutage doit fournir un titre alcoolique compris entre 16 et 20°. Quant à la production, elle ne doit pas excéder 27 hl à l'hectare. De plus, le pineau doit vieillir au moins un an en fût de chêne et être agréé par une commission de dégustation.

C'est alors seulement qu'il a droit à l'AOC pineau des Charentes. Il s'en produit environ 100 000 hl par an, plus ou moins selon les années, également répartis entre PINEAU BLANC, à base des cépages ugni blanc, folle blanche et colombard, et PINEAU ROSÉ, provenant des cépages cabernet-franc, cabernet-sauvignon et merlot. Ils font merveille à l'apéritif et n'ont pas leur pareil pour accompagner le roquefort ▲ *144*. Certains gourmets en enrichissent la mouclade ▲ *171*.

LES VINS DE PAYS CHARENTAIS. Secs et légers, les vins blancs représentent la majeure partie de la production des vins de pays charentais et proviennent de cépages traditionnels, tels l'ugni blanc, le colombard, le sauvignon, le chardonnay et, dans une moindre mesure, le chenin. Ils accompagnent parfaitement les coquillages et crustacés et sont vendus sous la marque Blanc Marine. Élaborés avec les cépages cabernet-sauvignon, cabernet-franc, merlot et cot, les rouges, corsés et de robe soutenue sont des vins d'assemblage qui se boivent jeunes. En blanc comme en rouge, des vins de cépage sont également commercialisés.

UNE TULIPE POUR LE COGNAC
Le cognac s'apprécie en fin de repas, tiédi au creux de la main dans un verre «ballon», ou «tulipe», dont la forme retient bien son arôme.

LA PART DES ANGES
Au paradis, doux nom donné aux chais de vieillissement, s'évapore la part des anges. Cette quantité d'eau-de-vie «envolée» à travers le bois du fût correspond pour le cognac à trois fois sa consommation annuelle en France !

CALENDRIER GOURMAND
Mi-juin : festival du Chabichou et du Fromage de chèvres à Melle
Dernier week-end de juillet et d'août : Éclade géante à Brouage
Début août : fête de la Mer à Bourcefranc
Mi-août : marché de nuit à Montbron.
Fin août : Foire aux melons à Vendœuvre
Mi-octobre : Pomm'expo à Secondigny
Tous les 16 des mois de novembre à mars : Foire au gras à Aunac

▲ PROVENCE-ALPES-CÔTE D'AZUR

PÂTISSERIES ET CONFISERIES
Fruits confits d'Apt, nougats noir et blanc, calisson d'Aix, berlingot de Carpentras, pompe à l'huile…

Principales AOC

Briançon

Pomme de table

Risoul

Gap

Barcelonne

Truffe

Enclave des Papes

Richerenches

Côteaux-du-tricastin

Cairanne

Citron, truffe

Tricastin

Montagne de Lure

Agneau

Mouton

Sisteron

Digne

Légumes, pêche, cerise, raisin

Vacqueyras

Beaumes-de-Venise

Carpentras

Berlingot, truffe

Châteauneuf-du-pape

Amande

Banon

Plateau de Valensole

Côteau-de-pierrevert

Chevreau

Comtat venaissin

Muscat

Avignon

Les-Baux-de-Provence
(Musée de l'Olive)

Arles

Saucisson

Légumes, pêche, cerise, raisin

Apt

Fruits confits

Ménerbes
(Musée du Tire-bouchon)

Huile d'olive

Olive

Côtes-d'aix-en-provence

Luberon

Forcalquier

Amande

Manosque

Tome de Manosque

Herbes de Provence

Durance

Montagne Sainte-Victoire

Aix-en-Provence

Calisson d'Aix

Istres

Camargue

Crau

Étang de Berre

Port-de-Bouc

Martigues

Marseille

Cassis

Grand Rhône

Aups

Truffe

Côtes-de-provence

Brignoles

Côteaux varois

Bandol

Toulon

Presqu'île de Giens

Îles d'Hyères

Verdon

Gorges du Verdon

Castellane

Grasse

Draguignan

Argens

L'Esterel

Côtes-de-provence

Les Maures

PROVENCE-ALPES-CÔTE D'AZUR
40 500 km² pour 4,25 millions d'habitants
Six départements :
Alpes-de-Haute-Provence (Digne),
Alpes-Maritimes (Nice), Hautes-Alpes (Gap),
Bouches-du-Rhône (Marseille),
Var (Toulon) et Vaucluse (Avignon)

FRUITS ET LÉGUMES
Olives (AOC en cours pour les olives noires et les olives cassées de la vallée des Baux), citron, truffe du Tricastin, muscat du Ventoux, melon de Cavaillon, figues de Sollies, amandes…

L a Provence est terre de contrastes méditerranéens.
Une succession de massifs, de crêtes rocheuses entrecoupées de plaines intérieures et d'espaces semi-désertiques, définissent un paysage varié, segmenté, riche de sens. Les villages héritiers de ceux de la Gaule narbonnaise, fortifiés ou non, sont denses et souvent pittoresques. Dans les hameaux, les bâtisses sont adossées aux masses de calcaire cristallin. Alentour, la houle argentée des oliviers déferle sous le mistral. Ici une terre puissante et riche, pour «Eurydice jardinière» (Jean Giono), là, l'immuable demeure de Hadès, ponctuée de cyprès et sculptée par le vent. Et partout l'écho de quelques vers de Virgile célébrant la terre sacrée sous la «gamme étonnante des gris» (Pierre-Emmanuel).

VALLÉE DU RHÔNE, COMTAT, TRICASTIN

Un paysage de plateaux et de plaines encaissées, de part et d'autre du mont Ventoux, abrite une paysannerie nombreuse et active qui produit des fruits et primeurs de qualité et des vins réputés.
CULTURES FRUITIÈRES ET MARAÎCHÈRES. Les fruits à pépins, POMMES ET POIRES, suffiraient à faire du Comtat le premier verger de France. PÊCHERS, PRUNIERS, ABRICOTIERS, CERISIERS complètent l'intense production fruitière, soumise toutefois aux aléas du climat et du marché. Le chasselas, autrefois abondant dans la plaine, a laissé la place à des

variétés propices
à l'exportation,
d'abord le RAISIN
GROS-VERT DU
VENTOUX, de
ramassage tardif, lui-
même supplanté depuis
quelques années par d'autres
variétés comme le MUSCAT DE
HAMBOURG. Les cultures
maraîchères, protégées d'abord
par des haies d'aubépines et de cognassiers,
sont, depuis le XIXᵉ siècle, mises à l'abri
du vent grâce aux conifères à feuilles
écailleuses persistantes (cyprès), qui font
partie du paysage. Des peupliers et plus
récemment des protections de plastique
– pas toujours gracieuses ! – sont aussi utilisés
comme brise-vent. Les eaux chargées de limon de
la Durance et les multiples canaux adjacents sont
mis à contribution pour l'irrigation, faisant
de cette région le premier jardin de France, à
la production maraîchère précoce et réputée. Les
exploitations agricoles sont souvent de petite taille. Il y a
plusieurs récoltes par an : ARTICHAUTS, SALADES et CHOUX-
FLEURS en hiver ; légumes de printemps et d'été : POMMES DE
TERRE, POIS et HARICOTS, TOMATES, COURGETTES, CONCOMBRES,
POIVRONS et AUBERGINES. On cultive aussi, parfois sous
châssis et serres de plastique, TOMATES, ASPERGES et MELON
CANTALOUP DE CAVAILLON, qui sont expédiés dans le reste
de la France et en Europe depuis les importants marchés
régionaux de Carpentras, de Châteaurenard,
d'Avignon et de Cavaillon.

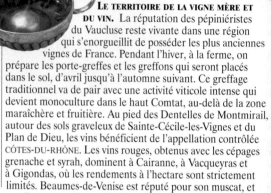

UN VIN DE PAPE

Le pape Jean XXII (1245-1334) développa la production locale de châteauneuf-du-pape et fit en sorte que ce vin approvisionnât la maison des pontifes en Avignon. Aujourd'hui, près de douze millions de bouteilles sont commercialisées. La qualité de ce vignoble est due en partie au fort ensoleillement et au souffle du mistral.

LA RÉCOLTE DE «RABASSES»

L'usage du porc pour la recherche des truffes appartient à l'imagerie populaire, mais celui du chien, plus rapide et moins vorace, lui est souvent préféré aujourd'hui. Une mouche permet elle aussi de repérer leur présence : on la trouve en effet sur les zones truffières, car elle vient y pondre.

LE TERRITOIRE DE LA VIGNE MÈRE ET DU VIN. La réputation des pépiniéristes du Vaucluse reste vivante dans une région qui s'enorgueillit de posséder les plus anciennes vignes de France. Pendant l'hiver, à la ferme, on prépare les porte-greffes et les greffons qui seront placés dans le sol, d'avril jusqu'à l'automne suivant. Ce greffage traditionnel va de pair avec une activité viticole intense qui devient monoculture dans le haut Comtat, au-delà de la zone maraîchère et fruitière. Au pied des Dentelles de Montmirail, autour des sols graveleux de Sainte-Cécile-les-Vignes et du Plan de Dieu, les vins bénéficient de l'appellation contrôlée CÔTES-DU-RHÔNE. Les vins rouges, obtenus avec les cépages grenache et syrah, dominent à Cairanne, à Vacqueyras et à Gigondas, où les rendements à l'hectare sont strictement limités. Beaumes-de-Venise est réputé pour son muscat, et Rasteau est le terroir d'un vin doux naturel servi avec les treize desserts de Noël. À Châteauneuf-du-Pape, des vignerons attentifs à l'écologie obtiennent, grâce à de petits rendements, à un encépagement parfois complexe et à une vinification soignée, des vins riches et colorés, aux arômes sauvages dans leur jeunesse, et suaves, confinant parfois aux arômes truffiers, dans leur maturité.

LES TRUFFES DE PROVENCE. La production de truffes a diminué en France depuis le début du siècle. Dans le même temps, elle s'est déplacée du Périgord vers le Sud-Est, dans l'Enclave des Papes (Richerenches), près de Valréas, sur les pentes du Ventoux et jusque dans le Var (Aups), où les rabassiers (trufficulteurs) et leurs chiens assurent la récolte de décembre à mars. Les truffes (les *rabasses* en provençal) apparaissent au contact d'un mycélium souterrain et des racines de chênes ou de noisetiers. De cette symbiose, la mycorhize, qui se développe en avril, naissent de minuscules cupules identifiables dès le printemps, si toutefois la température est constante et si l'acidité du sol et son humidité sont suffisantes. Leur durée de vie est comprise entre 200 et 290 jours, durée de la récolte. Vers la mi-octobre, la truffe a atteint son poids définitif. Se produit alors le phénomène de mélanisation de *Tuber melanosporum*. Carpentras demeure un important marché truffier qui commence à la Saint-Siffrein (fin novembre). En janvier, à Richerenches, à l'occasion de la messe de la truffe, les offrandes (en nature) sont employées à l'entretien de l'église. Cette messe est associée à la fête de saint Antoine, dont l'attribut est un porc.

PAYS D'APT ET LUBERON

Le plateau de
Vaucluse d'un
côté, le petit et
le grand Luberon de l'autre
limitent l'horizon depuis
la plaine d'Apt où vignes
et vergers s'étagent sur
les terrasses. Mais
bientôt, la garrigue et
la rocaille prennent le
dessus et laissent la place aux herbes de Provence épargnées
par les rares troupeaux de chèvres et de moutons.

LES HERBES DE PROVENCE. Les espèces vivaces aromatiques,
dites herbes de Provence, aiment cette nature en friche qui
couvre les plateaux calcaires. Ces plantes se protègent de
l'évaporation par la sécrétion de parfums contenus dans leurs
feuilles. La FARIGOULE (thym) est en fleur au mois de mai ;
c'est la meilleure époque pour la cueillette. Le THYM et le
SERPOLET triomphent, en cuisine, avec le LAURIER-SAUCE dans
le bouquet garni. Le ROMARIN est un gros buisson apprécié
aussi des abeilles. Il fait partie des simples, comme la SAUGE,
qui, dit-on, «dans le jardin, éloigne le médecin», la SARRIETTE,
l'ORIGAN, ou MARJOLAINE, et l'HYSOPE, très prisés dans
la cuisine traditionnelle.

LES FRUITS CONFITS. Les papes d'Avignon et
Mme de Sévigné appréciaient déjà les fruits obtenus
par enrichissement de la pulpe en sucre, ces fruits
confits ou fruits glacés dont Apt reste la capitale
avec une production annuelle de 30 000 tonnes.
Le confisage des cerises (bigarreaux) représente
la plus importante fabrication, mais les melons et
pastèques sont aussi appréciés dans une soixantaine
de destinations à l'exportation. Que seraient les
cakes londoniens sans la production aptésienne ?
À Carpentras se maintient, grâce à trois producteurs,
la fabrication du BERLINGOT, un bonbon en sucre
à base de sirop de fruit confit, dur, translucide,
et rayé de blanc.

LES SIMPLES
Les herbes
de Provence,
généralement utilisées
en cuisine, sont
aussi des plantes
médicinales, ou
«simples». La sauge,
le romarin et l'origan
facilitent la digestion,
le fenouil a des vertus
calmantes… et
les fleurs du laurier
ont des propriétés
diurétiques et
digestives.

LE CONFISAGE
Avant d'être confits,
les fruits sont choisis
sains et mûrs. Après
avoir été blanchis, ils
sont cuits et refroidis
plusieurs fois. C'est
la «façon». Entre
deux façons, le sirop
obtenu est additionné
de sucre. Un bon
confisage exige de
huit à douze façons :
de un à quatre mois
de soins quotidiens,
selon les fruits.

181

L'olivier, bien adapté au climat chaud et sec, est l'arbre typique des paysages méditerranéens. Il fut introduit en Provence, il y a près de trois mille ans, par les Grecs, qui estimaient que sa culture marquait la frontière entre civilisés et barbares ! Fruit du soleil, l'olive se cueille dès les premiers froids. L'olive verte se récolte en septembre pour être préparée en fruit vert de table, tandis que certaines variétés sont ramassées, jusqu'en février, à pleine maturité, pour être préparées en olives noires ou destinées à l'huilerie.

AGLANDAU Olive à huile réputée (Alpes-de-Haute-Provence et Bouches-du-Rhône).

CAILLETIER OU OLIVE DE NICE. Olive de table très savoureuse, conservée en saumure et consommée noire (Alpes-Maritimes).

GROSSANNE. Olive de table réputée pour sa chair pulpeuse. Préparée en verte et en noire (Bouches-du-Rhône).

TANCHE. Olive à la pulpe onctueuse, plongée dans la saumure et piquée au sel (Vaucluse et Drôme).

SALONENQUE. Olive de table préparée en verte ou en olives cassées (Bouches-du-Rhône).

PICHOLINE Olive de table, de forme allongée, à la chair ferme se dégustant en verte et en saumurée (Bouches-du-Rhône et Var).

OLIVIER. Productif tous les deux ans dès l'âge de quatre ans, l'olivier peut devenir plusieurs fois centenaire. Il peut atteindre 10 m de haut.

VERGERS. L'olivier s'épanouit sur pente modérée, orientée au sud et protégée des vents. Il pousse sur sols profonds, bien drainés

DE L'OLIVE À L'HUILE

1. Les olives sont tout d'abord lavées à l'eau froide puis écrasées par meule de granit, ce qui permet l'obtention d'une pâte onctueuse, affinée par malaxage puis pressurée.

FLORAISON

Feuilles et jeunes rameaux poussent en mars. La floraison a lieu en avril-juin.

RÉCOLTE

Si la cueillette se fait encore à la main pour les olives de table, celle des olives noires destinées à l'huile se fait par secouage mécanique. L'époque varie, selon les régions, de septembre à février.

MATURATION

5 % seulement des fleurs donnent des fruits. Les premières olives apparaissent en juin ; le fruit est mature en octobre.

L'HUILE D'OLIVE

Il faut 5 à 6 kg d'olives pour obtenir 1 l d'huile. L'huile d'olive vierge est un pur jus de fruit obtenu sans aucun mélange.

SCOURTINS

MEULE

2. On répartit la pâte déjà malaxée par paquets de 2 à 5 kg sur des scourtins, petits plateaux ronds, autrefois en osier, et aujourd'hui en nylon. Les scourtins sont ensuite empilés par 25 ou 30 pour être pressés (pression hydraulique).

On distingue l'huile d'olive vierge extra (taux d'acidité < 1%), la fine (taux d'acidité < 1,5 %) et la semi-fine (taux d'acidité < 3,3%). L'huile plus acide est appelée huile d'olive pure.

3. L'élément liquide (mélange d'huile et d'eau) s'écoule. On fait ensuite décanter pour séparer l'huile de l'eau. La centrifugation est également utilisée au niveau industriel.

LA CAMARGUE ET LE LITTORAL

LE TAUREAU DE CAMARGUE ▲ *121*
Les professionnels (70 manades pour 10 000 têtes de bétail environ) ont obtenu pour le taureau élevé en Camargue le bénéfice d'une appellation d'origine contrôlée.

LE RIZ DE CAMARGUE
Dès le XVIᵉ siècle, favorisée par Sully, la riziculture est apparue en Camargue. Après la dernière guerre, grâce à l'irrigation et à une mécanisation très sophistiquée, le riz de Camargue suffisait presque à la consommation française. C'était compter sans les prix de revient très bas auxquels sont parvenus, depuis, les pays producteurs traditionnels. Mais le riz de Camargue constitue malgré tout un pourcentage important de la consommation nationale ▲ *121*.

LES PRODUITS DU DELTA DU RHÔNE. Une flore rare de tamaris, de chardons bleus, d'asphodèles et de genévriers de Phénicie, des paysages étranges formés de langues de terre, d'eau et de ciel mêlés, une faune exotique et des troupeaux presque sauvages, c'est la Camargue, avec ses taureaux ▲ *121* et ses rizières, un paysage de delta unique en France. La plaine de la Crau, dont le foin bénéficie d'une appellation d'origine contrôlée, est l'ancien delta alluvionnaire de la Durance, peu à peu comblé lorsque le fleuve est devenu un affluent du Rhône. La Camargue, en raison de la fougue du fleuve, ne devrait pas connaître le même sort et continuera d'offrir aux passionnés ses paysages amphibies et sa faune unique. Ce marécage est le royaume incontesté du TAUREAU noir et de la monoculture du RIZ. On y déguste encore la fameuse POUTARGUE, appelée aussi «caviar de Martigues» (œufs de mulet pressés et salés) et le CATIGOT, ou matelote d'anguilles, ainsi que l'ANGUILLE du Vaccarès, accommodée avec du vin rouge et des oignons.

LES PRODUITS DE LA MER. La pêche à la SARDINE – «l'ortolan de mer», selon Grimod de La Reynière – reste une activité majeure sur la bande côtière, au large de Martigues et des Saintes-Maries-de-la-Mer. À Port-de-Bouc, la criée est toujours active, de mai à janvier, lorsque les artisans-pêcheurs rentrent au port, au petit matin.
La pêche se fait, de nuit, au lamparo ou au sardinal, un filet dérivant de 400 m de long.
Les Provençaux aiment les sardines fraîches, simplement grillées, arrosées d'un filet d'huile d'olive, ou bien farcies aux épinards. À l'est de Marseille, aux abords des calanques, on pêche les PETITS POISSONS DE ROCHE, qui, accompagnés de FAVOUILLES (petits crabes verts) et d'AROMATES, sont la base du fond de la célèbre BOUILLABAISSE dont le mode de préparation a donné son nom au plat : *boue abaisso*, «bouillir et baisser». À l'origine préparée avec les invendus de la pêche, la «soupe d'or» tient sa richesse de la confection de ce fond, dans lequel d'autres poissons (RASCASSE, CONGRE, SAINT-PIERRE) sont ensuite cuits pendant précisément dix-huit minutes, selon certains cuisiniers.

> «NOIRE, NOIRE ET NOIRE OLIVE,
> BEL ŒIL, BEL ŒIL LANGOUREUX,
> OIGNONS FRAIS, TOMATE VIVE,
> ET TOI L'AIL COUVEUR DE FEU [...]»
>
> LUCIENNE DESNOUES (*LA FRAÎCHE*)

DES ALPILLES AU MASSIF DES MAURES

Depuis la crau de Châteaurenard, bocage maraîcher d'une exceptionnelle profusion, l'on aperçoit les Alpilles au-dessus des cyprès. Elles ont inspiré à Vincent Van Gogh les plus intrigants paysages de son séjour à Saint-Rémy-de-Provence. Petit massif rocailleux et élégant, dont le joyau est le village des Baux-de-Provence, les Alpilles abritent un vignoble ancien désormais indépendant des coteaux d'Aix, récemment élevé à la dignité d'appellation d'origine contrôlée (coteaux-des-baux-

de-provence). Ce petit «pays», patrie du poète Frédéric Mistral, est l'un des cœurs vivants de la Provence. L'HUILE D'OLIVE de la vallée des Baux est appréciée pour sa délicatesse et ses qualités aromatiques. Jusqu'à Aix-en-Provence, les reliefs calcaires laissent place, par endroits, à de vastes dépressions où l'homme a modelé le paysage. C'est la campagne aixoise, dominée par la montagne Sainte-Victoire, chère à Cézanne. Paysage immobile jusqu'au massif des Maures, un témoin de l'ère primaire en Méditerranée.

LES TREIZE DESSERTS DE NOËL. Que sont ces «treize desserts de Noël», répartis en coupes, assiettes et corbeilles, du côté de Maillane ? Les fruits viennent de la remise, POMMES parfumées, POIRES musquées et grappes de RAISIN doré et flétri. Le MELON vert et long est cannelé. Les ORANGES sont originaires du pays niçois. Les mendiants, ensuite, font référence aux ordres religieux et à leurs robes de bure : NOIX et NOISETTES, FIGUES SÉCHÉES au soleil, AMANDES MONDÉES et RAISINS SECS. Quelques PRUNEAUX, ou des DATTES et des CÉDRATS CONFITS. Puis vient le NOUGAT, BLANC OU NOIR, fabriqué à la maison. À côté de ces desserts presque médiévaux trônent les PÂTES DE FRUITS, ou confitures solides de coing, de pastèque. Suivent CHÂTAIGNES CONFITES, BISCUITS et CALISSONS D'AIX, délicat mélange de pâte d'amande et de melon confit. Dans de grands plats se trouvent les OREILLETTES, gâteaux dorés, saupoudrés de sucre. La POMPE À L'HUILE enfin, fleur de farine et eau d'oranger, confectionnée avec le meilleur de la réserve d'huile d'olive, ou la FOUGASSE, reine de la fête. Ces mets essentiels, sortis des *Bucoliques* de Virgile, sont présentés par les acteurs de la crèche : le berger, le meunier, la fileuse, *lou ravi*, l'hôtelier. La troupe est au complet avec l'ange Boufaréu, les *boumians*, la mère-grand, la fermière, le braconnier et le pêcheur.

LE FRUIT-SYMBOLE DE LA MÉDITERRANÉE
La vallée du Gapeau, à Solliès-Pont, près de Toulon, est la patrie du «figuier allaiteur de ruines» (René Char). Ses fleurs sont fécondées par un insecte de la famille des abeilles. La figue – c'est son originalité botanique – protège une floraison secrète : «chambre close où se célèbrent les noces… fruit qui n'est que sa fleur mûrie» (André Gide). La figue de Solliès est récoltée de la mi-septembre au mois de novembre avec un soin extrême, gage du temps où le fruit-roi était, en Méditerranée, un symbole de fécondité.

L'AÏOLI
La préparation de cette sauce à l'ail et à l'huile d'olive était autrefois rituelle durant le carême.

185

«Puis il y eut le fromage jauni entre les feuilles de noyer et parfumé aux petites herbes, et [...] il lui semblait qu'il pétrissait de la langue un morceau de la colline même avec toutes ses fleurs.» (Jean Giono, *Regain*). A Marseille, sur le Vieux Port, durant un demi-siècle, le restaurant Maurice Brun a proposé un menu immuable. Pour commencer, on vous offrait une cuiller d'huile d'olive gelée. Pas d'apéritif, à la rigueur un muscat de Beaumes-de-Venise, puis les mélets, venus de Martigues, à ne pas confondre avec les anchois ; les olives des Baux avec le saucisson d'Arles, la poutargue et les pouprihouns aux pommes d'amour. Venait ensuite la tapenade, olives noires et câpres aromatisées aux simples. Après le poisson (rougets, loup ou daurade) arrivait le rôt truffé, ou le poulet de grain avec les artichauts «barigoulo». Seuls deux fromages étaient admis : le banon (pâte molle à base de lait de chèvre enveloppé de feuilles de châtaignier) et la tome de Manosque. Et pour les vins, tavel, clairette de Die, vin de Cassis et châteauneuf-du-pape.

UN VIGNOBLE OMNIPRÉSENT

La vigne, partout, est présente. Sur la façade maritime de Cassis à Nice et au cœur de la Provence intérieure, de Tarascon à Manosque. Au-delà du massif des Maures, recouvrant les plaines et les collines, la vigne est devenue l'élément dominant du paysage. Les appellations d'origine contrôlée (35 % de la production) sont au nombre de neuf : BANDOL, BELLET, CASSIS, COTEAUX-D'AIX-EN-PROVENCE, COTEAUX-DE-PIERREVERT, COTEAUX-VAROIS, CÔTES-DE-PROVENCE (au deuxième rang de la production régionale, après les CÔTES-DU-RHÔNE), PALETTE et, depuis peu, COTEAUX-DES-BAUX-DE-PROVENCE. L'encépagement provençal est tributaire de l'histoire. Le muscat blanc fut importé par les Romains. Au XVIᵉ siècle, on connaît l'ugni blanc, issu du *trebianno* italien. Au siècle suivant, le mourvèdre est planté à Bandol. La syrah et le grenache sont aujourd'hui les cépages dominants parmi les rouges ; le rolle et la clairette parmi les blancs.

ARRIÈRE-PAYS NIÇOIS

Les puissants anticlinaux préalpins entaillés par les affluents du Var ont fixé un paysage violent, raviné. Les oliviers occupent les premières terrasses et laissent place à la vigne et aux fleurs. Difficilement pénétrable, ce territoire de rigueur contraste avec la façade maritime, qui concentre le peuplement en une longue zone urbaine, entrecoupée d'îlots paradisiaques.
LE VIN DE BELLET. Sur des terrains très abrupts, le terroir de Bellet, au nord-est de Nice, jouit d'un micro-climat où les vents diurnes alternants ont un rôle décisif dans l'originalité de ce vin. De faibles rendements, un encépagement particulier et une vendange presque tardive donnent aux vins de Bellet des traits de finesse à dominante florale.
LE CITRON. S'il est abrité du vent, le citronnier fleurit toute l'année et produit plusieurs récoltes par an. Contrairement à une image répandue, il est peu sensible aux variations de température. Le citron de Saint-Laurent est plus acidulé que le niçois. Le meilleur – voilà une affaire de goût – serait celui de Menton. Le citronnier sert aussi à produire une huile essentielle utilisée en pharmacie et en parfumerie.

DOMAINE MAZET DE CASSAN — BANDOL — 1989

PLATEAU DE VALENSOLE ET VALLÉE DE LA DURANCE

Les immenses champs de lavande impeccablement ordonnés du plateau de Valensole expriment une unité paysagère forte. Une image de la haute Provence où le soleil et la pierre se mêlent, au loin, en un panorama à la fois austère et grandiose.

L'AMANDIER. L'amandier est installé en Provence sans doute depuis l'Antiquité. Annonciatrices du printemps, ses fleurs sont écloses avant la fin de l'hiver. C'était autrefois, sur les plateaux de Valensole et de Forcalquier, un arbre très répandu dont les fruits, broyés, donnaient de l'huile ou de la pâte. L'amande princesse, la plus fine, était très recherchée dans la pâtisserie et la confiserie pour la fabrication des calissons et du nougat. Mais sa fragilité lui fait aujourd'hui préférer des variétés plus robustes. L'amandier au tronc noir n'est jamais aussi élégant, avec ses fleurs pâles et ses feuilles délicates, que baigné de lumière sur les terres rouges de la région de Valensole.

AGNEAU ET CHEVREAU DE SISTERON. Tradition ancienne des terres à moutons de haute Provence, la transhumance était pratiquée du plateau de Valensole jusqu'à l'Ubaye ; les moutons venaient de toute la basse Provence. Achetés au printemps, ils étaient revendus après une saison en alpage. L'agneau de Sisteron est un terme générique qui recouvre divers systèmes de production. L'agnelage est alors fonction des périodes de forte demande des agneaux de lait, autour de Noël, et surtout de Pâques, la grande saison de l'agneau. Dans les Hautes-Alpes et les Alpes-Maritimes, on consomme aussi le chevreau (ou cabri), à la chair pâle et délicate. Dans l'agneau, la fressure, traditionnellement, était servie au cours du repas avant le gigot. Les abats et les pieds sont toujours employés à la confection des PIEDS et PAQUETS, un grand classique de la table provençale.

187

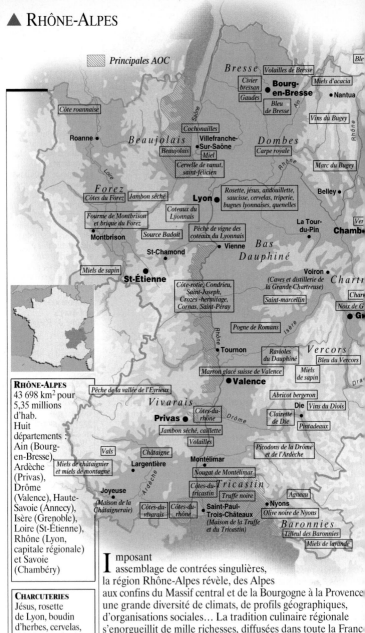

Principales AOC

Bresse
Volailles de Bresse
Civier bressan
Bourg-en-Bresse
Miels d'acacia
• Nantua
Gaudes
Bleu de Bresse
Vins du Bugey
Côte roannaise
Cochonailles
Roanne •
Beaujolais
Villefranche-Sur-Saône
Dombes
Carpe royale
Beaujolais
Miel
Cervelle de canut, saint-félicien
Marc du Bugey
Forez
Côtes du Forez
Jambon séché
Lyon •
Rosette, jésus, andouillette, saucisse, cervelas, triperie, bugnes lyonnaises, quenelles
Belley •
Coteaux du Lyonnais
La Tour-du-Pin
Fourme de Montbrison et brique du Forez
Ver
Montbrison •
Source Badoit
St-Chamond
Pêche de vigne des coteaux du Lyonnais
• Vienne
Bas Dauphiné
Chamb•
Miels de sapin
St-Étienne
Voiron •
(Caves et distillerie de la Grande Chartreuse)
Chartr
Côte-rotie, Condrieu, Saint-Joseph, Crozes-hermitage, Cornas, Saint-Péray
Saint-marcellin
Char
Noix de G
• **G**
Pogne de Romans
• Tournon
Vercors
Ravioles du Dauphiné
Bleu du Vercors
Marron glacé suisse de Valence
Miels de sapin
Dra
• **Valence**
Pêche de la vallée de l'Eyrieux
Vivarais
Abricot bergeron
Die
Vins du Diois
Privas •
Côtes-du-rhône
Clairette de Die
Pintadeaux
Jambon séché, caillette
Vals
Volailles
Picodons de la Drôme et de l'Ardèche
Châtaigne
Largentière
Montélimar •
Miels de châtaignier et miels de montagne
Nougat de Montélimar
Tricastin
Joyeuse
(Maison de la Châtaigneraie)
Côtes-du-fricastin
Truffe noire
Agneau
• Nyons
Côtes-du-vivarais
Côtes-du-rhône
Saint-Paul-Trois-Châteaux (Maison de la Truffe et du Tricastin)
Olive noire de Nyons
Baronnies
Tilleul des Baronnies
Miels de lavande

RHÔNE-ALPES
43 698 km^2 pour 5,35 millions d'hab.
Huit départements : Ain (Bourg-en-Bresse), Ardèche (Privas), Drôme (Valence), Haute-Savoie (Annecy), Isère (Grenoble), Loire (St-Étienne), Rhône (Lyon, capitale régionale) et Savoie (Chambéry)

CHARCUTERIES
Jésus, rosette de Lyon, boudin d'herbes, cervelas, civier bressan, jambons secs d'Ardèche, de Loire et de Savoie, andouillette lyonnaise, diot de Savoie, saucisse de Lyon, caillette ardéchoise, sabodet
VOLAILLES. Chapon, dinde fermière, poularde et poulet de Bresse (AOC), volailles fermières de l'Ardèche (LR), pintadeaux de la Drôme ✎

Imposant assemblage de contrées singulières, la région Rhône-Alpes révèle, des Alpes aux confins du Massif central et de la Bourgogne à la Provence, une grande diversité de climats, de profils géographiques, d'organisations sociales... La tradition culinaire régionale s'enorgueillit de mille richesses, diffusées dans toute la France grâce aux métropoles principales, situées sur les grands axes historiques du commerce et des migrations humaines.
À Lyon, qui passait pour la deuxième ville du roi Louis XIV, les ducs de la ville, en faisant grande bombance de produits locaux et en en offrant aux personnalités de passage, contribuèrent à sa renommée de capitale française du goût.

VIVARAIS

LA CHÂTAIGNE. C'est à partir du XVIe siècle qu'elle prend son essor commercial, modelant le paysage, la vie et l'architecture locales. Cultivée sur 60 000 ha en 1880, elle est une institution. Un industriel entreprenant, Clément Faugier, lance alors la CRÈME DE MARRONS. Un siècle plus tard, la culture de la

Viandes. Agneau de l'Adret, charolais
Farine et pâtes. Crozet, gaudes
Poissons. Carpe de la Dombes, omble-chevalier, lavaret
Divers. Quenelles, ravioles, tilleul des Baronnies, miels

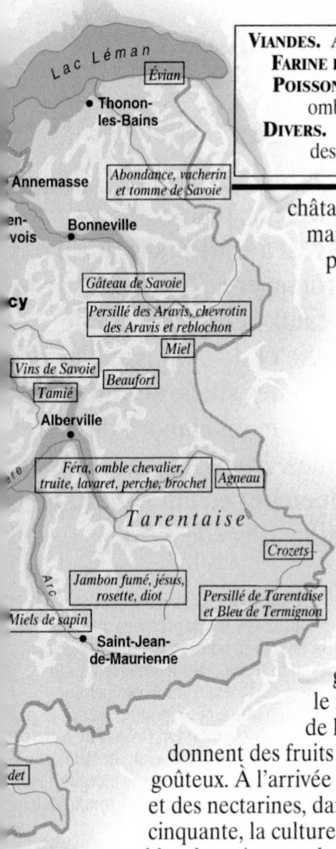

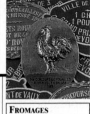

châtaigne a reculé en France, mais l'Ardèche en reste le premier producteur.

La pêche de la vallée de l'Eyrieux. Cultivé de façon intensive à la fin du XIXe siècle pour remplacer le mûrier, dont la culture décline, et la vigne, détruite par le phylloxéra, le pêcher s'étend peu à peu dans la vallée. Associés à des techniques culturales raffinées, la rareté des gelées printanières et le micro-climat favorable de la vallée de l'Eyrieux donnent des fruits réguliers et goûteux. À l'arrivée des pêches jaunes et des nectarines, dans les années cinquante, la culture des pêches blanches régresse dans cette région mais ne perd pas les faveurs des gourmets.

Fromages
Saint-marcellin, vacherin, tomme de Savoie, cervelle de canut, chevrotin des Aravis, bleu de Sassenage-Vercors, brique du Forez, tamié, persillé des Aravis, bleu de Termignon.
Fromages AOC: bleu de Gex, fourme de Montbrison, reblochon, beaufort, abondance, picodon

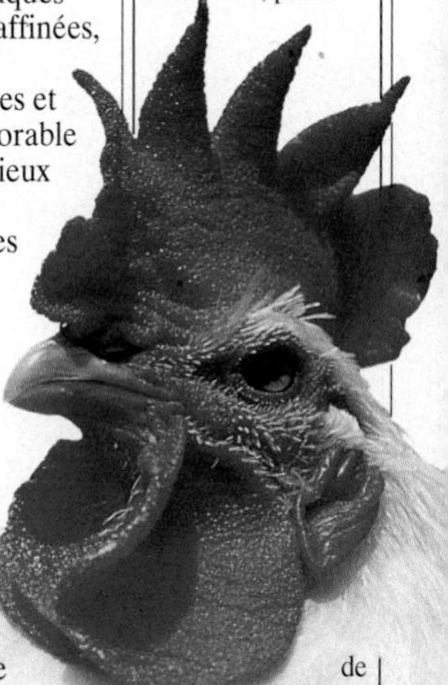

Bresse et Dombes

Les volailles de Bresse. Les élevages de volailles se développent sans doute au XVIIe siècle dans la Bresse, à la faveur de l'introduction du maïs. Au XIXe siècle, grâce au chemin de fer, leur renommée atteint Paris. Favoris de Brillat-Savarin et de Grimod de La Reynière, poulets, chapons et poulardes ont une chair moelleuse et goûteuse. La mère Filloux, à Lyon, se distingue par sa recette de poularde de Bresse demi-deuil, où des tranches de truffe noire sont glissées entre peau et chair.

La carpe de la Dombes. Au Moyen Âge furent aménagés dans la Dombes, pays d'argile et de sable aux mille étangs naturels, des étangs de pisciculture. Cette activité très lucrative se développe jusqu'au XVIIe siècle. La carpe est pêchée à trois ans, en hiver (sa chair est alors meilleure), puis les étangs sont asséchés pour un an. L'élevage traditionnel perdure, mais la carpe royale, plus charnue, plus moelleuse et moins grasse, a remplacé les premières espèces.

de l'Ardèche et de la Drôme
Fruits et légumes Olive noire de Nyons (AOC), noix de Grenoble (AOC), pêche, abricot, châtaigne, myrtille, truffe du Tricastin, marron de l'Ardèche
Vins. Beaujolais (AOC), côtes-du-rhône (AOC), vins de Savoie (AOC), du Bugey (AOC) et de l'Ardèche
Liqueurs et autres boissons. Antésite, chartreuse, marc du Bugey, vermouth de Chambéry, génépi
Pâtisseries et confiseries. Nougat de Montélimar, pogne de Romans, gâteau de Savoie, papillote, bugne lyonnaise, marron glacé

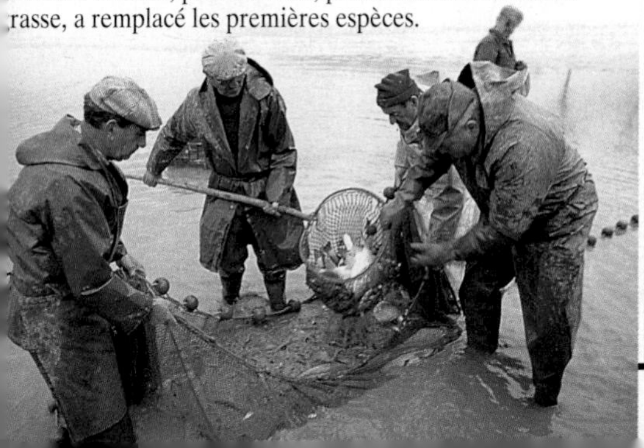

La variété des paysages où alternent vallées, plaines et montagnes a conduit au cours des siècles à la diversification des élevages laitiers et des productions fromagères, favorisée par la situation sur les grands axes commerciaux et migratoires de cette région située aux confins de l'Italie et de la Suisse. Dans les basses vallées et les plaines, non loin des villes, notamment aux alentours de Lyon et de Saint-Étienne, on élabora des fromages de petite taille, frais ou affinés. En montagne, le caractère saisonnier de l'approvisionnement en lait a entraîné la fabrication de fromages de grande taille, dits «de garde».

PÂTES PRESSÉES NON CUITES
Outre des pâtes pressées cuites, la Savoie produit, dans ses alpages ou à la ferme, des fromages à pâte non cuite. La tomme de Savoie, à l'origine un aliment de pauvre, serait le plus ancien d'entre eux. On préparait cette tomme, dite «boudane», avec du lait écrémé pour faire du beurre, comme c'était le cas pour nombre de fromages en France jusque dans les années cinquante.

Le reblochon, gras et onctueux, a pour origine un lait riche en crème, collecté en «maraude».
En effet, une ancienne pratique des fermiers consistait à traire incomplètement les vaches du propriétaire, puis de finir cette traite pour leur compte, ce dernier lait étant plus riche. «Maraude» en savoyard a pour racine «reblasse» ou «rablasse», d'où le nom de reblochon. Fromage laitier industriel ou fermier, c'est une spécialité AOC de la vallée de Thônes.

FROMAGES FRAIS. Le fromage blanc de vache, la «caillebotte», constitue, à partir du XIXe siècle, une nourriture de prédilection du peuple lyonnais. Il lui sert entre autres à confectionner la cervelle de canut ▲ 194. Pâte plutôt acide, le saint-marcellin, hier de chèvre, aujourd'hui de vache, est vendu jeune ou affiné longuement.

PÂTES MOLLES FLEURIES

Nés dans des contrées riches en cheptel caprin, les picodons de l'Ardèche et de la Drôme (AOC), petits chèvres piquants, appartiennent aujourd'hui à la famille des fromages à l'affinage rapide.

Mais certains d'entre eux sont, conformément à la tradition, conservés par dessication puis réhydratés avant leur consommation: c'est le cas du picodon de Dieulefit, lui aussi AOC.

PÂTES PRESSÉES CUITES

Elles sont produites dans des coopératives d'alpages où les gros volumes de lait collectés assurent un «fruit» commun, d'où leur nom de fruitières ▲ 112. Depuis le XIIIe siècle, on élabore des fromages de grande taille pour assurer une alimentation continue dans une

zone où la neige couvre les massifs six mois par an. Ces fromages de garde réputés s'appellent beaufort (AOC) dans le Beaufortin, la Tarentaise et la Maurienne et abondance (AOC) près du lac d'Évian. Leur appellation suppose des races bovines locales.

LA «FOURME». Ce terme de consonance auvergnate provient du mot «formage» («mise en forme»).

On appela donc «fourme» le récipient de fabrication utilisé et par extension le produit lui-même.

PÂTES PERSILLÉES

Ces fromages de vache, de basses et moyennes vallées, sont caractérisés par leur pâte à moisissure bleue. La fourme de Montbrison (AOC) était, dès 1450, fabriquée dans les «jasseries», habitat montagnard d'estive du Forez ▲ 77.

Mais à côté de ce bleu, combien d'autres dans la région ! Le persillé des Aravis, celui de la Tarentaise, le bleu de Termignon, véritable objet d'art de la fromagerie traditionnelle, et encore le bleu de Gex (AOC) des confins des Alpes, à la limite du Jura…

DAUPHINÉ

LA CHARTREUSE. La formule d'un «élixir de longue durée» aurait été confiée, en 1605, par un proche d'Henri IV, le maréchal d'Estrées, aux Chartreux de Vauvert, près de Paris. Un siècle plus tard, la formule est envoyée à la maison mère, la Grande Chartreuse de Voiron, en Isère. Mélange de liqueurs naturelles obtenues par macération de cent trente plantes dans un alcool sélectionné, l'élixir, qui titre 70 % en volume d'alcool, est surtout voué à un usage médical. Par la suite, il est décliné en chartreuse verte et chartreuse jaune et destiné à la consommation d'agrément. Et si la liqueur connaît aujourd'hui une diffusion internationale, les procédés de sa fabrication continuent, eux, d'être jalousement gardés secrets par les moines chartreux !

LA NOIX DE GRENOBLE (AOC). Les grandes amplitudes thermiques et la faible pluviosité de la vallée en été confèrent de hautes qualités gustatives à la noix de Grenoble, qui peut être consommée sous forme de dessert, de boisson ou d'huile. Déjà présentes sur le site néolithique de Charavines, où ont été mis au jour des débris de ces fruits, les noix de la vallée de l'Isère sont mentionnées dans des archives dauphinoises dès le XIe siècle. Mais c'est à la fin du XIXe siècle, à la disparition des mûriers et des vignes, que leur culture prend toute son ampleur et qu'elles acquièrent la réputation dont elles jouissent de nos jours ; le chemin de fer leur ouvre même la voie, alors, vers l'Angleterre et les Amériques.

LES RAVIOLES DU DAUPHINÉ. Ces petits carrés de pâte de blé tendre et d'œufs frais fourrés aux fromages (frais et à pâte pressée cuite) et au persil, ou même à la pomme de terre, ne seraient apparus dans la région Rhône-Alpes que vers le XVe siècle, alors que l'existence des raviolis en Italie est attestée depuis trois siècles. À cette époque, la cuisine italienne commence à passer les frontières vers la Provence et la Savoie. Mais c'est à Romans, dans la Drôme, qu'elles trouvent leur terrain d'élection. Jusqu'en 1935, époque à laquelle apparaît la première machine à fabriquer les ravioles, elles y sont confectionnées manuellement par des *ravioleuses*, qui louent leur service à la journée à l'occasion des fêtes.

«Je me souviens de la sensation délicieuse un matin, partant avant jour […] et trouvant une belle lune et un vent chaud. C'était le temps des vendanges, je ne l'ai jamais oublié.» (Stendhal, *Vie de Henry Brulard*). La région Rhône-Alpes ~~f~~ait bonne figure avec ses 65 000 ha de vignes, ses nombreux ~~v~~ins, à boire tout simplement avec un picodon local ou à ~~d~~éguster mariés aux bons plats du pays. Dix-sept cépages ~~t~~rès anciens y développent de fortes typicités. Les productions ~~d~~atent de l'époque gallo-romaine, se développent au Moyen Âge ~~s~~ous la houlette des gens d'Église et gagnent au XIXe siècle leur ~~n~~otoriété actuelle en conquérant Paris grâce au chemin de fer.

LE BEAUJOLAIS NOUVEAU EST ARRIVÉ !

Le vignoble de Beaujolais (AOC) couvre 22 000 ha au nord de Lyon. Souvent consommés en primeur, ces vins rouges sont issus de gamay noir à jus blanc, par macération carbonique, un procédé générateur d'arômes très spécifiques. On boira plus vieux : beaujolais-villages, brouilly, chénas, chiroubles...

AU LONG DU RHÔNE

De Vienne à Montélimar, sur 44 000 ha, l'appellation côtes-du-rhône (AOC) produit de grands crus, auquel le vieillissement sied bien : pour ne citer qu'eux, côte-rôtie, cornas, condrieu, crozes-hermitage… Elle s'étend aussi à la région Provence-Alpes-Côte d'Azur ▲ *180*.

LES VINS DU NORD-OUEST

Tout comme les coteaux du Lyonnais (350 ha, AOC) et les côtes du Forez (180 ha), la côte roannaise (100 ha, AOC) développe un vin rouge de gamay.

À DÉGUSTER EN SAVOIE

Le vignoble de Savoie (AOC) qui s'étend sur 1 500 ha, donne en majorité des vins blancs. Ses crus : abymes, apremont, crépy et marignan utilisent principalement deux cépages, la mondeuse noire pour le rouge et la jacquère pour le blanc.

DANS LE BUGEY

Sur 300 ha, le vignoble de Bugey se caractérise par une grande diversité de cépages. On y élabore des vins rouges, blancs et rosés, pétillants et mousseux (cerdon).

UN BIJOU POUR LE PALAIS
La truffe du Tricastin, le «diamant noir», comme l'appelait Brillat-Savarin, est flattée dans de nombreuses recettes, telle la brouillade aux truffes. En saison de récolte (hiver), des marchés de gros se tiennent chaque jour dans de nombreuses villes.

BURE DE MOINE
C'est la couleur que revêt l'olive noire de Nyons. Cette olive AOC du type tanche ▲ 182, légèrement amère et de bouche essentiellement, peut se prévaloir d'un long enracinement dans la région : des documents y attestent sa présence au moins depuis le XIVᵉ siècle. La méthode de préparation consiste le plus souvent à la faire mariner dans de la saumure durant six mois au minimum. Une particularité locale consiste à conserver une partie de cette saumure afin de la réutiliser l'année suivante : elle donne ainsi une saveur particulière à l'olive.

METS DE CARÊME
Nées chez les dames de Saint-Pierre, à Lyon, les bugnes sont des beignets maigres que l'on avait coutume de préparer pour le dimanche des Brandons, durant le carême. Si elles sont fabriquées dans toute la région, elles restent une véritable spécialité lyonnaise.

DRÔMOIS, DRÔME PROVENÇALE ET BARONNIES

LE NOUGAT DE MONTÉLIMAR. La date de l'apparition à Montélimar de cette confiserie à la pâte dure ou tendre, garnie d'amandes et de pistaches (à l'origine de noix, d'où son nom), ainsi que de miel de lavande, est sujette à caution. Mais c'est durant la seconde moitié du XVIIIᵉ siècle, que la production de nougat prend de l'ampleur. Fabriqué en Drôme provençale, le nougat de Montélimar, l'un des treize desserts du Noël de Provence ▲ 185, est un produit du terroir à part entière : il utilise la noix de Grenoble ainsi que le miel de lavande local et bénéficie des effets du mistral, air sec omniprésent. Quinze fabricants continuent de le produire selon la même recette.

LE TILLEUL DES BARONNIES. En 1600, Olivier de Serre, originaire du Vivarais, écrit de cet arbre, encore «sauvaige» à l'époque, que son écorce sert à la fabrication de la corde. Ce n'est qu'en 1900, lorsque disparaît la vigne, que se développent dans les Baronnies les premières plantations : elles sont destinées à la culture de la fleur. Aujourd'hui, cinquante-cinq exploitations familiales produisent une centaine de tonnes de tilleul, dont les prix sont fixés, comme autrefois, au cours des foires au tilleul de Buis-les-Baronnies, de La Charce et de Villefranche-le-Château.

LYONNAIS

LA CERVELLE DE CANUT. Friands de fromage blanc, les Lyonnais l'introduisent dans maints de leurs plats. Dans la cervelle de canut, préparation rafraîchissante plus ou moins relevée, il est battu et l'on y ajoute du sel, du poivre, des échalotes, de l'ail et des fines herbes ainsi que, les jours de fête, du vin blanc, de l'huile et du vinaigre. Cette spécialité constituait, au XIXᵉ siècle, une part non négligeable de la nourriture des canuts, ouvriers spécialisés dans le tissage de la soie, d'où son nom. Elle reste très appréciée à Lyon dans les «guinguettes» des bords de Saône, mais le vin blanc est souvent remplacé par une dose plus forte de vinaigre.

LES QUENELLES DE LYON. Ces petits rouleaux à base de semoule ou de farine, mêlée à de la volaille, à du brochet ou à du veau, ne semblent appartenir au paysage de la gastronomie traditionnelle locale que depuis le XIXᵉ siècle.

LYON À TABLE

« IL OUVRIT UNE PETITE TRAPPE À CÔTÉ DE SA CUISINE, DESCENDIT, ET REVINT UN MOMENT APRÈS AVEC UN BON PAIN BIS DE PUR FROMENT, UN JAMBON TRÈS APPÉTISSANT QUOIQUE ENTAMÉ, ET UNE BOUTEILLE DE VIN DONT L'ASPECT ME RÉJOUIT LE CŒUR. »

J.-J. ROUSSEAU (*LES CONFESSIONS*, LIVRE IV)

En 1890, Favre, dans son *Dictionnaire universel de cuisine*, donne une recette de quenelles à la lyonnaise qui marient de la pâte à choux du coulis d'écrevisse, de la chair maigre de brochet et de la graisse et moelle de bœuf. La quenelle de Lyon est encore fabriquée dans la région par des traiteurs, des artisans et des industriels, et par quelques puristes qui maintiennent la tradition en faisant entrer dans la composition de ce mets du brochet pur, et non de la volaille, de la semoule, et non de la farine, et en façonnant chaque pièce à la main ou à la cuillère.

SAVOIE

LES POISSONS DES LACS. Riche en lacs, la Savoie est aussi grande pourvoyeuse de poissons à la chair fine et blanche (brochet, féra, lavaret, omble-chevalier, perche et truite), célébrés par Curnonsky et Croze comme les trésors gastronomiques de cette province. Récemment, un programme régional de pacage lacustre a permis, par traitement des eaux et apport de jeunes alevins, de réenrichir les lacs.

LE BISCUIT DE SAVOIE. On a coutume de dire que le biscuit de Savoie a vu le jour au XIVe siècle, mais les premières mentions écrites datent de 1654. Ce gâteau de fête « léger, mousseux et en quelque sorte aérien », comme l'écrivait Grimod de La Reynière, est encore largement répandu en Savoie et jusqu'à Belley, dans l'Ain. Sa préparation est restée artisanale : il est confectionné par les pâtissiers ou constitue le gâteau « du dimanche », de fabrication familiale.

LES CROZETS. Petites pâtes carrées à la farine de maïs, les crozets apparaissent dans la Tarentaise au XVIIe siècle, avec la culture du maïs, le « blé turc ». Leur nom provient du creux exercé par le doigt sur la pâte durant la confection. Longtemps produits à la maison, ils donnent lieu à une activité industrielle intense au XIXe siècle. Aujourd'hui, ils sont fabriqués non seulement par les amateurs de tradition et quelques artisans, mais aussi, à plus grande échelle, par les entreprises de pâtes savoyardes.

CALENDRIER GOURMAND

Début février : fête de l'Huile d'olive nouvelle à Nyons

Mi-février : fête de la Truffe à Saint-Paul-Trois-Châteaux

1er mai : Vins et rigottes en fête à Condrieu

Début juillet : Foire de la fleur de tilleul à Buis-les-Baronnies

Mi-juillet : Les Olivades internationales à Nyons

Mi-août : fête du Reblochon à La Clusaz

Deuxième dimanche d'août : fête des Vignerons ardéchois à Ruoms

Fin septembre : fête de la Raviole à Romans

Mi-octobre, année paire : fête de la Pêche à Villars-les-Dombes

Troisième jeudi de novembre : lancement du beaujolais nouveau à Villefranche-sur-Saône

Deuxième dimanche de décembre : vente des vins des Hospices de Beaujeu à Beaujeu

Fin décembre : Concours des Trois glorieuses à Bourg-en-Bresse

NOUILLES DE SAVOIE
aux œufs frais
Bozon-Verduraz

Si la région Rhône-Alpes peut
se prévaloir d'une tradition
domestique de charcuterie très
ancienne, c'est au XIXe siècle,
lorsque la pratique culinaire est
élevée au rang d'art, que l'activité
charcutière se développe. Ainsi
les fameux «bouchons» lyonnais
mettent-ils toujours en valeur
les cochonnailles des monts
du Lyonnais – ceux de l'Ardèche,
du Beaujolais, de la Bresse,
de la Loire et de la Savoie. Mais
la charcuterie régionale a aussi forgé son succès
en s'enrichissant des nombreuses recettes et
techniques venues d'Allemagne, de Suisse ou
d'Italie. À l'heure actuelle, les élevages de porcs
ont bien reculé en nombre, mais la charcuterie
a conservé sa réputation exceptionnelle.

SALAISONS SÈCHES

C'est le type de
charcuterie que
l'on trouve le plus
couramment dans la
région Rhône-Alpes.
Les salaisons sèches
bénéficient des
conditions climatiques
favorables des régions
montagneuses. L'air
vif et peu humide des
zones d'altitude est
en effet propice à
un séchage parfait.

ANDOUILLETTE, SAUCISSE…

L'andouillette lyonnaise, faite de fraise
de veau, acquiert sa renommée après la
Seconde Guerre mondiale. Le civier bressan
est un fromage de tête particulièrement riche
en viande. Le diot, originaire de Savoie, est
une saucisse fraîche à base de porc, hachée
fin et consommée à la mode vigneronne.
Le cervelas, un saucisson à cuire, est lyonnais
quand il est truffé et pistaché. Considéré alors
comme un produit de luxe, il est dégusté à
Noël et parfois à Pâques. Le sabodet, d'Isère,
autre saucisson à cuire, est moins raffiné.

CHARCUTERIES D'HERBES ET D'ABATS

Ces produits, dont la teneur en verdure dépasse souvent la teneur en viande, assuraient naguère la subsistance dans les campagnes. Ces spécialités «de pauvre» sont recherchées en ville : des ateliers fabriquent donc régulièrement saucisse d'herbes et pormonier, caillette, pouytrolle, saucisse au chou, farcement à la pomme de terre, boudin d'herbes… La tradition de la triperie perdure en région lyonnaise : on y déguste l'aiguillette, le tablier de sapeur, le gras-double, la saucisse d'abats…

LES JAMBONS CRUS SECS

Ils se révèlent les charcuteries de loin les plus répandues. Deux grandes traditions de fabrication se rencontrent aujourd'hui : le jambon séché, en Ardèche et en Loire, et le jambon fumé, en Savoie.

- BOUCHON • LYONNAIS -

LES SPÉCIALITÉS

La plupart des charcuteries de la région sont apparues dans un contexte d'économie domestique. Elle comprend nombre de spécialités élaborées, à l'origine, au moment de la «tuade» du cochon.

BEAUJOLAIS Village
84
En Direct de la Propriété
CASSE-CROUTE
as Spécialités Lyonnaises

LES SAUCISSONS SECS

La moitié des saucissons secs français viennent de la région, riche en charcuterie de renom, tels la rosette de Lyon et le jésus. A l'origine élaboré à la campagne avec de la chair de bœuf, le saucisson de Lyon est devenu une spécialité citadine, très consommée à Lyon.

197

▲ DÉPARTEMENTS D'OUTRE-MER

Grande-Terre
Pointe-à-Pître
Basse-Terre
La Soufrière
Basse-Terre
Marie-Galante

GUADELOUPE, MARTINIQUE
Elles font partie,
à l'intérieur des
Petites Antilles, des
Antilles françaises.
Guadeloupe
(Grande-Terre,
Basse-Terre et les
dépendances :
1 709 km²,
417 000 hab.)
Chef-lieu : Basse-
Terre. Martinique
(1 100 km²,
375 000 hab.)
Chef-lieu :
Fort-de-France.

Montagne Pelée
Saint-Pierre
La Trinité
Fort-de-France
Le Marin

POIVRE NOIR
Des douzaines de
variétés de piments
aux parfums divins
existent dans nos
quatre départements
d'outre-mer.

**L'ANSE DUFOUR ET LA
POINTE MARTINEAU,
MARTINIQUE**
(page de droite)

La Guadeloupe, la Martinique, la Guyane et la Réunion sont des départements français d'outre-mer depuis la loi du 19 mars 1946. Depuis celle du 31 décembre 1982, ils représentent chacun une région ; ils sont donc dotés d'un conseil départemental et d'un conseil régional. En outre, l'intégration des départements d'outre-mer aux institutions de l'Union européenne (alors CEE) leur garantit, entre autres avantages, l'écoulement des principales productions agricoles d'exportation (du sucre pour l'essentiel). Enfin, les DOM bénéficient de dispositions spécifiques s'appliquant à la banane et au rhum. Pour le reste, tout a déjà été dit et redit par les marchands de rêves… Mais laissons de côté l'exotisme de pacotille pour nous intéresser aux richesses naturelles de nos cousins éloignés.

PRODUITS COMMUNS AUX QUATRE DÉPARTEMENTS

LES PIMENTS. Les plus célèbres sont cultivés aux Antilles et portent des noms chantants : le piment zoizo (il est fin et effilé comme une langue d'oiseau), le piment z'indien (allongé, légèrement recourbé et à saveur très forte), le piment lampion (à cause de sa forme). Il y a aussi le piment café, ou piment cerise, qui ressemble à la graine mûre du café ou à une cerise rouge, et, enfin, le fameux piment «bonda à man Jacques». Il s'agit d'un fruit trapu et renflé, dont le nom signifie «le derrière de maman Jacques».

LES ÉPICES. Les autres plantes aromatiques sont nombreuses et indissociables de la cuisine d'outre-mer : bois d'Inde, cannelle, curcuma, girofle, gingembre, noix de muscade, safran, roucou, quatre-épices, colombo (mélange de plusieurs épices appelé *massalé* à la Réunion)… Non seulement elles appartiennent à la gastronomie des DOM, mais ce sont également, pour certains d'entre eux, des piliers de leur économie.

LE RHUM. Agricole ou industriel (dit de sucrerie), blanc ou ambré, léger ou grand arôme, jeune ou vieux, le rhum réserve mille et une surprises que le voyageur n'appréciera parfois que sur les lieux mêmes de production. Le rhum blanc est à la base de la recette du célèbre *ti-punch*, auquel on ajoute une larme de sirop de canne et un zeste de citron. Le «planteur» remplace le zeste de citron par du jus de fruits en abondance.

LA MARTINIQUE ET LA GUADELOUPE

LES ACRAS. Également appelés «marinades», ces petits beignets servis chauds et croustillants à l'apéritif sont généralement fourrés à la morue salée ou bien aux légumes.

LES PRODUITS DE LA MER. Ils occupent la première place dans la cuisine créole en raison, bien sûr, de l'omniprésence de la mer, mais aussi des nombreux cours d'eau. Le *blaff* est un court-bouillon épicé qu'on utilise pour la cuisson des poissons et des crustacés. Son eau, salée et poivrée, est aromatisée d'un bouquet garni, d'oignon-France et de bois d'Inde. On peut donc avoir un *blaff* d'oursin ou de poisson-

…ne, par exemple. Les oursins se dégustent crus ou cuits
…ans du citron. Comme le hareng-saur en Europe du
…ord au XVe siècle, la morue a longtemps été aux
…ntilles un aliment de base. Vendue salée et séchée
…us forme de grands filets, elle se mange souvent en
…iquetaille. On la fait dessaler une dizaine d'heures
…ans de l'eau additionnée d'oignons crus émincés,
…'ail et de piment, avant de la réduire en menus
…orceaux. Le *lambi* est un gros coquillage qui abonde
…ans les Antilles et qui se consomme en daube, en
…icassée, au court-bouillon, grillé… Les crabes de terre
…ont plus appréciés que leurs cousins marins : ils sont
…lus charnus et leur chair est plus fine. Pour leur donner
…ncore davantage de saveur, les Antillais les nourrissent de
…oco sec et de piment. Accompagné de riz, le *matété* de crabe
…st le plat traditionnel des fêtes pascales. Les *ouassous* sont de
…rosses crevettes d'eau douce qui vivent dans les rivières de
…asse-Terre, et que l'on déguste à la nage, dans un court-
…ouillon pimenté, ou en bisque, ou encore en brochette.
…nfin, le *chatrou* est une petite pieuvre que l'on prépare
…n ragoût, au court-bouillon, en fricassée.

…E BOUDIN CRÉOLE. Fait à partir de pain rassis, de sang de
…orc, de cives, d'oignons, de bois d'Inde, de girofle, de piments,
…e citron, d'huile, de farine et de boyaux, on le sert à l'apéritif
…u en hors-d'œuvre.

…RUITS. Connus des Caraïbes ou introduits par les Européens
…t les esclaves africains, les fruits des Antilles sont peut-être
…urs meilleurs ambassadeurs. On les déguste frais,
…n salade, en glace ou en sorbet, en confiture, en jus.
…armi les plus connus d'entre eux : le *macacuja* (ou fruit
…e la passion, à la pulpe acidulée), la goyave (elle se mange
…rue, en compote, en gelée et en confiture), la mangue, le
…arambole, le *chadec* (gros pamplemousse dont l'épaisse
…eau peut être confite), le citron-pays (indispensable à
…heure du *ti-punch*), le fruit de l'arbre à pain, l'ananas,
…ns oublier la banane (les variétés les plus appréciées
…nt pour nom banane-plantain et banane-figue, ou *poyo*),
…ui constitue aujourd'hui l'un des principaux produits
…exportation. Les bananes se consomment crues pour
…ertaines, mais également en purée, en gratin, avec du lard,
…u encore en béchamel.

…ACINES ET TUBERCULES. Leur saveur, d'une variété à l'autre,
…st à chaque fois différente : tubercules de Malanga (chou-
…araïbe ou taro), dachine, patate douce, ignames aux noms
…lus charmeurs les uns que les autres (*cousse-couche*, igname-
…ois, pâte-à-cheval, *ador, cha-cha*, igname-grosse-tête, grand-
…issié, à-tout-temps…). On les cuisine à la vapeur,
…l'étouffée, au four ou sous la braise, bouillis, en salade,
…n ragoût, en purée ou en soupe…

RHUM AGRICOLE
ET RHUM INDUSTRIEL
Le premier est
obtenu par
distillation du jus de
canne à sucre. Le
second s'obtient par
distillation de la
mélasse, sous-produit
de l'activité sucrière.

CALENDRIER
GOURMAND
Février (G) : début
de la récolte
de la canne
Mars (M) : début
de la récolte
de la canne
Avril (G et M) :
Pâques et son
traditionnel pique-
nique sur la plage
Avril (G) : Festival
de la gastronomie
créole
Avril (M) : Foire
culinaire
Août (G) : fête
des Cuisinières
Août (M) : semaine
gastronomique
de Sainte-Marie
Décembre (M) :
fête du Cochon

▲ Départements d'outre-mer

VANILLIER. La vanille est l'une des mille six cents orchidées de la Réunion qui, introduite au XIXe siècle, est encore fécondée à la main selon le procédé de pollinisation découvert en 1841 par un jeune esclave, Edmond Albius.

La Guyane

LE BOUILLON D'AOUARA. À partir de la pulpe des fruits jaune orange de ce palmier, on extrait un jus, qui, après cuisson, donne une pâte qui est utilisée pour préparer ce plat typique à base de viandes et poissons boucanés ou frits, crustacés, salaisons et légumes.

LES FRICASSÉES DE GIBIER. Ces ragoûts de cochon bois (pécaris), *maïpouris* (tapirs), *agoutis*… ainsi que les gibiers de la forêt amazonienne sont servis accompagnés de riz, ou de couac (semoule de manioc) et de haricots rouges.

LE COLOMBO. Ce plat à base de porc, de poulet, ou de lézard (iguane) est accompagné de sauce au carry et de légumes, et servis avec du couac ou du riz.

PRODUITS AQUATIQUES. *Atipa* (préparé dans une sauce au lait de coco, *acoupa coumarou*, *machoiran* jaune ou blanc, *ti djol* («petite gueule»)… sont autant de poissons servis en brochette, en beignets, en pimentade, en *blaff*, ou encore rôtis. Les crevettes sauvages (crevettes du plateau océanique, de type *Penaeus*) doivent macérer dans une marinade à base de jus de citron, d'herbes et d'épices avant d'être passées à la poêle, sur le gril du four ou celui du barbecue, ou bien encore cuites en pimentade.

GUYANE
Sur la côte nord-est de l'Amérique du Sud, à 7052 km de Paris, ce territoire de 83534 km^2 compte 150000 hab. Chef-lieu : Cayenne.

PRODUITS GUYANAIS
Palmiers (coco, chou, kiomou…), crevette, viandes boucanées, poissons, fruits (agrumes…), piment de Cayenne.

La Réunion

LE CARI. Cari poulet, cari poisson, ou cari cabri… le cari est incontournable. On fait revenir la viande (ou le poisson) dans de l'huile fortement épicée de *massalé* et de safran. Accommodé avec une sauce passablement piquante, le *rougail*, à base de tomates, de piments, de fruits (mangues vertes) ou de pistaches, le tout se sert accompagné de riz blanc cuit à l'eau et assez compact, de «grains» (haricots ou lentilles), ou encore de «brèdes» (cœurs de chouchou, de citrouilles, chou de Chine…).

LES ACHARDS. Servi en hors-d'œuvre, ce mélange de fruits (citrons verts) et surtout de légumes (choux, carottes, haricots verts, cœurs de palmier…) doit mariner en morceaux, au moins deux jours dans une huile parfumée d'oignons, d'ail, de safran, de poivre et de piment rouge.

FRUITS ET LÉGUMES. Tous les fruits et légumes tropicaux (et métropolitains) poussent ici, en particulier le chouchou. Cette espèce de christophine (ou chayotte) est typique de la région de Salazie. Dans le chouchou, tout est bon : on mange les feuilles en fricassée, la chair en daube, en cari avec de la viande, ou gratinée.

LA CANNE À SUCRE. On en tire du sucre de canne et du rhum. Ce dernier se boit très jeune ou vieux, seul ou mélangé («rhume arrangé») à des fruits qui ont macéré dedans (goyave, mangue, ananas…), ou encore en punch.

LE CAFÉ. En 1715, des Malouins introduisirent dans l'île des plants de café d'Arabie à côté des plants sauvages locaux. Le café coulé ou café à la vanille est un breuvage divin.

RÉUNION
Située dans l'océan Indien, à l'est de Madagascar, l'île compte 653400 hab. pour 2512 km^2 (densité : 241 hab./km^2). Elle est à 9180 km de Paris. Chef-lieu : Saint-Denis.

PRODUITS RÉUNIONNAIS
Vanille, cannelle, brède et achard, letchis, chouchou, banane, mangue.

Plant de café arabica

CARNET PRATIQUE

◆ ADRESSES ET HORAIRES DES LIEUX DE VISITE

ALSACE

COMITÉ RÉGIONAL DU TOURISME D'ALSACE
6, avenue de la Marseillaise
67000 Strasbourg
☎ 03 88 25 01 66

MUSÉE ALSACIEN
23, quai Saint-Nicolas
67000 Strasbourg
☎ 03 88 08 93 52

Ouvert tlj. 10 h-12 h/13 h 30-18 h et dim. 10 h-17 h.
Fermé mar., vend. saint ; 1er mai ; 1er et 11 nov. ;
24 et 31 déc. après-midi. ; 25 et 26 déc. et 1er jan.

MUSÉE DU VIGNOBLE DES VINS D'ALSACE
Château de la Confrérie
Saint-Étienne
68240 Kientzheim
☎ 03 89 78 21 36

Ouvert tlj. 10 h-12 h/14 h-18 h (juin-oct.)

MUSÉE DU PAIN D'ÉPICES
110, Place de la Mairie
67140 Gertwiller
☎ 03 88 08 93 52

Ouvert vac. scol. 9 h-11 h/14 h-17 h 30 (lun.-ven.) ;
14 h-17 h 30 (dim.). Groupes toute l'année sur rdv.

AQUITAINE

COMITÉ RÉGIONAL DU TOURISME D'AQUITAINE
23, Parvis des Chartrons
33049 Bordeaux
☎ 05 56 01 70 00

MUSÉE DU FOIE GRAS
«Souleilles»
47140 Frespech
☎ 05 53 41 23 24

Ouvert tlj. toute l'année 15 h-19 h ; 15 juin-30 sept.
10 h-19 h

LA MAISON DE LA TRUFFE
Écomusée
24420 Sorges
☎ 05 53 05 90 11

Ouvert tlj. sauf lun. 10 h-12 h/14 h-17 h
Fermé 1er jan., 1er mai, 25 déc.

ÉCOMUSÉE DE LA NOIX DU PÉRIGORD
Ferme de Vielcroze
24250 Castelnaud-la-Chapelle
☎ 05 53 59 69 63

Ouvert tlj. Pâques-Toussaint 10 h-19 h.
Groupes, toute l'année sur rdv.

MUSÉE DU PRUNEAU GOURMAND
Domaine du Gabach
47260 Granges-sur-Lot
☎ 05 53 84 00 69

Ouvert tlj. 8 h-12 h/14 h-19 h (lun.-sam.) ;
15 h-19 h (dim. et j. fér.).

AUVERGNE

COMITÉ RÉGIONAL DU TOURISME D'AUVERGNE
43, avenue Julien
B.P. 395
63011 Clermont-Ferrand Cedex
☎ 04 73 29 49 49
ou 04 73 42 21 23

MAISON DE LA GENTIANE
Avenue Fernand-Boin
15400 Riom-és-Montagnes
☎ 04 71 78 10 45

Ouvert 15 juin-15 sept. tlj. 14 h-18 h et juil.-août 10 h-
12 h 30/14 h 30-19 h
Groupes toute l'année sur rdv. 04 71 78 07 37

MAISON DE LA FOURME D'AMBERT ET DES FROMAGES
Place du Châtelet
63600 Ambert
☎ 04 73 82 49 23

Ouvert tlj. sauf lun. 9 h-12 h/14 h-17 h
Ouvert tlj. juil.-août 9 h-12 h/14 h-18 h

BOURGOGNE

COMITÉ RÉGIONAL DU TOURISME DE BOURGOGNE
Conseil Régional B.P.1602
21035 Dijon
☎ 03 80 50 90 00

MUSÉE DU VIN DE BOURGOGNE
Hôtel des Ducs de Bourgogne
21200 Beaune
☎ 03 80 22 08 19

Ouvert tlj. 9 h 30-18 h. Fermé mar. 1er déc.-31 mars ;
fermé le 25 déc. et le 1er janv.

Maison de la Vigne et du Vin de Chablis
1, rue de Chichée
89800 Chablis
☎ 03 86 42 80 80

Ouvert tlj. 9 h 30-12 h 30/13 h 30-18 h 30 (1er juin-31 oct.) et tlj. sauf mer. et jeu. 9 h 30-12 h 30/14 h-18 h (1er nov. au 30 mai).

BRETAGNE

Comité Régional du Tourisme de Bretagne
1-3, rue Raoul-Ponchon
35069 Rennes Cedex
☎ 02 99 28 44 30

Musée de la Pêche
Rue Vauban
29900 Concarneau
☎ 02 98 97 10 20

Ouvert tlj. 9 h 30-19 h

Écomusée des Monts d'Arrée
Moulin de Kerouat
29450 Commana
☎ 02 98 68 87 76

Ouvert 15 mars-31 oct. 10 h-12 h/14 h-18 h en semaine ; 14 h-18 h dim. Fermé sam. hors saison.

CENTRE VAL-DE-LOIRE

Comité Régional du Tourisme du Centre Val-de-Loire
9, rue Saint-Pierre-Lentin
45041 Orléans Cédex 1
☎ 02 38 70 32 74

Maison du Safran
8, rue du Docteur-Legois
45300 Boynes
☎ 02 38 33 13 05

Ouvert pour individuels 1er mai-1er nov. 14 h 30-18 h w.e. uniquement. Pour groupes, ouvert tlj. sur rdv.

Maison de la Forestine
3, place Cujas B.P. 208
18004 Bourges
☎ 02 48 24 00 24

Ouvert tlj. 9 h 30-12 h 15/14 h-19 h 15 sauf lun. ouvert 15 h-19 h 15. Fermé dim.

CHAMPAGNE-ARDENNE

Comité Régional du Tourisme de Champagne-Ardenne
5, rue de Jéricho
51037 Châlons-sur-Marne
☎ 03 26 70 31 28

Musée de l'Ardenne
31, place Ducale
08000 Charleville-Mézières
☎ 03 24 32 44 60

Ouvert tlj. sauf lundi 10 h-12 h/14 h-18 h Fermé 1er mai, 25 déc. et 1er janv.

Maison Ruinart (cave)
4, rue des Crayeres
51100 Reims
☎ 03 26 77 51 54

Visite uniquement sur rdv. toute l'année. Fermé le w.e.

FRANCHE-COMTÉ

Comité Régional du Tourisme de Franche-Comté
9, rue de Pontarlier
25000 Besançon
☎ 03 81 83 50 47

Salines Royales
Institut Claude-Nicolas Ledoux
25160 Arc-et-Senans
☎ 03 81 54 45 45

Ouvert tlj. 10 h-12 h/14 h-17 h (jan.-mars) ; 9 h-12 h/ 14 h-18 h (avr.-juin) ; 9 h-19 h (juil.-août) ; 9 h-12 h/ 14 h-18 h (sept.-oct.) ; 9 h-12 h/14 h-17 h (nov.-déc.) Fermé j. fér. Ouvert tlj. sauf mar. 14 h-18 h

Écomusée de la Distillation et du Pays Fougerollais
Le Petit Fahys
70220 Fougerolles
☎ 03 84 49 12 53

Ouvert tlj juil.-août 10 h-18 h Groupes toute l'année sur rdv.

ÎLE-DE-FRANCE

Comité Régional du Tourisme d'Île-de-France
26, avenue de l'Opéra
75001 Paris
☎ 01 42 60 28 62

CONSERVATOIRE NATIONAL DES PLANTES AROMATIQUES
Route de Nemours
91490 Milly-la-Forêt
☎ 01 64 98 83 77

Ouvert avr.-sept. 9 h-17 h (lun.-ven.) et 14 h-18 h (sam., dim. et j. fér.).

MUSÉE NATIONAL DES ARTS ET TRADITIONS POPULAIRES
6, avenue Mahatma-Gandhi
75016 Paris
☎ 01 44 17 60 00

*Ouvert tlj. sauf mar. 9 h 30-17 h 15
Fermé j. fér.*

LANGUEDOC-ROUSSILLON

COMITÉ RÉGIONAL DU TOURISME DE LANGUEDOC-ROUSSILLON
20, rue de la République
34000 Montpellier
☎ 04 67 22 81 00

MUSÉE CAMARGUAIS
Mas du Pont-de-Rousty
13200 Arles
☎ 04 90 97 10 82

*Ouvert tlj. sauf mar. 9 h 15-17 h 45
Fermé j. fér.*

MUSÉE DE L'ÉTANG DE THAU
Quai du Port-de-pêche
34140 Bouzigues
☎ 04 67 78 33 57

*Ouvert tlj. 10 h-12 h/14 h-19 h 30 (juin-sept.) ;
10 h-12 h/14 h-18 h 30 (oct.) ; 10 h-12 h/14 h-17 h (nov.-fév.) ;
10 h-12 h/14 h-18 h 30 (mars-mai).*

LIMOUSIN

COMITÉ RÉGIONAL DU TOURISME DU LIMOUSIN
27, boulevard de la Corderie
87031 Limoges Cedex
☎ 05 55 45 18 80

MAISON TRADITIONNELLE DE LA BOUCHERIE
36, rue de la Boucherie
87000 Limoges
☎ 05 55 34 44 09

Ouvert tlj. 1er juil.-30 sept. 10 h-13 h/15 h-19 h

MUSÉE DES DISTILLERIES LIMOUGEAUDES
52, rue de Belfort
87100 Limoges
☎ 05 55 77 23 57

*Ouvert toute l'année mar. sam. 8 h 30-12 h/14 h-18 h
Téléphoner pour visites j. fér.*

LORRAINE

COMITÉ RÉGIONAL DU TOURISME DE LORRAINE
1, place Gabriel-Hocquard
B.P. 1004
57036 Metz Cedex
☎ 03 87 37 02 16

MUSÉE EUROPÉEN DE LA BIÈRE
Rue de la Citadelle
55700 Stenay
☎ 03 29 80 68 78

Ouvert tlj. 1er mars-30 nov. 10 h-12 h/14 h-18 h

MIDI-PYRÉNÉES

COMITÉ RÉGIONAL DU TOURISME DE MIDI-PYRÉNÉES
54, boulevard de l'Embouchure
B.P. 2166
31022 Toulouse Cedex 2
☎ 05 61 13 55 55

MUSÉE DE L'ARMAGNAC
2, rue Jules-Ferry
32100 Condom
☎ 05 62 28 31 41

*Ouvert tlj. sauf mar. 10 h-12 h/15 h-18 h
Fermé j. fér.*

MUSÉE DES ARTS ET TRADITIONS POPULAIRES
Rue de l'Abbaye
82200 Moissac
☎ 05 63 04 03 08

*Ouvert tlj. 10 h-12 h 30/14 h-18 h et 19 h juil.-août
Fermé lun. et dim. matin*

MUSÉE DU VIN
La Chantrerie
46002 Cahors
☎ 05 65 20 58 08

Ouvert tlj. 10 h-12 h/15 h-19 h juil.-sept

NORD-PAS DE CALAIS

COMITÉ RÉGIONAL DU TOURISME DU NORD-PAS DE CALAIS
6, place Mendès-France
59800 Lille
☎ 03 20 14 57 57

MUSÉE DU BOCAGE
35, rue Jean-Baptiste Lebas
59177 Sains-du-Nord
☎ 03 27 60 66 11

Ouvert tlj. avr.-oct. inclus 14 h-18 h
w.-e.et j. fér. 14 h 30-18 h 30

NORMANDIE

COMITÉ RÉGIONAL DU TOURISME DE NORMANDIE
14, rue Charles-Corbeaux
Le Doyenné
27000 Evreux
☎ 02 32 33 79 00

MAISON DE LA POMME ET DE LA POIRE
«La Logeraie»
50720 Barenton
☎ 02 33 59 56 22

Ouvert tlj. 1er avr.-1er oct. 9 h 30-12 h 30/14 h-19 h

LA MAISON DU CAMEMBERT
61120 Camembert
☎ 02 33 39 43 35

Ouvert tlj 1er avr. à Toussaint 10 h-19 h

MUSÉE RÉGIONAL DU CIDRE ET DU CALVADOS
Rue du Petit-Versailles
50700 Valognes
☎ 02 33 40 22 73

Ouvert tlj. toute l'année sauf mar. et dim. matin
10 h-12 h/14 h-18 h
Ouvert tlj. sauf dim. matin en juillet-août
Fermé le 1er mai

PAYS DE LA LOIRE

COMITÉ RÉGIONAL DU TOURISME DES PAYS DE LA LOIRE
2, rue de la Loire
44200 Nantes
☎ 02 40 48 24 20

MUSÉE DU CHAMPIGNON
Route de Gennes
Saint Hilaire Saint Florent
49400 Saumur
☎ 02 41 50 31 55

Ouvert tlj. 15 fév.-15 nov. 10 h-19 h

MUSÉE DE LA VIGNE ET DU VIN
Place des Vignerons
49750 Saint-Lambert-du-Lattay
☎ 02 41 78 42 75

Ouvert tlj. sauf lundi avril à mi-nov. 10 h-12 h/14 h 30-
18 h 30. Groupes toute l'année sur rdv.

MUSÉE DES MARAIS SALANTS
29 bis, rue Pasteur
44740 Batz-sur-Mer
☎ 02 40 23 82 79

Ouvert tlj. 10 h-12 h/15 h-19 h (1er juin-30 sept. +
vacances scolaires) ; ouvert sam. et dim. (oct. à mai)
15 h-19 h. Groupes toute l'année sur rdv.
Téléphoner pour visites j. fér.

PICARDIE

COMITÉ RÉGIONAL DU TOURISME DE PICARDIE
11, mail Albert-1er
B.P. 2616
80026 Amiens Cedex
☎ 03 20 14 57 57

GÉNÉRALE SUCRIÈRE
55, rue de Péronne
80700 Roye
☎ 03 22 87 74 00

Visite sur rdv. oct.-déc. mar. et jeu. après-midi
(groupe 20 pers. max. ; interdit - 10 ans).
Fermé j. fér.

SPECIALITÉ DE LA BAIE DE SOMME
Chemin rural
80230 Brutelles
Saint-Valéry-sur-Somme
☎ 03 22 26 76 88

Ouvert toute l'année sam. 10 h-12 h/15 h-18 h ;
juillet-août tlj. mêmes horaires.

POITOU-CHARENTES

COMITÉ RÉGIONAL DU TOURISME DE POITOU-CHARENTES
62, rue Jean-Jaurès
B.P. 56
86002 Poitiers Cedex
☎ 05 49 88 38 94

MAISON DE LA MYTILICULTURE
Rue de l'Océan
17137 Esnandes
☎ 05 46 01 34 64

Ouvert 1er avril-15 juin 14 h-19 h
Fermé le lun.

ÉCOMUSÉE DES MARAIS SALANTS
B.P. 21
17111 Loix (Île de Ré)
☎ 05 46 29 06 66 / 05 46 29 06 77

Ouvert tlj. 14 h-18 h et 1er juin-30 sept. 10 h 30-
12 h30/14 h-19 h

PROVENCE-ALPES-CÔTE D'AZUR

COMITÉ RÉGIONAL DU TOURISME DE PROVENCE-ALPES-CÔTE D'AZUR
Espace Colbert
14, rue Sainte-Barbe
13231 Marseille Cedex
☎ 04 91 39 38 00

MUSÉE DE L'OLIVIER
Chapelle Saint-Blaise
sur le plan Château
13520 Baux-de-Provence
☎ 04 90 54 37 37

Ouvert tlj. 9 h-20 h 30

MUSÉE DU TIRE-BOUCHON
Domaine de la Citadelle
84560 Ménerbes
☎ 04 90 72 44 77

Ouvert avr.-sept. 9 h-12 h/14 h-19 h (lun.-vend.)
et 10 h-12 h/15 h-19 h (w.-e. et j. fér.) ; oct.-mars
9 h-12 h/14 h-18 h (lun.-vend.), 9 h-12 h (sam.)
et fermé dim.

MUSÉE VIVANT DE L'ABEILLE
Route de Manosque
04210 Valensole
☎ 04 92 74 85 28

Ouvert mar.-vend. 8 h 30-11 h 30/13 h 30-17 h ;
+ mai-sept. lun. mêmes horaires. Sam. 8 h 30-16 h.
Groupes sur rdv.

RHÔNE-ALPES

COMITÉ RÉGIONAL DU TOURISME DE RHÔNE-ALPES
104, route de Paris
69260 Charbonnières-les-Bains
☎ 04 72 59 21 59

LES CAVES DE LA CHARTREUSE
10, boulevard Edgar-Kofler
38500 Voiron
☎ 04 76 05 81 77

Ouvert tlj. 8 h 30-11 h 30/14 h-18 h 30

MAISON DE LA TRUFFE ET DU TRICASTIN
Rue de la République
26130 St-Paul-Trois-Châteaux
☎ 04 75 96 61 29

Ouvert lun. 15 h-19 h ; mar.-sam. 9 h-12 h/15 h-19 h ;
dim. 10 h- 12 h/15 h-19 h

MUSÉE DE LA CHÂTAIGNERAIE
Parvis de l'Église
07260 Joyeuse
☎ 04 75 39 90 66

Ouvert toute l'année 9 h-12 h/14 h-18 h ; j. fér. et w.-e.
14 h 30-18 h ; fermé mar. Ouvert tlj. juil.-août 10 h-
12 h/15 h-19 h. Groupes tlj. sur rdv. 04 75 39 56 76

ÉCOMUSÉE DE LA PÊCHE
Port-de-Rives
74200 Thonon-les-Bains
☎ 04 50 70 26 56

Ouvert tlj. 1er juil.-15 sept. 10 h-12 h/14 h 30-18 h 30
Groupes, ouvert toute l'année sur rdv.

◆ VINS ET ALCOOLS ◆

◆ ALIGOTÉ : cépage de Bourgogne à raisins blancs. Un vin aligoté est issu de ce cépage.

◆ BOUQUET : odeur d'un vin.

◆ BRUT : qualificatif d'un vin ou d'un champagne dont la teneur en sucre ne dépasse pas 2 %.

◆ CEP : pied de vigne.

◆ CÉPAGE : variété de plant de vigne cultivée.

◆ CHAI : local situé au rez-de-chaussée, où l'on vinifie, où on élève et où l'on emmagasine les alcools et les vins en fûts.

◆ CHAPTALISATION : ajout de sucre au moût de raisin avant sa fermentation.

◆ CRÉMANT : vin effervescent élaboré selon la méthode utilisée en Champagne. Sa pression est inférieure à celle du champagne.

◆ CRU : vin issu d'un terroir déterminé. Le terroir lui-même.

◆ DISTILLATION : opération permettant de séparer les uns des autres les composants d'un liquide bouillant, ceux-ci arrivant à ébullition à des moments différents. Les substances volatiles sont ensuites recueillies par condensation. Le produit d'une distillation est un distillat.

◆ EAU-DE-VIE : boisson alcoolique obtenue par distillation d'un produit ; il peut s'agir de vin (cognac, armagnac), de cidre (calvados), de marc (eau-de-vie de marc de Bourgogne), de fruit ou de grain.

◆ FERMENTATION ALCOOLIQUE : transformation des sucres contenus dans le moût en alcool. Lors de la

fermentation, le jus de raisin devient du vin.

◆ GRIS : vin rosé élaboré à partir de raisins noirs par une vinification en blanc.

◆ LIE : dépôt qui se forme dans le fût après fermentation.

◆ MACÉRATION :
– carbonique : mode de vinification de certains vins rouges qui consiste à mettre en cuve le raisin non foulé et à remplir la cuve de gaz carbonique. Celui-ci entraîne une fermentation.

◆ MARC :
– résidu des fruits, en particulier du raisin, que l'on a pressé pour en extraire le jus.
– eau-de-vie obtenue en distillant du marc de raisin.

◆ MILLÉSIME : année pendant laquelle le raisin ayant produit un vin a été vendangé. Le millésime indique l'âge du vin.

◆ MISTELLE : voir «mutage».

◆ MOÛT : jus frais issu du pressage des fruits (raisin, pomme).

◆ MUTAGE : ajout d'une substance (alcool, anhydride sulfureux) au moût visant à en arrêter la fermentation alcoolique. Le moût ainsi obtenu s'appelle mistelle. Le mutage permet d'élaborer les vins doux.

◆ PHYLLOXÉRA : puceron parasite dont les piqûres sur les racines de la vigne provoquent, en quelques années, la mort du cep.

◆ PRESSURAGE : extraction par pression du jus

ou du vin contenu dans le marc.

◆ QUEUE : reste d'alcool, obtenu à la fin de la distillation, non consommable.

◆ RATAFIA : liqueur résultant du mélange de jus de raisin et de marc (les proportions sont variables) et titrant de 16 à 17 % en volume. Le ratafia est produit en Bourgogne et en Champagne.

◆ ROBE : couleur du vin, de la bière.

◆ TÊTE : alcool provenant du début de la distillation, non consommable.

◆ VERJUS : sucs acides extraits de certaines espèces de raisins.

◆ VINAIGRE : liquide provenant du vin, ou d'une solution alcoolisée modifiée par la fermentation acétique.

◆ VINIFICATION : transformation du raisin en vin. Méthode utilisée pour cela.

◆ VIANDES ET CHARCUTERIES ◆

◆ CHAPON : poulet castré puis engraissé.

◆ CHAUDIN : portion antérieure du gros intestin du porc.

◆ COUENNE : peau de porc, flambée et raclée.

◆ CRÉPINE : repli du péritoine qui relie entre eux la rate et le côlon du gros intestin ; considérée comme abats, la crépine sert d'enveloppe pour des préparations de charcuteries fraîches à frire ou pour recouvrir les terrines.

◆ FRAISE (DE VEAU) : membrane qui enveloppe les intestins du veau et de l'agneau.

◆ FRESSURE : ensemble des gros abats de boucherie reliés les uns aux autres (cœur, poumons, rate, foie).

◆ FRISONS (DE CANARD) : copeau, rognure qui frise.

◆ MAGRET : filet d'oie, de canard, que l'on fait cuire comme un steak.

◆ POULARDE : poulette engraissée qui n'a pas commencé à pondre.

◆ FRUITS ET LÉGUMES ◆

◆ CUPULE : partie initiale de certains fruits forestiers tels que le gland du chêne, ou encore la forme initiale de la truffe.

◆ NECTAR : liquide sucré sécrété par les organes glandulaires, appelés nectaires, chez certaines fleurs.

◆ PRIMEUR : qualificatif des fruits et légumes (pommes de terre, carottes...) commercialisés avant l'époque de maturité normale et provenant d'une culture forcée ou d'une région plus chaude.

◆ ROBE : aspect de l'écorce du melon.

◆ PRODUITS LAITIERS ◆

◆ AFFINAGE : achèvement de la maturation des fromages.

◆ CAILLAGE : phase de fabrication du fromage. Coagulation du lait qui va permettre d'obtenir le caillé.

◆ CAILLÉ :
– masse insolubilisée produite par le caillage.
– fromage frais.

◆ COAGULATION : action de coagulation du lait par la présure (coagulation enzymatique) et/ou des ferments lactiques (coagulation acide).

◆ CRÈME :
– matière grasse du lait dont on fait le beurre.
– peau et pellicule

qui se forment à la surface du lait que l'on a fait bouillir.

◆ Crème (double) : fromage à teneur en matière grasse au moins égale à 60 % rapportée à la matière sèche.

◆ Crème (triple) : teneur au moins égale à 72 %.

◆ Fleurie : croûte d'un fromage à pâte molle recouvert de moisissures. Cette fleur est due aux micro-organismes fongiques ambiants ou apportés lors de l'ensemencement. Les couleurs sont variées, du blanc au bleu-gris selon les couches.

◆ Fongique : relatif aux champignons.

◆ Maturation : action consistant à débuter la fermentation du lait avant la mise en fabrication fromagère, afin d'acidifier le lait sous l'action des ferments apportés. La «cave de maturation» est la cave où l'on fait séjourner les fromages.

◆ Moulage : le caillé est versé dans un moule afin de l'égoutter et de donner sa forme au fromage.

◆ Pasteurisé : lait ayant subi un chauffage, à température et temps donnés, afin de détruire les micro-organismes présents et notamment les germes pathogènes.

◆ Pâte molle : fromage à égouttage naturel ; il peut être lavé en croûte (croûte lavée) ou fleuri (croûte fleurie), dans ce cas la flore peut être naturelle par opposition à une flore apportée.

◆ Pâte pressée : fromage obtenu par égouttage forcé par pression, cas des fromages trappistes.

◆ Présure : sécrétion (enzyme) de l'estomac des jeunes ruminants non sevrés (veau, agneau) utilisée dans l'industrie fromagère pour faire cailler le lait.

◆ Rance : se dit d'un corps gras qui a pris une odeur forte et un goût âcre.

◆ Poissons et fruits de mer ◆

◆ Alevin : jeune poisson destiné au peuplement des lacs et des rivières.

◆ Bouchot : alignement de 50 à 100 m de pieux plantés sur l'estran pour l'élevage de moules.

◆ Bouquet : variété de grosses crevettes roses qui rougit à la cuisson.

◆ Claire : bassin d'élevage huîtrier.

◆ Détroquer : séparer (les jeunes huîtres) les unes des autres en les décollant au couteau.

◆ Fruits de mer : crustacés et coquillages comestibles.

◆ Matelote : mets composé de poissons coupés en morceaux et accommodés avec du vin rouge et des oignons.

◆ Naissin : embryons ou larves des huîtres et des moules d'élevage.

◆ Pâtisserie et desserts ◆

◆ Confits (fruits) : fruits trempés dans des solutions de sucre (et glacées, givrées).

◆ Coulis : produits résultant de la cuisson concentrée de substances alimentaires passées au tamis.

◆ Craquelin : biscuit qui craque sous la dent.

◆ Crème : entremets composé ordinairement de lait et d'œufs.

◆ Crêpe : fine galette faite d'une pâte liquide composée de lait, de farine et d'œufs, que l'on a fait frire, saisir dans une poêle ou sur une plaque.

◆ Cristalliser : faire passer un corps à l'état de cristaux.

◆ Fouace (ou fougasse) : galette en fermentation naturelle obtenue sans apport volontaire de levure. C'est une pâte acide. Par extension, morceau de pâte gardé d'une fabrication à l'autre.

◆ Pâte : préparation à base de farine délayée (à l'eau, au lait), pétrie le plus souvent avec d'autres ingrédients (levure, sel, sucre, etc.) et destinée à être consommée cuite, principalement sous forme de pain ou de gâteau.

◆ Sabler : frotter entre les paumes de la main, les doigts écartés, un mélange de farine et de beurre, afin de lui donner une consistance sableuse.

◆ Sorbet : glace légère, à base de jus de fruit, parfois parfumée d'une liqueur.

◆ Tourte : pâtisserie de forme ronde (à la viande, au poisson).

◆ Vergeoise : sucre fabriqué avec des déchets de raffinerie.

◆ Divers ◆

◆ Assec : période pendant laquelle un étang est vidé pour être cultivé (Dombes et Bresse).

◆ Balsamique (arôme) :
– qui contient un baume, le baume étant le nom qui désigne un grand nombre de plantes odoriférantes.
– parfum.

◆ Macération : processus d'élaboration à froid. Opération qui consiste à laisser tremper à froid un corps ou une substance dans un liquide pour en extraire les constituants solubles.

◆ Mitonner : préparer en faisant cuire longtemps à feu doux. Par extension : préparer soigneusement un mets, une composition quelconque.

◆ Mousse :
– entremets ou dessert à base de crème ou de blancs d'œufs fouettés.
– pâté léger et mousseux.
– bulles de gaz accumulées à la surface d'un liquide sous pression.

◆ Papillote : papier beurré ou huilé enveloppant certain poissons, légumes ou viandes à griller.

◆ Pré-salé : pré inondé régulièrement par la mer, où l'on fait paître les moutons.

◆ Salaison : processus permettant la conservation par le sel d'une denrée alimentaire.

◆ Surir : devenir aigre.

◆ Torréfaction : début de calcination à feu nu, que l'on fait subir à certaines matières organiques pour éliminer un principe nuisible, provoquer la dessiccation, faire apparaître des essences aromatiques.

◆ Transhumance : déplacement saisonnier des animaux (brebis, abeilles...) sur les lieux de nourriture.

Nous avons, par ailleurs, recherché en vain les héritiers ou éditeurs de certains documents. Un compte leur est ouvert à nos éditions.

CONCOURS
GÉNÉRAL AGRICOLE
1997

QUATRIÈME ANNÉE. — N° 119.   SAMEDI 10 MARS 1877.

LA FRANCE ILLUSTRÉE

ABONNEMENTS POUR PARIS ET LES DÉPARTEMENTS	JOURNAL LITTÉRAIRE, SCIENTIFIQUE & RELIGIEUX	RÉDACTION ET ADMINISTRATION, 40, RUE LA FONTAINE
Un an, 20 fr. — Six mois, 10 fr. — Trois mois, 5 fr.	PARAIT	Paris-Auteuil
Pour l'Étranger (union postale), un an 25 fr.	LE SAMEDI DE CHAQUE SEMAINE	Directeur : L. ROUSSEL
Un numéro, 0,10 pris dans les bureaux — Par la poste, 0,15		Administrateur-Gérant : A. MALEEM. — Partie artistique N. E. MAYROD, 40, r. des Sts-Pères et le COMITÉ D'ARTISTES.

Depuis plus d'un siècle – 1997 était sa cent-sixième édition – le Concours Général Agricole met en compétition des produits agricoles, ou issus, en première transformation, de produits agricoles, récoltés ou obtenus en territoire français. Sa vocation est de distinguer, pour votre satisfaction, les meilleurs produits des provinces françaises.

La formule du concours a beaucoup évolué au fil du temps, mais sa démarche est restée la même : confronter pour progresser.

Confronter, c'est-à-dire réunir en un même lieu et au même moment des produits répondant, pour une catégorie bien définie, à des règles précises de production et de transformation et les soumettre au jugement impartial d'experts. Ces jurés représentent l'ensemble de la filière, de la production à la distribution : ils sont producteurs, transformateurs, négociants, œnologues, crémiers-fromagers, sommeliers, cavistes, restaurateurs, techniciens. Ainsi, un produit sera jugé selon différentes sensibilités, dont la synthèse aboutira à fixer les récompenses.

Progresser, c'est-à-dire permettre aux compétiteurs de se situer par rapport à leurs concurrents et d'apprécier le niveau de qualité atteint par leurs produits. À eux, ensuite, d'en tirer les enseignements qui leur permettront d'avancer sur la voie de l'excellence.

Le processus du concours est particulièrement rigoureux :
– Les prélèvements des échantillons sont effectués par des agents de l'État, ou sous leur contrôle, garantissant ainsi leur représentativité et leur suivi.
– Les présélections, sévères, aboutissent à n'admettre, en phase finale, que des produits d'une qualité certaine (la moitié seulement des échantillons de vins franchissent le cap des présélections).
– Les échantillons subissent analyses physico-chimiques, bactériologiques et tests sensoriels.
– Les jugements sont rendus par des experts indépendants, dans le plus strict anonymat.

À l'issue de la finale, environ un échantillon sur quatre reçoit une distinction, un sur douze seulement bénéficiant d'une médaille d'or. C'est cette exigence qui donne à la médaille CGA toute sa valeur.

Les produits médaillés sont en vente dans les circuits habituels de distribution (commerces indépendants, grandes surfaces).

Si vous souhaitez vous fournir directement chez le producteur, nous vous conseillons de vérifier qu'il pratique la vente sur place.

Avec le présent guide, vous disposerez de plus de trois mille références qui vous aideront dans vos choix, en complétant utilement les informations apportées par les signes officiels de qualité, AOC et labels en particulier.

CONCOURS GÉNÉRAL AGRICOLE 1997

PARTICIPATIONS ET RÉSULTATS

SECTION	NOMBRE D'ÉCHANTILLONS			JUGEMENTS		RÉCOMPENSES ATTRIBUÉES				
	INSCRITS	PRÉ-SÉLECTIONNÉS	% PRÉ-SÉLECTIONNÉS	JURYS	JURÉS	OR	ARGENT	BRONZE	TOTAL	% MÉDAILLÉS / INSCRITS
VINS	10 502	5 846	55,7	352	1 222	848	870	657	2375	22,6
PRODUITS LAITIERS NATIONAL	782	721	92,2	93	420	55	79	69	203	26,0
PRODUITS LAITIERS EXPORT	103	103	100,0	12	34	9	11	13	33	32,0
PRODUITS DIVERS	1 361	1 197	88,0	131	484	132	184	150	466	34,2
ENSEMBLE	12 748	7 867	61,7	588	2 160	1 044	1 144	889	3 077	24,1

La marque collective
«Concours Général Agricole»

Pour l'ensemble des concours, les récompenses consistent en diplômes de médailles d'or, d'argent ou de bronze.

Vous reconnaîtrez les produits médaillés à la marque collective, déposée à l'INPI ; elle comporte :
– un emblème, la feuille de chêne
– la mention «Concours Général Paris»
– le millésime de l'année où la distinction a été obtenue
– la nature de la récompense.

Le rappel des distinctions est autorisé sur les emballages jusqu'à la fin de la première année suivant l'année d'obtention pour les produits laitiers, les foies gras, les produits avicoles, les olives et les tapenades, les produits nucicoles, les œufs de truite et les huîtres, et jusqu'à la fin de la deuxième année suivant celle d'obtention pour les cidres et les jus de fruits.

Pour les vins, les alcools, les huiles et les produits apicoles, la récompense peut être mentionnée sans limitation dans le temps, mais pour la seule production issue du lot primé et sous la seule appellation revendiquée lors de l'inscription au concours.

Les distinctions sont ainsi représentées :
– 3 palmes : médaille d'or
– 2 palmes : médaille d'argent
– 1 palme : médaille de bronze

Le palmarès comprend deux parties :
les résultats complets par produit et appellation,
le classement par région.

COMITÉ des
EXPOSITIONS
de PARIS

CENECA

4

Vins

ALSACE
AOC

CHASSELAS
(BLANC 1996)

CAVE COOPÉRATIVE
DE PFAFFENHEIM
GUEBERSCH
Rue du Chai
68250 Pfaffenheim
Tél. 03 89 78 08 08
C : 9

GEWURZTRAMINER
(BLANC 1995)

WUNSCH ET MANN
2, rue des Clefs
68000 Wettolsheim
Tél. 03 89 80 79 63
C : G1

GEWURZTRAMINER
(BLANC 1996)

GAEC HEYBERGER
ROGER ET FILS
5, rue Principale
68420 Obermorschwihr
Tél. 03 89 49 30 01
C : 37

CAVE COOPÉRATIVE
DE KIENTZHEIM
68240 Kientzheim
Tél. 03 89 47 13 19
C : 17

SCHLERET CHARLES
1, route d'Ingersheim
68230 Turckheim
Tél. 03 89 27 06 09
C : 7

CAVE COOPÉRATIVE
DE RIBEAUVILLÉ
2, route de Colmar
68150 Ribeauvillé
Tél. 03 89 73 61 80
C : 82

CAVE
COOPÉRATIVE
DE RIBEAUVILLÉ
2, route de Colmar
68150 Ribeauvillé
Tél. 03 89 73 61 80
C : 81

CAVE
COOPÉRATIVE
DE BEBLENHEIM
14, rue de Hoen
68980 Beblenheim
Tél. 03 89 47 90 02
C : 4

CATTIN FRÈRES
32, rue Roger-Frémeaux
68420 Vœgtlinshofen
Tél. 03 89 49 22 23
C : 1

CATTIN JOSEPH
ET SES FILS
18, rue Roger-Frémeaux
68420 Vœgtlinshofen
Tél. 03 89 49 30 21
C : 1

CAVE COOPÉRATIVE
DE TURCKHEIM
68230 Turckheim
Tél. 03 89 27 06 25
C : 125

CAVE COOPÉRATIVE DU
VIEIL ARMAND SOULTZ
1, route de Cernay
68360 Wuenheim
Tél. 03 89 76 73 75
C : 4

CAVE COOPÉRATIVE
D'EGUISHEIM
68420 Eguisheim
Tél. 03 89 22 20 20
C : 3

DOMAINE
SCHAEFFER
PHILIPPE
9, rue des Rohan
67680 Epfig
Tél. 03 88 85 51 10
C : LK1

SCHOEPFER
JEAN-LOUIS
35, rue Herzog
68920 Wettolsheim
Tél. 03 89 80 71 29

CAVE COOPÉRATIVE
DE PFAFFENHEIM-
GUEBERSCH
Rue du Chai
68250 Pfaffenheim
Tél. 03 89 78 08 08
C : 116

CAVE COOPÉRATIVE
D'INGERSHEIM
45, rue de la République
68040 Ingersheim
Tél. 03 89 27 05 96
C : 5

DOMAINE JUX
5, chemin de la Fecht
68000 Colmar
Tél. 03 89 79 13 76
C : 1

CAVE
COOPÉRATIVE
DE PFAFFENHEIM-
GUEBERSCH
Rue du Chai
68250 Pfaffenheim
Tél. 03 89 78 08 08
C : 205

CAVE COOPÉRATIVE
DE KIENTZHEIM
68240 Kientzheim
Tél. 03 89 47 13 19
C : 77

CAVE COOPÉRATIVE
DE SIGOLSHEIM
12, rue Saint-Jacques
68240 Sigolsheim
Tél. 03 89 78 10 10
C : 3

EARL WELTY
JEAN-MICHEL
68500 Orschwihr
Tél. 03 89 76 09 03

CAVE COOPÉRATIVE
D'EGUISHEIM
68420 Eguisheim
Tél. 03 89 22 20 20
C : 6

CAVE COOPÉRATIVE
DE BENNWIHR
3, rue du Général-de-
Gaulle
68630 Bennwihr
Tél. 03 89 49 09 29
C : 1

GAEC BRAUN CAMILLE
ET FILS
16, Grand-Rue
68500 Orschwihr
Tél. 03 89 76 95 20
C : LG96

MUSCAT
(BLANC 1996)

CAVE COOPÉRATIVE DU
VIEIL ARMAND SOULTZ
1, route de Cernay
68360 Wuenheim
Tél. 03 89 76 73 75
C : 1

BAUR CHARLES
SUCC. ARMAND
29, Grand-Rue
68420 Eguisheim
Tél. 03 89 41 32 49
C : 17

VINS D'ALSACE
KUEHN SA
3, Grand-Rue
68770 Ammerschwihr
Tél. 03 89 78 23 16
C : 23

CAVE COOPÉRATIVE
D'INGERSHEIM
45, rue de la République
68040 Ingersheim
Tél. 03 89 27 05 96
C : 1

SCHLERET CHARLES
1, route d'Ingersheim
68230 Turckheim
Tél. 03 89 27 06 09
C : 25

CAVE COOPÉRATIVE
D'INGERSHEIM
45, rue de la République
68040 Ingersheim
Tél. 03 89 27 05 96
C : 2

GAEC HEYBERGER
ROGER ET FILS
5, rue Principale
68420 Obermorschwihr
Tél. 03 89 49 30 01
C : 6

GAEC SORG BRUNO
8, rue Monseigneur-
Stumpf
68420 Eguisheim
Tél. 03 89 41 80 85

CAVE COOPÉRATIVE
D'EGUISHEIM
68420 Eguisheim
Tél. 03 89 22 20 20
C : 1

CAVE COOPÉRATIVE
D'ANDLAU ET ENVIRONS
15, avenue des Vosges
67140 Barr
Tél. 03 88 08 90 53
C : 2/30A

CATTIN JOSEPH
ET SES FILS
18, rue Roger-Frémeaux
68420 Vœgtlinshofen
Tél. 03 89 49 30 21
C : 1

HAULLER J. ET FILS
18, rue de la Gare
67650 Dambach-la-Ville
Tél. 03 88 92 40 21

PINOT BLANC (BLANC 1996)

🍂🍂🍂

GAEC DREYER ROBERT ET FILS
7, rue de Hautvillers
68420 Eguisheim
Tél. 03 89 23 12 18
C : 1
DOMAINE VITICOLE DE LA VILLE
, rue du Stauffen
68000 Colmar
Tél. 03 89 79 11 87
C : 1
CAVE COOPÉRATIVE DU VIEIL ARMAND SOULTZ
, route de Cernay
68360 Wuenheim
Tél. 03 89 76 73 75
C : 5
GAEC BRAUN FRANÇOIS ET FILS
9, Grand-Rue
68500 Orschwihr
Tél. 03 89 76 95 13
CAVE COOPÉRATIVE DE TURCKHEIM
68230 Turckheim
Tél. 03 89 27 06 25
C : 70
CAVE COOPÉRATIVE DE TURCKHEIM
68230 Turckheim
Tél. 03 89 27 06 25
C : 97
MAISON LAUGEL MICHEL
102, rue du Général-de-Gaulle
67520 Marlenheim
Tél. 03 88 87 52 20
C : 10
CAVES ADAM J.-B.
5, rue de l'Aigle
68770 Ammerschwihr
Tél. 03 89 78 23 21
CAVE COOPÉRATIVE DE SIGOLSHEIM
12, rue Saint-Jacques
68240 Sigolsheim
Tél. 03 89 78 10 10
C : 5
VINS D'ALSACE KUEHN SA
3, Grand-Rue
68770 Ammerschwihr
Tél. 03 89 78 23 16
C : 28

🍂🍂🍂

CAVE COOPÉRATIVE DE KIENTZHEIM
68240 Kientzheim
Tél. 03 89 47 13 19
C : 89
BERNHARD-REIBEL CÉCILE
20, rue de Lorraine
67730 Châtenois
Tél. 03 88 82 04 21
C : 15

CAVE COOPÉRATIVE DE BEBLENHEIM
14, rue de Hoen
68980 Beblenheim
Tél. 03 89 47 90 02
C : 1
EARL WELTY JEAN-MICHEL
22, Grand-Rue
68500 Orschwihr
Tél. 03 89 76 09 03
GAEC RIETSCH
32, rue Principale
67140 Mittelbergheim
Tél. 03 88 08 00 64
C : L9630
CAVE COOPÉRATIVE DU VIEIL ARMAND SOULTZ
1, route de Cernay
68360 Wuenheim
Tél. 03 89 76 73 75
C : 2
CAVE COOPÉRATIVE DE PFAFFENHEIM-GUEBERSCH
Rue du Chai
68250 Pfaffenheim
Tél. 03 89 78 08 08
C : 210
CAVE COOPÉRATIVE DE PFAFFENHEIM-GUEBERSCH
Rue du Chai
68250 Pfaffenheim
Tél. 03 89 78 08 08
C : 222

🍂

CAVE COOPÉRATIVE DE KIENTZHEIM
68240 Kientzheim
Tél. 03 89 47 13 19
C : 126
MAISON LAUGEL MICHEL
102, rue du Général-de-Gaulle
67520 Marlenheim
Tél. 03 88 87 52 20
C : 09
CAVE COOPÉRATIVE DE SIGOLSHEIM
12, rue Saint-Jacques
68240 Sigolsheim
Tél. 03 89 78 10 10
C : 3

PINOT NOIR (ROUGE 1996))

🍂🍂🍂

CAVES ADAM J.-B.
5, rue de l'Aigle
68770 Ammerschwihr
Tél. 03 89 78 23 21
C : 69737

PINOT NOIR (ROSÉ 1996))

🍂🍂🍂

ILTIS JACQUES
1, rue Schlossreben
68590 Saint-Hippolyte
Tél. 03 89 73 00 67
C : 11
CAVE COOPÉRATIVE D'ANDLAU ET ENVIRONS
15, avenue des Vosges
67140 Barr
Tél. 03 88 08 90 53
C : 3/TE7
SCHWARTZ JUSTIN ET JEAN-LUC
16, route Romaine
67140 Itterswiller
Tél. 03 88 85 51 59
C : 1
ÉTABLISSEMENTS METZ ARTHUR ET CIE
23, rue Sainte-Marguerite
67680 Epfig
Tél. 03 88 57 85 00
C : 184
WOLFER DANIEL
9, rue Castel
67680 Epfig
Tél. 03 88 85 53 95
FREY SOHLER
72, rue de l'Ortenbourg
67750 Scherwiller
Tél. 03 88 92 10 13
C : 1
CAVE COOPÉRATIVE DU VIEIL ARMAND SOULTZ
1, route de Cernay
68360 Wuenheim
Tél. 03 89 76 73 75
C : 1
WEHRLE MAURICE
21, rue des Vignerons
68420 Husseren-les-Châteaux
Tél. 03 89 49 30 79
C : 5
CATTIN FRÈRES
32, rue Roger-Frémeaux
68420 Vœgtlinshofen
Tél. 03 89 49 22 23
C : 1

🍂🍂🍂

EARL SCHWARTZ ÉMILE ET FILS
3, rue Principale
68420 Husseren-les-Châteaux

Tél. 03 89 49 30 61
C : L9672
SCHLERET CHARLES
1, route d'Ingersheim
68230 Turckheim
Tél. 03 89 27 06 09
C : 2
MEYER ANDRÉ ET FILS
20, route du Vin
67650 Blienschwiller
Tél. 03 88 92 47 33
C : 18
MEYER DENIS
Route du Vin
68420 Vœgtlinshofen
Tél. 03 89 49 38 00
C : L1
CAVE COOPÉRATIVE DU VIEIL ARMAND SOULTZ
1, route de Cernay
68360 Wuenheim
Tél. 03 89 76 73 75
C : 2
DOMAINE FLEISCHER
28, rue du Moulin
68250 Pfaffenheim
Tél. 03 89 49 62 70
C : L9670
CAVE COOPÉRATIVE DE SIGOLSHEIM
12, rue Saint-Jacques
68240 Sigolsheim
Tél. 03 89 78 10 10
C : 2
CAVE COOPÉRATIVE D'ANDLAU ET ENVIRONS
15, avenue des Vosges
67140 Barr
Tél. 03 88 08 90 53
C : 1/TD1
GAEC EHRHART FRANÇOIS ET FILS
6, rue Saint-Remy
68000 Wettolsheim
Tél. 03 89 80 60 57
C : 9616

🍂

BAUR JEAN-LOUIS
22, rempart Nord
68420 Eguisheim
Tél. 03 89 41 79 13
C : 1
SOCIÉTÉ VINICOLE SAINTE-ODILE
3, rue de la Gare
67210 Obernai
Tél. 03 88 95 50 23
C : 1TB13
WITTMANN ANDRÉ
7-9, rue Principale
67140 Mittelbergheim
Tél. 03 88 08 95 79
C : L 1964
UNION VINICOLE DIVINAL
30, rue du Général-Leclerc
67210 Obernai
Tél. 03 88 95 61 18
C : 1/F5
GAEC ZIMMERMANN H.
11, rue d'Or
68570 Soultzmatt
Tél. 03 89 47 01 58
C : 10

7

RIESLING
(BLANC 1995)

🌿🌿

CAVE COOPÉRATIVE
D'ORSCHWILLER
67600 Orschwiller
Tél. 03 88 92 09 87
C : 4

🌿

GRANDS VINS D'ALSACE
SIPP LOUIS
5, Grand-Rue
68150 Ribeauvillé
Tél. 03 89 73 60 01
C : 408

RIESLING
(BLANC 1996)

🌿🌿🌿

SOCIÉTÉ VINICOLE
SAINTE-ODILE
3, rue de la Gare
67210 Obernai
Tél. 03 88 95 50 23
C : 2F7

CAVE
COOPÉRATIVE
DE KIENTZHEIM
68240 Kientzheim
Tél. 03 89 47 13 19
C : 88

GAEC EHRHART
FRANÇOIS ET FILS
6, rue Saint-Rémy
68000 Wettolsheim
Tél. 03 89 80 60 57
C : 9614

DOMAINE JUX
5, chemin de la Fecht
68000 Colmar
Tél. 03 89 79 13 76
C : 6

EARL BEYER LUC
7, place du Château
68420 Eguisheim
Tél. 03 89 41 40 65
C : 18

MAISON LAUGEL
MICHEL
102, rue du Général-
de-Gaulle
67520 Marlenheim
Tél. 03 88 87 52 20
C : 03

GISSELBRECHT WILLY
ET FILS
Route du Vin
67650 Dambach-la-Ville
Tél. 03 88 92 41 02
C : 46

HEYBERGER JEAN-
CLAUDE
7a, rue Principale
68420 Obermorschwihr
Tél. 03 89 49 32 24
C : 16

CAVE COOPÉRATIVE
DE BENNWIHR
3, rue du Général-
de-Gaulle
68630 Bennwihr
Tél. 03 89 49 09 29
C : 6

MEYER DENIS
Route du Vin
68420 Vœgtlinshofen
Tél. 03 89 49 38 00
C : 11

🌿🌿

CAVE
COOPÉRATIVE DE
DAMBACH-LA-VILLE
3, rue de la Gare
67650 Dambach-la-Ville
Tél. 03 88 92 40 03
C : 7

UNION VINICOLE
DIVINAL
30, rue du Général-
Leclerc
67210 Obernai
Tél. 03 88 95 61 18
C : 2tv16

DOMAINE RIEFLE
JOSEPH
11, place de la Mairie
68250 Pfaffenheim
Tél. 03 89 49 62 82
C : 15

CAVE COOPÉRATIVE
DE CLEEBOURG
67160 Cleebourg
Tél. 03 88 94 50 33
C : 38

CAVE COOPÉRATIVE
DE SIGOLSHEIM
12, rue Saint-Jacques
68240 Sigolsheim
Tél. 03 89 78 10 10
C : 1

CAVE COOPÉRATIVE
D'EGUISHEIM
68420 Eguisheim
Tél. 03 89 22 20 20
C : 11

CAVE COOPÉRATIVE
DE BEBLENHEIM
14, rue de Hoen
68980 Beblenheim
Tél. 03 89 47 90 02
C : 1

EARL VORBURGER
JEAN-PIERRE
3, rue de la Source
68420 Vœgtlinshofen
Tél. 03 89 49 35 52
C : L40

ZIEGLER ALBERT
10, rue de l'Église
68500 Orschwihr
Tél. 03 89 76 01 12

EARL BOESCH LÉON
ET FILS
4, rue du Bois
68570 Soultzmatt
Tél. 03 89 47 01 83
C : 1

🌿

GAEC HAEGI
BERNARD ET DANIEL
33, rue de la Montagne
67140 Mittelbergheim
Tél. 03 88 08 95 80

GAEC GILG ARMAND
ET FILS
2-4, rue Rotland
67140 Mittelbergheim
Tél. 03 88 08 92 76
C : 17

MEYER RENÉ
14, Grand-Rue
68230 Katzenthal
Tél. 03 89 27 04 67
C : L05

CAVE COOPÉRATIVE
D'ANDLAU ET ENVIRONS
15, avenue des Vosges
67140 Barr
Tél. 03 88 08 90 53
C : 4/tg4

SCHLERET CHARLES
1, route d'Ingersheim
68230 Turckheim
Tél. 03 89 27 06 09
C : 26

DOMAINE VITICOLE
DE LA VILLE
2, rue du Stauffen
68000 Colmar
Tél. 03 89 79 11 87
C : 7

CAVE COOPÉRATIVE
D'INGERSHEIM
45, rue de la République
68040 Ingersheim
Tél. 03 89 27 05 96
C : 1

MAISON LAUGEL
MICHEL
102, rue du Général-
de-Gaulle
67520 Marlenheim
Tél. 03 88 87 52 20
C : 04

GAEC BRAUN
FRANÇOIS ET FILS
19, Grand-Rue
68500 Orschwihr
Tél. 03 89 76 95 13
C : 2

SCEA HERTZ VICTOR
8, rue Saint-Michel
68420 Herrlisheim-
près-Colmar
Tél. 03 89 49 31 67

CATTIN FRÈRES
32, rue Roger-Frémeaux
68420 Vœgtlinshofen
Tél. 03 89 49 22 23
C : 2

SYLVANER
(BLANC 1995)

CAVE COOPÉRATIVE
D'ORSCHWILLER
67600 Orschwiller
Tél. 03 88 92 09 87
C : 3

SYLVANER
(BLANC 1996)

🌿🌿🌿

CAVE COOPÉRATIVE
D'INGERSHEIM
45, rue de la République
68040 Ingersheim
Tél. 03 89 27 05 96
C : 2

EARL WELTY
JEAN-MICHEL
22, Grand-Rue
68500 Orschwihr
Tél. 03 89 76 09 03

CAVE COOPÉRATIVE
DE BENNWIHR
3, rue du Général-
de-Gaulle
68630 Bennwihr
Tél. 03 89 49 09 29
C : 4

BAUR CHARLES
succ. ARMAND
29, Grand-Rue
68420 Eguisheim
Tél. 03 89 41 32 49
C : L13

🌿🌿

CAVE COOPÉRATIVE
DE DAMBACH-LA-VILLE
3, rue de la Gare
67650 Dambach-la-Ville
Tél. 03 88 92 40 03
C : 2

UNION VINICOLE
DIVINAL
30, rue du Général-
Leclerc
67210 Obernai
Tél. 03 88 95 61 18
C : 5tv11

WUNSCH
ET MANN
2, rue des Clefs
68000 Wettolsheim
Tél. 03 89 80 79 63
C : 47

CAVE COOPÉRATIVE
EGUISHEIM
8420 Eguisheim
Tél. 03 89 22 20 20
C : 1

CATTIN JOSEPH
ET SES FILS
rue Roger-Frémeaux
8420 Vœgtlinshofen
Tél. 03 89 49 30 21
C : 1

CHLERET CHARLES
route d'Ingersheim
8230 Turckheim
Tél. 03 89 27 06 09
C : 10

CAVE COOPÉRATIVE
E PFAFFENHEIM-
UEBERSCH
ue du Chai
8250 Pfaffenheim
Tél. 03 89 78 08 08
C : 241

CAVE COOPÉRATIVE
E BEBLENHEIM
, rue de Hoen
8980 Beblenheim
Tél. 03 89 47 90 02
C : 5

CAVE COOPÉRATIVE
BEBLENHEIM
, rue de Hoen
8980 Beblenheim
Tél. 03 89 47 90 02
C : 4

CAVE COOPÉRATOVE
INGERSHEIM
, rue de la République
8040 Ingersheim
Tél. 03 89 27 05 96
C : 5

UECHER
AUL ET FILS
, rue Sainte-Gertrude
8000 Wettolsheim
Tél. 03 89 80 64 73

OKAY-PINOT GRIS
LANC 1996)

🍇🍇🍇

AVE COOPÉRATIVE
BEBLENHEIM
rue de Hoen
8980 Beblenheim
Tél. 03 89 47 90 02
C : 3

MAISON LAUGEL MICHEL
102, rue du Général-
de-Gaulle
67520 Marlenheim
Tél. 03 88 87 52 20
C : 07

CAVE COOPÉRATIVE
DE RIBEAUVILLÉ
2, route de Colmar
68150 Ribeauvillé
Tél. 03 89 73 61 80
C : 88

CAVE COOPÉRATIVE
DE TURCKHEIM
68230 Turckheim
Tél. 03 89 27 06 25
C : 54

MAISON LAUGEL
MICHEL
102, rue du Général-
de-Gaulle
67520 Marlenheim
Tél. 03 88 87 52 20
C : 08

CAVE COOPÉRATIVE
DE DAMBACH-LA-VILLE
3, rue de la Gare
67650 Dambach-la-Ville
Tél. 03 88 92 40 03
C : 4

CAVE COOPÉRATIVE
D'EGUISHEIM
68420 Eguisheim
Tél. 03 89 22 20 20
C : 6

GRUSS JOSEPH ET FILS
25, Grand-Rue
68420 Eguisheim
Tél. 03 89 41 28 78
C : 1

GAEC BRAUN CAMILLE
ET FILS
16, Grand-Rue
68500 Orschwihr
Tél. 03 89 76 95 20
C : 1196

VINS D'ALSACE
KUEHN SA
3, Grand-Rue
68770 Ammerschwihr
Tél. 03 89 78 23 16
C : 28

CAVE COOPÉRATIVE
DE BEBLENHEIM
14, rue de Hoen
68980 Beblenheim
Tél. 03 89 47 90 02
C : 1

DOMAINE RIEFLE
JOSEPH
11, place de la Mairie
68250 Pfaffenheim
Tél. 03 89 49 62 82

STEMPFEL ET FILS
4, rue Principale
68420 Obermorschwihr
Tél. 03 89 49 31 95
C : 7

🍇🍇

CAVE COOPÉRATIVE
DE KIENTZHEIM
68240 Kientzheim
Tél. 03 89 47 13 19
C : 8

GISSELBRECHT WILLY
ET FILS
Route du Vin
67650 Dambach-la-Ville
Tél. 03 88 92 41 02
C : 38

CAVE
COOPÉRATIVE
DE CLEEBOURG
67160 Cleebourg
Tél. 03 88 94 50 33
C : 117

CATTIN JOSEPH
ET SES FILS
8, rue Roger-Frémeaux
68420 Vœgtlinshofen
Tél. 03 89 49 30 21
C : 1

GAEC
KLEIN BRAND
96, rue de la Vallée
68570 Soultzmatt
Tél. 03 89 47 00 08

SCHLERET CHARLES
1, route d'Ingersheim
68230 Turckheim
Tél. 03 89 27 06 09
C : 30

🍇

🍇

CAVE COOPÉRATIVE
D'EGUISHEIM
68420 Eguisheim
Tél. 03 89 22 20 20
C : 1

GINGLINGER FIX
38, rue Roger-Frémeaux
68420 Vœgtlinshofen
Tél. 03 89 49 30 75
C : TO96

EARL BEYER LUC
7, place du Château
68420 Eguisheim
Tél. 03 89 41 40 65

BEAUJOLAIS

AOC

BEAUJOLAIS
(ROUGE 1996)

🍇🍇🍇

CAVE
BEAUJOLAISE
Saint-Vérand-le-Bady
69620 Saint-Verand
Tél. 04 74 71 73 19
Fax 04 74 71 83 45
C : 42

DUPEUBLE DAMIEN
Le Bourg
69620 Le Breuil
Tél. 04 74 71 68 40
Fax 04 74 71 64 22
C : 11

CARRON DENIS
Chemin de Saint-Abram
69620 Frontenas
Tél. 04 74 71 70 31
Fax 04 74 71 86 30
C : 1

🍇🍇

JOYET JEAN
La Roche
69620 Létra
Tél. 04 74 71 32 77
Fax 04 74 71 32 77
C : 2 et 7

CAVE
COOPÉRATIVE
BEAUJOLAISE DE LA
RÉGION DE BULLY
69210 Bully
Tél. 04 74 01 27 77
Fax 04 74 01 14 53
C : 42

GERMAIN ALAIN
Domaine
du Moulin Blanc
69380 Charnay
Tél. 04 78 43 98 60
Fax 04 78 43 98 60
C : 13

CAVE
COOPÉRATIVE
BEAUJOLAISE
Le Gonnet
69620 Saint-Laurent-
d'Oingt
Tél. 04 74 71 20 51
Fax 04 74 71 23 46
C : 76

CHATOUX MICHEL
Le Favrot
69620 Sainte-Paule
Tél. 04 74 71 20 50
C : 1

CAVE
DES VIGNERONS
DU DOURY
Doury
69620 Létra
Tél. 04 74 71 30 52
Fax 04 74 71 35 28
C : 103

◆ Vins-Beaujolais

EARL RAVIER OLIVIER
Descours
69220 Belleville-sur-
Saône
Tél. 04 74 66 12 66
Fax 04 74 66 57 50
C : 1

CAVE BEAUJOLAISE
Les Coasses
69620 Le Bois-d'Oingt
Tél. 04 74 71 62 81
Fax 04 74 71 81 08
C : 114

**CAVE
COOPÉRATIVE
BEAUJOLAISE
DE LA RÉGION
DE BULLY**
69210 Bully
Tél. 04 74 01 27 77
Fax 04 74 01 14 53
C : 136

GARLON JEAN-FRANÇOIS
Le Bourg
69620 Theize
Tél. 04 74 71 11 97
Fax 04 74 71 23 30
C : 9

**CAVE DES VIGNERONS
RÉUNIS**
Les Ragots
69210 Saint-Bel
Tél. 04 74 01 11 33
Fax : 04 74 01 10 27
C : J

**GAEC SAPIN GUY
ET BERNARD**
Le Barnigat
69620 Saint-Laurent
d'Oingt
Tél. 04 74 71 20 82
Fax 04 74 71 20 82
C : 26 et 28

**BEAUJOLAIS
(BLANC 1996))**

**CAVE COOPÉRATIVE
BEAUJOLAISE DE LA
RÉGION DE BULLY**
69210 Bully
Tél. 04 74 01 27 77
Fax 04 74 01 14 53
C : 143

GAEC MONTERNOT
Les Places
69460 Blacé
Tél. 04 74 67 56 48
Fax 04 74 60 51 13
C : 1

BEAUJOLAIS SUPÉRIEUR (ROUGE 1996)

**CAVE COOPÉRATIVE
DE LACHASSAGNE**
La Bourlatière
69480 Lachassagne
Tél. 04 74 67 01 43
Fax 04 74 67 21 71
C : 49

**CAVE COOPÉRATIVE
BEAUJOLAISE DE LA
RÉGION DE BULLY**
69210 Bully
Tél. 04 74 01 27 77
Fax 04 74 01 14 53
C : 65

CAVE BEAUJOLAISE
Les Coasses
69620 Le Bois-d'Oingt
Tél. 04 74 71 62 81
Fax 04 74 71 81 08
C : 127

**CAVE COOPÉRATIVE
BEAUJOLAISE DE LA
RÉGION DE BULLY**
69210 Bully
Tél. 04 74 01 27 77
Fax 04 74 01 14 53
C : 45

BEAUJOLAIS-VILLAGES (ROUGE 1996)

**GAEC DE
LA MERLATIÈRE**
La Merlatière
69220 Lancié
Tél. 04 74 04 13 29
Fax 04 74 69 86 84

FAVRE JEAN-ANTOINE
Brouilly-Le-Perrin
69460 Le Perreon
Tél. 04 74 03 20 90
Fax 04 74 03 20 90
C : 1

**SCEA DOMAINE
DES QUATRE-CROIX**
Les Quatre-Croix
69460 Saint-Étienne-
La-Varenne
Tél. 04 74 03 44 17
Fax 04 74 03 49 53
C : 1

**SCEA DOMAINE
ANDRÉ COLONGE
ET FILS**
Terres Dessus
69220 Lancié
Tél. 04 74 04 11 73
Fax 04 74 04 12 68
C : 1

GRANDJEAN LUCIEN
Valières
69430 Regnié-Durette
Tél. 04 74 69 24 92
Fax 04 74 69 23 36
C : 3

**CAVE BEAUJOLAISE
DU PERRÉON**
69460 Le Perréon
Tél. 04 74 03 22 83
Fax 04 74 03 27 60
C : 13

DUSSARDIER DANIEL
La Cristale
69460 Saint-Étienne-
des-Oullières
Tél. 04 74 03 42 19
C : 1

BULLIAT NOËL
Le Colombier
69910 Villié-Morgon
Tél. 04 74 69 13 51
Fax 04 74 69 14 09
C : 18

**CAVE COOPÉRATIVE
BEAUJOLAISE**
Le Ribouillon
69430 Quincié-en-
Beaujolais
Tél. 04 74 04 32 54
Fax 04 74 69 01 30
C : 44

JACQUET BERNARD
Le Bourg
69640 Montmelas
Saint-Sorlin
Tél. 04 74 67 37 60
Fax 04 74 67 41 47
C : 11

BASSET DANIEL
Le Fourque
69460 Saint-Étienne-
la-Varenne
Tél. 04 74 03 48 79
Fax 04 74 03 31 14
C : 6 + 8 + 9

**EARL ALBERT ET
DOMINIQUE MOREL**
Les Chavannes
69840 Émeringes
Tél. 04 74 04 45 35
Fax 04 74 04 42 66
C : 1

COLLONGE BERNARD
Saint-Joseph
69910 Villié-Morgon
Tél. 04 74 69 91 43
Fax 04 74 69 92 47
C : 8

**EARL JUILLARD
MICHEL**
Les Bruxères
71570 Chânes
Tél. 03 85 36 53 29
Fax 03 85 37 19 02
C : 2

GUILLET DANIEL
Les Lions
69460 Odenas
Tél. 04 74 03 48 06
C : 5

BROUILLY (ROUGE 1996)

AUJOGUES GILLES
Laterrière
69220 Cercié
Tél. 04 74 66 87 59
Fax 04 74 66 72 55
C : 1

GAEC CONDEMINE
Les Bruyères
69220 Cercié
Tél. 04 74 66 82 84
Fax 04 74 66 82 84
C : 1

CONDEMINE BERNARD
Saburin
69430 Quincié-en-
Beaujolais
Tél. 04 74 04 34 81
C : 3

**BEREZIAT
JEAN-JACQUES**
Bel Air
69220 Saint-Lager
Tél. 04 74 66 85 39
Fax 04 74 66 70 54

**VINCENT GUILLEMETTE
ET JEAN-PAUL**
Le Bourg
69220 Saint-Lager
Tél. 04 74 66 85 06
Fax 04 74 66 73 18
C : 1

**LACONDEMINE
DOMINIQUE**
Allée de l'Ancienn-Gare
69460 Odenas
Tél. 04 74 03 43 11
Fax 04 74 03 50 06
C : 1

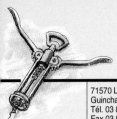

DUFAITRE PIERRE-LOUIS
Garanches
69460 Odenas
Tél. 04 74 03 40 16
Fax 04 74 03 40 16
C : Bry 2

TRICHARD BENOIT
Le Vieux Bourg
69460 Odenas
Tél. 04 74 03 40 87
Fax 04 74 03 52 02
C : L9612

AUJOGUES MARIE-LOUISE
Saint-Nizier
69430 Quincié-en-Beaujolais
Tél. 04 74 03 40 72
C : 1

CELLIER DES SAINT-ÉTIENNE
Le Bourg
69460 Saint-Étienne-des-Oullières
Tél. 04 74 03 43 69
Fax 04 74 03 48 29
C : 110

MICHAUD MARC
Jasseron
69220 Saint-Jean-d'Ardières
Tél. 04 74 66 50 97
C : 47

CRESPIN JEAN-PIERRE
Le Bourg
69220 Charentay
Tél. 04 74 66 81 96
Fax 04 74 66 71 72
C : 1

CAVE COOPÉRATIVE BEAUJOLAISE
Le Ribouillon
69430 Quincié-en-Beaujolais
Tél. 04 74 04 32 54
Fax 04 74 69 01 30
C : 9

CHAMPIER MICHON
Les Fosses
69460 Odenas
Tél. 04 74 03 43 95
C : 2 + 3

CHÉNAS
(ROUGE 1996)

PEROUSSET ARLETTE
Domaine du Trève
69840 Juliénas
Tél. 03 85 34 76 37
Fax 03 85 34 64 63

TRICHARD GEORGES
Route de Juliénas
71570 La Chapelle-Guinchay
Tél. 03 85 36 70 70
Fax 03 85 33 82 31
C : 1

GAEC DES DUCS
La Piat
71570 Saint-Amour-Bellevue
Tél. 03 85 37 10 08
Fax 03 85 36 55 75
C : 15 + 4

EARL MARIE-CLAUDE ET JOSEPH
Le Vieux Bourg
69840 Chénas
Tél. 04 74 04 48 08
Fax 04 74 04 47 36

GFA DOMAINE DES VIEILLES CAVES
Le Bourg
69840 Chénas
Tél. 04 74 04 48 24
C : 16

CHIROUBLES
(ROUGE 1996)

MÉTRAT BERNARD
Le Brie
69820 Fleurie
Tél. 04 74 69 84 26
Fax 04 74 69 84 49
C : 1

PASSOT ALAIN
La Grosse Pierre
69115 Chiroubles
Tél. 04 74 69 12 17
Fax 04 74 69 13 52
C : 1

MÉZIAT PIERRE
Les Ponthieux
69115 Chiroubles
Tél. 04 74 69 13 00
Fax 04 74 04 21 62
C : 1

DE GOURSAC ÉRIC
Château de Raousset
69115 Chiroubles
Tél. 04 74 04 24 71
Fax 04 74 69 12 68

GOBET THIERRY
Le Bourg
69115 Chiroubles
Tél. 04 74 69 12 63
C : 1

MÉLINAND JEAN-NOËL
Le Bourg
69115 Chiroubles
Tél. 04 74 69 11 96
Fax 04 74 69 16 89
C : 2

PASSOT JACKY
Fontriante
69910 Villié-Morgon
Tél. 04 74 69 10 03
Fax 04 74 69 14 29
C : 2

SAVOYE RENÉ
Le Bourg
69115 Chiroubles
Tél. 04 74 04 23 47
Fax : 04 74 04 22 11
C : 1

DE LA CHAPELLE GERMAINE
Château de Raousset
69115 Chiroubles
Tél. 04 74 04 24 71
Fax 04 74 69 12 68
C : assemblage

EARL MÉZIAT PÈRE ET FILS
Le Bourg
69115 Chiroubles
Tél. 04 74 04 24 02
Fax 04 74 69 14 07
C : 1

CHÂTEAU DE RAOUSSET
Les Prés
69115 Chiroubles
Tél. 04 74 04 24 71
Fax 04 74 69 12 68
C : assemblage

CÔTE-DE-BROUILLY
(ROUGE 1996)

BÉRÉZIAT JEAN-JACQUES
Bel Air
69220 Saint-Lager
Tél. 04 74 66 85 39
Fax 04 74 66 70 54

JULHIET DIANE
Brouilly
69460 Odenas
Tél. 04 74 03 49 01

EARL C. GEOFFRAY
Château Thivin
69460 Odenas
Tél. 04 74 03 47 53
Fax 04 74 03 52 87
C : 12

FLEURIE
(ROUGE 1996)

SCEA DOMAINE ANDRÉ COLONGE ET FILS
Terres Dessus
69220 Lancié
Tél. 04 74 04 11 73
Fax 04 74 04 12 68
C : 1

CHÂTEAU DE RAOUSSET
Les Prés
69115 Chiroubles
Tél. 04 74 04 24 71
Fax 04 74 69 12 68
C : assemblage

MÉTRAT JEANINE
La Roilette
69820 Fleurie
Tél. 04 74 04 12 35
Fax 04 74 69 84 49
C : 3

DEPARDON GUY
Point du Jour
69820 Fleurie
Tél. 04 74 04 10 52
Fax 04 74 69 82 87
C : 7

LAVIS BERNARD
Les Moriers
69820 Fleurie
Tél. 04 74 69 81 91
C : ensemble

GFA DES CHAFFANGEONS PERRIER MICHEL
La Chapelle des Bois
69820 Fleurie
Tél. 04 74 69 83 05
C : 2

11

◆ Vins-Beaujolais

JULIÉNAS (ROUGE 1996)

🌿🌿🌿

GFA Durand Peytel
Les Gonnards
69840 Juliénas
Tél. 04 74 04 44 73
Fax : 04 74 04 48 39
C : A + B

🌿🌿

Monnet Jean-Marc
Les Blondels
69840 Juliénas
Tél. 04 74 04 45 46
Fax 04 74 04 44 24
C : ensemble

🌿

**Margerand
Jean-Pierre**
Les Crots
69840 Juliénas
Tél. 04 74 04 40 86
Fax 04 74 04 46 54
C : 4

MORGON (ROUGE 1996)

🌿🌿🌿

**GFA des Verseaux
Sriffling**
La Ronze
69430 Régnié-Durette
Tél. 04 74 69 20 16
Fax 04 74 04 84 79
C : 1

Brisson Gérard
Les Pillets
69910 Villié-Morgon
Tél. 04 74 04 21 60
Fax 04 74 69 15 28
C : F 28

Passot Bernard
Le Colombier
69910 Villié-Morgon
Tél. 04 74 69 10 77
Fax 04 74 69 13 59
C : 2

🌿🌿

Desvignes Didier
Saint-Joseph-en-
Beaujolais
69910 Villié-Morgon
Tél. 04 74 69 92 29
Fax 04 74 69 91 23
C : 6

Chavy Franck
Le Chazelay
69430 Régnié-Durette
Tél. 04 74 69 24 34
04 74 69 20 00
C : 1

Chavy Henri
Le Chazelay
69430 Régnié-Durette
Tél. 04 74 69 24 34
Fax 04 74 69 20 00
C : 1

🌿

Bouland Patrick
Les Rochauds
69910 Villié-Morgon
Tél. 04 74 69 16 20
Fax 04 74 69 13 45
C : 6

**SCEA domaine
Château de Pizay**
Pizay
69220 Saint-Jean-
d'Ardières
Tél. 04 74 66 26 10
Fax 04 74 69 60 66
C : M06

MOULIN-À-VENT (ROUGE 1996)

🌿🌿🌿

Château Chénas
69840 Chénas
Tél. 04 74 04 48 19
Fax 04 74 04 47 48
C : 191

Charvet Gérard
Les Rosiers
69840 Chénas
Tél. 04 74 04 48 62
Fax 04 74 04 49 80
C : 1

🌿🌿

**EARL Marie-Claude
et Joseph**
Le Vieux Bourg
69840 Chénas
Tél. 04 74 04 48 08
Fax 04 74 04 47 36

🌿

**EARL Simone
et Guy Braillon**
Le bourg
69840 Chénas
Tél. 04 74 04 48 31
Fax 04 74 04 47 64
C : 2

RÉGNIE (ROUGE 1996)

🌿🌿🌿

**EARL Méziat
Père et Fils**
Le bourg
69115 Chiroubles

Tél. 04 74 04 24 02
Fax 04 74 69 14 07
C : 2

Laissus André
La Grange Charton
69430 Régnié-Durette
Tél. 04 74 04 38 06
Fax 04 74 04 37 75
C : 1

🌿🌿

**Nigay Chantal
et Pascal**
Thulon
69430 Lantignié
Tél. 04 74 69 23 14
Fax 04 74 69 26 85
C : 10

Matray Denis
La Plaigne
69430 Régnié-Durette
Tél. 04 74 69 22 54

**SCEA Domaine
Château de Pizay**
Pizay
69220 Saint-Jean-
d'Ardières
Tél. 04 74 66 26 10
Fax 04 74 69 60 66
C : rg06

🌿

**EARL Jacky
Gauthier**
Colette Château
69430 Lantignié
Tél. 04 74 69 25 73
Fax 04 74 69 25 14
C : 16

Durand marie Jeanne
Ponchon
69430 Regnié-Durette
Tél. 04 74 04 30 97
C : 1

SAINT-AMOUR (ROUGE 1996)

🌿🌿🌿

Ducote Jean-Paul
La Ville
71570 Saint-Amour-
Bellevue
Tél. 03 85 37 14 50
Fax 03 85 37 18 23

Durand Raymond
En paradis
71570 Saint-Amour-
Bellevue
Tél. 03 85 36 52 97
Fax 03 85 36 52 50
C : 1 et 2

🌿🌿

GAEC des Ducs
La Piat
71570 Saint-Amour-
Bellevue
Tél. 03 85 37 10 08
Fax 03 85 36 55 75
C : 5 + 9 + 19

🌿

**EARL Juillard
Michel**
Les Bruyères
71570 Chânes
Tél. 03 85 36 53 29
Fax 03 85 37 19 02
C : 7

Spay Georges
Les Ravinets
71570 Saint-Amour-
Bellevue
Tél. 03 85 37 14 58
Fax 03 85 37 41 20
C : 1

COTEAUX DU LYONNAIS (ROUGE 1996)

🌿🌿🌿

**EARL Bouteille
Frères**
Rotaval
69380 Saint-Jean-
des-Vignes
Tél. 04 78 43 73 27
Fax 04 78 43 08 94
C : 1

🌿🌿

Descotes Michel
12, rue de la Tourtière
69390 Millery
Tél. 04 78 46 31 03
Fax 04 72 30 16 65
C : 13

🌿

**GAEC Thollet
Robert et Patrice**
9, la Petite-Gallée
69390 Millery
Tél. 04 78 46 24 30
Fax 04 72 30 73 48
C : 1

COTEAUX-DU-LYONNAIS (BLANC 1996)

🌿🌿🌿

**Cave
des Vignerons
Réunis**
Saint-Bel RN 89
69210 Saint-Bel
Tél. 04 74 01 11 33
Fax 04 74 01 10 27
C : 61

CAVE DES VIGNERONS RÉUNIS
Saint-Bel RN 89
69210 Saint-Bel
Tél. 04 74 01 11 33
Fax 04 74 01 10 27
C : 58

CAVE DES VIGNERONS RÉUNIS
Saint-Bel RN 89
69210 Saint-Bel
Tél. 04 74 01 11 33
Fax 04 74 01 10 27
C : 59

BORDEAUX

AOC

BORDEAUX (ROUGE 1996)

MARTRON JACQUES
Château Arneau-Boucher
Le Bourg
33240 Saint-Genès-de-Fronsac
Tél. 05 57 43 11 12
Fax 05 57 43 56 34

SCEA DE PECHARNAUD
Château Bellevue-Peycharneau
Les Bouchets
33220 Pineuilh
Tél. 05 57 46 04 46
Fax 05 57 46 47 56
C : 1

SCEA VIGNOBLES DENIS BARRAUD
Château La Cour d'Argent
Château Haut-Renaissance
33330 Saint-Sulpice-de-Faleyrens
Tél. 05 57 84 54 73
Fax 05 57 74 94 52
C : 1

SCEA BRISSON
Château Baby
Château Thebot
33220 Saint-André-de-Appelles
Tél. 05 57 46 03 48
Fax 05 57 46 42 88
C : 5, 6, 10

YVON MAU
Château Ducla
BP 1
33190 Gironde-sur-Dropt
Tél. 05 56 61 54 56
Fax 05 56 61 09 02

SCV LA GIRONDAISE
Château Moulinat
5, Saussier
33190 Gironde-sur-Dropt
Tél. 05 56 71 10 15
Fax 05 56 71 16 91
C : 95, 54, 57

DAFRE JEAN
Château Vieux-Georget
33540 Saint-Laurent-Bois
Tél. 05 56 76 44 44
Fax 05 56 76 45 98
C : 5, 6, 7, 8, 10

CAVE COOPÉRATIVE SAUVETERRE
Château Haut-Labrousse
33540 Sauveterre-de-Guyenne
Tél. 05 56 61 55 20
Fax 05 56 71 60 11

CAVE LES PEYRRIÈRES
Château Roberperrots
Route des Vignerons
33790 Landerrouat
Tél. 05 56 61 31 21
Fax 05 56 61 40 79
C : 306

GAEC LAPEYRE ET FILS
Château La Peyre
Loyasson
33540 Saint-Hilaire-du-Bois
Tél. 05 56 71 53 75 05
C : 1

RIVIÈRE BERNARD
Château Valvignes
La Platerue
33490 Saint-André-du-Bois
Tél. 05 56 76 40 19
Fax 05 56 76 40 44

SCEA MARIE-FRANÇOISE
Château Machorre
Alary
33490 Saint-Martin-de-Sescas
Tél. 05 56 62 81 17
Fax 05 56 62 74 25

EARL SAHUT
Château La Rose-de-Vitrac
Le Courget
33790 Cazaugitat

Tél. 05 56 61 33 31
Fax 05 56 61 39 50
C : 3, 4

MAZEAU BENJAMIN
Château Prieuré-Saint-Genès
33760 Targon
Tél. 05 56 23 60 73
Fax 05 56 23 65 02

CHAUSSIE JEAN-JACQUES
Château Daliot
Cheval blanc
33490 Saint-Germain-de-Grave
Tél. 05 56 62 99 07
Fax 05 56 23 94 6
C : 64, 40, 32, 103

SCEA VIGNOBLES ROCHER CAP DE RIVE
Château Grand-Ferrand
n° 2 BP 89
33350 Castillon-la-Bataille
Tél. 05 57 40 41 54
Fax 05 57 40 19 93
C : 1

BARREAU CLAUDE
Château Garriga
33420 Grézillac
Tél. 05 57 74 90 06
Fax 05 57 74 96 63
C : 38, 39

SCE VIGNOBLES AUBERT LABESSE
Château Haut-Merigot
33350 Saint-Magne-de-Castillon
Tél. 05 57 40 15 76
Fax 05 57 40 10 14

TREJAUT FRANCIS
Château La Grave-Peynet
Jardinet
33490 Saint-André-du-Bois
Tél. 05 56 76 42 83
C : 21, 22, 23, 24, 15

LES VIGNERONS RÉUNIS DE MONSÉGUR
Château Tuilerie
33580 Le Puy
Tél. 05 56 61 61 85
Fax 05 56 61 89 05
C : 4

SCEA P. CARTEYRON
Château Penin
Château Grand Clauset
33420 Génissac
Tél. 05 57 24 46 98
Fax 05 57 24 41 99

SCEA GAUTHIER
Château Lagascan
Labourdette

33540 Saint-Sulpice-de-Pommiers
Tél. 05 56 71 50 18
Fax 05 56 71 62 45

UNION DE PRODUCTEURS DE RAUZAN
Château Latapie
33420 Rauzan
Tél. 05 57 84 13 22
Fax 05 57 84 12 67
C : 352

CAVE COOPÉRATIVE INTERCOMMUNALE
Château Langel-Mauriac
Laula
33540 Blasimon
Tél. 05 56 71 52 11
Fax 05 56 71 84 04
C : 2

UNION DE PRODUCTEURS DE RAUZAN
Château Taris
33420 Rauzan
Tél. 05 57 84 13 22
Fax 05 57 84 12 67
C : F29

UNION DE PRODUCTEURS
Château de Blaignac
Chais de Vaure
33350 Ruch
Tél. 05 57 40 54 09
Fax 05 57 40 07 22
C : 8

UNION DE PRODUCTEURS DE RAUZAN
Château La Perrière
33420 Rauzan
Tél. 05 57 84 13 22
Fax 05 57 84 12 67
C : 7

SOCIÉTÉ LARONDES DESORMES
Château Laronde
Desormes
33460 Macau
Tél. 05 57 88 07 64
Fax 05 57 88 07 00

SCEA GAUTHIER
Château Tour de Buch
Labourdette
33540 Saint-Sulpice-de-Pommiers
Tél. 05 56 71 50 18
Fax 05 56 71 62 45

GAEC GÉROMIN
Château Tudin
La Jalgue
33890 Coubeyrac
Tél. 05 57 47 45 86
Fax 05 57 47 43 50

EARL vignobles Dufourg
Château Haut Marchand
Château Vermont
33760 Targon
Tél. 05 56 23 90 16
Fax 05 56 23 45 30
C : 961

EARL des vignobles Dumeau
Château La Tuque
La Tuque
33490 Sainte-Foy-la-Longue
Tél. 05 56 76 44 61
Fax 05 56 76 4415

GAEC des vignobles Pelle
Château Les Ancres
1, Jayle
33490 Saint-Martin-de-Sescas
Tél. 05 56 62 80 07
Fax 05 56 62 71 60
C : 3

Urawsky Degas Dani
Château des Jules
Gombeau
33420 Espiet
Tél. 05 57 24 24 16
Fax 05 57 24 20 01

SCEA Château Laville
Château Moulin de Raymond
33450 Saint-Sulpice-et-Cameyrac
Tél. 05 56 30 84 19
C : 5

Letourneau Martine et François
Château Jacquet
185, route de Bourg
33240 Saint-André-de-Cubzac
Tél. 05 57 43 20 71
Fax 05 57 43 64 48
C : 4, 5, 6

SCEA de Grandefont
Château Grandefont
Le Bourcaud
33220 Saint-Avit-Saint-Nazaire
Tél. 05 57 46 09 93
Fax 05 57 46 42 76
C : 4

SCEA Château Guillaume
Château Prieuré Guillaume
Guillaume blanc
33220 Saint-Philippe-Seignal
Tél. 05 57 46 09 93
Fax 05 57 46 42 76
C : 1, 2, 3

Union de producteurs de Lugon
6, rue Louis-Pasteur
33240 Lugon
Tél. 05 57 84 40 19
Fax 05 57 84 83 16
C : 71

Piva Rino et Jean-Luc Pouchaud
Château Pouchaud Larquey
33190 Morizès
Tél. 05 56 71 44 97
Fax 05 56 71 44 97
C : L 2, 3, 26

Hospital Patrick
Château Vircoulon
5, rue Vircoulon
33220 Saint-Avit-de-Soulège
Tél. 05 57 41 05 99

SCEA vignobles Denis Barraud
Château de Lyne
Château Haut-Renaissance
33330 Saint-Sulpice de-Faleyrens
Tél. 05 57 84 54 73
Fax 05 57 74 94 52
C : 2

Union vinicole Bergerac-Le-Fleix
Château Les Barathons
24130 Le Fleix
Tél. 05 53 24 64 32
Fax 05 53 24 65 46

Vignobles Chouvac
Château du Mont
33410 Sainte-Croix-du-Mont
Tél. 05 56 62 0172
Fax 05 56 62 07 58

Union de producteurs de Rauzan
Château Verdelle
33420 Rauzan
Tél. 05 57 84 13 22
Fax 05 57 84 12 67
C : 1

GFA Bernard Artigue
Château Lespeau
Les Faures
33370 Loupes
Tél. 05 56 72 48 93
Fax 05 56 72 92 97
C : 1

Société du Château de la Tour
Château de la Tour
23, chemin de Cougnot
33370 Sallebœuf
Tél. 05 56 78 38 24
Fax 05 56 68 35 88

Couderc Christian
Château Saint-Florent
Chivaley
33350 Pujols
Tél : 05 57 40 52 45
Fax : 05
C : 1

Cave coopérative Les Veyriers
Château Vert-Bois
33350 Sainte-Radegonde
Tél. 05 57 40 53 82
Fax 05 57 40 55 99
C : 99,100

GAEC Boulin et Fils
Château de Cappes
33490 Saint-André-du-Bois
Tél. 05 56 76 46 15
Fax 05 56 76 46 15

La Croix Merlin SA
Château Moulin de Guibert
2, route de Guibert
33760 Frontenac
Tél. 05 56 23 98 49
Fax 05 56 23 97 22

Cave coopérative Gensac
33890 Gensac
Tél. 05 57 56 02 02
Fax 05 57 56 02 22
C : 130, 131

Cave coopérative Sauveterre
Château du Pradier
33540 Sauveterre-de-Guyenne
Tél. 05 56 61 55 20
Fax 05 56 71 60 11

Cave Les Peyrrières
Route des Vignerons
33790 Landerrouat
Tél. 05 56 61 31 21
Fax 05 56 61 40 79
C : 11

Cave coopérative de Grangeneuve
Grangeneuve
33760 Romagne
Tél. 05 57 97 09 40
Fax 05 57 97 09 41
C : 2A

Cave coopérative Les Coteaux d'Albret
Château Taussin

33540 Mesterrieux
Tél. 05 56 71 41 07
Fax 05 56 71 32 36
C : 25, 28, 20, 55, 36

GAEC Haute-Brande
Château Haute-Brande
33580 Rimons
Tél. 05 56 60 60 55
Fax 05 56 61 89 07

Cave coopérative intercommunale
Château Haut-Bayle
Laula
33540 Blasimon
Tél. 05 56 71 52 11
Fax 05 56 71 84 04
C : 3

Dulon Michel
Château Grand-Jean
33760 Soulignac
Tél. 05 56 23 69 16
Fax 05 57 34 41 29

Vignobles Pernette
Château Alexandre Basquet
33760 Escoussans
Tél : 05 56 23 45 27
Fax 05 56 23 64 32
C : 1, 2, 3

Mazeau Benjamin
Château de Lagorce
33760 Targon
Tél : 05 56 23 60 73
Fax : 05 56 23 65 02

SCEA vignoble Mazeau Laurent
Château de Costis
Domaine de Costis
33760 Targon
Tél. 05 56 23 92 98
Fax 05 56 23 67 27

La Croix Merlin SA
Château Merlin
Frontenac 2, route de Guibert
33760 Frontenac
Tél : 05 56 23 98 49
Fax : 05 56 23 97 22

EARL Lafon René et ses enfants
Château Leclos des Confréries
Colin-Lamothe
33750 Saint-Germain-du-Puch
Tél : 05 57 24 52 53 05
C : 5, 4, 17

Union de producteurs de Lugon
6, rue Louis-Pasteur
33240 Lugon
Tél. 05 57 84 40 19
Fax 05 57 84 83 16
C : 70

SCV La Girondaise
Château Boneuil
5, Saussier
33190 Gironde-sur-Dro
Tél. 05 56 71 10 15
Fax 05 56 71 16 91
C : 104

CAVE COOPÉRATIVE SAINT-GERVAIS
Domaine de Bracaud
Grand Chemin
33240 Saint-Gervais
Tél. 05 57 43 03 04
Fax 05 57 43 46 98

GAEC DELPEUCH ET FILS
Clos des Bequins
Courvielle
33210 Castets-en-Dorthe
Tél. 05 56 62 86 81
Fax 05 56 62 78 50
C : 1

BINNINGER CLAUDINE
Château Franc-la-Cour
33220 La Roquille
Tél. 05 57 41 26 93
Fax 05 57 41 23 64

SCEA DE LA BEQUE
Château Beauséjour
Labeque
33190 Gironde-sur-Dropt
Tél. 05 56 71 13 27
Fax 05

**SCEA MOYSSON
LE COLLEN**
Château du Bedat
33540 Blasimon
Tél. 05 57 84 10 74
Fax 05 57 84 00 51
C : 24, 25

LECOURT DENIS
Château Tour Caillet
8, Caillet
33420 Génissac
Tél. 05 57 24 46 04
Fax 05 57 24 40 18
C : 1

CAVE-COOPÉRATIVE SAUVETERRE
Château Vigier
33540 Sauveterre-de-Guyenne
Tél. 05 56 61 55 20
Fax 05 56 71 60 11
C : 1

VIGNOBLES J.-H. LAVILLE
Château du mont Carlau
Les Tuquets
33540 Saint-Sulpice-de-Pommiers
Tél. 05 56 71 53 56
Fax 05 56 71 89 42
C : 3

BARTHE MICHEL
Château Grand Bireau
18, Girolatte
33420 Naujan-et-Postiac
Tél. 05 57 84 55 23
Fax 05 57 84 57 37
C : 4

EARL VIGNOBLES C. BARREAU ET FILS
Château Coutreau
Garriga
33420 Grézillac
Tél. 05 57 74 90 06
Fax 05 57 74 96 63
C : 32, 33

CAVE COOPÉRATIVE SAUVETERRE
Château Lacousse
33540 Sauveterre-de-Guyenne
Tél. 05 56 61 55 20
Fax 05 56 71 60 11

SCEA GAUTHIER
Château Labourdette
33540 Saint-Sulpice-Pommiers
Tél. 05 56 71 50 18
Fax 05 56 71 62 45

CAVE COOPÉRATIVE GENSAC
33890 Gensac
Tél. 05 57 56 02 02
Fax 05 57 56 02 22
C : 120,121,122,123

UNION DE PRODUCTEURS
Château Mondeau
Celliers des Guinots
33350 Flaujagues
Tél. 05 57 40 08 06
Fax 05 57 40 06 10
C : 10

LES VIGNERONS RÉUNIS DE MONSÉGUR
33580 Le Puy
Tél. 05 56 61 61 85
Fax 05 56 61 89 05
C : 2

CAVE COOPÉRATIVE LES COTEAUX D'ALBRET
33540 Mesterrieux
Tél. 05 56 71 41 07
Fax 05 56 71 32 36
C : 46, 45

GAEC ÉTIENNE PÈRE ET FILS
Château Tour de Barbereau
Barbereau
33540 Cleyrac
Tél. 05 56 71 84 82
Fax 05 56 71 84 82

EARL J.-P. ET P. LOBRE
Château de l'Aubrade-Jamin
33580 Rimons
Tél. 05 56 71 55 10
Fax 05 56 71 61 94

SCE VIGNOBLES AUBERT
Château Toudenac
Labesse
33350 Saint-Magne-de-Castillon
Tél. 05 57 40 15 76
Fax 05 57 40 10 14

EARL VIGNOBLES LAGRANGE
Château Petit-Freylon
33760 Saint-Genis-du-Bois
Tél. 05 56 71 54 79
Fax 05 56 71 59 90
C : 32, 34

FEYZEAU PHILIPPE
Château Le Noble
Le Breton
33750 Saint-Germain-du-Puch
Tél. 05 57 24 52 29
C : 2, 3, 4, 8, 11

SCEA CHÂTEAU DU PEYRAT
Domaine du Jeandreau
Le Peyrat
33550 Capian

Tél. 05 56 23 95 03
Fax 05 56 23 49 72

LES VIGNERONS RÉUNIS DE MONSÉGUR
Château Grand-Marchand
33580 Le Puy
Tél. 05 56 61 61 85
Fax 05 56 61 89 05
C : 3

SC CHÂTEAU GANTONET
Château Moulin de Labordes
33350 Sainte-Radegonde
Tél. 05 57 40 53 83
Fax 05 57 40 58 95
C : 2

CAVE COOPÉRATIVE CRÉON
Trotte Chèvre
33670 Créon
Tél. 05 56 23 35 68

GAEC GRANDEAU
Château Lauduc
33370 Tresses
Tél. 05 57 34 11 82
Fax 05 57 34 08 19
C : 2, 6, 3, 20

MORILLON PAUL-MARIE
Château Mailhoc
Château Lafont-Fourcat
33350 Pujols
Tél. 05 57 40 52 09
Fax 05 57 24 65 76
C : B

UNION DE PRODUCTEURS
Chais de Vaure
Moulin de la Jaugue
33350 Ruch
Tél. 05 57 40 54 09
Fax 05 57 40 07 22
C : E7, E9

CHAUMET FRANÇOIS
Château Le Bussotier
23, rue du Général-de-Gaulle
33860 Reignac
Tél. 05 57 32 45 95

**GINELLI
JEAN-CLAUDE**
Château Le Bert
33490 Caudrot
Tél. 05 56 62 81 89
Fax 05 56 62 76 96
C : 1

**BORDEAUX
(BLANC 1996)**

🐝🐝🐝

SCEA DU BRU
Château du Bru
Grande Font
33220 Saint-Avit-Saint-
Nazaire
Tél. 05 57 46 12 71
Fax 05 57 46 10 64
C : 92, 100
**SC CHÂTEAU
GANTONET**
Château Gantonet
33350 Sainte-
Radegonde
Tél. 05 57 40 53 83
Fax 05 57 40 58 95
C : 1
DUFFAU ÉRIC
Château Belle Garde
Monplaisir
33420 Genissac
Tél : 05 57 24 49 12
Fax : 05 57 24 41 28
C : 1, 2
**SCA CHÂTEAU
DE HAUX**
Château Haux
103, Frère
33550 Haux
Tél. 05 56 23 35 07
Fax 05 56 23 25 29
C : 9
**SCEA
CHÂTEAU
HAUT-POUGNAN**
Château Haut-Pougnan
33670 Saint-Genès-
de-Lombaud
Tél. 05 56 23 06 00
Tél. 05 57 95 99 84
C : 2
**EARL VIGNOBLES
MALLET AUDUBERT**
Château Meynard
Bernon
33420 Naujan-et-Postiac
Tél. 05 57 84 55 33
Fax 05 57 84 56 75
C : 2

THOMAS DAVID
Château Bauduc
33670 Créon
Tél. 05 56 23 23 58
Fax 05 56 23 06 05
**CAVE
COOPÉRATIVE
INTERCOMMUNALE**
Château Haut-Bayle
Laula
33540 Blasimon
Tél. 05 56 71 52 11
Fax 05 56 71 84 04
C : 9
CAVE LES PEYRRIÈRES
Château Deson
Route des Vignerons
33790 Landerrouat
Tél. 05 56 61 31 21
Fax 05 56 61 40 79
C : 806, 964
**GAEC CHÂTEAU
MOTTE**
Château Motte-Maucourt
33760 Saint-Genis-
du-Bois
Tél. 05 56 71 54 77
Fax 05 56 71 64 23
**SCEA VIGNOBLES
DESPAGNE**
Château tour
de Mirambeau
Le Touyre
33420 Naujan-et-Postiac
Tél. 05 57 84 55 08
Fax 05 57 84 57 31

🐝🐝

DEMONCHAUX JACQUES
Château Pierrail
33220 Margueron
Tél. 05 57 41 21 75
Fax 05 57 41 21 77
C : 253, 254
**SC DU CHÂTEAU
DE RAYNE VIGNEAU**
Clos Gemme-de-Rayne-
Vigneau
17, cours la Martinique
BP 90
33027 Bordeaux Cedex
Tél. 05 56 01 30 10
Fax 05 56 79 23 57
CHARLES JEAN
Château Les Eymeries
33220 Margueron
Tél. 05 56 20 96 99
BOUSSEAU MARC
Château de l'Hurbe
N 2
L'Hurbe
33240 Saint-Laurent-
d'Arce

Tél. 05 57 43 44 06
Fax 05 57 43 92 09
C : GV1
**SCEA
CHÂTEAU
HAUT-NADEAU**
Château Haut-Nadeau
Estevenadeau
33760 Targon
Tél. 05 56 23 49 15
Fax 05 57 34 40 18
C : B
**SC
VIGNOBLES BAYLET**
Château l'Hoste-Blanc
Château Landereau
33670 Sadirac
Tél. 05 56 30 64 28
Fax 05 56 30 63 90
C : L5
**SCEA
DES VIGNOBLES
MENGUIN**
Château Haut-Reygnac
194 Gouas
33760 Arbis
Tél. 05 56 23 61 70
Fax 05 56 23 49 79
C : 44
**CAVE
COOPÉRATIVE D'ESPIET**
Château de Laborde
Fourcade
33420 Espiet
Tél. 05 57 24 24 08
C : 91E3, B1
**SCA
CHÂTEAU DE HAUX**
Château Frère
103, Frère
33550 Haux
Tél. 05 56 23 35 07
Fax 05 56 23 25 29
C : 16
**EARL VIGNOBLES
ROBERT**
Château Turcaud
33670 La Sauve
Tél. 05 56 23 04 41
Fax 05 56 23 35 85
**CAVE COOPÉRATIVE
INTERCOMMUNALE**
Château Grand-Antoine
Laula
33540 Blasimon
Tél. 05 56 71 52 11
Fax 05 56 71 84 04
C : 12
**EARL CATHALA
PHILIPPE**
Château La Clyde
La Clyde
33550 Tabanac
Tél. 05 56 72 56 84
Fax 05 56 67 12 06
C : L96D1
**EARL
VIGNOBLES
C. BARREAU
ET FILS**
Château Haut-Garriga
Garriga
33420 Grézillac
Tél. 05 57 74 90 06
Fax 05 57 74 96 63
C : 27

GAEC GÉROMIN
Château Tudin
La Jalgue
33890 Coubeyrac
Tél. 05 57 47 45 86
Fax 05 57 47 43 50
SCEA DOMAINE DU SENS
Château Le Sens
31, chemin de Caucetey
33880 Saint-Caprais
Bordeaux
Tél. 05 56 21 32 87
Fax 05 56 21 37 18
**CHAUSSIE
JEAN-JACQUES**
Château Relais
du Cheval Blanc
Cheval Blanc
33490 Saint-Germain-
de-Grave
Tél. 05 56 62 99 07
Fax 05 56 23 94 76
C : barriques

🐝

BONVILLE ALAIN
Château Marac
Marac
33350 Pujols
Tél. 05 57 40 53 21
Fax 05 57 74 90 13
C : 1, GV2
BOISSONNEAU GÉRARD
Château Haut-d'Arzac
Au Bourg
33420 Naujan-et-Postiac
Tél. 05 57 74 91 12
Fax 05 57 74 99 60
**SCEA VIGNOBLES
COMIN C.**
Château commanderie
du Queyret
33790 Saint-Antoine-
du-Queyret
Tél. 05 56 61 31 98
Fax 05 56 61 34 22
C : 1
**SCE VIGNOBLES
DU BOURG**
Château Nicot
Nicot
33760 Escoussans
Tél. 05 56 23 93 08
C : 23
DULON MICHEL
Château Dame-Jane
Grand-Jean
33760 Soulignac
Tél. 05 56 23 69 16
Fax 05 57 34 41 29

DULON MICHEL
Château Grand-Jean
Grand-Jean
33760 Soulignac
Tél : 05 56 23 69 16
Fax 05 57 34 41 29
SCEA CHÂTEAU MALROME
Château Malrome
33490 Saint-André-
du-Bois
Tél. 05 56 76 44 92
Fax 05 56 76 46 18
C : 1
SCEA RENÉ ET PHILIPPE CAZADE
Château Roc-de-Cazade
Saint-Léger-de-
Vignague
33540 Sauveterre-
e-Guyenne
Tél. 05 56 71 50 60
ax 05 56 71 61 58
C : 10
CAVE COOPÉRATIVE CRÉON
rotte Chèvre
3670 Créon
él. 05 56 23 35 68
ax 05 56 23 29 33
CHÂTEAU PENEAU
Château Peneau
3550 Haux
él. 05 56 23 05 10
ax 05 56 23 39 92
: 40
CAVE COOPÉRATIVE SAUVETERRE
hâteau de Nivelle
3540 Sauveterre-
e-Guyenne
él. 05 56 61 55 20
ax 05 56 71 60 11

BORDEAUX (ROSÉ 1996)

🍇🍇

AEC CASTEL RÉMY
hâteau Castel-la-Rose
u Bourg
3710 Villeneuve
él. 05 57 64 86 61
ax 05 57 64 90 07
: RS0
DIETRICH MICHEL
hâteau Haut-Rian
a Bastide
3410 Rions
él. 05 56 76 95 01
ax 05 56 76 93 51
: 31
SCEA CARTEYRON
hâteau Penin
420 Genissac
él. 05 57 24 46 98
ax 05 57 24 41 99
AVE COOPÉRATIVE ESPIET
urcade
420 Espiet
l. 05 57 24 24 08
ax 05 57 24 48 91
: E15

SCEA VIGNOBLES MÉNARD
Château Mémoires
33490 Saint-Maixant
Tél. 05 56 62 06 43
Fax 05 56 62 04 32
C : R
SCA CHÂTEAU SUAU
Château Suau
33550 Capian
Tél. 05 56 72 19 06
Fax 05 56 72 12 43
DUPUCH GILLES
Château Sainte-Marie
BP 30
33670 Créon
Tél. 05 56 23 00 71
Fax 05 56 23 34 61
C : 8

VIGNOBLES BOISSONNEAU
Château de La-Vieille-
Tour
Cathelicq
33190 Saint-Michel-
de-Lapujade
Tél. 05 56 61 72 14
Fax 05 56 61 71 01
SCEA CHÂTEAU DU PEYRAT
Château du Peyrat
Le Peyrat
33550 Capian
Tél. 05 56 23 95 03
Fax 05 56 23 49 72
RENIER EVELYNE
Château Montet
Guillebot
33420 Lugaignac
Tél. 05 57 84 53 92
Fax 05 57 84 62 73
C : 2

SC VIGNOBLES J.-B.-C. VINCENT
Château Lamothe-
Vincent
3, chemin
de Laurenceau
33760 Montignac
Tél. 05 56 23 96 55
Fax 05 56 23 97 72
PLISSON JEAN-CLAUDE
Château Les Billauds
5, les Billauds,
33860 Marcillac
Tél 05 57 32 77 57
Fax 05 57 32 95 27
SCEA ANDRIEU ET FILS
Rue de la Forge-Pinaud
33910 Saint-Denis-
de-Pile
Tél. 05 57 74 20 06
Fax 05 57 74 21 58
C : 7

BORDEAUX (CLAIRET 1996)

🍇🍇

SCEA CHÂTEAU MALROME
Château Malrome
33490 Saint-André-du-
Bois
Tél. 05 56 76 44 92
Fax 05 56 76 46 18
C : 1
Société VIGNOBLES F. COURSELLE
Château Thieuley
33670 La Sauve
Tél. 05 56 23 00 01
Fax 05 56 23 34 37

🍇

DIETRICH MICHEL
Château Haut-Rian
La Bastide
33410 Rions
Tél. 05 56 76 95 01
Fax 05 56 76 93 51
C : 34

BORDEAUX SUPÉRIEUR (ROUGE 1995)

🍇🍇🍇

SCE VIGNOBLES JEAN MILHADE
Château Recougne
33133 Galgon
Tél. 05 57 74 30 04
Fax 05 57 84 31 27
C : R94A

SCE LE POTTIER
Château Haut-Nivelle
Favereau
33660 Saint-Sauveur-
de-Puynorman
Tél. 05 57 69 69 69
C : 22
MILHADE GERARD
Château Tour-d'Auron
Peychez
33126 Fronsac
Tél. 05 57 74 30 04
Fax : 05 57 84 31 2
C : TA95
SARTRON JACQUES
Château Arneau-
Boucher
8, le Bourg
33240 Saint-Genès-
de-Fronsac
Tél. 05 57 43 11 12
Fax 05 57 43 56 34

SCEA CHÂTEAU TRINCAUD
Château Trincaud
Les Bois
33910 Bonzac
Tél. 05 57 55 55 44
Fax 05 57 51 83 70
SC VIGNOBLES BAYLET
Château l'Hoste-Blanc
Château Landereau
33670 Sadirac
Tél. 05 56 30 64 28
Fax 05 56 30 63 90
C : L3
GAZANIOL JEAN
Château Parenchère
5, domaine
de Parenchère
33220 Ligueux
Tél. 05 57 46 04 17
Fax 05 57 46 42 80
VIGNOBLES DANIEL DEVAUD
Château-les-Boissieux
Faise
33570 Les-Artigues-
de-Lussac
Tél. 05 57 24 33 48
Fax 05 57 24 34 17
C : 8
DE DOMINGO HERVÉ
Château Lorient
11, rue de Comet
33450 Saint-Loubès
Tél. 05 56 20 41 12
Fax 05 56 50 41 12
C : 1
SCEA CHÂTEAU DE BLASSAN
Château de Blassan
33240 Lugon
Tél. 05 57 84 40 91
Fax 05 57 84 82 93
C : 11, barriques

17

🌿🌿

**VIGNOBLES
BOISSONNEAU**
Château de La-Vieille-
Tour
Cathelicq
33190 Saint-Michel-
Lapujade
Tél. 05 56 61 72 14
Fax 05 56 61 71 01

**SCEA CHÂTEAU
LAMARCHE CANON**
Château Gazaux
33126 Fronsac
Tél. 05 57 42 66 66
Fax 05 57 64 36 20
C : 4095, 996

**SCEA VIGNOBLES
HERMOUET**
Château Roc-Meynard
33141 Saillans
Tél. 05 57 74 38 88
Fax 05 57 74 33 47
C : 2

**EARL DES VIGNOBLES
LIOTARD**
Château Liotard
La Grande Chapelle
33240 Lugon
Tél. 05 57 84 41 52
Fax 05 57 84 45 02
C : barriques

**UNION
DE PRODUCTEURS
DE RAUZAN**
Château Canteloudette
33420 Rauzan
Tél. 05 57 84 13 22
Fax 05 57 84 12 67
C : 435

**UNION
DE PRODUCTEURS
DE RAUZAN**
Château Gossin
33420 Rauzan
Tél. 05 57 84 13 22
Fax 05 57 84 12 67
C : 143

**SCEA VIGNOBLES
TROCARD**
Château Trocard
Monrepos
2, Les Petits-Jays-Ouest
33570 Les-Artigues-
de-Lussac
Tél. 05 57 24 31 16
Fax 05 57 24 32 15

ROGERIE PÈRE ET FILS
Château Clos-le-Mas
33570 Petit-Palais
Tél. 05 57 74 65 85
Fax 05 57 74 58 76
C : 16, 2

**SC DU CHÂTEAU
DE LA TOUR**
Château de la Tour
23, chemin de Cougnot
Réserve
33370 Sallebœuf
Tél. 05 56 78 38 24
Fax 05 56 68 35 88

BOISSONNEAU GERARD
Château Haut-d'Arzac
Au bourg
33420 Naujan-et-Postiac
Tél. 05 57 74 91 12
Fax 05 57 74 99 60

SCEA P. CARTEYRON
Château Penin
33420 Génissac
Tél. 05 57 24 46
Fax 05 57 24 41

**SCEA CHÂTEAU
GRAND MONTEIL**
Château Grand Monteil
et de Lafite
33370 Sallebœuf
Tél. 05 56 21 29 70
Fax 05 56 78 39 91

GFA LECLERC
Château Lagnet
33350 Doulezon
Tél. 05 57 40 51 84
Fax 05 57 40 55 48

**SCEA LEGRIX
DE LA SALLE**
Château Tour Mondet
Le Grand Verdus
33670 Sadirac
Tél. 05 56 30 64 22
Fax 05 56 23 71 37

MILHADE XAVIER
Château Damasse
33910 Savignac-de-l'Isle
Tél. 05 57 74 30 04
Fax 05 57 84 31 27
C : 94A

🌿

EARL BORDERIE
Château Gravières de la
Brandille
119, rue République
33230 Saint-Médard-
de- Guiuzieres
Tél. 05 57 69 83 01
Fax 05 57 69 72 84
C : 31, 42, 10, 11, 41

**SC CHÂTEAU
BARREYRE**
Château Barreyre
Lescalle
33460 Macau
Tél. 05 57 88 07 64
Fax 05 57 88 07 00

**SCA CHÂTEAU DE
TERREFORT-QUANCARD**
Château de Terrefort-
Quancard
BP 50
33240 Cubzac-les-Ponts
Tél. 05 57 43 00 53
Fax 05 57 43 59 87

**CAVE
COOPÉRATIVE
LES LÈVES**
Sainte-Foy-la-Grande
33220 Les Lèves

Tél. 05 57 56 02 02
Fax 05 57 56 02 22
C : 22, 23

**UNION
DE PRODUCTEURS
DE RAUZAN**
Château Vincy
33420 Rauzan
Tél. 05 57 84 13 22
Fax 05 57 84 12 67
C : 511

**GFA DU DOMAINE
DE LA CABANNE**
Château la Favière
32, rue Antoine-de-Saint-
Exupéry
33660 Saint-Seurin-
sur-l'Isle
Tél. 05 57 49 72 08
Fax 05 57 49 64 89
C : LB6

**UNION
DE PRODUCTEURS
CELLIERS DES GUINOTS**
33350 Flaujagues
Tél. 05 57 40 08 06
Fax 05 57 40 06 10
C : T3, T20

**DEGREGORIO
JEAN-FRANÇOIS**
Château de Frimont
33190 Gironde-sur-Dropt
Tél. 05 56 61 23 89
C : 1, barriques

**SCEA CHÂTEAU
MALROME**
Château Malrome
33490 Saint-André-du-
Bois
Tél. 05 56 76 44 92
Fax 05 56 76 46 18
C : 2

**GARZARO
ÉLISABETH**
Château Baron-Bertin
Château Le Prieur
33750 Baron
Tél. 05 56 30 16 16
Fax 05 56 30 12 63
C : barriques

MALLARD DANIÈLE
Château Naudonnet-
Plaisance
Naudonnet
33760 Escoussans
Tél. 05 56 23 93 04
Fax 05 56 34 40 78

**EARL GREFFIER
FRANÇOIS**
Château Castenet-
Greffier
3, Castenet
33790 Auriolles
Tél. 05 56 61 40 67
Fax 05 56 61 38 82
C : barriques

**MARTINEZ
JEAN-FRANÇOIS
ET JEAN-JACQUES**
Château Moulin de Serre
Serre
33910 Saint-Martin-
de-Laye
Tél. 05 57 69 02 46
Fax 05 57 49 46 10
C : 15, 16

**SCEA
CHÂTEAU LAMARCHE
CANON**
Château Lamarche-Luie
33126 Fronsac
Tél. 05 57 42 66 66
Fax 05 57 64 36 20
C : barriques

**SCEA CHÂTEAU
LE MAYNE**
Château Le Mayne
Le Mayne
33220 Saint-Quentin-
de-Caplong
Tél. 05 53 83 70 06
Fax 05 53 83 82 14
C : L0696

**CÔTES- DE-
CASTILLON
(ROUGE 1995)**

🌿🌿🌿

DEPONS BERNARD
Château Blanzac
Blanzac
33350 Saint-Magne-
de-Castillon
Tél. 05 57 40 11 89
Fax 05 57 40 11 89

**SA DES VIGNOBLES
BESSINEAU**
Château Côte-
Montpezat
8, Brousse
33350 Belvès-de-
Castillon
Tél. 05 57 56 05 55
Fax 05 57 56 05 56

**GAEC VIGNOBLES
LAFAYE PÈRE ET FILS**
Château Haut-Tuquet
Viramon
33330 Saint-Étienne-
de-Lisse
Tél. 05 57 40 18 28
Fax 05 57 40 02 70

🌿🌿

**SCEA DU CHÂTEAU
D'AIGUILLE**
Tour d'Aiguille
Aiguille
33350l Saint-Philippe-
d'Aiguille
Tél. 05 57 40 60 10
Fax 05 57 40 63 56

**SCEA
DU CHÂTEAU
GRAND-CHAMPS**
Domaine de la Caresse
Lacares
33350 Saint-Magne-
de-Castillon
Tél. 05 57 40 07 59
Fax 05 57 40 07 59

**VIGNOBLES
JEAN PETIT**
Château La Brande
Château Mangot
33330 Saint-Étienne-
de-Lisse
Tél. 05 57 40 18 23
Fax 05 57 40 15 97

;CEA DU DOMAINE
E BELLAIR
:hâteau Bel-Air
3350 Belvès-
e-Castillon
él. 05 56 40 40 76
ax 05 56 86 05 55

ÔTES-DE-FRANCS
ROUGE 1995)

C CHÂTEAU MARSAU
hâteau Marsau
ernaderie
3570 Francs
él. 05 57 40 67 23

AEC VIGNOBLES
AFAYE PÈRE ET FILS
hâteau Lalande-
e-Tayac
iramon
3330 Saint-Étienne
sse
él. 05 57 40 18 28
ax 05 57 40 02 70
IORO RÉGIS
hâteau Pelan-Bellevue
hamps de Mars
3350 Saint-Philippe-
Aiguille
él. 05 54 06 34
ax 05 57 46 41
: 1

AINTE-FOY-
ORDEAUX
OUGE 1995)

NION VINICOLE
ERGERAC-LE FLEIX
130 Le Fleix
él. 05 53 24 64 32
ax 05 53 24 65 46
: barriques

CHÂTEAU HOSTENS-PICANT
Château Hostens-Picant
Grangeneuve Nord
33220 Les Lèves
Tél. 05 57 46 38 11
Fax 05 57 46 26 23
C : L95R1

CAVE LES PEYRRIÈRES
Route des Vignerons
33790 Landerrouat
Tél. 05 56 61 31 21
Fax 05 56 61 40 79
C : 6

SCEA CHÂTEAU MARTET
Château Martet
33220 Eynesse
Tél. 05 57 41 00 49
C : barriques

PREMIÈRES COTES DE BORDEAUX (ROUGE 1995))

SCEA CHÂTEAU GALLAND-DASTE
Château Galland-Daste
33880 Cambes
Tél. 05 56 20 87 54
C : 1
DOMAINES KRESSMANN
Château de Gorce
33650 Martillac
Tél. 05 56 72 71 21
Fax 05 56 72 64 03

EARL VIGNOBLES CLAUDE MODET
Château Melin
Constantin
33880 Baurech
Tél. 05 56 21 34 71
Fax 05 56 21 37 72
DESCORPS LAURENT
Château Jordy-d'Orient
Liloie
33760 Escoussans
Tél. 05 56 23 94 23
Fax 05 57 34 40 09
C : barriques

RULLAUD PHILIPPE
Château Jonchet
La Roberie
33880 Cambes
Tél. 05 56 21 34 16
Fax 05 56 78 75 32
C : 17, 18, 18
SCEA CHÂTEAU DU PEYRAT
Château du Peyrat
Le Peyrat
33550 Capian
Tél.05 56 23 95 03
Fax 05 56 23 49 72
SC CHÂTEAU ROQUEBERT
Château Roquebert
33360 Quinsac
Tél. 05 56 87 60 01

SCA CAVE DE LANGOIRAN
Château l'Espinglet
Graman
33550 Langoiran
Tél. 05 56 67 09 06
Fax 05 56 67 13 34
SOCIÉTÉ VIGNOBLES F. COURSELLE
Château Thieuley
Clos Sainte-Anne
33670 La Sauve
Tél. 05 56 23 00 01
Fax 05 56 23 34 37
SC CHÂTEAU LATOUR CAMBLANES
Château du Calvaire
Château Latour
Camblanes
33360 Camblanes-et-Meynac
Tél. 05 56 20 71 40
SCA CAVE DE LANGOIRAN
Domaine de Tillac
Graman
33550 Langoiran
Tél. 05 56 67 09 06
Fax 05 56 67 13 34
SCEA DES VIGNOBLES LARROQUE
Château des Cèdres
33550 Paillet
Tél. 05 56 72 16 02
Fax 05 56 72 34 44
THOMAS DAVID
Château Martindoit
Château Bauduc
33670 Créon
Tél. 05 56 23 23 58
Fax 05 56 23 06 05
RIVES JEAN-LOUIS
Château La Gontrie
33880 Saint-Caprais
Tél. 05 56 21 34 21
Fax 05 56 21 30 15
C : 9, 10

CAVE COOPÉRATIVE QUINSAC
Pranzac
33360 Quinsac
Tél. 05 56 20 86 09
Fax 05 56 20 86 82
EARL VIGNOBLES CLAUDE MODET
Château Constantin
Constantin
33880 Baurech
Tél. 05 56 21 34 71
Fax 05 56 21 37 72
C : 8, 7, 6

PREMIÈRES CÔTES-DE-BORDEAUX (BLANC 1995)

GAEC DES VIGNOBLES ALBUCHER
Château du Grand-Plantier
Lieu-dit Le Balot
33410 Monprimblanc
Tél. 05 56 62 99 03
Fax 05 56 76 91 35
C : 1

CRACHEREAU MICHEL
Château Rozier-Morillons
33410 Donzac
Tél. 05 56 62 14 07
Fax 05 56 62 17 31
C : 1

CADILLAC (BLANC 1995)

RÉGLAT GUILLAUME
Château Cousteau
33410 Monprimblanc
Tél. 05 56 62 98 63
Fax 05 56 62 17 98
C : LC3

DESCORPS LAURENT
Château Jordy-d'Orient
Liloie
33760 Escoussans
Tél. 05 56 23 94 23
Fax 0 557 34 40 09
C : barriques
EARL CATHALA PHILIPPE
Château La Clyde
La Clyde
33550 Tabanac
Tél. 05 56 72 56 84
Fax 05 56 67 12 06
C : L95F1

SCEA DES VIGNOBLES BOUCHARD
Château
Labatut-Bouchard
33490 Saint-Maixant
Tél. 05 56 62 02 44
C : 1

CÔTES-DE-BORDEAUX SAINTE-MACAIRE (BLANC 1995)

🌿🌿🌿

CONDOU JEAN-PIERRE
Château Tretyns-du-Grand-Plantier
Laffitte
33490 Saint-Pierre-d'Aurillac
Tél. 05 56 76 41 70

SAINTE-CROIX-DU-MONT (BLANC 1995)

🌿🌿🌿

SCEA CHÂTEAU DU PAVILLON
Château du Pavillon
33410 Sainte-Croix-du-Mont
Tél. 05 56 62 01 04
Fax 05 56 62 00 92

🌿🌿🌿

VIGNOBLES CHOUVAC
Château du Mont
33410 Sainte-Croix-du-Mont
Tél. 05 56 62 01 72
Fax 05 56 62 07 58
C : Barriques

🌿

GFA BERNARD SOLANE ET FILS
Château Crabitan
Bellevue cuvée spéciale

Crabitan
33410 Sainte-Croix-du-Mont
Tél. 05 56 62 01 53
Fax 05 56 76 72 09
C : C, S

LOUPIAC (BLANC 1995)

🌿🌿🌿

SCEA CHÂTEAU DU PAVILLON
Château Les Roques
33410 Sainte-Croix-du-Mont
Tél. 05 56 62 01 04
Fax 05 56 62 00 92

🌿🌿

PEYRONDET FRANÇOIS
Château Terrefort
Roby
33410 Loupiac
Tél. 05 56 62 61 28
EARL BERNEDE JEAN-PIERRE
Château Le Portail
Rouge
33410 Loupiac
Tél. 05 56 62 93 82
Fax 05 56 62 99 98

🌿

SA VIGNOBLES MICHEL BOYER
Château du Cros
33410 Loupiac
Tél. 05 56 62 99 31
Fax 05 5 662 12 59

ENTRE-DEUX-MERS (BLANC 1996))

🌿🌿🌿

SC DU CHÂTEAU DE FONTENILLE
33670 La Sauve
Tél. 05 56 23 06 05
Fax 05 56 23 30 03
SCEA DOUBLET B. ET D.
Château Vignol
33750 Saint-Quentin-de-Baron
Tél. 05 57 24 12 93
Fax 05 57 24 12 83
C : 1
SCEA VIGNOBLES DESPAGNE
Château
Tour de Mirambeau
Le Touyre
33420 Naujan-et-Postiac
Tél. 05 57 84 55 08
Fax 05 57 84 57 31
CAVE LES PEYRRIÈRES
Route des Vignerons
33790 Landerrouat
Tél. 05 56 61 31 21
Fax 05 56 61 40 79
C : 15

GREFFIER MARTHE
Château Launay
33790 Soussac
Tél. 05 56 61 31 44
Fax 05 56 61 39 76
UNION DE PRODUCTEURS DE RAUZAN
33420 Rauzan
Tél. 05 57 8 4 13 22
Fax 05 57 84 12 67
C : 142
SCEA DES VIGNOBLES MENGUIN
Château les Vieilles Tuileries
194 Gouas
33760 Arbis
Tél. 05 56 23 61 70
Fax 05 56 23 49 79
C : 28
EARL VIGNOBLES C. BARREAU ET FILS
Château Haut-Garriga
Garriga
33420 Grézillac
Tél. 05 57 74 90 06
Fax 05 57 74 96 63
C : 28

🌿🌿

DULON MICHEL
Château Grand-Jean
33760 Soulignac
Tél. 05 56 23 69 16
Fax 05 57 34 41 29
SCEA CHÂTEAU HAUT-NADEAU
Château Haut-Nadeau
Estevenadeau
33760 Targon
Tél. 05 56 23 49 15
Fax 05 57 34 40 18
SCEA MOYSSON LE COLLEN
Château Bel Air
Le Bedat
33540 Blasimon
Tél. 05 57 84 10 74
Fax 05 57 84 00 51
C : 28, 29, 30
GFA DE LANDERON
Château Rauzan
Despagne
Landeron
33420 Naujan-et-Postiac
Tél. 05 57 84 55 08
Fax 05 57 84 57 31
SCEA ROLET-JARBIN
Château Bourdicotte
BP 89
33350 Castillon-la-Bataille
Tél. 05 57 40 41 54
Fax 05 57 40 19 93
C : 1
SCEA CHÂTEAU MYLORD
Château Mylord
Mylord
33420 Grézillac
Tél. 05 57 84 52 19
Fax 05 57 74 93 95
C : 8, 13, 15, 16

DUPUCH GILLES
Château Sainte-Marie
BP 30
33670 Créon
Tél. 05 56 23 00 71
Fax 05 56 23 34 61
EARL DUTHEILLET DE LAMOTHE
Château Fonfroide
Fonfroide
33890 Coubeyrac
Tél. 05 57 47 41 93
Fax 05 56 20 96 99
CAVE COOPÉRATIVE D'ESPIET
Fourcade
33420 Espiet
Tél. 05 57 24 24 08
Fax 05 57 24 48 91
C : E1

🌿

BOISSONNEAU GÉRARD
Château Haut d'Arzac
Au Bourg
33420 Naujan-et-Postiac
Tél. 05 57 74 91 12
Fax 05 57 74 99 60
SCHUSTER DE BALLWIL ARMAND
Château Montlau
33420 Moulon
Tél. 05 57 84 50 71
Fax 05 57 84 64 65
C : 14
GFA DE PERPONCHER
Château Bel-Air
33420 Naujan-et-Postiac
Tél. 05 57 84 55 08
Fax 05 57 84 57 31
SCV LA GIRONDAISE
Château Carcos
5, Saussier
33190 Gironde-sur-Dro
Tél. 05 56 71 10 15
Fax 05 56 71 16 91
C : 136
GAEC GEROMIN
Château La Jalgue
La Jalgue
33890 Coubeyrac
Tél. 05 57 47 45 86
Fax 05 57 47 43 50
CAVE COOPÉRATIVE INTERCOMMUNALE
Château Langel-Mauria
Laula
33540 Blasimon
Tél. 05 56 71 52 11
Fax 05 56 71 84 04
C : 11
POMMIER MICHEL
Château Vrai-Caillou
33790 Soussac
Tél. 05 56 61 31 56
Fax 05 56 61 33 52
GREFFIER MARTHE
Château Bridoire
Château Launay
33790 Soussac
Tél. 05 56 61 31 44
Fax 05 56 61 39 76
SCEA VIGNOBLES BARTHE PHILIPPE
Château la Freynelle

Montarouch
33760 Targon
Tél. 05 56 23 90 83
Fax 05 56 23 45 71

**CÔTES-DE-BOURG
(ROUGE 1995)**

🦇🦇🦇

**CAVE COOPÉRATIVE
LANSAC**
La Croix
33710 Lansac
Tél. 05 57 68 41 01
Fax 05 57 68 21 09
C : barriques
MARIOLAIS DOMINIQUE
Château Haut-
Mousseau
, Château Haut-
Mousseau
33710 Teuillac
Tél. 05 57 64 34 38
: 207, 2
EARL BONNET ET FILS
Château Castaing
Château Haut-Guiraud
33710 Saint-Ciers-
de-Canesse
Tél. 05 57 64 91 39
Fax 05 57 64 88 05
: 1

🦇🦇

**SARL DOMAINES
DE VIAUD**
Château Les Graves-
de-Viaud
Viaud
33710 Pugnac
Tél. 05 57 42 15 99
Fax 05 57 42 16 57
DUPUY JOËL
Château Marignac
Cagna
33710 Mombrier
Tél. 05 57 64 23 84
Fax 05 57 64 23 85
**SCEA CHÂTEAU
PEYCHAUD**
Château Peychaud-
Maisonneuve
33710 Teuillac
Tél. 05 57 42 66 66
Fax 05 57 64 36 20
: barriques
**SCEA VIGNOBLES
RODE**
Château Fontenailles
Relais de la Poste

33710 Teuillac
Tél. 05 57 64 37 95
C : XII
PLANTEY DANIEL
Château Les Grands-
Thibauds
Les Grands-Thibauds
33240 Saint-Laurent-
d'Arce
Tél. 05 57 43 08 37
C : barriques

🦇

GORPHE JEAN-PIERRE
Château du Moulin-
Vieux
Moulin-Vieux
33710 Tauriac
Tél. 05 57 68 26 21
Fax 05 57 68 29 75

**PREMIÈRES CÔTES-
DE-BLAYE
(ROUGE 1995)**

🦇🦇🦇

**GAEC TERRIGEOL
ET FILS**
Château Les Matards
Le Pas-d'Ozelle
33820 Saint-Ciers-
sur-Gironde
Tél. 05 57 32 61 96
Fax 05 57 32 79 21
C : barriques
SCE LOUMEDE
Château Loumede
33390 Blaye
Tél. 05 57 42 16 39
Fax 05 57 42 25 30
C : barriques
**SCEA VIGNOBLES
DRODE**
Château Relais-de-la-
Poste
Relais de la Poste
33710 Teuillac
Tél. 05 57 64 37 95

🦇🦇

ABADIE GENEVIÈVE
Château Sainte-Luce-
Bellevue
9, Louis-Ellias-
Sainte-Luce
33390 Blaye
Tél. 05 57 42 06 71
Fax 05 57 42 06 79
**EARL
BONNEAU JOËL**
Château Haut-Grelot
33820 Saint-Ciers-sur-
Gironde
Tél. 05 57 32 65 98
Fax 05 57 32 71 81
**UNION
DE PRODUCTEURS
DE PUGNAC**
Château les Marronniers
Bellevue
33710 Pugnac
Tél. 05 57 68 81 01
Fax 05 57 68 83 17

🦇

**SARL CHÂTEAU
MAYNE-GUYON**
Château Mayne-Guyon
Mazerolle
33390 Cars
Tél. 05 57 42 09 59
C : 1, 2
**SCEA CHÂTEAU
SEGONZAC**
Château Segonzac
39, lieu-dit Segonzac
33390 Saint-Genès-
de-Blaye
Tél. 05 57 42 18 16
Fax 05 57 42 24 80
C : 3
**SCE DES DOMAINES
DE SAINT-PAUL**
Château Haut-Meneau
51, Le Bourg,
33390 Saint-Paul
Tél. 05 57 42 15 67
Fax 05 57 42 15 67
**EARL VIGNOBLES
DUBOIS ET FILS**
Château Les Bertrands
Les Bertrands
33860 Reignac
Tél. 05 57 32 40 27
Fax 05 57 32 41 36

**PREMIÈRES CÔTES-
DE-BLAYE
(BLANC 1996)**

🦇🦇🦇

**GAEC TERRIGEOL
ET FILS**
Château Les Matards
Le Pas d'Ozelle
33820 Saint-Ciers-sur-
Gironde
Tél. 05 57 32 61 96
Fax 05 57 32 79 21
C : 1
SCEA LABROUSSE
Château Lacaussade
Saint-Martin
33390 Saint-Martin-
Lacaussade
Tél. 05 57 42 66 66
Fax 05 57 64 23 67
C : barriques

🦇🦇

**EARL VIGNOBLES
DUBOIS ET FILS**
Château Les Bertrands
Les Bertrands
33860 Reignac
Tél. 05 57 32 40 27
Fax 05 57 32 41 36

🦇

**RAGUENOT
PHILIPPE**
Château des Tourtes
Le Bourg n° 30
33820 Saint-Caprais-
Blaye
Tél. 05 57 32 65 15
Fax 05 57 32 99 38

**BARSAC
(BLANC 1995)**

🦇🦇

**LAMOTHE HERVÉ
ET PATRICK**
Château Farluret
Haut-Bergeron
33210 Preignac
Tél. 05 56 63 24 76
Fax 05 56 63 23 31
C : barrique

**CÉRONS
(BLANC 1995)**

🦇🦇🦇

**SCEA
VIGNOBLES
RICAUD-LAFOSSE**
Château Huradin
Huradin
33720 Cérons
Tél. 05 56 27 09 97
Fax 05 56 27 09 97
C : L95C1
**LÉVÊQUE
FRANÇOISE**
Château Chantegrive
Chantegrive
33720 Podensac
Tél. 05 56 27 17 38
Fax 05 56 27 29 42

GRAVES
(ROUGE 1995)

🌿 🌿 🌿

ASSERETTO CARLOS
Château Quincarnon
Quincarnon
33210 Fargues-de-
Langon
Tél. 05 56 62 32 90
Fax 05 56 62 32 90

SCE VIGNOBLES PARAGE
Château Doms
33640 Portets
Tél. 05 56 67 20 12
Fax 05 56 67 31 89
C : 39, 33

SCE HAVERLAN DOMINIQUE
Château Grand-Bourdieu
Réserve
Château Gaubert
33640 Portets
Tél. 05 56 67 04 32
Fax 05 56 67 52 76

BRAUD-COUSSIE FRANÇOISE
Château La Blancherie-
Peyret
La Blancherie
33650 La Brède
Tél. 05 56 20 20 39
Fax 05 56 20 35 01

🌿 🌿

SCA CHÂTEAU BERGER
Château Berger
6, Chemin le Girafe
33640 Portets
Tél. 05 56 68 58 98
Fax 05 56 67 04 88

VIGNOBLES VINCENT LATASTE
Château Mamin
Château Lardiley
33410 Cadillac
Tél. 05 56 62 66 82
Fax 05 56 76 92 36
C : barriques

SC CHÂTEAU FERRANDE
Château Ferrande
33640 Castres-Gironde
Tél. 05 56 67 05 86

SCEA DU CHÂTEAU DU GRAND-BOS
Château du Grand-Bos
33640 Castres-Gironde
Tél. 05 56 67 39 20
Fax 05 56 67 16 77

EARL DOMAINES DE LA METTE
Château Haumont

Château Millet
33640 Portets
Tél. 05 56 67 18 18
Fax 05 56 67 75 66
C : LGR3

HAVERLAN PATRICE
Château Pontet Caillou
Darroubin
33640 Portets
Tél. 05 56 67 11 32
Fax 05 56 67 05 82

GAEC GUIGNARD BDP
Château de Carolle
33210 Mazères
Tél. 05 56 76 14 23
Fax 05 56 62 30 62
C : 95R13

GAEC GUIGNARD BDP
Château Roquetaillade
La Grange
33210 Mazères
Tél. 05 56 76 14 23
Fax 05 56 62 30 62
C : 95R10

VIGNOBLES MC DUGOUA EARL
Château Grand-Abord
33640 Portets
Tél. 05 56 67 22 79
Fax 05 56 67 22 23

BOURGOINT JOËL
Château Bruhaut
25, Au Bourg-Vieux
33540 Saint-Laurent-du-
Bois
Tél. 05 56 76 40 72
Fax 05 56 76 46 01
C : 53

GAEC LES CABANASSES
Château Magneau
12, chemin Mardurats
33650 La Brède
Tél. 05 56 20 20 57
Fax 05 56 20 39 95

LÉVÊQUE FRANÇOISE
Château Maderot
Chantegrive
33720 Podensac
Tél. 05 56 27 17 38
Fax 05 56 27 29 42

SCEA CHÂTEAU D'ARDENNES
Château d'Ardennes
33720 Illats
Tél. 05 56 62 53 80
Fax 05 56 62 43 67
C : L1AR95

GRAVES
(BLANC 1996)

🌿 🌿 🌿

SCE HAVERLAN DOMINIQUE
Château Gaubert
Benjamin
Vieux château Gaubert
33640 Portets
Tél. 05 56 67 04 32
Fax 05 56 67 52 76

LÉVÊQUE FRANÇOISE
Château Le Bourdieu
Chantegrive
33720 Podensac
Tél. 05 56 27 17 38

Fax 05 56 27 29 42

GFA VIGNOBLES PHILIPPE DUBOURDIEU
Château d'Archambeau
Archambeau
33720 Illats
Tél. 05 56 62 51 46
Fax 05 56 62 47 98
C : barriques

GAEC DES CABANASSES
Château Magneau
12, chemin Mardurats
33650 La Brède
Tél. 05 56 20 20 57
Fax 05 56 20 39 95

GAEC DES CABANASSES
12 chemin Mardurats
Château Guirauton
33650 La Brède
Tél. 05 56 20 20 57
Fax 05 56 20 39 95

🌿 🌿

GAEC FONTA ET FILS
Château Lehoul
Route d'Auros
33210 Coimères
Tél. 05 56 63 17 74 05
C : barriques

SEVENET
Château Toumilon
33210 Saint-Pierre-de-
Mons
Tél. 05 56 63 07 24
C : 31

VBC SA DE BARITAULT
Château Fort-de-
Roquetaillade
Château de
Roquetaillade
33210 Mazères
Tél. 05 56 76 14 16
Fax 05 56 76 14 61
C : 1

GAEC GUIGNARD
Château Perron
Mazères
33210 Langon
Tél. 05 56 76 14 23
Fax 05 56 62 30 62
C : B34

GFA DOMAINES HAVERLAN
Château Haut-Courneau
11, rue de l'Hospital
33640 Portets
Tél. 05 56 67 04 32
Fax 05 56 67 52 76

BRAUD-COUSSIE FRANÇOISE
Château La Blancherie
La Blancherie
33650 La Brède
Tél. 05 56 20 20 39
Fax 05 56 20 35 01

🌿

SCEA VIGNOBLES LARRIAUT CAMUS
Château Camus
33210 Langon
Tél. 05 56 63 13 29
Fax 05 56 63 11 57

TACH FRÉDÉRIC
Château Les Clauzots
33210 Saint-Pierre-de-
Mons
Tél. 05 56 63 34 32
Fax 05 56 63 18 25
C : L966B1

GFA CHÂTEAU LE TUQUET
Château Le Tuquet
33640 Beautiran
Tél. 05 56 20 21 23
Fax 05 56 20 21 83
C : 2, 4

SCE HAVERLAN DOMINIQUE
Château Civrac-
Lagrange
Réserve Château
Gaubert
33640 Portets
Tél. 05 56 67 04 32
Fax 05 56 67 52 76

EARL VIGNOBLES BELLOC ROCHET
Château la Rose Sarron
Château Brondelle
33210 Langon
Tél. 05 56 62 38 14
Fax 05 56 62 23 14
C : 1

RIVIÈRE PHILIPPE
Château de Callac
33720 Illats
Tél. 05 57 55 59 59
Fax 05 57 55 59 51

GRAVES-DE-VAYRES
(ROUGE 1995)

🌿 🌿

SARL MICHEL GONET ET FILS
Château Lesparre
33750 Beychac-et-
Caillau
Tél. 05 57 24 51 23
Fax 05 57 24 03 99
C : L012295

GRAVES-DE-VAYRES (BLANC 1996)

🍂🍂🍂

**ARL LANDREAU
T FILS**
hâteau Canteloup
Hermette
3750 Beychac-et-
aillau
él. 05 56 72 97 72
ax 05 56 72 49 48

🍂🍂

**ARL CHÂTEAU
ICHON-BELLEVUE**
hâteau Pichon
ellevue
3870 Vayres
él. 05 57 74 84 08
ax 05 57 84 95 04
: L961

ESSAC-LEOGNAN (ROUGE 1995)

🍂🍂

**C CHÂTEAU
A GARDE**
hâteau La Garde
chemin la Tour
3650 Martillac
él. 05 56 72 71 07
ax 05 56 72 66 36

🍂🍂

HOMASSIN BERNARD
hâteau de France
3850 Léognan
él. 05 56 64 75 39
ax 05 56 64 72 13
: 4, 6, 17, 8, 7, 5, 9
**CEA
ARSALETTE**
os Marsalette
, route de Loustalade
3850 Léognan
él. 05 56 64 09 93
ax 05 56 64 10 08

🍂

**A CHÂTEAU HAUT-
AGRANGE**
hâteau Haut-Lagrange
, chemin de
ustalade
3850 Léognan
él. 05 56 64 09 93
x 05 56 64 10 08

ESSAC-LEOGNAN (LANC 1996)

🍂🍂

**CE CHÂTEAU SMITH
AUT-LAFITTE**
650 Martillac
l. 05 56 30 72 30
x 05 56 30 96 26
barriques

SAUTERNES (BLANC 1995)

🍂🍂🍂

**LAMOTHE HERVÉ
ET PATRICK**
Château Haut-Bergeron
Haut-Bergeron
33210 Preignac
Tél. 05 56 63 24 76
Fax 05 56 63 23 31
C : barriques

🍂🍂

VIGNOBLES CHOUVAC
Château du Mont
33410 Sainte-Croix-
du-Mont
Tél. 05 56 62 01 72
C : 8, barriques
ASSERETTO CARLOS
Domaine Quincarnon
Quincarnon
33210 Fargues
Tél. 05 56 62 32 90
Fax 05 56 62 32 90
C : 52

🍂

DE KOK JAN CHÂTEAU
Château Latrezotte
Latrezotte
33720 Barsac
Tél. 05 56 27 16 50
Fax 05 56 27 08 89
C : E, F, H
RÉGLAT BERNARD
Château Lange
La Martingue
33410 Monprimblanc
Tél. 05 56 62 98 63
Fax 05 56 62 17 98
C : IS15

CANON-FRONSAC (ROUGE 1995)

🍂🍂

ROUX FRANÇOISE
Château Vincent
Vincent
33126 Saint-Aignan
Tél. 05 57 51 24 68

FRONSAC (ROUGE 1995)

🍂🍂

**SCEV GAUDRIE JEAN
CLAUDE ET FILS**
Château Villars
Villars
33141 Saillans
Tél. 05 57 84 32 17
C : L95703

**DAVAU JACQUES
ET VIVIANE**
Château La Rousselle
33126 La Rivière
Tél. 05 57 24 96 73
Fax 05 57 24 91 05

🍂

**UNION DE
PRODUCTEURS
DE LUGON**
Château Jeanrousse
6, rue Louis-Pasteur
33240 Lugon
Tél. 05 57 84 40 19
Fax 05 57 84 83 16
C : 86
**SCEA DUMEYNIEU
PIERRE ROUMAGNAC**
Château Roumagnac

La Maréchale
Roumagnac
33126 La Rivière
Tél. 05 57 24 98 48
Fax 05 57 24 90 44

LALANDE-
DE-POMEROL
(ROUGE 1995))

🍂🍂🍂

**CHATONNET
ANDRÉ**
Château Haut-
Chaigneau
Chaigneau
33500 Néac
Tél. 05 57 51 31 31
Fax 05 57 25 08 93
C : 1
**SC DU CHÂTEAU
LA FLEUR
SAINT GEORGES**
Château La-Fleur-Saint-
Georges
Bertineau
33500 Néac
Tél. 05 56 59 41 72
Fax 05 56 59 93 22
**SCE
VIGNOBLES
JEAN MILHADE**
Château Recougne
Château Sergant
33133 Galgon
Tél. 05 57 74 30 04
Fax 05 57 84 31 27
C : S95A
**COUDROY
MICHEL**
Château La-Faurie-
Maison-Neuve
Maison-Neuve
33570 Montagne
Tél. 05 57 74 62 23
Fax 05 57 74 64 18
C : barriques

🍂🍂

**CHOLLET
JEAN-JACQUES**
Château Bouquet
de Violette
La Chapelle
50210 Camprond
Tél. 02 33 45 19 61
Fax 02 33 45 35 54
C : barriques
**VIGIER
ALAIN**
Château Les Chaumes
La-Fleur-des-Prés
33500 Pomerol
Tél. 05 57 74 00 16
Fax 05 57 51 87 70
**COUDROY
EMMANUEL**
Château Lavinot-
La Chapelle
Maison-Neuve
33570 Montagne
Tél. 05 57 74 62 23
Fax 05 57 74 64 18
C : barriques

SCE FOUCARD ET FILS
Château de Musset
33500 Lalande-
de-Pomerol
Tél. 05 57 51 11 40
Fax 05 57 25 36 45
C : L1

ENTENTE FRANCOIS JANOUEIX
Château des Tourelles
Petit Clos du Roy
33570 Montagne
Tél. 05 57 55 55 44
Fax 05 57 51 83 70
C : barriques

SCEA VIGNOBLES TROCARD
Château La Croix des
Moines
2, Les Petits-Jays-Ouest
33570 Artigues-
de-Lussac
Tél. 05 57 24 31 16
Fax 05 57 24 32 15

LUSSAC-SAINT-ÉMILION
(ROUGE 1995)

SCE VIGNOBLES JEAN MILHADE
Château Lyonnat
Château Recougne
33133 Galgon
Tél. 05 57 74 30 04
Fax 05 57 84 31 27

GAEC VIGNOBLES BESSOU
Château Villadière
Château Durand-
Laplagne
33570 Puisseguin
Tél. 05 57 74 63 07
Fax 05 57 74 59 58

VIGNOBLES DANIEL DEVAUD
Château La Haute
Claymore
Faise
33570 Artigues-de-
Lussac
Tél. 05 57 24 33 48
Fax 05 57 24 34 17
C : 7

BONCHEAU JEAN
Château Mayne-Blanc
33570 Lussac
Tél. 05 57 74 60 56
Fax 05 57 74 51 77
C : barriques

MONTAGNE-SAINT-ÉMILION
(ROUGE 1995)

SCEA MOZE-BERTHON
Château Rocher-Gardat
Bertin
33570 Montagne
Tél. 05 57 74 66 84
Fax 05 57 74 58 70

ROSPARS ALAIN
Château Lys-
de-Maisonneuve
Maisonneuve
33570 Montagne
Tél. 05 53 04 03 94
Fax 05 53 54 98 73

COUDROY MICHEL
Château Haut-Langlade
Maisonneuve
33570 Montagne
Tél. 05 57 74 62 23
Fax 05 57 74 64 18

SCEA VIGNOBLE ROCHER CAP DE RIVE N.1
Château Samion
BP 89
33350 Castillon-La-
Bataille
Tél. 05 57 40 41 54
C : 1

GROUPE DE PRODUCTEURS
Château Palon-Grand-
Seigneur
La Tour Mont d'Or
33570 Montagne

Tél. 05 57 74 62 15
Fax 05 57 74 50 51
C : 8

VIGNOBLES DANIEL DEVAUD
Château Grand-Barail
Faise
33570 Les Artigues-de-
Lussac
Tél. 05 57 24 33 48
Fax 05 57 24 34 17
C : 17

ENTENTE FRANÇOIS JANOUEIX
Château Petit Clos du
Roy
Petit Clos du Roy
33570 Montagne
Tél. 05 57 55 55 44
Fax 05 57 51 83 70
C : barriques

LYCÉE VITICOLE
Château Grand Baril
Goujon
33570 Montagne
Tél. 05 57 51 01 75
Fax 05 57 51 66 13

SAINTE VITICOLE MAMART
Château Vieux Moulin
33330 Montagne-Saint-
Emilion
Tél. 05 57 74 62 34
C : 5

GAEC CLOS DES RELIGIEUSES
Château Notre-Dame
Au Bourg
33570 Puisseguin
Tél. 05 57 74 67 52
Fax 05 57 74 64 12

LES CELLIERS DE BORDEAUX BENAUGE
Château Plaisance
18, route de Montignac
33760 Ladaux
Tél. 05 56 34 54 00
Fax 05 56 23 48 78

GROUPE DE PRODUCTEURS
Château La Tour
Mont-d'Or
La Tour Mont-d'Or
33570 Montagne
Tél. 05 57 74 62 15
Fax 05 57 74 50 51
C : barriques

POMEROL
(ROUGE 1995)

SC DOMAINES VITICOLES A. MOUEIX
Château Moulinet
Château Fonplegade
33330 Saint-Émilion
Tél. 05 57 74 43 11
Fax 05 57 74 44 67
C : barriques

SC MOUEIX BERNARD
Château Taillefer
BP 137
33500 Libourne
Tél. 05 57 55 30 20
Fax 05 57 25 22 14
C : barriques

THOURAUD JEAN-JACQUES
Château Goutour
12, René
33500 Pomerol
Tél. 05 57 51 47 98

SCA CHÂTEAU MONTVIEL
Château Montviel
Grand Moulinet
33500 Pomerol
Tél. 05 57 51 20 47
C : 1

BOULDY JEAN-MARIE
Château Bellegrave
René
33500 Pomerol
Tél. 05 57 51 20 47
Fax 05 57 51 23 14
C : 1

JANOUEIX JEAN-FRANCOIS
Château La Croix
Toulifaut
BP 192
37, rue. Pline-Parment
33506 Libourne
Tél. 05 57 51 41 86
Fax 05 57 51 76 83
C : barriques

🍷

IRAUD JEAN CLAUDE
Château Grand-Cassat
7, rue des Dagueys
3500 Libourne
él. 05 57 74 00 41
: 2
CEV MOREAU
hâteau Plince
3500 Libourne
él. 05 57 51 20 24
ax 05 57 51 59 62
**ARZARO PIERRE-
TIENNE**
hâteau Le Prieur
os des Amandiers
3750 Baron
él. 05 56 30 16 16
ax 05 56 30 42 63
: barrique

**UISSEGUIN-SAINT-
MILION
ROUGE 1995**

🍷🍷🍷

CEA CHANET ET FILS
hâteau Puy-de-Boissac
acques
3570 Puisseguin
él. 05 57 74 60 85
ax 05 57 74 59 90
IGIER ALAIN
hâteau Les Magrines
a Fleur des Prés
3500 Pomerol
él. 05 57 74 00 16
ax 05 57 51 87 70

🍷🍷

**AVE COOPÉRATIVE
PUISSEGUIN/LUSSAC
AINT-ÉMILION**
hâteau Côte-de-Saint-
lair
3570 Puisseguin
él. 05 57 55 50 40
ax 05 57 74 57 43
: 308
**A DES VIGNOBLES
ESSINEAU**
hâteau Haut-Bernat
Brousse
3350 Belvès-
e-Castillon
él. 05 57 56 05 55
ax 05 57 56 05 56

🍷

VIGIER ALAIN
Château l'Église-
du-Moulin
La Fleur des Prés
33500 Pomerol
Tél. 05 57 74 00 16
Fax 05 57 51 87 70

**SAINT-ÉMILION
GRAND CRU
CRU CLASSÉ
(ROUGE 1995)**

🍷🍷🍷

**SC DOMAINES
VITICOLES A. MOUEIX**
Château Fonplegade
33330 Saint-Émilion
Tél. 05 57 74 43 11
Fax 05 57 74 44 67
C : barriques

**SAINT-ÉMILION
(ROUGE 1995)**

🍷🍷🍷

**UNION DE PRODUCTEURS
SAINT-ÉMILION**
Château Haut-Moureaux
BP 27
Haut-Gravet
33330 Saint-Émilion
Tél. 05 57 24 70 71
Fax 05 57 24 65 18
**UNION
DE PRODUCTEURS
SAINT-ÉMILION**
Château de
Guilhemanson
BP 27
Haut-Gravet
33330 Saint-Émilion
Tél. 05 57 24 70 71
Fax 05 57 24 65 18
**UNION
DE PRODUCTEURS
SAINT-ÉMILION**
Château Mondou
Merignean
BP 27
Haut-Gravet
33330 Saint-Émilion
Tél. 05 57 24 70 71
Fax 05 57 24 65 18
**UNION DE PRODUCTEURS
SAINT-ÉMILION**
Château Redon
BP 27
Haut-Gravet
33330 Saint-Émilion
Tél. 05 57 24 70 71
Fax 05 57 24 65 18

🍷🍷

**UNION DE PRODUCTEURS
SAINT-ÉMILION**
Château Les Graves-
d'Armens
BP 27
Haut-Gravet
33330 Saint-Émilion

Tél. 05 57 24 70 71
Fax 05 57 24 65 18
**UNION DE PRODUCTEURS
SAINT-ÉMILION**
Château Peyrouquet
BP 27
Haut-Gravet
33330 Saint-Émilion
Tél. 05 57 24 70 71
Fax 05 57 24 65 18
FAURE PHILIPPE
Château La Caze
Bellevue
7, rue de la Cité
33330 Saint-Sulpice-
de-Faleyrens
Tél. 05 57 74 41 85
Fax 05 57 24 62 00
C : 1
**UNION DE PRODUCTEURS
SAINT-ÉMILION**
Château Queyron-
Patarabet
BP 27
Haut-Gravet
33330 Saint-Émilion
Tél. 05 57 24 70 71
Fax 05 57 24 65 18

🍷

**SCEA DES VIGNOBLES
SULZER**
Château Lacroix-
Bonnelle
Château la Bonnelle
33330 Saint-Pey-
d'Armens
Tél. 05 57 47 15 12
Fax 05 57 47 16 83
**SARL LA CAVE
DE L'ARCHEVESQUE**
Château le Sable
Le Sable
33330 Saint-Laurent-
des-Combes
Tél. 05 57 24 67 78
**UNION DE PRODUCTEURS
SAINT-ÉMILION**
Château Pagnac
BP 27
Haut-Gravet
33330 Saint-Émilion
Tél. 05 57 24 70 71
Fax 05 57 24 65 18

**SAINT-ÉMILION
GRAND CRU
(ROUGE 1995)**

🍷🍷🍷

**GFA CHÂTEAU HAUT-
PONTET**
Château Haut-Pontet
33330 Saint-Émilion
Tél. 05 57 43 17 82
Fax 05 57 43 22 4
**UNION
DE PRODUCTEURS
SAINT-ÉMILION**
BP 27
Haut Gravet
33330 Saint-Émilion
Tél. 05 57 24 70 71
Fax 05 57 24 65 18

**SCEA VIGNOBLES
DENIS BARRAUD**
Château Les Gravières
Château Haut-
Renaissance
33330 Saint-Sulpice-
de-Faleyrens
Tél. 05 57 84 54 73
Fax 05 57 74 94 52
C : barriques
GFA GUISEZ C. ET P.
Château Faugères
33350 Sainte-Colombe
Tél. 05 57 40 34 99
Fax 05 57 40 36 14
C : L9551
**GAEC
PUEYO FRÈRES**
15, avenue de Gourinat
Château Belregard-
Figeac
33500 Libourne
Tél. 05 56 51 71 12
Fax 05 57 51 82 88
**UNION
DE PRODUCTEURS
SAINT-ÉMILION**
Château Haute-Nauve
BP 27
Haut-Gravet
33330 Saint-Émilion
Tél. 05 57 24 70 71
Fax 05 57 24 65 18

🍷🍷

**SCE DU CHÂTEAU
HAUT-SARPE**
Château Haut-Sarpe
Bardes
33330 Saint-Christophe
Tél. 05 57 51 41 86
Fax 05 57 51 76 83
**SCEA
DU CHÂTEAU
GRANDS-CHAMPS**
Château Grands-
Champs
Lacares
33350 Saint-Magne-
de-Castillon
Tél. 05 57 40 07 59
Fax 05 57 40 07 59
MUSSET PÈRE ET FILS
Château de Saint-Pey
33330 Saint-Pey-
d'Armens
Tél. 05 57 47 15 25
Fax 05 57 47 15 04
**SCEA VIGNOBLES
J.BERTRAND**
Château Carteau
Côtes Daugay
33330 Saint-Émilion
Tél. 05 57 24 73 94
Fax 05 57 24 69 07
**UNION
DE PRODUCTEURS
SAINT-ÉMILION**
Château Capet-
Duverger
BP 27
Haut-Gravet
33330 Saint-Émilion
Tél. 05 57 24 70 71
Fax 05 57 24 65 18

🌿

**UNION
DE PRODUCTEURS
SAINT-ÉMILION**
Château Franc-Jaugue
Blanc
BP 27
Haut-Gravet
33330 Saint-Émilion
Tél. 05 57 24 70 71
Fax 05 57 24 65 18

**SCEA VIGN.
ROCHER CAP DE RIVE
N.1**
Château Tourans
BP 89
33350 Castillon-
la-Bataille
Tél. 05 57 40 41 54
C : 1

**SCEA
DES VIGNOBLES
SULZER**
Château la Bonnelle
33330 Saint-Pey-
d'Armens
Tél. 05 57 47 15 12
Fax 05 57 47 16 83

**SCE CHÂTEAU
LA FAGNOUSE**
La Fagnouse
Château La Fagnouse
33330 Saint-Étienne-
de-Lisse
Tél. 05 57 40 11 49

CLAUZEL JEAN-PIERRE
Château La Grave
Figeac
1, Cheval Blanc Ouest
33330 Saint-Émilion
Tél. 05 57 51 38 47
Fax 05 57 74 17 18

**GAEC
MESTREGUILHEM**
Château Pipeau
Barbeyron
33330 Saint-Laurent
des-Combes
Tél. 05 57 24 72 95
Fax 05 57 24 71 25

**SCEA
VIGNOBLES
J. BERTRAND**
Château Franc-Pipeau
Château Carteau
33330 Saint-Émilion
Tél. 05 57 24 73 94
Fax 05 57 24 69 07

**GAEC
VIGNOBLES LAFAYE
PÈRE ET FILS**
Château Bagnols
Viramon
33330 Saint-Étienne-
de-Lisse
Tél. 05 57 40 18 28
Fax 05 57 40 02 70

**UNION
DE PRODUCTEURS
SAINT-ÉMILION**
BP 27
Haut-Gravet
33330 Saint-Émilion
Tél. 05 57 24 70 71
Fax 05 57 24 65 18

**SAINT-GEORGES-
SAINT-ÉMILION
(ROUGE 1995)**

🌿🌿🌿

**SCEA VIGN. ROCHER
CAP DE RIVE N.1**
Château Cap d'Or
BP 89
33350 Castillon-la-
Bataille
Tél. 05 57 40 41 54
C : 1

**HAUT-MÉDOC
(ROUGE 1995)**

🌿🌿🌿

**SAF
CHÂTEAU LAROSE
TRINTAUDON**
Château Larose
Trintaudon
33112 Saint-Laurent-
Médoc
Tél. 05 56 59 41 72
Fax 05 56 59 93 22

**SC CHÂTEAU
BELGRAVE**
33112 Saint-Laurent-
Médoc
Tél. 05 56 59 40 20

**SC CHÂTEAU
VERDIGNAN**
Château Verdignan
33180 Saint-Seurin-
de-Cadourne
Tél. 05 56 59 31 02
Fax 05 56 59 72 39

DUMORA OLIVIER
Château Semonlon
4, route du Matha
33460 Margaux
Tél. 05 57 88 78 14
Fax 05 57 88 78 14
C : 1

**CHÂTEAU CITRAN
MÉDOC**
33480 Avensan
Tél. 05 56 58 21 01
Fax 05 56 88 82 19
C : barriques

**BERNALEAU
RÉGIS**
Château de Braude
15, avenue de Ligondras
33460 Arsac
Tél. 05 56 58 84 51
Fax 05 56 58 83 39
C : 1

**SC CHÂTEAU
BARREYRES**
Château Barreyres
33460 Arcins
Tél. 05 56 58 91 61

**SCEA QUANCARD
M. ET C.**
Château Haut-Logat
Barbere
33440 Ambarès-
et-Lagrave
Tél. 05 56 33 80 60

KOPP GÉRARD
Château Tour Salvet
33460 Cussac-Fort-
Médoc
Tél. 05 56 58 91 08

KOPP GÉRARD
Château du Retout
33460 Cussac-Fort-
Médoc
Tél. 05 56 58 91 08

🌿🌿

**VIGNOBLES E.F.
MIAILHE SA**
Château Soudars
33180 Saint-Seurin-
de-Cadourne
Tél. 05 56 59 31 02
Fax 05 56 59 72 39

**CHÂTEAU
MALESCASSE**
Château La Closerie de
Malescasse
6, route du Moulin-Rose
33460 Lamarque
Tél. 05 56 73 15 20
Fax 05 56 59 64 72
C : 23, 24

GAEC DU BEYAN
Château Le Beyan
Le Beyan
33460 Arcins
Tél. 05 56 58 90 24
C : barriques

**LAVANCEAU
YVONNE**
Domaine Grand Lafont
3, rue Lafont
33290 Ludon-de-Médoc
Tél. 05 56 30 44 31
C : LC5

🌿

**SC GROMAND
D'ÉVRY**
Château de Lamarque
33460 Lamarque
Tél. 05 56 58 90 03

**BONASTRE
PIERRE**
Château Hennebelle
21, route de Pauillac
33460 Lamarque
Tél. 05 56 58 94 07
Fax 05 57 88 51 13
C : barriques

AMBACH JOSEPH
16, rue des Frères
Razeau
Château Lespineau
33180 Saint-Seurin-
de-Cadourne
Tél. 05 56 59 70 77
Fax 05 56 59 62 50
C : 1, barriques

**SCI RAMAGE
LA BÂTISSE**
Château Tourteran
33250 Saint-Sauveur
Tél. 05 56 59 57 24
Fax 05 56 59 54 14
C : L2

**SCE
CHARLES SIMON**
Château Troupian
Château Lestage Simon
33180 Saint-Seurin-
de-Cadourne
Tél. 05 56 59 31 83
Fax 05 56 59 70 56

TRESSOL PHILIPPE
Château d'Osmond
Les Gunes
33250 Cissac-Médoc
Tél. 05 56 59 59 17
C : barriques

**LISTRAC-MÉDOC
(ROUGE 1995)**

🌿🌿

THOMAS CHRISTIAN
Château Reverdi
Donissan
33480 Listrac-Médoc
Tél. 05 56 58 02 25
Fax 05 56 58 06 56
C : 1

🌿

**SCA
CH. FOURCAS
DUMONT & ASSOCIÉS**
Château Fourcas-
du-Mont
12, rue Odilon-Redon
33480 Listrac Médoc
Tél. 05 56 58 03 84
Fax 05 56 58 01 20
C : 1

**MARGAUX
(ROUGE 1995)**

🌿🌿

**SC CHÂTEAU
LABEGORCE**
Château Labegorce
33460 Margaux
Tél. 05 56 88 71 32
Fax 05 56 88 35 01
C : barriques

BERNALEAU RÉGIS
Château Montgravey
15, avenue de Ligondra
33460 Arsac
Tél. 05 56 58 84 51
Fax 05 56 58 83 39
C : 2

**MÉDOC
(ROUGE 1995)**

🌿🌿🌿

BAYLE BRUNO
Domaine Auberive
Château Pontey
Taussan
33360 Latresne
Tél. 05 56 20 71 03
AUZY JACQUELINE
Château Les Grands
Chênes
33340 Saint-Christoly-
Médoc
Tél. 05 56 41 53 12
Fax 05 56 41 35 69
OURRIAN PHILIPPE
Château la Landotte
Taussan
33340 Blaignan
Tél. 05 56 09 00 77
Fax 05 56 09 06 24
EARL DU CHÂTEAU
HAUT-CANTELOUP
Château Haut-Canteloup
le Port
33340 Saint-Christoly
Médoc
Tél. 05 56 41 58 98
Fax 05 56 41 36 08
BAYLE
BRUNO
Château Pontey
Domaine Auberive-
Taussan
33360 Latresne
Tél. 05 56 20 71 03
BERNARD
CHRISTIAN
Loudessan
Château Gadet-Terrefort
33340 Gaillan
Tél. 05 56 41 70 88
CAVE
COOPÉRATIVE
SAINT-YZANS
DE MÉDOC
33340 Saint-Yzans-de-
Médoc
Tél. 05 56 09 05 05
Fax 05 56 09 05 92
C : 2

🌿🌿

CAVE
COOPÉRATIVE
PAVILLON DE BELLEVUE
Château Fongiras
route de Peyressan
33340 Ordonnac
Tél. 05 56 09 04 13
Fax 05 56 09 03 29

**SCEA
DARTIGUENAVE
ET FILS**
Château Les Tuileries
33340 Saint-Yzans-
de-Médoc
Tél. 05 56 09 05 31
**POURREAU
CLAUDE**
Château Les Moines
33340 Couquèques
Tél. 05 56 41 38 06
Fax 05 56 41 37 81
C : barriques

SC DELAYAT-CHEMIN
Château Hourbanon
Hourbanon
33340 Prignac-en-
Médoc
Tél. 05 56 41 02 88
Fax 05 56 41 24 33
**CAVE
COOPÉRATIVE
QUEYRAC**
27, chemin de la Cave
33340 Queyrac
Tél. 05 56 59 83 36
Fax 05 56 59 86 57
**GAEC DU MOULIN
DE COURBIAN**
Château L'Argenteyre
33340 Bégadan
Tél. 05 56 41 52 34
C : 4, 5

**MOULIS
(ROUGE 1995)**

🌿🌿🌿

**CHÂTEAU LA SALLE
DE POUJEAUX**
Grand Poujeaux
33480 Moulis-en-Médoc
Tél. 05 56 58 02 96
Fax 05 56 58 01 25

SCEA BATAILLEY
Château Granins-
Grand-Poujeaux
33480 Moulis-en-Médoc
Tél. 05 56 58 02 99
Fax 05 56 58 05 82

**CAVE
COOPÉRATIVE
LISTRAC MÉDOC**
Château Guitignan
2, avenue de Soulac
33480 Listrac-Médoc
Tél. 05 56 58 03 19
Fax 05 56 58 07 22
**SCEA
CORDONNIER
PIERRE**
Château Anthonic
33480 Moulis-en-Médoc
Tél. 05 56 58 34 60
Fax 05 56 58 06 22
C : 1

**PAUILLAC
(ROUGE 1995)**

🌿🌿🌿

**SC DU CHÂTEAU
GRAND-PUY-DUCASSE**
Clos Prélude à Grand-
Puy-Ducasse
17, cours la Martinique
BP 90
33027 Bordeaux Cedex
Tél. 05 56 01 30 10
Fax 05 56 79 23 57

BABEAU JACQUES
Château La Fleur
Peyrabon
Château Peyrabon
33250 Saint-Sauveur
Tél. 05 56 59 57 10
Fax 05 56 59 59 45
C : barriques

**SAINT-ESTÈPHE
(ROUGE 1995)**

🌿🌿🌿

**CAVE COOPÉRATIVE
SAINT-ESTÈPHE**
2, route du Médoc
33180 Saint-Estèphe
Tél. 05 56 59 32 05
Fax 05 56 59 70 89
QUANCARD M. ET C.
Château Cossieu
Coutelin
Barbère
33440 Ambarès-
et-Lagrave
Tél. 05 56 33 80 60

🌿🌿

**SC DU CHÂTEAU
BEL-AIR**
Château Bel-Air
15, route de Castelnau
33480 Avensan
Tél. 05 56 58 21 03
Fax 05 56 58 17 20
**EARL VIGNOBLES
RABILLER**
Château La Peye
Leyssac
33180 Saint-Estèphe
Tél. 05 56 59 32 51
Fax 05 56 59 70 09
**CAVE COOPÉRATIVE
SAINT-ESTÈPHE**
2, route du Médoc
33180 Saint-Estèphe
Tél. 05 56 59 32 05
Fax 05 56 59 70 89

🌿

**CHÂTEAU LILIAN
LADOUYS SA**
Château Lilian Ladouys
Blanquet
33180 Saint-Estèphe
Tél. 05 56 59 71 96
Fax 05 56 59 35 97

**SAINT-JULIEN
(ROUGE 1995)**

🌿🌿🌿

CHÂTEAU GLANA
Château du Glana
33250 Saint-Julien
Tél. 05 56 59 08 38
SAINTOUT BRUNO
Château La Bridane
La Bridane
33250 Saint-Julien
Tél. 05 56 59 91 70
Fax 05 56 59 46 13
SAINTOUT BRUNO
Château Moulin
de la Bridane
Cartujac
33112 Saint-Laurent-
Médoc
Tél. 05 56 59 91 70
Fax 05 56 59 46 13

BOURGOGNE

AOC

**BOURGOGNE
(ROUGE 1995)**

🌿🌿

**SCV ÉMILE
VOARICK**
71640 Saint-Martin-
sous-Montaigu
Tél. 03 85 45 23 23
Fax 03 85 45 16 37
C : LBR1
SA FONTENILLES
Place Marguerite-
de-Bourgogne
89700 Tonnerre
Tél. 03 86 55 06 33
Fax 03 86 55 06 33
C : L1995

🌿🌿

PERRIN NOËL
71460 Culles-les-
Roches
C : 1
**GROUPEMENT
DE PRODUCTEURS
DE PRISSÉ**
71960 Prissé
Tél. 03 85 37 88 06
Fax 03 85 37 61 76
C : L9509

◆ Vins-Bourgognes

SCEA
DU CLOS DU ROI
17, rue André-Vildieu
89580 Coulange-s
la- Vineuse
Tél. 03 86 42 25 72
Fax 03 86 42 38 20
C : L9607
MATHIAS ALAIN
Route de Troyes
89700 Epineuil
Tél. 03 86 54 43 90
Fax 03 86 54 47 75
C : LBE95

CAVE
COOPÉRATIVE
D'IGÉ
71960 Igé
Tél. 03 85 33 33 56
Fax 03 85 33 41 85
C : L00305
GRUHIER DOMINIQUE
Rue du Clos-du-Petit-
Quincy
89700 Épineuil
Tél. 03 86 55 32 51
Fax 03 86 55 32 50
C : 101

BOURGOGNE
(BLANC 1995)

LA VEZELIENNE
Route de Nanchevres
89450 Saint-Père
Tél. 03 86 33 29 62
Fax 03 86 33 35 03
C : 22

DAMPT ÉRIC
Rue du Presbythe
89700 Collan
Tél. 03 86 55 36 28
Fax 03 86 54 49 89
C : L95BT2
CHÂTEAU
DE MEURSAULT
21190 Meursault
Tél. 03 80 21 20 98
Fax 03 80 21 66 77
C : 03

CHALMEAU EDMOND
20, rue du Ruisseau
89530 Chitry-le-Fort
Tél. 03 86 41 42 09
Fax : 03 86 41 46 89
C : L6BC05

BOURGOGNE
(BLANC 1996)

CAVE DE LUGNY
Rue des Charmes
71260 Lugny

Tél. 03 85 33 22 85
Fax 03 85 33 26 46
C : 2, 3

CAVE DE LUGNY
Rue des Charmes
71260 Lugny
Tél. 03 85 33 22 85
Fax 03 85 33 26 46
C : 1

ALIGOTÉ
(BLANC 1995)

DOMAINE SORIN
DEFRANCE
11 *bis,* rue de Paris
89530 Saint-Bris-
le-Vineux
Tél. 03 86 53 32 99
Fax 03 86 53 34 44
C : 9609A4

DOMAINE AMIOT
SERVELLE EARL
DU CARRE
21220 Chambolle-
Musigny
C : BA.95

EARL GOISOT ANNE
ET ARNAUD
4 *bis*, route de Champs
89530 Saint-Bris-
le-Vineux
Tél. 03 86 53 32 15
Fax 03 86 53 64 22
C : L1296

CHALMEAU EDMOND
20, rue du Ruisseau
89530 Chitry-le-Fort
Tél. 03 86 41 42 09
Fax 03 86 41 46 89
C : L6A04

ALIGOTÉ
(BLANC 1996)

GAEC JEAN
MORETEAUX ET FILS
Nantoux
71150 Chassey-le-Camp
Tél. 03 85 87 19 10
Fax 03 85 91 23 74
C : 5

CAVE COOPÉRATIVE
D'IGÉ
71960 Igé
Tél. 03 85 33 33 56
Fax 03 85 33 41 85
C : 210

CAVE COOPÉRATIVE
DE SOLOGNY
La Croix Blanche
71960 Sologny
Tél. 03 85 36 60 64
Fax 03 85 37 78 51
C : 9
CAVE
DES VIGNERONS
DE BUXY
Vignes de la Croix
71390 Buxy
Tél. 03 85 92 03 03
Fax 03 85 92 08 06
C : II

ALIGOTÉ BOUZERON
(BLANC 1996)

GAEC JEAN
MORETEAUX ET FILS
Nantoux
71150 Chassey-le-Camp
Tél. 03 85 87 19 10
Fax 03 85 91 23 74
C : 8

CÔTE-CHALONNAISE
(ROUGE 1994)

SCEA CHÂTEAU
DE DAVENAY
Davenay
71390 Buxy
Tél. 03 85 45 23 23
Fax 03 85 45 16 37
C : LCCR1

EARL GOUBARD
MICHEL ET FILS
Bassevelle
71390 Saint-Désert
Tél. 03 85 47 91 06
Fax 03 85 47 98 12
C : 1

CAVE
DES VIGNERONS
DE BUXY
Vignes de la Croix
71390 Buxy
Tél.03 85 92 03 03
Fax 03 85 92 08 06
C : I

CÔTES-D'AUXERRE
(ROUGE 1995)

EARL GOISOT ANNE
ET ARNAUD
4 *bis*, route de Champs
89530 Saint-Bris-
le-Vineux
Tél. 03 86 53 32 15
Fax 03 86 53 64 22
C : L3296

CÔTES-D'AUXERRE
(ROSÉ 1995)

DOMAINE FÉLIX
17, rue de Paris
89530 Saint-Bris-
le-Vineux
Tél. 03 86 53 33 87
Fax 03 86 53 61 64
C : L96108 caro

CÔTES-D'AUXERRE
(BLANC 1995)

DONAT ANTOINE
ET FILS EARL
41, rue de Vallan
Domaine Dessus Bon
Boire
89290 Vaux
Tél. 03 86 53 89 99
Fax 03 86 53 68 36
C : 5

GRAND ORDINAIRE
(ROUGE 1996)

CAVE DES VIGNERONS
DE BUXY
Vignes de la Croix
71390 Buxy
Tél. 03 85 92 03 03
Fax 03 85 92 08 06
C : I

ANCY (ROUGE 1995)

★★★

LINOT ANITA
JEAN-PIERRE
rue des Chariats
290 Irancy
. 03 86 42 33 25
x 03 86 42 33 25
L1

★

AEC BERSAN ET FILS
rue de l'Eglise
530 Saint-Bris-
Vineux
. 03 86 53 33 73
x 03 86 53 38 45
L96I01

ASSE-TOUT-GRAINS
OUGE 1996)

★★★

VE DE VIGNERONS
SSEY-SOUS-CRUCHAUD
s Millerands
390 Bissey-
us-Cruchaud
. 03 85 92 12 16
x 03 85 92 08 71

★★

RRAZIN MICHEL
FILS
arnailles
640 Jambles
. 03 85 44 30 57
x 03 85 44 31 22

★

OS BERNARD
ODILE
rcot
390 Moroges
. 03 85 47 92 52
1

OURGOGNE
OSÉ 1996)

★★

VE
VIGNERONS BISSEY-
US-CRUCHAUD
s Millerands
390 Bissey-sous-
uchaud
. 03 85 92 12 16
x 03 85 92 08 71
PM30

CHABLIS

AOC

CHABLIS
(BLANC 1995)

★★★

MOREAU J. ET FILS
Route d'Auxerre
89800 Chablis
Tél. 03 86 42 88 00
Fax 03 86 42 44 59
C : 150, 153, 151, 159

LA CHABLISIENNE
8, boulevard Pasteur
BP 14
89800 Chablis
Tél. 03 86 42 89 89
Fax 03 86 42 89 90

★★

SCEV CHÂTEAU
DE VIVIERS
89700 Viviers
Tél. 03 86 42 11 13
Fax 03 86 42 81 89
C : 11715

MOSNIER SYLVAIN
4, rue Derrière-les-Murs
89800 Beines
Tél. 03 86 42 43 96
Fax 03 86 42 88 88
C : L 195 UU

DOMAINE
DU CHARDONNAY
Moulin du Patis
89800 Chablis
Tél. 03 86 42 48 03
Fax 03 86 42 16 49
C : L9502

★

DOMAINE DU COLOMBIER
42, Grand-Rue
89800 Fontenay-
près-Chablis
Tél. 03 86 42 15 04
Fax 03 86 42 49 67
C : 6106

GFA LONG DEPAQUIT
45, rue Auxerroise
89800 Chablis
Tél. 03 86 42 11 13
Fax 03 86 42 81 89
C : 12795

SEGUINOT ROGER
4, rue de Méré
89800 Maligny
Tél. 03 86 47 44 42
Fax 03 86 47 54 94
C : 1

CHABLIS GRAND CRU
«LES CLOS»
(BLANC 1995)

★★

LA CHABLISIENNE
8, boulevard Pasteur
BP 14
89800 Chablis
Tél. 03 86 42 89 89
Fax 03 86 42 89 90

CHABLIS GRAND CRU
«VALMUR»
(BLANC 1995)

★

MOREAU J. ET FILS
Route d'Auxerre
89800 Chablis
Tél. 03 86 42 88 00
Fax 03 86 42 44 59
C : L18761

CHABLIS GRAND CRU
«VAUDESIRS»
(BLANC 1995)

★★★

MOREAU J. ET FILS
Route d'Auxerre
89800 Chablis
Tél. 03 86 42 88 00
Fax 03 86 42 44 59
C : L17961

CHABLIS PREMIER
CRU (BLANC 1995)

★

LA CHABLISIENNE
8, boulevard Pasteur
BP 14
89800 Chablis
Tél. 03 86 42 89 89
Fax 03 86 42 89 90
C : 14

CHABLIS PREMIER
CRU «BEAUROY»
(BLANC 1995)

★★★

DOMAINE ALAIN
GEOFFROY
4, rue de l'Equerre
Clos Beauroy
89800 Beines
Tél. 03 86 42 43 76
Fax 03 86 42 13 30
C : 2

★★

DAMPT DANIEL
1, rue des Violettes
89800 Milly-Chablis
Tél. 03 86 42 47 23
Fax 03 86 42 46 41
C : 5396

CHABLIS
PREMIER CRU
«CÔTE-DE-LECHET»
(BLANC 1995)

★★

DAMPT DANIEL
1, rue des Violettes
89800 Milly-Chablis
Tél. 03 86 42 47 23
Fax 03 86 42 46 41
C : 2596

MOSNIER
SYLVAIN
4, rue Derrière-les-Murs
89800 Beines
Tél. 03 86 42 43 96
Fax 03 86 42 88 88
C : L1L95

CHABLIS
PREMIER CRU
«FOURCHAUME»
(BLANC 1995)

★

SOCIÉTÉ CIVILE
DURUP JEAN
Château de Maligny
4, Grande-Rue
89800 Maligny
Tél. 03 86 47 44 49
Fax 03 86 47 55 49
C : 9

CHABLIS
PREMIER CRU
«MONTÉE-
DE-TONNERRE»
(BLANC 1995)

★★★

LA CHABLISIENNE
8, boulevard Pasteur
BP 14
89800 Chablis
Tél. 03 86 42 89 89
Fax 03 86 42 89 90

SOCIÉTÉ CIVILE DURUP JEAN
Château de Maligny
4, Grande-Rue
89800 Maligny
Tél. 03 86 47 44 49
Fax 03 86 47 55 49
C : 71

DOMAINE DU CHARDONNAY
Moulin du Patis
89800 Chablis
Tél. 03 86 42 48 03
Fax 03 86 42 16 49
C : L9507

CHABLIS PREMIER CRU «MONTMAINS» (BLANC 1995)

DOMAINE DES MALANDES
63, rue Auxerroise
89800 Chablis
Tél. 03 86 42 41 37
Fax 03 86 42 41 97
C : L5110796

TRICON OLIVIER
mg route d'Avallon
89800 Chablis
Tél. 03 86 42 10 37
Fax 03 86 42 49 13
C : L213/96

CHABLIS PREMIER CRU «MONTS-DE-MILIEU» (BLANC 1995)

DOMAINE DU CHARDONNAY
Moulin du Patis
89800 Chablis
Tél. 03 86 42 48 03
Fax 03 86 42 16 49
C : L95005

CHABLIS PREMIER CRU «VAILLONS» (BLANC 1995)

GFA LONG DEPAQUIT
45, rue Auxerroise

89800 Chablis
Tél. 03 86 42 11 13
Fax 03 86 42 81 89
C : 42795

CHABLIS PREMIER CRU «VAU DE VEY» (BLANC 1995)

DOMAINE DES MALANDES
63, rue Auxerroise
89800 Chablis
Tél. 03 86 42 41 37
Fax 03 86 42 41 97
C : L3290496

PETIT CHABLIS (BLANC 1995)

DOMAINE DE CHAUDE ÉCUELLE
89800 Chemilly-sur-Serein
Tél. 03 86 42 40 44
Fax 03 86 42 85 13
C : L022

GAEC MILLET PÈRE ET FILS
Domaine de Marcault
89700 Tonnerre
Tél. 03 86 75 92 56
Fax 03 86 75 95 12
C : L40596

LA CHABLISIENNE
8, boulevard Pasteur
BP 14
89800 Chablis
Tél. 03 86 42 89 89
Fax 03 86 42 89 90

CHALONNAIS

GIVRY (ROUGE 1994)

SARRAZIN MICHEL & FILS
Charnailles
71640 Jambles
Tél. 03 85 44 30 57
Fax 03 85 44 31 22
C : 1

GIVRY (BLANC 1995)

BOURGEON RENÉ
Place de Creux
71640 Jambles
Tél. 03 85 44 35 85

Fax 03 85 44 57 80
C : 1

GIVRY (BLANC 1995)

PARIZE GÉRARD ET LAURENT
18, rue des Faussillons
71640 Givry
Tél. 03 85 44 38 60
Fax 03 85 44 43 54
C : L9577

GIVRY PREMIER CRU (BLANC 1995)

CAVE DES VIGNERONS DE BUXY
Vignes de la Croix
71390 Buxy
Tél. 03 85 92 03 03
Fax 03 85 92 08 06
C : I

MERCUREY (ROUGE 1994)

DOMAINE DU CHÂTEAU DE CHAMIREY
71640 Mercurey
Tél. 03 85 98 12 12
Fax 03 85 45 21 61

DE SUREMAIN HUGUES ET YVES
Domaine du Bourgneuf
BP 1
71640 Mercurey
Tél. 03 85 45 02 87
Fax 03 85 45 17 88
C : LM4

EARL LE MEIX
Domaine du Meix Foulot
Foulot
71640 Mercurey
Tél. 03 85 45 23 92
Fax 03 85 45 28 10
C : LD394

MERCUREY (BLANC 1995)

SC DOMAINE LA MARCHE LOUIS MAX
6, rue de Chaux
21700 Nuits-Saint-Georges
Tél. 03 80 62 43 01
Fax 03 80 62 43 16
C : 230.95

MERCUREY PREMIER CRU (ROUGE 1994)

EARL NATHALIE J. CLAUDE THEULOT
Clos Laurent
71640 Mercurey
Tél. 03 85 45 13 87
Fax 03 85 45 28 07
C : les Combins

MERCUREY PREMIER CRU (BLANC 1995)

DOMAINE DU CHÂTEAU DE CHAMIREY
71640 Mercurey
Tél. 03 85 98 12 12
Fax 03 85 45 21 61

MONTAGNY (BLANC 1995)

CAVE DES VIGNERONS DE BUXY
Vignes de la Croix
71390 Buxy
Tél. 03 85 92 03 03
Fax 03 85 92 08 06
C : II

MONTAGNY PREMIER CRU (BLANC 1995)

CAVE DES VIGNERONS DE BUXY
Vignes de la Croix
71390 Buxy
Tél. 03 85 92 03 03
Fax 03 85 92 08 06
C : I

ROY ALAIN
La Saule
71390 Montagny-
es-Buxy
Tél. 03 85 92 11 83
Fax 03 85 92 08 12
C : 295

RULLY (ROUGE 1994)

**DOMAINE DU CHÂTEAU
DE RULLY**
71640 Mercurey
Tél. 03 85 45 22 22
Fax 03 85 45 21 61
C : 1

RULLY (BLANC 1995)

**VIGNOBLE ROLAND
SOUNIT**
Clos Plante Moraine
21, rue du Moulin-à-Vent
71150 Rully
Tél. 03 85 91 24 31
Fax 03 85 87 21 74

**DOMAINE
DU CHÂTEAU DE RULLY**
71640 Mercurey
Tél. 03 85 45 22 22
Fax 03 85 45 21 61

**VIGNOBLE ROLAND
SOUNIT**
21, rue du Moulin-à-Vent
71150 Rully
Tél. 03 85 91 24 31
Fax 03 85 87 21 74

RULLY «CHAMP CLOU» (ROUGE 1994)

**GFa DUVERNAY PÈRE
ET FILS**
Rue de l'Hôpital
71150 Rully
Tél. 03 85 87 04 69
Fax 03 85 87 09 17
C : 1

RULLY «LA BRESSANDE» (BLANC 1995)

**DOMAINE DU CHÂTEAU
DE RULLY**
71640 Mercurey
Tél. 03 85 45 22 22
Fax 03 85 45 21 61

RULLY «MOULESNE» (ROUGE 1994)

**DOMAINE DU CHÂTEAU
DE RULLY**
71640 Mercurey
Tél. 03 85 45 22 22
Fax 03 85 45 21 61

RULLY PREMIER CRU (BLANC 1995)

**DOMAINE DU CHÂTEAU
DE RULLY**
71640 Mercurey
Tél. 03 85 45 22 22
Fax 03 85 45 21 61

**DELORME JEAN-
FRANÇOIS**
Domaine de la Renarde
71150 Rully
Tél. 03 85 87 10 12
Fax 03 85 87 04 60

CÔTE DE BEAUNE

ALOXE-CORTON (ROUGE 1994)

**DOMAINE DUBOIS
BERNARD ET FILS**
8, rue des Chobins
21200 Chorey-les-
Beaune
Tél. 03 80 22 13 56
C : 9.131

ALOXE-CORTON «LES MOUTOTTES» (ROUGE 1994)

**SARL CAPITAIN
GAGNEROT**

38, route de Dijon
21550 Ladoix-Serrigny
Tél. 03 80 26 41 36
Fax 03 80 26 46 29
C : Les Moutottes 58.9

ALOXE-CORTON «LES VERCOTS» (ROUGE 1994)

**DOMAINE DUBREUIL-
FONTAINE PÈRE ET FILS**
21420 Pernand-
Vergelesses
Tél. 03 80 21 55 43
Fax 03 80 21 51 69
C : Les Vercots LACV.94

AUXEY-DURESSES (ROUGE 1994)

**BATTAULT
BERNARD**
Départementale 973
21190 Auxey-Duresses
Tél. 03 80 21 21 80
C : AU.002.94

**PRUNIER DAMY
PHILIPPE**
21190 Auxey-Duresses
C : L94.09

AUXEY-DURESSES (BLANC 1995)

PRUNIER VINCENT
Route d'Autun
21190 Auxey-Duresses
Tél. 03 80 21 27 77
C : 9.95.13

AUXEY-DURESSES «CLIMAT DU VA» (ROUGE 1994)

PRUNIER MICHEL
Départementale 973
21190 Auxey-Duresses
Tél. 03 80 21 21 05
Fax 03 80 21 64 73
C : Clos du val L90.2

BEAUNE (ROUGE 1994)

**DOMAINE MAILLARD
PÈRE ET FILS**
2, rue Joseph-Bard
21200 Chorey-
les-Beaune
Tél. 03 80 22 10 67
Fax 03 80 24 00 42
C : L.00.24

**EARL DOMAINE
DUBOIS D'ORGEVAL**
3, rue Joseph-Bard
21200 Chorey-
les-Beaune
Tél. 03 80 24 70 89
Fax 03 80 22 45 02
C : LI.I.94.01

BEAUNE « CLOS DU ROI» (ROUGE 1994)

CORNU-CAMUS PIERRE
Rue Varlot
21420 Échevronne
Tél. 03 80 21 57 23
C : Clos du roi L.01.94

BEAUNE «LE CLOS DE LA MOUSSE» (ROUGE 1994)

**MAISON BOUCHARD
PÈRE ET FILS**
Au château
21202 Beaune
Tél. 03 80 24 80 24
Fax 03 80 22 55 88
C : Le Clos de la
mousse 12.740

BEAUNE «LE CLOS DES MOUCHES» (BLANC 1995)

**CHANSON
PÈRE ET FILS**
10, rue Paul-Chanson
21200 Beaune
Tél. 03 80 22 33 00
Fax 03 80 24 17 42
C : Le Clos des
mouches 81.44

BEAUNE «LES BRESSANDES» (ROUGE 1994)

CHANSON PÈRE ET FILS
10, rue Paul-Chanson
21200 Beaune
Tél. 03 80 22 33 00
Fax 03 80 24 17 42
C : Les Bressandes
7829

BEAUNE «LES GRÈVES» (ROUGE 1994)

LARGEOT DANIEL
5, rue des Brenots

◆ VINS-CÔTE DE BEAUNE

21200 Chorey-les-
Beaune
Tél. 03 80 22 15 10
Fax 03 80 22 60 62
C : Les Grèves 94.07

**DOMAINE THOMAS
MOILLARD**
2, rue François-Mignotte
21700 Nuits-Saint-
Georges
Tél. 03 80 62 42 22
Fax 80 61 28 13
C : Les Grèves 64.770

**BEAUNE «LES
MARCONNETS»
(ROUGE 1994)**

🍷🍷

**CHANSON
PÈRE ET FILS**
10, rue Paul-Chanson
21200 Beaune
Tél. 03 80 22 33 00
Fax 03 80 24 17 42
C : Les Marconnets 7830

**MAISON BOUCHARD
PÈRE ET FILS**
Au château
21202 Beaune
Tél. 03 80 24 80 24
Fax 80 22 55 88
C : Les Marconnets
12.748

**BEAUNE
«LES TOUSSAINTS»
(ROUGE 1994)**

🍷🍷

GAY MICHEL
1b, rue des Brenots
21200 Chorey-les-
Beaune
Tél. 03 80 22 22 73
Fax 03 80 22 95 78
C : Les Toussaints L.224

**BOURGOGNE
HAUTES-CÔTES-
DE-BEAUNE
(ROUGE 1994)**

🍷

**CHÂTEAU DE MERCEY-
BERGER**
Jacques Mercey
71150 Cheilly-les-
Maranges

Tél. 03 85 91 13 19
Fax 03 85 91 16 28
C : 2

**BOURGOGNE
HAUTES-CÔTES-
DE-BEAUNE
(BLANC 1995)**

🍷🍷🍷

**EARL CHARLES
FRANÇOIS ET FILS**
21190 Nantoux
Tél. 03 80 26 01 20
Fax 03 80 26 04 84
C : L.6.95

🍷🍷

**EARL DUBOIS ROBERT
ET FILS**
Les Plantes
21700 Prémeaux-
Prissey
Tél. 03 80 62 30 61
Fax 03 80 61 24 07
C : L.02.95

**CHASSAGNE-
MONTRACHET
(ROUGE 1994)**

🍷🍷

LANGOUREAU SYLVAIN
Gamay
21190 Saint-Romain
Tél. 03 80 21 39 99
Fax 03 80 21 39 99
C : L.5.CV

**CHASSAGNE-
MONTRACHET
(BLANC 1995)**

🍷

MOREAU BERNARD
Route de Chagny
21190 Chassagne-
Montrachet
C : L.95.4

**CHASSAGNE-
MONTRACHET
«EN REMILLY»
(BLANC 1995)**

🍷🍷

**COLIN DELEGER
MICHEL**
3, impasse des Crets
21190 Chassagne-
Montrachet

Tél. 03 80 21 32 72
Fax 03 80 21 32 94
C : L.06.95

**CHASSAGNE-
MONTRACHET «LES
CHENEVOTTES»
(BLANC 1995)**

🍷🍷🍷

MOREAU BERNARD
Route de Chagny
21190 Chassagne-
Montrachet
C : L.95.8

**CHASSAGNE-
MONTRACHET
«MORGEOT»
(ROUGE 1994)**

🍷🍷

**COLIN DELÉGER
MICHEL**
3, impasse des Crets
21190 Chassagne-
Montrachet
Tél. 03 80 21 32 72
Fax 03 80 21 32 94
C : morgeot L.09.94

**CHASSAGNE-
MONTRACHET
«MORGEOT»
(BLANC 1995)**

🍷🍷

MOREAU BERNARD
Route de Chagny
21190 Chassagne-
Montrachet
C : morgeot L95.6

**CHEVALIER-
MONTRACHET
(BLANC 1995)**

🍷🍷

**MAISON BOUCHARD
PÈRE ET FILS**
Au château
21202 Beaune
Tél. 03 80 24 80 24
Fax 03 80 22 55 88
C : 13.150

**BIENVENUES-
BATARD-
MONTRACHET
(BLANC 1995)**

🍷🍷🍷

**EARL DOMAINE
HENRI CLERC
ET FILS**
Place des Marronniers
21190 Puligny-
Montrachet
Tél. 03 80 21 32 74
Fax 03 80 21 39 60
C : L.216.95

**CHOREY-LES-
BEAUNE
(ROUGE 1994)**

🍷🍷🍷

**DOMAINE MAILLARD
PÈRE ET FILS**
2, rue Joseph-Bard
21200 Chorey-
les-Beaune
Tél. 03 80 22 10 67
Fax 03 80 24 00 42
C : L.00.30

🍷🍷

**DOMAINE ARNOUX
PÈRE ET FILS**
Rue des Brenots
21200 Chorey-
les-Beaune
Tél. 03 80 22 57 98
Fax 03 80 22 16 85
C : L.96.31

**CORTON
(BLANC 1995)**

🍷🍷

**DOMAINE MAILLARD
PÈRE ET FILS**
2, rue Joseph-Bard
21200
Chorey-les-Beaune
Tél. 03 80 22 10 67
Fax 03 80 24 00 42
C : LOB14

**CORTON «HAUTES-
MOUROTTES»
(ROUGE 1994)**

🍷

LIOGIER-DARDHUY G.
Terres vineuses
Clos des Langres
21700 Corgoloin
Tél. 03 80 62 98 73
Fax 80 62 95 15
C : 208.94

**CORTON
«BRESSANDES»
(ROUGE 1994)**

🍷🍷

**DOMAINE GUYON
ANTONIN**
21420 Savigny-les-
Beaune
Tél. 03 80 67 13 24
Fax 03 80 66 85 87
C : Bressandes

CORTON «LES MARECHAUDES» (ROUGE 1994)

🌿🌿

DOMAINE MICHEL MALLARD ET FILS
Route de Dijon
21550 Ladoix-Serrigny
Tél. 03 80 26 40 64
Fax 03 80 26 47 49
C : Les marechaudes
94.11

CORTON «LES RENARDES» (ROUGE 1994)

🌿🌿

DOMAINE MAILLARD PÈRE ET FILS
2, rue Joseph-Bard
21200 Chorey-les-Beaune
Tél. 03 80 22 10 67
Fax 03 80 24 00 42
C : Les Renardes
L.0012

🌿

GAY FRANCOIS
9, rue des Fiestes
21200 Chorey-les-Beaune
Tél. 03 80 22 69 58
C : les Renardes L.41

CORTON CHARLEMAGNE (BLANC 1995)

🌿🌿🌿

SARL CAPITAIN GAGNEROT
38, route de Dijon
21550 Ladoix-Serrigny
Tél. 03 80 26 41 36
Fax 03 80 26 46 29
C : 73.95

DOMAINE JACOB ROBERT ET RAYMOND
Cidex 20 bis
21550 Ladoix-Serrigny
Tél. 03 80 26 40 42
Fax 03 80 26 49 34
C : L.020

🌿🌿

SA ROUX PÈRE ET FILS
21190 Saint-Aubin
C : L.96.288.

MAISON BOUCHARD PÈRE ET FILS
Au château
21202 Beaune
Tél. 03 80 24 80 24
Fax 03 80 22 55 88
C : 13.157

ROLLIN PÈRE ET FILS
Route des Vergelesses
21420 Pernand-

Vergelesses
Tél. 03 80 21 57 31
Fax 03 80 26 10 38
C : L.48

CÔTE-DE-BEAUNE (BLANC 1995)

🌿

DOMAINE DESCHAMPS
Claudine le Village
BP 102
21700 Nuits-Saint-Georges
Tél. 03 80 62 61 00
Fax 03 80 62 61 03
C : LDW.274

LADOIX (ROUGE 1994)

🌿

DOMAINE GASTON ET PIERRE RAVAUT
Buisson
21550 Ladoix-Serrigny
Tél. 03 80 26 41 94
Fax 03 80 26 47 63
C : L.10

LADOIX (BLANC 1995)

🌿🌿🌿

DOMAINE JACOB ROBERT ET RAYMOND
Cidex, 20 bis
21550 Ladoix-Serrigny
Tél. 03 80 26 40 42
Fax 03 80 26 49 34
C : L.019

🌿🌿

LIOGIER-DARDHUY G.
Terres vineuses
clos des Langres
21700 Corgoloin
Tél. 03 80 62 98 73
Fax 03 80 62 95 15
C : 810.95

LADOIX «LES BASSES-MOUROTTES» (ROUGE 1994)

🌿🌿

DOMAINE GASTON ET PIERRE RAVAUT
Buisson
21550 Ladoix-Serrigny
Tél. 03 80 26 41 94
Fax 03 80 26 47 63
C : Basses-Mourottes L.9

LADOIX «LA CORVÉE» (ROUGE 1994)

🌿🌿

DOMAINE HENRI NAUDIN-FERRAND
21700 Magny-les-Villers
Tél. 03 80 62 91 50
Fax 03 80 62 91 77
C : La Corvée LL.4

MARANGES LA FUSSIÈRE (ROUGE 1994)

🌿🌿

DOMAINE BACHELET BERNARD ET FILS
71150 Dezize-lès-Maranges
Tél. 03 85 91 16 11
Fax 03 85 91 16 48
C : MF02

MARANGES LA FUSSIÈRE (BLANC 1995)

🌿🌿🌿

DOMAINE BACHELET BERNARD ET FILS
71150 Dezize-lès-Maranges
Tél. 03 85 91 16 11
Fax 03 85 91 16 48
C : MF03

MEURSAULT (BLANC 1995)

🌿🌿🌿

MAROSLAVAC LÉGER ROLAND
43, Grande-Rue
21190 Puligny-Montrachet
Tél. 03 80 21 31 23
Fax 03 80 21 91 39
C : L.103

🌿🌿

DOMAINE MAILLARD PÈRE ET FILS
2, rue Joseph-Bard
21200 Chorey-lès-Beaune

Tél. 03 80 22 10 67
Fax 03 80 24 00 42
C : L.0940

DE SOUSA ALBERT
7, route nationale 74
21190 Meursault
Tél. 03 80 21 22 79
C : 1

MEURSAULT «LES CHARMES» (BLANC 1995)

🌿🌿🌿

DOMAINE GUYON ANTONIN
21420 Savigny-lès-Beaune
Tél. 03 80 67 13 24
Fax 03 80 66 85 87
C : Les Charmes

MONTHELIE (BLANC 1995)

🌿🌿

PINQUIER THIERRY
5, rue Pierre-Mouchoux
21190 Meursault
Tél. 03 80 21 24 87
Fax 03 80 21 61 09
C : 95.05

PERNAND-VERGELESSES (BLANC 1995)

🌿🌿🌿

DOMAINE LALEURE PIOT PÈRE ET FILS
21420 Pernand-Vergelesses
Tél. 03 80 21 52 37
Fax 03 80 21 59 48
C : L.95.03

🌿🌿

DOMAINE GUYON ANTONIN
21420 Savigny-lès-Beaune
Tél. 03 80 67 13 24
Fax 03 80 66 85 87

🌿

ROLLIN PÈRE ET FILS
Route des Vergelesses
21420 Pernand-Vergelesses
Tél. 03 80 21 57 31
Fax 03 80 26 10 38
C : L.47

RAPET PÈRE ET FILS
21420 Pernand-Vergelesses
Tél. 03 80 21 50 05
Fax 03 80 21 53 87
C : PB.95

◆ Vins-Côte de Beaune

PERNAND-VERGELESSES «EN CARADEUX» (BLANC 1995)

🌿

CHANSON PÈRE ET FILS
10, rue Paul-Chanson
21200 Beaune
Tél. 03 80 22 33 00
Fax 03 80 24 17 42
C : En Caradeux 81.42

PERNAND-VERGELESSES «ÎLE DES VERGELESSES» (ROUGE 1994)

🌿🌿

RAPET PÈRE ET FILS
21420 Pernand-Vergelesses
Tél. 03 80 21 50 05
Fax 03 80 21 53 87
C : IL.94

PERNAND-VERGELESSES «VERGELESSES» (ROUGE 1994)

🌿🌿🌿

DOMAINE GUYON DOMINIQUE
21420 Savigny-lès-Beaune
Tél. 03 80 67 13 24
Fax 03 80 66 85 87
C : vergelesses

PERNAND-VERGELESSES PREMIER CRU (BLANC 1995)

🌿

DOMAINE LALEURE PIOT PÈRE ET FILS
21420 Pernand-Vergelesses
Tél. 03 80 21 52 37
Fax 03 80 21 59 48
C : L.95.02

POMMARD (ROUGE 1994)

🌿🌿

MARÉCHAL CLAUDE
Route de Châlon
21200 Bligny-lès-Beaune
Tél. 03 80 21 44 37
Fax 03 80 26 85 01
C : PVI.94

🌿

JOILLOT JEAN-LUC
Rue de la Métairie
21630 Pommard

Tél. 03 80 22 47 60
Fax 03 80 24 67 54
C : L0394

POMMARD «LES FREMIERS» (ROUGE 1994)

🌿🌿🌿

SCE DU DOMAINE COSTE CAUMARTIN
Rue du Parc
21630 Pommard
Tél. 03 80 22 45 04
Fax 03 80 22 65 22
C : Les Fremiers IFRE04

POMMARD «LES PETITS ÉPENOTS» (ROUGE 1994)

🌿🌿🌿

JOILLOT JEAN-LUC
Rue de la Métairie
21630 Pommard
Tél. 03 80 22 47 60
Fax 03 80 24 67 54
C : les petits épenots
L.0194

PULIGNY-MONTRACHET (BLANC 1995)

🌿🌿🌿

SCEA DOMAINE CHÂTEAU DE PULIGNY
Montrachet
21190 Puligny-Montrachet
Tél. 03 80 21 39 14
Fax 03 80 21 39 07
C : fûts

🌿🌿🌿

DOMAINE ROUX PÈRE ET FILS
21190 Saint-Aubin
Tél. 03 80 21 32 92
Fax 03 80 21 35 00
C : L.96.0506

🌿

GÉRARD CHAVY ET FILS
12, rue du Château
21190 Puligny-Montrachet
C : 55

PULIGNY-MONTRACHET «LES FOLATIÈRES» (BLANC 1995)

🌿

MAROSLAVAC LÉGER ROLAND
43, Grande-Rue
21190 Puligny-Montrachet
Tél. 03 80 21 31 23
Fax 03 80 21 91 39
C : Les Folatières L.108

SAINT-AUBIN (BLANC 1995)

🌿

SCE DU CHÂTEAU PHILIPPE LE HARDI
Château Philippe
Le Hardi
21590 Santenay
Tél. 03 80 20 61 87
Fax 03 80 20 63 66

SAINT-AUBIN «EN REMILLY» (BLANC 1995)

🌿

BOUTON GILLES GAMAY
21190 Saint-Aubin
Tél. 03 80 21 32 63
Fax 03 80 21 90 74
C : en remilly L.96.07.1

SAINT-AUBIN «LA CHATENIÈRE» (BLANC 1995)

🌿🌿🌿

DOMAINE ROUX PÈRE ET FILS
21190 Saint-Aubin
Tél. 03 80 21 32 92

Fax 03 80 21 35 00
C : la chatenière
L.96.1200

SANTENAY «BEAUREGARD» (ROUGE 1994)

🌿

DOMAINE ROUX PÈRE ET FILS
21190 Saint-Aubin
Tél. 03 80 21 32 92
Fax 03 80 21 35 00
C : Beauregard
L.96.16200

SANTENAY «BEAUREPAIRE» (BLANC 1995)

🌿

MESTRE PÈRE ET FILS
12, place du Jet-d'Eau
21590 Santenay
C : Beaurepaire
LSBB.95

SANTENAY «GRAND CLOS ROUSSEAU» (ROUGE 1994)

🌿🌿

DOMAINE DE BRULLY
21190 Saint-Aubin
Tél. 03 80 21 32 92
Fax 03 80 21 35 00
C : Grand Clos
Rousseau L.96.10000

SAVIGNY-LÈS-BEAUNE (ROUGE 1994)

🌿🌿🌿

DOMAINE DUBOIS BERNARD ET FILS
8, rue des Chobins
21200 Chorey-lès-Beaune
Tél. 03 80 22 13 56
C : 9.129

🌿🌿

CHÂTEAU DE MEURSAULT
21190 Meursault
Tél. 03 80 21 20 98
Fax 03 80 21 66 77
C : 51

🌿

MARÉCHAL-CAILLOT BERNARD
10, rue de Chalon
21200 Bligny-les-Beaune
Tél. 03 80 21 44 55
Fax 03 80 26 85 01
C : L .29

SAVIGNY-LÈS-BEAUNE «LA DOMINODE» (ROUGE 1994)

🍇🍇

PAVELOT JEAN-MARC
, chemin des Guettottes
21420 Savigny-lès-Beaune
Tél. 03 80 21 55 21
Fax 03 80 21 59 73
C : La Dominode 34.00

SAVIGNY-LÈS-BEAUNE «AUX SERPENTIÈRES» (ROUGE 1994)

🍇🍇🍇

SCEA GIBOULOT MAURICE & JEAN-MICHEL
21420 Savigny-les-Beaune
C : Aux Serpentières

🍇

DOMAINE MICHEL MALLARD ET FILS
route de Dijon
21550 Ladoix-Serrigny
Tél. 03 80 26 40 64
Fax 03 80 26 47 49
C : aux serpentières

SAVIGNY-LÈS-BEAUNE «LES NARBANTONS» (ROUGE 1994)

🍇🍇

PAVELOT JEAN-MARC
, chemin des Guettottes
21420 Savigny-les-Beaune
Tél. 03 80 21 55 21
Fax 03 80 21 59 73
C : Les Narbantons
4.005

VOLNAY (ROUGE 1994)

🍇🍇

BITOUZET PRIEUR VINCENT
rue de la Combe

21190 Volnay
Tél. 03 80 21 62 13
Fax 03 80 21 63 39
C : L.09.604

🍇

SCE GLANTENAY GEORGES ET FILS
Chemin de la Cave
21190 Volnay
Tél. 03 80 21 61 82
Fax 03 80 21 68 66
C : 05.94

VOLNAY «CLOS DES CHÊNES» (ROUGE 1994)

🍇🍇🍇

DOMAINE GUYON ANTONIN
21420 Savigny-les-Beaune
Tél. 03 80 67 13 24
Fax 03 80 66 85 87
C : clos des chênes

VOLNAY «EN CHEVRET» (ROUGE 1994)

🍇

DROUHIN JOSEPH
1, rue d'Enfer
21200 Beaune
Tél. 03 80 24 68 88
Fax 03 80 22 43 14
C : En Chevret 20.33

VOLNAY «TAILLE-PIEDS» (ROUGE 1994)

🍇🍇

DOMAINE ROBLET MONNOT
rue de la Combe
21190 Volnay
Tél. 03 80 21 62 02
Fax 03 80 21 65 94
C : Taille-Pieds
L.94.TP.01

CÔTE DE NUITS

BONNES-MARES (ROUGE 1994)

🍇🍇🍇

SARL GROFFIER ROBERT ET FILS
3 et 5, route
des Grands- Crus
21220 Morey-Saint-Denis
Tél. 03 80 34 31 53
Fax 03 80 34 15 48

HAUTES-CÔTES-DE-NUITS (ROUGE 1994)

🍇🍇

LES CAVES DES HAUTES-CÔTES
Route de Pommard
21200 Beaune
Tél. 03 80 24 63 12
Fax 03 80 22 87 05
C : A

🍇🍇

LES CAVES DES HAUTES-CÔTES
Route de Pommard
21200 Beaune
Tél. 03 80 24 63 12
Fax 03 80 22 87 05
C : B

🍇

DOMAINE DE MONTMAIN
21700 Villars-Fontaine
Tél. 03 80 62 31 94
Fax 03 80 61 02 31
C : LHCNGR 01

HAUTES-CÔTES-DE-NUITS (BLANC 1995)

🍇🍇

DOMAINE DE MONTMAIN
21700 Villars-Fontaine
Tél. 03 80 62 31 94
Fax 03 80 61 02 31
C : LHCNB 01

CHAMBOLLE-MUSIGNY (ROUGE 1994)

🍇🍇

SCEV CHAUVENET-CHOPIN
97, rue Félix-Tisserand
21700 Nuits-Saint-Georges
Tél. 03 80 61 28 11
Fax 03 80 61 20 02
C : LCH.4

CHAMBOLLE-MUSIGNY «LES AMOUREUSES» (ROUGE 1994)

🍇🍇🍇

SARL GROFFIER ROBERT ET FILS
3-5, route des Grands-Crus
21220 Morey-Saint-Denis
Tél. 03 80 34 31 53
Fax 03 80 34 15 48
C : Les Amoureuses

🍇

DROUHIN JOSEPH
1, rue d'Enfer
21200 Beaune
Tél. 03 80 24 68 88
Fax 03 80 22 43 14
C : Les Amoureuses
20.27

CHARMES-CHAMBERTIN (ROUGE 1994)

🍇🍇

PERROT-MINOT HENRI
54, route des Grands-Crus
21220 Morey-Saint-Denis
Tél. 03 80 34 32 51
Fax 03 80 34 13 57
C : C L.11.94.

CÔTE-DE-NUITS-VILLAGES (ROUGE 1994)

🍇🍇🍇

SCEV CHAUVENET-CHOPIN
97, rue Félix-Tisserand
21700 Nuits-Saint-Georges
Tél. 03 80 61 28 11
Fax 03 80 61 20 02
C : LCNV.4

🍇

GAEC DOMAINE GACHOT-MONOT
21700 Corgoloin
Tél. 03 80 62 50 95
Fax 03 80 62 53 85
C : L.94.1

ÉCHEZEAUX (ROUGE 1994)

🍇

DOMAINE MONGEARD-MUGNERET
14, rue de la Fontaine
21700 Vosne-Romanée
Tél. 03 80 61 11 95
Fax 03 80 62 35 75
C : EX.94

◆ Vins-Mâconnais

FIXIN «CLOS DE LA PERRIÈRE» (ROUGE 1994)

❋

EARL JOLIET PÈRE ET FILS
La Perrière
21220
Fixin
Tél. 03 80 52 47 85
Fax 03 80 51 99 90
C : Clos de la Perrière LR94

FIXIN «CLOS DE LA PERRIÈRE» (BLANC 1995)

❋

EARL JOLIET PÈRE ET FILS
La Perrière
21220 Fixin
Tél. 03 80 52 47 85
Fax 03 80 51 99 90
C : Clos de la Perrière LB95

GEVREY-CHAMBERTIN (ROUGE 1994)

❋

DOMAINE GUYON ANTONIN
21420
Savigny-lès-Beaune
Tél. 03 80 67 13 24
Fax 03 80 66 85 87

GEVREY-CHAMBERTIN «BEL AIR» (ROUGE 1994)

❋❋

DOMAINE CESCHAMPS CLAUDINE
Le Village
BP 102
21700
Nuits-Saint-Georges
Tél. 03 80 62 61 00
Fax 03 80 62 61 03
C : Bel Air LW.096

MOREY-SAINT-DENIS (ROUGE 1994)

❋❋

TAUPENOT-MERME JEAN
33, route des Grands- Crus
21220
Morey-Saint-Denis
Tél. 03 80 34 35 24
Fax 03 80 51 83 41
C : L94M

MARSANNAY (ROUGE 1994)

❋

EARL BOUVIER RENÉ
2, rue Neuve
21160
Marsannay-la-Côte
Tél. 03 80 52 21 37
Fax 03 80 59 95 96
C : R4

MARSANNAY (BLANC 1995)

❋❋

CHÂTEAU DE MARSANNAY
BP 78
21160 Marsannay-la-Côte
Tél. 03 80 51 11 44
Fax 03 80 58 77 25
C : L1506

NUITS-SAINT-GEORGES (ROUGE 1994)

❋❋

SCEV CHAUVENET-CHOPIN
97, rue Félix-Tisserand
21700
Nuits-Saint-Georges
Tél. 03 80 61 28 11
Fax 03 80 61 20 02
C : LNSG4

NUITS-SAINT-GEORGES «AUX ARGILLATS» (ROUGE 1994)

❋

SCEV CHAUVENET-CHOPIN
97, rue Félix-Tisserand
21700
Nuits-Saint-Georges
Tél. 03 80 61 28 11
Fax 03 80 61 20 02
C : Aux Argillats LARG4

CÔTE-DE-NUITS-NUITS-SAINT-GEORGES «AUX CHAIGNOTS» ROUGE 1994)

❋❋

CHOPIN DANIEL
Rue Claude-Henry
21700
Comblanchien
Tél. 0 380 62 94 09
C : Aux Chaignots 6

NUITS-SAINT-GEORGES «LES CAILLES» (ROUGE 1994)

❋❋❋

SCEV CHEVILLON ROBERT
68, rue Félix-Tisserand
21700 Nuits-Saint-Georges
Tél. 03 80 62 34 88
Fax 03 80 61 93 31
C : Les Cailles L.94.11

VOSNE-ROMANÉE «EN ORVEAUX» (ROUGE 1994)

❋❋

DOMAINE MONGEARD-MUGNERET
14, rue de la Fontaine
21700 Vosne-Romanée
Tél. 03 80 61 11 95
Fax 03 80 62 35 75
C : En Orveaux or.94

VOSNE-ROMANÉE «AUX MALCONSORTS» (ROUGE 1994)

❋❋

DOMAINE THOMAS MOILLARD
2, rue Francois-Mignotte
21700 Nuits-Saint-Georges
Tél. 03 80 62 42 22
Fax 03 80 61 28 13
C : Aux Malconsorts 64.910

VOUGEOT (ROUGE 1994)

❋❋❋

CHOPIN DANIEL
Rue des Clos-Prieurs
21700 Comblanchien
Tél. 03 80 62 94 09
C : 5

VOUGEOT «LE CLOS BLANC» (BLANC 1995)

❋❋❋

L'HÉRITIER GUYOT
Rue des Clos-Prieurs
21640 Gilly-les-Citeaux
Tél. 03 80 62 86 58
Fax 03 80 62 82 37
C : Le Clos blanc 1

MÂCONNAIS

MÂCON (ROSÉ 1996)

❋❋❋

CAVE COOPÉRATIVE DE SOLOGNY
La Croix-Blanche
71960 Sologny
Tél. 03 85 36 60 64
Tél. 03 85 37 78 51
C : 14

MÂCON-CHARDONNAY (BLANC 1996)

❋❋❋

CAVE DE LUGNY
Rue des Charmes
71260 Lugny
Tél. 03 85 33 22 85
Fax 03 85 33 26 46
C : 2

MÂCON-CHARNAY-LÈS-MÂCON (ROUGE 1996)

❋❋

CAVE DE CHARNAY-LÈS-MÂCON
54, chemin de la Cave
71850 Charnay-lès-Mâcon
Tél. 03 85 34 54 24
Fax 03 85 34 86 84
C : 57

MÂCON-CHARNAY-LÈS-MÂCON (BLANC 1996)

❋❋

DOMAINE GUEUGNON ROGER
Chemin de la Cave
71850 Charnay-lès-Mâcon
Tél. 03 85 34 37 36
Fax 03 85 20 20 72
C : 14

CAVE DE CHARNAY-LÈS-MÂCON
54, chemin de la Cave
71850 Charnay-lès-Mâcon
Tél. 03 85 34 54 24
Fax 03 85 34 86 84
C : 16

**MÂCON-CLESSÉ
(BLANC 1996)**

🍂

**CAVE COOPÉRATIVE
VIGNE BLANCHE**
Vigne Blanche
71260 Clesse
Tél. 03 85 36 93 88
Fax 03 85 36 97 49
C : 67

**MÂCON-CRUZILLES
(ROUGE 1996)**

🍂

CAVE DE LUGNY
Rue des Charmes
71260 Lugny
Tél. 03 85 33 22 85
Fax 03 85 33 26 46
C : 1

**MÂCON-LUGNY
(BLANC 1996)**

🍂🍂🍂

CAVE DE LUGNY
Rue des Charmes
71260 Lugny
Tél. 03 85 33 22 85
Fax 03 85 33 26 46
C : 1, 3

**MÂCON-PRISSÉ
(BLANC 1996)**

🍂

**GROUPEMENT
DE PRODUCTEURS
DE PRISSÉ**
71960 Prissé
Tél. 03 85 37 88 06
Fax 03 85 37 61 76
C : 140, 118

**MÂCON-SOLOGNY
(BLANC 1996)**

🍂🍂

**CAVE COOPÉRATIVE
DE SOLOGNY**
La Croix-Blanche
71960 Sologny
Tél. 03 85 36 60 64
Fax 03 85 37 78 51
C : 12

**MÂCON
SUPÉRIEUR
(ROUGE 1996)**

🍂🍂🍂

**LYCÉE VITICOLE
DE MÂCON-DAVAYÉ**
Les Poncetys
71960 Davayé
Tél. 03 85 33 56 22
Fax 03 85 35 86 34
C : I1, I2

🍂🍂

CAVE DE LUGNY
Rue des Charmes
71260 Lugny
Tél. 03 85 33 22 85
Fax 03 85 33 26 46
C : 1

**MÂCON-VILLAGES
(BLANC 1996)**

🍂🍂

**CAVE DES VIGNERONS
DE BUXY**
Vignes de la Croix
71390 Buxy
Tél. 03 85 92 03 03
Fax 03 85 92 08 06
C : I

🍂🍂

**DOMAINE
GUEUGNON ROGER**
Chemin de la Cave
71850 Charnay-
lès-Mâcon
Tél. 03 85 34 37 36
Fax 03 85 20 20 72
C : 13

**CAVE
COOPÉRATIVE
D'IGÉ**
71960 Igé
Tél. 03 85 33 33 56
Fax 03 85 33 41 85
C : 110

**MÂCON-VIRÉ
(BLANC 1996)**

🍂🍂🍂

CAVE DE VIRÉ SCA
En Vercheron
71260 Viré
Tél. 03 85 33 12 64
Fax 03 85 33 17 99
C : 1, 3, 5

🍂🍂🍂

CAVE DE VIRÉ SCA
En Vercheron
71260 Viré
Tél. 03 85 33 12 64
Fax 03 85 33 17 99
C : 2

🍂

CAVE DE VIRÉ SCA
En Vercheron
71260 Viré
Tél. 03 85 33 12 64
Fax 03 85 33 17 99
C : 4

**POUILLY-FUISSÉ
(BLANC 1995)**

🍂🍂🍂

**EARL
DUTRON DENIS**
Le bourg
71960 Fuissé
Tél. 03 85 35 64 42
Fax 03 85 35 66 47
C : L96P1

🍂🍂

**DOMAINE ABELANET
LANEYRIE**
Les Buissonnats
71570 Chaintré
Tél. 03 85 35 61 95
Fax 03 85 35 66 43
C : LPF95

🍂

**EARL DOMAINE
LA SOUFRANDISE**
71960 Fuissé
Tél. 03 85 35 64 04
Fax 03 85 3 565 57
C : LP100

**POUILLY-LOCHE
(BLANC 1995)**

🍂🍂🍂

**CAVE DES GRANDS
CRUS BLANCS**
71680 Vinzelles
Tél. 03 85 35 61 88
Fax 03 85 35 60 43
C : L95015

**POUILLY-VINZELLES
(BLANC 1995)**

🍂🍂

GAEC DE LAYE
Aux Closeailles
71680 Vinzelles
Tél. 03 85 35 63 49
Fax 03 85 35 67 40
C : L 0195

**CAVE DES GRANDS
CRUS BLANCS**
71680 Vinzelles

Tél. 03 85 35 61 88
Fax 03 85 35 60 43
C : L95022

**SAINT-VÉRAN
(BLANC 1995)**

🍂🍂🍂

**LITAUD
JEAN JACQUES**
Les Nembrets
71960 Vergisson
Tél. 03 85 35 85 69
Fax 03 85 35 86 26
C : 9501

**CAVE DE CHARNAY-
LÈS-MÂCON**
54, chemin de la Cave
71850 Charnay-
lès-Mâcon
Tél. 03 85 34 54 24
Fax 03 85 34 86 84
C : 1

🍂🍂

**GAEC MARTIN
MAURICE ET FILS**
Les Peiguins
71960 Davayé
Tél. 03 85 35 82 83
Fax 03 85 35 87 22
C : SV9505

🍂

**CAVE
DE CHAINTRÉ**
Cidex 418
71570 Chaintré
Tél. 03 85 35 61 61
Fax 03 85 35 61 48
C : 1

**GROUPEMENT
DE PRODUCTEURS
DE PRISSÉ**
71960 Prissé
Tél. 03 85 37 88 06
Fax 03 85 37 61 76
C : L9537

**CAVE
COOPÉRATIVE
DE SOLOGNY**
La Croix-Blanche
71960 Sologny
Tél. 03 85 36 60 64
Fax 03 85 37 78 51
C : 1

VDQS

**SAUVIGNON
DE SAINT-BRIS
(BLANC 1995)**

🍂🍂🍂

**DOMAINE SORIN
DEFRANCE**
11 bis, rue de Paris
89530 Saint-Bris-
le-Vineux
Tél. 03 86 53 32 99
Fax 03 86 53 34 44
C : 9609A6

La Chablisienne,
8, boulevard Pasteur
BP 14
89800 Chablis
Tél. 03 86 42 89 89
Fax 03 86 42 89 90

Domaine Félix
17, rue de Paris
89530 Saint-Bris-
le-Vineux
Tél. 03 86 53 33 87
Fax 03 86 53 61 64
C : L96108 SSB

CHAMPAGNE
AOC

Champagne brut

SCEA François Brossolette
42, Grande-Rue
10110 Polisy
Tél. 03 25 38 57 17
Fax 03 25 38 51 56
C : L13086

Lacroix François
2, rue de Morres
10110 Merrey-sur-Arce
Tél. 03 25 29 83 59
Fax 03 25 29 83 59

SCEV champagne JM Tassin et Fils
13, Grande-Rue
10110 Celles-sur-Ource
Tél. 03 25 38 54 43
Fax 03 25 38 52 07

Champagne Goutorbe
9 bis, rue Jeanson
51160 Ay
Tél. 03 26 55 21 70
Fax 03 26 54 85 11
C : LHG

EARL R. Blin et Fils
11, rue du Point-du-Jour
51140 Trigny
Tél. 03 26 03 10 97
Fax 03 26 03 19 63

Brocard Pierre
10, chemin du Bruyant
10110 Celles-sur-Ource
Tél. 03 25 38 55 00
Fax 03 25 38 55 23

Loriot Pagel Joseph
33, rue de la République
51700 Festigny
Tél. 03 26 58 33 53
Fax 03 26 58 05 37
C : L3650

Tassin Emmanuel
13 et 104, Grande-Rue
10110 Celles-sur-Ource
Tél. 03 25 38 59 44
Fax 03 25 29 94 59

(Blanc de blanc)

EARL Champagne Guy Larmandier
30, rue du Général-
Kœnig
51130 Vertus
Tél. 03 26 52 12 41
Fax 03 26 52 12 41

Lancelot-Royer Pierre
540, avenue du Général-
de-Gaulle
51530 Cramant
Tél. 03 26 57 51 41
Fax 03 26 57 12 25
C : LCO294

Champagne Saint-Chamant
50, avenue Paul-
Chandon
51200 Epernay
Tél. 03 26 54 38 09
Fax 03 26 54 96 55

Paul Goerg
4, place du Mont-Chenil
51130 Vertus
Tél. 03 26 52 15 31
Fax 03 26 52 23 96

Champagne millésimé

Champagne Bonnaire
120, rue d'Epernay
51530 Cramant
Tél. 03 26 57 50 85
Fax 03 26 57 59 17
C : 1991 L165059

Champagne Sadi Malot
35, rue Pasteur
51380 Villers-Marmery
Tél. 03 26 97 90 48
Fax 03 26 97 97 62
C : 1989

Champagne Esterlin
25, avenue de
Champagne
51200 Epernay
Tél. 03 26 59 71 52
Fax 03 26 59 77 72
C : 1990 8791

EARL Agrapart et Fils
57, avenue Jean-Jaurès
51190 Avize
Tél. 03 26 57 51 38
Fax 03 26 57 05 06
C : 1990 L90

Jacky Dumangin
3, rue de Rilly
51500 Chigny-
les-Roses
Tél. 03 26 03 46 34
Fax 03 26 03 45 61
C : 1992 BP92

Champagne rose

Champagne Paul Goerg
4, place du Mont-Chenil
51130 Vertus
Tél. 03 26 52 15 31
Fax 03 26 52 23 96

EFFERVESCENTS
CRÉMANTS ET
MOUSSEUX AOC

Crémant d'Alsace 1994

Cave coopérative de Pfaffenheim Guebersch
Rue du Chai
68250 Pfaffenheim
Tél. 03 89 49 61 08

C : pinot blanc 2

Union vinicole Divinal
30, rue du Maréchal-
Leclerc
67210 Obernai
Tél. 03 88 95 61 18
C : pinot blanc 3

GAEC Gilg Armand et Fils
24, rue Rotland
67140 Mittelbergheim
Tél. 03 88 08 92 76
C : pinot blanc

Crémant d'Alsace 1995

Cave coopérative d'Ingersheim
45, rue de la République
68040 Ingersheim
Tél. 03 89 27 05 96
C : pinot blanc 5

GAEC Koch Pierre et Fils
2, route du Vin
67680 Nothalten
Tél. 03 89 92 42 30
C : pinot blanc L95

Cave coopérative d'Eguisheim
68420 Eguisheim
Tél. 03 89 41 11 06
C : pinot blanc 2

Cave coopérative de Beblenheim
14, rue de Hoen
68980 Beblenheim
Tél. 03 89 47 90 02
C : pinot blanc 5

Cave coopératoive d'Eguisheim
68420 Eguisheim
Tél. 03 89 41 11 06
C : pinot blanc 5

Cave coopérative de Dambach-la-Ville
3, rue de la Gare
67650 Dambach-la-Ville
Tél. 03 88 92 40 03
C : Pinot blanc 2

Cave coopérative du vieil Armand Soult
1, route de Cernay
68360 Wuenheim
Tél. 03 89 76 73 75
C : pinot blanc 1

ARL BECHT PIERRE
6, faubourg des Vosges
7120 Dorlisheim
él. 03 88 38 18 22
: pinot blanc

**CRÉMANT
E BOURGOGNE**

🍷🍷

A CHABLISIENNE
boulevard Pasteur
P 14
9800 Chablis
él. 03 86 42 89 89
ax 03 86 42 89 90

**CRÉMANT
E BOURGOGNE
993**

🍷

AVE DE VIRE SCA
n Vercheron
260 Viré
él. 03 85 32 25 50
ax 03 85 32 25 55
: blanc 2

**CRÉMANT
E BOURGOGNE
994**

🍷🍷🍷

OUIS PICAMELOT
, place de la Croix-
anche
150 Rully
él. 03 85 87 13 60
ax 03 85 87 12 10
: blanc 223

🍷🍷

AVE DE LUGNY
ue des Charmes
260 Lugny
l. 03 85 33 22 85
x 03 85 33 26 46
: blanc 1

🍷

NDRÉ DELORME
rue de la République
150 Rully
l. 03 85 87 10 12
x 03 85 87 04 60
blanc 989

**GROUPEMENT
DES PRODUCTEURS
DE PRISSÉ**
71960 Prissé
Tél. 03 85 37 88 06
Fax 03 85 37 61 76
C : blanc L9400

**CRÉMANT
DE BOURGOGNE
1995**

🍷🍷🍷

VEUVE AMBAL
BP 1
71150 Rully
Tél. 03 85 87 15 05
Fax 03 85 87 3015
C : blanc

🍷🍷

**CAVE DES VIGNERONS
DE BISSEY**
Les Millerands
71390 Bissey-
sous-Cruchaud
Tél. 03 85 92 12 16
Fax 03 85 92 08 71
C : rose LCR5

CAVE DE LUGNY
Rue des Charmes
71260 Lugny
Tél. 03 85 33 22 85
Fax 03 85 33 26 46
C : rose 1

**CRÉMANT
DE LOIRE
1993**

🍷🍷🍷

**LES CAVES
DE LA LOIRE**
Bourg
Diamant de Loire
49320 Brissac-Quince
Tél. 02 41 91 22 71

**CRÉMANT
DE LOIRE
1994**

🍷🍷

**CAVE COOPÉRATIVE DES
VIGNERONS DE SAUMUR**
Bourg
49260 Saint-Cyr-en-
Bourg
Tél. 02 41 53 06 06
**SCEA
YVES LAMBERT**
Mollay
49260 Saint-Just-sur-Dive
Tél. 02 31 97 33 63
Fax 02 41 67 94 51
C : L 06 95
SCA DAHEUILLER
28, rue du Fuau
Domaine des Varinelles
49400 Varrains
Tél. 02 41 52 90 94
Fax 02 41 52 94 63

**MONTLOUIS
1994**

🍷🍷

BERGER FRÈRES
Domaine des Liards
70, rue de Chenonceaux
37270 Saint-Martin-
le-Beau
Tél. 02 47 50 67 36
Fax 02 47 50 21 13
C : brut 9405

**SAUMUR
1994**

🍷🍷

SCEA BODET LHERIAU
Château de la
Durandière
49260 Montreuil-Bellay
Tél. 02 41 52 31 36
Fax 02 41 38 72 30

🍷

**CAVE COOPÉRATIVE DES
VIGNERONS DE SAUMUR**
Bourg
49260 Saint-Cyr-
en-Bourg
Tél. 02 41 53 06 06

TOURAINE 1994

🍷🍷

**SA VIGNOBLE CHÂTEAU
DE MONCONTOUR**
Château de Moncontour
37210 Vouvray
Tél. 02 47 52 60 77
Fax 02 47 52 65 50
C : brut L948712

**VOUVRAY
1994**

🍷🍷

**EARL DOMAINE
SYLVAIN GAUDRON**
Domaine Sylvain
Gaudron
59, rue Neuve
37210 Vernou-
sur-Brenne
Tél. 02 47 52 12 27
Fax 02 47 52 05 05
C : brut LMB 1

🍷

DOMAINE LE CAPITAINE
23, rue du Commandant-
Mathieu
37210 Rochecorbon
Tél. 02 47 52 53 86
Fax 02 47 52 85 23
C : sec 95, 96

**ARBOIS
1995**

🍷

LORNET FRÉDÉRIC
39600 Montigny-
lès-Arsures
Tél. 03 84 37 44 95
C : 75

**CÔTES-DU-JURA
1995**

🍷🍷🍷

MAZIER MICHEL
Impasse du Rochet
39190 Orbagna
Tél. 03 84 25 09 76

🍷

**ROBELIN MARIE
CLAUDE ET FILS**
Rue de la Florentine
39210 Le Vernois
Tél. 03 84 25 33 30
Fax 03 84 85 26 03

**CRÉMANT DU JURA
1994**

🍷🍷

**CAVE COOPÉRATIVE
FRUITIÈRE VINICOLE**
Arbois
2, rue des Fosses
39601 Arbois Cedex
Tél. 03 84 66 11 67
Fax 03 84 37 48 80
C : 2

CRÉMANT DU JURA 1995

🌿🌿

TISSOT ANDRÉ ET MIREILLE
39600 Montigny-lès-Arsures
Tél. 03 84 66 08 27
Fax 03 84 66 25 08
C : L092

TISSOT ANDRÉ ET MIREILLE
39600 Montigny-lès-Arsures
Tél. 03 84 66 08 27
Fax 03 84 66 25 08
C : L10

🌿

GENELETTI MICHEL BERNARD GABRIEL
373, rue de l'Église
39570 L'Étoile
Tél. 03 84 47 46 25
Fax 03 84 47 38 18

BLANQUETTE DE LIMOUX 1995

🌿🌿🌿

LES CAVES DU SIEUR D'ARQUES
Avenue du Mauzac
11300 Limoux
Tél. 04 68 31 14 59
Fax 04 68 31 62 48
C : brut 966

GFA ROBERT
Domaine de Fourn
11300 Pieusse
Tél. 04 68 31 15 03
Fax 04 68 31 77 65
C : brut 6-1-3

🌿🌿

GEORGES ET ROGER ANTECH SA
Domaine de Flassian
11300 Limoux
Tél. 04 68 31 15 88
Fax 04 68 31 71 61
C : brut 27

🌿

GFA ROBERT
11300 Pieusse
Tél. 04 68 31 15 03
Fax 04 68 31 77 65
C : demi-sec 6, 1, 4

BLANQUETTE MÉTHODE ANCESTRALE 1995

🌿🌿🌿

VIGNOBLES VERGNES
11250 Saint-Hilaire
Tél. 04 68 69 41 93
Fax 04 68 69 45 97

LES CAVES DU SIEUR D'ARQUES
Avenue du Mauzac
11300 Limoux
Tél. 04 68 31 14 59
Fax 04 68 31 62 48
C : doux 15

CRÉMANT DE LIMOUX 1995

🌿🌿🌿

GFA ROBERT
11300 Pieusse
Tél. 04 68 31 15 03
Fax 04 68 31 77 65
C : demi-sec 6c8

GEORGES ET ROGER ANTECH SA
Domaine de Flassian
11300 Limoux
Tél. 04 68 31 15 88
Fax 04 68 31 71 61
C : 30

LES CAVES DU SIEUR D'ARQUES
Avenue du Mauzac
11300 Limoux
Tél. 04 68 31 14 59
Fax 04 68 31 62 48
C : brut 965

🌿🌿

GFA ROBERT
11300 Pieusse
Tél. 04 68 31 15 03
Fax 04 68 31 77 65
C : brut 6C8

GAILLAC 1995

🌿🌿

CAT GAILLAC BOISSEL
Hameau de Boissel
Domaine René Rieux
81600 Gaillac
Tél. 05 63 57 29 29
Fax 05 63 57 51 71
C : doux LCG95

🌿🌿

GAEC DOMAINE VAYSSETTE
Laborie
Domaine Vayssette
81600 Gaillac
Tél. 05 63 57 31 95
C : demi-sec 02.295

SCA CAVE LABASTIDE DE LÉVIS
81150 Labastide-de-Levis
Tél. 05 63 55 41 83
Fax 05 63 53 23 94
C : demi-sec 1995

THOMIÈRES LAURENT
La raffinie baron Thomières
81150 Castelnau-de-Lévis
Tél. 05 63 53 11 99
Fax 05 63 53 11 99
C : brut CL9508

🌿🌿

EARL MAS D'AUREL
Mas d'Aurel
Domaine du mas d'Aurel
81170 Donnazac
Tél. 05 63 56 06 39
Fax 05 63 56 60 21
C : brut L1.93

CLAIRETTE DE DIE 1995

🌿🌿🌿

RASPAIL JEAN CLAUDE
Domaine de la Mure
26340 Saillans
Tél. 04 75 21 55 99
Fax 04 75 21 57 57
C : LHD195

🌿🌿

CAVE COOPÉRATIVE DE DIE
BP 79
26150 Die
Tél. 04 75 22 30 00
Fax 04 75 22 21 06
C : A

🌿

CAVE COOPÉRATIVE DE DIE
BP 79
26150 Die
Tél. 04 75 22 30 00
Fax 04 75 22 21 06
C : E

CRÉMANT DE DIE 1994

🌿🌿

CORNILLON DIDIER
26410 Saint-Roman-en-Diois
Tél. 04 75 21 81 79
Fax 04 75 21 84 44
C : L15

🌿

GAEC CAROD FRÈRES
26340 Vercheny
Tél. 04 75 21 73 77
Fax 04 75 21 75 22
C : 9400795

CRÉMANT DE DIE 1995

🌿🌿🌿

RASPAIL JEAN CLAUDE
Domaine de la Mure
26340 Saillans
Tél. 04 75 21 55 99
Fax 04 75 21 57 57
C : LC 595

VIN DU BUGEY CRU «MONTAGNIEU» 1995

🌿🌿🌿

CHARLIN PATRICK
Le Port
01680 Groslée
Tél. 04 74 39 73 54
Fax 04 74 39 75 16
C : chardonnay

**INS MOUSSEUX
E QUALITÉ**

EUDONNÉ CLAUDE
oute Bastide-
es-Jourdans
4860 Pierrevert
él. 04 92 72 30 44
ax 04 92 72 69 08
: lot 3

EGENEVE LAURENT
Grand-Rue
5210 Creuë
él. 03 29 89 30 67
: 1

**INS MOUSSEUX
VERS
994**

**ES VIGNERONS
TOULOIS**
, place de la Mairie
113 Mont-le-Vignoble
el. 03 83 62 59 93
ax 03 83 62 59 93
: 5

JURA

AOC

**RBOIS VIN
E PAILLE
994)**

ESIRÉ PETIT
600 Pupillin
l. 03 84 66 01 20
x 03 84 66 26 59

**CAVE COOPÉRATIVE
FRUITIÈRE VINICOLE**
Arbois
2, rue des Fosses
39601 Arbois Cedex
Tél. 03 84 66 11 67
Fax 03 84 37 48 80
C : 1

ARBOIS VIN JAUNE
(1990)

**AVIET LUCIEN
LA BOUTIÈRE**
39600 Montigny-
lès-Arsures
Tél. 03 84 66 11 02

**CAVE COOPÉRATIVE
FRUITIÈRE VINICOLE
ARBOIS**
2, rue des Fosses
39601 Arbois Cedex
Tél. 03 84 66 11 67
Fax 03 84 37 48 80
C : 1

ARBOIS VIN JAUNE
(1989)

**SCV DES DOMAINES
HENRI MAIRE**
Domaine Sorbief
39600 Arbois
Tél. 03 84 66 12 34
Fax 03 84 66 42 42

ARBOIS VIN JAUNE
(1990)

**DOMAINE JACQUES
TISSOT**
39, rue de Courcelles
39600 Arbois
Tél. 03 84 66 14 27
Fax 03 84 66 24 88
C : 2

PUFFENEY JACQUES
Saint-Laurent
39600 Montigny-
lès-Arsures
Tél. 03 84 66 10 89
Fax 03 84 66 08 36

ARBOIS
(ROUGE 1995)

**DOMAINE LIGIER PÈRE
ET FILS**
7, route de Poligny
39380 Mont-sous-
Vaudrey
Tél. 03 84 71 74 75
Fax 03 84 81 59 82

**CAVE COOPÉRATIVE
FRUITIÈRE VINICOLE**
Arbois
2, rue des Fosses
39601 Arbois Cedex
Tél. 03 84 66 11 67
Fax 03 84 37 48 80
C : 1

LORNET FRÉDÉRIC
L'Abbaye
39600 Montigny-
lès-Arsures
Tél. 03 84 37 44 95
C : 8

**TISSOT ANDRÉ
ET MIREILLE**
39600 Montigny-
lès-Arsures
Tél. 03 84 66 08 27
Fax 03 84 66 25 08
C : L02

ARBOIS
(ROSÉ 1995)

PUFFENEY JACQUES
Saint-Laurent
39600 Montigny-
lès-Arsures
Tél. 03 84 66 10 89
Fax 03 84 66 08 36

**TISSOT ANDRÉ
ET MIREILLE**
39600 Montigny-
lès-Arsures
Tél. 03 84 66 08 27
Fax 03 84 66 25 08
C : L01

ARBOIS
(BLANC 1995)

**TISSOT ANDRÉ
ET MIREILLE**
39600 Montigny-
lès-Arsures
Tél. 03 84 66 08 27
Fax 03 84 66 25 08
C : L07

**DOMAINE LIGIER PÈRE
ET FILS**
7, route de Poligny
39380 Mont-sous-
Vaudrey
Tél. 03 84 71 74 75
Fax 03 84 81 59 82

**DOMAINE JACQUES
TISSOT**
39, rue de Courcelles
39600 Arbois
Tél. 03 84 66 14 27
Fax 03 84 66 24 88
C : 2

ARBOIS-PUPILLIN
(ROUGE 1995)

**FRUITIÈRE VINICOLE
DE PUPILLIN**
Rue du Ploussard
39600 Pupillin
Tél. 03 84 66 12 88
Fax 03 84 37 47 16
C : C21

ARBOIS-PUPILLIN
(ROSÉ 1995)

**SCV DES DOMAINES
HENRI MAIRE**
Domaine Sorbief
39600 Arbois

Tél. 03 84 66 12 34
Fax 03 84 66 42 42

**FRUITIÈRE VINICOLE
DE PUPILLIN**
Rue du Ploussard
39600 Pupillin
Tél. 03 84 66 12 88
Fax 03 84 37 47 16
C : F1

**ARBOIS-PUPILLIN
(BLANC 1995)**

**FRUITIÈRE VINICOLE
DE PUPILLIN**
Rue du Ploussard
39600 Pupillin
Tél. 03 84 66 12 88
Fax 03 84 37 47 16
C : C18

**CHÂTEAU-CHÂLON
VIN JAUNE (1990)**

HENRI MAIRE SA
Château Montfort
39600 Arbois
Tél. 03 84 66 12 34
Fax 03 84 66 42 42

MOSSU FRANÇOIS
Route de Menétru-
le-Vignoble
39210 Voiteur
Tél. 03 84 85 26 35
C : 2

**CÔTES-DU-JURA
VIN DE PAILLE
1994**

MOSSU FRANÇOIS
Route de Menétru-
le-Vignoble
39210 Voiteur
Tél. 03 84 85 26 35
C : 1

**CÔTES-DU-JURA
VIN JAUNE
(1990)**

**SOCIÉTÉ VITI-VINICOLE
CHÂTEAU D'ARLAY**

Château d'Arlay
39140 Arlay
Tél. 03 84 85 04 22
Fax 03 84 48 17 96
C : 1017

**DOMAINE MOREL-
THIBAUT**
4, rue Coittier
39800 Poligny
Tél. 03 84 37 07 61
Fax 03 84 37 07 61

**ROBELIN MARIE
CLAUDE ET FILS**
Rue de la Florentine
39210 Le Vernois
Tél. 03 84 25 33 30
Fax 03 84 85 26 03

**DOMAINE GRAND
FRÈRES**
39230 Passenans
Tél. 03 84 85 28 88
Fax 03 84 44 67 47
C : L9612

**CÔTES-DU-JURA
(ROUGE 1995)**

**PIGNIER
PÈRE ET FILS**
Cellier des Chartreux
39570 Montaigu
Tél. 03 84 24 24 30
Fax 03 84 47 46 00
C : 1

HENRI MAIRE SA
Château Montfort
39600 Arbois
Tél. 03 84 66 12 34
Fax 03 84 66 42 42
**TISSOT ANDRÉ
ET MIREILLE**
39600 Montigny-
lès-Arsures
Tél. 03 84 66 08 27
Fax 03 84 66 25 08
C : L04

JOLY CLAUDE
39190 Rotalier
Tél. 03 84 25 04 14
Fax 03 84 25 14 48

**CÔTES-DU-JURA
(ROSÉ 1995)**

BADOZ BERNARD
15, rue du Collège
Domaine des Roussots
39800 Poligny
Tél. 03 84 37 11 85
Fax 03 84 37 11 18

**CÔTES-DU-JURA
(BLANC 1995)**

**TISSOT
ANDRÉ
ET MIREILLE**
39600 Montigny-
lès-Arsures
Tél. 03 84 66 08 27
Fax 03 84 66 25 08
C : L08
ROLET PÈRE ET FILS
Montigny-lès-Arsures
39600 Arbois
Tél. 03 84 66 00 05
Fax 03 84 37 47 41
C : 1

**CAVEAU
DES JACOBINS**
Rue Nicolas-Appert
39800 Poligny
Tél. 03 84 37 01 37
Fax 03 84 37 30 47
C : foudre 3

BADOZ BERNARD
Domaine des Roussots
15, rue du Collège
39800 Poligny
Tél. 03 84 37 11 85
Fax 03 84 37 11 18

**L'ÉTOILE
(BLANC 1995)**

**GENELETTI MICHEL
BERNARD GABRIEL**
373, rue de l'Église
39570 L'Étoile
Tél. 03 84 47 46 25
Fax 03 84 47 38 18

GAEC JEAN GROS
Domaine
de Montbourgeau
39570 L'Étoile
Tél. 03 84 47 32 96
Fax 03 84 24 41 44
C : 3

VIN DU JURA

(BLANC 1996)

**SCP COTEAUX
DE CHAMPLITTE GVC**
Route de Champlitte-
la-Ville
70600 Champlitte
Tél. 03 84 67 65 09
Fax 03 84 67 69 89
C : 4, 5, 6, 7

SAVOIE

BUGEY AOC

**ROUSSETTE
DE SAVOIE
(BLANC 1996)**

**GONNET CHARLES
HUMBERT**
Chef-lieu
73800 Chignin
Tél. 04 79 28 09 89
C : altesse 11

**GAEC GRISARD JEAN-
PIERRE ET PHILIPPE**
Chef-lieu
73250 Fréterive
Tél. 04 79 28 54 09
Fax 04 79 71 41 36
C : altesse 54+fûts

**ROUSSETTE
DE SAVOIE-FRANGY
(BLANC 1996)**

COURLET JEAN
845, route de Moisy
74270 Frangy
Tél. 04 50 44 75 01
Fax 04 50 32 24 10
C : altesse 25 (1.2.3)

**VIN DE SAVOIE
(ROUGE 1996)**

GAEC TIOLLIER
Domaine L'Idylle
Saint-Laurent
73800 Cruet
Tél. 04 79 84 42 22
Fax 04 79 65 26 26
C : mondeuse 15+5

**VIN DE SAVOIE
(BLANC 1996)**

**GAEC LE CELLIER
DE SORDAN**
(Barlet J. Barcontian)
73170 Jongieux
Tél. 04 79 44 02 08
Fax 04 79 44 02 76
C : jacquère 9 B, 16 B

**GAEC GRISARD
J. PIERRE ET PHILIPPE**
Chef-lieu
73250 Fréterive
Tél. 04 79 28 54 09
Fax 04 79 71 41 36
C : jacquère 56, 37

VIN DE SAVOIE ABYMES (BLANC 1996)

🍂🍂🍂

GAEC DOMAINE DE VIALLET
Le clos réservé domaine
73190 Apremont
Tél. 04 79 28 33 29
Fax 04 79 28 20 68
C : jacquère 8-12

🍂🍂

PORTAZ MARC
Allée du Colombier
38530 Chapareillan
Tél. 04 76 45 23 51
C : jacquère 3-12

VIN DE SAVOIE APREMONT (BLANC 1996)

🍂🍂🍂

RETEMPS PHILIPPE
Saint-Pierre
73190 Apremont
Tél. 04 79 28 33 18
C : jacquère 14.15

🍂

TOURNOUD GUY
Bellecombe
38530 Chapareillan
Tél. 04 76 45 22 05
C : jacquère 15.

🍂

A LES ROCAILLES BONIFACE PIERRE
Domaine de l'Ancolie
Saint-André
73800 Les Marches
Tél. 04 79 28 14 50
Fax 04 79 28 16 82
C : jacquère 24

VIN DE SAVOIE ARBIN (ROUGE 1996)

🍂🍂🍂

ROSSET CHARLES
Chemin des Moulins
73800 Arbin
Tél. 04 79 84 30 99
C : mondeuse 1.2.8.15

🍂🍂

MADAME GENOUX ALEXIS
Chemin des Moulins
73800 Arbin
Tél. 04 79 84 24 30
Fax 04 79 65 24 32
C : mondeuse 1+2+7

GAEC TIOLLIER
Domaine L'Idylle
Saint Laurent
73800 Cruet
Tél. 04 79 84 42 22
Fax 04 79 65 26 26
C : mondeuse 2

VIN DE SAVOIE CHAUTAGNE (ROUGE 1996)

🍂🍂

CAVE COOPÉRATIVE DE CHAUTAGNE
73310 Ruffieux
Tél. 04 79 54 27 12
Fax 04 79 54 51 37
C : pinot 25

🍂

CAVE COOPÉRATIVE DE CHAUTAGNE
73310 Ruffieux
Tél. 04 79 54 27 12
Fax 04 79 54 51 37
C : gamay cl

VIN DE SAVOIE CHIGNIN AOC (ROUGE 1996)

🍂🍂🍂

QUENARD ANDRÉ ET MICHEL
Domaine Coteau
de Tormery
73800 Chignin
Tél. 04 79 28 12 75
Fax 04 79 28 19 36
C : mondeuse 3+5

🍂

QUENARD ANDRÉ ET MICHEL
Domaine Coteau
de Tormery
73800 Chignin
Tél. 04 79 28 12 75
Fax 04 79 28 19 36
C : gamay 36, 31

VIN DE SAVOIE CHIGNIN (BLANC 1996)

🍂🍂🍂

QUENARD RAYMOND
Domaine Raymond
Quenard
Le Villard
73800 Chignin
Tél. 04 79 28 01 46
Fax 04 79 28 01 46

🍂🍂

GONNET CHARLES HUMBERT
Chef-lieu
73800 Chignin
Tél. 04 79 28 09 89
C : jacquère 16.17

GIRARD MADOUX YVES
Tormery
73800 Chignin
Tél. 04 79 28 05 60
Fax 04 79 28 05 60
C : jacquère 10+12

VIN DE SAVOIE CHIGNIN-BERGERON (BLANC 1996)

🍂🍂🍂

QUENARD ANDRÉ ET MICHEL
Domaine Coteau
de Tormery
73800 Chignin
Tél. 04 79 28 12 75
Fax 04 79 28 19 36
C : roussanne 18

QUENARD RAYMOND
Domaine
Raymond Quenard
Le Villard
73800 Chignin
Tél. 04 79 28 01 46
Fax 04 79 28 01 46
C : jacquère 8+12+13

🍂

GAEC LES FILS DE RENÉ QUENARD
Les Tours
Le Cellier des Tours
73800 Chignin
Tél. 04 79 28 01 15
Fax 04 79 28 18 98
C : roussanne 1.6-7

VIN DE SAVOIE JONGIEUX (BLANC 1996)

🍂🍂🍂

BARLET RAYMOND ET FILS
La Cave du Prieuré
73170 Jongieux (le haut)
Tél. 04 79 44 02 22
Fax 04 79 44 03 07
C : jacquère 3+34

🍂

GAEC CARREL EUGÈNE ET FILS
73170 Jongieux
Tél. 04 79 44 00 20
Fax 04 79 44 03 06
C : jacquère 3.8

43

◆ Vins-Languedoc-Roussillon

VINS DE PAYS
VDQS

VIN DU BUGEY 1994

GAEC MAISON ANGELOT
Au Bourg
01300 Marignieu
Tél. 04 79 42 18 84
Fax 04 79 42 13 61
C : jacquère molette
chardonnay 94401
à 94403

VIN DU BUGEY (ROUGE 1996)

GAEC REY DUPORT
Grand-Rue
01150 Vaux-en-Bugey
Tél. 04 74 35 95 80
Fax 04 74 40 15 68
C : pinot 25

GAEC MAISON MONIN HUBERT ET PHILIPPE
Domaine Monin
01350 Vongnes
Tél. 04 79 87 92 33
Fax 04 79 87 93 25
C : gamay 1

EARL GAGNIOUD MARCHERIEU
01300 Nattages
Tél. 04 79 42 14 70
Fax 04 79 81 29 38
C : gamay 5

VIN DU BUGEY (ROSÉ 1996)

SARL LE CAVEAU BUGISTE
01300 Vongnes
Tél. 04 73 87 92 32
Fax 04 79 87 91 11
C : pinot 96-1

VIN DU BUGEY (BLANC 1996)

SARL LE CAVEAU BUGISTE
01300 Vongnes
Tél. 04 73 87 92 32
Fax 04 79 87 91 11
C : chardonnay 96.1

SARL LE CAVEAU BUGISTE
01300 Vongnes
Tél. 04 73 87 92 32
Fax 04 79 87 91 11
C : chardonnay

ROUSSETTE DU BUGEY (BLANC 1996)

GAEC MAISON ANGELOT MAXIME
Au Bourg
01300 Marignieu
Tél. 04 79 42 18 84
Fax 04 79 42 13 61
C : altesse 96101-
96102/103

VIN DE PAYS D'ALLOBROGIE (BLANC 1996)

SALOMON NOËL ÉMILE
Le Mollard
73800 Les Mollettes
Tél. 04 79 28 93 46
C : jacquère 2

VIN DE PAYS DES BALMES DAUPHINOISES (ROUGE 1996)

SCEA DOMAINE MEUNIER
Le Rochat
Domaine Meunier
38510 Sermerieu
Tél. 04 74 80 15 81
C : gamay 1.5

LANGUEDOC-ROUSSILLON
AOC

CLAIRETTE DE BELLEGARDE (BLANC 1996)

SCA LA CLAIRETTE
31, route d'Arles
30127 Bellegarde
Tél. 04 66 01 10 39
Fax 04 66 01 14 90
C : 243

CLAIRETTE DU LANGUEDOC-CABRIÈRES (BLANC 1996)

CAVE COOPÉRATIVE DE CABRIÈRES
34800 Cabrières
Tél. 04 67 96 07 05
Fax 04 67 88 00 15
C : 52

CORBIÈRES (ROUGE 1995)

SCEA HAUTE-FONTAINE
Domaine Java
11100 Bages
Tél. 04 68 41 01 52
Fax 04 68 42 80 64
C : 20

MAZARD JEAN-PIERRE ET ANNIE
Domaine Serres Mazard
11220 Talairan
Tél. 04 68 44 02 22
Fax 04 68 44 08 47
C : 331

CAVE DES VIGNERONS DE CAMPLONG
Fontbories
11200 Camplong-d'Aude
Tél. 04 68 43 60 86
Fax 04 68 43 69 21
C : C4AY

DOMAINE GEORGES BERTRAND
11200 Saint-André-de-Roquelongue
Tél. 04 68 45 10 43
Fax 04 68 45 11 73

SCEA DOMAINE DU MOUTON
Domaine du Mouton
Route des Plages
11100 Narbonne
Tél. 04 68 41 05 96
Fax 04 68 42 81 73
C : 15

SCEA PHILIPPE COURRIAN
Château Cascadais
11220 Saint-Laurent-de-la-Cabrerisse
Tél. 04 56 09 00 77
Fax 04 56 09 06 24
C : 1

LE CELLIER JOSEPH DELTEIL
Cave coopérative
Château Servies
11220 Servies-en-Val
Tél. 04 68 24 08 74
Fax 04 68 24 01 37
C : 4

SCEA LES PALAIS
Château Les Palais
11220 Saint-Laurent-de-la-Cabrerisse
Tél. 04 68 44 01 63
Fax 04 68 44 07 42
C : 20

SARL FLB RIGAL
Château du Grand-Caumont
11200 Lézignan-Corbières
Tél. 04 68 27 10 82
Fax 04 68 27 54 59
C : lot 2

SCEA CHÂTEAU SAINTE-LUCIE-D'AUSSOU
Domaine Sainte-Lucie-d'Aussou
11200 Boutenac
Tél. 04 68 45 12 35
C : 19

PANIS LOUIS
Château Vieux Parc
Avenue des Vignerons
11200 Conilhac-Corbières
Tél. 04 68 27 47 44
Fax 04 68 27 38 29
C : fûts

CAVE COOPÉRATIVE DE TALAIRAN
Cuvée Talairan
11220 Talairan
Tél. 04 68 44 02 17
Fax 04 68 44 06 13
C : F1

BERTRAND GÉRARD
Domaine de Villemajou
11200 Saint-André-de-Roquelongue

Tél. 04 68 45 10 43
Fax 04 68 45 11 73
SCV Les Vignerons Doctaviana
Cave coopérative
Cuvée Sextant
11200 Boutenac
Tél. 04 68 27 09 76
Fax 04 68 27 5815
C : 108
Mazard Jean-Pierre et Annie
Domaine Saint-Damien
11220 Talairan
Tél. 04 68 44 02 22
Fax 04 68 44 08 47
C : 339
Galibert Gisèle
Domaine Prieuré Sainte-Marie-Dalbas
2, impasse Alaric
11700 Comigne
Tél. 04 68 79 09 64
C : 4FC
SCV Castelmaure
4, route des Canelles
Col des Vents
11360 Embres-et-Castelmaure
Tél. 04 68 45 91 83
Fax 04 68 45 83 56
C : CT
Producteurs du Mont Tauch
Domaine de la Perrière
11350 Tuchan
Tél. 04 68 45 41 08
Fax 04 68 45 45 29
C : A

🌿

Lemarie Marthe et François
Château Aiguilloux
11200 Thézan-des-Corbières
Tél. 04 68 43 32 71
Fax 04 68 43 30 66
C : barriques
Cave coopérative de Tournissan
36, avenue de la Promenade
11220 Tournissan
Tél. 04 68 44 03 09
Fax 04 68 44 05 94
C : 130-96
Munday Peter
Domaine des Chandelles
4, chemin des Pins
11800 Floure
Tél. 04 68 79 00 10
Fax 04 68 79 21 92
C : L04
Mme Brouillat Marie-Alyette
Château de Mattes
Sabran
11130 Sigean
Tél. 04 68 48 22 77
Caves Rocbere
Château de Montpezat
11490 Portel-des-Corbières

Tél. 04 68 48 28 05
Fax 04 68 48 45 92
C : 16
Caves Rocbere
Château de Mattes
11490 Portel-des-Corbières
Tél. 04 68 48 28 05
Fax 04 68 48 45 92
C : 17
SCV La Cave de Gruissan
Domaine Capoulade
Avenue de la Douane
11430 Gruissan
Tél. 04 68 49 01 17
Fax 04 68 49 34 99
C : 44
Ligneres Suzette
Château La Baronne
Château des Lanes
11700 Fontcouverte
Tél. 04 68 43 90 20
Fax 04 68 43 96 73
C : F6
Les Héritiers Surbezy
Château Les Ollieux
11200 Montseret
Tél. 04 68 43 32 61
Fax 04 68 43 30 78
C : 30, 31
SCEA Château de l'Ille
Château de L'Ille
11440 Peyriac-de-Mer
Tél. 04 68 41 05 96
Fax 04 68 42 81 73
C : 3

🍇

Corbières (rosé 1996)

🌿🌿🌿

SCV Les Maîtres Vignerons
11360 Cascastel
Tél. 04 68 45 91 74
Fax 04 68 45 82 70
C : 20
SCEA Domaine du Mouton
Domaine du Mouton
Route des Plages
11100 Narbonne
Tél. 04 68 41 05 96
Fax 04 68 42 81 73
C : 10
Lagarde Roland
Domaine Roque

Rue des Étangs
Sestière
11200 Luc-sur-Orbieu
Tél. 04 68 27 18 00
Fax 04 68 27 18 00
C : 29
Panis Louis
Château Vieux-Parc
Avenue des Vignerons
11200 Conilhac-Corbières
Tél. 04 68 27 47 44
Fax 04 68 27 38 29
C : 29
Bourdel Geneviève
Domaine Rouire-Ségur
Chemin de Cantarane
11200 Lézignan-Corbières
Tél. 04 68 27 19 76
Fax 04 68 27 62 51
C : 1

🌿🌿

Leferrer P.
Domaine du Grand-Cres
Avenue de la Mer
11200 Ferrals-les-Corbières
Tél. 04 68 43 69 08
Fax 04 68 43 58 99
Les Vignerons d'Octaviana
Cave coopérative
Octant
11200 Boutenac
Tél. 04 68 27 09 76
Fax 04 68 27 58 15
C : 37

🌿

Caves Rocbere
Vent marin
11490 Portel-des-Corbières
Tél. 04 68 48 28 05
Fax 04 68 48 45 92
C : 8
SCEA Château Loumet
Château de Loumet
11200 Bizanet
Tél. 04 68 45 12 95
C : 32
Cave des vignerons de Camplong
Peyres Nobles
11200 Camplong-d'Aude
Tél. 04 68 43 60 86
Fax 04 68 43 69 21
C : 39, 55, 66

Corbières (blanc 1996)

🌿🌿🌿

EARL Pasquier-Meunier
Château Meunier
Saint-Louis
11200 Boutenac
Tél. 04 68 27 09 69
Fax 04 68 27 53 34

C : 24
SCEA domaine du Mouton
Route des Plages
Enclave du Mouton
11100 Narbonne
Tél. 04 68 41 05 96
Fax 04 68 42 81 73
C : 1

🌿

Producteurs du Mont Tauch
11350 Tuchan
Tél. 04 68 45 41 08
Fax 04 68 45 45 29
C : bar

🌿

SCV Cellier des Demoiselles
11220 Saint-Laurent-de-la-Cabrerisse
Tél. 04 68 44 02 73
Fax 04 68 44 07 05
C : 29
Bousquet Jean-Noël
Château Grand Moulin
11200 Luc-sur-Orbieu
Tél. 04 68 27 40 80
Fax 04 68 27 47 61
C : 28, 29

Costières-de-Nîmes (rouge 1996)

🌿🌿🌿

Fayel Jean-François
Domaine des Cantarelles
30127 Bellegarde
Tél. 04 66 01 16 78
Fax 04 66 01 02 80
C : 5
EARL Gassier Roger
Château de Nages
30132 Caissargues
Tél. 04 66 38 15 68
Fax 04 66 38 16 47
C : 57
GFA domaine Guiot
Château Guiot
30800 Saint-Gilles
Tél. 04 66 73 30 86
Fax 04 66 73 32 09
C : 15
SCA Château de Campuget
Château de Campuget
Départementale 403
30129 Manduel
Tél. 04 66 20 20 15
Fax 04 66 20 60 57
C : 20
Collard François
Château Mourgues du Gres
30300 Beaucaire
Tél. 04 66 59 46 10
Fax 04 66 59 34 21
C : 32

LES VIGNERONS DE JONCQUIÈRES
20, rue de Nîmes
30300 Joncquières-Saint-Vincent
Tél. 04 66 74 50 07
Fax 04 66 74 49 40
C : 176

DE BORDAS FRANÇOISE
Château d'Espeyran
30800 Saint-Gilles
Tél. 04 66 87 30 11
Fax 04 66 87 30 11
C : 17

SCEA DU BOIS D'YEUSE
Château La Cadenette
La Cadenette
30600 Vestric-et-Candiac
Tél. 04 66 88 21 76
Fax 04 66 88 20 59
C : 40

GFA DOMAINE GUIOT
Château Vermeil
30800 Saint-Gilles
Tél. 04 66 73 30 86
Fax 04 66 73 32 09
C : 19

EARL CHÂTEAU DES SOURCES
Château des Sources
30127 Bellegarde
Tél. 04 66 01 16 78
Fax 04 66 01 02 80
C : 20

SENDRA HUBERT
Domaine des Aveylans
Château Aveylans
30127 Bellegarde
Tél. 04 66 70 10 91
Fax 04 66 70 10 89
C : 6

SCEA CASSAGNE TEISSIER
Domaine Petite Cassagne
La Petite Cassagne
30800 Saint-Gilles
Tél. 04 66 87 32 86
Fax 04 66 87 39 11
C : 12

SCA GRANDS VINS DE PAZAC
Pazac
Château Clausonne
30840 Meynes
Tél. 04 66 57 59 95
Fax 04 66 57 57 63
C : 41

DIDERON PIERRE
Château la Cadenette
La Cadenette
30600 Vestric - et-Candiac
Tél. 04 66 88 40 33
Tél. 04 66 88 20 59
C : 41

GAEC GRANDE CASSAGNE DARDE
Château Grande Cassagne

30800 Saint-Gilles
Tél. 04 66 87 32 90
Fax 04 66 87 32 90
C : 4

COSTIÈRES-DE-NÎMES (ROSÉ 1996)

DIDERON PIERRE
Château La Cadenette
La Cadenette
30600 Vestric-et-Candiac
Tél. 04 66 88 40 33
Tél. 04 66 88 20 59
C : 50

SCA CHÂTEAU DE L'AMARINE
Château de l'Amarine
Château Campuget
30129 Manduel
Tél. 04 66 20 20 15
Fax 04 66 20 60 57
C : 66

SCEA CHÂTEAU BEAUBOIS
Château Beaubois
30640 Franquevaux
Tél. 04 66 73 30 59
Fax 04 66 73 33 02
C : 52

SCA COSTIÈRES ET SOLEIL
Domaine des Alouettes
Rue Émile-Bilhau
30510 Générac
Tél. 04 66 01 31 31
Fax 04 66 01 38 85
C : 181/182

DE MERCURIO GUY
Château Saint-Cyrgues
30800 Saint-Gilles
Tél. 04 66 87 31 72
Fax 04 66 87 70 76
C : 19

FAYEL JEAN-FRANCOIS
Domaine des Cantarelles
30127 Bellegarde
Tél. 04 66 01 16 78
Fax 04 66 01 02 80
C : 3

EARL GASSIER ROGER
30132 Caissargues
Tél. 04 66 38 15 68
Fax 04 66 38 16 47
C : 6

GFA DOMAINE GUIOT
Château Vermeil
30800 Saint-Gilles
Tél. 04 66 73 30 86
Fax 04 66 73 32 09
C : 420

CELLIER DES VESTIGES ROMAINS
Rue de la Cave-Coopérative
30230 Bouillargues
Tél. 04 66 20 14 79
Fax 04 66 20 13 04
C : 12

SCA CHÂTEAU DE CAMPUGET
Départementale 403
Château de Campuget
30129 Manduel
Tél. 04 66 20 20 15
Fax 04 66 20 60 57
C : 22

COSTIÈRES DE NÎMES (BLANC 1996)

SCA COSTIÈRES ET SOLEIL
Domaine de César
Rue Émile-Bilhau
30510 Générac
Tél. 04 66 01 31 31
Fax 04 66 01 38 85
C : 183

EARL GASSIER ROGER
Château de Nages
30132 Caissargues
Tél. 04 66 38 15 68
Fax 04 66 38 16 47
C : 4

SCA CHÂTEAU DE LA TUILERIE
Château de la Tuilerie
Route de Saint-Gilles
30900 Nîmes
Tél. 04 66 70 07 52
Fax 04 66 70 04 36
C : 46

LES VIGNERONS DE SAINT-GILLES
Quai du Canal
30800 Saint-Gilles
Tél. 04 66 87 30 97
Fax 04 66 87 09 36
C : 133

COTEAUX DU LANGUEDOC (ROUGE 1995)

MOYNIER LUC ET ELISABETH
Domaine de la Coste
34400 Saint-Christol
Tél. 04 67 86 02 10
Fax 04 67 86 07 71
C : 6

GAUCH JACQUES ET ANY
Domaine Le Nouveau Monde
34350 Vendres
Tél. 04 67 37 33 68
Fax 04 67 37 58 15
C : L15796

GFA GRÈS SAINT-PAUL
Château Grès-Saint-Paul
34400 Lunel
Tél. 04 67 71 27 90
Fax 04 67 71 73 76
C : L6/319

CAVE LES VINS DE ROQUEBRUN
Avenue des Orangers
34460 Roquebrun
Tél. 04 67 89 64 35
Fax 04 67 89 57 93
C : F5

SA MAS DES GARRIGUES
BP 1
Bergerie de l'Arbous
34725 Saint-Félix-de-Lodez
Tél. 04 67 88 80 01
Fax 04 67 96 65 67
C : 160

CADENE FRÈRES
Château Langlade
Chemin des Aires

0980 Langlade
Tél. 04 66 81 30 22
C : L12

**CAVE COOPÉRATIVE DE
SAINT-FÉLIX-DE-LODEZ**
Cardine
34725 Saint-Félix-
de-Lodez
Tél. 04 67 96 60 61
Fax 04 67 88 61 77
C : inox 2
**GAEC DU DOMAINE
DE BRUNET**
Domaine mas Brunet
34380 Causse-de-
la-Selle
Tél. 04 67 73 10 57
Fax 04 67 73 12 89
C : L95MB4
**CAVE COOPÉRATIVE
LES COTEAUX
DE RIEUTORT**
Cuvée Jacques Vanière
2, avenue Édouard-
Bonnafe
34490 Murviel-
les-Béziers
Tél. 04 67 37 87 51
Fax 04 67 37 78 72
C : B1

**CAVE
COOPÉRATIVE
DE VINIFICATION**
Château Saint-Jean
34700 Saint-Jean-
de-la-Blaquière
Tél. 04 67 44 70 53
Fax 04 67 44 75 46
C : 8

**SCA LES COTEAUX
DU CASTELLAS-**
5, place François-Villon
Château de Rocquefeuil
34150 Montpeyroux
Tél. 04 67 96 61 08
Fax 04 67 88 60 91
C : L6250

**CAVE COOPÉRATIVE
DE VINIFICATION**
Château du Bosc
34700 Saint-Jean-
de-la-Blaquière
Tél. 04 67 44 70 53
Fax 04 67 44 75 46
C : 22

**COTEAUX
DU LANGUEDOC
(ROSÉ 1996)**

**CAVE
COOPÉRATIVE
LA FONTESOLE**
La Fontesole
34320 Fontès
Fax 04 67 25 14 25
Fax 04 67 25 30 66
C : 48

**CAVE COOPÉRATIVE.
DE SAINT-BAUZILLE-
DE-LA-SYLVE**
34230 Saint-Bauzille-
de-la-Sylve
Tél. 04 67 57 52 06
Fax 04 67 57 66 80
C : 67

**SCA CRESPIAN
LES VIGNERONS D'ART**
30260 Crespian
Tél. 04 66 77 81 87
Fax 04 66 77 81 43
C : 105

**COTEAUX
DU LANGUEDOC
(BLANC 1996)**

**CAVE LES VINS
DE ROQUEBRUN**
Avenue des Orangers
34460 Roquebrun
Tél. 04 67 89 64 35
Fax 04 67 89 57 93
C : 5
**CAVE LES COTEAUX
DU RIEU BERLOU**
Château Schisteil
Avenue des Vignerons
34360 Berlou
Tél. 04 67 89 58 58
Fax 04 67 89 59 21
C : 15

**CAVE COOPÉRATIVE
L'ORMARINE**
Domaine de la Rose
Avenue du Picpoul
34850 Pinet
Tél. 04 67 77 03 10
Fax 04 67 77 76 23
C : fûts 1 A 45

**COTEAUX
DU LANGUEDOC-
PIC-SAINT-LOUP
(ROUGE 1995)**

GAEC DE LANCYRE
Château de Lancyre
Lancyre
34270 Valflaunès
Tél. 04 67 55 22 28
Fax 04 67 55 23 84
C : 6

RAVAILLE PIERRE
Ermitage du pic
Saint-Loup
34270 Cazevieille
Tél. 04 67 55 20 15
Fax 04 67 55 23 49
C : ISO2/C11/C7

LEENHARDT ANDRÉ
Château de Cazeneuve
34270 Lauret
Tél. 04 67 59 07 49
Fax 04 67 59 06 91
C : L6303 D
**GAEC DU MAS
DE MORTIES**
Domaine Mas de Morties
34270 Saint-Jean-
de-Cuculles
Tél. 04 67 55 11 12
C : 4

**COTEAUX
DU LANGUEDOC
PIC-SAINT-LOUP
(ROSÉ 1996)**

**GAEC
DE LANCYRE**
Château de Lancyre
Lancyre
34270 Valflaunès
Tél. 04 67 55 22 28
Fax 04 67 55 23 84
C : 28

**COTEAUX
DU LANGUEDOC
CABRIÈRES
(ROUGE 1995)**

**CAVE COOPÉRATIVE
DE CABRIÈRES**
34800 Cabrières
Tél. 04 67 96 07 05
Fax 04 67 88 00 15
C : 19

**CAVE COOPÉRATIVE
DE CABRIÈRES**
34800 Cabrières

Tél. 04 67 96 07 05
Fax 04 67 88 00 15
C : 54

**COTEAUX
DU LANGUEDOC
CABRIÈRES
(ROSÉ 1996)**

**CAVE COOPÉRATIVE
DE CABRIÈRES**
34800 Cabrières
Tél. 04 67 96 07 05
Fax 04 67 88 00 15
C : 105

**COTEAUX
DU LANGUEDOC
COTEAU DE LA
MEJANELLE
(ROUGE 1995)**

DE COLBERT HENRI
Château de Flaugergues
1744, avenue Albert-
Einstein
34000 Montpellier
Tél. 04 67 65 51 72
Fax 04 67 65 21 85
C : 7/96

**COTEAUX
DU LANGUEDOC-
LA CLAPE
(ROUGE 1995)**

BOSCARY JACQUES
Château Boscary
11100 Narbonne-Plage
Tél. 04 68 32 56 53
Fax 04 68 65 32 01
C : barriques

**GAEC
DE MIRE-L'ÉTANG**
Château Mire-l'Étang
11560 Fleury-d'Aude
Tél. 04 68 33 62 84
Fax 04 68 33 99 30
C : 24
**GFA
CHÂTEAU
LAQUIROU**
Château Laquirou
11560 Fleury-d'Aude
Tél. 04 68 33 91 90
Fax 04 68 33 84 12
C : lot1

47

◆ Vins-Languedoc-Roussillon

GAEC Ferri Arnaud
Domaine Ferri Arnaud
Avenue de L'Hérault
11560 Fleury-d'Aude
Tél. 05 68 33 62
Fax 05 68 33 74
C : A34

🌿

**GFA du domaine
de Vires**
Route de Narbonne-
Plage
Château de Vires
11100 Narbonne
Tél. 04 68 45 30 80
Fax 04 68 45 25 22
C : 15
**SA Château
de Capitoul**
Château de Capitoul
11100 Narbonne
Tél. 04 68 49 23 30
Fax 04 68 49 55 71
C : C4

**Coteaux
du Languedoc
La clape
(rosé 1996)**

🌿🌿🌿

Boscary Jacques
Château Rouquette-
sur-Mer
11100 Narbonne-Plage
Tél. 04 68 32 56 53
Fax 04 68 65 32 01
C : L6 C12

🌿🌿

GAEC Bousquet
Château Pech Redon
11100 Narbonne
Tél. 04 68 90 41 22
Fax 04 68 65 11 48
C : 13

**Coteaux
du Languedoc
La clape
(blanc 1996)**

🌿🌿🌿

Boscary Jacques
Château Rouquette-
sur-Mer
11100 Narbonne-Plage
Tél. 04 68 32 56 53
Fax 04 68 65 32 01
C : 25-40

🌿

**GAEC
de Mire-l'Étang**
Château Mire-l'Étang
11560 Fleury-d'Aude
Tél. 04 68 33 62 84
Fax 04 68 33 99 30
C : 28
**SCEA
de Saint-Exupéry**
Château Pech
de Celeyran
11110 Salles-d'Aude
Tél. 04 68 33 50 04
Fax 04 68 33 36 12
C : 3

🌿🌿

**SA Château
de Capitoul**
Château de Capitoul
11100 Narbonne
Tél. 04 68 49 23 30
Fax 04 68 49 55 71
C : 31

**Coteaux
du Languedoc
Montpeyroux
(rouge 1995)**

🌿🌿🌿

**SCA les Coteaux
du Castellas**
Domaine Peyrou
5, place François-Villon
34150 Montpeyroux
Tél. 04 67 96 61 08
Fax 04 67 88 60 91
C : L 6249

🌿🌿

**Vallat Jean-
François**
Domaine Les Thérons
Château Mandagot
34150 Montpeyroux
Tél. 04 67 96 66 45
Fax 04 67 96 67 63
C : 3

**Coteaux
du Languedoc
Picpoul de Pinet
(blanc 1996)**

🌿🌿🌿

**Cave coopérative.
les Vignerons**
Guillaume de Guers
Avenue de Florence
34120 Castelnau-
de-Guers
Tél. 04 67 98 13 55
Fax 04 67 98 86 55
C : 2
**Cave coopérative
l'Ormarine**
Duc de Morny
Avenue du Picpoul
34850 Pinet
Tél. 04 67 77 03 10
Fax 04 67 77 76 23
C : 9E X

🌿

**Cave coopérative
les Vignerons**
Guillaume de Guerse
Avenue de Florence
34120 Castelnau-
de-Guers
Tél. 04 67 98 13 55
Fax 04 67 98 86 55
C : 1
**Cave coopérative
de Montagnac**
15, route d'Aumes
34530 Montagnac
Tél. 04 67 24 03 74
Fax 04 67 24 14 78
C : 12

**Coteaux
du Languedoc
Quatourze
(rouge 1995)**

🌿🌿🌿

SCEA Ortola
Château Notre-Dame-
du-Quatourze
11100 Narbonne
Tél. 04 68 41 58 92
Fax 04 68 42 41 88
C : L 9674

**Coteaux
du Languedoc
Quatourze
(rosé 1996)**

🌿🌿

SCEA Ortola
Château Notre-Dame-
du-Quatourze
11100 Narbonne
Tél. 04 68 41 58 92
Fax 04 68 42 41 88
C : 5

**Coteaux
du Languedoc
Quatourze
(blanc 1996)**

**SCEA
des domaines
Ortola**
Château Notre-Dame-
du-Quatourze
11100 Narbonne
Tél. 04 68 41 58 92
Fax 04 68 42 41 88
C : 21

**Coteaux
du Languedoc
Saint-Drézéry
(rouge 1995)**

🌿🌿🌿

**SCEA
Château
du Puech Haut**
Château Puech Haut
Route de Teyran
34160 Saint-Drézéry
Tél. 04 67 86 93 70
Fax 04 67 86 94 07
C : 47 fûts

**Coteaux
du Languedoc
Saint-Drézéry
(rosé 1996)**

🌿🌿

**SCEA Château
du Puech Haut**
Château Puech Haut
Route de Teyran
34160 Saint-Drézéry
Tél. 04 67 86 93 70
Fax 04 67 86 94 07
C : 22

**Coteaux
du Languedoc
Saint-Georges-
d'Orques
(rosé 1996)**

🌿🌿

**Les Vignerons
de Montarnaud
Murviel**
401, avenue de-Saint-
Paul-les-Baronnies

de-la-Tour
84570 Montarnaud
Tél. 04 67 55 40 63
Fax 04 67 55 50 32
C : 138

**COTEAUX
DU LANGUEDOC
SAINT-SATURNIN
(ROUGE 1995)**

**LES VINS DE
SAINT-SATURNIN**
Route d'Arboras-
Seigneur-des-deux-
Vierges
34725 Saint-Saturnin-
de-Lucia
Tél. 04 67 96 61 52
Fax 04 67 88 60 13
C : 219

**CÔTES-DU-
ROUSSILLON
(ROUGE 1995)**

SCV DES ALBERES
Domaine Bisconte
Route de Brouilla
66740 Saint-Genis-
Fontaines
Tél. 04 68 89 60 18
Fax 04 68 89 60 18
C : 8
**LES VIGNERONS
DE PÉZILLA**
Château de Blanes
66370 Pézilla-la-Rivière
Tél. 04 68 92 00 09
Fax 04 68 92 49 91
**DOMAINE FERRER
RIBIÈRE**
, rue du Colombier
66300 Terrats
Tél. 04 68 53 24 45
Fax 04 68 53 10 79
C : G3
**VIGNOBLES JAUBERT-
NOURY**
Château Planères
66300 Saint-Jean-
Lasseille
Tél. 04 68 21 74 50
Fax 04 68 37 51 95

CAVAILLE HENRI
Domaine Sainte-Hélène
0, rue Moulin-
Lassanyes
66690 Sorède
Tél. 04 68 89 30 30
Fax 04 68 95 42 66
: B1 à B10
**GAEC DOMAINE
LAFAGE**
Mas Ilard
Route de Canet
66100 Perpignan
Tél. 04 68 67 12 47
Fax 04 68 66 08 72

LA CASENOVE
La Casenove
66300 Trouillas
Tél. 04 68 21 66 33
Fax 04 68 21 66 33
C : 17

DOMAINE MARTY
36, avenue Maréchal-
Joffre
66300 Thuir
Tél. 04 68 53 42 62
C : 11
**SCV LES VIGNERONS
DE TERRATS**
Château Terrassous
BP 32
66302 Terrats
Tél. 04 68 53 02 50
Fax 04 68 53 23 06
C : 2
**GAEC DOMAINE
PIQUEMAL**
1, rue Pierre-Lefranc
66600 Espira-de-l'Agly
Tél. 04 68 64 09 14
Fax 04 68 38 52 94
C : 5

**CÔTES-DU-
ROUSSILLON
(ROSÉ 1996)**

**VIGNERONS DE
PLANÈZES RASIGUÈRES**
Route de Caramany
66720 Rasiguères
Tél. 04 68 29 11 82
Fax 04 68 29 16 45
C : 19
**SCV LES VIGNERONS
DE TERRATS**
Château Terrassous
BP 32
66302 Terrats
Tél. 04 68 53 02 50
Fax 04 68 53 23 06
C : 22
SALVAT PÈRE & FILS
Domaine Salvat
Pont Neuf
66610 Villeneuve-Rivière
Tél. 04 68 92 17 96
Fax 04 68 38 00 50
C : 19

**LES VIGNERONS
DE PÉZILLA**
Château de Blanes

66370 Pézilla-la-Rivière
Tél. 04 68 92 00 09
Fax 04 68 92 49 91
C : Lot 1.3496-CUV 24

**CÔTES-DU-
ROUSSILLON
(BLANC 1996)**

ALQUIER
Domaine Alquier
66490 Saint-Jean-
Pla-de-Corts
Tél. 04 68 83 20 66
Fax 04 68 83 55 45
C : 9

**CHÂTEAU L'ESPARROU
L'ESPARROU**
66140 Canet
Tél. 04 68 73 30 93
Fax 04 68 73 58 65
C : bac 1
**VIGNOBLES
JAUBERT-NOURY**
Château Planères
66300 Saint-Jean-
Lasseille
Tél. 04 68 21 74 50
Fax 04 68 37 51 95
C : 12

**CÔTES-DU-
ROUSSILLON-
VILLAGES
(ROUGE 1995)**

**DOMAINE
PIQUEMAL**
1, rue Pierre-Lefranc
66600 Espira-de-l'Agly
Tél. 04 68 64 09 14
Fax 04 68 38 52 94
**LES VIGNOBLES
DU RIVESALTAIS**
1, rue de la Roussillon-
naise-Parchemin
66602 Rivesaltes-Salses
Tél. 04 68 64 06 63
Fax 04 68 64 64 69
C : P7
**CAVE
LES VIGNERONS
DE BAIXAS**
Château Les Pins
14, avenue Joffre
66390 Baixas
Tél. 04 68 64 22 37
Fax 04 68 64 26 70

**LES VIGNOBLES
DU RIVESALTAIS**
Arnaud de Villeneuve
1, rue de la
Roussillonnaise
66602 Rivesaltes-Salses
Tél. 04 68 64 06 63
Fax 04 68 64 64 69
C : P9

SIRE JACQUES
Domaine des Schistes
1, avenue Jean-Lurcat
66310 Estagel
Tél. 04 68 29 11 25
Fax 04 68 29 47 17
C : 17
**CAVE LES VIGNERONS
DE BAIXAS**
Domaine Brial
14, avenue Joffre
66390 Baixas
Tél. 04 68 64 22 37
Fax 04 68 64 26 70

**COLLIOURE
(ROUGE 1995)**

CLOS CHATART
Manoir Chatart
66650 Banyuls-sur-Mer
Tél. 04 68 88 12 58
Fax 04 68 88 51 51

**CELLIER DES
TEMPLIERS**
Port-Vendres
66650 Banyuls-sur-Mer
Tél. 04 68 98 36 70
Fax 04 68 88 00 84
C : 2
**DOMAINE
LA TOUR VIEILLE**
3, avenue du Mirador
66190 Collioure
Tél. 04 68 82 42 20
Fax 04 68 82 38 42
C : LP0566

**COLLIOURE
(ROSÉ 1996)**

**DOMAINE LA TOUR
VIEILLE**
3, avenue du Mirador
66190 Collioure

49

Tél. 04 68 82 42 20
Fax 04 68 82 38 42
C : L R 0116

FAUGÈRES
(ROUGE 1995)

*** *** ***

**GAEC CHABBERT
ANDRÉ ET FILS**
Château Chenaie
34600 Caussiniojouls
Tél. 04 67 23 17 73
Fax 04 67 95 44 98
C : 22

**CAVE COOPÉRATIVE DES
CRUS DE FAUGÈRES**
Domaine Mas Olivier
Les crus Faugères
34600 Faugères
Tél. 04 67 95 08 80
Fax 04 67 95 14 67
C : bouteilles/barr

CHÂTEAU DE SAUVANES
9, avenue de la Gare
Château de Sauvanes
34480 Laurens
Tél. 04 67 90 21 00
Fax 04 67 90 10 72
C : 4

*** ***

**SCEA
DOMAINE
DE LA REYNARDIÈRE**
Domaine
de la Reynardière
7, cours Jean-Moulin
34480 Saint-Geniès-
de-Fontedit
Tél. 04 67 36 25 75
Fax 04 67 36 15 80
C : A27

**SCEA
CHÂTEAU
DE LA LIQUIÈRE**
Château La Liquière
34480 Cabrerolles
Tél. 04 67 90 29 20
Fax 04 67 90 10 00
C : 1

***

**DOMAINE OLLIER
TAILLEFER**
Route de Gabian
34320 Fos
Tél. 04 67 90 24 59
Fax 04 67 90 12 15
C : 17

FAUGÈRES
(ROSÉ 1996)

*** *** ***

BORDA ALAIN
Domaine du Rouge-
Gorge
34480 Magalas
Tél. 04 67 36 22 86
Fax 04 67 36 61 24
C : CD

***

**SA MAS DES
GARRIGUES**
Domaine de Fenouillet
BP 1
34725 Saint-Félix-
de-Lodez
Tél. 04 67 88 80 01
Fax 04 67 96 65 67
C : 75

FITOU
(ROUGE 1995)

*** *** ***

**SCV
LES MAÎTRES
VIGNERONS**
11360 Cascastel
Tél. 04 68 45 91 74
Fax 04 68 45 82 70
C : 48

EARL COSTO SOULANO
Domaine Lerys
Chemin de Pech-de-Gril
11360 Villeneuve-
Corbières
Tél. 04 68 45 95 47
Fax 04 68 45 86 11
C : 34

**PRODUCTEURS
DU MONT TAUCH**
Prieuré du château
de Segure
11350 Tuchan
Tél. 04 68 45 41 08
Fax 04 68 45 45 29
C : 192

**PRODUCTEURS
DU MONT TAUCH**
Prieuré du château
de Segure
11350 Tuchan
Tél. 04 68 45 41 08
Fax 04 68 45 45 29
C : 11

*** ***

**SCV LES MAÎTRES
VIGNERONS**
Domaine des Cazals
11360 Cascastel
Tél. 04 68 45 91 74
Fax 04 68 45 82 70
C : B4

**EARL
CHÂTEAU LAHORE
PERGEZ**
Château Lahore Bergez
Rue Pech-de-Grill
11360 Villeneuve-
Corbières
Tél. 04 68 45 82 27
Fax 04 68 45 86 13
C : 27

**PRODUCTEURS
DU MONT TAUCH**
Prieuré du château
de Segure
11350 Tuchan
Tél. 04 68 45 41 08
Fax 04 68 45 45 29
C : 139

**SCV LES MAÎTRES
VIGNERONS**
Château de Cascavel
11360 Cascastel
Tél. 04 68 45 91 74
Fax 04 68 45 82 70
C : B6

LIMOUX
(BLANC 1995)

*** *** ***

**LES CAVES DU SIEUR
D'ARQUES**
Avenue du Mauzac
11300 Limoux
Tél. 04 68 31 14 59
Fax 04 68 31 62 48
C : 4

*** ***

**LES CAVES DU SIEUR
D'ARQUES**
Avenue du Mauzac
11300 Limoux
Tél. 04 68 31 1 459
Fax 04 68 31 62 48
C : 2

***

**GAEC DU DOMAINE
MAYRAC**
Domaine Mayrac
11190 Couiza
Tél. 04 68 74 04 84
Fax 04 68 74 20 01

MINERVOIS
(ROUGE 1995)

*** *** ***

BONNET ÉRIC
Domaine Sancordo
Rue Neuve-
des-Garrigues
34210 Siran
Tél. 04 68 91 86 49
C : RG95

**PRAX CATHERINE
ET JEAN-FRANCOIS**
Domaine les Deux-
Terres
30, avenue de la
Montagne-Noire
11700 Azille
Tél. 04 68 91 63 28
Fax 04 68 91 57 70

MARIS MARTHE
Château Maris
34210 La Livinière
Tél. 04 68 91 42 63
Fax 04 68 91 62 15
C : 13

**LES VIGNERONS
DU HAUT MINERVOIS**
Cuvée Saint-Sernin
34210 Azillanet
Tél. 04 68 91 22 61
Fax 04 68 91 19 46
C: fûts

**SCA CELLIER LAURAN
CABARET**
11800 Laure-Minervois
Tél. 04 68 78 12 12
Fax 04 68 78 17 34
C : barriques

***

**CAVE COOPÉRATIVE
LES CRUS MINERVOIS
CUVÉE IMAGE**
34210 Aigne
Tél. 04 68 91 22 44
C : 11

**GAEC LOUIS PUJOL
ET FILS**
Domaine Pujol
4, rue des Blanquettes
11800 Saint-Frichoux
Tél. 04 68 78 17 60
Fax 04 68 78 24 58
C : 9C

**CAVE COOPÉRATIVE
DE LA LIVINIÈRE**
Sélection Minervois-
La Livinière
34210 La Livinière
Tél. 04 68 91 42 67
Fax 04 68 91 51 77
C : 60

***

**MEYZONNIER JACQUES
MIREILLE**
Domaine Meyzonnier
8, rue Georges-Brassens
11120 Pouzols-
Minervois
Tél. 04 68 46 13 88
Tél. 04 68 46 11 33
C : 4

CAVAILLÈS DIDIER
Domaine Cavaillès
2, Grand-Rue
34210 Minerve
Tél. 04 68 91 12 60
C : DC95

ICHE ANDRÉ
Château d'Oupia
34210 Oupia
Tél. 04 68 91 20 86
Fax 04 68 91 18 23
C : barriques

MINERVOIS
(ROSÉ 1996)

*** *** ***

FABRE LAURENT
22, rue du Tour-du-Lieu
11120 Ginestas
Tél. 04 68 46 26 93
C : 5

**SCEA CHÂTEAU
LA GRAVE**
Château La Grave

800 Badens
Tél. 04 68 79 16 00
ax 04 68 79 22 91

CA LES CELLIERS
U NOUVEAU MONDE
hâteau Puicheric
, rue de la Paix
700 Puicheric
l. 04 68 37 0 01
x 04 68 43 76 17
: C126
AEC ESCANDE
omaine Borie de Maurel
ue de la Sallèle
210 Félines-Minervois
l. 04 68 91 63 92
ax: 04 68 91 63 92
: F4

HÂTEAU FABAS
UGUSTIN SCEV
hâteau Fabas
800 Laure-Minervois
l. 04 68 78 17 82
ax 04 68 78 22 61
: 80
VE COOPÉRATIVE LES
ELLIERS D'ONAIRAC
e Pierre-Betorz
210 Olonzac
. 04 68 91 20 20
x 04 68 91 18 57
: 52

INERVOIS
LANC 1996)

DRIEU FRÈRES
hâteau La Reze
avade
700 Azille
. 04 68 78 10 19
x 04 68 78 20 42
30
AEC ESCANDE
maine Borie
Maurel
e de la Salléle
210 Félines-Minervois
04 68 91 63 92
x 04 68 91 63 92
P4

CAVE COOPÉRATIVE
LA LANGUEDOCIENNE
11120 Argeliers
Tél. 04 68 46 11 14
Fax 04 68 46 23 03
C : 70

SCEA CHÂTEAU
GIBALAUX BONNET
Château Gibalaux
Bonnet
11800 Laure-Minervois
Tél. 04 68 78 12 02
Fax 04 68 78 30 02
C : 37

SAINT-CHINIAN
(ROUGE 1995)

CAVE COOPÉRATIVE
DE CRUZY
Domaine Vernieres Fau
34310 Cruzy
Tél. 04 67 89 41 20
Fax 04 67 89 35 01
C : 126
CAVE LES VINS
DE ROQUEBRUN
Avenue des Orangers
34460 Roquebrun
Tél. 04 67 89 64 35
Fax 04 67 89 57 93
C : F5
PISTRE LOUIS
Domaine des Nathurins
6, rue du Frêne
34460 Cazedarnes
Tél. 04 67 38 08 33
Fax 04 67 38 08 33
C : L9602
SCEA JOËL
ET GUY MOULINIER
Les Terrasses Grillées
Rue de la Digue
34360 Saint-Chinian
Tél. 04 67 38 23 18
Fax 04 67 38 25 97
C : 5
CLAPAREDE
MICHEL
Domaine Prieuré
Saint-André
4460 Roquebrun
Tél. 04 67 89 70 82
Fax 04 67 89 71 41
C : 060 996

CAVE COOPÉRATIVE
DES VIGNERONS
SAINT-CHINIAN
Renaud de Valon
Route de Sorteilho
34360 Saint-Chinian
Tél. 04 67 38 28 48
Fax 04 67 38 28 48
C : fûts 1/220
VALETTE MARC
Domaine Canet-Valette
22, avenue.Waldeck-
Rousseau
34370 Cazouls-
lès-Béziers
Tél. 04 67 93 60 84
Fax 04 67 93 60 84
C : C 1/2 /CVP 1
SCEA DOMAINE
DES JOUGLA
Domaine des Jougla
Rue du Pont-
des-Poiriers
34360 Prades-sur-
Vernazobre
Tél. 04 67 38 06 02
Fax 04 67 38 17 74
C : barriques
CAVE LES COTEAUX
DU RIEU BERLOU
Château des Albières
Avenue des Vignerons
34360 Berlou
Tél. 04 67 89 58 58
Fax 04 67 89 59 21
C : L6172

UNION DES CAVES
RN 112
Réserve
34360 Cebazan
Tél. 04 67 38 18 08
Fax 04 67 38 18 09
C : B1
LES VIGNERONS
DE PUISSERGUIER
29, rue Georges-Pujol
34620 Puisserguier
Tél. 04 67 93 74 03
Fax 04 67 93 87 73
C : 132

EARL CHÂTEAU
LA DOURNIE
Château La Dournie
34360 Saint-Chinian
Tél. 04 67 38 18 43
Fax 04 68 77 77 60
C : 205

GFA DE VIRANEL
Château Viranel
4460 Cessenon
Tél. 04 90 58 05 15
Fax 04 90 55 88 97
C : F 40
CAVE
LES VINS
DE ROQUEBRUN
Avenue des Orangers
34460 Roquebrun
Tél. 04 67 89 64 35
Fax 04 67 89 57 93
C : F1

SCA
LES VIGNERONS
DU PAYS ENSERUNE
311, avenue Jean-Jaurès
34370 Maraussan
Tél. 04 67 93 64 01
Fax 04 67 93 59 19
C : 53
SIMON LUC
Clos Bagatelle
34360 Saint-Chinian
Tél. 04 67 38 04 23
Fax 04 67 93 68 84
C : DO 9501

SAINT-CHINIAN
(ROSÉ 1996)

LES VIGNERONS
DE PUISSERGUIER
29, rue Georges-Pujol
34620 Puisserguier
Tél. 04 67 93 74 03
Fax 04 67 93 87 73
C : 238
CAVE
LES VINS
DE ROQUEBRUN
Avenue des Orangers
34460 Roquebrun
Tél. 04 67 89 64 35
Fax 04 67 89 57 93
C : B2

EARL CHÂTEAU
DE LA DOURNIE
Château La Dournie
34360 Saint-Chinian
Tél. 04 67 38 18 43
Fax 04 68 77 77 60
C : FM1

◆ Vins-Languedoc-Roussillon

VDQS

Côtes de la Malepère (ROUGE 1995)

🌿🌿🌿

Cave coopérative du Razès
Domaine Beauséjour
11240 Routier
Tél. 04 68 69 02 71
Fax 04 68 69 00 49

🌿🌿

Malvies Guilehm
Château de Malvies
11300 Malvies
Tél. 04 68 31 14 41
Fax 04 68 31 58 09
C : A

🌿

GAEC Pages
Domaine Le Fort
11290 Montréal
Tél. 04 68 76 20 11
Fax 04 68 76 20 11
C : fût

Côtes de la Malepère (ROSÉ 1996)

🌿🌿🌿

Gorostis Anne
Château de Cointes
11290 Roullens
Tél. 04 68 26 81 05
Fax 04 68 26 84 37
C : L 7006

🌿

Cave coopérative du Razès
Domaine Fournery
11240 Routier
Tél. 04 68 69 02 71
Fax 04 68 69 00 49
C : D3

Côtes du Cabardes et de l'Orbiel (ROUGE 1995)

🌿🌿🌿

Depaule Marandon
Château Salitis

11600 Conques-sur-Orbiel
Tél. 04 68 77 16 10
Fax 04 68 77 05 69
C : 15

🌿

Carayol Claude
Domaine de Cabrol
11600 Aragon
Tél. 04 68 77 19 06
Fax 04 68 77 54 90
C : L 0196

🌿

SCEA Château de Pennautier
Château Pennautier
11610 Pennautier
Tél. 04 68 72 65 29
Fax 04 68 72 65 84
C : barriques

Cave coopérative Les Vignerons producteurs
Domaine Moulin Claude
11600 Conques-sur-Orbiel
Tél. 04 68 77 12 90
Fax 04 68 77 14 95
C : 211

Côtes du Cabardes et de l'Orbiel (ROSÉ 1996)

🌿

SCEA Château de Pennautier
Château Pennautier
11610 Pennautier
Tél. 04 68 72 65 29
Fax 04 68 72 65 84
C : GV34

VINS DE PAYS

Vin de pays catalan (BLANC 1996)

🌿🌿

EARL coll Escluse André
Domaine Pradal
58, rue Pépinière-Robin
66000 Perpignan
Tél. 04 68 85 04 73
Fax 04 68 56 80 49
C : L 1096

Côtes de Perpignan (ROUGE 1996)

🌿🌿

SCEA de Saint-Exupéry
Château Pech-de-Celeyran
11110 Salles-d'Aude
Tél. 04 68 33 50 04
Fax 04 68 33 36 12
C : 67

Cave coopérative La Vendémiaire
11560 Fleury-d'Aude
Tél. 04 68 33 61 21
Fax 04 68 33 94 14

Côtes de Perpignan (ROSÉ 1996)

🌿

Cave coopérative La Vendémiaire
11560 Fleury-d'Aude
Tél. 04 68 33 61 21
Fax 04 68 33 94 14

Vin de pays d'Oc (ROUGE 1996)

🌿🌿🌿

Cave coopérative Les Vignerons
Rue de la Guissaume
34290 Alignan-du-Vent
Tél. 04 67 24 91 31
Fax 04 67 24 96 22
C : 226

EARL Gassier Roger
Domaine de Clauzone
Château de Nages
30132 Caissargues
Tél. 04 66 38 15 68
Fax 04 66 38 16 47
C : 50

Les Collines du Bourdic
30190 Bourdic
Tél. 04 66 81 20 82
Fax 04 66 81 23 20
C : 42, 4

SCA Les Vignerons du pays Enserune
311, avenue Jean-Jaurès
34370 Maraussan
Tél. 04 67 93 64 01
Fax 04 67 93 59 19
C : 60

Cave coopérative Les Vignerons
Rue de la Guissaume
34290 Alignan-du-Vent
Tél. 04 67 24 91 31
Fax 04 67 24 96 22
C : 153

SCA de Vic-le-Fesq
30260 Vic-le-Fesq

Tél. 04 66 77 82 11
Fax 04 66 77 88 63
C : 34

SCA Cave d'Euzet-les-Bains
Route d'Alès
30360 Euzet
Tél. 04 66 83 51 16
Fax 04 66 83 68 33
C : 54

Cave coopérative le Coteaux d'Abeilhan
8, boulevard Pasteur
34290 Abeilhan
Tél. 04 67 39 00 20
Fax 04 67 39 25 11
C : 61

SCEA Château Le Bouis
Domaine du Bouis
11430 Gruissan
Tél. 04 68 49 00 18
Fax 04 68 49 53 11
C : C 4

Cave coopérative Les Vignerons de Gignac
10, rue Marcelin-Albert
34150 Gignac
Tél. 04 67 57 51 94
Fax 04 67 57 89 00
C : 34/35/36

SCEA domaine de Cazal-Viel Miquel
34460 Cessenon
Tél. 04 67 89 63 15
Fax 04 67 89 65 17
C : 1

Bertrand Mireille
Château Malavielle
34800 Mérifons
Tél. 04 67 96 00 10
Fax 04 67 88 06 42
C : 1

🌿🌿

Gravegeal Robert
Château Roumanière
Domaine Gravegeal
34160 Garrigues
Tél. 04 67 86 91 71
Fax 04 67 86 82 00
C : 7

Cave coopérative Les Vignerons de Gignac
10, rue Marcelin-Albe
34150 Gignac
Tél. 04 67 57 51 94
Fax 04 67 57 89 00
C : 89, 92, 98, 99, 101

SCA Les Celliers du Nouveau Monde
10, rue de la Paix
Domaine Saint-Roch
11700 Puicheric
Tél. 04 68 43 70 01
Fax 04 68 43 76 17
C : Y 2

Ortiz-Bernabé J.J. & Micheline
Domaine du Moulin de Peries
34440 Nissan-lez-Enserune

Tél. 04 67 37 01 34
Fax 04 67 37 01 34
C : 12
SCEA DOMAINE
DE BAUBIAC
9, avenue du 11-
Novembre
30260 Quissac
Tél. 04 66 77 33 45
Fax 04 66 77 33 45
C : 4
SCA LA GRAVETTE
30260 Corconne
Tél. 04 66 77 32 75
Fax 04 66 77 13 56
C : C7, C2, C69, C71
CAVE COOPÉRATIVE
LES VIGNERONS
Guillaume de Guerse
Avenue de Florence
34120 Castelnau-
le-Guers
Tél. 04 67 98 13 55
Fax 04 67 98 86 55
C : 4
EARL DOMAINE
DE SAU
Domaine de Sau
66300 Thuir
Tél. 04 68 53 40 16
Fax 04 68 53 29 07
C : 16
SA DOMAINES VIRGINIE
Route de Narbonne
34536 Béziers Cedex
Tél. 04 67 49 85 85
Fax 04 67 49 38 39
C : C12, C65, C10
SA DOMAINES VIRGINIE
Route de Narbonne
34536 Béziers Cedex
Tél. 04 67 49 85 85
Fax 04 67 49 38 39
C : C4/8/1/MA9
GROUPEMENT
DE PRODUCTEURS
LES GRÈS
3, rue de la Coopérative
34740 Vendargues
Tél. 04 67 70 01 53
Fax 04 67 87 33 40
C : 159
GAEC DU DOMAINE
DE MONT D'HORTES
34630 Saint-Thibéry
Tél. 04 67 77 88 00
Fax 04 67 30 17 57
C : F 5

SCA DE VINIFICATION
DE SÉRIGNAN
Avenue Roger-Audoux
34410 Sérignan
Tél. 04 67 32 24 82

Fax 04 67 32 59 66
C : lot 24
GAEC
DOMAINE DE PIERRE
BELLE
LES PEYRALLES
Domaine Pierre Belle
34290 Lieuran-lès-
Béziers
Tél. 04 67 36 15 58
Fax 04 67 36 15 58
C : 23
GAF
DE LA GRANGE ROUGE
Domaine des Pourthie
34300 Agde
Tél. 04 67 94 21 76
Fax 04 67 21 30 55
C : C 17
SCV OCCITANE
Site du bousquet d'Orb
101, Grand-Rue
34290 Servian
Tél. 04 67 39 07 39
Fax 04 67 39 08 95
C : 85
SCA LES CELLIERS
DU NOUVEAU MONDE
Domaine Isthme
10, rue de la Paix
11700 Puichéric
Tél. 04 68 43 70 01
Fax 04 68 43 76 17
C : C131
CAVE COOPÉRATIVE
LE PROGRÈS
12, rue Docteur-Ferroul
11700 Puicheric
Roquecourb
Tél. 04 68 43 70 23
Fax 04 68 43 76 97
C : 111

VIN DE PAYS D'OC
(ROSÉ 1996)

🍷🍷🍷

CAVE COOPÉRATIVE
DE FLORENSAC
Avenue des Vendanges
34510 Florensac
Tél. 04 67 77 00 20
Fax 04 67 77 79 66
C : lot 1
SCEA PREIGNES-
LE-VIEUX
Domaine de Preignes-
le-Vieux
34450 Vias
Tél. 04 67 76 38 89
Fax 04 67 35 03 8
C : F 34
SOCIÉTÉ CIVILE
DU CHÂTEAU
RAISSAC
Route de Murviel
Domaine de Raissac
34500 Béziers
Tél. 04 67 28 15 61
Fax 04 67 28 19 75
C : 1
CAVE COOPÉRATIVE
DE CORNEILHAN
Route de Béziers
34490 Corneilhan

Tél. 04 67 37 71 63
Fax 04 67 37 98 03
C : 80

🍷🍷

DOMAINES LISTEL
Château de Villeroy
Domaine de Jarra-Listel
34200 Sète
Tél. 04 67 46 84 00
Fax 04 67 46 84 55
C : 437
CAVE COOPÉRATIVE
LES COTEAUX
DE FONTANES
30250 Fontanes
Tél. 04 66 80 12 25
Fax 04 66 80 12 85
C : 3
DOMAINES LISTEL
Château de Villeroy
Domaine Saint-Jean-
la-Pinède
34200 Sète
Tél. 04 67 46 84 00
Fax 04 67 46 84 55
C : 434
CAVE COOPÉRATIVE
LES VIGNERONS
Guillaume de Guerse
Avenue de Florence
34120 Castelnau-
de-Guers
Tél. 04 67 98 13 55
Fax 04 67 98 86 55
C : 3

VIN
DE PAYS D'OC
(BLANC 1996)

🍷🍷🍷

CAVE COOPÉRATIVE
LES VIGNERONS
Rue de la Guissaume
34310 Alignan-du-Vent
Tél. 04 67 24 91 31
Fax 04 67 24 96 22
C : 66
SCEA
DOMAINE
DE LA PROVENQUIÈRE
Domaine La
Provenquière
34310 Capestang
Tél. 04 67 90 54 73
Fax 04 67 90 69 02
C : C 12
LES COLLINES
DU BOURDIC
30190 Bourdic
Tél. 04 66 81 20 82
Fax 04 66 81 23 20
C : 113

CAVE COOPÉRATIVE
LES VIGNERONS
DE TOURBES
31, avenue de la Gare
34120 Tourbes
Tél. 04 67 98 15 13
Fax 04 67 90 79 26
C : 1
GFA DE COUSSERGUES
Domaine Coussergues
134290 Montblanc
Tél. 04 67 00 80 00
Fax 04 67 00 80 05
C : C70
CAVE
COOPÉRATIVE
LES VIGNERONS
Rue de la Guissaume
34290 Alignan-du-Vent
Tél. 04 67 24 91 31
Fax 04 67 24 96 22
C : 70
GFA DOMAINE
SAINT-ROCH
Domaine Saint-Roch
6, rue du Château
11220 Tournissan
Tél. 04 68 44 06 81
C : T1, 2, 3, 4, 5, 6
SCA
LES CELLIERS
DU NOUVEAU MONDE
Domaine Boriette
10, rue de la Paix
11700 Puichéric
Tél. 04 68 43 70 01
Fax 04 68 43 76 17
C : C122
SA DOMAINES VIRGINIE
Route de Narbonne
34536 Béziers Cedex
Tél. 04 67 49 85 85
Fax 04 67 49 38 39
C : C403, 3, NG37, P5
SA DOMAINES VIRGINIE
Route de Narbonne
34536 Béziers Cedex
Tél. 04 67 49 85 85
Fax 04 67 49 38 39
C : C 401
SA DOMAINES VIRGINIE
Route de Narbonne
34536 Béziers Cedex
Tél. 04 67 49 85 85
Fax 04 67 49 38 39
C : Chardonnay, Ribaute
GAEC
DU DOMAINE
DE MONT D'HORTES
Domaine de Mont-
d'Hortes
34630 Saint-Thibéry
Tél. 04 67 77 88 00
Fax 04 67 30 17 57
C : 2

🍷🍷

GFA
DE COUSSERGUES
Domaine Coussergues
134290 Montblanc
Tél. 04 67 00 80 00
Fax 04 67 00 80 05
C : C 63

LES VIGNES DE L'ARQUE
30700 Baron
Tél. 04 66 22 37 71
Fax 04 66 22 474 9
C : 25

GAEC DU DOMAINE DES YEUSES
Domaine Les Yeuses
Les Yeuses
34140 Mèze
Tél. 04 67 43 80 20
Fax 04 67 43 59 32
C : A8

LES CAVES DU SIEUR D'ARQUES
Avenue du Mauzac
11300 Limoux
Tél. 04 68 74 63 00
Fax 04 68 74 63 00
C : 211

CASTILLON DOMINIQUE
Domaine Terres Noires
34450 Vias
Tél. 04 67 21 73 58
Fax 04 67 21 68 38
C : 13

MAISON JEANJEAN SA
Mas Le Pive
Domaine de La Farelle
BP 1
34725 Saint-Félix-de-Lodez
Tél. 04 67 88 80 01
Fax 04 67 96 65 67
C : 10 + 15 fûts

SA DOMAINES VIRGINIE
Route de Narbonne
34536 Béziers Cedex
Tél. 04 67 49 85 85
Fax 04 67 49 38 39
C : P1*9, N56, 59, 60

SA DOMAINES VIRGINIE
Route de Narbonne
34536 Béziers Cedex
Tél. 04 67 49 85 85
Fax 04 67 49 38 39
C : 6, 39, 27

SAREH BONNETERRE
Domaine Chartreuse de Mougères
34120 Tourbes
Tél. 04 67 98 40 01
Fax 04 67 98 46 39
C : 53

SAREH BONNETERRE
Domaine Chartreuse de Mougères
34120 Tourbes
Tél. 04 67 98 40 01
Fax 04 67 98 46 39
C : 51

CAVE COOPÉRATIVE DE MALVES
Lady d'or
2, rue des Écoles
11600 Malves-Minervois
Tél. 04 68 77 11 76
Fax 04 68 72 26 90
C : 33

SAREH BONNETERRE
Domaine Chartreuse

de Mougères
34120 Tourbes
Tél. 04 67 98 40 01
Fax 04 67 98 46 39
C : 60

HERAIL PAUL
Prieuré de Ramejan
34370 Maureilhan
Tél. 04 67 90 5278
Fax 04 67 90 50 58
C : 27

SA DOMAINES VIRGINIE
Route de Narbonne
34536 Béziers Cedex
Tél. 04 67 49 85 85
Fax 04 67 49 38 39
C : NG27, 28, F16, 20

VIN DE PAYS DE CAUX (ROUGE 1996)

🍂🍂

LES CAVES MOLIÈRE
34120 Pézenas
Tél. 04 67 98 10 05
Fax 04 67 98 35 44
C : 98

VIN DE PAYS DE CAUX (ROSÉ 1996)

🍂

LES CAVES MOLIÈRE
34120 Pézenas
Tél. 04 67 98 10 05
Fax 04 67 98 35 44
C : 83

VIN DE PAYS DE L'AUDE (ROUGE 1996)

🍂🍂🍂

GFA ROBERT
Domaine de Fourn
11300 Pieusse
Tél. 04 68 31 15 03
Fax 04 68 31 77 65
C : 12

🍂🍂🍂

VIGNERONS COOPÉRATEURS DE MALVES
Domaine Villepeyrous
2, avenue des Écoles
11600 Malves-Minervois
Tél. 04 68 77 11 76
Fax 04 68 72 26 90
C : 104

🍂

CAVE ANNE DE JOYEUSES
20, avenue Charles-de-Gaulle
11300 Limoux
Tél. 04 68 31 28 28
Fax 04 68 31 77 90

VIN DE PAYS DE L'AUDE (BLANC 1996)

🍂🍂🍂

VIGNOBLES VERGNES
Domaine de Martinolles
11250 Saint-Hilaire
Tél. 04 68 69 41 93
Fax 04 68 69 45 97

🍂

CAVE COOPÉRATIVE DE TOURNISSAN
36, avenue de la Promenade
11220 Tournissan
Tél. 04 68 44 03 09
Fax 04 68 44 05 94
C : 15

VIN DE PAYS DE L'HÉRAULT (ROSÉ 1996)

🍂

POUGET JEAN-PIERRE
Domaine de l'Octroi
Petit Pioch
Route du Cap
34300 Agde
Tél. 04 67 94 48 08
C : 4

VIN DE PAYS DE L'HÉRAULT (BLANC 1996)

🍂🍂🍂

CAVE COOPÉRATIVE DE MARSEILLAN
1, rue du Progrès
34340 Marseillan
Tél. 04 67 77 20 16
Fax 04 67 77 62 50
C : 12

CAVE COOPÉRATIVE DE MARSEILLAN
1, rue du Progrès
34340 Marseillan
Tél. 04 67 77 20 16
Fax 04 67 77 62 50
C : lot 3

🍂🍂

GAEC DU DOMAINE DE LA FADÈZE
Domaine La Fadèze
34340 Marseillan
Tél. 04 67 77 26 42
Fax 04 67 72 20 92
C : 14

VIN DE PAYS DE LA CITÉ DE CARCASSONNE (ROUGE 1996)

🍂🍂🍂

CAVE COOPÉRATIVE DE MALVES
Lady d'or
2, rue des Écoles
11600 Malves-Minervois
Tél. 04 68 77 11 76
Fax 04 68 72 26 90
C : 53

🍂🍂

CAVE COOPÉRATIVE
11570 Cavanac
Tél. 04 68 79 61 18
Fax 04 68 79 66 94
C : 3

VIN DE PAYS DE LA CITÉ DE CARCASSONNE (ROSÉ 1996)

🍂🍂

CAVE COOPÉRATIVE
11570 Cavanac
Tél. 04 68 79 61 18
Fax 04 68 79 66 94
C : 2

VIN DE PAYS DE LA CITÉ DE CARCASSONNE (BLANC 1996)

🍂🍂

CAVE COOPÉRATIVE
11570 Cavanac

él. 04 68 79 61 18
ax 04 68 79 66 94
: 1

VIN DE PAYS DE LA CÔTE VERMEILLE (BLANC 1996)

CELLIER DES TEMPLIERS-BANYULENCQUE
Cave Banyulencque
66650 Banyuls-sur-Mer
Tél. 04 68 98 36 70
Fax 04 68 88 00 84
C : BA 1-Q3

VIN DE PAYS DE LA HAUTE VALLÉE DE L'AUDE (ROUGE 1996)

CAVE ANNE DE JOYEUSES
0, avenue Charles-de-Gaulle
11300 Limoux
Tél. 04 68 31 28 28
Fax 04 68 31 77 90

CAVE ANNE DE JOYEUSES
0, avenue Charles-de-Gaulle
11300 Limoux
Tél. 04 68 31 28 28
Fax 04 68 31 77 90

VIN DE PAYS DE LA HAUTE VALLÉE DE L'AUDE (ROSÉ 1996)

CAVE ANNE DE JOYEUSES
0, avenue Charles-de-Gaulle
11300 Limoux
Tél. 04 68 31 28 28
ax 04 68 31 77 90

VIN DE PAYS DE LA HAUTE VALLÉE DE L'AUDE (BLANC 1996)

CAVE DES HAUTS D'ALDAE
Montazels
11190 Couiza
Tél. 04 68 74 04 76
Fax 04 68 74 34 08
C : 106

VIN DE PAYS DE LA VAUNAGE (ROUGE 1996)

SCEA DOMAINE ARNAL
Domaine de Langlade
251, chemin des Aires
30980 Langlade
Tél. 04 66 81 31 37
Fax 04 66 81 83 08
C : 27

VIN DE PAYS DES CÉVENNES (ROUGE 1996)

SCEA BARNOUIN
Domaine de Gournier
30190 Sainte-Anastasie
Tél. 04 66 81 20 28
Fax 04 66 81 22 43
C : merlot 3

VIN DE PAYS DES CÉVENNES (ROSÉ 1996)

SCEA BARNOUIN
Domaine de Gournier
30190 Sainte-Anastasie
Tél. 04 66 81 20 28
Fax 04 66 81 22 43
C : 90

VIN DE PAYS DES CÉVENNES (BLANC 1996)

SCEA BARNOUIN
Domaine de Gournier
30190 Sainte-Anastasie
Tél. 04 66 81 20 28
Fax 04 66 81 22 43
C : chardonnay 17

SCEA BARNOUIN
Domaine de Gournier
30190 Sainte-Anastasie
Tél. 04 66 81 20 28
Fax 04 66 81 22 43
C : sauvignon 46

VIN DE PAYS DES COTEAUX D'ENSERUNE (ROUGE 1996)

SCEA LES VIGNERONS DU PAYS ENSERUNE
311, avenue Jean-Jaurès
34370 Maraussan
Tél. 04 67 93 64 01
Fax 04 67 93 59 19
C : 75

VIN DE PAYS DES COTEAUX D'ENSERUNE (BLANC 1996)

SCEA LES VIGNERONS DU PAYS ENSERUNE
311, avenue Jean-Jaurès
34370 Maraussan
Tél. 04 67 93 64 01
Fax 04 67 93 59 19
C : 1, 51

VIN DE PAYS DES COTEAUX DE FENOUILLEDES (ROUGE 1996)

SALVAT PÈRE & FILS
Domaine Salvat
Pont Neuf
66610 Villeneuve-Rivière
Tél. 04 68 92 17 96
Fax 04 68 38 00 50
C : 4

VIN DE PAYS DES COTEAUX DE FENOUILLEDES (BLANC 1996)

SALVAT PÈRE & FILS
Domaine Salvat
Pont Neuf
66610 Villeneuve-Rivière
Tél. 04 68 92 17 96
Fax 04 68 38 00 50
C : 6

VIN DE PAYS DES COTEAUX DE MIRAMONT (ROUGE 1996)

EARL CHÂTEAU MANSENOBLE
Château de Mansenoble
11700 Moux
Tél. 04 68 43 93 39
Fax 04 68 43 97 21

VIN DE PAYS DES COTEAUX DE NARBONNE (ROUGE 1996)

GFA DU DOMAINE DE VIRES
Domaine de Vires
Route de Narbonne-Plage
11100 Narbonne
Tél. 04 68 45 30 80
Fax 04 68 45 25 22

VIN DE PAYS DES CÔTES CATALANES ROUGE 1996)

GAEC DOMAINE PIQUEMAL
1, rue Pierre-Lefranc
66600 Espira-de-l'Agly
Tél. 04 68 64 09 14
Fax 04 68 38 52 94
C : 16

CAVE LES VIGNERONS DE BAIXAS
Le Pot Dom Brial
14, avenue Joffre
66390 Baixas
Tél. 04 68 64 22 37
Fax 04 68 64 26 70
C : 104-121-P1-P2

VIN DE PAYS DES CÔTES-CATALANES (ROSÉ 1996)

LES VIGNOBLES DU RIVESALTAIS
Roc du gouverneur
1, rue la Roussillonnaise
66602 Rivesaltes-Salses
Tél. 04 68 64 06 63
Fax 04 68 64 64 69
C : 22

LES VIGNOBLES BOUDAU
6, rue Marceau
BP 60
66600 Rivesaltes

Tél. 04 68 64 45 37
Fax 04 68 64 46 26
C : 53

**CAVE
LES VIGNERONS
DE BAIXAS**
Le Pot Dom Brial
14, avenue Joffre
66390 Baixas
Tél. 04 68 64 22 37
Fax 04 68 64 26 70
C : 101, 167

**VIN DE PAYS DES
CÔTES CATALANES
(BLANC 1996)**

PUIG JOSEPH
Domaine Saint-Anne
55, boulevard
des Albères
66530 Claira
Tél. 04 68 28 31 50
C : 36

**LES VIGNOBLES
BOUDAU**
6, rue Marceau
BP 60
66600 Rivesaltes
Tél. 04 68 64 45 37
Fax 04 68 64 46 26
C : 54

**GAEC DOMAINE
PIQUEMAL**
1, rue Pierre-Lefranc
66600 Espira-de-l'Agly
Tél. 04 68 64 09 14
Fax 04 68 38 52 94
C : 33

**VIN DE PAYS DES
CÔTES DE PROUILLE
(BLANC 1996)**

**CAVE
COOPÉRATIVE
DU RAZES**
11240 Routier
Tél. 04 68 69 02 71
Fax 04 68 69 00 49

**VIN DE PAYS
DES CÔTES DE THAU
(ROSÉ 1996)**

**CAVE COOPÉRATIVE
DE MARSEILLAN**
1, rue du Progrès
34340 Marseillan
Tél. 04 67 77 20 16
Fax 04 67 77 62 50
C : 4

**CAVE COOPÉRATIVE
DE POMEROLS**
Hugues de Beauvignac
Les Costières
34810 Pomerols
Tél. 04 67 77 01 59
Fax 04 67 77 77 21
C : 4

**VIN DE PAYS
DES CÔTES DE THAU
(BLANC 1996)**

**CAVE COOPÉRATIVE
DE MARSEILLAN**
1, rue du Progrès
34340 Marseillan
Tél. 04 67 77 20 16
Fax 04 67 77 62 50
C : lot 2

**VIN DE PAYS DES
CÔTES DE THONGUE
(ROUGE 1996)**

**BOUCHARD HENRY
FERDINAND**
Domaine des Henrys
34290 Alignan-du-Vent
Tél. 04 67 24 91 67
Fax 04 67 24 94 21
C : 8

**VIN DE PAYS DES
HAUTS DE BADENS
(BLANC 1996)**

**SCEA
CHÂTEAU LA GRAVE**
Domaine La Grave
11800 Badens
Tél. 04 68 79 16 00
Fax 04 68 79 22 91

**VIN DE PAYS
DES PYRÉNÉES-
ORIENTALES
(ROUGE 1996)**

PUIG JOSEPH
Domaine Sainte-Anne
55, boulevard
des Albères
66530 Claira
Tél. 04 68 28 31 50
C : 6

**VIN DE PAYS
DES PYRÉNÉES-
ORIENTALES
(BLANC 1996)**

**FONTANEL
PIERRE**
37, avenue Jean-Jaurès
66720 Tautavel
Tél. 04 68 29 04 71
Fax 04 68 29 19 44
C : 16

**VIN DE PAYS
DES SABLES
DU GOLFE
DU LION
(ROUGE 1996)**

GAEC BRUEL
Domaine du Petit-
Chaumont
30220 Aigues-Mortes
Tél. 04 66 53 60 63
Fax 04 66 53 64 31
C : 13

**VIN DE PAYS
DES SABLES
DU GOLFE DU LION
(ROSÉ 1996)**

DOMAINES LISTEL
Domaine Jarras
30220 Aigues-Mortes
Tél. 04 66 53 63 65
Fax 04 66 53 66 04
C : gris 435
DOMAINES LISTEL
Domaine Château
Saint-Jean-la-Pinède
30220 Aigues-Mortes
Tél. 04 66 53 63 65
Fax 04 66 53 66 04
C : vin gris 433

**DOMAINES
LISTEL**
Domaine La Petite-
Sylvie
30220 Aigues-Mortes
Tél. 04 66 53 63 65
Fax 04 66 53 66 04
C : gris 431
JEANJEAN SA
Domaine Le Pive
BP1
34725 Saint-Félix-
de-Ladez
Tél. 04 67 08 80 01
Fax 04 67 96 65 67
C : gris 27

**VIN DE PAYS
DES SABLES DU
GOLFE DU LION
(BLANC 1996)**

GAEC BRUEL
30220 Aigues-Mortes
Tél. 04 66 53 60 63
Fax 04 66 53 64 31
C : 30
DOMAINES LISTEL
Domaine Jarras
30220 Aigues-Mortes
Tél. 04 66 53 63 65
Fax 04 66 53 66 04
C : 93

GAEC BRUEL
30220 Aigues-Mortes
Tél. 04 66 53 60 63
Fax 04 66 53 64 31
C : sauvignon 31

**VIN DE PAYS
DU GARD
(ROUGE 1996)**

**LES COLLINES
DU BOURDIC**
30190 Bourdic
Tél. 04 66 81 20 82
Fax 04 66 81 23 20
C : merlot 12

CAVE COOPÉRATIVE
30260 Carnas
Tél. 04 66 77 30 76
Fax 04 66 77 14 20
C : syrah 43

**BRUNEL ROBERT
ET JEAN PIERRE**
Domaine de la Barben
Route de Sauve
30900 Nîmes
Tél. 04 66 81 10 52
C : 29

IN DE PAYS
U GARD
ROSE 1996)

🦇

IGNERONS
E TORNAC
0140 Tornac
él. 04 66 61 81 31
ax 04 66 61 85 70
: syrah 84

🦇🦇

ARL GRANIER
ellier du mas Montel
250 Aspères
él. 04 66 80 01 21
ax 04 66 80 01 87
: F1, C12

IN DE PAYS
U GARD
BLANC 1996)

🦇🦇

AVE COOPÉRATIVE
oute de Saint-Theodorit
0260 Quissac
él. 04 66 77 30 87
: 153

IN DE PAYS
U TORGAN
ROUGE 1996)

🦇🦇

RODUCTEURS
U MONT TAUCH
omaine de Gardie
1350 Tuchan
él. 04 68 45 41 08
ax 04 68 45 45 29
: 23

IN DE PAYS
UCHÉ D'UZÈS
ROUGE 1996)

🦇🦇🦇

ES COLLINES
U BOURDIC
0190 Bourdic
él. 04 66 81 20 82
ax 04 66 81 23 20
: 11/68

| LANGUEDOC |
| ROUSSILLON |
| VINS DOUX |
| NATURELS |
| AOC |

BANYULS
(ROUGE 1995)

🦇🦇

DOMAINE VIAL
MAGNERES
Clos Saint-André
66650 Banyuls-sur-Mer
Tél. 04 68 88 31 04
Fax 04 68 55 01 06
C : 1 inox
DEU JEAN-FRANCOIS
Domaine de Traginer
66650 Banyuls-sur-Mer
Tél. 04 68 88 15 11
Fax 04 61 09 41 98
C : 332

BANYULS
GRAND CRU
(ROUGE 1993)

🦇🦇🦇

DOMAINE VIAL
MAGNERES
Clos Saint-André
66650 Banyuls-sur-Mer
Tél. 04 68 88 31 04
Fax 04 68 55 01 06
C : 4
CELLIER DES TEMPLIERS
BANYULENCQUE
Cave Banyulencque
66650 Banyuls-sur-Mer
Tél. 04 68 98 36 70
Fax 04 68 88 00 84
C : 7

MAURY
(ROUGE 1994)

🦇🦇🦇

DE VOLONTAT PAULE
Domaine Maurydore
5, rue Émile-Zola
66460 Maury
Tél. 04 68 27 08 14
Fax 04 68 27 40 32
C : 2

🦇

SCAV VIGNERONS
DE MAURY
128, avenue Jean-
Jaurès
66460 Maury
Tél. 04 68 59 00 95
Fax 04 68 59 02 8
C : ST 29

MUSCAT DE
FRONTIGNAN
(BLANC 1995)

🦇🦇🦇

FRONTIGNAN
COOPÉRATIVE
SCA
Cuvée du Président
14, avenue du Muscat
34110 Frontignan
Tél. 04 67 48 12 26
Fax 04 67 43 07 17
C : CP 1

🦇

FRONTIGNAN
COOPÉRATIVE
SCA
Cuvée grande tradition
14, avenue du Muscat
34110 Frontignan
Tél. 04 67 48 12 26
Fax 04 67 43 07 17
C : 10
PASTOUREL YVES
ET FILS
Château de La Peyrade
34110 Frontignan
Tél. 04 67 48 61 19
Fax 04 67 43 03 31
C : VD 0

MUSCAT
DE MIREVAL
(BLANC 1995)

🦇🦇

SA MAS
DES GARRIGUES
Domaine du Mas Neuf 3
BP 1
4725 Saint-Félix-
de-Lodez
Tél. 04 67 88 80 01
Fax 04 67 96 65 67
C : 8, 9

MUSCAT
DE RIVESALTES
(BLANC 1996)

🦇🦇🦇

ROUSTAN FONTANEL
ANDRÉE-COLETTE MME
Château Les Fenals
Les Fenals
11510 Fitou
Tél. 04 68 45 71 94
Fax 04 68 45 60 57
C : 9

LES VIGNOBLES
DU RIVESALTAIS
Roc du Gouverneur
1, rue la Roussillonnaise
66602 Rivesaltes-Salses
Tél. 04 68 64 06 63
Fax 04 68 64 64 69
C : L3
EARL COLL ESCLUSE
ANDRÉ
Château Pradal
58, rue Pépinière-Robin
66000 Perpignan
Tél. 04 68 85 04 73
Fax 04 68 56 80 49
C : 15 LS 1 96

🦇🦇

GAEC DOMAINE
PIQUEMAL
1, rue Pierre-Lefranc
66600 Espira-de-l'Agly
Tél. 04 68 64 09 14
Fax 04 68 38 52 94
C : 1
VIGNERONS DE
PLANÈZES RASIGUÈRES
Route de Caramany
Tremoine
66720 Rasiguères
Tél. 04 82 91 11 82
Fax 04 68 29 16 45
C : 13 M

🦇

CAVAILLE HENRI
Domaine Sainte-Hélène
10, rue Moulin
Cassanyes
66690 Sorède
Tél. 04 68 89 30 30
Fax 04 68 95 42 66
C : L 071428317
SOCIÉTÉ COOPÉRATIVE
VINICOLE L'AGLY
Cellier Château de Pena
66600 Cases-de-Pène
Tél. 04 68 38 91 91
Fax 04 68 38 92 41
C : 27

RIVESALTES
(ROUGE 1995)

🦇🦇🦇

SOCIÉTÉ COOPÉRATIVE
VINICOLE L'AGLY
Cellier Château de Pena
66600 Cases-de-Pène
Tél. 04 68 38 91 91
Fax 04 68 38 92 41
C : 12

◆ VINS-LORRAINE

VIGNOBLE CHÂTEAU MOSSE
Château Mosse
66300 Sainte-Colombe-de-la-Commanderie
Tél. 04 68 53 08 89
Fax 04 68 53 35 13

EARL DAURAT-FORT
Château de Nouvelles
11350 Tuchan
Tél. 04 68 45 40 03
Fax 04 68 45 49 21
C : 73

LES VIGNERONS DE PÉZILLA
66370 Pézilla-la-Rivière
Tél. 04 68 92 00 09
Fax 04 68 92 49 91
C : cuve 107

RIVESALTES (ROSÉ 1990)

LES VIGNERONS DE PÉZILLA
66370 Pézilla-la-Rivière
Tél. 04 68 92 00 09
Fax 04 68 92 49 91

RIVESALTES (ROSÉ 1988)

CHÂTEAU L'ESPARROU
66140 Canet
Tél. 04 68 73 30 93

RIVESALTES (BLANC 1995)

PUJOL JEAN-LUC
Domaine de la Rourède
66300 Fourques
Tél. 04 68 38 84 44
Fax 04 68 38 88 86

LORRAINE
VDQS

CÔTES DE TOUL (GRIS 1996)

SOCIÉTÉ VINICOLE DU TOULOIS
253, rue de la République
54200 Bruley
Tél. 03 83 43 11 04
Fax 03 83 43 36 92
C : 3

LAROPPE MARCEL
135, rue du Chêne
54200 Bruley
Tél. 03 83 64 48 57

LELIÈVRE ANDRÉ ET ROLAND
3, rue de la Gare
54200 Lucey
Tél. 03 83 63 81 36
Fax 03 83 63 84 45

GORNY VINCENT
22, Grand -Rue
54200 Lucey
Tél. 03 83 63 80 41
Fax 03 83 63 80 41
C : L 60

CÔTES DE TOUL (BLANC 1996)

SOCIÉTÉ VINICOLE DU TOULOIS
253, rue de la République
54200 Bruley
Tél. 03 83 43 11 04
Fax 03 83 43 36 92
C : 19

LAROPPE MARC ALAIN PAUL
38, rue Victor-Hugo
54200 Bruley
Tél. 03 83 63 29 02
C : 1

PREVOT PIERRE
22, rue du Chêne
54200 Bruley
Tél. 03 83 64 23 11
Fax 03 83 64 23 11
C : 2

MOSELLE (ROUGE 1996)

OURY PASCAL
29, rue des Côtes
57420 Marieulles-Vezon
Tél. 03 87 52 09 02
Fax 03 87 52 09 17

CDEF
41, rue Bourger-et-Perrin
57530 Laquenexy
Tél. 03 87 64 40 13
Fax 03 87 64 49 64
C : L05

GAUTHIER CLAUDE
Cuvée Georges-de-la-Tour
23, rue Principale
57590 Manhoué
Tél. 03 87 05 41 41
Fax 03 87 05 41 91
C : 96-52

MOSELLE (ROSÉ 1996)

MAURICE MICHEL
3, place Foch
57130 Ancy-sur-Moselle
Tél. 03 87 30 90 07
C : pinot, gamay L96 PG

GAUTHIER CLAUDE
23, rue Principale
57590 Manhoué
Tél. 03 87 05 41 41
Fax 03 87 05 41 91
C : 96, 55

MOSELLE (BLANC 1996)

MME JEANNE SIMON HOLLERICH
16 rue du Pressoir
57480 Contz-les-Bains
Tél. 03 82 83 74 81
Fax 03 82 83 69 70
C : 6-13-11

MME JEANNE SIMON HOLLERICH
16 rue du Pressoir
57480 Contz-les-Bains
Tél. 03 82 83 74 81
Fax 03 82 83 69 70
C : 10, 14

GOLDSCHMIDT ALBERT
19, rue du Vignoble
57480 Contz-les-Bains
Tél. 03 82 83 82 65
C : vin gris 1

MAURICE MICHEL
3, place Foch-Moselle
57130 Ancy-sur-Moselle
Tél. 03 87 30 90 07
C : Auxerrois L96 AU

VINS DE PAYS

VIN DE PAYS DE LA MEUSE (ROUGE 1996)

GAEC DE L'AUMONIER
55210 Viéville-sous-les-Côtes
Tél. 03 29 89 31 64
Fax 03 29 90 00 92
C : 2/14

PIERSON FRÈRES
Domaine Montgrignon
9, rue des Vignes
55210 Billy-sous-les-Côtes
Tél. 03 29 89 58 02
Fax 03 29 90 01 04
C : 1

DOMAINE DE MUZY
3, rue de Muzy
55160 Combres-sous-les-Côtes
Tél. 03 29 87 37 81
Fax 03 29 87 35 00
C : sec 5, 9

VIN DE PAYS DE LA MEUSE (ROSÉ 1996)

DOMAINE DE MUZY
3, rue de Muzy
55160 Combres-

sous-les-Côtes
Tél. 03 29 87 37 81
Fax 03 29 87 35 00
C : sec. vin gris 12

**VIN DE PAYS
DE LA MEUSE
(BLANC 1996)**

🦇🦇🦇

PIERSON FRÈRES
Domaine Montgrignon
, rue des Vignes
55210 Billy-sous-
les-Côtes
Tél. 03 29 89 58 02
Fax 03 29 90 01 04
C : 3

SCEA DE COUSTILLE
Domaine des Côteaux
de Creue
33, Grande-Rue
55300 Buxerulles
Tél. 03 29 89 33 81
Fax 03 29 90 01 88
C : 1

🦇🦇

ANTOINE PHILIPPE
, rue de l'Église
55210 Saint-Maurice
Tél. 03 29 89 38 31
Fax 03 29 90 01 80
C : 001

SUD-OUEST

AOC

**BÉARN AOC
(ROUGE 1995)**

🦇

**EARL PASCAL
LAPEYRE**
Domaine Guilhemas
2, avenue des Pyrénées
4270 Salies-de-Béarn
Tél. 05 59 38 10 02
Fax 05 59 38 03 98
C : 2, 5, 7

**BÉARN BELLOCQ
(ROUGE 1995)**

🦇🦇

**LES VIGNERONS
DE BELLOCQ**
Coopérative vinicole
Domaine Oumpres

64270 Bellocq
Tél. 05 59 65 10 71
Fax 05 59 65 12 34
C : 66

**IROULÉGUY
(ROUGE 1995)**

🦇🦇🦇

**CAVE COOPÉRATIVE
D'IROULÉGUY**
Domaine les Terrasses
de l'Arradoy
64430 Saint-Étienne-
de-Baïgorry
Tél. 05 59 37 45 50
Fax 05 59 37 47 76
C : 30 barr. de 225

**CAVE COOPÉRATIVE
D'IROULÉGUY**
Domaine de Mignaberry
64430 Saint-Étienne-
de-Baïgorry
Tél. 05 59 37 45 50
Fax 05 59 37 47 76
C : 27 barriques

🦇

**CAVE COOPÉRATIVE
D'IROULÉGUY**
Domaine Mendisokoa
64430 Saint-Étienne-
de-Baïgorry
Tél. 05 59 37 45 50
Fax 05 59 37 47 76
C : 12

**IROULÉGUY
(ROSÉ 1996)**

🦇🦇

**CAVE COOPÉRATIVE
D'IROULÉGUY**
Domaine Les Terrasses
de l'Arradoy
64430 Saint-Étienne-
de-Baïgorry
Tél. 05 59 37 45 50
Fax 05 59 37 47 76
C : 7

**IROULÉGUY
(BLANC 1996)**

🦇🦇

**CAVE COOPÉRATIVE
D'IROULÉGUY**
64430 Saint-Étienne-

de-Baïgorry
Tél. 05 59 37 45 50
Fax 05 59 37 47 76
C : 46 et 47

**JURANÇON
(BLANC 1995)**

🦇🦇🦇

**CAVE DES
PRODUCTEURS
DE JURANÇON**
53, avenue Henri-IV
64290 Gan
Tél. 05 59 21 57 03
Fax 05 59 21 72 06
C : P154, P264

LABOURDETTE ALAIN
Clos Castet
64360 Cardesse
Tél. 05 59 21 39 69
C : 20 et 21

🦇🦇

**SCEA CHÂTEAU
DE ROUSSE (LABAT)**
Chapelle de Rousse
Château de Rousse
64110 Jurançon
Tél. 05.59 21 75 08
Fax 05 59 21 76 54
C : 2 et 5

LIMOUSIN PATRICE
Domaine de Cabarrouy
Cabarrouy
64290 Lasseube
Tél. 05 59 04 23 08
Fax 05 59 04 21 85
C : 18 bar de 225

**BUZET
(ROUGE 1996)**

🦇🦇🦇

**CAVE COOPÉRATIVE
LES VIGNERONS
DE BUZET**
BP 17
47160 Buzet-sur-Baïse
Tél. 05 53 84 74 30
Fax 05 53 84 74 24
C : BA 603

🦇🦇

**CAVE COOPÉRATIVE LES
VIGNERONS DE BUZET**
BP 17
47160 Buzet-sur-Baïse
Tél. 05 53 84 74 30
Fax 05 53 84 74 24
C : A 1604

**CAVE COOPÉRATIVE LES
VIGNERONS DE BUZET**
BP 17
47160 Buzet-sur-Baïse
Tél. 05 53 84 74 30
Fax 05 53 84 74 24
C : AZ 602

🦇

**CAVE COOPÉRATIVE
LES VIGNERONS
DE BUZET**
BP 17
47160 Buzet-sur-Baïse
Tél. 05 53 84 74 30
Fax 05 53 84 74 24
C : SC 601

**BUZET
(ROSÉ 1996)**

🦇

**CAVE COOPÉRATIVE
LES VIGNERONS
DE BUZET**
BP 17
47160 Buzet-sur-Baïse
Tél. 05 53 84 74 30
Fax 05 53 84 74 24
C : RO 601

**CAHORS
(ROUGE 1995)**

🦇🦇🦇

**SCEA CHÂTEAU
GAUTOUL**
Château Gautoul
46700 Puy-l'Évêque
Tél. 05 65 30 84 17
Fax 05 65 30 85 17
C : 2-4B-5-7B

🦇🦇

SCEA CLOS LA COUTALE
46700 Vire-sur-Lot
Tél. 05 65 36 51 47
C : 1

**DOMAINE
DE LA GREZETTE**
Château La Grezette
46140 Caillac
Tél. 05 65 20 07 42
Fax 05 65 20 06 95
C : 1

GAEC domaine du Cèdre
Bru Château du Cèdre
46700 Vire-sur-Lot
Tél. 05 65 36 53 87
Fax 05 65 24 61 50
C : fûts

PACHERENC DU VIC-BILH AOC (BLANC 1995)

EARL Dousseau
Domaine Sergent
32400 Maumusson
Tél. 05 62 69 74 93
Fax 05 62 69 75 85
C : 3600 bout

GAEC Vignobles Laplace
Château d'Aydie
64330 Aydie
Tél. 05 59 04 01 17
Fax 05 59 04 01 53
C : 18000 bout 0.50

Cave coopérative de Saint-Mont Plaimont
32400 Saint-Mont
Tél. 05 62 69 63 16
Fax 05 62 69 64 42
C : 5682 bout 0.50

BERGERAC (ROUGE 1996)

Union vinicole Bergerac Le Fleix
Château Les Barthes
24130 Le Fleix
Tél. 05 53 24 64 32
Fax 05 53 24 65 46
C : 144A, 200
SCEA de Conti
Château Tour
des Gendres
24240 Ribagnac
Tél. 05 53 58 12 43
Fax 05 53 58 89 49

Cave coopérative de Sigoules Lamothe
Foncaussade
24240 Mescoules
Tél. 05 53 58 40 18
C : 156.54
Sergenton Claude et Sylvie
Domaine de La Combe
La Combe
24240 Razac-
de-Saussignac
Tél. 05 53 27 86 51
Fax 05 53 27 99 87
C : 13

Vignobles Dubard Le Gouyat
Château Laulerie
24610 Saint-Méard-
de-Gurçon
Tél. 05 53 82 48 31
Fax 05 53 82 47 64
GAEC des Brandines
Château Les Marnières
Les Brandines
24520 Saint-Nexans
Tél. 05 53 58 31 65
Fax 05 53 73 20 34
C : 22
Union de Viticulteurs Port-Sainte-Foy
Domaine de Majouans
78, route de Bordeaux
33220 Port-Sainte-Foy
Tél. 05 53 24 75 63
Fax 05 53 57 69 59
C : 107

GAEC Fourtout et Fils
Clos des Verdots
Les Verdots
24520 Conne-
de-Labarde
Tél. 05 53 58 34 31
Fax 05 53 57 82 00
C : 6
EARL Domaine du Petit Paris
Domaine du Petit Paris
24240 Monbazillac
Tél. 05 53 58 30 41
Fax 05 53 58 35 63
C : 4, 5
GAEC Les Merles Lajonie Joël-Alain
Tuilière
Château Les Merles

24520 Mouleydier
Tél. 05 53 57 17 96
Fax 05 53 58 06 46
C : 38
GAEC du Grand Marsalet
Château Grand Marsalet
Le Marsalet
24100 Saint-Laurent-
des-Vignes
Tél. 05 53 57 30 59
Fax 05 53 61 37 49
C : 15

BERGERAC (ROSÉ 1996)

Vignobles Dubard
Château Laulerie
Le Gouyat
24610 Saint-Méard-
de-Gurçon
Tél. 05 53 82 48 31
Fax 05 53 82 47 64
C : 30
SNC du château Pique Segue
Château Pique Segue
Ponchapt
33220 Port-Sainte-Foy
Tél. 05 52 58 52 52
Fax 05 53 63 44 97
C : 1

Mayet Marlène et Alain
Domaine du Bois
de Pourquie
Bois de Pourquie
24560 Conne-
de-Labarde
Tél. 05 53 58 25 58
Fax 05 53 61 34 59
C : 19
SCEA Puy Servain
Château Calabre
Calabre
33220 Port-Sainte-Foy
Tél. 05 53 24 77 27
Fax 05 53 58 37 43
C : 1

SCEA de Conti
Château Tour
des Gendres
24240 Ribagnac
Tél. 05 53 58 12 43
Fax 05 53 58 89 49
C : 10

BERGERAC (BLANC 1996)

SCEA Château Singleyrac
Château Singleyrac
Le Bourg
24500 Singleyrac
Tél. 05 53 58 41 98
Fax 05 53 58 37 07
C : 12

Lagarde Serge
Domaine du Vigneaud
Le Vigneaud
24240 Monestier
Tél. 05 53 58 80 54
Fax 05 53 24 88 56
C : 1
Mayet Marlène et Alain
Domaine du Bois
Pourquie
Bois de Pourquie
24560 Conne-de-Labard
Tél. 05 53 58 25 58
Fax 05 53 61 34 59
C : 13. 22.18

ERGERAC SEC
BLANC 1996)

🌿🌿🌿🌿

URE JEAN-MARIE
hâteau Tourmentine
ourmentine
4240 Monestier
él. 05 53 58 41 41
ax 05 53 63 40 52
: A4

ARL VIGNOBLES
OCHER
AP DE RIVE
hâteau La Salagre
a Salagre
4240 Pomport
él. 05 57 40 41 54
: 1

ARL DOMAINE
U PETIT PARIS
omaine du Petit Paris
4240 Monbazillac
él. 05 55 58 30 41
ax 05 53 58 35 63

AEC FOURTOUT
T FILS
los des Verdots
es Verdots
4560 Conne-
e-Labarde
él. 05 53 58 34 31
ax 05 53 57 82 00
: L2, L4, 15

OCHE CHRISTIAN
omaine
e l'Ancienne Cure
Ancienne Cure
4560 Colombier
él. 05 53 58 27 90
ax 05 53 24 83 95
: 11

PANISSEAU SA
Château de Panisseau
24240 Thénac
Tél. 05 53 58 40 03
Fax 05 53 58 94 46
C : 1

DAULHIAC THIERRY
Château le Payral
Le Bourg
24240 Razac-
de-Saussignac
Tél. 05 53 22 38 07
Fax 05 53 27 99 81
C : 1

🌿

GOUY MARC
Château Le Reyssac
La Haute Brande
24240 Pomport
Tél. 05 53 58 63 94
Fax 05 53 58 63 94

CARRERE GRILHE
GISELLE
Domaine des Bourdils
Château Soubirou
24240 Pomport
Tél. 05 53 58 22 10
Fax 05 53 58 22 02
C : 1.96

MAYET MARLÈNE
ET ALAIN
Domaine du Bois
de Pourquie
Bois de Pourquie
24560 Conne-
de-Labarde
Tél. 05 53 58 25 58
Fax 05 53 61 34 59
C : 20

CÔTES-DE-
BERGERAC
(ROUGE 1995)

🌿🌿🌿

GAEC LES MERLES
LAJONIE JOËL-ALAIN
Château Les Merles
Tuilière
24520 Mouleydier
Tél. 05 53 58 17 96
Fax 05 53 58 06 46
C : 22

SCEA DE CONTI
Château Tour
des Gendres
24240 Ribagnac
Tél. 05 53 58 12 43
Fax 05 53 58 89 49

🌿🌿

SCEA CHÂTEAU
SINGLEYRAC
Château Singleyrac
Le Bourg
24500 Singleyrac
Tél. 05 53 58 41 98
Fax 05 53 58 37 07
C : BR 001

GAEC FOURTOUT
ET FILS
Château la Tour
des Verdots

Les Verdots
24560 Conne-
de-Labarde
Tél. 05 53 58 34 31
Fax 05 53 57 82 00
C : LV 001

EARL LAVERGNE
Portugal
Château Tour
de Grangemont
24560 Saint-Aubin-
de-Lanquais
Tél. 05 53 24 32 89
Fax 05 53 24 56 77
C : 4

🌿

GAEC DES BRANDINES
Château Les Marnières
Les Brandines
24520 Saint-Nexans
Tél. 05 53 58 31 65
Fax 05 53 73 20 34
C : 6

CÔTES-DE-DURAS
(ROUGE 1995)

🌿🌿🌿

GAEC TEYSSANDIER
ET FILS
Domaine Le Grand
Truchasson
La Sivaderie
47120 Saint-Jean-
de-Duras
Tél. 05 53 89 01 13
Fax 05 53 89 01 57
C : CDR 7

THIERRY JEAN-
FRANCOIS
Château la Petite
Bertrande
Les Guignards
47120 Saint-Astier-
de-Duras
Tél. 05 53 94 74 03
Fax 05 53 94 75 27
C : 1

🌿🌿

CAVE COOPÉRATIVE
DE DURAS
47120 Duras
Tél. 05 53 83 71 12
Fax 05 53 83 82 40
C : 1

SCEA
DOMAINE
DE FERRANT
Domaine Ferrant
Ferrant
47120 Esclottes
Tél. 05 53 83 73 46
Fax 05 53 83 82 80
C : 16

🌿

GAEC DE
BLANCHETON
Château La Moulière
La Moulière
47120 Duras

Tél. 05 53 83 70 19
Fax 05 53 83 37 92
C : LBR95B

CÔTES-DE-DURAS
(ROSÉ 1996)

🌿🌿🌿

GAEC
DE BLANCHETON
Château La Moulière
La Moulière
47120 Duras
Tél. 05 53 83 70 19
Fax 05 53 83 37 92

🌿

SARL ANDREW
GORDON
Domaine du Grand
Mayne
Le Grand Mayne
47120 Villeneuve-
de-Duras
Tél. 05 53 94 74 17
Fax 05 53 94 77 02
C : 18.31

CÔTES-DE-DURAS
(BLANC 1996)

🌿🌿🌿

EARL LUSOLI
Domaine des Cours
Les Cours
47120 Sainte-Colombe-
Duras
Tél. 05 53 83 74 35
Fax 05 53 83 63 18
C : 5

🌿🌿

CAVE
COOPÉRATIVE
DE DURAS
47120 Duras
Tél. 05 53 83 71 12
Fax 05 53 83 82 40
C : 8

🌿

GAEC DE
BLANCHETON
Château La Moulière
La Moulière
47120 Duras
Tél. 05 53 83 70 19
Fax 05 53 83 37 92
C : BS96

◆ Vins-Sud-Ouest

SCEA Blanchard Francis et Monique
Domaine des Allegrets
Les Allegrets
47120 Villeneuve-de-Duras
Tél. 05 53 94 74 56
Fax 05 53 94 74 56
C : 7

Côtes-du-Marmandais (rouge 1996)

※ ※ ※

Les Vignerons de Beaupuy
47200 Beaupuy
Tél. 05 53 64 32 04
Fax 05 53 64 63 90
C : 4

※ ※

Cave coopérative de Cocumont
La Vieille Église
Château La Bastide
47250 Cocumont
Tél. 05 53 94 50 21
Fax 05 53 94 52 84
C : 63, 73, 85.1.2

Cave coopérative de Cocumont
La Vieille Église
47250 Cocumont
Tél. 05 53 94 50 21
Fax 05 53 94 52 84
C : S2

※

Cave coopérative de Cocumont
La Vieille Église
47250 Cocumont
Tél. 05 53 94 50 21
Fax 05 53 94 52 84
C : B28

Côtes-du-Marmandais (rosé 1996)

※ ※ ※

Cave coopérative de Cocumont
La Vieille Église, tradition
47250 Cocumont
Tél. 05 53 94 50 21
Fax 05 53 94 52 84
C : CIV

※

Les Vignerons de Beaupuy
Marmandelle
47200 Beaupuy
Tél. 05 53 64 32 04
Fax 05 53 64 63 90
C : 1

Côtes-du-Marmandais (blanc 1996)

※ ※

Les Vignerons de Beaupuy
47200 Beaupuy
Tél. 05 53 64 32 04
Fax 05 53 64 63 90
C : 1

※

Cave de Plaisance
32160 Plaisance
Tél. 05 62 69 44 43
C : 202

Côtes-du-Frontonnais (rouge 1995)

※ ※ ※

Cave de Fronton
Avenue des Vignerons
31620 Fronton
Tél. 05 61 82 41 27
C : 3

SCEA Château de Montauriol
31340 Villematier
Tél. 05 61 35 30 58
Fax 05 61 35 30 59

※

Vigouroux Claude
Château-Baudare
Baudare
82370 Labastide-Saint-Pierre
Tél. 05 63 30 51 33
Fax 05 63 64 07 24
C : 2

Côtes-du-Frontonnais (rosé 1996)

※ ※ ※

SCEA Perez G. Montels
Domaine de Callory
82370 Labastide-Saint-Pierre
Tél. 05 63 30 50 30
Fax 05 63 30 16 77
C : 9

※

Daubert François
Château Joliet
31620 Fronton
Tél. 05 61 82 46 02
Fax 05 61 82 34 56
C : B4

※

SCEA Château Bellevue-la-Fôret
4500, avenue de Grisolles
31620 Fronton
Tél. 05 61 82 43 21
Fax 05 61 82 39 70
C : 66

Gaillac (rouge 1995)

※ ※ ※

EARL Rotier
Domaine Rotier
Cuvée les Gravels
Petit Nareye
81600 Cadalen
Tél. 05 63 41 75 14
Fax 05 63 41 54 56
C : L099615

※

SCA cave de Tecou
81600 Gaillac
Tél. 05 63 33 00 80
Fax 05 63 33 06 69
C : 2

※

EARL Denis Balaran
Domaine d'Escausses
81150 Sainte-Croix
Tél. 05 63 56 80 52
Fax 05 63 56 87 62
C : 32 + fûts

Gaillac (rosé 1996)

※

Cave de Rabastens
33, route d'Albi
81800 Rabastens
Tél. 05 63 33 73 80
Fax 05 63 33 85 82
C : A23/D5

Gaillac (blanc 1996)

※ ※ ※

EARL Manoir de l'Emmeille
Château manoir de l'Emmeille
81140 Campagnac
Tél. 05 63 33 12 80
Fax 05 63 33 20 11
C : P203

※ ※

EARL Cazottes
Domaine des Terrisses
81600 Gaillac
Tél. 05 63 57 16 80
Fax 05 63 41 05 87
C : sec 510

※

EARL J&B Auque
Domaine du Mas Pignou
Mas Pignou
81600 Gaillac
Tél. 05 63 33 18 52
Fax 05 63 33 11 58
C : sec G BD961

Gaillac doux (blanc 1996)

※ ※ ※

EARL Rotier
Domaine Rotier
Cuvée Renaissance
Petit Nareye
81600 Cadalen
Tél. 05 63 41 75 14
Fax 05 63 41 54 56
C : doux barriques

※ ※

Cat Gaillac Boissel
Domaine Renerieux
Hameau de Boissel
81600 Gaillac
Tél. 05 63 57 29 29
Fax 05 63 57 51 71
C : doux 5

Haut-Montravel (blanc 1995)

※ ※ ※

SCEA Puy Servain
Château Puy Servain
Calabre
33220 Port-Sainte-Foy
Tél. 05 53 24 77 27
Fax 05 53 58 37 43
C : 1

NC DU CHÂTEAU
QUE SEGUE
onchapt
hâteau Dauzan-
Vergne
220 Port-Sainte-Foy
él. 05 52 58 52 52
ax 05 53 63 44 97
: 1

ADIRAN
ROUGE 1995)

ARL BARRE
aison Dutour
omaine Berthoumieu
400 Viella
él. 05 62 69 74 05
ax 05 62 69 80 64
: 28
APMARTIN DENIS
hâteau Barrejat
400 Maumusson
él. 05 62 69 74 92
ax 05 62 69 77 54
: 36 barriques

AEC VIGNOBLES
APLACE
omaine Le Serp
330 Aydie
él. 05 59 04 01 17
ax 05 59 04 01 53
: 49 bar de 400
CEA OULIE PÈRE
T FILS
omaine du Crampilh
350 Aurions-Idernes
él. 05 59 04 00 63
ax 05 59 04 04 97
: 9
AVE
E CROUSEILLES
c Bilh-Madiran
omaine Mourchette
350 Crouseilles
él. 05 59 68 10 93
ax 05 59 68 14 33
: 124 bar
AEC VIGNOBLES
APLACE
omaine Fleury-
aplace
330 Aydie
él. 05 59 04 01 17
ax 05 59 04 01 53
: 98 bar.de 400

ARCILLAC
ROUGE 1995)

AVE DES VIGNERONS
U VALLON
330 Valady
él. 05 65 72 70 21
ax 05 65 72 68 39
: L06270

MONBAZILLAC
(BLANC 1995)

GAEC
DE PÉCOULA
Domaine de Pécoula
Pécoula
24240 Pomport
Tél. 05 53 58 46 48
C : 3
VIDAL DOMINIQUE
Château Fonmourges
24240 Monbazillac
Tél. 05 53 63 02 79
Fax 05 53 27 20 3
C : LB95

GFA
VIGNOBLES
DU MAYNE
Château Le Mayne
Le Mayne
24240 Sigoules
Tél. 05 53 58 40 01
Fax 05 53 24 67 76
C : 1
GAEC DU GRAND
MARSALET
Château Grand Marsalet
Le Marsalet
24100 Saint-Laurent-
des-Vignes
Tél. 05 53 57 30 59
Fax 05 53 61 37 49
C : 2

GÉRARDIN FRANÇOIS
Château Le Fage
24240 Pomport
Tél. 05 53 58 32 55
Fax 05 53 24 57 19
C : 2

MONTRAVEL
(BLANC 1996)

UNION
DE VITICULTEURS
PORT-SAINTE-FOY
78, route de Bordeaux
générique
33220 Port-Sainte-Foy
Tél. 05 53 24 75 63
Fax 05 53 57 69 59
C : 134

SARL LA MÉTAIRIE
Domaine de Krevel
Pommier
24380 Cressensac-
et-Pissot
Tél. 05 53 80 09 85
Fax 05 53 80 14 72
C : K DE K
GAEC DE ROQUE
PEYRE
Château Roque Peyre
33220 Fougueyrolles
Tél. 05 53 24 77 98
Fax 05 53 61 36 87
C : 20.21.22

PÉCHARMANT
(ROUGE 1995)

DOURNEL NICOLE
Domaine des Costes
Les Costes
24100 Bergerac
Tél. 05 53 57 64 49
Fax 05 53 27 32 42
C : 1

UNION VINICOLE
BERGERAC LE FLEIX
Domaine Vieux Sapin
24130 Le Fleix
Tél. 05 53 24 64 32
Fax 05 53 24 65 46
CHÂTEAU CHAMPAREL
PÉCHARMANT
24100 Bergerac
Tél. 05 53 57 34 76
Fax 05 53 73 24 18

GAEC BAUDRY
Domaine du Grand
Jaure
16, chemin de Jaure
24100 Lembras
Tél. 05 53 57 35 65
Fax 05 53 57 10 13
SARL LA MÉTAIRIE
Domaine Métairie
Pommier
24380 Cressensac-
et-Pissot
Tél. 05 53 80 09 85
Fax 05 53 80 14 72
C : BQS met 95

SAUSSIGNAC
(BLANC 1995)

HURE
JEAN-MARIE
Château Tourmentine
Tourmentine
24240 Monestier
Tél. 05 53 58 41 41
Fax 05 53 63 40 52
C : F

DAULHIAC THIERRY
Château Le Payral
Le Bourg
24240 Razac-
de-Saussignac
Tél. 05 53 22 38 07
Fax 05 53 27 99 81
C : 2

SCEA VIGNOBLES
PIERRE SADOUX
Château Court les Muts
24240 Razac-
de-Saussignac
Tél. 05 53 27 92 17
Fax 05 53 23 77 21
C : 2

GAEC DU CASTELLAT-
LESCURE J. ET J.-L.
Domaine du Castellat
Le Castellat
24240 Razac-
de-Saussignac
Tél. 05 53 27 93 66
Fax 05 53 27 08 83
C : GDV 25HL

VDQS

CÔTE-DE-BRULHOIS
(ROUGE 1995)

EARL DE COUJETOU
Domaine Coujetou-
Peyret
82340 Donzac
Tél. 05 63 39 90 89
Fax 05 63 39 05 96
C : 14

CÔTES-DE-
SAINT-MONT
(ROUGE 1995)

CAVE
COOPÉRATIVE DE
SAINT-MONT PLAIMONT
32400 Saint-Mont
Tél. 05 62 69 66 76
Fax 05 62 69 64 42
C : 170

CAVE DE PLAISANCE
32160 Plaisance
Tél. 05 62 69 44 43
C : 2

CAVE D'AIGNAN
32290 Aignan
Tél. 05 62 09 24 06
Fax 05 62 09 20 53
C : 19

◆ Vins-Sud-Ouest

CÔTES-DE-SAINT-MONT (ROSÉ 1996)

CAVE DE PLAISANCE
32160 Plaisance
Tél. 05 62 69 44 43
C : 7

CÔTES-DE-SAINT-MONT (BLANC 1996)

CAVE COOPÉRATIVE DE SAINT-MONT PLAIMONT
32400 Saint-Mont
Tél. 05 62 69 66 76
Fax 05 62 69 64 42
C : 614

TURSAN (ROUGE 1996)

VIGNERONS DU TURSAN CAVE COOPÉRATIVE
40320 Geaune
Tél. 05 58 44 51 25
Fax 05 58 44 40 22
C : 4

TURSAN (BLANC 1996)

VIGNERONS DU TURSAN CAVE COOPÉRATIVE
40320 Geaune
Tél. 05 58 44 51 25
Fax 05 58 44 40 22
C : L5

VIN DE LA-VILLE-DIEU (ROUGE 1995)

CAVE LA-VILLE-DIEU-DU-TEMPLE
82290 La-Ville-Dieu-du-Temple
Tél. 05 63 31 60 05
Fax 05 63 31 69 11
C : L295

VINS DE PAYS

VIN DE PAYS CHARENTAIS (ROUGE 1996)

ARRIVÉ BRUNO
Domaine du Taillant
17260 Virollet
Tél. 05 46 94 21 39
Fax 05 46 94 51 02
C : L6 + L7

BENASSY JEAN-CLAUDE
Poncereau-de-Haut
17120 Épargnes
Tél. 05 46 90 73 63
Fax 05 46 90 43 14

CAVE DE SAINT-SORNIN
16220 Saint-Sornin
Tél. 05 45 23 92 22
Fax 05 45 23 11 61
C : 26

VIN DE PAYS CHARENTAIS (ROSÉ 1996)

ARRIVÉ BRUNO
Domaine du Taillant
17260 Virollet
Tél. 05 46 94 21 39
Fax 05 46 94 51 02
C : L3 + L4

BENASSY JEAN-CLAUDE
Poncereau-de-Haut
17120 Épargnes
Tél. 05 46 90 73 63
Fax 05 46 90 43 14
C : 8-10

VIN DE PAYS CHARENTAIS (BLANC 1996)

GARDRAT JEAN-PIERRE
La Touche
17120 Cozes
Tél. 05 46 90 86 94
Fax 05 46 90 95 22
C : F100

ARRIVÉ BRUNO
Domaine du Taillant
17260 Virollet
Tél. 05 46 94 21 39
Fax 05 46 94 51 02
C : L9

ARRIVÉ BRUNO
Domaine du Taillant
17260 Virollet
Tél. 05 46 94 21 39
Fax 05 46 94 51 02
C : L8

SCA COZES SAUJON
17120 Semussac
Tél. 05 46 06 01 01
Fax 05 46 06 92 72
C : 96CS

VIN DE PAYS DE L'AGENAIS (ROSÉ 1996)

CAVE COOPÉRATIVE DES SEPT MONTS
ZAC Mondésir
47150 Monflanquin
Tél. 05 53 36 33 40
Fax 05 53 36 44 11
C : 10G

CAVE COOPÉRATIVE DES SEPT MONTS
ZAC Mondésir
47150 Monflanquin
Tél. 05 53 36 33 40
Fax 05 53 36 44 11
C : 21

VIN DE PAYS DE L'AGENAIS (BLANC 1996)

CAVE COOPÉRATIVE DES SEPT MONTS
ZAC Mondésir
47150 Monflanquin
Tél. 05 53 36 33 40
Fax 05 53 36 44 11
C : 19

CAVE DES COTEAUX DU MEZINAIS
La Treille
47170 Poudenas
Tél. 05 53 97 30 71
Fax 05 53 97 16 73
C : 3

VIN DE PAYS DE LA DORDOGNE (ROUGE 1996)

SCI LA VITROLLE
Domaine La Vitrolle
La Vitrolle
24510 Limeuil
Tél. 05 53 03 96 00
Fax 05 53 04 36 04

UNION VINICOLE BERGERAC-LE FLEIX
Générique
24130 Le Fleix
Tél. 05 53 24 64 32
Fax 05 53 24 65 46
C : 71.10

SCEA TERRE DES ÉCURIES
Domaine Kreussignac
Pommiers
24380 Creyssensac-et-Pisso
Tél. 05 53 54 98 16
Fax 05 53 57 70 07
C : 3.5

VIN DE PAYS DE SAINT-SARDOS (ROUGE 1996)

CAVE COOPÉRATIVE DE SAINT-SARDOS
Le bourg
82600 Saint-Sardos
Tél. 05 63 02 52 44
Fax 05 63 02 62 19
C : 2

VIN DE PAYS DES COTEAUX DU QUERCY (ROUGE 1996)

GAEC DE CAUQUELLE
Domaine de Cauquelle
Cauquelle
46170 Flaugnac
Tél. 05 65 21 95 29
Fax 05 65 21 83 30

CÔTES D'OLT
Domaine du Cerrou
46140 Parnac
Tél. 05 65 30 71 86
Fax 05 65 30 35 28
C : 104

COOPÉRATIVE VIGNERONS DU QUERCY
RN 20
Quercy
82270-Montpezat-de-Quercy
Tél. 05 63 02 03 50
Fax 05 63 02 00 60
C : 22, 24, 114, 34, 28

VIN DE PAYS DES COTEAUX DU QUERCY (ROSÉ 1996)

🍇🍇🍇

COOPÉRATIVE VIGNERONS DU QUERCY
RN 20
Quercy
82270 Montpezat-le-Quercy
Tél. 05 63 02 03 50
Fax 05 63 02 00 60
C : 26-303

🍇🍇

CAMMAS GUY
Domaine du Gabachou
Gabachou
82270 Montpezat-le-Quercy
Tél. 05 63 02 07 44
Fax 05 63 02 08 81
C : 30

GAEC BELON ET FILS
Domaine d'Aries
82240 Puylaroque
Tél. 05 63 64 92 52
Fax 05 63 31 27 49
C : 8

VIN DE PAYS DES CÔTES DE GASCOGNE (ROUGE 1996)

🍇🍇

FONTAN JEAN-CLAUDE
Domaine de Maubet
32800 Noulens
Tél. 05 62 08 55 28
Fax 05 62 08 58 94
C : 7

J & G BAUMANN
Domaine
de Cassagnoles
32330 Gondrin
Tél. 05 62 28 40 57
Fax 05 62 68 23 76
C : 06

VIN DE PAYS DES CÔTES-DE-GASCOGNE (BLANC 1996)

🍇🍇🍇

FONTAN JEAN-CLAUDE
Domaine de Maubet
32800 Noulens
Tél. 05 62 08 55 28
Fax 05 62 08 58 94
C : 24

CAVE COOPÉRATIVE DE SAINT-MONT PLAIMONT
32400 Saint-Mont
Tél. 05 62 69 66 76
Fax 05 62 69 64 42
C : 613

🍇🍇

ARROUY GUY
Au Rey
Domaine du Rey
32330 Gondrin
Tél. 05 62 29 11 85
Fax 05 62 29 12 81
C : 9

🍇

DUFFOUR MICHEL
Domaine de Saint-Lannes
Saint-Lagraulet
32330 Lagraulet
Tél. 05 62 29 11 93
C : 17

VIN DE PAYS DES CÔTES-DU-TARN (ROUGE 1996)

🍇🍇🍇

SCA DU CHÂTEAU LECUSSE
Domaine Lecusse
Lecusse
81600 Broze
Tél. 05 63 33 90 09
Fax 05 63 33 94 36
C : gamay 205/gardevin 25

🍇🍇

CAVE DE RABASTENS
33, route d'Albi
81800 Rabastens
Tél. 05 63 33 73 80
Fax 05 63 33 85 82
C : E12/B2

VIN DE PAYS DES COTEAUX ET TERRASSES DE MONTAUBAN (ROUGE 1996)

🍇

GAEC DOMAINE DEMONTELS
Rue Philippe-et-Thierry

82350 Albias
Tél. 05 63 31 02 82
C : 101

VIN DE PAYS DES LANDES (ROUGE 1996)

🍇

LANOT DOMINIQUE
Domaine de Labaigt
40290 Mouscardes
Tél. 05 58 98 02 42
Fax 05 58 98 80 75
C : 1

VIN DE PAYS DU COMTE TOLOSAN (BLANC 1996)

🍇🍇

VIGOUROUX CLAUDE
Domaine de Baudaré
Baudaré
82370 Labastide-Saint-Pierre
Tél. 05 63 30 51 33
Fax 05 63 64 07 24
C : sauvignon blanc B

VIN DE PAYS DU LOT (BLANC 1996)

🍇🍇🍇

GAEC DOMAINE DU CÈDRE
Bru
46700 Vire-sur-Lot
Tél. 05 65 36 53 87
Fax 05 65 24 61 50
C : CF 20 / CF 30

VAL DE LOIRE
ET CENTRE
MUSCADET
AOC

MUSCADET (BLANC 1996)

🍇🍇🍇

LES VENDANGEOIRS DU VAL-DE-LOIRE
SA La Fremonderie
49230 Tillières
Tél. 02 41 70 45 93
Fax 02 41 70 43 74
C : 68

🍇🍇

GAUTHIER CHRISTIAN
La Mainguionnière
44190 Saint-Hilaire-de-Clisson
Tél. 02 40 54 42 91
Fax 02 40 54 25 83
C : 11-2

HERET JOËL
Domaine
des Rivernières
12, La Joussinière
44830 Brains
Tél. 02 40 65 56 36
Fax 02 40 65 56 36
C : 1-2

COTEAUX-DE-LA-LOIRE (BLANC 1996)

🍇🍇🍇

TOUBLANC JEAN-CLAUDE
Château Meslières
Les Pierres-Meslières
44150 Saint-Géréon
Tél. 02 40 83 23 95
Fax 02 40 83 23 95
C : sur lie 96.1

GAEC DES GALLOIRES
Domaine des Galloires
La Galloire
49530 Drain
Tél. 02 40 98 20 10
Fax 02 40 98 22 06
C : sur lie S 96

🍇🍇

ETP SAINT-JAMES
Domaine de l'Écochère
Château de l'Écochère
44150 Saint-Géréon
Tél. 02 33 48 34 97
Fax 02 33 48 16 80
C : 8

EARL ATHIMON ET SES ENFANTS
Domaine des Genaudières
Les Genaudières
44850 Le Cellier
Tél. 02 40 25 40 27
Fax 02 40 25 35 61
C : sur lie inox 2

ALLARD MARIE-ANGE
Domaine de la Vallée
La Tranchaie
49530 Liré
Tél. 02 40 09 06 88
Fax 02 40 09 03 04
C : sur lie 2L

◆ VINS-MUSCADET

BOURGUEIL
APPELLATION BOURGUEIL CONTRÔLÉE
CUVÉE JEAN CARMET

LES VIGNERONS DE LA NOËLLE
BP 155
44150 Ancenis
Tél. 02 40 98 92 72
Fax 02 40 98 96 70
C : sur lie LB

CÔTES-DE-GRANDLIEU (BLANC 1996)

LES VENDANGEOIRS DU VAL-DE-LOIRE
SA La Fremonderie
49230 Tillières
Tél. 02 41 70 45 93
Fax 02 41 70 43 74
C : sur lie 89-101

GAEC DE LA GARNAUDIÈRE
Manoir de la Garnaudière
La Garnaudière
44310 La Limouzinière
Tél. 02 40 05 82 28
Fax 02 40 05 99 43
C : sur lie 2

SCA DOMAINE DU HAUT BOURG-CHOBLET
Domaine du Haut-Bourg
1, rue de Nantes
44830 Bouaye
Tél. 02 40 65 47 69
Fax 02 40 32 64 01
C : sur lie C

JAULIN CHRISTIAN
Le Poirier
Domaine du Grand Poirier
44310 La Limouzinière
Tél. 02 40 05 94 47
Fax 02 40 05 94 47
C : sur lie 9

MALIDAIN MICHEL
Le Demi-Bœuf
Clos de La Clemencière
44310 la Limouzinière
Tél. 02 40 05 82 29
Fax 02 40 05 95 97
C : sur lie 110

FIOLLEAU PAUL
Domaine du Logis
Le Logis

44650 Corcoué-sur-Logne
Tél. 02 40 05 94 17
Fax 02 40 05 84 58
C : sur lie 3-10

DOMAINE DES HERBAUGES
Herbauges
Clos de la Senaigerie
44830 Bouaye
Tél. 02 40 65 44 92
Fax 02 40 32 62 93
C : sur lie 12-22

SÈVRE-ET-MAINE (BLANC 1995)

GAEC DE LA GRANDE RAGOTIÈRE
Château de la Ragotière
La Grande Ragotière
44330 La Regrippière
Tél. 02 40 33 60 56
Fax 02 40 33 61 89
C : sur lie L515

LES VIGNERONS DE LA NOËLLE
BP 155
Domaine de La Malonnière
44150 Ancenis
Tél. 02 40 98 92 72
Fax 02 40 98 96 70
C : sur lie

LES VIGNERONS DE LA NOËLLE
BP 155
Domaine des Hautes-Noëlles
44150 Ancenis
Tél. 02 40 98 92 72
Fax 02 40 98 96 70
C : sur lie

MOREAU YVES
Domaine des Laures
Les Laures
44330 Vallet
Tél. 02 40 33 97 22
Fax 02 40 36 23 75
C : sur lie 115

SÈVRE-ET-MAINE (BLANC 1996)

LAUNAIS JOSEPH
Domaine La Rebourgère
La Rebourgère
44690 Maisdon-sur-Sèvre
Tél. 02 40 54 61 32
Fax 02 40 54 61 32
C : sur lie 5

BRETONNIÈRE YVES
Domaine des Trois-Versants
La Fevrie
44690 Maisdon-sur-Sèvre
Tél. 02 40 54 89 27
Fax 02 40 54 86 08
C : sur lie L3V14

GAEC BRANGER JANNINE ET DIDIER
Le Gast
Domaine des Ormières
44690 Maisdon-sur-Sèvre
Tél. 02 40 03 82 14
C : sur lie L-I

BRETONNIÈRE YVES
Domaine des Trois-Versants
La Fevrie
44690 Maisdon-sur-Sèvre
Tél. 02 40 54 89 27
Fax 02 40 54 86 08
C : L3V1-1-4

GRATAS BERNARD
Domaine de la Houssais
44430 Le Landreau
Tél. 02 40 06 46 27
Fax 02 40 06 47 25
C : sur lie 2-3-17

CLENET OLIVIER
Domaine la Galussière
La Poitevinière
44190 Gorges
Tél. 02 40 06 90 68
C : 1

GAEC LUNEAU MICHEL ET FILS
Clos des Bourguignons
3, route de Nantes
44330 Mouzillon
Tél. 02 40 33 95 22
Fax 02 40 33 95 22
C : sur lie 4

DOMAINE MICHEL DAVID
Le Landreau Village
Domaine Michel David
44330 Vallet
Tél. 02 40 36 42 88
Fax 02 40 33 96 94
C : sur lie 2-5

BERTIN PIERRE
Domaine des Hautes-Noëlles
44430 Mouzillon
Tél. 02 40 06 44 06
Fax 02 40 06 47 90
C : sur lie B, J, L

LIBEAU MICHEL
Domaine de La Landelle
La Landelle
44430 Le Loroux-Bottereau
Tél. 02 40 33 81 15
Fax 02 40 33 85 37
C : sur lie Y

GAEC DE LA THEBAUDIÈRE
La Thebaudière
44430 Le Loroux-Bottereau
Tél. 02 40 33 81 81
C : 2, 3, 4

LEBAS JEAN
Domaine des Rebourgères
La Rebourgère
44690 Maisdon-sur-Sèvre
Tél. 02 40 54 60 78
Fax 02 40 54 66 59
C : sur lie M3

MARCHAIS PATRICE
Domaine des Cantreaux
Les Cantreaux
44430 Le Loroux-Bottereau
Tél. 02 40 33 84 20
C : sur lie 4

EARL LUNEAU RÉMY
Domaine de la Grange
La Grange
44430 Le Landreau

Tél. 02 40 06 45 65
Fax 02 40 06 48 17
C : sur lie 7, 12, 16

**LES VENDANGEOIRS
DU VAL-DE-LOIRE SA**
La Fremonderie
49230 Tillières
Tél. 02 41 70 45 93
Fax 02 41 70 43 74
C : 76

DROUARD PAUL
Domaine de la Noé
La Noé
44690 Châteauthebaud
Tél. 02 40 06 52 02
Fax 02 40 06 52 02
C : sur lie 2-8

**GAEC FLEURANCE
CAMILLE ET OLIVIER**
Domaine de La Garnière
La Garnière
49230 Saint-Crespin-
sur-Moine
Tél. 02 41 70 40 25
C : sur lie 5B, 8B

DOMAINE LANDRON
Les Brandières
Domaine de la Louvetrie
44690 La Haie-
Fouassière
Tél. 02 40 54 83 27
Fax 02 40 54 89 82
C : sur lie B, E, K

POIRON JEAN-MICHEL
Domaine de Chantegrolle
Chantegrolle
44690 Châteauthebaud
Tél. 02 40 06 56 42
Fax 02 40 06 58 02
C : sur lie 5, 15, 16, 17,
18

**GAEC AUBRON PIERRE
ET JEAN-YVES**
Domaine Les Bottereaux
Les Corbeillères
44330 Vallet
Tél. 02 40 33 90 25
C : sur lie 11, 24

DELHOMMEAU MICHEL
Domaine Les Vignes
Saint-Vincent
La Huperie
44690 Monnières
Tél. 02 40 54 60 37
Fax 02 40 54 64 51
C : sur lie 4, 5

PERRAUD LAURENT
Domaine La Vinconnière
La Vinconnière
44190 Clisson
Tél. 02 40 03 95 76
Fax 02 40 03 96 56
C : sur lie 5

🍂

**SAUVETRE YVES
ET FILS**
La Landelle
44430 Le Loroux-
Bottereau
Tél. 02 40 33 81 48
C : sur lie 112

EARL LECHAT FILS
Domaine de La Morillière
La Morillière

44430 Le Loroux-
Bottereau
Tél. 02 40 33 82 99
C : sur lie 15, 8

BARON JEAN-FRANÇOIS
Le Village Boucher
44690 Monnières
Tél. 02 40 54 65 34
C : sur lie 7

**GAEC GUÉRIN PÈRE
ET FILS**
Domaine Les Grands
Égards
La Brebionnière
44190 Clisson
Tél. 02 40 36 11 97
C : sur lie 9, 10

CAILLE DONATIEN
Domaine Fief Seigneur
15, place de l'Église
44690 Monnières
Tél. 02 40 54 61 34
C : 2, 5, 8

**SCEA GUILBAUD-
MOULIN**
Château
de la Pingossière
44330 Mouzillon
Tél. 02 40 33 93 34
C : sur lie C13, C14

**GUNTHER-CHÉREAU
VÉRONIQUE**
Château du Coing-
Comte Saint-Hubert
Le Coing
44690 Saint-Fiacre-
sur-Maine
Tél. 02 40 54 81 15
Fax 02 40 54 81 70
C : sur lie 12

GAEC MOREAU
Domaine Clair-Moreau
La Petite Jaunaie
44690 Châteauthebaud
Tél. 02 40 06 61 42
Fax 02 40 06 69 45
C : sur lie 84-148

POIRON GILLES
Domaine de l'Ébeaupin
La Bretonnière
44690 Maisdon-
sur-Sèvre
Tél. 02 40 36 94 19
Fax 02 40 36 71 42
C : sur lie 31

**LES VENDANGEOIRS
DU VAL DE LOIRE SA**
La Frémonderie
49230 Tillières
Tél. 02 41 70 45 93
Fax 02 41 70 43 74
C : sur lie 81

ANJOU

AOC

**ANJOU
(ROUGE 1996)**

🍂 🍂 🍂

**DOMAINE DU VERGER
EARL HUMEAU**
Domaine du Verger
8, rue du Colombier
49700 Brigné-sur-Layon
Tél. 02 41 59 30 52

**EARL Yves
GUÉGNIARD**
Domaine de la Bergerie
La Bergerie
49380 Champ-sur-Layon
Tél. 02 41 78 85 43
Fax 02 41 78 60 13
C : 28-2

🍂 🍂

**SCEA DOMAINE
DES TROTTIÈRES**
Domaine des Trottières
Les Trottières
49380 Thouarcé
Tél. 02 41 54 14 10
Fax 02 41 54 09 00
C : LO1AR96

EARL DOMAINE CADY
Domaine Cady
Valette
49190 Saint-Aubin-
de-Luigné
Tél. 02 41 78 33 69
Fax 02 41 78 67 79
C : 1

**SCA DOMAINE
DE TERREBRUNE**
La Motte
49380 Notre-dame-
d'Alençon
Tél. 02 41 54 01 99
Fax 02 41 54 09 06
C : 1

🍂

**EARL VIGNOBLE
GELINEAU**
La Viaudière
49380 Champ-sur-Layon
Tél. 02 41 78 86 27
C : AR9601

GAEC LHUMEAU JOËL
Domaine des Hautes-

Ouches
9, rue Saint-Vincent-
Linières
49700 Brigné-sur-Layon
Tél. 02 41 59 30 51
Fax 02 41 59 31 75
C : 24

**LÉGER PHILIPPE
CORNU**
Domaine des Petites
Grouas
Les Grouas
49540 Martigné-Briand
Tél. 02 41 59 67 22
Fax 02 41 59 69 32

**ANJOU
(BLANC 1996)**

🍂 🍂 🍂

EARL ROBIN PICHERY
Domaine de Haut Mont
49380 Faye-d'Anjou
Tél. 02 41 54 02 55
Fax 02 41 57 33 60

🍂 🍂

**SCEA DOMAINE
DE CHAMPTELOUP**
Château Champteloup
Champteloup
49700 Brigné-sur-Layon
Tél. 02 41 59 65 10
Fax 02 41 59 63 60
C : 20

**GAEC LEBLANC JEAN-
CLAUDE ET FILS**
Domaine des Closserons
Les Closserons
49380 Faye-d'Anjou
Tél. 02 41 54 30 78
Fax 02 41 54 12 02
C : 31

🍂

**LES CAVES
DE LA LOIRE**
Bourg
49320 Brissac-Quincé
Tél. 02 41 91 22 71

67

EARL Cailleau Pascal
Domaine du Sauveroy
49750 Saint-Lambert-du-Lattay
Tél. 02 41 78 30 59
Fax 02 41 78 46 43
C : LAB9601

ANJOU-GAMAY (ROUGE 1996)

 (leaf marks)

SCEA vignoble Denechere Alain
Domaine de la Petite Croix
La Petite Croix
49380 Thouarcé
Tél. 02 41 54 06 99
Fax 02 41 54 30 05

EARL Goizil Denis
Domaine du Petit Val
Le Petit Val
49380 Chavagnes-les-Eaux
Tél. 02 41 54 31 14
Fax 02 41 54 31 14

SCEA domaine de Montgilet
Domaine de Montgilet
Montgilet
(V. et V. Lebreton)
49610 Juigné-sur-Loire
Tél. 02 41 91 90 48
Fax 02 41 54 64 25
C : LAG9601

ANJOU-VILLAGES (ROUGE 1995)

DOMAINE FARDEAU
Domaine Fardeau
Les Hauts Perrays
49290 Chaudefonds-sur-Layon
Tél. 02 41 78 67 57
Fax 02 41 78 68 78

GAEC Chauvin Cesbron
Domaine Pierre Chauvin
45, Grande-Rue
49750 Rablay-sur-Layon
Tél. 02 41 78 32 76
C : AV090

SCEA Delhumeau Marc et Luc
Domaine de Brezé
49540 Martigné-Briand
Tél. 02 41 59 43 35
Fax 02 41 59 66 90
DOMAINE DES DEUX-ARCS GAZEAU MICHEL
11, rue du 8-Mai-1945
Domaine des Deux-Arcs
49540 Martigné-Briand
Tél. 02 41 59 47 37

BONNEZEAUX (BLANC 1995)

EARL Godineau
Domaine des Petits Quarts
La Douve
49380 Faye-d'Anjou
Tél. 02 41 54 03 00
C : L11

CABERNET D'ANJOU (ROSÉ 1996)

DOMAINE DES TRAHAN
Domaine des Trahan
34, rue des Moulins
79290 Cersay
Tél. 02 49 96 80 38
Fax 02 49 96 37 23

SCEA domaine de Montgilet
Montgilet
(V. et V. Lebreton)
Domaine de Montgilet
49610 Juigné-sur-Loire
Tél. 02 41 91 90 48
Fax 02 41 54 64 25
C : LCA9601
GAEC Leblanc Jean-Claude et Fils
Domaine

---

des Closserons
Les Closserons
49380 Faye-d'AnJou
Tél. 02 41 54 30 78
Fax 02 41 54 12 02
C : 25

EARL Robin Pichery
Domaine du Haut Mont
49380 Faye-d'Anjou
Tél. 02 41 54 02 55
Fax 02 41 57 33 60
SCEA domaine des Trottières
Domaine des Trottières
Les Trottières
49380 Thouarcé
Tél. 02 41 54 14 10
Fax 02 41 54 09 00
C : LO1CA96

COTEAUX DE L'AUBANCE (BLANC 1995)

EARL vignobles Berthe
Manoir de Versille
49320 Saint-Jean-des-Mauvrets
Tél. 02 41 45 34 00
C : L0796

EARL J. Ya. Lebreton
Domaine des Rochelles
49320 Saint-Jean-des-Mauvrets
Tél. 02 41 91 92 07
Fax 02 41 54 62 63
C : LCA1012

EARL Papin Christian
9, chemin de la Godelière
49610 Sainte-Mélaine-sur-Aubance
Tél. 02 41 57 75 65
Fax 02 41 45 92 51
C : 8

COTEAUX DU LAYON (BLANC 1995)

PAPIN CLAUDE
Château Pierre-Bise
Pierre-Bise
49190 Beaulieu-sur-Layon
Tél. 02 41 78 31 44
Fax 02 41 78 41 24
C : Beaulieu-sur-Layon, LCXLBA

COTEAUX DU LAYON (BLANC 1996)

SCA château des Noyers
Château des Noyers
Les Noyers
49540 Martigné-Briand
Tél. 02 41 54 03 71
Fax 02 41 92 63 84
REULIER DAMIEN
Le Mesnil
Vignoble de l'Arcison
49380 Thouarcé
Tél. 02 41 54 16 81
Fax 02 41 54 31 12

SCEA Jousset et Fils
Domaine le Logis du Prieuré
Le Logis du Prieuré
49700 Concourson-sur-Layon
Tél. 02 41 59 11 22
Fax 02 41 59 38 18
C : 50

GAEC Leblanc Jean-Claude et Fils
Domaine des Closserons
Les Closserons
49380 Faye-d'Anjou
Tél. 02 41 54 30 78
Fax 02 41 54 12 02
C : 36

EARL Robin Louis et Claude
Mont
49380 Faye-d'Anjou
Tél. 02 41 54 31 41
Fax 02 41 54 17 98
C : 18

COTEAUX DU LAYON SAINT-AUBIN-DE-LUIGNÉ (BLANC 1995)

EARL Domaine Cady
Domaine Cady
Valette
49190 Saint-Aubin-de-Luigné
Tél. 02 41 78 33 69
Fax 02 41 78 67 79
C : LGN9509

COTEAUX DU LAYON-SAINT-LAMBERT-DU-LATTAY (BLANC 1995)

🌿

DOMAINE OGEREAU
Domaine Ogereau
44, rue Belle-Angevine
49750 Saint-Lambert-du-Lattay
Tél. 02 41 78 30 53
Fax 02 41 78 43 55

QUARTS DE CHAUME (BLANC 1995)

🌿🌿🌿

SCEA DOMAINE DES BAUMARD
Domaine des Baumard
8, rue de l'Abbaye
49190 Rochefort-sur-Loire
Tél. 02 41 78 70 03
Fax 02 41 78 83 82
C : LQC1

ROSÉ D'ANJOU (ROSÉ 1996)

🌿🌿🌿

SCEA VIGNOBLE FENECHERE ALAIN
Domaine de la Petite Croix
La Petite Croix
49380 Thouarcé
Tél. 02 41 54 06 99
Fax 02 41 54 30 05

GAEC LHUMEAU JOËL
Domaine des Hautes-Huches
1, rue Saint-Vincent-nières
49700 Brigné-sur-Layon
Tél. 02 41 59 30 51
Fax 02 41 59 31 75
C : 18

🌿

SCEA DOMAINE DES TROTTIÈRES
Domaine des Trottières
Les Trottières
49380 Thouarcé
Tél. 02 41 54 14 10
Fax 02 41 54 09 00
C : Lo1RA96

ROSÉ DE LOIRE (ROSÉ 1996)

🌿🌿🌿

PROFFIT LONGUET SNC
Domaine des Bleuces
49700 Concourson-sur-Layon
Tél. 02 41 59 11 74
Fax 02 41 59 97 64

🌿

CAVE COOPÉRATIVE DES VIGNERONS DE SAUMUR
Bourg
49260 Saint-Cyr-en-Bourg
Tél. 02 41 53 06 06
C : 41-46
CAVE COOPÉRATIVE DES VIGNERONS DE SAUMUR
Bourg
49260 Saint-Cyr-en-Bourg
Tél. 02 41 53 06 06
C : 108

SAUMUR (ROUGE 1996)

🌿🌿🌿

GAEC DUBOIS
Domaine Dubois
8, route de Chacé
49260 Saint-Cyr-en-Bourg
Tél. 02 41 51 61 82
Fax 02 41 51 95 27
C : 2

🌿

LYCÉE D'ENSEIGNEMENT PROFESSIONNEL AGRICOLE
Cuvée des Hauts-de-Caterne
Route de Méron
49260 Montreuil-Bellay
Tél. 02 41 40 19 20
Fax 02 41 52 38 55
C : 1

🌿

CAVE COOPÉRATIVE DES VIGNERONS DE SAUMUR
Bourg
49260 Saint-Cyr-en-Bourg
Tél. 02 41 53 06 06
C : 147
JOSEPH CHRISTIAN
Domaine du Bourg-Neuf
12, rue de la Mairie
49400 Varrains
Tél. 02 41 52 94 43
Fax 02 41 52 94 43
C : 6
RECLU JEAN-MARIE
Boulevard Paul-Painlevé
49260 Montreuil-Bellay
Tél. 02 41 52 43 47

SCEA CHÂTEAU FOUQUET
Château Fouquet
Chaintres
49400 Dampierre-sur-Loire
Tél. 02 41 52 90 84
Fax 02 41 52 49 92
C : 1

SAUMUR (BLANC 1996)

🌿🌿🌿

SCEA BIGUET MARCEL
5, place de la Paleine
Domaine du Moulin
49260 Le Puy-Notre-Dame
Tél. 02 41 52 26 68
C : 8

🌿

GAEC DUVEAU FRÈRES
Domaine de
La Guilloterie
67, rue Foucault
49260 Saint-Cyr-en-Bourg
Tél. 02 41 51 62 78
Fax 02 41 51 63 14

🌿

LANGLOIS-CHÂTEAU
Domaine Langlois-Château
Rue Léopold-Palustre
49400 Saint-Hilaire-Saint-Florent
Tél. 02 41 50 28 14
Fax 02 41 50 26 29
C : B

SAUMUR-CHAMPIGNY (ROUGE 1996)

🌿🌿🌿

FOUCHER PIERRE-LOUIS
La Seigneurerie
2, rue Dovalle-Le-Petit-Pu
49400 Saumur
Tél. 02 41 50 11 15
C : 3

🌿

CHARRAU JEAN-PIERRE ET ÉRIC
Domaine Valbrun
74, Valbrun

49370 Parnay
Tél. 02 41 38 11 85
STEP RÉGIS NEAU
Domaine de Nerleux
4, rue de la Paleine
49260 Saint-Cyr-en-Bourg
Tél. 02 41 51 61 04
Fax 02 41 51 65 34
C : 96/12
BONNEAU ANDRÉ
Domaine La Bonnelière
45, rue du Bourg-Neuf
49400 Varrains
Tél. 02 41 52 92 38
C : 1

🌿

SCEA BONNIN
Domaine de Bellecour
110, rue de la Paleine
49260 Saint-Cyr-en-Bourg
Tél. 02 41 51 95 59
Fax 02 41 51 92 80
C : 1

SAVENNIÈRES (BLANC 1995)

🌿🌿🌿

CHÂTEAU DE FESLES (SA DE FESLES)
Château de Varennes
Fesles
49380 Thouarcé
Tél. 02 41 54 14 32
Fax 02 41 54 06 10
C : sec

🌿🌿🌿

SCEA DOMAINE DES BAUMARD
Domaine des Baumard
8, rue de l'Abbaye
49190 Rochefort-sur-Loire
Tél. 02 41 78 70 03
Fax 02 41 78 83 82
C : sec LSA1

TOURAINE
AOC

BOURGUEIL
(ROUGE 1995)

🍂🍂🍂

GAEC NAU FRÈRES
La Perrée
37140 Ingrandes-
de-Touraine
Tél. 02 47 96 98 57
Fax 02 47 96 90 34
C : LV195

GAMBIER PAUL
FONTENAY
Domaine des Ouches
37140 Ingrandes-
de-Touraine
Tél. 02 47 96 98 77
Fax 02 47 96 93 08
C : 95A3

🍂🍂

EARL MUREAU RÉGIS
Domaine
de La Gaucherie
La Gaucherie
37140 Ingrandes-
de Touraine
Tél. 02 47 96 97 60
Fax 02 47 46 93 43
C : 953

EARL DELAUNAY
PÈRE ET FILS
LA LANDE
Domaine de La Lande
37140 Bourgueil
Tél. 02 47 97 80 73
Fax 02 47 97 95 65
C : 004

🍂

EARL BOUCARD
THIERRY
Domaine de La
Chanteleuserie
La Chanteleuserie
37140 Benais
Tél. 02 47 97 30 20
Fax 02 47 67 46 73
C : L034

BOURGUEIL
(ROSÉ 1996)

🍂🍂🍂

GAEC NAU FRÈRES
La Perrée
37140 Ingrandes-
de-Touraine
Tél. 02 47 96 98 57
Fax 02 47 96 90 34
C : LR196

🍂

EARL LAME-DELILLE-
BOUCARD
Domaine des Chesnaies

Les Chesnaies
37140 Ingrandes-
de-Touraine
Tél. 02 47 96 98 54

CHINON
(ROUGE 1995)

🍂🍂🍂

LAMBERT PATRICK
6, coteau de Sonnay
37500 Cravant-
les-Coteaux
Tél. 02 47 93 92 39
Fax 02 00 00 00 00
C : 96020

PICHARD PHILIPPE
Domaine de la Chapelle
Malvaut
37500 Cravant-
les-Coteaux
Tél. 02 47 93 42 35
Fax 02 00 00 00 00
C : 0409

EARL GÉRARD
ET DAVID CHAUVEAU
Domaine de Beauséjour
37220 Panzoult
Tél. 02 47 58 64 64
Fax 02 47 95 27 13
C : 1

🍂🍂

EARL DOMAINE DE
LA ROCHE-HONNEUR
Domaine de La Roche-
Honneur
1, rue de la
Berthelonnier
37420 Savigny-en-Véron
Tél. 02 47 58 42 10
Fax 02 47 58 45 36
C : L9703

CHINON
(ROSÉ 1996)

🍂🍂

EARL JEAN ET
CHRISTOPHE BAUDRY
Domaine de La Perrière
37500 Cravant-
les-Coteaux
Tél. 02 47 93 15 99
Fax 02 47 98 34 57
C :

EARL DELVEROTINE
CAILLE YVES
Domaine Caille Yves
18, rue Perrotin
37220 Crouzilles
Tél. 02 47 58 57 95
Fax 02 47 58 56 60
C : 1

SCEA CHÂTEAU
DE VAUGAUDRY
Clos du Plessis-Gerbault
Le Vaugaudry
37500 Chinon
Tél. 02 47 93 13 51
Fax 02 47 93 23 08
C : L

🍂

SERGE ET BRUNO
SOURDAIS
Domaine
de La Bouchardière
La Bouchardière
37500 Cravant-
les-Côteaux
Tél. 02 47 93 04 27
Fax 02 47 93 38 52
C : L395

BAUDRY BERNARD
13, Côteau de Sonnay
37500 Cravant-
les-Coteaux
Tél. 02 47 93 15 79
Fax 02 47 98 44 44

🍂

EARL DOMAINE
DE LA COMMANDERIE
PAIN PH.
Domaine La
Commanderie
La Commanderie
37220 Panzoult
Tél. 02 47 93 39 32
Fax 02 47 98 41 26
C : 96B200

CHINON
(BLANC 1996)

🍂🍂

FERRAND PIERRE
Château de Ligré
37500 Ligré
Tél. 02 47 93 16 70
Fax 02 47 93 43 29

🍂🍂

SCA COULY DUTHEIL
PÈRE & FILS
12, rue Diderot
37500 Chinon
Tél. 02 47 93 05 84
Fax 02 47 93 28 58
C : 96134

MONTLOUIS
(BLANC 1995)

🍂🍂🍂

GALLIOT CHRISTIAN
17, rue des Caves- Cang
37270 Saint-Martin-
le-Beau
Tél. 02 47 50 62 15
Fax 02 47 50 24 94
C : doux LL2

LEVASSEUR CLAUDE
Domaine Levasseur
38, rue des Bouvineries
37270 Montlouis-
sur-Loire
Tél. 02 47 50 84 53
Fax 02 47 45 14 85
C : sec 96 01

🍂🍂

MOYER DOMINIQUE
2, rue Croix-
des-Granges
37270 Montlouis-
sur-Loire
Tél. 02 47 50 94 83
Fax 02 47 45 10 48
C : doux 0396

SAINT-NICOLAS-DE-BOURGUEIL
(ROUGE 1995)

🍂🍂🍂

MABILEAU J.-C.
Domaine vignoble
de La Jarnoterie
La Jarnoterie
37140 Saint-Nicolas-de-Bourgueil
Tél. 02 47 97 75 49
Fax 02 47 97 79 98
C : 6

VALLÉE GÉRALD
La COTELLERAIE
37140 Saint-Nicolas-de-Bourgueil
Tél. 02 47 97 75 53
Fax 02 47 97 85 90
C : 01

🍂🍂

**EARL CLOS
DES QUARTERONS
AMIRAULT**
Clos des Quarterons
37140 Saint-Nicolas-de-Bourgueil
Tél. 02 47 97 75 25
Fax 02 47 97 97 97
C : L 951

AMIRAULT YANNICK
La Coudraye
37140 Saint-Nicolas-de-Bourgueil
Tél. 02 47 97 78 07
Fax 02 47 97 94 78

🍂🍂

DAVID BERNARD
La Gardière
37140 Saint-Nicolas-de-Bourgueil
Tél. 02 47 97 81 51
Fax 02 47 97 95 05

TOURAINE
(ROUGE 1995)

🍂🍂🍂

**GAEC CAVES
DU PÈRE AUGUSTE**
4, rue des Caves
37150 Civray-de-Touraine
Tél. 02 47 23 93 04
Fax 02 47 23 99 58
C : 95 30

**CHÂTEAU
DE CHENONCEAU**
Château de Chenonceau
37150 Chenonceau
Tél. 02 47 23 44 07
Fax 02 47 23 89 91
C : 11

**CONFRÉRIE VIGNERONS
OISLY-THÉSÉE**
Cedex 112 Oisly
41700 Oisly
Tél. 02 54 79 52 88
Fax 02 54 79 05 28
C : 710095

🍂

**CAVE COOPÉRATIVE
DE BLÉRÉ-ATHÉE**
32, avenue du 11-Novembre
37150 Bléré
Tél. 02 47 57 91 04
Fax 02 47 23 51 27
C : LTP 500

TOURAINE
(ROSÉ 1996)

🍂🍂🍂

EARL ANTOINE DUPUY
Le Vau
37320 Esvres
Tél. 02 47 26 44 46
Fax 02 47 65 78 86

TOURAINE
(BLANC 1996)

🍂🍂🍂

EARL VAUVY
Domaine Bellevue
Les Martinières
41140 Noyers-sur-Cher
Tél. 02 54 75 38 71
Fax 02 54 75 21 89
C : sauvignon L9615

**CONFRÉRIE VIGNERONS
OISLY-THÉSÉE**
Cedex 112 Oisly
41700 Oisly
Tél. 02 54 79 52 88
Fax 02 54 79 05 28
C : sauvignon 120096

🍂🍂

**SCA DOMAINE
CHAINIER**
Domaine de Pocé
Rue de la Roche
37530 Chargé
Tél. 02 47 57 15 96
Fax 02 47 23 13 36
C : sauvignon

🍂

CARTIER FRANCOIS
Domaine de la Bergerie
13, rue de la Bergerie
41110 Pouillé
Tél. 02 54 71 51 54
Fax 02 54 71 74 09
C : sauvignon 9601

TOURAINE-AMBOISE
(ROSÉ 1996)

🍂

GAEC BONNIGAL
Domaine de la Prévote
17, rue d'Enfer
37530 Limeray
Tél. 02 47 30 11 02
Fax 02 47 30 11 09
C : 1

TOURAINE-AMBOISE
(BLANC 1996)

🍂🍂

EARL GANDON
Domaine de la Perdrielle
Vaurifle
37530 Nazelles-Négron
Tél. 02 47 57 31 19
Fax 02 47 57 77 28
C : L603

🍂

GAEC BONNIGAL
Domaine de la Prévote
17, rue d'Enfer
37530 Limeray
Tél. 02 47 30 11 02
Fax 02 47 30 11 09
C : moelleux 3

TOURAINE-AZAY-LE-RIDEAU
(ROSÉ 1996)

🍂🍂🍂

EARL JAMES PAGET
Armentières
37190 Rivarennes
Tél. 02 47 95 54 02
Fax 02 47 95 45 90

🍂🍂

**GAEC GALLAIS PÈRE
ET FILS**
Le Hay
37190 Vallères
Tél. 02 47 45 45 32
Fax 02 47 45 31 27

TOURAINE-AZAY-LE-RIDEAU
(BLANC 1995)

🍂🍂🍂

EARL PIBALEAU PASCAL
Le Lure
Domaine Pascal
Pibaleau
37190 Azay-le-Rideau
Tél. 02 47 45 27 58
Fax 02 47 45 26 18
C : L01

🍂

EARL JAMES PAGET
Armentières
37190 Rivarennes
Tél. 02 47 95 54 02
Fax 02 47 95 45 90

VOUVRAY
(BLANC 1995)

🍂🍂🍂

DOMAINE LE CAPITAINE
23, rue du Commandant-Mathieu
37210 Rochecorbon
Tél. 02 47 52 53 86
Fax 02 47 52 85 23
C : doux
**EARL PERDRIAUX
PHILIPPE**
Domaine de Vaugondy
Les Glandiers
37210 Vernou-sur-Brenne
Tél. 02 47 52 02 26
Fax 02 47 52 04 81
C : moelleux 246

🍂🍂

HERIVAULT BERNARD
Domaine d'Orfeuilles
La Croix-Blanche
37380 Reugny
Tél. 02 47 52 91 85
Fax 02 47 52 25 09
C : sec 19501
COUAMAIS JEAN-PAUL
Vallée de Cousse
37210 Vernou-

71

sur-Brenne
Tél. 02 47 52 18 93
Fax 02 47 52 04 91
C : doux cuvée Félix

DELALEU PASCAL
Domaine de La Galinière
45, vallée de Cousse
37210 Vernou-
sur-Brenne
Tél. 02 47 52 15 92
Fax 02 47 52 19 50
C : sec l9501

**GAEC BRUNO ET
JEAN-MICHEL PIEAUX**
Domaine du Margalleau
Vallée-de-Vaux
37210 Chancay
Tél. 02 47 52 97 27
Fax 02 47 52 25 51
C : doux

BERRY ET NIVERNAIS AOC

**MENETOU-SALON
(ROUGE 1996)**

**SCEA CLÉMENT
BERNARD ET FILS**
Domaine de Chatenoy
18510 Menetou-Salon
Tél. 02 48 64 80 25
Fax 02 48 64 88 51
C : 12, 22

**SCEA DU DOMAINE
HENRY PELLE**
Domaine Henry Pelle
Route d'Aubinges
18220 Morogues
Tél. 02 48 64 42 48
Fax 02 48 64 36 889
C : 2

**GAEC PRÉVOST
FRÈRES**
3, route de Quantilly
18110 Vignoux-
sous-les-Aix
Tél. 02 48 64 68 36
C : 6

**GAEC TURPIN PÈRE
ET FILS**
Place de l'Église
18220 Morogues
Tél. 02 48 64 41 30
Fax 02 48 64 32 24
C : 4, 8,16

**MENETOU-SALON
(BLANC 1996)**

**GAEC PRÉVOST
FRÈRES**
3, route de Quantilly
18110 Vignoux-
sous-les-Aix
Tél. 02 48 64 68 36
C : 1, 2, 3

**MOINDROT JEAN-
BERNARD**
Domaine de Loye
18220 Morogues
Tél. 02 48 64 35 17
Fax 02 48 64 41 29
C : sec 9603, 9604, 9605

SA GÉRARD MILLET
Domaine Gérard Millet
Route de Bourges
18300 Bué
Tél. 02 48 54 38 62
Fax 02 48 54 13 50
C : sec 1

**GAEC DES BRANGERS
CHAVET ET FILS**
Domaine Chavet
Les Brangers
18510 Menetou-Salon
Tél. 02 48 64 80 87
Fax 02 48 64 84 78
C : 150-1, 150-2, P1

**POUILLY FUMÉ
(BLANC 1996)**

**MASSON
JEAN-MICHEL**
Domaine Masson-
Blondelet
1, rue de Paris
58150 Pouilly-sur-Loire
Tél. 03 86 39 00 34
Fax 03 86 39 04 61
C : NC3, NC4, L2

**SCEV ANDRÉ DEZAT
ET FILS**
Chaudoux
18300 Verdigny
Tél. 02 48 79 38 82
Fax 02 48 79 38 24
C : 2

**EARL BLANCHET
FRANCIS**
35, rue Louis-Joseph
Gousse
58150 Pouilly-sur-Loire
Tél. 03 86 39 05 90
Fax 03 86 39 13 19
C : sec 4

GUYOT DOMINIQUE
Les Loges
58150 Pouilly-sur-Loire
Tél. 03 86 39 14 76
Fax 03 86 39 18 73
C : sec 3

**GAEC M RAIMBAULT
PINEAU ET FILS**
Domaine Raimbault-
Pineau et Fils
Route de Sancerre
18300 Sury-en-Vaux
Tél. 02 48 79 33 04
Fax 02 48 79 36 25
C : sec 45

**POUILLY-SUR-LOIRE
(BLANC 1996)**

BAUDIN GUY
Imp. des Tonneliers -
Les Loges
58150 Pouilly-sur-Loire
Tél. 03 86 39 02 54
Fax 03 86 39 17 13
C : sec 12

EARL BAILLY MICHEL
Domaine Bailly Michel
3, rue Saint-Vincent
58150 Pouilly-sur-Loire
Tél. 03 86 39 04 78
Fax 03 86 39 05 25
C : 13

**QUINCY
(BLANC 1996)**

C. WILK ET J. TATIN
Domaine des Ballandors
Les Ballandors
Le Tremblay
18120 Brinay
Tél. 02 48 75 20 09
Fax 02 48 75 70 50
C : 1/96

**EARL DE LA
COMMANDERIE**
Domaine
La Commanderie
J.-C. Borgnat

27, rue de Jacques-
au-Bois
18120 Preuilly
Tél. 02 48 51 30 16
Fax 02 48 51 32 94
C : sec 1-96

**EARL PHILIPPE
PORTIER**
Domaine Philippe Portier
Bois-Gy-Moreau
18120 Brinay
Tél. 02 48 51 09 02
Fax 02 48 51 00 96
C : sec 17, 19, 26, 5

SCEA ROUX
Domaine Jean-Claude
Roux
Puy Ferrand
18340 Arcay
Tél. 02 48 64 76 10
Fax 02 48 64 75 69
C : sec sur lie 14

**SARL DOMAINE
PIERRE DURET**
Domaine La Pierre-
qui-danse
Route de Lury
18120 Quincy
Tél. 02 48 78 05 01
Fax 02 48 78 05 04
C : 1

**REUILLY
(ROSÉ 1996)**

VINCENT JACQUES
11, chemin des Caves
18120 Lazenay
Tél. 02 48 51 73 55
C : 3, 4, 96

LAFOND CLAUDE
Le Bois Saint-Denis
36260 Reuilly
Tél. 02 54 49 22 17
Fax 02 54 49 26 64
C : 28

CORDIER GÉRARD
6, impasse de l'Île-
Camus
36260 Reuilly
Tél. 02 54 49 25 47
Fax 02 54 49 29 34
C : 01

CHARPENTIER FRANÇOIS
Le Bourdonnat
Domaine du Bourdonnat
36260 Reuilly
Tél. 02 54 49 20 18
Fax 02 54 49 29 91
C : III

REUILLY (BLANC 1996)

LAFOND CLAUDE
Domaine de la Raie
Le Bois Saint-Denis
36260 Reuilly
Tél. 02 54 49 22 17
Fax 02 54 49 26 64
C : 1, 3

JUJARD BERNARD
, rue du Bas-Bourg
36120 Lazenay
Tél. 02 48 51 73 69
Fax 02 48 51 73 69
C : sec 1

CHARPENTIER FRANÇOIS
Domaine du Bourdonnat
Le Bourdonnat
36260 Reuilly
Tél. 02 54 49 20 18
Fax 02 54 49 29 91
C : sec II

GUILLEMAIN JEAN
Jalleau
36120 Lury-sur-Arnon
Tél. 02 48 51 73 45
Fax 02 48 51 73 45
C : 10

AUDOUET CHRISTIAN
Domaine Neuf
Domaine Les Ferrières
18000 Challuy
Tél. 03 86 37 68 02
Fax 03 86 37 65 75
C : sec L96-3

SANCERRE (ROUGE 1995)

SCEA DOMINIQUE ROGER
Domaine du Carrou
place du Carrou
18300 Bué
Tél. 02 48 54 10 65
Fax 02 48 54 38 77
C : L2696

SCEV PIERRE CHERRIER ET FILS
Domaine
de La Rossignole
Chaudoux

18300 Verdigny
Tél. 02 48 79 34 93
Fax 02 48 79 33 41
C : 1

FOUASSIER PÈRE ET FILS SA
Domaine L'Étourneau
180, avenue de Verdun
18300 Sancerre
Tél. 02 48 54 02 34
Fax 02 48 54 35 61
C : 3601

SCEA DES CAVES DU PRIEURÉ REIGNY
Domaine caves
du prieuré
18300 Crézancy-en-Sancerre
Tél. 02 48 79 02 84
Fax 02 48 79 01 02
C : lot 6190

SANCERRE (ROUGE 1996)

SCEV RIFFAULT CLAUDE MAISON SALLE
Domaine Claude Riffault
18300 Sury-en-Vaux
Tél. 02 48 79 38 22
Fax 02 48 79 36 22
C : lot n°4

SCEV REVERDY BERNARD ET FILS
Domaine Bernard
Reverdy et Fils
Chaudoux
18300 Verdigny
Tél. 02 48 79 33 08
Fax 02 48 79 37 93
C : 7

PAUL VATTAN SARL
Domaine de Saint-Romble
Maimbray
18300 Sury-en-Vaux
Tél. 02 48 79 30 36
Fax 02 48 79 30 41
C : 3, 4, 5, 6, 7

SARL VIGNOBLES J. MELLOT PÈRE & FILS
Domaine de Bellecours
Route de Ménétréol
18300 Sancerre
Tél. 02 48 54 21 50
Fax 02 48 54 15 25
C : 2

SA PRIEUR PIERRE ET FILS
Domaine de Saint-Pierre
18300 Verdigny
Tél. 02 48 79 31 70
Fax 02 48 79 38 87
C : 1

SANCERRE (ROSÉ 1996)

SCEV REVERDY BERNARD ET FILS
Domaine Bernard
Reverdy et Fils
Chaudoux
18300 Verdigny
Tél. 02 48 79 33 08
Fax 02 48 79 37 93
C : 27, 78

DEZAT PIERRE ET ALAIN
Maimbray
18300 Sury-en-Vaux
Tél. 02 48 79 34 16
Fax 02 48 79 35 81
C : 2

SCEV MICHEL THOMAS ET FILS
Les Egrots
18300 Sury-en-Vaux
Tél. 02 48 79 35 46
Fax 02 48 79 37 60
C : 2, 3

SCEV ANDRÉ DEZAT ET FILS
Chaudoux
18300 Verdigny
Tél. 02 48 79 38 82
Fax 02 48 79 38 24
C : 16, 17

SANCERRE (BLANC 1996)

MASSON JEAN-MICHEL
1, rue de Paris
Domaine Masson
Blondelet
58150 Pouilly-sur-Loire
Tél. 03 86 39 00 34
Fax 03 86 39 04 61
C : NC1

MILLERIOUX PAUL
Champtin
18300 Crézancy-en-Sancerre
Tél. 02 48 79 07 12
Fax 02 48 79 07 63
C : sec 7

GAEC REVERDY PASCAL ET NICOLAS
Domaine Pascal
et Nicolas Reverdy
Maimbray
18300 Sury-en-Vaux
Tél. 02 48 79 37 31
C : sec 1, 2

SCEV PIERRE CHERRIER ET FILS
Domaine de
la Rossignole
Chaudoux
18300 Verdigny
Tél. 02 48 79 34 93
Fax 02 48 79 33 41
C : 1

GAEC DE CHAUDENAY, R. ET D. RAIMBAULT
Chaudenay
18300 Verdigny
Tél. 02 48 79 32 87
Fax 02 48 79 39 08
C : 2

SA GÉRARD MILLET
Domaine Gérard Millet
Route de Bourges
18300 Bué
Tél. 02 48 54 38 62
Fax 02 48 54 13 50
C : sec 1-5

GAEC MICHEL GIRARD ET FILS
Domaine Michel Girard
et Fils
Chaudoux
18300 Verdigny
Tél. 02 48 79 33 36
Fax 02 48 79 33 66
C : sec 1-10

73

◆ Vins-Val de Loire

DOMAINE FRANCK MILLET
L'Esterille
18300 Bué
Tél. 02 48 54 25 26
Fax 02 48 54 39 85
C : L

SOLOGNE

VITICOLE

AOC

CHEVERNY
(ROUGE 1996)

🌿🌿🌿

TESSIER CHRISTIAN
Domaine de
La Desoucherie
41700 Cour-Cheverny
Tél. 02 54 79 90 08
Fax 02 54 79 22 48
C : 67002

🌿🌿

EARL MAISON PÈRE ET FILS
Domaine Maison
Père et Fils
22, rue de la Roche
41120 Sambin
Tél. 02 54 20 22 87
Fax 02 54 20 22 91

CHEVERNY
(ROSÉ 1996)

🌿

TESSIER CHRISTIAN
Domaine de la
Desoucherie
41700 Cour-Cheverny
Tél. 02 54 79 90 08
Fax 02 54 79 22 48
C : 67003

CHEVERNY
(BLANC 1996)

🌿🌿🌿

TESSIER CHRISTIAN
Domaine de
la Desoucherie
41700 Cour-Cheverny
Tél. 02 54 79 90 08
Fax 02 54 79 22 48
C : 67001

COUR CHEVERNY
(BLANC 1996)

🌿🌿

CADOUX MICHEL
Domaine Le Portail
Le Portail
41700 Cheverny
Tél. 02 54 79 91 25
Fax 02 54 79 28 03
C : 96011

AUTRES VINS

DU VAL

DE LOIRE

AOC

CÔTE-ROANNAISE
(ROUGE 1996)

🌿🌿🌿

HAWKINS SIMON
Domaine de Fontenay
Fontenay
42155 Villemontais
Tél. 04 77 63 12 22
Fax 04 77 63 15 95
C : 1

BAILLON ALAIN
Montplaisir
42820 Ambierle
Tél. 04 77 65 65 51
Fax 04 77 65 65 65
C : 5

🌿🌿

CHAUCESSE JEAN-CLAUDE
Domaine de La Paroisse
La Paroisse
42370 Renaison
Tél. 04 77 64 26 10
Fax 04 77 62 13 84
C : 1

🌿

ROUSSET BERNARD
La Grye
42820 Ambierle
Tél. 04 77 65 61 03
C : 1

CÔTE-ROANNAISE
(ROSÉ 1996)

🌿🌿

POUSSET PIERRE
Domaine du Picatier
Le Picatier
42370 Saint-Haon-le-Vieux
Tél. 04 77 64 47 6
Fax 04 77 64 26 28
C : 5

🌿

VILLENEUVE ANDRÉ
Champagny
42370 Saint-Haon-le-Vieux
Tél. 04 77 64 42 88
Fax 04 77 62 12 55
C : 2

JASNIÈRES
(BLANC 1996)

🌿🌿🌿

MAILLET JEAN-JACQUES
La Paquerie
72340 Ruillé-sur-Loir
Tél. 02 43 44 47 45
Fax 02 43 44 35 30
C : 1

🌿🌿

FRESNEAU FRANCOIS
La Chenetterie
Domaine de Cezin
72340 Marcon
Tél. 02 43 44 13 70
Fax 02 43 44 41 54

AUTRES VINS

DU VAL

DE LOIRE

VDQS

CHÂTEAUMEILLANT
(ROUGE 1996)

🌿🌿🌿

BOURDEAU JEAN-PIERRE
5, avenue Antoine-Meillet
Domaine du Parc
18370 Châteaumeillant
Tél. 02 48 61 31 45
C : 3

🌿🌿

CAVE DU TIVOLI
Route de Culan
18370 Châteaumeillant
Tél. 02 48 61 33 55
Fax 02 48 21 82 84
C : 20

🌿

LANOIX PATRICK
Beaumerle
Cellier du Chêne
Combeau
18370 Châteaumeillant
Tél. 02 48 61 39 59
Fax 02 48 61 42 19
C.: B1, B2

CHÂTEAUMEILLANT
(ROSÉ 1996)

🌿🌿

SCEA RAFFINAT ET FILS
Domaine des Tanneries
18370 Châteaumeillant
Tél. 02 48 61 35 16
C : gris 3

COTEAUX D'ANCENIS-GAMAY
(ROUGE 1996)

🌿🌿

EARL TERRIEN PIERRE
Domaine des
Clérambaults
30, rue de Verdun
49530 Bouzillé
Tél. 02 40 98 15 38
Fax 02 40 98 11 45
C : gamay 8-9

🌿🌿

CRESPIN BERNARD
Domaine de la Pléiade
210, rue de la Pléiade
49530 Liré
Tél. 02 40 09 01 39

GAEC DES GALLOIRES
Domaine des Galloires
La Galloire
49530 Drain
Tél. 02 40 98 20 10
Fax 02 40 98 22 06
C : gamay 65-52

🌿

GAEC DAVID FRÈRES
Domaine de Gaigne
Gaigne
49270 La Varenne
Tél. 02 40 98 53 14
Fax 02 40 98 52 70
C : gamay 20

COTEAUX D'ANCENIS (ROSÉ 1996)

🍂🍂

**LES VIGNERONS
DE LA NOËLLE**
BP 155
44150 Ancenis
Tél. 02 40 98 92 72
Fax 02 40 98 96 70
C : gamay LA

COTEAUX-DU-VENDÔMOIS (ROSÉ 1996)

🍂🍂

**CAVE COOPÉRATIVE
DU VENDÔMOIS**
0, avenue du Petit-Thouars
41100 Villiers-sur-Loir
Tél. 02 54 72 90 06
Fax 02 54 72 75 09
C : 9603

CÔTES-D'AUVERGNE (ROUGE 1996)

🍂🍂🍂

**ROMEUF
CHRISTOPHE**
bis, rue du Couvent
63670 Orcet
Tél. 04 73 84 07 83
C : foudre 01

🍂🍂

**PRADIER JEAN-PIERRE
ET MARC**
, rue Saint-Jean-Baptiste
63730 Les Martres-de-Veyre
Tél. 04 73 39 86 41
Fax 04 73 39 88 17
C : 3 et 6

**GAEC
DE LA SARDISSERE**
Route de Coudes
63320 Neschers
Tél. 04 73 96 72 45
Fax 04 73 96 25 79
C : 1A

CÔTES-D'AUVERGNE (ROSÉ 1996)

🍂🍂🍂

CAVE SAINT-VERNY
Route d'Issoire
63960 Veyre-Monton
Tél. 04 73 69 60 11
Fax 04 73 69 65 22
C : gris I28

🍂🍂

CAVE SAINT-VERNY
Route d'Issoire
63960 Veyre-Monton
Tél. 04 73 69 60 11
Fax 04 73 69 65 22
C : gris I31

GAUDET ALAIN
Domaine Sous-Tournoël
63530 Volvic
Tél. 04 73 33 52 12
Fax 04 73 33 62 71
C : 37

CÔTES-D'AUVERGNE-BOUDES (ROUGE 1996)

🍂🍂

**PELISSIER
MICHEL**
Route de Dauzat
63340 Boudes
Tél. 04 73 96 43 45
Fax 04 73 96 55 55
C : 1,.2, 3

CÔTES-D'AUVERGNE-CHÂTEAUGAY (ROUGE 1996)

🍂🍂🍂

**EARL
ROUGEYRON
MICHEL ET ROLAND**
2, rue de la Crouzette
63119 Châteaugay
Tél. 04 73 87 24 45
Fax 04 73 87 23 55
C : 3

CÔTES-D'AUVERGNE (ROSÉ 1996)

🍂🍂

**EARL ROUGEYRON
MICHEL ET ROLAND**
27, rue de la Crouzette
63119 Châteaugay
Tél. 04 73 87 24 45
Fax 04 73 87 23 55
C : 12

🍂

**EARL ROUGEYRON
MICHEL ET ROLAND**
27, rue de la Crouzette
63119 Châteaugay
Tél. 04 73 87 24 45
Fax 04 73 87 23 55
C : 16

CÔTES-D'AUVERGNE-CHÂTEAUGAY (ROSÉ 1996)

🍂

**EARL ROUGEYRON
MICHEL ET ROLAND**
27, rue de la Crouzette
63119 Châteaugay
Tél. 04 73 87 24 45
Fax 04 73 87 23 55
C : 6, 14

CÔTES-D'AUVERGNE-CORENT (ROSÉ 1996)

🍂🍂🍂

CAVE SAINT-VERNY
Route d'Issoire
63960 Veyre-Monton
Tél. 04 73 69 60 11
Fax 04 73 69 65 22
C : gris L25

🍂🍂

**PRADIER JEAN-PIERRE
ET MARC**
9, rue Saint-Jean-Baptiste
63730 Les Martres-de-Veyre
Tél. 04 73 39 86 41
Fax 04 73 39 88 17
C : 1, 7

CÔTES-DE-GIEN-COSNES-SUR-LOIRE (ROUGE 1996)

🍂🍂

**SCEA
POUPAT ET FILS**
47, rue Georges-Clemenceau
45500 Gien
Tél. 02 38 67 03 54
Fax 02 38 31 39 76
C : 3

CÔTES-DE-GIEN-COSNES-SUR-LOIRE (ROSÉ 1996)

🍂🍂🍂

**BALLAND-CHAPUIS
JOSEPH**
Domaine Balland-Chapuis
Allée des Soupirs
45420 Bonny-sur-Loire
Tél. 02 38 31 55 12
Fax 02 48 54 07 97
C : 2

🍂🍂

**SCEA POUPAT
ET FILS**
47, rue Georges-Clemenceau
45500 Gien
Tél. 02 38 67 03 54
Fax 02 38 31 39 76
C : 1

CÔTES-DE-GIEN-COSNES-SUR-LOIRE (BLANC 1996)

🍂🍂

GITTON PÈRE ET FILS
Vigne du Taureau
Chemin de Lavaud
18300 Ménétréol-sous-Sancerre
Tél. 02 48 54 38 84
Fax 02 48 54 09 59
C : 8096

🍂🍂

GAEC THIBAULT
Domaine de Villargeau
Villargeau
58200 Pougny
Tél. 03 86 28 05 51
C : 961

◆ Vins-Val de Loire

SCEA POUPAT ET FILS
47, rue Georges-Clemenceau
45500 Gien
Tél. 02 38 67 03 54
Fax 02 38 31 39 76
C : 2

CÔTES-DU-FOREZ (ROUGE 1996)

ARNAUD JEAN-FRANÇOIS
Domaine du Poyet
Au Bourg
42130 Marcilly-Le-Châtel
Tél. 04 77 97 48 54

GACHET CHRISTIAN
Domaine la Pierre-Noire
Chemin de l'Abreuvoir
42610 Saint-Georges-Hauteville
Tél. 04 77 76 08 54
C : 1

CÔTES-DU-FOREZ (ROSÉ 1996)

LOGEL JACKY
La Côte
42130 Marcilly-le-Châtel
Tél. 04 77 97 41 95

FIEFS VENDÉENS (ROUGE 1996)

EARL CHÂTEAU DE ROSNAY
Château de Rosnay
5, rue du Perrot
85320 Rosnay
Tél. 02 51 30 59 06
Fax 02 51 28 21 01
C : gamay cabernet 106-205

GAEC SAINT-NICOLAS
Domaine Saint-Nicolas
11, rue des Vallées
85470 Brem-sur-Mer
Tél. 02 51 33 13 04
Fax 02 51 33 18 42
C : pinot cabernet 17-19

COIRIER XAVIER
Domaine de la Petite Groie
La Petite Groie
85200 Pissotte
Tél. 02 51 69 40 98
Fax 02 51 69 74 15
C : gamay pinot cabernet 84-90-91-71

MOURAT JEAN-LARZELIER JEAN
Domaine de la ferme des Ardillers
La ferme des Ardillers
85320 Mareuil-sur-Lay
Tél. 02 51 97 20 10
Fax 02 51 97 21 58
C : gamay cabernet 13-37

FIEFS VENDÉENS (ROSÉ 1996)

COIRIER XAVIER
Domaine de la Petite Groie
La Petite Groie
85200 Pissotte
Tél. 02 51 69 40 98
Fax 02 51 69 74 15
C : gamay pinot cabernet 52

EARL CHÂTEAU DE ROSNAY
Château de Rosnay
5, rue du Perrot
85320 Rosnay
Tél. 02 51 30 59 06
Fax 02 51 28 21 01
C : pinot gamay 14-20-4

ARNAUD MICHEL
Domaine de la Cambaudière
La Cambaudière
85320 Rosnay
Tél. 02 51 30 55 12
C : gamay pinot 1-5-6

FIEFS VENDÉENS (BLANC 1996)

MOURAT JEAN-LARZELIER JEAN
Domaine de la ferme des Ardillers
La ferme des Ardillers
85320 Mareuil-sur-Lay
Tél. 02 51 97 20 10
Fax 02 51 97 21 58
C : chardonnay chenin 41-42

COIRIER XAVIER
Domaine de la Petite Groie
La Petite Groie
85200 Pissotte
Tél. 02 51 69 40 98
Fax 02 51 69 74 15
C : chenin chardonnay melon 54

GROS PLANT DU PAYS NANTAIS (BLANC 1996)

GAEC MADELEINEAU PÈRE ET FILS
Domaine de la Taraudière
L'Errière
44430 Le Landreau
Tél. 02 40 06 43 94
Fax 02 40 06 48 82
C : sur lie C6, C8

GAEC DE LA GARNAUDIÈRE
Manoir de la Garnaudière
La Garnaudière
44310 La Limouzinière
Tél. 02 40 05 82 28
Fax 02 40 05 99 43
C : sur lie 15-17

GAEC CHARPENTIER PÈRE ET FILS
Château de La Guipière
La Guipière
44330 Vallet
Tél. 02 40 36 23 30
Fax 02 40 36 38 14
C : 31

EARL LECHAT FILS
Domaine de la Morillière
La Morillière
44430 Le Loroux-Bottereau
Tél. 02 40 33 82 99
C : sur lie 26

LES VENDANGEOIRS DU VAL-DE-LOIRE SA
La Frémonderie
49230 Tillières
Tél. 02 41 70 45 93
Fax 02 41 70 43 74
C : 82

DOMAINE DES HERBAUGES
Domaine Herbauges
Herbauges
44830 Bouaye
Tél. 02 40 65 44 92
Fax 02 40 32 62 93
C : sur lie 39

HARANG PAUL
Château du Chaffault
Le Chaffault
44340 Bouguenais
Tél. 02 40 75 70 88
C : sur lie 34

GRATAS DANIEL
Domaine de La Rocherie
La Rocherie
44430 Le Landreau
Tél. 02 40 06 41 55
Fax 02 40 06 48 92
C : sur lie 15

HAUT-POITOU (ROUGE 1996)

SA CAVE DU HAUT- POITOU
32, rue Alphonse-Plault
86170 Neuville-de-Poitou
Tél. 05 49 51 21 65
Fax 05 49 51 16 07
C : V0-V2-V10-13CH

BOURDIER ALAIN
Domaine de Villemont
Seuilly
86110 Mirebeau
Tél. 05 49 50 51 31
Fax 05 49 90 84 14
C : 12

CROUX CHRISTOPHE
Domaine de la Tour
Signy
Le Côteau
86380 Marigny-Brizay
Tél. 05 49 52 14 14
Fax 05 49 62 36 82
C : 22

❦

**A Cave du Haut
oitou**
hâteau la Fuye
2, rue Alphonse-Plault
6170 Neuville-de-
oitou
él. 05 49 51 21 65
ax 05 49 51 16 07
: 15ch-17ch-18ch

**aut-Poitou
lanc 1996)**

❦❦❦

**ourdier
lain**
omaine de Villemont
euilly
6110 Mirebeau
él. 05 49 50 51 31
ax 05 49 90 84 14
: 3 et 29
**A Cave
u Haut-Poitou**
2, rue Alphonse-Plault
170 Neuville-
-Poitou
l. 05 49 51 21 65
x 05 49 51 16 07
1M/ lot 6097

❦❦

**A Cave
Haut-Poitou**
, rue Alphonse-Plault
âteau Le Logis
170 Neuville-de-
itou
l. 05 49 51 21 65
x 05 49 51 16 07
62
arsault Gérard
maine du Centaure
rue du Poirier
380 Chabournay
. 05 49 51 24 05
x 05 49 51 19 39
lot n°10
**Cave
Haut-Poitou**
âteau de Brizay
rue Alphonse-Plault
70 Neuville-
Poitou
. 05 49 51 21 65
x 05 49 51 16 07
36-60

❦

SA Cave du Haut-Poitou
32, rue Alphonse Plault
86170 Neuville-de-Poitou
Tél. 05 49 51 21 65
Fax 05 49 51 16 07
C : 2IX-3IX / 15m

**Orléanais
(rouge 1996**

❦❦❦

**GAEC
Clos Saint-Fiacre**
Clos Saint-Fiacre
560, rue Saint-Fiacre
45370 Mareau-aux-Prés
Tél. 02 38 45 61 55
Fax 02 38 45 66 58

❦

**GAEC
Valoir Javoy Père et Fils**
196, rue du Buisson
45370 Mézières-lez-Cléry
Tél. 02 38 45 61 91
Fax 02 38 45 69 11
C : L96101

**Orléanais
(blanc 1996)**

❦

**GAEC
Valoir Javoy
Père et Fils**
196, rue du Buisson
45370 Mézières-lez-Cléry
Tél. 02 38 45 61 91
Fax 02 38 45 69 11
C : l96103

**Saint-Pourçain
(rouge 1996)**

❦❦❦

**GAEC
Nebout**
Les Champions
03500 Saint-Pourçain-sur-Sioule
Tél. 04 70 45 31 70
C : 2-15

❦❦

EARL Pétillat
Domaine Bellevue
Bellevue
03500 Meillard
Tél. 04 70 42 05 56
Fax 04 70 42 09 75
C : 8
GAEC Gallas Yves et Pascal
Les Burliers
03500 Saulcet
Tél. 04 70 45 32 86
Fax 04 70 45 65 15
C : 23

**Saint-Pourçain
(rosé 1996)**

❦❦❦

Union des vignerons
Rue Ronde
03500 Saint-Pourçain-sur-Sioule
Tél. 04 70 45 42 82
Fax 04 70 45 99 34
C : gris 26

❦❦

GAEC Nebout
Les Champions
03500 Saint-Pourçain-sur-Sioule
Tél. 04 70 45 31 70
C : 30

❦

GAEC Gardien
Domaine Gardien
Chassignolles
03210 Besson
Tél. 04 70 42 80 11
Fax 04 70 42 80 99
C : LRS6
Union des vignerons
Rue Ronde
03500 Saint-Pourçain-sur-Sioule
Tél. 04 70 45 42 82
Fax 04 70 45 99 34
C : 75

**Saint-Pourçain
(blanc 1996)**

❦❦❦

GAEC Jutier-serra
30, rue Jules-Dupré
03150 Varennes-sur-Allier
Tél. 04 70 45 05 12
Fax 04 70 45 04 83
C : sec 25

❦❦

GAEC Nebout
Les Champions
03500 Saint-Pourçain-sur-Sioule
Tél. 04 70 45 31 70
C : 3
Union des vignerons
Rue Ronde
03500 Saint-Pourçain-sur-Sioule
Tél. 04 70 45 42 82
Fax 04 70 45 99 34
C : 73

**Valençay
(rouge 1995)**

❦❦

Roy Jean-François
3, rue des Acacias
36600 Lye
Tél. 02 54 41 00 39
Fax 02 54 41 06 89
C : L523

Sinson Hubert
Hubert Le Musa
41130 Meusnes
Tél. 02 54 71 00 26
Fax 02 54 71 50 93
C : 4-5

**Valençay
(blanc 1996)**

❦❦❦

Fouassier André
Vaux
36600 Lye
Tél. 02 54 41 01 12
C : 252-247

❦❦

SCEV Clos du Château de Valençay
Clos du Château
de Valençay
Le Musa
41130 Meusnes
Tél. 02 54 71 00 26
Fax 02 54 71 50 93
C : 20
Sinson Hubert
Hubert le Musa
41130 Meusnes`
Tél. 02 54 71 00 26
Fax 02 54 71 50 93
C : 12

VINS DE PAYS

VIN DE PAYS DE RETZ (ROUGE 1996)

MALIDAIN JEAN-CLAUDE
Domaine des Coins
Le Petit Coin
44650 Corcoué-sur-Logne
Tél. 02 40 05 86 46
Fax 02 40 05 80 99
C : gamay 25

GAEC DE LA GARNAUDIÈRE
Domaine de La Garnaudière
La Garnaudière
44310 La Limouzinière
Tél. 02 40 05 82 28
Fax 02 40 05 99 43
C : cabernet 6-8

VIN DE PAYS DE RETZ (ROSÉ 1996)

DAHERON PIERRE
Domaine du Parc
Le Parc
44650 Corcoué-sur-Logne
Tél. 02 40 05 86 11
Fax 02 40 05 94 98
C : grolleau 30

SCEA MERCIER
Domaine Mercier
La Getière
44270 Paulx
Tél. 02 40 26 01 51
Fax 02 40 26 01 10
C : grolleau 13

VIN DE PAYS DE RETZ (BLANC 1996)

MALIDAIN MICHEL
Domaine le Demi-Bœuf
Le Demi-Bœuf
44310 La Limouzinière
Tél. 02 40 05 82 29
Fax 02 40 05 95 97
C : Chardonnay 2

HARANG PAUL
Domaine du Chaffault
Le Chaffault
44340 Bouguenais
Tél. 02 40 75 70 88
C : grolleau 2-36

BOUHIER BERNARD
Domaine de La Grande-Villeneuve
La Grande-Villeneuve
85670 Saint-Étienne-du-Bois
Tél. 02 51 34 52 15
Fax 02 51 34 56 05
C : grolleau 1-2

GAEC DE LA GARNAUDIÈRE
Domaine de la Garnaudière
La Garnaudière
44310 La Limouzinière
Tél. 02 40 05 82 28
Fax 02 40 05 99 43
C : chardonnay 9

VIN DE PAYS DU JARDIN DE LA FRANCE (ROUGE 1996)

EPIARD GÉRARD
Domaine de La Pierre Blanche
La Pierre Blanche
85660 Saint-Philbert-de-Bouai
Tél. 02 51 41 93 42
Fax 02 51 41 91 71
C : gamay 3

GAEC JAUFFRINEAU BOULANGER
Domaine des Bégaudières
Bonnefontaine
44330 Vallet
Tél. 02 40 36 22 79
Fax 02 40 36 34 90
C : cabernet 1HP-4GM

EARL COGNE CLAUDE
Domaine de La Couperie
La Couperie
49270 Saint-Christophe-La-Couperie
C : cabernet C 4

SCEA VIGNOBLE DENECHERE ALAIN
Domaine de la Petite Croix
La Petite Croix
49380 Thouarcé
Tél. 02 41 54 06 99
Fax 02 41 54 30 05
C : grolleau

BATARD SERGE
Domaine Les Hautes Noëlles
La Haute Galerie
44710 Saint-Léger-les-Vignes
Tél. 02 40 31 53 49
Fax 02 40 04 87 80
C : gamay LGY6

RETHORE CHRISTOPHE ET MARTINE
Domaine des Chevrières
Les Vignes
49110 Saint-Rémy-en-Mauges
Tél. 02 41 30 12 58
C : gamay 126

VIN DE PAYS DU JARDIN DE LA FRANCE (ROSÉ 1996)

LES VENDANGEOIRS DU VAL DE LOIRE SA
La Frémonderie
49230 Tillières
Tél. 02 41 70 45 93
Fax 02 41 70 43 74
C : grolleau CI-P

VIN DE PAYS DU JARDIN DE LA FRANCE (BLANC 1996)

DOMAINE RICHOU
Clos des Rogeries
Chauvigné
49610 Mozé-sur-Louet
Tél. 02 41 78 72 13
C : chardonnay

EARL LONGÉPÉ
Domaine des Grandes Brosses

Les Grandes Brosses
49380 Champ-sur-Layon
Tél. 02 41 54 16 16
C : chardonnay 1

LEFORT EVELYNE
Domaine des Fontenelles
9, rue des Fontenelles
44118 La Chevrolière
Tél. 02 40 04 32 35
C : chardonnay 19

EARL BRAULT DOMAINE SAINTE-ANNE
Domaine Sainte-Anne
Sainte-Anne
49320 Brissac-Quincé
Tél. 02 41 91 24 58
Fax 02 41 91 25 87
C : sauvignon 5B

CORSE

AOC

AJACCIO (ROUGE 1995)

CLOS D'ALZETO-ALBERTINI
20151 Sari-d'Orcino
Tél. 04 95 52 24 67
Fax 04 95 52 27 27
C : 9

AJACCIO (ROSÉ 1996)

DOMAINE PERALDI
Chemin du Stiletto
20167 Mezzavia
Tél. 04 95 22 37 30
Fax 04 95 20 92 91
C : 83

AJACCIO (BLANC 1996)

COURRÈGES JEAN ET ISABELLE
Domaine de Pratavone
20123 Cognocoli-Monticchi
Tél. 04 95 24 34 11
Fax 04 95 24 34 74
C : 1 bis

DOMAINE PERALDI
Chemin du Stiletto
20167 Mezzavia
Tél. 04 95 22 37 30
Fax 04 95 20 92 91
C : 24

MUSCAT DU CAP CORSE (BLANC 1996)

🍷🍷

DOMAINE GENTILE
...zo
...217 Saint-Florent
Tél. 04 95 37 01 54
Fax 04 95 37 16 69
C : 17

🍷🍷

DOMAINE LECCIA
...232 Poggio-d'Oletta
...l. 04 95 37 11 35
...x 04 95 37 17 03
C : L15

🍷

...AEC LAZZARINI
...maine Lazzarini
...253 Patrimonio
...l. 04 95 37 18 61
C : 2

PATRIMONIO (ROUGE 1995)

🍷🍷🍷

...FA ORENGA ... GAFFORY
...rta Majo
...253 Patrimonio
...l. 04 95 37 11 38
...x 04 95 37 14 25
...ST7

🍷🍷

...MAINE GENTILE
...zo
...217 Saint-Florent
... 04 95 37 01 54
...x 04 95 37 16 69
...4

...TRIMONIO (BLANC 1996)

🍷

...ENA ANTOINE
...maine Antoine Arena
...253 Patrimonio
... 04 95 37 08 27
... 04 95 37 01 14
...C2

VIN DE CORSE (ROUGE 1995)

🍷🍷🍷

UNION DES VIGNERONS ÎLE DE BEAUTÉ
Padulone
20270 Aléria
Tél. 04 95 57 02 48
Fax 04 95 57 09 59
C : 10

SCEA DOMAINE VICO
Ponte Leccia
20218 Morosaglia
Tél. 04 95 36 51 45
Fax 04 95 36 50 26
C : 2

🍷

UNION DES VIGNERONS ÎLE DE BEAUTÉ
Padulone
20270 Aléria
Tél. 04 95 57 02 48
Fax 04 95 57 09 59
C : 17

VIN DE CORSE (ROSÉ 1996)

🍷🍷🍷

COOPÉRATIVE D'AGHIONE SAMULETTO
Samuletto
20270 Aghione
Tél. 04 95 56 60 20
Fax 04 95 56 61 27
C : 96

VIN DE CORSE (BLANC 1996)

🍷🍷🍷

SCEA DOMAINE VICO
Ponte Leccia
20218 Morosaglia
Tél. 04 95 36 51 45
Fax 04 95 36 50 26
C : GV1

🍷🍷

UNION DES VIGNERONS ÎLE DE BEAUTÉ
Padulone

Prestige du Président
20270 Aléria
Tél. 04 95 57 02 48
Fax 04 95 57 09 59
C : V9

🍷

UNION DES VIGNERONS ÎLE DE BEAUTÉ
Padulone
Réserve du Président
20270 Aléria
Tél. 04 95 57 02 48
Fax 04 95 57 09 59
C : 13

VIN DE CORSE-CALVI (ROUGE 1995)

🍷🍷🍷

CLOS REGINU E PROVE-RAOUST MICHEL
Clos Reginu
20225 Feliceto
Tél. 04 95 61 72 11
Fax 04 95 61 80 16
C : C10

🍷

DOMAINE D'ALZIPRATU
20214 Zilia
Tél. 04 95 62 75 47
Fax 04 95 60 42 41
C : 1 et 4

🍷

SUZZONI ÉTIENNE
Domaine Culombu
20260 Lumio
Tél. 04 95 60 70 68
Fax 04 95 60 63 46
C : 7

VIN DE CORSE-CALVI (ROSÉ 1996)

🍷🍷🍷

SUZZONI ÉTIENNE
Domaine Culombu
Clos Culombu
20260 Lumio
Tél. 04 95 60 70 68
Fax 04 95 60 63 46
C : 19

🍷🍷

DOMAINE ORSINI-TONY ORSINI
20214 Calenzana
Tél. 04 95 62 81 01
Fax 04 95 62 79 70
C : 34

DOMAINE D'ALZIPRATU
20214 Zilia
Tél. 04 95 62 75 47
Fax 04 95 60 42 41
C : H/10/11

VIN DE CORSE-CALVI (BLANC 1996)

🍷🍷

SUZZONI ÉTIENNE,
Domaine Culombu
Clos Culombu
20260 Lumio
Tél. 04 95 60 70 68
Fax 04 95 60 63 46
C : 9

🍷🍷

DOMAINE ORSINI-TONY ORSINI
20214 Calenzana
Tél. 04 95 62 81 01
Fax 04 95 62 79 70
C : 24

VIN DE CORSE-COTEAUX-DU-CAP-CORSE BLANC 1996)

🍷🍷🍷

DOMAINE DE PIETRI
20238 Morsiglia
Tél. 04 95 35 60 93
Fax 04 95 35 65 01

VIN DE CORSE-FIGARI (ROSÉ 1996)

🍷

DE PERETTI DELLA ROCCA JEAN-BAPTISTE
Domaine de Tanella,
domaine cuvée
Alexandra
20114 Figari
Tél. 04 95 71 00 25
Fax 04 95 70 54 40
C : 8B

VIN DE CORSE-FIGARI (BLANC 1996)

🍷🍷🍷

DE PERETTI DELLA ROCCA JEAN-BAPTISTE
Domaine de Tanella,
domaine cuvée
Alexandra
20114 Figari
Tél. 04 95 71 00 25
Fax 04 95 70 54 40
C : GV1

VINS DE PAYS

Vin de pays de l'Île de Beauté (rouge 1996)

🌿

Union des vignerons Île de Beauté
Padulone
20270 Aléria
Tél. 04 95 57 02 48
Fax 04 95 57 09 59
C : 12

Vin de pays de l'Île de Beauté (blanc 1996)

🌿

Union des vignerons Île de Beauté
Padulone
20270 Aleria
Tél. 04 95 57 02 48
Fax 04 95 57 09 59
C : 130

PROVENCE
AOC

Bandol (rosé 1996)

🌿🌿🌿

SCEA Domaines Bunan
Moulin des Costes
83740 La Cadière-d'Azur
Tél. 04 94 98 72 76
Fax 04 94 98 60 05
C : L11

🌿

Bronzo Louis et Michel
Domaine Bastide blanche
83330 Sainte-Anne-du Castellet
Tél. 04 94 32 63 20
Fax 04 42 08 62 04
C : C21

Bandol (blanc 1996)

🌿🌿🌿

SCEA Prebost
Domaine de Cagueloup
Cagueloup
83270 Saint-Cyr-sur-Mer
Tél. 04 94 26 15 70
Fax 04 94 26 54 09
C : C21

🌿🌿

SCA Cave du moulin de la Roque
Quartier Vallon
La Roque
83740 La Cadière-d'Azur
Tél. 04 94 90 10 39
Fax 04 94 90 08 11
C : C16

🌿

Domaine de Val-d'Arenc
Chemin de Val-d'Arenc
Val-d'Arenc
83330 Le Beausset
Tél. 04 94 98 71 89
Fax 04 94 98 74 10
C : 100

Bellet (blanc 1996)

🌿🌿🌿

SCEA les coteaux de Bellet
Chemin de Saquier
06200 Nice
Tél. 04 93 29 92 99
Fax 04 93 18 10 99
C : 24 barriques + cuve 1

Cassis (blanc 1996)

🌿

EARL vignobles Imbert
La Ferme blanche BP 57
Domaine La Ferme blanche
13714 Cassis Cedex
Tél. 04 42 01 00 74
Fax 04 42 01 73 94
C : 10132

Coteaux-d'Aix-en-Provence (rouge 1995)

🌿🌿🌿

Cheylan Père et Fils
Château Virant
13680 Lançon-de-Provence
Tél. 04 90 42 44 47
Fax 04 90 42 54 81
C : 3

EARL Domaine d'Éole
13810 Eygalières
Tél. 04 90 95 93 70
Fax 04 90 95 99 85
C : C15

🌿🌿

SCA Château Pigoudet
83560 Rians
Tél. 04 94 80 31 78
Fax 04 94 80 54 25
C : F25-F26

Carreau Gaschereau
Château du Seuil
13540 Puyricard
Tél. 04 42 92 15 99
Fax 04 42 92 18 77
C : 23

Les Vignerons du roy René
RN 7
13410 Lambesc
Tél. 04 42 57 00 20
Fax 04 42 92 91 52
C : 73

🌿

Alibert Denis
Domaine Les Toulons
83560 Rians
Tél. 04 94 80 37 88
Fax 04 94 80 57 57
C : F17

Audibert Michel et Beaufour Anne
La Gaude
Route des Pinchinats
Château de la Gaude
13100 Aix-en-Provence
Tél. 04 42 21 64 19
Fax 04 42 21 64 19

Coteaux d'Aix-en-Provence (rosé 1996)

🌿🌿

Les Vignerons du roy René
RN 7
13410 Lambesc
Tél. 04 42 57 00 20
Fax 04 42 92 91 52
C : 248

Jauffret Sylvette
Château Pont-Royal
13370 Mallemort
Tél. 04 90 57 40 15
Fax 04 90 59 12 28
C : 34

🌿🌿

SCA La Durancole
Château Calissanne
13680 Lançon-de-Provence
Tél. 04 90 42 63 03
Fax 04 90 42 40 00
C : lot prestige

Cellier Saint-Augustin
Domaine Lavande
Quartier de la gare
13560 Sénas
Tél. 04 90 57 20 25
Fax 04 90 59 22 96
C : 172

🌿

SA Vignelaure
Château Vignelaure
83560 Rians
Tél. 04 94 80 31 93
Fax 04 94 80 53 39
C : cuve 4/9

Cave coopérative vinicole de Rognes
1, place de la Coopérative
13840 Rognes
Tél. 04 42 50 26 79
Fax 04 42 50 15 12
C : 20

Coteaux d'Aix-en-Provence (blanc 1996)

🌿🌿🌿

Les Vignerons du roy René
RN 7
13410 Lambesc
Tél. 04 42 57 00 20
Fax 04 42 92 91 52
C : 40

🌿🌿

EARL Georges de Blanquet
Château bas

3116 Vernègues
Tél. 04 90 59 13 16
Fax 04 90 59 44 35
C : 38

🦇

NASLES MICHELLE
Domaine
le Camaissette
3510 Éguilles
Tél. 04 42 92 57 55
Fax 04 42 28 21 26
C : 14

**SCA DES DOMAINES
DE FONSCOLOMBE**
onscolombe
Château
le Fonscolombe
3610 Le Puy-Sainte-
Réparade
Tél. 04 42 61 89 62
Fax 04 42 61 93 95
C : 27

**CHEYLAN PÈRE
ET FILS**
hâteau Virant
3680 Lançon-de-
rovence
Tél. 04 90 42 44 47
Fax 04 90 42 54 81
C : 55

**COTEAUX VAROIS
(ROUGE 1995)**

🦇🦇🦇

SCEA DI PLACIDO
omaine du Loou
3136
a Roquebrussanne
Tél. 04 94 86 94 97
Fax 04 94 86 80 11
C : c49

🦇🦇

**PERIGNON JACQUES
ET MICHÈLE**
hâteau La Curnière
a Curnière
3670 Tavernes
Tél. 04 94 72 39 31
Fax 04 94 72 30 06

**COTEAUX VAROIS
(BLANC 1996)**

🦇🦇

**EARL ROUVIÈRE
LANE**
hâteau Routas
3149 Châteauvert

Tél. 04 94 69 93 92
Fax 04 94 69 93 61
C : LP1963

🦇

SA CHÂTEAU MIRAVAL
Château Miraval
83143 Le Val
Tél. 04 94 59 12 96
Fax 04 94 59 12 96
C : C17

**CÔTES-DE-PROVENCE
(ROUGE 1995)**

🦇🦇🦇

**DOMAINE SAINT-
ANDRÉ-DE-FIGUIÈRE**
83250 La Londe-les-
Maures
Tél. 04 94 66 30 81
Fax 04 94 35 04 46
C : LF4

**GAEC DOMAINE
DE LA MAURETTE**
Route de Callas
83920 La Motte
Tél. 04 94 45 92 82
C : 1

**SARL DOMAINE
DE SAINT-SER**
Mas de Bramefan
13114 Puyloubier
Tél. 04 42 66 30 81
Fax 04 42 66 37 51
C : F21

VICTOR JEAN-PHILIPPE
Château Saint-Pierre
83460 Les Arcs-sur-
Argens
Tél. 04 94 47 41 47
Fax 04 94 73 34 73
C : LR96071

🦇🦇

**SCEA CHÂTEAU
BARBEIRANNE**
La Pellegrine
83790 Pignans
Tél. 04 94 48 84 46
Fax 04 94 33 27 03

GAE BRUN CRAVERIS
Domaine La Tourraque
83350 Ramatuelle
Tél. 04 94 79 25 95
Fax 04 94 79 25 95
C : foudre 5

🦇

**CHÂTEAU LA FONT-
DU-BROC**
Quartier Sainte-Roseline
83460 Les-Arcs-sur-
Argens
Tél. 04 94 85 25 78
Fax 04 94 47 50 46

SCEA BEAUVAIS
Domaine
des Peirecedes
83390 Pierrefeu
Tél. 04 94 48 67 15
Fax 04 94 48 52 30
C : 1

**SC DOMAINE
DES BERTRANDS**
Route de la Garde-
Freinet
83340 Le Cannet-
des-Maures
Tél. 04 94 73 02 94
Fax 04 94 73 17 63
C : E

**CÔTES-DE-PROVENCE
(ROSÉ 1996)**

🦇🦇🦇

DOMAINES GAVOTY
Le Petit Camp
Dumy Gavoty cuvée
Clarendon
83340 Flassans
Tél. 04 94 69 72 39
Fax 04 94 59 64 04
C : 33

**SCEA CHÂTEAU
CAVALIER**
Quartier Marafrance
Cavalier
83550 Vidauban
Tél. 04 94 73 56 73
Fax 04 94 73 10 93
C : 5/13

**LES VIGNERONS
DE SAINT-ROMAIN**
34 boulevard André-
Bouis
83920 La Motte
Tél. 04 94 70 25 68
Fax 04 94 70 23 85
C : 39

**SCEA DOMAINE
DE LA NEUVE**

La Neuve
Clos la Neuve
83910 Pourrières
Tél. 04 94 78 17 02
Fax 04 94 59 86 42

**SCEA DOMAINE
DU DRAGON**
Route de Montferrat-
du-Dragon
83300 Draguignan
Tél. 04 94 68 14 46
Fax 04 94 47 12 45
C : C1

**GFA DOMAINE
DE CLASTRON**
Route de Bagnols
83920 La Motte
Tél. 04 94 70 24 57
Fax 04 94 84 31 43
C : C15

**DOMAINE SAINT-
ANDRÉ-DE-FIGUIÈRE**
83250 La Londe-
les-Maures
Tél. 04 94 66 92 10
Fax 04 94 35 04 46
C : 14/24

🦇🦇

**EARL RAIMOND
DE VILLENEUVE
FLAYOSC**
Château de Roquefort
13830 Roquefort-la-
Bédoule
Tél. 04 42 73 20 84
Fax 04 42 73 11 19
C : 16

**CHÂTEAU PANSARD
CAVE VIGNERONS LONDE**
Château Pansard
Le Pansard
83250 La Londe-les-
Maures
Tél. 04 94 66 80 23
Fax 04 94 05 20 10
C : 102

**EARL DU TAMARY
JACQUES MOREL**
Domaine du Tamary
Route de Valcros
83250 La Londe-les-
Maures
Tél. 04 94 66 55 00
Fax 04 94 66 55 00
C : C1

EARL CROCE-SPINELLI
Château Clarettes
Clarettes
83460 Les Arcs-sur-
Argens
Tél. 04 94 47 50 52
Fax 04 94 73 30 73
C : CE

**DOMAINE DE LA
LAUZADE KINU-ITO**
Route de Toulon
De la Lauzade
83340 Le Luc-en-
Provence
Tél. 04 94 60 72 51
Fax 04 94 60 96 26
C : 97602

**SCEA CHÂTEAU
DE JASSON**
Route de Collobrières
de Jasson
83250 La Londe-les-
Maures
Tél. 04 94 66 81 52
Fax 04 94 05 24 84
**SCEA CHÂTEAU
REQUIER**
La Plaine Requier
83340 Cabasse
Tél. 04 94 80 22 01
Fax 04 94 80 21 14
C : 3

**COOPÉRATIVE VINICOLE
LA TARADOISE**
Avenue des Arcs
83460 Taradeau
Tél. 04 94 73 02 03
Fax 04 94 73 56 69
C : 5
GAEC BARBAROUX
Domaine des Myrthes
83250 La Londe-les-
Maures
Tél. 04 94 66 83 00
Fax 04 94 66 65 73
C : C14
**GAEC DOMAINE
DE LA MAURETTE**
Route de Callas
La Maurette
83920 La Motte
Tél. 04 94 45 92 82
C : 1
**EARL DOMAINE
DE LA GISCLE**
Hameau de l'Amirauté
La Giscle
83310 Cogolin
Tél. 04 94 43 21 26
Fax 04 94 43 37 53
C : I6

SCEA BEAUVAIS
Domaine des
Peirecedes
83390 Pierrefeu
Tél. 04 94 48 67 15
Fax 04 94 48 52 30
C 4

CÔTES-DE-PROVENCE (BLANC 1996)

**SCEA DOMAINE
DU DRAGON**
Route de Montferrat-
du-Dragon
83300 Draguignan
Tél. 04 94 68 14 46
Fax 04 94 47 12 45
C : C211
**FONDATION
LA NAVARRE**
Cave du domaine
BP 24
Domaine la Navarre
83260 La Crau
Tél. 04 94 66 04 08
Fax 04 94 35 10 66
C : 36
**SC DOMAINE
DES BERTRANDS**
Route de la Garde-Freinet
83340 Le Cannet-des-
Maures
Tél. 04 94 73 02 94
Fax 04 94 73 17 63
C : A
GAEC GARNIER
Domaine Mas
des Borrels
3ᵉ Borrels
83400 Hyères
Tél. 04 94 65 68 20
Fax 04 94 65 68 20
C : 7
**SCEA CHÂTEAU
DE JASSON**
Route de Collobrières
83250 La Londe-des-
Maures
Tél. 04 94 66 81 52
Fax 04 94 05 24 84
C : 3

**COOPÉRATIVE VINICOLE
LA TARADOISE**
Avenue des Arcs
83460 Taradeau
Tél. 04 94 73 02 03
Fax 04 94 73 56 69
C : 22
**SCEA CHÂTEAU
DE L'ARNAUDE**
Route de Vidauban
L'Arnaude
83510 Lorgues
Tél. 04 94 73 70 67
Fax 04 94 67 61 69
C : 4

**SC DOMAINE
DE L'ANGUEIROUN**
1077, chemin
de l'Angueiroun
L'Angueiroun
83230 Bormes-les-
Mimosas
Tél. 04 94 71 11 39
Fax 04 94 71 75 51
C : 24
**CHÂTEAU LA FONT-
DU-BROC**
Quartier Sainte-Roseline
La Font-du-Broc
83460 Les Arcs-sur-
Argens
Tél. 04 94 85 25 78
Fax 04 94 47 50 46
C : C3
**SOCIÉTÉ DU DOMAINE
DU CHÂTEAU DU ROUET**
Route de Bagnols-en-
Forêt

Château du Rouet
83490 Le Muy
Tél. 04 94 99 21 10
Fax 04 94 99 20 42
C : 106

CÔTES-DE-PROVENCE CRUS CLASSÉS (ROSÉ 1996)

**SA CHÂTEAU-
DU-GALOUPET**
Saint-Nicolas-du-
Galoupet
83250 La Londe-
les-Maures
Tél. 04 94 66 40 07
Fax 04 94 66 42 40
C : C2/C34
**SA DOMAINE
DE RIMAURESQ**
Route Notre-Dame-
des-Anges
Rimauresq
83790 Pignans
Tél. 04 94 48 80 45
Fax 04 94 33 22 31
C : C115/C116

**SCEA CHÂTEAU
SAINTE-ROSELINE**
Sainte-Roseline
83460 Les Arcs-sur-
Argens
Tél. 04 94 73 32 57
Fax 04 94 47 53 06
C : B1
**SCEA
DES DOMAINES FABRE**
Domaine de l'Aumerade
L'Aumerade cuvée Sully
83390 Pierrefeu-du-Var
Tél. 04 94 28 20 31
Fax 04 94 48 23 09
C : 2

CÔTES-DE-PROVENCE CRUS CLASSÉS (BLANC 1996)

**SCEA
DES DOMAINES FABRE**
Domaine de l'Aumerade
Cuvée Sully
83390 Pierrefeu-du-Var
Tél. 04 94 28 20 31
Fax 04 94 48 23 09
C : 84

**SA CHÂTEAU
DU GALOUPET**
Saint-Nicolas
83250 La Londe-
les-Maures
Tél. 04 94 66 40 07
Fax 04 94 66 42 40
C : C1

LES BAUX-DE-PROVENCE (ROUGE 1995)

✹✹✹

DOMAINE TERRES BLANCHES
13210 Saint-Rémy-de-Provence
Tél. 04 90 95 91 66
Fax 04 90 95 99 04
C : F12, T4

✹✹

GFA MAS SAINTE-BERTHE
13520 Les Baux-de-Provence
Tél. 04 90 54 39 01
Fax 04 90 54 46 17
C : 24

SCEA CHÂTEAU ROMANIN
13210 Saint-Rémy-de-Provence
Tél. 04 90 92 45 87
Fax 04 90 92 24 36
C : C18, C20

LES BAUX-DE-PROVENCE

✹✹✹

GFA MAS SAINTE-BERTHE
13520 Les-Baux-de-Provence
Tél. 04 90 54 39 01
Fax 04 90 54 46 17
C : 9 et 10

✹

DOMAINE TERRES BLANCHES
13210 Saint-Rémy-de-Provence
Tél. 04 90 95 91 66
Fax 04 90 95 99 04
C : 9/lot 618

VDQS

COTEAUX DE PIERREVERT (ROUGE 1996)

✹✹✹

SCI CHÂTEAUNEUF
Domaine La Blaque
04860 Pierrevert
Tél. 04 92 72 39 71
Fax 04 92 72 81 26
C : 16

✹

CAVE DES VIGNERONS DE PIERREVERT
Avenue Auguste-Bastide
04860 Pierrevert
Tél. 04 92 72 19 06
Fax 04 92 72 85 36
C : 17

✹

COOPÉRATIVE VINICOLE DE MANOSQUE
38, boulevard du Temps-Perdu
04100 Manosque
Tél. 04 92 72 01 46
Fax 04 92 87 63 79
C : 31

COTEAUX DE PIERREVERT (ROSÉ 1996)

✹✹✹

SCI CHÂTEAUNEUF
Domaine La Blaque
04860 Pierrevert
Tél. 04 92 72 39 71
Fax 04 92 72 81 26
C : lot 2

✹

COOPÉRATIVE VINICOLE DE MANOSQUE
38, boulevard du Temps-Perdu
04100 Manosque
Tél. 04 92 72 01 46
Fax 04 92 87 63 79
C : 23

COTEAUX DE PIERREVERT (BLANC 1996)

✹✹✹

SCI CHÂTEAUNEUF
Domaine La Blaque
04860 Pierrevert
Tél. 04 92 72 39 71
Fax 04 92 72 81 26
C : 25

VINS DE PAYS

VIN DE PAYS DES BOUCHES-DU-RHÔNE (ROUGE 1996)

✹✹

MILLARD MADELEINE
Domaine de Saint-Roch
13150 Tarascon
Tél. 04 90 91 08 77
C : 22

✹

SCA DU MAS DE REY
Domaine mas de Rey
Ancienne route de Saint-Gilles
13200 Arles
Tél. 04 90 96 11 84
Fax 04 90 96 59 44
C : 3

VIN DE PAYS DES BOUCHES-DU-RHÔNE (ROSÉ 1996)

✹✹

HENRY PATRICK
Mas Thibert
Domaine île Saint-Pierre
13104 Arles
Tél. 04 90 98 70 30
Fax 04 90 98 74 93
C : 27

✹

SUMEIRE RAYMOND
Domaine Grande Bastide
13790 Peynier
Tél. 04 42 53 03 09
Fax 04 42 53 03 09
C : 22

VIN DE PAYS DES BOUCHES-DU-RHÔNE (BLANC 1996)

✹✹✹

HENRY PATRICK
Mas Thibert
Domaine île Saint-Pierre
13104 Arles
Tél. 04 90 98 70 30
Fax 04 90 98 74 93
C : 28

MONTAGNIER JEAN ET MICHEL
Domaine Grand-Mas de Lansac
13150 Tarascon

Tél. 04 90 91 35 70
Fax 04 90 91 41 18
C : 25

✹

GFA DOMAINE DE VALDITION
Route d'Eygalières
13660 Orgon
Tél. 04 90 73 08 12
Fax 04 90 73 05 95
C : 200

CHEYLAN PÈRE ET FILS
Château Virant
Domaine Virant
13680 Lançon-de-Provence
Tél. 04 90 42 44 47
Fax 04 90 42 54 81
C : 11

VIN DE PAYS DES MAURES (ROUGE 1996)

✹

SCEA CHÂTEAU D'ASTROS
Château d'Astros
Route de Lorgues
83550 Vidauban
Tél. 04 94 73 00 25
Fax 04 94 73 00 18
C : 6

VIN DE PAYS DES MAURES (ROSÉ 1996)

✹

VAN-DOREN BERNARD
Domaine de l'Anglade
Avenue Vincent-Auriol
83980 Le Lavandou
Tél. 04 94 71 10 89
Fax 04 94 15 15 88
C : 9

VIN DE PAYS DU VAR (ROUGE 1996)

✹✹✹

LES CAVES DU COMMANDEUR
19, Grand-Rue
83570 Montfort-sur-Argens
Tél. 04 94 59 59 02
Fax 04 94 59 53 71
C : 21

DOMAINE DE TRIENNES
RN 560
83860 Nans-lès-Pins
Tél. 04 94 78 91 46
Fax 04 94 78 65 04
C : 20

**COOPÉRATIVE VINICOLE
LA TARADOISE**
Avenue des Arcs
83460 Taradeau
Tél. 04 94 73 02 03
Fax 04 94 73 56 69
C : 51

**PÉRIGNON JACQUES
ET MICHÈLE**
La Curnière
Château de la Curnière
83670 Tavernes
Tél. 04 94 72 39 31
Fax 04 94 72 30 06
C : 8

VIN DE PAYS DU VAR (BLANC 1996)

SCEA LES ABEILLONS
Château Thuerry
83690 Villecroze
Tél. 04 94 70 63 02
Fax 04 94 70 67 03
C : 3

**RIEDER CHRISTOPHE
ET JISE**
Domaine des Planes
83520 Roquebrune-sur-
Argens
Tél. 04 94 82 90 03
Fax 04 94 82 94 76
C : C36, C17

VALLÉE DU RHÔNE
AOC

CHÂTEAUNEUF-DU-PAPE (ROUGE 1995)

**DOMAINE JEAN-PIERRE
USSEGLIO**
Domaine Jean-Pierre
Usseglio
Route d'Orange
84230 Châteauneuf-
du-Pape
Tél. 04 90 39 58 10
Fax 04 90 83 72 98
C : foudre 7

**DOMAINE SAINT-
BENOÎT**
Domaine Saint-Benoît
Quartier des Gallimardes
84230 Châteauneuf-
du-Pape

Tél. 04 90 83 51 36
Fax 04 90 83 51 37
C : L952

BOIRON MAURICE
Domaine Bosquet des
Papes
Route d'Orange
84230 Châteauneuf-
du-Pape
Tél. 04 90 83 72 33
Fax 04 90 83 50 52
C : BJ

**DOMAINE DU PEGAUD
CAVE FERRAUD**
Domaine du Pegaud
Avenue Imperiale
84230 Châteauneuf-
du-Pape
Tél. 04 90 83 72 70
Fax 04 90 83 53 02
C : foudres

**SCA CHÂTEAU
LA NERTHE**
Château La Nerthe
Route de Sorgues
84230 Châteauneuf-
du-Pape
Tél. 04 90 83 70 11
Fax 04 90 83 79 69
C : C 5B

EARL SABON AIMÉ
Domaine la Janasse
27, chemin du Moulin
84350 Courthézon
Tél. 04 90 70 86 29
Fax 04 90 70 75 93
C : 3

**JEAN TRINTIGNANT
PHILIPPE**
Domaine Trintignant
BP 64
Chemin Jas de Bressy
84230 Châteauneuf-
du-Pape
Tél. 04 90 83 73 23
Fax 04 90 83 52 30
C : bouteilles

**DOMAINE
DE LA ROQUETTE
BRUNIER F.**
2, avenue Louis-Pasteur
Domaine la Roquette
84230 Châteauneuf-
du-Pape
Tél. 04 90 33 00 31
Fax 04 90 33 18 47
C : lot 1

**SCEA DU DOMAINE
DU PÈRE PAPE**
Clos du Calvaire
24, avenue Baron-Leroy
84230 Châteauneuf-
du-Pape
Tél. 04 90 83 70 1
Fax 04 90 83 50 47
C : foudre 4/3

**SCA DES VIGNOBLES
DE VAUDIEU**
Château de Vaudieu
84230 Châteauneuf-

du-Pape
Tél. 04 90 83 70 31
Fax 04 90 83 51 97
C : 13

**EARL DOMAINE PIERRE
USSEGLIO & FILS**
Domaine Pierre Usseglio
et Fils
Route d'Orange
84230 Châteauneuf-
du-Pape
Tél. 04 90 83 72 98
Fax 04 90 83 72 98
C : foudre 6

CHÂTEAUNEUF-DU-PAPE (BLANC 1996)

**VIGNOBLES JÉRÔME
QUIOT SA**
Domaine Vieux Lazaret
Avenue Baron-Leroy
84230 Châteauneuf-
du-Pape
Tél. 04 90 83 73 55
Fax 04 90 83 78 48
C : 21

**SCEA DU DOMAINE
DU PÈRE PAPE**
24, avenue Baron-Leroy
Clos du Calvaire
84230 Châteauneuf-
du-Pape
Tél. 04 90 83 70 16
Fax 04 90 83 50 47
C : 1E

CHÂTILLON-EN-DIOIS (ROUGE 1996)

**CAVE COOPÉRATIVE DE
LA CLAIRETTE DE DIE**
Domaine Gouyarde
Avenue de la Clairette
26150 Die
Tél. 04 75 22 30 00
Fax 04 75 22 21 06
C : CX11

CORNILLON DIDIER
26410 Saint-Roman-
en-Diois
Tél. 04 75 21 81 79
Fax 04 75 21 84 44
C : 4

CHÂTILLON-EN-DIOIS (BLANC 1996)

CORNILLON DIDIER
Clos de Beyliere
26410 Saint-Roman-
en-Diois
Tél. 04 75 21 81 79
Fax 04 75 21 84 44

**CAVE COOPÉRATIVE DE
LA CLAIRETTE DE DIE**
Avenue de la Clairette
26150 Die
Tél. 04 75 22 30 00
Fax 04 75 22 21 06
C : CX4

CONDRIEU (BLANC 1995)

**CAVE COOPÉRATIVE
DE SAINT-DÉSIRAT**
07340 Saint-Désirat
Tél. 04 75 34 22 05
Fax 04 75 34 30 10
C : lot 9521

**CAVE COOPÉRATIVE
DE SAINT-DÉSIRAT**
Domaine de Rochevine
07340 Saint-Désirat
Tél. 04 75 34 22 05
Fax 04 75 34 30 10
C : lot 9538

CORNAS (ROUGE 1995)

GAEC DES RAVIÈRES
(M. et D. Courbis)
Domaine Royes
07130 Châteaubourg
Tél. 04 75 40 32 12
Fax 04 75 40 25 39
C : cuve 1

GAEC DU LAUTARET
2, impasse
de la Fontaine
07130 Châteaubourg
Tél. 04 75 40 46 78
Fax 04 75 40 29 77
C : cuves 22 et 35

**SCEA CLAPE
AUGUSTE**
Domaine Clape
146, route Nationale-86
07130 Cornas
Tél. 04 75 40 33 64
Fax 04 75 81 01 98
C : 11, 15, 18, 22, 23

CÔTE-RÔTIE (ROUGE 1995)

🐝🐝

GAEC VERNAY DANIEL ET ROLAND
Domaine GAEC Vernay
le Plany
69560 Saint-Cyr-sur-
Rhône
Tél. 04 74 53 18 26
C : cuve 1

🐝🐝

M. CHAPOUTIER
18, avenue Docteur-
Paul-Durand
26600 Tain-l'Hermitage
Tél. 04 75 08 28 65
Fax 04 75 08 81 70
C : cuve 690

GÉRIN JEAN-MICHEL
19, rue de Montmain
Vérenay
69420 Ampuis
Tél. 04 74 56 16 56
Fax 04 74 56 11 37

🐝

BARGE GILLES
, boulevard des Allées
69420 Ampuis
Tél. 04 74 56 13 90
Fax 04 74 56 10 98

COTEAUX DU TRICASTIN (ROUGE 1996)

🐝🐝

SCA CAVE COSTES ROUSSES
, avenue des Alpes
26790 Tulette
Tél. 04 75 97 23 10
Fax 04 75 98 38 61
C : 150

MONTEILLET JEAN-LUC ET CLAUDE GAEC
DE LA GRANDE-TUILIÈRE
Domaine de Montine
26230 Grignan
Tél. 04 75 46 54 21
Fax 04 75 46 93 26
C : 4

MONTEILLET JEAN-LUC ET CLAUDE GAEC
DE LA GRANDE-TUILIÈRE
Domaine de Montine
26230 Grignan
Tél. 04 75 46 54 21
Fax 0475 46 93 26
C : 1

🐝

BOUR O. ET H.
Domaine
de Grangeneuve
26230 Roussas
Tél. 04 75 98 50 22
Fax 04 75 98 51 09
C : 12

🐝

SCA CAVE COSTES ROUSSES
2, avenue des Alpes
26790 Tulette
Tél. 04 75 97 23 10
Fax 04 75 98 38 61
C : 216

COTEAUX DU TRICASTIN (ROSÉ 1996)

🐝🐝🐝

SCA CAVE COSTES ROUSSES
2, avenue des Alpes
26790 Tulette
Tél. 04 75 97 23 10
Fax 04 75 98 38 61
C : 124

🐝🐝

COOPÉRATIVE VINICOLE LE CELLIER DES TEMPLIERS
84600 Richerenches
Tél. 04 90 28 01 00
Fax 04 90 28 02 47
C : 127

COTEAUX DU TRICASTIN (BLANC 1996)

🐝🐝🐝

CORNILLON LUDOVIC
Domaine de Saint-Luc
26790 La Baume-
de-Transit
Tél. 04 75 98 11 51
Fax 04 75 98 19 22
C : 3P

GAEC BRACHET JEAN ET FILS
Domaine du Serre-
Rouge
26230 Valaurie
Tél. 04 75 98 50 11
Fax 04 75 98 59 33
C : F

CÔTES-DU-LUBERON (ROUGE 1996)

🐝🐝🐝

EARL MARGAN JEAN-PIERRE ET MARTINE
Château La
Canorgue

84480 Bonnieux
Tél. 04 90 75 81 01
Fax 04 90 75 82 98
C : 14

EARL LUC PINATEL
Château de L'Isolette
84400 Apt
Tél. 04 90 74 16 70
Fax 04 90 04 70 73
C : 27

EARL MARGAN JEAN-PIERRE ET MARTINE
Château La Canorgue
84480 Bonnieux
Tél. 04 90 75 81 01
Fax 04 90 75 82 98
C : 16

🐝🐝

EARL LUC PINATEL
Château de L'Isolette
Château La Sable
84400 Apt
Tél. 04 90 74 16 70
Fax 04 90 04 70 73
C : 51

SC CHÂTEAU DES VAUX
Val-Joanis
Château Val-Joanis
84120 Pertuis
Tél. 04 90 79 20 77
Fax 04 90 09 69 52
C : 16

🐝

SCEA DOMAINE DE LA CITADELLE
Domaine de la Citadelle
84560 Menerbes
Tél. 04 90 72 41 58
Fax 04 90 72 41 59
C : 2 EX 1 bis

CÔTES-DU-LUBERON (ROSÉ 1996)

🐝🐝🐝

SCAV DES COTEAUX DE GRAMBOIS

84240 Grambois
Tél. 04 90 77 92 04
Fax 04 90 77 94 51
C : 85

🐝🐝

SCEA DOMAINE DE LA CITADELLE
Domaine de la Citadelle
84560 Menerbes
Tél. 04 90 72 41 58
Fax 04 90 72 41 59
C : 32

CÔTES-DU-LUBERON (BLANC 1996)

🐝🐝🐝

LA VINICOLE DES COTEAUX
288, boulevard
de la Libération
84240 La Tour-d'Aigues
Tél. 04 90 07 42 12
Fax 04 90 07 49 08
C : 243

🐝🐝

LA VINICOLE DES COTEAUX
288, boulevard
de la Libération
84240 La Tour-d'Aigues
Tél. 04 90 07 42 12
Fax 04 90 07 49 08
C : 189

CAVE COOPÉRATIVE DES VIGNERONS DE CUCURON
84160 Cucuron
Tél. 04 90 77 21 02
Fax 04 90 77 11 10
C : 32

CÔTES-DU-RHÔNE (ROUGE 1996)

🐝🐝🐝

CAVE COOPÉRATIVE SAINT-JUST-SAINT-MARCEL
Quartier de la Gare
07700 Saint-Marcel-
d'Ardèche
Tél. 04 7 504 66 83
Fax 04 75 98 73 20
C : 31

GAEC Croze
Fouguet
Domaine Nicolas-Croze
07700 Saint-Martin-
d'Ardèche
Tél. 04 75 04 67 11
Fax 04 75 04 62 28
C : 1

Dorthe Jean-Luc
Domaine de Couron
07700 Saint-Marcel
Tél. 04 75 98 72 67
C : 8-11

**Cave coopérative
Costebelle**
26790 Tulette
Tél. 04 75 98 32 53
Fax 04 75 98 38 70
C : 70

Dupuy Pierre
Domaine La Magdeleine
30130 Pont-Saint-Esprit
Tél. 04 66 39 15 59
C : 13

**Cave coopérative
agricole du Nyonsais**
Place Olivier-de-Serres
26110 Nyons
Tél. 04 75 26 03 44
Fax 04 75 26 23 16
C : 95

Château Renjardière
84830 Sérignan-
du-Comtat
Tél. 04 90 70 00 10
Fax 04 90 70 09 21
C : 62

Castan René
Domaine La Castaine
30390 Domazan
Tél. 04 66 57 44 81
C : 5

**Cave Cecilia
Chantecotes**
Avenue Jean-Jaurès
84290 Sainte-Cécile-
les-Vignes
Tél. 04 90 30 80 01
Fax 04 90 30 74 04
C : 127

Château Renjardière
84830 Sérignan-
du-Comtat
Tél. 04 90 70 00 10
Fax 04 90 70 09 21
C : 13

**Lycée viti-vinicole
d'Orange**
Château Mongin
2260, route du Grès
84100 Orange
Tél. 04 90 51 48 04
Fax 04 90 51 48 20
C : 3

**SCA Cave Costes
Rousses**
2, avenue des Alpes
26790 Tulette
Tél. 04 75 97 23 10
Fax 04 75 98 38 61
C : 165

**EARL Domaine
Sainte-Anne
«Les Celettes»**
Domaine Sainte-Anne
30200 Saint-Gervais

Tél. 04 66 82 77 41
Fax 04 66 82 74 57
C : 6

Clavel Denis
Domaine Clavel
Rue du Pigeonnier
30200 Saint-Gervais
Tél. 04 66 82 78 90
Fax 04 66 82 74 30
C : 16

**SCA Cave Costes
Rousses**
2, avenue des Alpes
26790 Tulette
Tél. 04 75 97 23 10
Fax 04 75 98 38 61
C : 29

**Cave coopérative
Costebelle**
26790 Tulette
Tél. 04 75 98 32 53
Fax 04 75 98 38 70
C : 167

**SCA Cave Costes
Rousses**
2, avenue des Alpes
26790 Tulette
Tél. 04 75 97 23 10
Fax 04 75 98 38 61
C : 163

Domaine Lafond
Route des Vignobles
Roc-Épine
30126 Tavel
Tél. 04 66 50 24 59
Fax 04 66 50 12 42
C : 4

Rique Pierre
Domaine
de Roquebrune
30130 Saint-Alexandre
Tél. 04 66 39 33 30
Fax 04 66 39 23 85
C : 1

**Cave des Vignerons
réunis**
35, route Valréas
84290 Sainte-Cécile-
les-Vignes
Tél. 04 90 30 79 30
Fax 04 90 30 79 39
C : 141

**Domaine Charavin
Didier**
Route de Vaison
Domaine Didier
Charavin
84110 Rasteau
Tél. 04 90 46 15 63
Fax 04 90 46 16 22
C : 7

**Les Vignerons
du Castelas**
Avenue de Sygnargues
30650 Rochefort-
du-Gard
Tél. 04 90 31 72 10
Fax 04 90 26 62 64
C : 58

Château Joanny
84830 Sérignan-
du-Comtat
Tél. 04 90 70 00 10
Fax 04 90 70 09 21
C : 60 64

SCA La Ramière
Château La Ramière
30200 Sabran
Tél. 04 66 89 86 51
Fax 04 66 89 35 99
C : 6

**EARL Ouahi et Klein
Rémy**
Domaine la Remejeanne
Cadignac
30200 Sabran
Tél. 04 66 89 44 51
Fax 04 66 89 64 22
C : 4

**Arnaud Frédéric
SCEA**
Château Courac
30330 Tresques
Tél. 04 66 82 90 51
Fax 04 66 82 94 27
C : C3

**SCEA du parc Saint-
Charles**
Domaine du parc Saint-
Charles
Route de Jonquières
30490 Montfrin
Tél. 04 66 57 22 82
Fax 04 66 57 54 41
C : 35

**Domaine Martin
de Grangeneuve**
Domaine Martin
de Grangeneuve
84150 Jonquières
Tél : 04 90 70 62 62
Fax 04 90 70 38 08
C : 30

**EARL Vignobles Guy
Mousset et Fils**
Le clos Saint-Michel
Domaine Guy Mousset
84700 Sorgues
Tél. 04 90 83 56 05
Fax 04 90 83 56 06
C : foudre

**Cave coopérative
de Costebelle**
26790 Tulette
Tél. 04 75 98 32 53
Fax 04 75 98 38 70
C : 2

SGV «La Suzienne»
26790 Suze-la-Rousse
Tél. 04 75 04 80 04
Fax 04 75 98 23 77
C : 170

**Les Vignerons
de Laudun**

Route de l'Ardoise
30290 Laudun
Tél. 04 66 90 55 20
Fax 04 66 90 55 21
C : 25

**Cave coopérative
de Cairanne**
Route de Sainte-Cécile
84290 Cairanne
Tél. 04 90 30 82 05
Fax 04 90 30 74 03
C : 2A

Castan Mesmin
Domaine la Valériane
30390 Domazan
Tél. 04 66 57 04 84
C : 13

**SCEA Monnier-
Marres**
Domaine Montmartel
Route de Saint-
Roman n°2
26790 Tulette
Tél. 04 75 98 33 33
Fax 04 75 98 39 09
C : 91 EX 92

**Cave Cecilia
Chantecotes**
Avenue Jean-Jaurès
84290 Sainte-Cécile-
les-Vignes
Tél. 04 90 30 80 01
Fax 04 90 30 74 04
C : 58

**Côtes-du-Rhône
(rosé 1995)**

Cave des Vignerons
26790 Rochegude
Tél. 04 75 04 81 84
Fax 04 75 04 84 80
C : 3

**Côtes-du-Rhône
(rosé 1996)**

**Cave Cécilia
Chantecotes**
Avenue Jean-Jaurès
84290 Sainte-Cécile-
les-Vignes
Tél. 04 90 30 80 01
Fax 04 90 30 74 04
C : 27

**Cave des Coteaux
de Saint-Maurice**
26110 Saint-Maurice-

ur-Eygues
él. 04 75 27 63 44
ax 04 75 27 67 32
C : 68
CELLIER
E L'ENCLAVE
ES PAPES
P 51
4602 Valréas Cedex
él. 04 90 41 91 42
ax 04 90 41 90 21
C : 26
CAVE CÉCILIA
CHANTECOTES
venue Jean-Jaurès
4290 Sainte-Cécile-
s-Vignes
él. 04 90 30 80 01
ax 04 90 30 74 04
C : 67

AVE DES VIGNERONS
6790 Rochegude
él. 04 75 04 81 84
ax 04 75 04 84 80
C : 1721
OMAINE RIGOT
omaine Rigot
es Hauts-Débats
4150 Jonquières
él. 04 90 37 25 19
ax 04 90 37 29 19
C : 6
ARL
OMAINE
E L'OLIVIER
omaine de l'Olivier
, rue de la Clastre
0210 Saint-Hilaire-
Ozilhan
él. 04 66 37 12 43
ax 04 66 37 00 46
C : 10
ASTAN MESMIN
omaine de la Valériane
0390 Domazan
él. 04 66 57 04 84
C : 20

**CÔTES-DU-RHÔNE
(BLANC 1996)**

AVE
ES QUATRE CHEMINS
e Serre-de-Bernon
0290 Laudun
él. 04 66 82 00 22
ax 04 66 82 44 26
C : 21B
CAVE COOPÉRATIVE
E COSTEBELLE
6790 Tulette
él. 04 75 98 32 53
ax 04 75 98 38 70
C : 37
AVE
ES QUATRE-CHEMINS
e Serre-de-Bernon
0290 Laudun
él. 04 66 82 00 22
ax 04 66 82 44 26
C : 13 BA

CAVE DES VIGNERONS DE CHUSCLAN
30200 Chusclan
Tél. 04 66 90 11 03
Fax 04 66 90 16 52
C : 13

LES VIGNERONS DE LAUDUN
Route de l'Ardoise
30290 Laudun
Tél. 04 66 90 55 20
Fax 04 66 90 55 21
C : 178

CHÂTEAU MONT REDON
84230 Châteauneuf-
du-Pape
Tél. 04 90 83 72 75
Fax 04 90 83 77 20
C : 104

SCA CELLIER DES CHARTREUX
Chemin des Vignerons
30150 Sauveterre
Tél. 04 66 82 53 53
Fax 04 66 82 89 07
C : bouteilles

CAVE COOPÉRATIVE DE COSTEBELLE
26790 Tulette
Tél. 04 75 98 32 53
Fax 04 75 98 38 70
C : 380

LES VIGNERONS DU CASTELAS
Avenue de Sygnargues
30650 Rochefort-
du-Gard
Tél. 04 90 31 72 10
Fax 04 90 26 62 64
C : 10

LOUCHE GILBERT
Domaine de Belle-Feuille
30200 Vénéjan
Tél. 04 66 79 20 90
Fax 04 66 79 22 82
C : 33

**CÔTES-DU-RHÔNE
SAINT-MAURICE-
SUR-EYGUES
(ROSÉ 1996)**

CAVE DES COTEAUX DE SAINT-MAURICE
26110 Saint-Maurice-
sur-Eygues
Tél. 04 75 27 63 44
Fax 04 75 27 67 32
C : E6

**CÔTES-DU-RHÔNE
SAINT-MAURICE-
SUR-EYGUES
(BLANC 1996)**

CAVE DES COTEAUX DE SAINT-MAURICE
26110 Saint-Maurice-
sur-Eygues
Tél. 04 75 27 63 44
Fax 04 75 27 67 32
C : E18

**CÔTES-DU-RHÔNE
SAINT-PANTALÉON-
LES-VIGNES
(ROUGE 1996)**

CAVE COOPÉRATIVE
Route de Nyons
26770 Saint-Pantaléon-
les-Vignes
Tél. 04 75 27 90 44
Fax 04 75 27 96 43
C : 99

**CÔTES-DU-RHÔNE-
VILLAGES
(ROUGE 1996)**

CAVE COOPÉRATIVE DE COSTEBELLE
26790 Tulette
Tél. 04 75 98 32 53
Fax 04 75 98 38 70
C : M1

SCEA FESCHET PÈRE ET FILS
Domaine du Petit-Barbaras
26790 Bouchet
Tél. 04 75 04 80 02
Fax 04 75 04 84 70
C : 4

CAVE COOPÉRATIVE DES VIGNERONS ESTÉZARGUES
Domaine Perillière
30390 Estézargues
Tél.04 66 57 03 64
Fax 04 66 57 04 83
C : 4

CAVE CÉCILIA CHANTECOTES
Avenue Jean-Jaurès
84290 Sainte-Cécile-
les-Vignes
Tél. 04 90 30 80 01
Fax 04 90 30 74 04
C : 54

CAVE COOPÉRATIVE DE CAIRANNE
Route de Sainte-Cécile
84290 Cairanne
Tél. 04 90 30 82 05
Fax 04 90 30 74 03
C : 4A

SGV «LA SUZIENNE»
26790 Suze-la-Rousse
Tél. 04 75 04 80 04
Fax 04 75 98 23 77
C : 213

SGV «LA SUZIENNE»
26790 Suze-la-Rousse
Tél. 04 75 04 80 04
Fax 04 75 98 23 77
C : 237

EARL DOMAINE SAINTE-ANNE «LES CELETTES»
Domaine Sainte-Anne
30200 Saint-Gervais
Tél. 04 66 82 77 41
Fax 04 66 82 74 57
C : 5

SCA CAVE COSTES ROUSSES
2, avenue des Alpes
26790 Tulette
Tél. 04 75 97 23 10
Fax 04 75 98 38 61
C : 132

SCEA FESCHET PÈRE ET FILS
Domaine du Petit-
Barbaras
26790 Bouchet
Tél. 04 75 04 80 02
Fax 04 75 04 84 70
C : 13

**CÔTES-DU-RHÔNE-
VILLAGES-CAIRANNE
(ROUGE 1996)**

DOMAINE ALARY DANIEL ET DENIS
La Font-d'Estevenas
84290 Cairanne
Tél. 04 90 30 82 32
Fax 04 90 30 74 71
C : C24

DOMAINE ALARY DANIEL ET DENIS
La Font d'Estevenas
84290 Cairanne

Tél. 04 90 30 82 32
Fax 04 90 30 74 71
C : C14

🐜🐜

**CAVE COOPÉRATIVE
DE CAIRANNE**
Route de Sainte-Cécile
84290 Cairanne
Tél. 04 90 30 82 05
Fax 04 90 30 74 03
C : 99B

CÔTES-DU-RHÔNE-VILLAGES-CAIRANNE (BLANC 1996)

🐜🐜

**CAVE COOPÉRATIVE
DE CAIRANNE**
Route de Sainte-Cécile
84290 Cairanne
Tél. 04 90 30 82 05
Fax 04 90 30 74 03
C : 15B

CÔTES-DU-RHÔNE-VILLAGES-CHUSCLAN (ROSÉ 1996)

🐜🐜

**CAVE DES VIGNERONS
DE CHUSCLAN**
30200 Chusclan
Tél. 04 66 90 11 03
Fax 04 66 90 16 52
C : 18

🐜

**CAVE DES VIGNERONS
DE CHUSCLAN**
30200 Chusclan
Tél. 04 66 90 11 03
Fax 04 66 90 16 52
C : 8

CÔTES-DU-RHÔNE-VILLAGES-LAUDUN (ROUGE 1996)

🐜

DOMAINE DUSEIGNEUR
Route de Saint-Victor
30126 Saint-Laurent-des-Arbres
Tél. 04 66 50 02 57
Fax 04 66 50 43 57
C : 5

CÔTES-DU-RHÔNE-VILLAGES-LAUDUN (BLANC 1996)

🐜🐜

**LES VIGNERONS
DE LAUDUN**
Route de l'Ardoise
30290 Laudun
Tél. 04 66 90 55 20
Fax 04 66 90 55 21
C : 201

CÔTES-DU-RHÔNE-VILLAGES-RASTEAU (ROUGE 1996)

🐜🐜

**DOMAINE CHARAVIN
DIDIER**
Route de Vaison
84110 Rasteau
Tél. 04 90 46 15 63
Fax 04 90 46 16 22
C : 10138

CÔTES-DU-RHÔNE-VILLAGES-SAINT-GERVAIS (ROUGE 1996)

🐜🐜🐜

**EARL DOMAINE
SAINTE-ANNE
«LES CELETTES»**
Domaine Sainte-Anne
30200 Saint-Gervais
Tél. 04 66 82 77 41
Fax 04 66 82 74 57
C : 4

🐜🐜

**CAVE
DES VIGNERONS
DE SAINT-GERVAIS**
30200 Saint-Gervais
Tél. 04 66 82 77 05
Fax 04 66 82 78 85
C : Q3

CÔTES-DU-RHÔNE VINSOBRES (ROUGE 1996)

🐜🐜🐜

VINSON DENIS
Domaine du Moulin
26110 Vinsobres
Tél. 04 75 27 65 59

Fax 04 75 27 63 92
C : 6

🐜🐜

CAVE LA VINSOBRAISE
26110 Vinsobres
Tél. 04 75 27 64 22
Fax 04 75 27 66 59
C : 105

CAVE LA VINSOBRAISE
26110 Vinsobres
Tél. 04 75 27 64 22
Fax 04 75 27 66 59
C : 142

CÔTES-DU-VENTOUX (ROUGE 1996)

🐜🐜

**LES VIGNERONS
DE CANTEPERDRIX**
Route de Caromb
BP 15
84380 Mazan
Tél. 04 90 69 70 31
Fax 04 90 69 87 41
C : 226

**DOMAINE
DE LA PEYRONNIÈRE**
84570 Mormoiron
Tél. 04 90 61 92 02
Fax 04 90 61 72 60
C : C27

**CAVE
LA MONTAGNE
ROUGE**
84570 Villes-sur-Auzon
Tél. 04 90 61 82 08
Fax 04 90 61 89 94
C : 5

**EARL LA FERME
SAINT-PIERRE**
Domaine La Ferme
Saint-Pierre
84410 Flassan
Tél. 04 90 61 80 95
Fax 04 90 61 90 88
C : 2

🐜🐜

**DOMAINE
LA TUILIÈRE
RAVOIRE**
Domaine La Tuillière
Ravoire
84220 Murs
Tél. 04 90 05 78 06
Fax 04 90 05 78 06
C : 3

**CAVE
COOPÉRATIVE
LES ROCHES BLANCHES**
84570 Mormoiron
Tél. 04 90 61 80 07
Fax 04 90 61 97 23
C : 72

**CAVE COOPÉRATIVE
LES ROCHES BLANCHES**
84570 Mormoiron
Tél. 04 90 61 80 07
Fax 04 90 61 97 23
C : 28

🐜

**CAVE LA MONTAGNE
ROUGE**
84570 Villes-sur-Auzon
Tél. 04 90 61 82 08
Fax 04 90 61 89 94
C : 100

CÔTES-DU-VENTOUX (ROSÉ 1996)

🐜🐜🐜

**CAVE COOPÉRATIVE
LA COURTOISE**
La Courtoise
84210 Saint-Didier
Tél. 04 90 66 01 15
Fax 04 90 66 13 19
C : 63

**DOMAINE
DE FONDRECHE**
Quartier Fondreche
84380 Mazan
Tél. 04 90 69 61 42
Fax 04 90 69 61 18
C : rosé

**CAVE LA MONTAGNE
ROUGE**
84570 Villes-sur-Auzon
Tél. 04 90 61 82 08
Fax 04 90 61 89 94
C : 141

🐜

**EARL LA FERME
SAINT-PIERRE**
Domaine La Ferme
Saint-Pierre
84410 Flassan
Tél. 04 90 61 80 95
Fax 04 90 61 90 88
C : 5A

CÔTES-DU-VENTOUX (BLANC 1996)

🌿🌿🌿

GAEC SOARD
Domaine de Fenouillet
84190 Beaumes-de-Venise
Tél. 04 90 62 95 61
Fax 04 90 62 90 67
C : 13

🌿🌿

SCA LES VIGNERONS DU MONT-VENTOUX
Quartier de la Salle
84410 Bedoin
Tél. 04 90 12 88 00
Fax 04 90 65 64 43
C : 126

CAVE COOPÉRATIVE DE SAINT-MARC
Route de Carpentras
84330 Caromb
Tél. 04 90 62 40 24
Fax 04 90 62 48 83
C : 184

CROZES-HERMITAGE (ROUGE 1995)

🌿🌿🌿

CAVE DE TAIN-L'HERMITAGE
22, route de Larnage
26600 Tain-l'Hermitage
Tél. 04 75 08 20 87
Fax 04 75 07 15 16
C : III

M. CHAPOUTIER
Domaine
Les Meysonniers
18, avenue Docteur-Paul-Durand
26600 Tain-l'Hermitage
Tél. 04 75 08 28 65
Fax 04 75 08 81 70
C : 684

🌿🌿

DOMAINE LES CHENETS
Quartier Les Chenets
26600 Mercurol
Tél. 04 75 07 44 24
C : 60

GIGONDAS (ROUGE 1995)

🌿🌿🌿

MEFFRE CHRISTIAN
Château Raspail
84190 Gigondas
Tél. 04 90 65 85 45
Fax 04 90 65 88 96
C : 16

CHÂTEAU DU TRIGNON
Château du Trignon
84190 Gigondas

Tél. 04 90 46 90 27
Fax 04 90 46 98 63
C : C1

🌿🌿

EARL DU PESQUIER BOUTIÈRE & FILS
Domaine du Pesquier
84190 Gigondas
Tél. 04 90 65 86 16
Fax 04 90 65 88 48
C : F21/22

DOMAINE DE LA MAVETTE
84190 Gigondas
Tél. 04 90 65 85 29
Fax 04 90 65 87 41
C : F3

🌿

SCEA DUSSERRE JEAN
Domaine de Montvac
84190 Vacqueyras
Tél. 04 90 65 85 51
Fax 04 90 65 82 38
C : 50

SCEA LES TOURELLES M. CUILLERAT
Domaine les Tourelles
Le Village
84190 Gigondas
Tél. 04 90 65 86 98
Fax 04 90 65 89 47
C : 7

HERMITAGE (ROUGE 1995)

🌿🌿🌿

EARL DESMEURE
Domaine
des Remizières
Route de Romans
26600 Mercurol
Tél. 04 75 07 44 28
Fax 04 75 07 45 87
C : D

🌿🌿

M. CHAPOUTIER
Domaine
Sizeranne
18, avenue Docteur-Paul-Durand
26600 Tain-l'Hermitage
Tél. 04 75 08 28 65
Fax 04 75 08 81 70
C : 688

🌿

CAVE DE TAIN-L'HERMITAGE
22, route de Larnage
26600 Tain-l'Hermitage
Tél. 04 75 08 20 87
Fax 04 75 07 15 16

HERMITAGE (BLANC 1996)

🌿🌿

CAVE DE TAIN-L'HERMITAGE
22, route de Larnage
26600 Tain-l'Hermitage
Tél. 04 75 08 20 87
Fax 04 75 07 15 16
C : 50 pièces

EARL DESMEURE
Domaine
des Remizières
Route de Romans
26600 Mercurol
Tél. 04 75 07 44 28
Fax 04 75 07 45 87
C : 3

LIRAC (ROUGE 1995)

🌿🌿🌿

DEGOUL GÉRARD
Château de Bouchassy
30150 Roquemaure
Tél. 04 66 82 82 49
Fax 04 66 82 87 80
C : 9

DOMAINE DE LA MORDORÉE
Rue Mireille
30126 Tavel
Tél. 04 66 50 00 75
Fax 04 66 50 47 39
C : 13

CELLIER SAINT-VALENTIN SCA
1, rue des Vignerons
30150 Roquemaure
Tél. 04 66 82 82 01
Fax 04 66 82 67 28
C : 66

GAEC LES FILS GABRIEL ROUDIL
Rue des Lavandières
Domaine Le Vieux-Moulin
30126 Tavel
Tél. 04 66 50 07 79
Fax 04 66 50 10 02
C : LL6/12

LIRAC (ROSÉ 1996)

🌿🌿🌿

CAVE DES VINS DE CRU DE LIRAC
30126 Saint-Laurent-des-Arbres
Tél. 04 66 50 01 02
Fax 04 66 50 37 23
C : 119

🌿🌿

DEGOUL GÉRARD
Château de Bouchassy
30150 Roquemaure
Tél. 04 66 82 82 49
Fax 04 66 82 87 80
C : 17

LIRAC (BLANC 1996)

🌿🌿🌿

DOMAINE DE LA MORDORÉE
Rue Mireille
30126 Tavel
Tél. 04 66 50 00 75
Fax 04 66 50 47 39
C : 40

🌿

SCA JEAN-OLIVIER
Château d'Aqueria
30126 Tavel
Tél. 04 66 50 04 56
Fax 04 66 50 18 46
C : 28

SAINT-JOSEPH (ROUGE 1995)

🌿🌿🌿

CAVE COOPÉRATIVE DE SAINT-DÉSIRAT
07340 Saint-Désirat
Tél. 04 75 34 22 05
Fax 04 75 34 30 10
C : fûts

◆ Vins-Vallée du Rhône

GAEC
DES RAVIÈRES
(M. et D. Courbis)
Domaine Royes
07130 Châteaubourg
Tél. 04 75 40 32 12
Fax 04 75 40 25 39
C : cuve 1

M. CHAPOUTIER
18, avenue Docteur-
Paul-Durand
26600 Tain-l'Hermitage
Tél. 04 75 08 28 65
Fax 04 75 08 81 70
C : 747
SCEA
DE ROCHEVINE
Domaine Rochevine
07340 Saint-Désirat
Tél. 04 75 34 22 05
Fax 04 75 34 30 10
C : lot 95.11

TAVEL
(ROSÉ 1996)

SCEA DOMAINE
LA ROCALIÈRE
Domaine La Rocalière
Le Palais Nord
30126 Tavel
Tél. 04 66 50 12 60
Fax 04 66 50 12 60
C : 13/14
DOMAINE LAFOND
Route des vignobles
Roc Épine
30126 Tavel
Tél. 04 66 50 24 59
Fax 04 66 50 12 42
C : 23

SCEA DOMAINE MABY
Rue Saint-Vincent
Domaine Maby
30126 Tavel
Tél. 04 66 50 03 40
Fax 04 66 50 43 12
C : 31/35
SCEA DOMAINE
LA ROCALIÈRE
Domaine La Rocalière
Le Palais Nord
30126 Tavel
Tél. 04 66 50 12 60
Fax 04 66 50 12 60
C : 7/8

DOMAINE
DE LA MORDORÉE
Rue Mireille
30126 Tavel
Tél. 04 66 50 00 75
Fax 04 66 50 47 39
C : 0

GAFF PRIEURÉ
MONTEZARGUES
30126 Tavel
Tél. 04 66 50 04 48
Fax 04 66 50 30 41
C : 4

VACQUEYRAS
(ROUGE 1995)

EARL COMBE ROGER
ET FILLE
Domaine La Fourmone
Route de Bollène
84190 Vacqueyras
Tél. 04 90 65 86 05
Fax 04 90 65 87 84
C : 3G

DOMAINE LE SANG
DES CAILLOUX SCEA
Route de Vaqueyras
84260 Sarrians
Tél. 04 90 65 88 64
Fax 04 90 65 88 75
C : F7
CAVE DES VIGNERONS
84190 Vacqueyras
Tél. 04 90 65 84 54
Fax 04 90 65 81 32
C : C105

SCEA DOMAINE
LE CLOS DE CAVEAU
Domaine du Clos
des Caveaux
Chemin de Caveau
84190 Vacqueyras
Tél. 04 90 65 85 33
Fax 04 90 65 83 17
C : EX 12/13
GAEC LE COUROULU
Domaine Le Couroulu
La Pousterle
84190 Vacqueyras
Tél. 04 90 65 84 83

Fax 04 90 65 81 25
C : F2/3

VACQUEYRAS
(BLANC 1995)

EARL
COMBE ROGER
ET FILLE
Domaine La Fourmone
Route de Bollène
84190 Vacqueyras
Tél. 04 90 65 86 05
Fax 04 90 65 87 84
C : C71/20

VACQUEYRAS
(BLANC 1996)

EARL ARCHIMBAUD
VACHE
Domaine Le Clos
des Cazaux
84190 Vacqueyras
Tél. 04 90 65 85 83
Fax 04 90 65 83 94
C : C22

VDQS

CÔTES-DU-VIVARAIS
(ROUGE 1996)

SCEA DOMAINE
GALLETY
Domaine Gallety
La Montagne
07220 Saint-Montan
Tél. 04 75 52 63 18
Fax 04 75 52 56 18

GAEC
DUPRÉ ET FILS
Domaine de Vigier
07150 Lagorce
Tél. 04 75 88 01 18
Fax 04 75 37 18 79
C : cuve 28
VIGNE RICHARD
Domaine
de la Boisserelle
07700 Saint-Remèze
Tél. 04 75 04 24 37
Fax. 04 75 04 24 37
C : cuve 6

CÔTES-DU-VIVARAIS
(ROSÉ 1996)

SOCIÉTÉ COOPÉRATIVE
DE VINIFICATION
LAGORCE-VILLAGE
Lagorce-Village
07150 Lagorce
Tél. 04 75 37 10 11

Fax 04 75 37 10 28
C : 19

CAVE COOPÉRATIVE
DES COTEAUX
Le Village
07110 Vinezac
Tél. 04 75 36 80 46
Fax 04 75 36 92 88
C : 47

CÔTES-DU-VIVARAIS
(BLANC 1996)

SCEA DOMAINE
DE COMBELONGE
Domaine de Combelonge
Les Fredeyres
07110 Vinezac
Tél. 04 75 36 92 54
Fax 04 75 36 99 59
C : 8

CÔTES-DU-VIVARAIS
SAINT-MONTANT
(ROUGE 1996)

SCEA DOMAINE
GALLETY
Domaine Gallety
La Montagne
07220 Saint-Montan
Tél. 04 75 52 63 18
Fax 04 75 52 56 18
C : 5

CÔTES-
DU-VIVARAIS
SAINT-MONTANT
(ROSÉ 1996)

SCA VIGNERONS DE LA
CAVE SAINT-MONTAN
Bas-Viressac
07220 Saint-Montan
Tél. 04 75 52 61 75
Fax 04 75 52 56 51
C : 42

SCA VIGNERONS DE LA
CAVE SAINT-MONTAN
Bas-Viressac
07220 Saint-Montan
Tél. 04 75 52 61 75
Fax 04 75 52 56 51
C : 41

CÔTES-DU-VIVARAIS SAINT-REMÈZE (ROUGE 1996)

GAEC DUPRÉ ET FILS
Domaine de Vigier
Domaine des Champs-
de-Lierre
07150 Lagorce
Tél. 04 75 88 01 18
Fax 04 75 37 18 79
C : L

VINS DE PAYS

VIN DE PAYS DE LA DRÔME (BLANC 1996)

GAEC AUBERT FRÈRES
Le Devoy
26290 Donzère
Tél. 04 75 51 63 01
Fax 04 75 51 63 01
C : chardonnay 5E

VIN DE PAYS DE LA PRINCIPAUTÉ D'ORANGE (BLANC 1996)

CAVE LA VIGNERONNE VILLEDIEU
84110 Villedieu
Tél. 04 90 28 92 37
Fax 04 90 28 93 00
C : chardonnay 64

VIN DE PAYS DE VAUCLUSE (ROUGE 1996)

BOUCHE JEAN-CLAUDE ET BÉATRICE
Rue Buisseron
Domaine Vieux-Chêne
84850 Camaret
Tél. 04 90 37 25 07
Fax 04 90 37 76 84
C : merlot 23

VIN DE PAYS DE VAUCLUSE (BLANC 1996)

GAEC SOARD
Domaine de Fenouillet
84190 Beaumes-
de-Venise
Tél. 04 90 62 95 61
Fax 04 90 62 90 67
C : 9

VIN DE PAYS DES COTEAUX DE L'ARDÈCHE (ROUGE 1996)

SCA VIGNERONS DE LA CAVE SAINT-MONTAN
Bas-Viressac
07220 Saint-Montan
Tél. 04 75 52 61 75
Fax 04 75 52 56 51
C : syrah cuve 1

CAVE COOPÉRATIVE ALBA
La Planchette
07400 Alba-la-Romaine
Tél. 04 75 52 40 23
Fax 04 75 52 48 76
C : lot 1

CAVE COOPÉRATIVE ALBA
La Planchette
07400 Alba-la-Romaine
Tél. 04 75 52 40 23
Fax 04 75 52 48 76
Pinot cuve 116

CAVE COOPÉRATIVE ALBA
La Planchette
07400 Alba-la-Romaine
Tél. 04 75 52 40 23
Fax 04 75 52 48 76
Cabernet-sauvignon
cuve 91

CAVE-COOPÉRATIVE DE VALVIGNÈRES
Quartier Auvergne
07400 Valvignères
Tél. 04 75 52 60 60
Fax 04 75 52 60 33
C : merlot cuve 24

CAVE-COOPÉRATIVE SAINT-SAUVEUR-DE-CRUZIÈRES
Le mas Chevalier
07460 Saint-Sauveur-
de-Cruzières
Tél. 04 75 39 30 51
Fax 04 75 39 06 84
C : merlot 2

CAVE COOPÉRATIVE DE LUSSAS
07170 Lussas
Tél. 04 75 94 21 80
Fax 04 75 94 20 57
C : cabernet-sauvignon
51

CAVE COOPÉRATIVE VALLON-PONT-D'ARC
Route de Ruoms
07150 Vallon-Pont-d'Arc
Tél. 04 75 88 02 16
Fax 04 75 88 02 16
C : syrah 10

CAVE COOPÉRATIVE DE VOGUE
Quartier de la Gare
07200 Vogue
Tél. 04 75 37 71 14
Fax 04 75 37 00 72
C : syrah 56

SOCIÉTÉ COOPÉRATIVE VINICOLE LA CÉVENOLE
07260 Rosières
Tél. 04 75 39 52 09
Fax 04 75 39 92 30
C : gamay 3

CAVE COOPÉRATIVE ALBA
La Planchette
07400 Alba-la-Romaine
Tél. 04 75 52 40 23
Fax 04 75 52 48 76
C : cabernet-sauvignon
33

CAVE COOPÉRATIVE SAINT-SAUVEUR-DE-CRUZIÈRES
Le Mas Chevalier
07460 Saint-Sauveur-
de-Cruzières
Tél. 04 75 39 30 51
Fax 04 75 39 06 84
C : cabernet-sauvignon
50

CAVE COOPÉRATIVE DE RUOMS
Route de Pradons
07120 Ruoms
Tél. 04 75 39 61 27
Fax 04 75 93 95 49
C : 34

CAVE COOPÉRATIVE CENTRALE
La Croisée de Jales
07460 Berrias-
et-Casteljau
Tél. 04 75 39 30 05
Fax 04 75 39 35 51
C : merlot cuve 24

SCEA DOMAINE DE COMBELONGE
Domaine
de Combelonge
Les Fredeyres
07110 Vinezac
Tél. 04 75 36 92 54
Fax 04 75 36 99 59
C : merlot 13

SOCIÉTÉ COOPÉRATIVE VINICOLE LA CÉVENOLE
07260 Rosières
Tél. 04 75 39 52 09
Fax 04 75 39 92 30
C : syrah 135

CAVE COOPÉRATIVE DE MONTFLEURY
07170 Mirabel

Tél. 04 75 94 82 76
Fax 04 75 94 89 45
C : syrah 69

CAVE COOPÉRATIVE DE LUSSAS
07170 Lussas
Tél. 04 75 94 21 80
Fax 04 75 94 20 57
C : merlot 52

VIN DE PAYS DES COTEAUX DE L'ARDÈCHE (ROSÉ 1996)

CAVE COOPÉRATIVE DE MONTFLEURY
07170 Mirabel
Tél. 04 75 94 82 76
Fax 04 75 94 89 45
C : syrah 81

SOCIÉTÉ COOPÉRATIVE VINIFICATION LAGORCE-VILLAGE
Lagorce-Village
07150 Lagorce
Tél. 04 75 37 10 11
Fax 04 75 37 10 28
C : 8

CAVE COOPÉRATIVE DE VOGUE
Quartier de la Gare
07200 Vogue
Tél. 04 75 37 71 14
Fax 04 75 37 00 72
C : grenache 25

CAVE COOPÉRATIVE DE VOGÜE
Quartier de la Gare
07200 Vogüé
Tél. 04 75 37 71 14
Fax 04 75 37 00 72
C : 68

VIN DE PAYS DES COTEAUX DE L'ARDÈCHE (BLANC 1996)

CAVE COOPÉRATIVE DE VALVIGNÈRES
Quartier Auvergne
07400 Valvignères
Tél. 04 75 52 60 60
Fax 04 75 52 60 33
C : viognier 105

◆ Vins-vallée du Rhône

**Cave coopérative
de Valvignères**
Quartier Auvergne
07400 Valvignères
Tél. 04 75 52 60 60
Fax 04 75 52 60 33
C : 110

**Cave coopérative
Alba**
La Planchette
07400 Alba-la-Romaine
Tél. 04 75 52 40 23
Fax 04 75 52 48 76
C : sauvignon 25

**Cave coopérative
de Beaulieu**
07460 Beaulieu
Tél. 04 75 39 32 03
Fax 04 75 39 36 52
C : 78

**Cave coopérative
de Vogue**
Quartier de la Gare
07200 Vogue
Tél. 04 75 37 71 14
Fax 04 75 37 00 72
C : sauvignon 4

**Cave coopérative
centrale**
La Croisée de Jales
07460 Berrias-
et-Casteljau
Tél. 04 75 39 30 05
Fax 04 75 39 35 51
C : viognier 18

**Cave coopérative
de Ruoms**
Route de Pradons
07120 Ruoms
Tél. 04 75 39 61 27
Fax 04 75 93 95 49
C : sauvignon 28

**GAEC
Dupré et Fils**
Domaine de Vigier
07150 Lagorce
Tél. 04 75 88 01 18
Fax 04 75 37 18 79
C : chardonnay 15

**Cave
coopérative
de Vogue**
Quartier de la Gare
07200 Vogue
Tél. 04 75 37 71 14
Fax 04 75 37 00 72
C : grenache 75

**Vin de pays
des coteaux
des Baronnies
(rouge 1996)**

**Cave coopérative
agricole du Nyonsais**
Place Olivier-de-Serres
26110 Nyons
Tél. 04 75 26 03 44
Fax 04 75 26 23 16
C : 14

Liotaud Jean-Yves
Domaine du Rieu-Frais
26110 Sainte-Jalle
Tél. 04 75 27 31 54
Fax 04 75 27 34 47
C : merlot 14

Liotaud Jean-Yves
Domaine du Rieu-Frais
26110 Sainte-Jalle
Tél. 04 75 27 31 54
Fax 04 75 27 34 47
C : syrah 10

**Vin de pays
des coteaux
des Baronnies
(blanc 1996))**

Cave La Comtadine
84110 Puyméras
Tél. 04 90 46 40 78
Fax 04 90 46 43 32
C : chardonnay 194

Liotaud Jean-Yves
Domaine du Rieu-Frais
26110 Sainte-Jalle
Tél. 04 75 27 31 54
Fax 04 75 27 34 47
C : chardonnay 11

**Vin de pays du
comte de Grignan
(rouge 1996)**

**Cave coopérative
de la Valdaine**
Marx-Dormoy
26160 Saint-Gervais-
sur-Roubion
Tél. 04 75 53 80 08
Fax 04 75 53 93 90
C : syrah 48

**Vin de pays du
comte de Grignan
(rosé 1996)**

**Cave coopérative
de la Valdaine**
Marx-Dormoy
26160 Saint-Gervais-
sur-Roubion
Tél. 04 75 53 80 08
Fax 04 75 53 93 90
C : cabernet
sauvignon 71

**Vin de pays du
comte de Grignan
(blanc 1996)**

**Cave coopérative
de la Valdaine**
Marx-Dormoy
26160 Saint-Gervais-
sur-Roubion
Tél. 04 75 53 80 08
Fax 04 75 53 93 90
C : chardonnay 7

**VINS DOUX
NATURELS**

**Muscat
de Beaumes-
de-Venise aoc
(blanc 1996)**

Vaute Thierry
Domaine de la Pigeade
84190 Beaumes-
de-Venise
Tél. 04 90 62 95 66
Fax 04 90 65 03 26
C : 5

Vaute Thierry
Domaine de la Pigeade
84190 Beaumes-
de-Venise
Tél. 04 90 62 95 66
Fax 04 90 65 03 26
C : 6

EARL Begouaussel
Quartier Saint-Roch
Domaine Beaulalric
84190 Beaumes-
de-Venise
Tél. 04 90 65 01 77
Fax 04 90 62 97 28
C : 1, 3

**Vins doux
naturels
vdn Rasteau
(rouge 1995)**

Romero André
Domaine La Soumade
84110 Rasteau
Tél. 04 90 46 11 26
Fax 04 90 46 11 69

**Cave des vignerons
de Rasteau**
84110 Rasteau
Tél. 04 90 10 90 10
Fax 04 90 46 16 65
C : 64

AUTRES BOISSONS

◆ VINS DE LIQUEUR, CIDRES ET POIRÉS

FLOC DE
GASCOGNE BLANC

🌿🌿🌿

FAGET ALAIN
Domaine de Sancet
32110 Saint-Martin-
d'Armagnac
Tél. 05 62 09 08 73
Fax 05 62 69 04 13
Millésime 1995

GAEC DU CHÂTEAU
DU TARIQUET
32800 Eauze
Tél. 05 62 09 87 82
Fax 05 62 09 89 49

🌿

CAVE COOPÉRATIVE
VINIFICATION
32150 Cazaubon
Tél. 05 62 69 50 14
Fax 05 62 69 50 98
Millésime 1995

🌿

BOURDENS ROGER
Caumont
32240 Lias-d'Armagnac
Tél. 05 62 09 63 95
Fax 05 62 08 70 14
Millésime 1995

FLOC
DE GASCOGNE ROSÉ

🌿🌿🌿

EARL GRATIAN
Polignac
32330 Gondrin
Tél. 05 62 28 54 74
Fax 05 62 28 54 86
Millésime 1995

GAEC
BORDENEUVE-ENTRAS
32410 Ayguetinte
Tél. 05 62 68 11 41
Fax 05 62 68 15 34

🌿

LALANNE ALAIN
Domaine
San-de-Guilhem
32800 Ramouzens
Tél. 05 62 06 57 02

Fax 05 62 06 44 99
Millésime 1995

🌿

HÉBERT BENOIT
Au Soleil Levant
32370 Salles-
d'Armagnac
Tél. 05 62 69 03 11
Fax 05 62 69 07 18

MACVIN
DU JURA BLANC

🌿🌿🌿

TISSOT ANDRÉ
ET MIREILLE
39600 Montigny-
lès-Arsures
Tél. 03 84 66 08 27
Fax 03 84 66 25 08

GAEC PETIT DÉSIRÉ
39600 Pupillin
Tél. 03 84 66 01 20
Fax 03 84 66 26 59

🌿

CAVEAU DES BYARDS
39210 Le Vernois
Tél. 03 84 25 33 52
Fax 03 84 25 38 02

DOMAINE
TISSOT JACQUES
39, rue de Courcelles
39600 Arbois
Tél. 03 84 66 14 27
Fax 03 84 66 24 88

BADOZ BERNARD
15, rue du Collège
39800 Poligny
Tél. 03 84 37 11 85
Fax 03 84 37 11 18

🌿

GAEC GRAND FRÈRES
39230 Passenans
Tél. 03 84 85 28 88

PINEAU DES
CHARENTES BLANC

🌿🌿🌿

MORIN JEAN
Le Maine Odon
17600 Thézac
Tél. 05 46 94 81 71
Assemblage < 5-10> ans

BRARD BLANCHARD
JACQUES
1, chemin de Routreau

16100 Boutiers-Saint-
Trojan
Tél. 05 45 32 19 58
Fax 05 45 36 53 21
Millésime 1994

CHAINIER DOMINIQUE
La Barde-Fagnouse
17520 Arthenac
Tél. 05 46 49 12 85
Fax 05 46 49 18 91
Assemblage <5-10> ans

🌿🌿

BOSSUET PAUL
Senouche
17610 Chaniers
Tél. 05 46 91 51 90
Fax 05 46 91 56 19
Millésime 1994

GAEC
DU MAINE ORMEAU
COUILLEBAUD RÉMY
16290 Moulidars
Tél. 05 45 90 91 27
Fax 05 45 96 91 46
Millésime 1994

🌿

GAILLARD PIERRE
Chez Trébuchet
17240 Clion
Tél. 05 46 70 47 35
Fax 05 46 70 39 30
Assemblage < 5 ans

VIGIE DOMINIQUE
Roumignac
17120 Cozes
Tél. 05 46 90 94 66
Fax 05 46 90 83 69
Millésime 1988

PINEAU DES
CHARENTES ROSÉ

🌿🌿

SCA
PINEAU ROUSSILLE
Libourdeau
16730 Linars
Tél. 05 45 91 16 65
Fax 05 45 91 13 83
Millésime 1992

SCA DE COZES
ET SAUJON
17120 Semussac
Tél. 05 46 06 01 01
Fax 05 46 06 92 72
Millésime 1994

SCEA DE LA ROMÈDE
Veillard
16200 Bourg-Charente
Tél. 05 45 81 30 15
Fax 05 45 81 04 44
Millésime 1984

🌿🌿

ARSICAUD RÉGIS
Le Bourg
17360 Saint-Martin-
de-Coux
Tél. 05 46 04 72 19
Millésime 1994

GEFFARD HENRI
La Chambre
16130 Verrières
Tél. 05 45 83 02 74
Fax 05 45 83 01 82
Millésime 1993

🌿

CHAINIER DOMINIQUE
La Barde Fagnouse
17520 Arthenac
Tél. 05 46 49 12 85
Fax 05 46 49 18 91
Millésime 1995

CIDRE BRUT
D'ORIGINE
INDUSTRIELLE

🌿🌿

CIDRERIE VIARD
14400 Guéron
Tél. 02 31 92 09 15
Fax 02 31 92 22 05
Limpide

CIDRERIES
DU CALVADOS-
LA FERMIÈRE
Route de Lisieux

4140 Livarot
Tél. 02 31 63 50 33
Fax 02 31 62 95 71
Limpide

**CIDRERIE
DU VAL DE VIRE**
BP 2
0890 Condé-sur-Vire
Tél. 02 33 06 66 53
Fax 02 33 55 27 84
Limpide

CSR PAMPRYL
6590 Anneville-sur-Scie
Tél. 02 35 04 63 83
Fax 02 35 84 41 84
Limpide-Duché
Longuev.
**CLF
CIDRERIES
DU CALVADOS-
LA FERMIÈRE**
4, rue du Bois-
Jacquelin
5480 Messac
Tél. 02 99 34 61 06
Fax 02 99 34 23 13
Limpide
CSR PAMPRYL
6590 Anneville-sur-Scie
Tél. 02 35 04 63 83
Fax 02 35 84 41 84
Limpide-Duché
Longuev.
CSR PAMPRYL
, rue de la Cidrerie-
Domagné

35222 Châteaubourg
Cedex
Tél. 02 99 00 01 02
Fax 02 99 00 07 10
Limpide-Loic Raison

**CIDRE BRUT
D'ORIGINE
INDUSTRIELLE**

CSR PAMPRYL
9, rue de la Cidrerie-
Domagné
35222 Châteaubourg
Cedex
Tél. 02 99 00 01 02
Fax 02 99 00 07 10
Limpide
**CIDRERIES
DU CALVADOS-
LA FERMIÈRE**
Route de Lisieux
14140 Livarot
Tél. 02 31 63 50 33
Fax 02 31 62 95 71
Limpide

**CIDRE D'ORIGINE
ARTISANALE**

**FOURNIER
FRÈRES SARL**
Villeperdue
53370 Saint-Pierre-
des-Nids
Tél. 02 33 26 89 70
Fax 02 33 26 76 07
Limpide

**ÉTABLISSEMENTS
NICOL**
Kergenet
56450 Surzur
Tél. 02 97 42 15 41
Fax 02 97 42 04 38
Trouble
**SARL
VERT DE VIE**
Parc d'activités
de la Pommeraye
50640 Le Teilleul
Tél. 02 33 69 54 58
Fax 02 33 69 54 75
Limpide

**LES CELLIERS DE LA
VILLE D'YS EURL**
BP 25
29720 Plovan
Tél. 02 98 54 42 15
Fax 02 98 54 31 27
**CIDRERIE DE LA BRIQUE
SARL**
La Brique
50700 Saint-Joseph
Tél. 02 33 40 19 27
Limpide
**MICHEL MAMAN
SERVICES**
7, rue Flandres-
Dunkerque
35150 Janzé
Tél. 02 99 47 03 01
Fax 02 99 47 21 80
Limpide

**CIDRE DE
CORNOUAILLES AOC**

**EARL CHÂTEAU
DE LEZERGUE**
Lezergue
29500 Ergue-Gaberic
Tél. 02 98 95 07 99
Limpide
FERRAND JEAN
Saint-Pierre
29300 Redene
Tél. 02 98 96 70 48
Limpide

SEZNEC HERVÉ
Le Quinquis
29000 Quimper
Tél. 02 98 90 20 57
Fax 02 98 90 81 54
Limpide

**CIDRE DU PAYS
D'AUGE AOC**

GIARD MICHÈLE
Montreuil-en-Auge
14340 Cambremer
Tél. 02 31 63 09 47
Limpide

**COURTEMANCHE
HUBERT**
Querville
14140 Pretreville
Tél. 02 31 32 31 88
CENIER JEAN-LUC
Chemin de la Vallée-
au-Tanneur
14340 Repentigny
Tél. 02 31 64 38 69
Limpide

**GAEC
DE LA GALOTIÈRE**
La Galotière
61120 Crouttes
Tél. 02 33 39 05 98
Fax 02 33 67 57 68

**CIDRE FERMIER
NORMAND**

**BEAVOINE MICHEL
SARL**
Domaine du Lieu-Gosset
14130 Coudray-Rabut
Tél. 02 31 64 06 57
Fax 02 31 64 00 24

COURVALLET CLAUDE
Plainville
14690 Pierrefitte-

95

◆ CIDRES ET POIRÉS, POMMEAUX

en-Cinglais
Tél. 02 31 40 70 81
Fax 02 31 40 88 08
Limpide

GAEC DU MANOIR DU VAL
27410 Saint-Aubin-le-Guichard
Tél. 02 32 44 41 04
Fax 02 32 45 36 50
Limpide

DESVOYE GÉRARD
Saint-Aubin-Lebizay
14340 Cambremer
Tél. 02 31 65 11 94

LELIEUR CHARLES
20, rue de la Mairie
27370 Vraiville
Tél. 02 32 50 61 84
Fax 02 32 50 57 44
Limpide

🐝

DUMESNIL JEAN-BERNARD
76110 Grainville-Ymauville
Tél. 02 35 27 72 05
Fax 02 35 27 74 50

CHARBONNEAU BENOÎT
Ferme des Bruyères
14590 Moyaux
Tél. 02 31 62 81 98
Fax 02 31 62 81 98
Limpide

CIDRE FERMIER BRETON

🐝🐝🐝

PRIÉ JEAN-YVES
La Ville Hervy
22690 Pleudihen-sur-Rance
Tél. 02 96 83 20 78
Fax 02 96 88 23 10

🐝🐝

LYCÉE AGRICOLE
Kernilien
22200 Guingamp
Tél. 02 96 40 67 50
Fax 02 96 44 07 38
Trouble

🐝

BARBÉ GILLES
13, rue Nationale
22230 Merdrignac
Tél. 02 96 28 40 19

CIDRES FERMIERS DE LA VALLÉE DE LA CLAIE
La Ferme fruitière

56390 Colpo
Tél. 02 97 66 81 66
Fax 02 97 66 84 28

SEMERY JEAN-PIERRE
Montchevron
35140 Saint-Jean-sur-Couesnon
Tél. 02 99 39 11 04
Fax 02 99 39 11 04
Limpide

CIDRE FERMIER DES PAYS DE LA LOIRE

🐝🐝🐝

VIEL RÉMY
Ferme du pressoir
53400 Craon
Tél. 02 43 06 17 90
Fax 02 43 06 17 90
Trouble

🐝

GAEC ROULAND
Le Theil
53240 Andouillé
Tél. 02 43 69 70 04
Fax 02 43 69 70 04
Limpide

VALLÉE FRANCIS
Le Baguet
28400 Nogent-le-Rotrou
Tél. 02 37 52 55 71

POIRÉ D'ORIGINE ARTISANALE

🐝🐝

CIDRERIE DE LA BRIQUE SARL
La Brique
50700 Saint-Joseph
Tél. 02 33 40 19 27
Limpide

POIRÉ DOUX D'ORIGINE INDUSTRIELLE

🐝🐝

CSR PAMPRYL
L'Aiguillon-La Rouge
61260 Le Theil-sur-Huisne
Tél. 02 37 49 63 02
Fax 02 37 49 68 60
Limpide

POIRÉ FERMIER NORMAND

🐝🐝

DESVOYE GÉRARD
Saint-Aubin-Lebizay
14340 Cambremer
Tél. 02 31 65 11 94

🐝

EARL DES GRIMAUX
Les Grimaux
61350 Mantilly
Tél. 02 33 30 12 06
Fax 02 33 30 12 06

DUTERTRE CLAUDINE
La Boiserie
61350 Saint-Fraimbault
Tél. 02 33 38 36 01
Fax 02 33 38 36 01

POIRÉ FERMIER DES PAYS DE LA LOIRE

🐝

GAEC ROULAND
Le Theil
53240 Andouillé
Tél. 02 43 69 70 04
Fax 02 43 69 70 04
Limpide

POMMEAU

POMMEAU DE BRETAGNE

🍎🍎🍎

DISTILLERIE DES MENHIRS
Pont-Menhir
29700 Plomelin
Tél. 02 98 94 23 68
Fax 02 98 52 54 70
Millésime 1994

POMMEAU DE NORMANDIE AOC

🍎🍎🍎

ORVAIN JEAN-LOUIS
La Gravelle
50600 Martigny
Tél. 02 33 48 03 64
Fax 02 33 34 80 34
Millésime 1994

🍎🍎🍎

SCEA DESFRIECHES SERGE ET FILS
Le Lieu Chéri
14100 Ouilly-le-Vicomte
Tél. 02 31 61 11 71
Fax 02 31 61 05 61
Millésime 1994

COURVALLET CLAUDE
Plainville
14690 Pierrefitte-en-Cinglais
Tél. 02 31 40 70 81
Fax 02 31 40 88 08
Millésime 1993

DROUIN CHRISTIAN SA
RN 177
14130 Coudray-Rabut
Tél. 02 31 64 30 05
Fax 02 31 64 35 62
Millésime 1993

LES CHAIS DU VERGER NORMAND
Rue du Mont-Saint-Michel
61700 Domfront
Tél. 02 33 38 53 96
Fax 02 33 37 99 97
Millésime 1994

🍎

CAPELLE THÉODORE EURL
La Lande
50340 Sotteville
Tél. 02 33 04 41 17
Fax 02 33 04 58 32
Millésime 1994

BRETON MARCEL
Durcet
61600 Magny-le-Désert
Tél. 02 33 37 08 23
Millésime 1993

POMMEAU DU MAINE

🍎🍎🍎

VIEL RÉMY
Le Pressoir
53400 Craon
Tél. 02 43 06 17 90
Fax 02 43 06 17 90
Millésime 1994

🍎

VIEL RÉMY
Le Pressoir
53400 Craon
Tél. 02 43 06 17 90
Fax 02 43 06 17 90
Millésime 1993

EAUX-DE-VIE MÉTROPOLITAINES

ARMAGNAC TROIS ÉTOILES

🍎🍎🍎

CHÂTEAU DU TARIQUET
32800 Eauze
Tél. 05 62 09 87 82
Fax 05 62 09 89 49

🍎🍎

SOCIÉTÉ CIVILE DE MANIBAN
32240 Mauléon-d'Armagnac
Tél. 05 62 09 66 80
Fax 05 62 09 64 21

🍎

SEMPE SA
32290 Aignan
Tél. 05 62 09 24 24
Fax 05 62 09 21 34

ARMAGNAC VSOP

🍎🍎🍎

SOCIÉTÉ DES PRODUITS D'ARMAGNAC
Route de Cazaubon
32800 Eauze
Tél. 05 62 09 82 13
Fax 05 62 09 78 14

SOCIÉTÉ DU BUSCA-MANIBAN
Château de Busca
Maniban
32310 Mansencôme
Tél. 05 62 28 40 38
Fax 05 62 68 20 44

🍎🍎

SOCIÉTÉ MÉDITERRANÉENNE DE PARTICIPATION
32700 Terraube
Tél. 05 62 68 93 85
Fax 05 62 68 89 95

CHÂTEAU DU TARIQUET
32800 Eauze
Tél. 05 62 09 87 82
Fax 05 62 09 89 49

🍎

SOCIÉTÉ ARMAGNACAISE DE PRODUCTION
32110 Panjas
Tél. 05 62 09 07 21
Fax 05 62 09 15 84

ARMAGNAC HORS D'ÂGE

🍎🍎🍎

SCA CHÂTEAU DE LAUBADE
32110 Sorbets
Tél. 05 62 09 06 02
15 ans

COOPÉRATIVE ARMAGNACAISE VITICOLE D'EAUZE
60, route de Nogaro
32800 Eauze
Tél. 05 62 09 82 08
Fax 05 62 09 73 44

CHÂTEAU DU TARIQUET
32800 Eauze
Tél. 05 62 09 87 82
Fax 05 62 09 89 49
Millésime 1975

CHÂTEAU DE MONS
32100 Caussens
Tél. 05 62 68 30 30
Fax 05 62 68 30 35

GAEC CLAVE DE LABOUC
Labouc
40240 Labastide-d'Armagnac
Tél. 05 58 44 02 32
Fax 05 58 44 82 32
Millésime 1974

🍎🍎

SOCIÉTÉ ARMAGNACAISE DE PRODUCTION
32110 Panjas
Tél. 05 62 09 07 21
Fax 05 62 09 15 84
Millésime 1973

ESCOUBET RENÉ
Domaine de Luquet
40240 La Bastide-d'Armagnac
Tél. 05 58 44 81 24
Millésime 1973

SOCIÉTÉ DES PRODUITS D'ARMAGNAC
Route de Cazaubon
32800 Eauze
Tél. 05 62 09 82 13
Fax 05 62 09 78 14

SA CTS THERMES DE BARBOTAN
32150 Cazaubon
Tél. 05 62 08 31 31
Fax 05 62 08 31 99

SOCIÉTÉ ARMAGNACAISE DE PRODUCTION
32110 Panjas
Tél. 05 62 09 07 21
Fax 05 62 09 15 84

DE CASTELFORT
32110 Nogaro
Tél. 05 62 09 01 79
Fax 05 62 09 10 99

CAVE DES PRODUCTEURS DU BAS-ARMAGNAC
Avenue du Catalan
32110 Panjas
Tél. 05 62 09 07 11
Fax 05 62 09 00 32
Millésime 1968

🍎

CHÂTEAU DE MONS
32100 Caussens
Tél. 05 62 68 30 30
Fax 05 62 68 30 35
20 ans

COMPAGNIE DES PRODUITS DE GASCOGNE
32810 Roquelaure
Tél. 05 62 65 58 45
Fax 05 62 65 50 09
Millésime 1965

SCA CHÂTEAU DE LAUBADE
32110 Sorbets
Tél. 05 62 09 06 02
Millésime 1974

DE CASTELFORT
32110 Nogaro
Tél. 05 62 09 01 79
Fax 05 62 09 10 99
Millésime 1973

CAVE DES PRODUCTEURS DU BAS-ARMAGNAC
Avenue du Catalan
32110 Panjas
Tél. 05 62 09 07 11
Fax 05 62 09 00 32

DOMAINE DÉPARTEMENTAL D'OGNOAS
40190 Arthez-d'Armagnac
Tél. 05 58 45 22 11
Fax 05 58 45 38 21
Millésime 1965

SCA CHÂTEAU DE LAUBADE
32110 Sorbets
Tél. 05 62 09 06 02

EAU-DE-VIE DE MARC DES CÔTES-DU-RHÔNE

🍎🍎🍎

AMADIEU CLAUDE
84190 Gigondas
Tél. 04 90 65 84 08
Fax 04 90 65 82 14
Marc de Gigondas

◆ EAUX-DE-VIE MÉTROPOLITAINES

**SCA DOMAINE
DE VAL-D'ARENC**
Chemin du Val-d'Arenc
83330 Le Beausset
Tél. 04 94 98 71 89
Fax 04 94 98 74 10
Marc de Provence

EAU-DE-VIE
D'ALISIER

🌿 🌿 🌿

**DISTILLERIE
WOLFBERGER**
Chemin de la Fecht
68000 Colmar
Tél. 03 89 79 11 90
Fax 03 89 79 17 37

EAU-DE-VIE
DE BAIE DE HOUX

🌿 🌿

**DISTILLERIE
WOLFBERGER**
Chemin de la Fecht
68000 Colmar
Tél. 03 89 79 11 90
Fax 03 89 79 17 37
Cuve 23

EAU-DE-VIE
DE COING

🌿 🌿 🌿

**DISTILLERIE
MEYER J.-C.**
19 rue Principale
67220 Hohwarth
Tél. 03 88 85 61 44

EAU-DE-VIE
DE FRAMBOISE

🌿 🌿 🌿

**DISTILLERIE
LA SALAMANDRE**
Les Tissanderies
24200 Sarlat
Tél. 05 59 59 10 00
Fax 05 53 28 39 16
La Salamandre

**DISTILLERIE
WOLFBERGER**
Chemin de la Fecht
68000 Colmar
Tél. 03 89 79 11 90
Fax 03 89 79 17 37
Cuve 9

🌿 🌿

**DISTILLERIE
MEYER J.-C.**
19, rue Principale
67220 Hohwarth
Tél. 03 88 85 61 44

**DISTILLERIE LEHMANN
J. ET M.**
16, rue du Castel
67870 Bischoffsheim
Tél. 03 88 50 41 29
Cuve 1

🌿

**DISTILLERIE
BERTRAND J.**
3, rue du Maréchal-
Leclerc
67350 Uberach
Tél. 03 88 07 70 83
Cuve 17

**DISTILLERIE
NUSBAUMER JOSEPH**
23, Grand-Rue
67220 Steige
Tél. 03 88 57 16 53
Fax 03 88 57 05 79
Cuve 1

EAU-DE-VIE
DE MIRABELLE

🌿 🌿 🌿

**DISTILLERIE
BERTRAND J.**
3, rue du Maréchal-
Leclerc
67350 Uberach
Tél. 03 88 07 70 83
Cuve 16

**DISTILLERIE
NUSBAUMER JOSEPH**
23, Grand-Rue
67220 Steige
Tél. 03 88 57 16 53
Fax 03 88 57 05 79
Cuve 2

🌿 🌿 🌿

**GAEC RIEFLE JOSEPH
ET FILS**
11, place de la Mairie
68250 Pfaffenheim
Tél. 03 89 49 62 82
DISTILLERIE HEPP
94, rue de la Walck
67350 Uberach
Tél. 03 88 07 71 07
Cuves 1 et 5

EAU-DE-VIE
DE POIRE WILLIAM

🌿 🌿 🌿

**DISTILLERIE
MEYER J.-C.**
19, rue Principale
67220 Hohwarth
Tél. 03 88 85 61 44
Cuve 1
**DISTILLERIE
DE PIED-MENU F.**
38270 Beaurepaire
Tél. 04 74 84 61 17
Fax 04 74 29 99 96

**DISTILLERIE
NUSBAUMER JOSEPH**
23, Grand-Rue
67220 Steige
Tél. 03 88 57 16 53
Fax 03 88 57 05 79
Cuve 2

EAU-DE-VIE
DE PRUNE

🌿

**DISTILLERIE
DU CANTON DE SIGEAN**
La Prade
11130 Sigean
Tél. 04 68 48 21 99
Fax 04 68 48 11 90

🌿

**DISTILLERIE LEHMANN
J. ET M.**
16, rue du Castel
67870 Bischoffsheim
Tél. 03 88 50 41 29
Vieille prune

EAU-DE-VIE
DE PRUNE
REINE-CLAUDE

🌿

**DISTILLERIE
LA SALAMANDRE**
Les Tissanderies
24200 Sarlat

Tél. 05 59 59 10 00
Fax 05 53 28 39 16
La Salamandre

EAU-DE-VIE
DE PRUNE D'ENTE

🌿 🌿

**DISTILLERIE
LA SALAMANDRE**
Les Tissanderies
24200 Sarlat
Tél. 05 59 59 10 00
Fax 05 53 28 39 16
La Salamandre

EAU-DE-VIE
DE QUETSCHE

🌿 🌿

**DISTILLERIE
WOLFBERGER**
Chemin de la Fecht
68000 Colmar
Tél. 03 89 79 11 90
Fax 03 89 79 17 37
Cuve 22

FINE DE BOURGOGNE

🌿 🌿 🌿

DUBOIS JEAN
Domaine de la Cras
21370 Plombières-
lès-Dijon
Tél. 03 80 41 70 95
Fax 03 80 59 13 96

FINE
DE FRANCHE-COMTÉ

🌿 🌿

**ROLET
PÈRE ET FILS**
Montigny-lès-Arsures
39600 Arbois
Tél. 03 84 66 00 05
Fax 03 84 37 47 41

FINE
DE LA MARNE

🌿 🌿 🌿

**SADI
MALOT**
35, rue Pasteur
51380 Villers-Marmery
Tél. 03 26 97 90 48
Fax 03 26 97 97 62
Vieille fine

...NE DU BUGEY

...AVEAU BUGISTE
...350 Vongnes
...él. 04 79 87 92 32
...él. 04 79 87 91 11
...eille fine

...NE DU LANGUEDOC

...ES VIGNERONS
...3, rue de la Distillerie
...4290 Bassan
...él. 04 67 36 10 64

...IRSCH

**...STILLERIE
...EHMANN J. ET M.**
...5, rue du Castel
...7870 Bischoffsheim
...él. 03 88 50 41 29
...uve 2
**...STILLERIE
...USBAUMER JOSEPH**
...3, Grand-Rue
...7220 Steige
...él. 03 88 57 16 53
...él. 03 88 57 05 79
...uve 2

**...STILLERIE
...ERTRAND J.**
...rue du Maréchal-
...eclerc
...7350 Uberach
...él. 03 88 07 70 83
...uve 6

**...STILLERIE
...OLFBERGER**
...hemin de la Fecht
...000 Colmar
...él. 03 89 79 11 90
...x 03 89 79 17 37
...uve 17

...IRSCH
...E FOUGEROLLES

**...AULOT
...ADINE**
...and Fays
...7220 Fougerolles
...l. 03 84 49 52 51

VILLEMIN MICHEL
261, Beaumont
70220 Fougerolles
Tél. 03 84 49 54 05

**TISSERAND
JACQUES**
76, Blanzey
70220 Fougerolles
Tél. 03 84 49 10 17
Fax 03 84 49 11 11
**GALLAIRE
PHILIPPE**
430, Haut-de-la-Beuille
70220 Fougerolles
Tél. 03 84 49 60 21

**RAPENNE
JEAN-MARIE**
1, Les Granges
70220 Fougerolles
Tél. 03 84 49 53 50
**SIMONIN
ROGER**
313, Le Pré-du-Rupt
70220 Fougerolles
Tél. 03 84 49 13 61

MARC
DE BOURGOGNE

VEDRENNE
Rue des Frères-
Montgolfier
21700 Nuits-Saint-
Georges
Tél. 03 80 62 48 10
Fax 03 80 61 02 64
Vedrenne
**CHEVILLON
ROBERT**
68, rue Tisserand
21700 Nuits-Saint-
Georges
Tél. 03 80 62 34 88
Fax 03 80 61 13 31

VEDRENNE
Rue
des Frères-Montgolfier
21700 Nuits-Saint-
Georges
Tél. 03 80 62 48 10
Fax 03 80 61 02 64

MARC
DE FRANCHE-COMTÉ

**SCV DES DOMAINES
HENRI MAIRE**
39600 Arbois
Tél. 03 84 66 12 34
Fax 03 84 66 42 42

MARC DE
GEWURZTRAMINER

**DISTILLERIE
MEYER J.-C.**
19, rue Principale
67220 Hohwarth
Tél. 03 88 85 61 44

**DISTILLERIE
WOLFBERGER**
Chemin de la Fecht
68000 Colmar
Tél. 03 89 79 11 90
Fax 03 89 79 17 37
Cuve 14

**GAEC RIEFLE JOSEPH
ET FILS**
11, place de la Mairie
68250 Pfaffenheim
Tél. 03 89 49 62 82

MARC
DU LANGUEDOC

DELPONT JEAN
La Cellulose
82700 Montech
Tél. 05 63 64 72 21
Fax 05 63 64 73 43
**SCAR DE DISTILLATION
SAINT-ANDRÉ**
Avenue du Muscat
34111 Frontignan Cedex
Tél. 04 67 48 11 78
Fax 04 67 43 24 94

CELLIER DES TEMPLIERS
Route du Balcon-
de-Madeloc
66652 Banuyls-
sur-Mer Cedex
Tél. 04 68 98 36 70
Fax 04 68 88 00 84

**SCA AUDOISE
DE DISTILLATION**
20, avenue du Général-
de-Gaulle
11200 Lézignan-
Corbières
Tél. 04 68 27 00 09
Fax 04 68 27 58 20
ARBEAU
6, rue Demages
82370 Labastide-
Saint-Pierre
Tél. 05 63 64 01 80
Fax 05 63 30 11 42

MIRABELLE
DE LORRAINE

**VOSGIEN
MICHEL**
24, rue Saint-Vincent
54113 Bulligny
Tél. 03 83 62 50 55
**GOUJOT MICHEL
ET DE WEERD
JEAN-JACQUES**
51, en Chvérue
54200 Lucey
Tél. 03 83 63 82 26
Fax 03 83 63 82 52

**ROLIN
RENÉ**
15, route de Velle
54290 Haussonville
Tél. 03 83 75 03 06

**GRALLET
HUBERT**
16, rue du Capitaine-
Durand
54290 Rozelieures
Tél. 03 83 72 32 26
Fax 03 83 72 34 34
**SARL
ARCIONI FILS**
Hameau
de Saint-Clément
54950 Saint-Clément
Tél. 03 83 72 63 81

EAU-DE-VIE (AUTRES)

🌿🌿

**EARL DU CALVAIRE
MR MONTAIGU**
24, rue Jeanne-d'Arc
54490 Murville
Tél. 03 82 21 00 22
Fax 03 82 21 06 87
Rhubarbe

**RHUMS
ET PUNCHS**

PUNCH SCHRUBB

🌿🌿🌿

MADRAS SA
Rue Eugène-
Freyssinet-Jarry
97122 Baie-Mahault
Tél. 05 90 26 60 28
Fax 05 90 26 76 59

🌿🌿

**SOCIÉTÉ
D'EXPLOITATION
DISTILLERIE BIELLE**
Habitation Bielle
97112 Grand-Bourg
Tél. 05 90 97 93 62
Fax 05 90 97 85 14

PUNCH COCO

🌿🌿

DAMOISEAU FILS
Bellevue
97160 Le Moule
Tél. 05 90 23 55 55
Fax 05 90 23 48 50
MADRAS SA
Rue Eugène-
Freyssinet-Jarry
97122 Baie-Mahault
Tél. 05 90 26 60 28
Fax 05 90 26 76 59

PUNCH PASSION

🌿🌿🌿

**DAMOISEAU
FILS**
Bellevue
97160 Le Moule
Tél. 05 90 23 55 55
Fax 05 90 23 48 50

RHUM BLANC DE LA GUADELOUPE

🌿🌿🌿

SÉVERIN INDUSTRIE
Domaine de Séverin
97115 Saint-Rose
Tél. 05 90 28 91 86
Fax 05 90 28 36 66
55 °
SÉVERIN INDUSTRIE
Domaine de Séverin
97115 Saint-Rose
Tél. 05 90 28 91 86
Fax 05 90 28 36 66
50 °

🌿🌿

**SARL LPH
LONGUETEAU ET FILS**
Bonne Espérance
97135 Sainte-Marie
Tél. 05 90 86 33 02
Fax 05 90 92 18 87
50 °

🌿🌿

DAMOISEAU FRÈRES
Bellevue
97160 Le Moule
Tél. 05 90 23 55 55
Fax 05 90 23 48 50
50 °

RHUM BLANC DE LA MARTINIQUE AOC

🌿🌿🌿

DISTILLERIE NEISSON
Domaine de Thieubert
97221 Carbet
Tél. 05 96 78 03 70
Fax 05 96 78 03 95
55 °

🌿🌿🌿

**DISTILLERIE DILLON
SA**
9, route
de Châteaubœuf
BP 212
97200 Fort-de-France
Tél. 05 96 75 20 20
Fax 05 96 75 30 33
55 °

ETS A. DORMOY
RHUM LA FAVORITE
5,5 km route
du Lamentin
97232 Lamentin
Tél. 05 96 50 47 32
Fax 05 96 50 49 84
50 °

🌿

DISTILLERIE NEISSON
Domaine de Thieubert
97221 Carbet
Tél. 05 96 78 03 70
Fax 05 96 78 03 95
50 °

RHUM VIEUX DE LA GUADELOUPE

🌿🌿🌿

**SÉVERIN
INDUSTRIE**
Domaine de Séverin
97115 Sainte-Rose
Tél. 05 90 28 91 86
Fax 05 90 28 36 66

🌿🌿

**DAMOISEAU
FRÈRES**
Bellevue
97160 Le Moule
Tél. 05 90 23 55 55
Fax 05 90 23 48 50

🌿

**HÉRITIÈRE
GODEFROY**
Distillerie Bellevue
97140 Capesterre
Tél. 05 90 97 31 26
Fax 05 90 97 44 48

RHUM VIEUX DE LA MARTINIQUE AOC

🌿🌿🌿

**HÉRITIERS
H. CLÉMENT**
Domaine de l'Acajou
97240 Le François
Tél. 05 96 54 79 59
Fax 05 96 54 63 50
15 ans

🌿🌿

**HÉRITIERS
H. CLÉMENT**
Domaine de l'Acajou
97240 Le François
Tél. 05 96 54 79 59
Fax 05 96 54 63 50

🌿

**RHUM
SAINT-ÉTIENNE**
Distillerie Saint-Étienne
97213 Gros-Morne
Tél. 05 96 57 62 68
Fax 05 96 57 54 11
**DISTILLERIE
NEISSON**
Domaine de Thieubert
97221 Carbet
Tél. 05 96 78 03 70
Fax 05 96 78 03 95

PUNCH (AUTRES)

🌿🌿

**LIQUORISTERIE
CALLARD
SARL**
Domaine de Bellevue
97116 Pointe-Noire
Tél. 05 90 98 01 18
Fax 05 90 98 15 20
Gingembre

🌿

SOPAVI
Zone Industrielle n° 2
BP 57
97452 Saint-Pierre
Cedex
Tél. 02 62 96 11 96
Fax 02 62 35 14 40
Vanille

**JUS DE FRUITS
ET DE LÉGUMES**

JUS DE RAISIN ARTISANAL

🌿🌿

CSR PAMPRYL
76590 Anneville-sur-Sc
Tél. 02 35 04 63 83
Fax 02 35 84 41 84
Rouge

JUS DE RAISIN INDUSTRIEL

✹✹✹

OPAGLY
Cave des Corbières
N 9
66600 Rivesaltes
Tél. 04 68 64 05 02
Fax 04 68 64 89 13
Rouge

OULON
rue de la Grosne
71020 Mâcon
Tél. 03 85 32 81 71
Fax 03 85 20 26 26
Blanc
SILL
BP 1
29860 Plouvien
Tél. 02 98 40 90 30
Fax 02 98 40 00 76
Rouge

✹

CSR
PAMPRYL
160, avenue Paul-
Vaillant-Couturier
93126 La Courneuve
Cedex
Tél. 01 80 61 08 14
Fax 01 80 61 02 02
Rouge

JUS DE POMME ARTISANAL

✹

LACROIX CATHERINE
rue du Patural
42420 Marieulles
Tél. 03 87 69 98 67
LES VERGERS DE POISY
École d'Agriculture
74570 Poisy
Tél. 04 50 46 38 04
Fax 04 50 46 24 89

DORE ÉRIC
Saint-Jean-de-Frenelles
27150 Boisemont
Tél. 02 32 69 41 25
Fax 02 32 69 43 17

JUS DE POMME INDUSTRIEL

✹✹

BRIC FRUIT
La Jaunaie
44690 Châteauthébaud
Tél. 02 40 33 55 55
Fax 02 40 03 81 36
GAEC
DES VERGERS
DE SAINT-LÉONARD
La Buissière
87400 Saint-Léonard
Tél. 05 55 56 16 55
Fax 05 55 56 16 55

✹

CSR PAMPRYL
160, avenue
Paul-Vaillant-Couturier
93126 La Courneuve
Cedex
Tél. 01 80 61 08 14
Fax 01 80 61 02 02
Limpide

JUS DE POMME GAZÉIFIÉ

✹✹

GAEC BECHET G.
ET FILLE
38660 La Terrasse
Tél. 04 76 08 21 47

PÉTILLANT DE POMME

✹✹✹

CSR PAMPRYL
L'Aiguillon-la -Rouge
61260 Le Theil-
sur-Huisne
Tél. 02 37 49 63 02
Fax 02 37 49 68 60
Champomy

AUTRES JUS DE FRUITS

✹✹

SILL
BP 1
29860 Plouvien
Tél. 02 98 40 90 30
Fax 02 98 40 00 76
Ananas

LAFLAQUIÈRE
JEAN-MAURICE
Notre-Dame
24220 Castels
Tél. 05 53 30 27 54
Fax 05 53 30 39 00
Pruneau

COCKTAILS DE JUS DE FRUITS

✹✹✹

JOKER SA
895, rue des Frères-
Lumière
71040 Mâcon Cedex 9
Tél. 03 85 20 47 00
Fax 03 85 29 24 55
Fruits rouges

✹✹

JOKER SA
895, rue des Frères-
Lumière
71040 Mâcon Cedex 9
Tél. 03 85 20 47 00
Fax 03 85 29 24 55
Passionata

✹✹

LA SOURCE DU VERGER
M. RICHARD
411, chemin des Maures
73200 Gilly-sur-Isère
Tél. 04 79 32 65 40
Fax 04 79 37 86 37
Pomme-cassis
LA SOURCE DU VERGER
M. RICHARD
411, chemin des Maures

73200 Gilly-sur-Isère
Tél. 04 79 32 65 40
Fax 04 79 37 86 37
Pomme-coing

SAUTTER
POM'OR
13, route de Strasbourg
67770 Sessenheim
Tél. 03 88 86 97 01
Fax 03 88 86 02 61
Six fruits

NECTARS D'ABRICOT

✹✹

CSR PAMPRYL
160, avenue Paul-
Vaillant-Couturier
93126 La Courneuve
Cedex
Tél. 01 80 61 08 14
Fax 01 80 61 02 02
PROVENCE
JUS DE FRUITS
SARL
Chemin de l'Espinet
84860 Caderousse
Tél. 04 90 34 41 83
Fax 04 90 34 80 40

✹

LA SOURCE
DU VERGER
M. RICHARD
411, chemin des Maures
73200 Gilly-sur-Isère
Tél. 04 79 32 65 40
Fax 04 79 37 86 37

NECTAR DE CASSIS

✹✹✹

SAUTTER
POM'OR
13, route de Strasbourg
67770 Sessenheim
Tél. 03 88 86 97 01
Fax 03 88 86 02 61

◆ JUS DE FRUITS ET DE LÉGUMES

NECTARS DE PÊCHE

SILL
BP 1
29860 Plouvien
Tél. 02 98 40 90 30
Fax 02 98 40 00 76

MC CAIN SUNNYLAND FRANCE
32-34, rue des Tanneries
71800 La Clayette
Tél. 03 85 28 02 20
Fax 03 85 26 84 00

NECTARS DE POIRE

GIVRAFRUITS MOULIN DE VALDONNE
Zone de Valdonne
13124 Peypin-
en-Provence
Tél. 04 42 32 38 38
Fax 04 42 72 49 62
Poire de Provence

CSR PAMPRYL
160, avenue Paul-
Vaillant-Couturier
93126 La Courneuve
Cedex
Tél. 01 80 61 08 14
Fax 01 80 61 02 02

NECTAR DE FRUITS ROUGES

SAUTTER-POM'OR
13, route de Strasbourg
67770 Sessenheim
Tél. 03 88 86 97 01
Fax 03 88 86 02 61
Griotte

NECTAR DE FRUITS EXOTIQUES

ROYAL SA
Usine Denel
97213 Gros-Morne
Tél. 05 96 67 61 23
Fax 05 96 67 67 56
Goyave

SOCOMOR MONT-PELÉ
97260 Morne-Rouge
Tél. 05 96 52 30 32
Fax 05 96 52 33 12
Goyave

SOCOMOR MONT-PELÉ
97260 Morne-Rouge
Tél. 05 96 52 30 32
Fax 05 96 52 33 12
Cocktail

AUTRE NECTAR

CSR PAMPRYL
160, avenue Paul-
Vaillant-Couturier
93126 La Courneuve
Cedex
Tél. 01 80 61 08 14
Fax 01 80 61 02 02
Multifruits

JUS DE FRUITS RECONSTITUÉS

CSR PAMPRYL
160, avenue Paul-
Vaillant-Couturier
93126 La Courneuve
Cedex
Tél. 01 80 61 08 14
Fax 01 80 61 02 02
Pomme

JOKER SA
895, rue des Frères-
Lumière
71040 Mâcon Cedex 9
Tél. 03 85 20 47 00
Fax 03 85 29 24 55
Pomme

BOISSON AUX FRUITS

SCEA FRUIROUGE
Hameau du Concœur
21700 Nuits-Saint-
Georges
Tél. 03 80 62 36 25
Fax 03 80 62 36 19
Framboise

JUS DE CAROTTE

JOKER SA
895, rue des Frères-
Lumière
71040 Mâcon Cedex 9
Tél. 03 85 20 47 00
Fax 03 85 29 24 55

JUS DE TOMATE

CSR PAMPRYL
160, avenue Paul-
Vaillant-Couturier
93126 La Courneuve
Cedex
Tél. 01 80 61 08 14
Fax 01 80 61 02 02

JOKER SA
895, rue des Frères-
Lumière
71040 Macôn Cedex 9
Tél. 03 85 20 47 00
Fax 03 85 29 24 55

AUTRE JUS DE LÉGUME

SAUTTER POM'OR
13, route de Strasbour
67770 Sessenheim
Tél. 03 88 86 97 01
Fax 03 88 86 02 61
Betterave biologique

PRODUITS LAITIERS

CONCOURS NATIONAL

BEURRES AOC

BEURRE CHARENTES-POITOU AOC NON SALÉ

🐜🐜

LAITERIE DE MONTAIGU
Route de la Rochelle
85600 Montaigu
Tél. 02 51 45 65 00
Fax 02 51 94 19 27
Montaigu

BEURRE D'ISIGNY AOC NON SALÉ

🐜🐜🐜

BESNIER LANQUETOT LES VEYS
La Blanche
50500 Les Veys
Tél. 02 31 22 00 55
Fax 02 31 22 68 03
Lanquetot

🐜

LAITERIE COOPÉRATIVE FERMIÈRE DU BAS-COTENTIN
50620 Tribehou
Tél. 02 33 56 20 01
Fax 02 33 56 05 22
Tribehou

BEURRE CRU

BEURRE CRU SALÉ

🐜🐜

LAITERIE LE GALL SA
29556 Quimper Cedex 9
Tél. 02 98 59 58 00
Fax 02 98 59 69 99
Le Gall

BEURRES EXTRAFINS ET FINS

BEURRE EXTRAFIN ET FIN NON SALÉ

🐜🐜🐜

UCLAB
ZI de Lanrinou
29419 Landerneau
Tél. 02 98 85 43 43
Fax 02 98 85 43 53
Paysan breton-Even

🐜🐜🐜

LAITERIE DU VAL-D'ANCENIS
ZI Hermitage
44150 Ancenis Cedex
Tél. 02 40 98 93 13
Fax 02 40 98 9 369
Paysan breton

🐜

LAITERIE LE GALL SA
29556 Quimper Cedex 9
Tél. 02 98 59 58 00
Fax 02 98 59 69 99
Le Gall

BEURRE EXTRAFIN ET FIN SALÉ

🐜🐜🐜

UCLAB
ZI de Lanrinou
29419 Landerneau
Tél. 02 98 85 43 43
Fax 02 98 85 43 53
Paysan breton-Even

🐜🐜

FRANCE BEURRE
ZI de Bellevue
22202 Saint-Agathon
Tél. 02 96 44 60 00
Fax 02 96 44 60 89
Rippoz et bon beurre breton

CANCOILLOTTES

CANCOILLOTTE AU BEURRE, AROMATISÉE

🐜🐜🐜

CANCOILLOTTE POITREY-CRELEROT
La Belle Étoile
25770 Franois
Tél. 03 81 52 24 28
Fax 03 81 52 61 25
La Belle Étoile

CANCOILLOTTE RAGUIN
3, rue du Stade
25110 Baume-
les-Dames
Tél. 03 81 84 09 00
Fax 03 81 84 46 91
Ail, 12 % MG
L'Authentique Raguin ail

CANCOILLOTTE POITREY-CRELEROT
La Belle-Étoile
25770 Franois
Super ail, 10 % MG
La Belle Étoile

🐜

CANCOILLOTTE RAGUIN
3, rue du Stade
25110 Baume-
les-Dames
Tél. 03 81 84 09 00
Fax 03 81 84 46 91
Vin d'Arbois, 12 % MG
L'Authentique Raguin
Vin d'Arbois-Savagnin

CANCOILLOTTE AU BEURRE, NON AROMATISÉE

🐜

CANCOILLOTTE POITREY-CRELEROT
La Belle Étoile
25770 Franois
Tél. 03 81 52 24 28
Fax 03 81 52 61 25
La Belle Étoile nature

CANCOILLOTTE NATURE, AROMATISÉE

🐜🐜

CAL Luxorio
Rue de Noirfonds
70190 Rioz
Tél. 03 84 91 82 30
Fax 03 84 91 92 23
Cancoillotte de Rioz

CANCOILLOTTE NATURE, NON AROMATISÉE

🐜🐜

CANCOILLOTTE RAGUIN
3, rue du Stade
25110 Baume-
les-Dames
Tél. 03 81 84 09 00
Fax 03 81 84 46 91
Cancoillotte Raguin nature

CRÈMES

CRÈME AOC

🐜🐜🐜

LAITERIE COOPÉRATIVE FERMIÈRE DU BAS-COTENTIN
50620 Tribehou
Tél. 02 33 56 20 01
Fax 02 33 56 05 22
Tribehou, 38 % MG

UCL Isigny SAINTE-MÈRE
Usine de Chef-du-Pont
50480 Chef-du-Pont
Tél. 02 33 41 42 02
Fax 02 33 41 40 17
Isigny Sainte-Mère,
40 % MG

UCL Isigny SAINTE-MÈRE
2, rue du Docteur-
Boutrois
14230 Isigny-sur-Mer
Tél. 02 31 51 33 33
Fax 02 31 21 37 87
Isigny, 40 % MG

CRÈME CRUE

🐜🐜🐜

GIE LA POTERIE
La Poterie
50420 Tessy-sur-Vire
Tél. 02 33 55 11 95
La Poterie, 50 % MG

🐜🐜

SIMON DOMINIQUE
Ferme de l'Isle
50860 Moyon
Tél. 02 33 50 30 91
Fax 02 33 50 66 79
La Ferme de l'Isle,
45 % MG

CRÈME LÉGÈRE PASTEURISÉE, ENSEMENCÉE, MATURÉE

🐜🐜

LAITERIE DE MONTAI
Route de la Rochelle
85600 Montaigu
Tél. 02 51 45 65 00
Fax 02 51 94 19 27
Montaigu, 20 % MG

CRÈME PASTEURISÉE, ENSEMENCÉE, MATURÉE

🐜🐜🐜

VALLÉE SA
Le Grand-Béron
14570 Clécy
Tél. 02 31 59 30 00
Fax 02 31 59 30 09
Vallée, 38 % MG

🐜🐜

LAITERIE DE MONTAIGU
Route de la Rochelle
85600 Montaigu
Tél. 02 51 45 65 00
Fax 02 51 94 19 27
Montaigu, 35 % MG

**GAEC
DU BOURG-CROUX**
Le Bourg-Croux
50860 Moyon
Tél. 02 33 55 73 67
Fax 02 33 55 42 25
Ferme du Bourg-Croux,
45 % MG

CRÈME PASTEURISÉE, ENSEMENCÉE, NON MATURÉE

**UCL ISIGNY
SAINTE-MÈRE**
Usine
de Chef-du-Pont
50480 Chef-du-Pont
Tél. 02 33 41 42 02
Fax 02 33 41 40 17
Isigny Sainte-Mère,
30 % MG

CRÈME PASTEURISÉE, NON ENSEMENCÉE, NON MATURÉE

LAITERIE DE MONTAIGU
Route de la Rochelle
85600 Montaigu
Tél. 02 51 45 65 00
Fax 02 51 94 19 27
Montaigu, 35 % MG

CRÈME STÉRILISÉE UHT

**UCL ISIGNY
SAINTE-MÈRE**
2, rue du Docteur-
Boutrois
14230 Isigny-sur-Mer
Tél. 02 31 51 33 33
Fax 02 31 21 37 87
Isigny Sainte-Mère,
% MG

BESNIER L'HERMITAGE
Place de la Gare
35590 L'Hermitage
Tél. 02 99 01 87 87
Fax 02 99 01 87 66
Cridélice, 35 % MG

**LAITERIE
DE MONTAIGU**
Route de la Rochelle
85600 Montaigu
Tél. 02 51 45 65 00
Fax 02 51 94 19 27
Montaigu, 34 % MG

YAOURTS

YAOURT NATURE

GÉNÉRALE ULTRA-FRAIS
Bourg
35560 Marcillé-Raoul
Tél. 02 99 73 60 85
Fax 02 99 73 63 19
Nova, 4 % MG
GÉNÉRALE ULTRA-FRAIS
Grande-Rue
72460
Savigné-l'Évêque
Tél. 02 43 51 11 00
Fax 02 43 51 11 01
Nova, 4 % MG

GÉNÉRALE ULTRA-FRAIS
Bourg
35560 Marcillé-Raoul
Tél. 02 99 73 60 85
Fax 02 99 73 63 19
Nova, 4 % MG
LAITERIE TRIBALLAT
2, rue Julien-Neveu
35530 Noya-sur-Vilaine
Tél. 02 99 04 11 11
Fax 02 99 04 11 44
Vrai au lait entier,
4 % MG

YAOURT AROMATISÉ

GÉNÉRALE ULTRA-FRAIS
Bourg
35560 Marcillé-Raoul
Tél. 02 99 73 60 85
Fax 02 99 73 63 19
Abricot, 4 % MG
Nova
GÉNÉRALE ULTRA-FRAIS
Bourg
35560 Marcillé-Raoul
Tél. 02 99 73 60 85
Fax 02 99 73 63 19
Citron, 4 % MG
Nova

**LAITERIE
DE SAINT-MALO**
28, rue
Alphonse-Thébault
BP 87
35406 Saint-Malo Cedex
Tél. 02 99 56 17 42
Fax 02 99 40 47 72
Vanille, 4 % MG
Malo

YAOURT AUX FRUITS

**GÉNÉRALE
ULTRA-FRAIS**
Bourg
35560 Marcillé-Raoul
Tél. 02 99 73 60 85
Fax 02 99 73 63 19
Cerises griottes,
4 % MG
Nova

**GÉNÉRALE
ULTRA-FRAIS**
19, rue de la République
76150 Maromme Cedex
Tél. 02 35 82 73 73
Fax 02 35 74 89 66
Ananas,
3 % MG
Mamie Nova

**LAITERIE
DE SAINT-MALO**
28, rue Alphonse-
Thébault
BP 87
35406 Saint-Malo Cedex
Tél. 02 99 56 17 42
Fax 02 99 40 47 72
Fraise,
1 % MG
Malo
**PRAIRIES
SAVOYARDES**
33, rue du Bois-
de-la-Rose
74100 Ville-la-Grande
Tél. 04 50 38 16 51
Fax 04 50 92 86 16
Cerise,
4 % MG
Les Fruitiers de Savoie

AUTRE LAIT FERMENTÉ À FLORE VIVANTE

BESNIER L'HERMITAGE
Place de la Gare
35590 L'Hermitage
Tél. 02 99 01 87 87
Fax 02 99 01 87 66
Ribot, 4 % MG

DESSERTS

LACTÉS

DESSERT LACTÉ

AVI-CHARENTE
ZAC de Belle-Aire
9, rue Galilée
17440 Aytré
Tél. 05 46 30 65 20
Fax 05 46 30 65 40
Île flottante,
1 % MG
Angeline

AVI-CHARENTE
ZAC de Belle-Aire
9, rue Galilée
17440 Aytré
Tél. 05 46 30 65 20
Fax 05 46 30 65 40
Île flottante pralinée,
1 % MG
Angeline

AVI-CHARENTE
ZAC de Belle-Aire
9, rue Galilée
17440 Aytré
Tél. 05 46 30 65 20
Fax 05 46 30 65 40
Œufs lait-citron,
1 % MG
Angeline

LAITS SECS

LAIT SEC, ENTIER, HATMAKER

**CIE LAIT
NORMANDIE-BRETAGNE**
50890 Condé-sur-Vire
Tél. 02 33 06 66 83
Fax 02 33 06 67 58
26 % MG

LAIT SEC, ENTIER, INSTANTANÉ

**UCL ISIGNY
SAINTE-MÈRE**
2, rue du Docteur-
Boutrois
14230 Isigny-sur-Mer
Tél. 02 31 51 33 33
Fax 02 31 21 37 87
Isigny Sainte-Mère,
26 % MG

**CELIA-ETS
LAITERIE DU PARC**
49410 Saint-Florent-

le-Vieil
Tél. 02 41 72 48 48
Fax 02 41 72 61 43
Celia, 26 % MG

LAIT SEC, ENTIER, SPRAY

🐝🐝🐝

CIE LAIT NORMANDIE-BRETAGNE
Route de Saint-Méen
35360 Montauban-Bretagne
Tél. 02 99 06 63 63
Fax 02 99 06 63 56
Compagnie laitière
Normandie-Bretagne,
26 % MG

🐝

UNICOPA LAIT
ZI Bellevue
22202 Saint-Agathon
Tél. 02 96 44 60 00
Fax 02 96 44 60 97
26 % MG

🐝

CELIA-ÉTABLISSEMENTS LAITERIE DU PARC
49410 Saint-Florent-le-Vieil
Tél. 02 41 72 48 48
Fax 02 41 72 61 43
Celia, 26 % MG

LAIT SEC, ÉCRÉMÉ, INSTANTANÉ

🐝🐝

CIE LAIT NORMANDIE-BRETAGNE
50890 Condé-sur-Vire
Tél. 02 33 06 66 83
Fax 02 33 06 67 58

LAIT SEC, ÉCRÉMÉ, SPRAY

🐝🐝🐝

UNICOPA LAIT
ZI Bellevue
22202 Saint-Agathon
Tél. 02 96 44 60 00
Fax 02 96 44 60 97

🐝🐝

SILL
Le Raden
29860 Plouvien
Tél. 02 98 40 90 30
Fax 02 98 40 00 76
Mâtines

🐝

LAITERIE DU VAL-D'ANCENIS
ZI Hermitage
44150 Ancenis Cedex
Tél. 02 40 98 93 13
Fax 02 40 98 93 69
Val-d'Ancenis Industrie
UCLAB
ZI de Lanrinou
29419 Landerneau
Tél. 02 98 85 43 43
Fax 02 98 85 43 53
France Lait

AUTRES LAITS

AUTRE LAIT, EMPRÉSURÉ, AROMATISÉ

🐝🐝

LAITERIE TRIBALLAT
2, rue Julien-Neveu
35530 Noyal-sur-Vilaine
Tél. 02 99 04 11 11
Fax 02 99 04 11 44
Caramel,
2 % MG
Les Délices caramel

AUTRE LAIT LIQUIDE, AROMATISÉ

🐝

3A ALLIANCE AGRO ALIMENTAIRE
183, avenue
des États-Unis
31016 Toulouse

Tél. 05 61 58 87 35
Fax 05 61 57 27 57
Chocolat,
8 % MG
Candy'up

FROMAGE FRAIS

FROMAGE FRAIS

🐝

UCL ISIGNY SAINTE-MÈRE
Usine de Chef-du-Pont
50480 Chef-du-Pont
Tél. 02 33 41 42 02
Fax 02 33 41 40 17
Isyfrais, 20 % MG
500 g

FROMAGE FRAIS PLUS DE 85 % D'EAU

🐝🐝

SIMON DOMINIQUE
Ferme de l'Isle
50860 Moyon
Tél. 02 33 50 30 91
Fax 02 33 50 66 79
Ferme de l'Isle, 30 % MG

FROMAGE FRAIS FAISSELLE

🐝🐝

FERME COLLET
Les Millets
42155 Lentigny
Tél. 04 77 63 11 66
Fax 04 77 63 14 87
Ferme Collet, 40 % MG
720 g

FROMAGE FRAIS SALÉ

🐝

LA COMPAGNIE DES FROMAGES
ZI des Gravasses
12200 Villefranche-de-Rouergue
Tél. 05 65 65 13 70
Fax 05 65 81 10 25
Brillat-Savarin
Yves Soulie,
75 % MG
500 g

FROMAGE FRAIS AUX FRUITS

🐝🐝

LAITERIE DE SAINT-MALO
28, rue Alphonse-Thébault
BP 87
35406 Saint-Malo Cedex
Tél. 02 99 56 17 42
Fax 02 99 40 47 72
Malo (pêche-groseille),
40 % MG
100 g

🐝

LAITERIE DE SAINT-MALO
28, rue Alphonse-Thébault
BP 87
35406 Saint-Malo Cede
Tél. 02 99 56 17 42
Fax 02 99 40 47 72
Malo (abricot),
40 % MG
100 g
LAITERIE TRIBALLAT
2, rue Julien-Neveu
35530 Noyal-sur-Vilaine
Tél. 02 99 04 11 11
Fax 02 99 04 11 44
Caleo (abricot),
20 % MG
4 x 100 g

FROMAGES À PÂTE MOLLE ET À CROÛTE FLEURIE

NEUFCHÂTEL AOC

🐝

SA FROMAGERIE LES CATELIERS
Route de Rocquemont
76750 Buchy
Tél. 02 35 32 38 24
Les Cateliers, cru,
45 % MG
200 g

LYCÉE AGRICOLE
Merval
76220 Brémontier-Merval
Tél. 02 35 90 38 41
Neufchâtel, cru,
45 % MG
200 g

LAITIER AOC

🐝🐝🐝

FROMAGERIE DONGE
55500 Triconville
Tél. 03 29 78 45 08

Fax 03 29 78 34 34
Donge, cru, 45 % MG
,8 kg

🐄

RENARD-GILLARD SA
5290 Biencourt-
ur-Orge
Tél. 03 29 75 91 82
Fax 03 29 75 93 69
Renard Gillard, cru,
5 % MG
,5 kg

AUTRES BRIES

🐄🐄🐄

**UCL ISIGNY
SAINTE-MÈRE**
, rue du Docteur-
Boutrois
4230 Isigny-sur-Mer
Tél. 02 31 51 33 33
ax 02 31 21 37 87
sidoux cru, 45 % MG
,2 kg

🐄

**AFR LAITERIE
E LA CENSE**
110, rue Jules-Bougel
3220 Xertigny
él. 03 29 69 26 00
ax 03 29 69 26 49
e Roitelet, past.,
0 % MG
,1 kg

**CAMEMBERT
E NORMANDIE
AITIER AOC**

🐄🐄🐄

**A LAITERIE SAINT-
LAIRE-DE-BRIOUZE**
P 26
220 Briouze
él. 02 33 62 14 00
ax 02 33 66 38 70
Gillot, cru, 45 % MG
0 g

🐄🐄

**AIT FROM VAL-D'AY
TS RÉAUX**
rue des Planquettes
430 Lessay
l. 02 33 46 41 33
x 02 33 46 07 54

Reo, Le Gaslonde,
Th. Réaux, cru,
45 % MG
250 g

🐄

**BESNIER LANQUETOT
ORBEC**
8, rue de Vimoutiers
14290 Orbec-en-Auge
Tél. 02 31 48 61 61
Fax 02 31 62 42 91
Lanquetot noir, cru,
45 % MG
250 g

**COULOMMIERS
LAITIER**

🐄

**UCL ISIGNY
SAINTE-MÈRE**
2, rue du Docteur-
Boutrois
14230 Isigny-sur-Mer
Tél. 02 31 51 33 33
Tél. 02 31 21 37 87
Isigny Sainte-Mère, cru,
50 % MG
350 g

🐄

BESNIER SORCY
Sorcy-Gare
55190 Sorcy-Saint-
Martin
Tél. 03 29 91 24 44
Fax 03 29 90 62 36
Bride, past., 60 % MG
350 g

BESNIER SORCY
Sorcy-Gare
55190 Sorcy-Saint-
Martin
Tél. 03 29 91 24 44
Fax 03 29 90 62 36
Président, past.,
52 % MG
350 g

IDÉVAL
Les Essarts-Pacé
61004 Alençon Cedex
Tél. 02 33 81 40 40
Fax 02 33 81 40 66
Le Rustique, 45 % MG
350 g

SAINT-MARCELLIN

🐄🐄🐄

VEYRET-VEILLEUX
2, rue du Moulin
38160 Saint-Marcellin
Tél. 04 76 38 12 13
Fax 04 76 64 04 37
Terrier, past., 50 % MG
80 g

**FROMAGES
À PÂTE MOLLE
ET À CROÛTE
LAVÉE**

**LIVAROT
LAITIER AOC**

🐄🐄🐄

SAE GRAINDORGE
42, rue du Général-
Leclerc
14140 Livarot
Tél. 02 31 63 50 02
Fax 02 31 63 09 76
Graindorge, cru,
40 % MG
250 g

🐄🐄

**LES FROMAGERS
DE TRADITION**
Fromagerie Thébault
La Houssaye
14170 Boissey
Tél. 02 31 20 64 00
Fax 02 31 20 39 34
Thébault, cru, 40 % MG
230 g

🐄

**LES FROMAGERS
DE TRADITION**
Fromagerie Thébault
La Houssaye
14170 Boissey
Tél. 02 31 20 64 00
Fax 02 31 20 39 34
Thébault, cru, 40 % MG
500 g

MAROILLES AOC

🐄🐄🐄

**ÉTABLISSEMENTS
LESIRE ET ROGER**
Fromagerie
de Mondrepuis
02500 Hirson
Tél. 03 23 58 13 51
Fax 03 23 58 49 58
Blason Lesire,
50 % MG
750 g

**FROMAGERS
DE THIÉRACHE**
28, rue de la Croix
02170 Le Nouvion-
en-Thiérache
Tél. 03 23 98 35 70
Fax 03 23 98 97 87
Fauquet, past.,
50 % MG
750 g

LANGRES AOC

🐄🐄🐄

FROMAGERIE GERMAIN
52160 Chalancey
Tél. 03 25 84 84 03
Fax 03 25 84 23 23
Langres
des Grands-Clos,
50 % MG
300 g

🐄🐄

**FROMAGERIE
GERMAIN**
52160 Chalancey
Tél. 03 25 84 84 03
Fax 03 25 84 23 23
Langres
des Grands-Clos,
50 % MG
1,2 kg

**MUNSTER OU
MUNSTER GÉROMÉ
FERMIER AOC**

🐄

GAEC DU LEJOL
15, route de la Chapelle
88120 Gerbamont
Tél. 03 29 24 70 63
Fax 03 29 24 89 99
Le Gerbamont,
58 % MG
900 g

Munster ou Munster Géromé laitier AOC

🐝🐝🐝

CAL Blamont
6, rue du Château
54450 Blamont
Tél. 03 83 42 30 06
Fax 03 83 42 45 80
Affineur :
CAL Blamont
1 A, La Gayire
68650 Lapoutroie
Tél. 03 89 47 54 21
Fax 03 89 47 26 06
Val de Weiss, past.,
50 % MG
800 g
Affineur :
CAL Blamont
1 A, La Gayire
68650 Lapoutroie
Tél. 03 89 47 54 21
Fax 03 89 47 26 06
Val de Weiss, cru,
50 % MG
800 g

🐝🐝

Idéval
Rue de la Laiterie
BP 2
57670 Bénestroff
Tél. 03 87 05 04 00
Fax 03 87 52 52 03
Lisbeth, past., 50 % MG
200 g

Fromagerie de l'Ermitage
BP 140
88140 Bulgnéville
Tél. 03 29 09 14 33
Fax 03 29 09 23 57
Ermitage, past.,
50 % MG
200 g

🐝

CAL Blamont
6, rue du Château
54450 Blamont
Tél. 03 83 42 30 06
Fax 03 83 42 45 80
Affineur :
Fromagerie Siffert Frères SA
35, route de Rosenwiller
67560 Rosheim
Tél. 03 88 50 20 13
Fax 03 88 49 25 12
Le Grand Sapin, past.,
50 % MG
750 g

Pont-l'Évêque laitier AOC

🐝🐝🐝

SA Laiterie Saint-Hilaire-de-Briouze
BP 26
61220 Briouze
Tél. 02 33 62 14 00
Fax 02 33 66 38 70
J. Gillot, past., 45 % MG
360 g

🐝🐝

SAE Graindorge
42, rue du Général-Leclerc
14140 Livarot
Tél. 02 31 63 50 02
Fax 02 31 63 09 76
Graindorge, 45 % MG
360 g

🐝

SAE Graindorge
42, rue du Général-Leclerc
14140 Livarot
Tél. 02 31 63 50 02
Fax 02 31 63 09 76
Graindorge, 45 % MG
220 g

Mont-d'Or AOC

🐝🐝🐝

Fromagerie Badoz
4, rue Eiffel
25300 Pontarlier
Tél. 03 81 39 02 31
Fax 03 81 39 15 33
Badoz, cru, 45 % MG
700 g

🐝

Coopérative des Monts de Joux
36, rue Laurent-Trouttet
25560 Bannans
Tél. 03 81 49 85 30
Fax 03 81 49 87 14
Les Monts de Joux,
cru, 45 % MG
800 g

Époisses AOC

🐝🐝🐝

Fromagerie Berthaut
Place du Champ-de-Foire
21460 Époisses
Tél. 03 80 96 44 44
Fax 03 80 96 30 40
Perrière Berthaut, cru,
50 % MG
800 g

🐝🐝

Laiterie de la Côte
14, rue de la maladière
21220 Brochon
Tél. 03 80 52 45 55
Fax 03 80 52 54 93
Jean Gaugry, cru,
50 % MG
250 g

🐝

Fromagerie Germain
52160 Chalancey
Tél. 03 25 84 84 03
Fax 03 25 84 23 23
Époisses
des Grands-Clos,
50 % MG
1 kg

AUTRES FROMAGES À PÂTE MOLLE

Fromage à croûte lavée

🐝🐝🐝

Fromageries Perreault
ZI de Bellitourne
53200 Château-Gontier
Tél. 02 43 09 53 00
Fax 02 43 09 53 01
Vieux Pané, past.,
50 % MG
2,3 kg

CAL Blamont
2, route de Migneville
54450 Blamont
Tél. 03 83 42 30 06
Fax 03 83 42 45 80
Affineur : Maison A. Fischer SARL
7, rue de la Grande-Cave
68980 Beblenheim
Tél. 03 89 47 90 01
Fax 03 89 47 96 66
Le Vigneron, past.,
50 % MG
200 g

Fromagerie Germain
52160 Chalancey
Tél. 03 25 84 84 03
Fax 03 25 84 23 23
Spécialité affinée
au chablis, 50 % MG
200 g

Fromagerie des Chaumes
Usine de Saint-Antoine-de-Breuilh
24230 Vélines
Tél. 05 53 24 80 34
Fax 05 53 24 83 04
Véritable Chaumes,
past., 50 % MG
2 kg

CAL Blamont
6, rue du Château
54450 Blamont
Tél. 03 83 42 30 06
Fax 03 83 42 45 80
Affineur :
Fromagerie Siffert Frères SA
35, route de Rosenwiller
67560 Rosheim
Tél. 03 88 50 20 13
Fax 03 88 49 25 12
Hansi affiné au marc
de gewurztraminer,
past., 50 % MG
200 g

Fromage à croûte morgée

🐝🐝🐝

Fromagerie Berthaut
Place du Champ-de-Foire
21460 Époisses
Tél. 03 80 96 44 44
Fax 03 80 96 30 40
Pregalette rosée
Berthaut, cru, 50 % MG
150 g

🐝🐝

Fromagerie Berthaut
Place du Champ-de-Foire
21460 Époisses
Tél. 03 80 96 44 44
Fax 03 80 96 30 40
Affidelice Berthaut, cru,
50 % MG
200 g

Fromage à croûte mixte

🐝🐝🐝

Idéval
Les Essarts-Pacé
61004 Alençon Cedex
Tél. 02 33 81 40 40
Fax 02 33 81 40 66
Tourrée de l'Aubier,
60 % MG
2,2 kg

🐝

Fromagerie Millere
70700 Charcenne
Tél. 03 84 65 68 68
Fax 03 84 32 81 92
Roucoulons coupe,
past., 55 % MG
1,2 kg

Autres fromages à pâte molle

🐝🐝🐝

SA Fromagerie d'Orval
23, route de Culan

200 Orval
. 02 48 96 23 43
x 02 48 96 24 83
it Terroir, past.,
% MG
g

❊

**CL ISIGNY
NTE-MÈRE**
ne de Chef-du-Pont
80 Chef-du-Pont
02 33 41 42 02
02 33 41 40 17
nt-Jouvin, past.,
% MG
g

❊

**FROMAGERIE
RVAL**
route de Culan
00 Orval
02 48 96 23 43
02 48 96 24 83
nt-Jeanvrin, past.,
% MG
g

**FROMAGES À
TE PERSILLÉE**

**EU
AUVERGNE AOC**

❊❊❊

**FROMAGERIES
ITANES**
lontplain
00 Saint-Four
04 71 60 12 30
torel, past.,
% MG
kg

❊

**OPÉRATIVE
ÉRENTE À L'UNION
COOPÉRATIVES
MAGÈRES
CANTAL**
FC From'Auvergne
des 4-Frères-
ent
00 Riom-ès-
tagnes
04 71 78 04 19
04 71 78 14 64
n'Auvergne, past.,
% MG
kg

**NIER VALMONT
M**
te de Saint-Étienne-
homeil
00 Riom-ès-
tagnes
04 71 78 00 06
04 71 78 16 30
mont, past., 50 % MG
kg

**BLEU
DES CAUSSES AOC**

❊

**COOPÉRATIVE
ADHÉRENTE À L'UNION
DES COOPÉRATIVES
FROMAGÈRES
DU CANTAL**
UCFC From'Auvergne
Rue des 4-Frères-
Laurent
15400 Riom-ès-
Montagnes
Tél. 04 71 78 04 19
Fax 04 71 78 14 64
From'Auvergne, cru,
50 % MG
2,8 kg

**BLEU DE GEX
OU DE SEPTMONCEL
AOC**

❊❊

**COOPÉRATIVE
DES MOUSSIÈRES**
39310 Les Moussières
Tél. 03 84 41 60 96
Fax 03 84 41 65 23
Bleu de Gex, cru,
50 % MG
7,5 kg

❊❊

**COOPÉRATIVE
FROMAGÈRE**
39370 La Pesse
**AFFINEUR :
FROMAGERIES
ARNAUD SA**
Avenue de la Gare
39800 Poligny
Tél. 03 84 37 14 23
cru, 50 % MG
7,5 kg

❊

**SOCIÉTÉ
COOPÉRATIVE
DE FROMAGERIE**
Abbaye
01410 Chézery-Forens
Tél. 04 50 56 91 67
Fax 04 50 56 96 43
Bleu de Gex, cru,
50 % MG
8 kg

**FOURME
D'AMBERT AOC**

❊❊❊

BESNIER LAQUEUILLE
63760 Laqueuille
Tél. 04 73 22 00 58
Fax 04 73 22 04 96
Valmont, past., 50 % MG
2,2 kg

❊❊

**SOCIÉTÉ FROMAGÈRE
DU LIVRADOIS**
63980 Fournols
Tél. 04 73 72 10 27
Fax 04 73 72 11 07
Milledome, Auvermont,
past., 50 % MG
2,4 kg
**SOCIÉTÉ LAITIÈRE
DE LAQUEUILLE**
Laqueuille-Gare
63820 Saint-Julien-
Puy-Lavèze
Tél. 04 73 22 18 00
Fax 04 73 22 04 40
La Mémée, past.,
50 % Mg
2 kg

**FOURME DE
MONBRISON AOC**

❊❊

SA FOREZ-FOURME
Trécisse
42940 Saint-Bonnet-
Courreau
Tél. 04 77 76 81 16
Fax 04 77 76 84 00
Tarit, cru, 50 % MG
2,2 kg

**BLEU
DE SASSENAGE**

❊❊

**ARRIBERT
CHRISTIAN ET PATRICIA**
Ferme des Jalines
Les Lombards
38250 Villard-de-Lans
Tél. 04 76 95 94 94
Fax 04 76 95 11 43
Ferme des Jalines,
48 % MG
4 kg

**GAEC
DE LA GRANGE**
Le Village
26190 Léoncel
Tél. 04 75 41 67 51
GAEC de la Grange,
past., 48 % MG
4 kg

❊

DIDIER JEAN-CHARLES
La Bourrière
38112 Méaudre
Tél. 04 76 95 21 72
Fax 04 76 95 22 08
Ferme de la Bourrière,
48 % MG
4,2 kg

**AUTRE FROMAGE
À PÂTE PERSILLÉE**

❊

**FROMAGERIE
DE GRIÈGES**
01290 Grièges
Tél. 04 85 36 20 36
Fax 04 85 31 52 07
Bleu des Burgons, past.,
55 % MG
2,7 kg

**FROMAGES
À PÂTE PRESSÉE**

NON CUITE

**CANTAL OU
FOURME DE CANTAL
FERMIER AOC**

❊❊❊

**LES FROMAGERIES
OCCITANES**
Usine
de la Châtaigneraie
15220 Saint-Mamet-
la-Salvetat
Tél. 04 71 64 78 76
Fax 04 71 64 78 80
Cantorel, cru,
45 % MG
40 kg

❊❊

**COOPÉRATIVE
DE RAULHAC**
15800 Raulhac
**AFFINEUR :
LES
FROMAGERS
CANTALIENS**
Les Vernières
15220 Saint-Mamet-
la-Salvetat
Tél. 04 71 64 28 10
Fax 04 71 64 94 11
Fromagers cantaliens,
cru,
45, % MG
40 kg

109

CANTAL OU FOURME DE CANTAL LAITIER AOC

🐝🐝

LAITERIE CONDUTIER
15230 Cézens
Tél. 0471733037
Condutier, 45 % MG
41 kg
LES FROMAGERIES OCCITANES
Usine
de la Châtaigneraie
15220 Saint-Mamet-la-Salvetat
Tél. 04 71 64 78 76
Fax 04 71 64 78 80
Cantorel, 45 % MG
40 kg

REBLOCHON FERMIER AOC

🐝

EARL LES SEYTELTS
La Vendache
74450 Le Grand-Bornand
Tél. 04 50 02 32 84
AFFINEUR :
SARL PACCARD JOSEPH
Les Choseaux
74230 Manigod
Tél. 04 50 44 90 63
Fax 04 50 44 95 48
Joseph Paccard,
45 % MG
500 g

SAINT-NECTAIRE FERMIER AOC

🐝🐝

RIGAUD YVES
Voissières
63790 Chambon-sur-Lac
Tél. 04 73 88 67 54
AFFINEUR :
SARL FROMAGERIE SORON
46, rue du Chambon
63170 Aubière
Tél. 04 73 26 00 65
Fax 04 73 26 73 93
Soregal, cru, 45 % MG
1,6 kg

🐝

FOURNIER ANDRÉ
Le Chambon
63790 Chambon-sur-Lac
Tél. 04 73 88 60 48
AFFINEUR :
FROMAGERIE DISCHAMP PAUL
Rue des Routiers
63530 Sayat
Tél. 04 73 62 81 81

Fax 04 73 60 57 16
Dischamp, cru, 45 % MG
1,5 kg
GAEC DE LA PRADE
La Prade
63610 Le Valbeleix
Tél. 04 73 71 20 83
GAEC de la Prade, cru,
45 % MG

SALERS AOC

🐝🐝🐝

RAYMOND BERNARD
Saussac
15400 Riom-ès-Montagne
Tél. 04 71 78 01 70
AFFINEUR :
LES FROMAGERS CANTALIENS
Les Vernières
15220 Saint-Mamet-la-Salvetat
Tél. 04 71 64 28 10
Fax 04 71 64 94 11
Raymond, cru,
45 % MG
40 kg

🐝🐝

RAYMOND PHILIPPE
Les Brechailles
15400 Apchon
Tél. 04 71 78 12 53
AFFINEUR :
BESNIER VALMONT RIOM
Route de Saint-Étienne-de-Chomeil
15400 Riom-ès-Montagne
Tél. 04 71 78 00 06
Fax 04 71 78 16 30
Allayrangue, cru,
45 % MG
40 kg

🐝

MARCOMBES GUY
La Maurinie
15400 Le Claux
Tél. 04 71 78 94 07
AFFINEUR :
UCFC FROM'AUVERGNE
Rue des 4-Frères-

Laurent
15400 Riom-ès-Montagne
Tél. 04 71 78 04 19
Fax 04 71 78 14 64
From'Auvergne, cru,
45 % MG
42 kg

SAINT-PAULIN

🐝🐝

SOCIÉTÉ CÉLIA
La Chaussée-aux-Moines
53400 Craon
Tél. 02 43 70 71 72
Fax 02 43 06 00 28
Célia,
40 % MG
1,8 kg

MIMOLETTE JEUNE

🐝🐝

UCL ISIGNY SAINTE-MÈRE
Usine de Chef-du-Pont
50480 Chef-du-Pont
Tél. 02 33 41 42 02
Fax 02 33 41 42 04
Isigny Sainte-Mère,
40 % MG
3,6 kg

MIMOLETTE DEMI-ÉTUVÉE

🐝🐝

UCL ISIGNY SAINTE-MÈRE
Usine de Chef-du-Pont
50480 Chef-du-Pont
Tél. 02 33 41 42 02
Fax 02 33 41 40 17
Isigny Sainte-Mère,
40 % MG

TOMME DE SAVOIE

🐝

FROMAGERIE DE LA MURAZ
M. Vuagnat
74100 Ambilly
Tél. 04 50 94 51 76

AFFINEUR :
SNC BURGNIARD
Zone Industrielle
Les Afforets
74800
La Roche-sur-Foron
Tél. 04 50 03 11 51
Fax 04 50 03 29 55
Edelweiss, cru,
40 % MG
1,7 kg
ENI DU LAIT ET DES VIANDES
212, rue Anatole-Fran
74805
La Roche-sur-Foron
Tél. 04 50 03 47 07
Fax 04 50 03 10 64
Tomme de Savoie,
50 % MG
1,7 kg

AUTRE TOMME

🐝

SARL FRUITIÈRE DE DOMESSIN
Les Charmettes
73330
Domessin
Tél. 04 76 37 21 28
Fax 04 76 32 86 59
Terrier,
40 % MG
1,9 kg

MORBIER

🐝🐝🐝

COOPÉRATIVE LAITIÈRE DU MONT-RIVEL
Route de Poligny
39300 Vannoz
Tél. 03 84 52 12 42
Fax 03 84 52 33 90
Mont-Rivel, cru,
50 % MG
7 kg
FROMAGERIE DE SEPTFONTAINES
25270 Septfontaines
AFFINEUR :
FROMAGERIES ARNAUD SA
Avenue de la Gare
39800 Poligny
Tél. 03 84 37 14 23
Fax 03 84 37 07 59
Juramorbier,
45% MG
7 kg

🐝🐝

LE BRUNNEROIS S
5, La Moilleseule
25570 Grand'Com
Châteleu
Tél. 03 81 68 80 9
Fax 03 81 68 87 .
Le Brunnerois, cru
45 % MG
7 kg

‎TRES FROMAGES ‎ÂTE PRESSÉE ‎N CUITE

‎ERIE TRIBALLAT
‎ue Julien-Neveu
‎30 Noyal-sur-Vilaine
‎02 99 04 11 11
‎ 02 99 04 11 44
‎it Breton,
‎% MG
‎ g
‎S FROMAGERIES
‎CITANES
‎nduspal
‎s
‎40 Billère
‎05 59 32 05 44
‎itoul, 50 % MG
‎g
‎OMAGERIES
‎RREAULT
‎le Bellitourne
‎00 Château-Gontier
‎02 43 09 53 00
‎02 43 09 53 01
‎épi,
‎% MG, 3 kg

FROMAGES À ‎ÂTE PRESSÉE ‎DEMI-CUITE

‎ONDANCE
‎RMIER **AOC**

∗∗∗

‎ARAND PHILIPPE
‎90 Châtel
‎INEUR :
‎A PRODUCTEURS
‎REBLOCHON

Route d'Annecy
Tél. 04 50 02 05 60
Fax 04 50 02 92 03
Le Farto de Thônes, cru,
48 % MG
6 kg

∗

CRUZ JEAN-PIERRE
74390 Châtel
AFFINEUR :
**SCA PRODUCTEURS
DE REBLOCHON**
Route d'Annecy
74230 Thônes
Tél. 04 50 02 05 60
Fax 04 50 02 92 03
Le Farto de Thônes, cru,
48 % MG
6 kg

FROMAGE
À RACLETTE

∗∗∗

**COOPÉRATIVE
LAITIÈRE
DU MONT-RIVEL**
Route de Poligny
39300 Vannoz
Tél. 03 84 52 12 42
Fax 03 84 52 33 90
Mont-Rivel,
cru,
50 % MG
7 kg
**LE BRUNNEROIS
SA**
5, La Moilleseule
25570 Grand'Combe-
Châteleu
Tél. 03 81 68 80 98
Fax 03 81 68 87 31
La Brunneroise,
cru,
45 % MG
6,5 kg

∗∗

**UNICOPA
DÉPARTEMENTALE
PRODUITS LAITIERS**
Zone industrielle
de Kersuguet
22600 Loudéac
Tél. 02 96 28 01 65
Fax 02 96 28 69 49
Raclette Rippoz,
48 % MG
7 kg

∗

**UCL ISIGNY
SAINTE-MÈRE**
Usine de Chef-du-Pont
50480 Chef-du-Pont
Tél. 02 33 41 42 02
Fax 02 33 41 40 17
Isigny Sainte-Mère,
48 % MG
4,4 kg

AUTRE FROMAGE
À PÂTE PRESSÉE
DEMI-CUITE

∗

EDELMONT SARL
ZA sur les Îles
74230 La Balme-
de-Thuy
Tél. 04 50 02 88 33
Fax 04 50 02 83 73
Brezain, 48 % MG
6,2 kg

FROMAGES
À PÂTE PRESSÉE
CUITE

BEAUFORT AOC

∗∗∗

**GPT PASTORAL
CORMET D'ARÈCHE**
73210 Granier
Tél. 04 79 55 63 80
AFFINEUR :
CAVE D'AFFINAGE AIME
73210 Aime
Tél. 04 79 55 61 68
Cru, 45 % MG
40 kg

∗∗

**COOPÉRATIVE LAITIÈRE
DU BEAUFORTAIN**
BP 5
73270 Beaufort
Tél. 04 79 38 33 62
Fax 04 79 38 33 40
Coopérative laitière
du Beaufortain, cru,
48 % MG
40 kg

∗

**COOPÉRATIVE LAITIÈRE
DE LA CHAMBRE**
Grande-Rue
73130 La Chambre
Tél. 04 79 56 31 00
Fax 04 79 56 26 59
73 y, cru, 50 % MG
40 kg
**COOPÉRATIVE LAITIÈRE
DE HAUTE-TARENTAISE**
494, rue des Colombières
73700 Bourg-Saint-
Maurice
Tél. 04 79 07 08 28
Fax 04 79 07 12 95
Beaufort, cru, 48 % MG
40 kg

COMTÉ AOC

∗∗∗

SOCIÉTÉ FROMAGERIE
39250 Gillois
Tél. 03 84 51 13 67

AFFINEUR :
RIVOIRE-JACQUEMIN
Rue Pasteur
39570 Montmorot
Tél. 03 84 87 12 00
Fax 03 84 47 20 24
La Vache, cru, 45 % MG
40 kg
**COOPÉRATIVE
FROMAGÈRE**
39250 Mignovillard
AFFINEUR :
**FROMAGERIES
ARNAUD SA**
Avenue de la Gare
39800 Poligny
Tél. 03 84 37 14 23
Fax 03 84 37 07 59
Juraflore, cru, 45, % MG
40 kg

∗∗

SOCIÉTÉ FROMAGERIE
39300 Loulle
Tél. 03 84 51 60 65
AFFINEUR :
RIVOIRE-JACQUEMIN
Rue Pasteur
39570 Montmorot
Tél. 03 84 87 12 00
Fax 03 84 47 20 24
La Vache, cru, 45 % MG
40 kg

∗

**LONGEVILLES-
MONT-D'OR
ÉTABLISSEMENTS
ARNAUD**
25370 Longevilles-
Mont-d'Or
AFFINEUR :
**FROMAGERIES ARNAUD
SA**
Avenue de la Gare
39800 Poligny
Tél. 03 84 37 14 23
Fax 03 84 37 07 59
Juraflore, 45 % MG
40 kg

**EMMENTAL FRANÇAIS
EST CENTRAL
GRAND CRU**

∗∗∗

VERDANNET SA
28, avenue du Parmelan
74000 Annecy
Tél. 04 50 51 41 13
Fax 04 50 51 80 26
Centrale fromagère
de Savoie, cru, 45 % MG
75 kg

∗∗

**SFLC FROMAGERIE
DE GEVIGNEY**
70500 Gevigney-
et-Mercey
Tél. 03 84 68 04 59
Fax 03 84 68 04 59

AFFINEUR :
SFLC SEVEUX
Rue Cornot
70130 Seveux
Tél. 03 84 67 10 14
Fax 03 84 67 06 85
46,5 % MG
80 kg

SOCIÉTÉ LAITIÈRE
CÔTEAUX DE FRASNE
Rue des Grands-Vergers
70700 Frasne-
le-Château
Tél. 03 84 32 40 71
Fax 03 84 32 43 29
45 % MG
72 kg

EMMENTAL FRANÇAIS

ENTREMONT
GROSJEAN PHILIPPE
Massingy
74150 Rumilly
Tél. 04 50 01 11 36
AFFINEUR :
ENTREMONT
Usine Saint-Catherine
74001 Annecy
Tél. 04 50 33 73 00
Fax 04 50 33 73 15
Fruite de Savoie
Entremont,
45 % MG
75 kg

FROMAGE
DE CHÈVRE

CROTTIN
DE CHAVIGNOL
FERMIER AOC

BILLON CLAUDE
Sardonnet
18500 Allouis
Tél. 02 48 51 55 94
Crottin de Chavignol,
cru,
45 % MG
75 g

CROTTIN
DE CHAVIGNOL
LAITIER AOC

FROMAGERIE DE LA
VALLÉE DE LA NÈRE
Ferme des Testards
18700 Oizon
Tél. 02 48 58 11 90
Fax 02 48 58 42 47
Crottin de Chavignol,
cru,
45 % MG
70 g

PICODON
DE L'ARDÈCHE
OU DE LA DRÔME
LAITIER AOC

FROMAGERIE
DE LA DRÔME
ZA Aouste
26400 Aouste
Tél. 04 75 25 25 83
Fax 04 75 40 66 00
Picodon AOC
de la fromagerie
de la Drôme, cru,
50 % MG
65 g

SCOFF
USINE DE CREST
Zone industrielle
26400 Crest
Tél. 04 75 25 13 41
Fax 04 75 76 70 46
45 % MG
70 g

POULIGNY
SAINT-PIERRE
FERMIER AOC

BLONDEAU JACKY
La Boudinière
36300 Pouligny-
Saint-Pierre
Tél. 02 54 37 12 16
Pouligny-Saint-Pierre
fermier AOC, cru,
45 % MG
250 g

FERME DU BLIZON
Le Blizon
36300 Rosnay
Tél. 02 54 37 80 35
FERME DU BLIZON
Le Blizon
36300 Rosnay
Tél. 02 54 37 80 35
Pouligny-Saint-Pierre,
cru, 45 % MG
250 g
SA COUTURIER
36300 Pouligny-
Saint-Pierre
Tél. 02 54 37 13 04
Pouligny-Saint-Pierre,
cru, 45 % MG
250 g

METAIS
Vaugirard
36300 Douadic
Tél. 02 54 37 26 84
AFFINEUR :
COURTHIAL SARL
Les Brousses
36300 Pouligny-Saint-
Pierre
Tél. 02 54 37 26 84
Pouligny-Saint-Pierre
fermier, cru, 45 % MG
250 g

SELLES-SUR-CHER
FERMIER AOC

ETS GUILLAUMIN
1 bis, route de Valençay
36600 Vicq-sur-Nahon
Tél. 02 54 40 34 19
Fax 02 54 40 31 33
Selles-sur-Cher, cru,
0 % MG
150 g

SELLES-SUR-CHER
LAITIER AOC

FROMAGERIE CHÈVRE
VALLÉE DU CHER
36210 Anjouin
Tél. 02 54 40 63 67
Fax 02 54 40 70 73

Selles-sur-Cher,
45 % MG
150 g

SAINTE-MAURE-
DE-TOURAINE
LAITIER AOC

COOPÉRATIVE LAITIÈ
RÉGION LOCHOISE
Les Arcis
37600 Verneuil-sur-In
Tél. 02 47 94 71 02
Fax 02 47 94 72 76
Le Verneuil, cru,
45 % MG
250 g

FROMAGERIE
P. JACQUIN ET FILS
La Vernelle
36600 Valençay
Tél. 02 54 95 30 60
Fax 02 54 97 47 46
Jacquin, cru, 45 % M
250 g

EURIAL POITOURAINE
BP 16
86130 Dissay
Tél. 05 49 62 60 00
Fax 05 49 52 56 45
Couturier, 45 % MG
250 g

CHABICHOU
DU POITOU AOC

GEORGELET PAUL
79110 Villemain
Tél. 05 49 07 88 72
Fax 05 49 07 84 17
Paul Georgelet,
45 % MG
150 g

GAEC
LES TROIS VILLAGE
Route de Beauvoir
79170 Périgné
Tél. 05 49 07 17 44

Fax 05 49 07 19 82
Le Villageois,
cru,
45 % MG
70 g

**EURIAL POITOURAINE
SA**
BP 16
86130 Dissay
Tél. 05 49 62 60 00
Fax 05 49 52 56 45
Soignon sélection,
cru,
45 % MG
50 g

ROCAMADOUR AOC

ERME LINOL
Maure
46200 La Chapelle-
Auzac
Tél. 05 65 32 69 45
Fax 05 65 37 09 73
erme Linol,
cru,
45 % MG
5 g

**FROMAGE
E CHÈVRE FRAIS
YPE FROMAGE
LANC**

HEVENET
Le Bourg
71870 Hurigny
él. 03 85 34 84 78
ax 03 85 34 62 76
âconnais,
cru,
% MG
g

CHEVENET
Le Bourg
71870 Hurigny
Tél. 03 85 34 84 78
Fax 03 85 34 62 76
Cabri, cru, 45 % MG
60 g

**FROMAGE
DE CHÈVRE
À PÂTE MOLLE ET
À CROÛTE FLEURIE**

**FROM. CHÈVRE
VALLÉE DU CHER**
36210 Anjouin
Tél. 02 54 40 63 67
Fax 02 54 40 70 73
Crottin du Berry,
cru, 45 % MG
70 g

CERNIN
Fontenaille
71130 Chassy
**AFFINEUR :
LA RACOTIÈRE SARL**
Laugère
71420 Génelard
Tél. 03 85 79 25 38
Fax 03 85 79 29 31
Clacbitou, cru,
45 % MG
250 g

RENAUD
Selore
71600 Saint-Yan
Tél. 03 85 84 97 04
**AFFINEUR :
LA RACOTIÈRE SARL**
Laugère
71420 Génelard
Tél. 03 85 79 25 38
Fax 03 85 79 29 31
Clacbitou,
0 % MG
250 g

**GAEC
LES TROIS VILLAGES**
Route de Beauvoir
79170 Périgné
Tél. 05 49 07 17 44
Fax 05 49 07 19 82
Mothais/Feuille,
45 % MG
180 g

**COOPÉRATIVE LAITIÈRE
RÉGION LOCHOISE**
Les Arcis
37600 Verneuil-sur-Indre
Tél. 02 47 94 71 02
Fax 02 47 94 72 76
Le Verneuil, cru,
45 % MG
220 g

**DAUMAIN-LECOINTRE
FRÉDÉRIQUE**
La Chèvrerie des Piverts
Les Piverts
36120 Saint-Août
Tél. 02 54 36 37 95
Fax 02 54 36 68 67
La Chèvrerie des
Piverts, cru, 45 % MG
220 g

**FROMAGERIE
P. JACQUIN ET FILS**
La Vernelle
36600 Valençay
Tél. 02 54 95 30 60
Fax 02 54 97 47 46
Jacquin, cru,
45 % MG
240 g

BESNIER RIBLAIRE
Riblaire
79330 Saint-Varent
Tél. 05 49 67 55 33
Fax 05 49 67 54 83
Riblaire,
45 % MG
180 g

**AUTRES FROMAGES
DE CHÈVRE
À PÂTE MOLLE**

**PASCAL
FRANÇOISE
ET BERNARD**
Saint-Jacques
74540 Allèves
Tél. 04 50 77 57 26
Pascal,
cru,
0 % MG

**PASCAL FRANÇOISE
ET BERNARD**
Saint-Jacques
74540 Allèves
Tél. 04 50 77 57 26
Pascal, cru,
0 % MG

**EURIAL
POITOURAINE**
BP 16
86130 Dissay
Tél. 05 49 62 60 00
Fax 05 49 52 56 45
Soignon, cru,
45 % MG
60 g

FROMAGES
DE BREBIS

ROQUEFORT AOC

**LES FROMAGERIES
OCCITANES**
12000 Roquefort
Tél. 05 65 59 90 34
Cantorel,
52 % MG
2,7 kg

◆ Produits laitiers-concours à l'exportation

Ossau-Iraty, Brebis Pyrénées Laitier AOC

SARL Garazi
Quartier Elizaita
64220 Saint-Michel
Tél. 05 59 37 23 13
Fax 05 59 37 33 52
Arradoy, cru,
50 % MG
2,5 kg

SARL SCOP Agian
Route de Louhossoa
64640 Hélette
Tél. 05 59 37 63 86
Fax 05 59 37 68 78
Agour,
50 % MG
2,2 kg

Autres fromages au lait de brebis

Coopérative fromagère Berria
64240 Macaye
Tél. 05 59 29 52 43
Fax 05 59 29 49 74
Affineur :
Onetik SA
64240 Macaye
Tél. 05 59 29 52 43
Tél. 05 59 29 49 74
Baigura, cru,
50 % MG
3 kg

SNC Pyrenefrom
7, boulevard Hauterive
64000 Pau
Tél. 05 59 02 60 23
Fax 05 59 02 39 62

Affineur :
SNC Pyrenefrom
64120 Larceveau-Arros-Cibits
Tél. 05 59 37 81 13
Fax 05 59 37 82 78
P'tit Basque, 56 % MG
600 g

Fromages au lait de mélange

Les Fromageries occitanes
ZI Induspal
Lons
64140 Billère
Tél. 05 59 32 05 44
Capitoul, 50 % MG
4,3 kg

SNC Pyrenefrom
7, boulevard Hauterive
64000 Pau
Tél. 05 59 02 60 23
Fax 05 59 02 39 62
Affineur :
SNC Pyrenefrom
64120 Larceveau-Arros-Cibits
Tél. 05 59 37 81 13
Fax 05 59 37 82 78
Chistou, 53 % MG
4 kg

Fromage fondu

Fromagers de Thiérache
28, rue de la Croix

02170 Le Nouvion-en-Thiérache
Tél. 03 23 98 35 70
Fax 03 23 98 97 87
Fauquet, 50, % MG
200 g

Fromages de lactosérum

EARL Perard
Les Gachons
03130 Saint-Léger-sur-Vouzance
Tél. 04 70 55 64 65
Fax 04 70 55 66 26
Charolais (chèvre), cru,
45 % MG
310 g

Concours à l'exportation

Fromages à pâte molle et à croûte fleurie

Brie de Meaux laitier AOC

Renard-Gillard SA
55290 Biencourt-sur-Orge
Tél. 03 29 75 91 82
Fax 03 29 75 93 69
Renard Gillard,
cru, 45 % MG
2,5 kg

SA Pain-Jesson
Rue Michel-Destrez
51530 Saint-Martin-d'Ablois
Tél. 03 26 59 92 99
Fax 03 26 59 93 21
Affineur :
Les Affineurs d'Île-de-France
1, rue des Alouettes
94527 Rungis cedex
Tél. 03 46 86 50 02
Fax 03 49 78 07 50
Aigle de Meaux,
cru, 45 % MG
2,8 kg

Fromagerie Donge
55500 Triconville
Tél. 03 29 78 45 08
Fax : 03 29 78 34 34
Donge, cru, 45 % MG
2,8 kg

Autres bries

Laiterie du Val-d'Ancenis
ZI Hermitage
44150 Ancenis Cedex
Tél. 02 40 98 93 13
Fax 02 40 98 93 69
Paysan breton,
52 % MG
2,5 kg

SAFR Laiterie de la Cense
1110, rue Jules -Bougel
88220 Xertigny
Tél. 03 29 69 26 00
Fax 03 29 69 26 49
Le Roitelet,
60 % MG
3,1 kg

UCL Isigny Sainte-Mère
Usine de Chef-du-Pont
50480 Chef-du-Pont
Tél. 02 33 41 42 02
Fax 02 33 41 40 17
Isifrance,
60 % MG
3 kg

Laiterie du Val-d'Ancenis
ZI Hermitage
44150 Ancenis Cedex
Tél. 02 40 98 93 13
Fax 02 40 98 93 69
Châteaux de France,
50 % MG
3,2 kg

Idéval
Rue de la Laiterie
57670 Bénestroff
Tél. 03 87 05 04 00
Fax 03 87 01 52 03
Révérend,
60 % MG
1 kg

CAMEMBERT DE NORMANDIE LAITIER AOC

🌿

LAIT FROM VAL-D'AY ÉTABLISSEMENTS RÉAUX
1, rue des Planquettes
50430 Lessay
Tél. 02 33 46 41 33
Fax 02 33 46 07 54
Reo, Le Gaslonde,
Th. Réaux, cru,
45 % MG
250 g

AUTRE CAMEMBERT

🌿

BESNIER SAINTE-CÉCILE
l'Acherie
50800 Sainte-Cécile
Tél. 02 33 90 52 00
Fax 02 33 90 52 29
Bridel,
45 % MG
470 g

SAINT-MARCELLIN

🌿

VEYRET-VEILLEUX
2, rue du Moulin
38160 Saint-Marcellin
Tél. 04 76 38 12 13
Fax 04 76 64 04 37
Chilliard,
50 % MG
50 g

FROMAGES À PÂTE MOLLE ET À CROÛTE LAVÉE

MUNSTER OU MUNSTER GÉROMÉ, LAITIER AOC

🌿🌿🌿

IDÉVAL
Rue de la Laiterie
57670 Bénestroff
Tél. 03 87 05 04 00
Fax 03 87 01 52 03
Lisbeth,
50 % MG
200 g

FROMAGERIE DE L'ERMITAGE
BP 1
88140 Bulgnéville
Tél. 03 29 09 14 33
Fax : 03 29 09 23 57
Ermitage,
50 % MG
200 g

CAL BLAMONT
6, rue du Château
54450 Blamont
Tél. 03 83 42 30 06
Fax 03 83 42 45 80
AFFINEUR :
CAL BLAMONT
1 a, La Gayire
68650 Lapoutroie
Tél. 03 89 47 54 21
Fax 03 89 47 26 06
Val de Weiss, 50 % MG
200 g

🌿🌿

CAL BLAMONT
2, route de Migneville
54450 Blamont
Tél. 03 83 42 30 06
Fax : 03 83 42 45 80
AFFINEUR :
MAISON A. FISCHER SARL
7, rue de La Grande-Cave
68980 Beblenheim
Tél. 03 89 47 90 01
Fax 03 89 47 96 66
Grand-Père Fischer,
cru,
50 % MG
500 g

ÉPOISSES AOC

🌿🌿🌿

FROMAGERIE BERTHAUT
Place du Champ-de-Foire
21460 Époisses
Tél. 03 80 96 44 44
Fax 03 80 96 30 40
Perrière Berthaut,
cru,
50 % MG
800 g

🌿

FROMAGERIE BERTHAUT
Place du Champ-de-Foire
21460 Époisses
Tél. 03 80 96 44 44
Fax 03 80 96 30 40
Berthaut,
50 % MG
250 g

AUTRES FROMAGES À PÂTE MOLLE

FROMAGE À CROÛTE FLEURIE

🌿🌿🌿

FROMAGERIE FERMIÈRE DE JUCHY
Route de Donnemarie
77370 Lizines
Tél. 01 64 01 60 63
Fax 01 64 01 67 78
Brillat Savarin
fermier, cru,
70 % MG
600 g

🌿🌿

VEYRET-VEILLEUX
2, rue du Moulin
38160 Saint-Marcellin
Tél. 04 76 38 12 13
Fax 04 76 64 04 37
Chilliard, 60 % MG
150 g

IDÉVAL
Rue de la Laiterie
BP 2
57670 Benestroff
Tél. 03 87 05 04 00
Fax 03 87 01 52 03

AFFINEUR :
IDÉVAL
Rue de la Laiterie
57670 Bénestroff
Tél. 03 87 05 04 00
Fax 03 87 01 52 03
Révérend,
60 % MG
200 g

🌿

VEYRET-VEILLEUX
2, rue du Moulin
38160 Saint-Marcellin
Tél. 04 76 38 12 13
Fax 04 76 64 04 37
Chilliard, 60 % MG
100 g

LAIT FROM VAL-D'AY ÉTABLISSEMENTS RÉAUX
1, rue des Planquettes
50430 Lessay
Tél. 02 33 46 41 33
Fax 02 33 46 07 54
Le Grand Réaux,
cru, 45 % MG
800 g

FROMAGE À CROÛTE MIXTE

🌿🌿

FROMAGERIES PERREAULT
ZI de Bellitourne
53200 Château-Gontier
Tél. 02 43 09 53 00
Fax 02 43 09 53 01
Carré finesse, 59 % MG
1,8 kg

🌿🌿

IDÉVAL
Rue de la Laiterie
57670 Bénestroff
Tél. 03 87 05 04 00
Fax 03 87 01 52 03
Riches Monts, 60 % MG
200 g

🌿

IDÉVAL
Les Essarts-Pacé
61004 Alençon Cedex
Tél. 02 33 81 40 40
Fax : 02 33 81 40 66
Tourrée de l'Aubier,
60 % MG
1,2 kg

FROMAGES À PÂTE PERSILLÉE

FOURME D'AMBERT AOC

SOCIÉTÉ LAITIÈRE DE LAQUEUILLE
Laqueuille-Gare
63820
Saint-Julien-Puy-Lavèze
Tél. 04 73 22 18 00
Fax 04 73 22 04 40
La Mémée, 50 % MG
2 kg

AUTRE FROMAGE À PÂTE PERSILLÉE

SOCIÉTÉ LAITIÈRE DE LAQUEUILLE
Laqueuille-Gare
63820
Saint-Julien-Puy-Lavèze

Tél. 04 73 22 18 00
Fax 04 73 22 18 08
Bleu de Laqueuille,
50 % MG
2,5 kg

FROMAGES DE CHÈVRE

SELLES-SUR-CHER LAITIER AOC

FROMAGERIE P. JACQUIN ET FILS
La Vernelle
36600 Valençay
Tél. 02 54 95 30 60
Fax 02 54 97 47 46
Jacquin, cru,
45 % MG
150 g

FROMAGERIE CHÈVRE VALLÉE DU CHER
36210 Anjouin
Tél. 02 54 40 63 67
Fax 02 54 40 70 73

Selles-sur-Cher,
45 % MG
150 g

SAINTE-MAURE-DE- TOURAINE LAITIER AOC

FROMAGERIE P. JACQUIN ET FILS
La Vernelle
36600 Valençay
Tél. 02 54 95 30 60
Fax 02 54 97 47 46
Jacquin, 45 % MG
250 g

FROMAGE DE CHÈVRE À PÂTE MOLLE ET À CROÛTE FLEURIE

FROMAGERIE CHÈVRE VALLÉE DU CHER
36210 Anjouin

Tél. 02 54 40 63 67
Fax 02 54 40 70 73
Crottin du Berry,
45 % MG
70 g

FROMAGERIE P. JACQUIN ET FILS
La Vernelle
36600 Valençay
Tél. 02 54 95 30 60
Fax 02 54 97 47 46
Jacquin, cru,
45 % MG
240 g

GAEC JOUSSEAUME
Logis de Goin
16440 Roullet-Saint-Estèphe
Tél. 05 45 66 33 41
Fax 05 45 66 33 40
Taupinière Jousseaume
cru, 45 % MG
270 g

AUTRES PRODUITS

VOLAILLES ABATTUES

CAILLE SAIGNÉE, ÉVISCÉRÉE, SANS TÊTE, PRÊTE À CUIRE, LABEL

🍂🍂🍂

CAILLOR SA
40120 Sarbazan
Tél. 05 58 45 78 78
Fax 05 58 45 57 84
Caille jaune Landes

CAILLE SAIGNÉE, ÉVISCÉRÉE, SANS TÊTE, PRÊTE À CUIRE, STANDARD

🍂🍂

LA CAILLE DES VOSGES
7, route de Neuvillers
88520 Bertrimoutier
Tél. 03 29 51 76 19
Fax 03 29 51 73 62
La Caille des Vosges

BÉRANGER SA
Quartier des Mitronnes
26800 Montoison
Tél. 04 75 84 40 66
Fax 04 75 84 44 37
Drom'Alp

🍂

CAILLE DU GÂTINAIS
Le Patineau
45700 Villemandeur
Tél. 02 38 85 41 88
Fax 02 38 93 89 99
Caille du Gâtinais

PINTADE SAIGNÉE ÉVISCÉRÉE LABEL

🍂🍂🍂

AVIGERS
Route d'Auch
32300 Mirande
Tél. 05 62 66 51 91

Fax 05 62 66 76 96
Avigers

SOPARVOL DISTRIBUTION
ZI de l'Hermitage
BP 123
44154 Ancenis Cedex
Tél. 02 40 98 93 26
Fax 02 40 98 95 65
Ancenis

🍂🍂

SOVOL
LANDES VOLAILLES
Quartier Pion
40465
Pontonx-sur-l'Adour
Tél. 05 58 56 56 56
Fax 05 58 57 23 68
Landes volailles

🍂

BAROU SA
ZA Le Flacher
07340 Félines
Tél. 04 04 75 34 82
Fax 04 04 75 34 88
Lou Lamastrou

ÉTABLISSEMENTS BOURGOIN SAINT-GERMAIN
ZI Le Coquet
03260 Saint-Germain-des-Fossés
Tél. 04 70 58 42 00
Fax 04 70 59 68 25
Volailles d'Auvergne

PINTADE SAIGNÉE, ÉVISCÉRÉE, STANDARD

🍂🍂🍂

SOPARVOL DISTRIBUTION
ZI de l'Hermitage
BP 123
44154 Ancenis Cedex
Tél. 02 40 98 93 26
Fax 02 40 98 95 65
Gastronome

POULET ÉVISCÉRÉ LABEL

🍂🍂🍂

SOPARVOL DISTRIBUTION
ZI de l'Hermitage
BP 123
44154 Ancenis Cedex
Tél. 02 40 98 93 26
Fax 02 40 98 95 65
Touraine

🍂🍂

SOPARVOL DISTRIBUTION
ZI de l'Hermitage
BP 123
44154 Ancenis Cedex

Tél. 02 40 98 93 26
Fax 02 40 98 95 65
Ancenis (Jaunes)

FERMIERS LANDAIS SA
Zone industrielle - BP 26
40500 Saint-Sever
Tél. 05 58 76 42 22
Fax 05 58 76 42 20
Saint-Sever

POULET ÉVISCÉRÉ STANDARD

🍂🍂🍂

SOPARVOL DISTRIBUTION
ZI de l'Hermitage
BP 123
44154 Ancenis Cedex
Tél. 02 40 98 93 26
Fax 02 40 98 95 65
Gastronome

🍂🍂

BONNICHON HUBERT SA
Avenue de l'Europe
18170 Le Châtelet-en-Berry
Tél. 02 48 56 23 33
Fax 02 48 56 39 01
Certifié H. Bonnichon

🍂🍂

GUÉRIN ROCTON SA
7, rue de Berchères
28300 Jouy
Tél. 02 37 18 26 00
Fax 02 37 18 26 18
Le Président

DÉCOUPES DE VOLAILLES

CUISSES DE POULET LABEL

🍂🍂🍂

SOPARVOL DISTRIBUTION
ZI de l'Hermitage
BP 123
44154 Ancenis Cedex
Tél. 02 40 98 93 26
Fax 02 40 98 95 65
Ancenis (Jaunes)

AVIGERS
Route d'Auch
32300 Mirande
Tél. 05 62 66 51 91
Fax 05 62 66 76 96
Avigers

🍂🍂

VOLAILLES CŒUR-DE-FRANCE
Route de Nancray
BP 6
45300 Boynes
Tél. 02 38 33 10 05
Fax 02 38 33 16 99
Fermier Malvoisine

BAROU SA
ZI Le Flacher
07340 Félines
Tél. 04 75 34 82 55
Fax 04 75 34 88 05
Lou Lamastrou

🍂

FERMIERS LANDAIS SA
Zone industrielle - BP 26
40500 Saint-Sever
Tél. 05 58 76 42 22
Fax 05 58 76 42 20
Saint-Sever

CUISSES DE POULET STANDARD

🍂🍂🍂

FLÉCHARD SA
44, rue de Domfront
61140 La Chapelle-d'Andaine
Tél. 02 33 30 34 00
Fax 02 33 38 18 92
Fléchard

★★

SOPARVOL
DISTRIBUTION
Ile de l'Hermitage
BP 123
44154 Ancenis Cedex
Tél. 02 40 98 93 26
Fax 02 40 98 95 65
Gastronome

BONNICHON
HUBERT SA
Avenue de l'Europe
18170 Le Châtelet-
en-Berry
Tél. 02 48 56 23 33
Fax 02 48 56 39 01
Certifié H. Bonnichon

MAGRETS
DE CANARD LABEL

★★

CAPEL LA QUERCYNOISE
Route de Figeac
46500 Gramat
Tél. 05 65 10 15 15
Fax 05 65 10 15 28
Capel la Quercynoise

MAGRETS
DE CANARD
STANDARD

★★★

REMOND BERNARD
Les Graves
46090 Saint-Pierre-
la-Feuille
Tél. 05 65 36 86 47
Remond Bernard

★★

POUDRAY OZBOLT
FRÉDÉRIC
Monzy-le-Pré
58220 Donzy
Tél. 03 86 39 47 65
Fax 03 86 39 37 19
Les oies du pré

★

GAEC FONTBRUNE
(Lajarretie Alain-Michel)
Fontbrune
24520 Saint-Germain-
et-Mons
Tél. 05 53 57 36 47
Fontbrune

FOIES GRAS

FOIE GRAS D'OIE
ENTIER EN CONSERVE

★★★

FERME DE RAMON
47190 Lagarrigue
Tél. 05 53 88 11 88
Fax 05 53 84 37 32

LA TABLE
PÉRIGOURDINE
Le Lébradet
24550 Campagnac-
lès-Quercy
Tél. 05 53 28 50 18
Fax 05 53 28 49 32

★★

CONSERVES
DE LA FERME
Le Varay
19520 Mansac
Tél. 05 55 85 22 03
Fax 05 55 85 14 13
EARL FERME
DE MOUNET
32800 Eauze
Tél. 05 62 09 82 85
Fax 05 62 09 77 45

★

EARL SOURBE
Le Bos
24570 Le Lardin
Tél. 05 53 51 35 73
Fax 05 53 50 64 73

FOIE GRAS D'OIE
ENTIER
EN SEMI-CONSERVE
(EN BOCAL)

★★

SCEA DES GOULERIES
Les Gouleries
50750 Dangy
Tél. 02 33 56 01 71
GAEC DU DOMAINE
DE BARBE-KUSTER
Barbe
24150 Badefols-
sur-Dordogne
Tél. 05 53 73 42 20
Fax 05 53 73 42 24

★

TOCHEPORT JACQUES
Ferme des Massinots
14190 Saint-Germain-
le-Vasson
Tél. 02 31 90 54 22
Fax 02 31 40 77 44

GAEC
LA FONTBRUNE
Fontbrune
24520
Saint-Germain-et-Mons
Tél. 05 53 57 36 47

FOIE GRAS D'OIE
ENTIER
EN SEMI-CONSERVE
(SOUS VIDE)

★★

À LA TRUFFE
DU PÉRIGORD
La Dulgarie
24420 Sarliac
Tél. 05 53 07 84 31
Fax 05 53 07 84 08

FOIE GRAS
DE CANARD ENTIER
EN CONSERVE

★★

CALMEILLE
ALAIN ET MARYSE
Les Granges
24550 Loubejac
Tél. 05 53 29 92 73
Fax 05 53 29 92 73

★★

SARL TERRE BLANCHE
Terre Blanche
32310 Saint-Puy
Tél. 05 62 28 92 54
Fax 05 62 28 59 46
EARL DE LA BELAUDIE
HAVARD D. ET C.
24600 Vanxains
Tél. 05 53 90 08 39
Fax 05 53 90 55 27
DARRIEUTORT
JEAN-MICHEL
ET MYRIAM
Ferme Guillem
40250 Hauriet
Tél. 05 58 97 77 68
Fax 05 58 97 76 01
LE MANOIR ALEXANDRE
SA
Village Artisanal
La Bouysse
12500 Espalion
Tél. 05 65 48 05 01
Fax 05 65 48 22 05
EARL PEYRUCAT
40320 Pimbo
Tél. 05 58 44 49 00

QUERCY PÉRIGORD
FERMIER
46200 Saint-Sozy
Tél. 05 65 32 22 88

★

CALMEIL MARIE
Labounet-Loubejac
24550 Villefranche-
du-Périgord
Tél. 05 53 29 92 71
Fax 05 53 31 29 10
EARL FERME
DE MOUNET
32800 Eauze
Tél. 05 62 09 82 85
Fax 05 62 09 77 45
GERSICA FLEURANCE
FOIES GRAS
ZI Le Berdoulet
32500 Fleurance
Tél. 05 62 68 78 22
Fax 05 62 68 76 11
SUDREAU FOIE GRAS
91, boulevard Gambetta
46000 Cahors
Tél. 05 65 35 26 06
Fax 05 65 36 85 85
EARL FERME LOUPRET
Au bourg
40250 Toulouzette
Tél. 05 58 97 93 11
Fax 05 58 97 70 19
TÊTE GÉRARD
Zone Artisanale
de Jamon
32310 Valence-
sur-Baïse
Tél. 05 62 28 50 53
Fax 05 62 68 17 64
LES DUCKS
DE LA MARE HERMIER
24, rue de la Métairie
27400 Amfreville-sur-Iton
Tél. 02 32 50 42 13
DESTOUESSE MICHEL
Belat
40250 Mugron
Tél. 05 58 97 73 83
Fax 05 58 97 91 95
FOIES GRAS
SCA FOIE GRAS
DE CHALOSSE
La Grange
40360 Castelnau-
Chalosse
Tél. 05 58 55 39 39
Fax 05 58 55 39 38
FLEURONS
DE SAMATAN
Route de Cazaux-Saves
32130 Samatan
Tél. 05 62 62 33 17
Fax 05 62 62 44 85

FOIE GRAS DE CANARD ENTIER EN SEMI-CONSERVE (SOUS VIDE)

🐝🐝🐝

BÉDOUSSAC JEAN-PAUL
Conquans
15600 Boisset
Tél. 04 71 62 22 82
Fax 04 71 62 20 55

JUNCA ROGER SA
22 bis, place Fontaine-Chaude
40105 Dax Cedex
Tél. 05 58 74 06 72
Fax 05 58 56 08 36

🐝🐝

DUCS DE GASCOGNE
Route de Mauvezin
32201 Gimont
Tél. 05 62 67 24 24
Fax 05 62 67 57 81

LA FERME DE PUYGAUTHIER
Puygauthier
24750 Marsaneix
Tél. 05 53 08 87 07
Fax 05 53 08 00 64

DUPÉRIER SA
Route de Tartas
40250 Souprosse
Tél. 05 58 44 23 23
Fax 05 58 44 22 98

🐝

SICA LES FINS GOURMETS
46260 Limogne-en-Quercy
Tél. 05 65 40 71 41
Fax 05 65 24 70 88

COMTESSE DU BARRY
Route de Toujet
32200 Gimont
Tél. 05 62 67 98 10
Fax 05 62 67 98 00

FOIE GRAS DE CANARD ENTIER EN SEMI-CONSERVE (EN BOCAL)

🐝🐝

VERNET BERNARD
Castel Deche
24330 La Douze
Tél. 05 53 06 72 71
Fax 05 53 06 08 70

🐝

GROLIÈRE SARL
Malmussou Bas
BP 24
24260 Le Bugue
Tél. 05 53 07 22 64
Fax 05 53 54 19 72

LAPINS DE CHAIR

CROISEMENT INDUSTRIEL

🐝🐝

GAEC CUNI-CO-LE
21 bis, rue de Marcoing
59159 Ribecourt-la-Tour
Tél. 03 27 37 65 65
Fax 03 27 79 47 47
Hycole - 70 jours

PICOT GEORGES
Le Petit Chollier
01240 Lent
Tél. 04 74 52 78 16
Prince des Dombes

GAEC CUNI-CO-LO
21 bis, rue de Marcoing
59159 Ribecourt-la-Tour
Tél. 03 27 37 65 65
Fax 03 27 79 47 47
Hycole - 77 jours

RACE PURE OU CROISEMENT DE RACES PURES

🐝🐝🐝

ÉLEVAGE CUNICOLE DES BOULVENNES
24560 Flagueyrat
Tél. 05 53 24 53 12
Fax 05 53 61 76 87
Race Normande

🐝🐝

PICOT GEORGES
Le Petit Chollier
01240 Lent
Tél. 04 74 52 78 16

ŒUFS DE TRUITES

ŒUFS DE TRUITES NATURE

🐝🐝

PISCICULTURE SAINT-ODILE
27, rue Saint-Odile
88480 Étival-Clairefontaine
Tél. 03 29 41 40 83
Fax 03 29 41 61 81

CHAUVEY AQUACULTURE
4, rue de l'Abbaye
25250 Appenans
Tél. 03 81 96 32 28
Fax 03 81 92 79 14

ŒUFS DE TRUITES AROMATISÉS

🐝🐝

SARL TRUITES DU LEGUER
Moulin de Kermouster
29620 Lanmeur
Tél. 02 98 79 13 50
Fax 02 98 79 14 91
Anchois-Citron

🐝

GAEC LES TRUITES DES RIVIÈRES
Les Rivières
39400 Morez
Tél. 03 84 33 01 24
Fax 03 84 33 06 09

PRODUITS APICOLES

HYDROMEL DOUX

🐝🐝

BLANC JOËL-BLANCHECOTTE JO
Miellerie des Grands-Causses
12720 Veyreau
Tél. 05 65 62 88 60

🐝🐝

GOUEDARD PATRICK
Kerguiniou
22110 Glomel
Tél. 02 96 29 82 43
Fax 02 96 29 64 23
13 °

BARBE GILLES
13, rue Nationale
22230 Merdrignac
Tél. 02 96 28 40 19
14 °

🐝

MUSÉE VIVANT DE L'ABEILLE
19, route de Laon
02820 Corbeny
Tél. 03 23 22 40 14
Fax 03 23 22 41 99
15,5 °

HYDROMEL SEC

🐝🐝🐝

GAEC FABRE ET CURADE
8, rue du Pech-de-la-Garrigue
11200 Montséret
Tél. 04 68 43 30 17
Fax 04 68 43 35 15
13 °

🐝🐝

GAEC POINARD APICULTURE
4, rue du Maréchal-Delattre
42290 Sorbiers
Tél. 04 77 53 29 29
Fax 04 77 53 41 47
15 °

MÉTRO MICHEL
Le Village
65320 Pintac
Tél. 05 62 31 54 60
14,5 °

MIEL D'ACACIA

🐝🐝

GUERRY ALAIN
8, rue René-Fernandat
38150 Chanas
Tél. 04 74 84 28 00

🐝🐝

CHARPENTIER DOMINIQUE
144, rue du Moulin
60310 Thiescourt
Tél. 03 44 43 27 01
Fax 03 44 43 73 01

DURNER DANIEL
5, rue des Acacias
67190 Dinsheim
Tél. 03 88 50 16 19
Fax 03 88 50 16 19

PRÉTOT HATIER
2, route du Rivage
Bouzey
88390 Sanchey
Tél. 03 29 82 31 38

🐝

WALTER GILBERT
3, Belle-Vue
67250 Stundwiller
Tél. 03 88 80 12 47

BRONCARD JEAN-LOUP ET SYLVIANE
1667, route du Général-de-Gaulle
83200 Le Revest-les-Eaux
Tél. 04 94 98 91 57

COPPIN JEAN-JACQUES
Port de l'Homme
58120 Château-Chinon Campagne
Tél. 03 86 78 02 43
Fax 03 86 78 01 76

MIEL DE BRUYÈRE (ERICA ARBOREA)

☙☙☙

MAGEOTTE JOCELYNE
, rue des Goélands
66180 Villeneuve-
de-la-Raho
Tél. 04 68 55 92 06

☙

MISTRETTA DOMENICO
Els Omells
66670 Bages
Tél. 04 68 21 82 79

MIEL DE CALLUNE

☙☙☙

COCHET PIERRE
e Fût
9430 Avenas
Tél. 04 74 69 92 03

☙

LAURENTI RENÉE
, traverse
es Bourgades
84510 Caumont-
ur-Durance
él. 04 90 23 00 71

MIEL DE CHÂTAIGNIER

☙☙

GUERRY ALAIN
 rue René-Fernandat
3150 Chanas
él. 04 74 84 28 00

ORRE PIERRE
inuticcia
0167 Mezzavia
él. 04 95 25 83 32

☙

DUPRÉ FRANCK
elliciani
0214 Calenzana
él. 04 95 65 07 74

Fax 04 95 65 07 74
SCALISE HORTENSE
Altu di Chiapalla
20213 Folelli
Tél. 04 95 36 84 79

MIEL DE FORÊT ET MIELLATS DIVERS FONCÉS

☙☙

DUPRÉ FRANCK
Pelliciani
20214 Calenzana
Tél. 04 95 65 07 74
Fax 04 95 65 07 74

MIEL DE LAVANDE, LAVANDIN

☙☙☙

LAURENTI RENÉE
1, traverse
des Bourgades
84510 Caumont-
sur-Durance
Tél. 04 90 23 00 71
CÉSARI JEAN-CLAUDE
Miellerie du Monteil
07110 Chazeaux
Tél. 04 75 88 30 34
Fax 04 75 88 36 04
LES RUCHERS DES MAURES
Quartier les Jardins
83340 Les Mayons
Tél. 04 94 60 01 80
Fax 04 94 60 02 53
MEHOUAS JEAN-YVES
Les Sanières
04850 Jausiers
Tél. 04 92 84 63 09

☙

TIRON BERNARD
La Trinité
05800 Saint-Firmin
Tél. 04 92 55 27 44

LOMBARD ALAIN
Quartier Saint-Gilles
84460 Cheval-Blanc
Tél. 04 90 71 01 55
Fax 04 90 71 01 55
GUASCO JEAN-PIERRE ET BRIGITTE
05200 Baratier
Tél. 04 92 43 12 44
GOUGNE RAYMOND
3, rue du Chemin-de-Fer
84600 Valréas
Tél. 04 90 35 26 04
Fax 04 90 35 01 64
TIRON GINETTE
Champ La Croix
05230 La Bâtie-Neuve
Tél. 04 92 50 36 64

☙

ARNAUD PIERRE
1E, rue des Silos
05000 Gap
Tél. 04 92 51 50 96
SALLIER CATHERINE
Miellerie de Chanteclair
07240 Chanteclaire
Tél. 04 75 58 02 76
Fax 04 75 58 07 54

MIEL DE MONTAGNE CLAIR

☙☙☙

ARNAUD PIERRE
1E, rue des Silos
05000 Gap
Tél. 04 92 51 50 96
ARNAUD MARCEAU ET FILS
Piégut
05130 Tallard
Tél. 04 92 54 12 35

☙☙

BLANC JOËL-BLANCHECOTTE JO
Miellerie des Grands-Causses
12720 Veyreau
Tél. 05 65 62 88 60
GUASCO JEAN-PIERRE ET BRIGITTE
05200 Baratier
Tél. 04 92 43 12 44

☙

BERTIN FRANÇOIS
Château Garnier
04170 Thorame-Basse
Tél. 04 92 83 90 25

MIEL DE RHODODENDRON

☙☙

MAURI DENIS
Pommayrac
11250 Venzeille
Tél. 04 68 69 48 71

MIEL DE ROMARIN

☙☙

FAURE JOSEPH
Le Rucher de Saruchet
05230 Montgardin
Tél. 04 92 50 32 01

MIEL DE SAPIN

☙☙☙

AUBRY JEAN-CHRISTOPHE
36, rue Saint-Sébastien
88490 Colroy-la-Grande
Tél. 03 29 51 20 45

☙☙

ULRICH CHRISTIAN
20, rue Tranquille
88700 Ménil-sur-Belvitte
Tél. 03 29 65 29 02
DURNER FILS
5, rue des Acacias
67190 Dinsheim
Tél. 03 88 50 16 19
Fax 03 88 50 16 19

MIEL DE THYM

☙☙☙

MAURI DENIS
Pommayrac
11250 Venzeille
Tél. 04 68 69 48 71

MIEL DE TILLEUL

☙

BONNEMAIN DIDIER ET CHRISTINE
La Croix-Blanche
89150 Montacher
Tél. 03 86 97 56 04
Fax 03 86 97 79 42

MIEL DE TOURNESOL

☙☙

FLÉCHIER FRANÇOIS
16370 Bréville
Tél. 05 45 80 97 87

☙

MAHÉ JEAN-PAUL
9, rue de la Trigalle
85420 Maillezais
Tél. 02 51 87 26 25

◆ Produits nucicoles et oléicoles

Viellard Jean-Paul
Les Ruchers
de la Maison-Neuve
79800 Soudan
Tél. 05 49 06 55 57

Miel polyfloral ambré et foncé

Blanc Joël-Blanchecotte Jo
Miellerie des Grands-Causses
12720 Veyreau
Tél. 05 65 62 88 60

Courrent Jean
11100 Montredon-des-Corbières
Tél. 04 68 42 07 19

Les Ruchers de Haute Bretagne
Le Pâtis Guineheux
35590 Saint-Gilles
Tél. 02 99 64 67 19
Tél. 02 99 64 82 69

Leroy Francis
11, le Loriot
76410 Tourneville-la-Rivière
Tél. 02 35 77 06 14
Fax 02 35 77 06 14

GAEC de Lozari
Lozari
20226 Belgodère
Tél. 04 95 60 18 13
Fax 04 95 60 29 85

Miel polyfloral clair

Dupré Franck
Pelliciani
20214 Calenzana
Tél. 04 95 65 07 74
Fax 04 95 65 07 74

Courrent Jean
11100 Montredon-des-Corbières
Tél. 04 68 42 07 19

Faure Joseph
Le Rucher de Saruchet
05230 Montgardin
Tél. 04 92 50 32 01

Houpert Jacques
24, route de Malleloy
54760 Faulx
Tél. 03 83 49 26 56

Renaud Guy
12, rue de la Basilique
25430 Sancey-le-Long
Tél. 03 81 86 84 63

Les Ruchers de la baie du Mont-Saint-Michel
17, La Butte-des-Gros
50530 Lolif
Tél. 02 33 70 81 00

Borel Joël
Les Lavandes
Place du Champsaur
05000 Gap
Tél. 04 92 51 47 04

Guerry Alain
8, rue René-Fernandat
38150 Chanas
Tél. 04 74 84 28 00

Produits nucicoles

Cerneaux de noix

Rey Jean-Pierre
Rue de la Fuma
38660 Saint-Vincent-de-Mercuze
Tél. 04 76 08 53 32
Franquette

SCA Unicoque
Lamouthe
BP 10
47290 Cancon
Tél. 05 53 01 67 70
et 05 53 01 78 08
Franquette

Convert Bernard
Hameau
de Riquetière
38470 L'Albenc
Tél. 04 76 64 74 87
Mélange

Huile de noix

SARL Le Moulin à huile de noix
Route de Bretenoux
46600 Martel
Tél. 05 65 37 30 69
Fax 05 65 37 39 70
Lot 961

Huilerie Boussard-Carrie
Quai du Canal
18130 Dun-sur-Auron
Tél. 02 48 59 50 10
Fax 02 48 59 80 64

Vigean Philippe
Les Varennes
36700 Clion-sur-Indre
Tél. 02 54 38 64 49
Fax 02 54 38 65 95
Lot 001

Huileries de Lapalisse
38, avenue Charles-de-Gaulle
03120 Lapalisse
Tél. 04 70 99 10 52
Fax 04 70 99 30 60
Lot 001

Huileries de Lapalisse
38, avenue Charles-de-Gaulle
03120 Lapalisse
Tél. 04 70 99 10 52
Fax 04 70 99 30 60
Lot 002

Produits oléicoles

Huile d'olives

Moulin Oléicole coopératif
Chemin du Mas-Neuf
13890 Mouriès
Tél. 04 90 47 60 86
Lot M

Le Moulin de Villevieille
Route d'Uzès
30250 Sommières
Tél. 04 66 80 03 69
Lot 12

Coopérative oléicole L'Oulibo
Cebazac
11120 Bize-Minervois
Tél. 04 68 46 10 37
Lot 2

Carra Pierre
Domaine des Jassons
83250
La Londe-les-Maures
Tél. 04 94 66 90 26

SARL Château Virant
13680 Lançon-Provence
Tél. 04 90 42 44 47
Lot C02

Moulin de Callas
Quartier les Ferrages
83830 Callas
Tél. 04 94 76 68 05
Lot 1

Le Moulin de Villevieille
Route d'Uzès
30250 Sommières
Tél. 04 66 80 03 69
Lot 1

SICA oléicole La Cravenco
Route d'Eyguières
13280 Raphèle-lès-Arles
Tél. 04 90 96 50 82
Lot C 15

Poussou Pierre
Route des Valettes-Sud
06140 Tourette-sur-Loup
Tél. 04 93 24 12 81

Coopérative Moulin J.-M. Cornille
Rue Charloun-Rieu
13520 Maussane-les-Alpilles
Tél. 04 90 54 32 37
Lot 3

Moulin oléicole coopératif
Chemin du Mas-Neuf
13890 Mouriès
Tél. 04 90 47 60 86
Lot K

Sica oléicole La Cravenco
Route d'Eyguières
13280 Raphèle-lès-Arles
Tél. 04 90 96 50 82
Lot C07

Château d'Estoublon Mogador
13990 Fontvieille
Tél. 04 90 54 64 00
Fax 04 90 54 64 01
Lot C14

SCE Château de Rousset
04800 Gréoux-les-Bains
Tél. 04 92 72 62 49

Gauthey Maria
Les Bories
Les Manières-Est
13300 Salon-de-Provence
Tél. 04 90 56 11 95
Lot L01

Margier-Aubert Jean-François
La Michelle
13390 Auriol
Tél. 04 42 04 40 63
Lot 1

...OPÉRATIVE OLÉICOLE
...580 La Fare-
...-Oliviers
.. 04 90 42 61 51
.. C33
...ILERIE ARTISANALE
...LIVE
...ABLISSEMENTS
...ULAS
...190 Collorgues
.. 04 66 81 21 13
... 3

...TTIER MAURICE
2, avenue des Acacias
...500 Menton
.. 04 93 35 79 15
...AUVIN GEORGES
...s Marreliers
...670 Barjols
.. 04 94 77 11 67
...ILERIE COOPÉRATIVE
...enue Wilson
...300 Clermont-l'Hérault
.. 04 67 96 10 36
...ve 3
...OPÉRATIVE
...ULIN DE L'OLIVETTE
...ce de l'Olivette
...00 Manosque
.. 04 92 72 00 90
...x 04 92 87 33 03
... 1
...ILERIE COOPÉRATIVE
...enue Wilson
...00 Clermont-l'Hérault
.. 04 67 96 10 36
...ve 10
...ULIN DE LA LOUBE
...artier la Sauveuse
...890 Puget-Ville
... 04 94 28 06 29
... 2

COOPÉRATIVE
OLÉICOLE
LA SOLIDARITÉ
Route de Saint-Antonin
83550 Entrecasteaux
Tél. 04 94 04 44 08
Fax 04 94 04 44 44

LE MOULIN
DE VILLEVIEILLE
Route d'Uzès
30250 Sommières
Tél. 04 66 80 03 69
Lot 6
COOPÉRATIVE
MOULIN
DES PÉNITENTS
Zone industrielle
04190 Les Mées
Tél. 04 92 34 07 67
Lot 3
MOULIN DE BÉDARRIDES
Mas de Bédarrides
13990 Fontvieille
Tél. 04 90 54 70 04
Lot C02
SICA OLÉICOLE
LA CRAVENCO
Route d'Eyguières
13280 Raphèle-
lès-Arles
Tél. 04 90 96 50 82
Lot C01
FERRY GÉRARD
21, chemin Blumenthal-
Lamadonette
06130 Grasse
Tél. 04 93 70 00 78
BRUFANI CLAUDETTE
82, chemin
de la Modonette
06530 Spéracèdes
Tél. 04 93 09 38 99

HUILE D'OLIVE
AOC NYONS

COOPÉRATIVE
DU NYONSAIS
Place Olivier-de-Serres
26110 Nyons
Tél. 04 75 26 03 44
Fax 04 75 26 23 16
Lot 7

RAMADE JACQUES
7, impasse du Moulin
26110 Nyons
Tél. 04 75 26 08 18
Fax 04 75 26 01 32
Lot 2018

COOPÉRATIVE
DU NYONSAIS
Place Olivier-de-Serres
26110 Nyons
Tél. 04 75 26 03 44
Fax 04 75 26 23 16
Lot 6
RAMADE
JACQUES
7, impasse du Moulin
26110 Nyons
Tél. 04 75 26 08 18
Fax 04 75 26 01 32
Lot 2019

OLIVES
DE TABLE
DE PAYS NOIRES
EXTRA AOC NYONS
(TANCHE)

COOPÉRATIVE
DU NYONSAIS
Place Olivier-de-Serres
26110 Nyons
Tél. 04 75 26 03 44
Fax 04 75 26 23 16

COOPÉRATIVE
DU NYONSAIS
Place Olivier-de-Serres
26110 Nyons
Tél. 04 75 26 03 44
Fax 04 75 26 23 16

MOULIN
DOZOL AUTRAND
Le Pont-Roman
26110 Nyons
Tél. 04 75 26 02 52
Fax 04 75 26 44 24

OLIVES DE TABLE
DE PAYS NOIRES
PREMIÈRE AOC
NYONS (TANCHE)

COOPÉRATIVE
DU NYONSAIS
Place Olivier-de-Serres
26110 Nyons
Tél. 04 75 26 03 44
Fax 04 75 26 23 16

OLIVES DE TABLE
DE PAYS NOIRES DE
NICE (CAILLETIER)

GAZIELLO JEAN-PIERRE
Quartier Berins
06380 Sospel
Tél. 04 93 04 12 03

CAMATTE FRANÇOISE
16, boulevard Courme
06530 Saint-Cézaire
Tél. 04 93 60 29 59
Fax 04 93 60 29 59

EARL CHAMPS SOLEIL
(DEREPAS)
Quartier Sembola
06340 La Trinité
Tél. 04 93 54 02 98

OLIVES DE TABLE DE PAYS VERTES PRINCESSE (LUCQUES)

SABATIER JACQUES
6, rue de l'Estang
34290 Coulobres
Tél. 04 67 39 04 01

SOCIÉTÉ D'EXPLOITATION ÉTABLISSEMENTS SALLES
34150 Aniane
Tél. 04 67 57 70 83

RODRIGUEZ PIERRE
3, route de Cabrières
34120 Lézignan-la-Cèbe
Tél. 04 67 98 08 46

COOPÉRATIVE OLÉICOLE LA BELGENTIÉROISE
Esplanade François-Bottero
83210 Belgentier
Tél. 04 94 48 98 80

OLIVES DE TABLE DE PAYS VERTES PRINCESSE (PICHOLINE)

COOPÉRATIVE OLÉICOLE LA BELGENTIÉROISE
Esplanade François-Bottero
83210 Belgentier
Tél. 04 94 48 98 80

COOPÉRATIVE OLÉICOLE L'OULIBO
Cebezac
11120 Bize-Minervois
Tél. 04 68 46 10 37

OLIVES DE TABLE DE PAYS VERTES ROYALE (LUCQUES)

SABATIER JACQUES
6, rue de l'Estang
34290 Coulobres
Tél. 04 67 39 04 01

CONFISERIE OLÉICOLE
34700 Saint-Jean-de-la-Blaquière
Tél. 04 67 44 70 52

RODRIGUEZ PIERRE
3, route de Cabrières
34120 Lézignan-la-Cèbe
Tél. 04 67 98 08 46

OLIVES DE TABLE DE PAYS VERTES ROYALE (PICHOLINE)

SICA OLÉICOLE LA CRAVENDO
Route d'Eyguières
13280 Raphèle-lès-Arles
Tél. 04 90 96 50 82

OLIVES DIVERSES

GAUTHEY MARIA
Les Bories
Les Manières-Est
13300 Salon-de-Provence
Tél. 04 90 56 11 95
Grossanne

GAEC SALVATOR
04190 Les Mées
Tél. 04 92 34 00 45
Noires

PÂTES D'OLIVES

ROSTAN FRANÇOIS
700, route du Rougelas
06830 Gilette
Tél. 04 93 08 54 48
POUSSOU PIERRE
Route des Valettes-Sud
06140 Tourette-sur-Loup
Tél. 04 93 24 12 81

GAEC SALVATOR
04190 Les Mées
Tél. 04 92 34 00 45
Noire

CAMATTE FRANÇOISE
16, boulevard Courme
06530 Saint-Cézaire
Tél. 04 93 60 29 59
Fax 04 93 60 29 59

TAPENADES NOIRES ET PÂTES AROMATISÉES

RAMADE JACQUES
7, impasse du Moulin
26110 Nyons
Tél. 04 75 26 08 18
Fax 04 75 26 01 32

HUÎTRES

BRETAGNE NORD

MAISONS DENYS
Les Nielles
35350 Saint-Méloir-des-Ondes
Tél. 02 99 89 16 93
Fax 02 99 89 22 44

BRETAGNE SUD

GAEC DU VIEUX-PONT
8, rue Georges-Camenen
56470 Saint-Philibert
Tél. 02 97 55 10 18

GUYOMARD PIERRE-FERMAND
Poite de Goulen
56550 Locoal-Mendon
Tél. 02 97 24 59 28
QUINTIN MICHEL
Kernivilit
56470 Saint-Philibert
Tél. 02 97 55 01 94
Fax 02 97 55 19 37

MARENNES-OLÉRON

PAPIN YVES
La Route Neuve
BP 36
17390 La Tremblade
Tél. 05 46 36 12 72
Fax 05 46 36 34 69

SARL LAUGIER GOULEVANT
Les Grandes Roches
17750 Étaules
Tél. 05 46 36 42 89
Fax 05 46 36 49 14
ÉTABLISSEMENTS SORLUT DANIEL
Marecareuil
BP 46
17560 Bourcefranc
Tél. 05 46 85 03 32
Fax 05 46 85 48 83

SARL MUSEREAU
19, rue du Centre
17560 Bourcefranc
Tél. 05 46 85 05 89
Fax 05 46 85 48 44
GOMBEAUD CATHERIN
Route Neuve
17390 La Tremblade
Tél. 05 46 36 09 72
Fax 05 46 36 19 66

NORMANDIE

SCEA LES VERGERS OSTRÉICOLES
Zone Conchylicole
50230 Blainville-sur-M
Tél. 02 33 47 26 87
Fax 02 33 47 84 48

LA CALVADOSIENNE
Zone Conchylicole
14960 Asnelles-Meuvaines
Tél. 02 31 21 33 52
Fax 02 31 21 33 33

BLUZAT JEAN-PAUL
1, avenue du Nord
50580 Denneville
Tél. 02 33 54 16 18
Fax 02 33 54 18 43

RÉ-CENTRE-OUEST

EARL SOCOA
La Louippe
BP 23
85230 Bouin
Tél. 02 51 49 34 25
Fax 02 51 49 34 25

GAEC DES BROCHE
Port des Brochets
85230 Bouin
Tél. 02 51 68 74 34
Fax 02 51 68 21 72

EARL TARAUD
Port des Brochets
85230 Bouin
Tél. 02 51 68 74 41
Fax 02 51 49 34 62

BASSIN D'ARCACHON

❀❀❀

[FR]AICHE BERNARD
[av]enue Albert-Pitres
[G]ussat
[33]148 Lanton
[Té]l. 05 56 82 12 93
[D]ORA JEAN-LOUIS
[Ru]e Sainte-Catherine
[33]950 Lège-Cap-Ferret
[Le] Canon
[Tél]. 05 56 60 98 03

❀❀

[S]ARL
[ÉT]ABLISSEMENTS
[B]AYCARD CLAUDE
[Di]gue Est de Meyran
[B]P 12
[33]470 Gujan-Mestras
[Té]l. 05 56 66 59 62
[Fa]x 05 56 66 25 07
[BA]RIBARN LUDOVIC
[Av]enue de l'Océan
[33]950 Lège-Cap-Ferret
[Té]l. 05 56 03 66 71

Fax 05 56 60 59 36

❀

SARL HUÎTRES
DE FRANCE
Port de Larros
33470 Gujan-Mestras
Tél. 05 56 66 72 04
Fax 05 56 66 38 60
GAEC
CONDROYER
ORTIZ
Rue du Port
33138 Cassy-Lanton
Tél. 05 56 82 84 62

BASSIN DE THAU

❀❀❀

CABROL
GÉRARD-ROBERT
Route de Villeveyrac
34140 Mèze
Tél. 04 67 43 94 10
Fax 04 67 18 70 46

❀❀

SEGUI ROGER
1, rue Jean-Jaurès
34140 Bouzigues
Tél. 04 67 43 88 99
ASPA DIDIER
Le Mourre Blanc
34140 Mèze
Tél. 04 67 43 78 05
BALCOU GUY
16, rue du 20-Août-1944
34140 Bouzigues
Tél. 04 67 78 33 23
GONZALES OLIVIER
113, lieu-dit La Clavade
34140 Bouzigues
Tél. 04 67 78 35 36

SODIMER-MASSON
JEAN-LOUIS
Port du Mourre Rouge
BP 57
34140 Mèze
Tél. 04 67 43 85 39
Fax 04 67 43 69 42

❀

ROUVIÈRE MICHEL
Rue du 8-Mai-1945
34140 Mèze
Tél. 04 67 43 72 26
Fax 04 67 43 56 34
BRUNEL GÉRARD
11, rue du Moulin
34140 Bouzigues
Tél. 04 67 78 31 77
VAUDO GUY
12, promenade
J.-B.-Marty
34200 Sète
Tél. 04 67 74 56 24
SCEA ARCHIMBEAU
JEAN-CLAUDE
Avenue Louis-Tudesq
34140 Bouzigues
Tél. 04 67 78 31 42

◆ TABLE DES ILLUSTRATIONS

INDEX

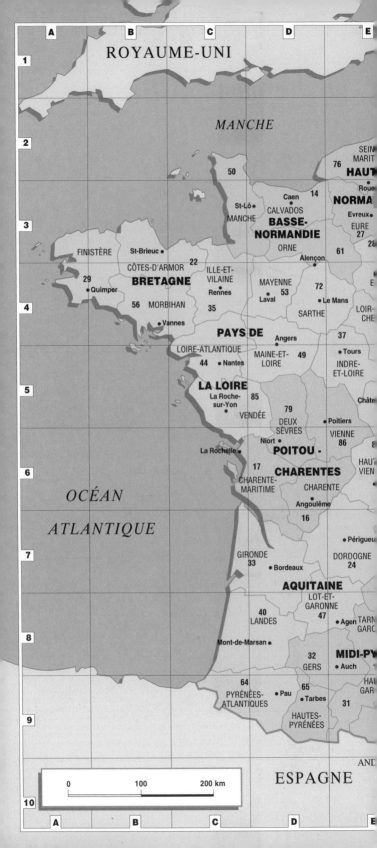